O Livro do Tempo

O Livro do Tempo

UMA HISTÓRIA SOCIAL

2021

João Paulo Pimenta

70

O LIVRO DO TEMPO
UMA HISTÓRIA SOCIAL
© Almedina, 2021
AUTOR: João Paulo Pimenta

DIRETOR ALMEDINA BRASIL: Rodrigo Mentz
EDITOR DE CIÊNCIAS SOCIAIS E HUMANAS: Marco Pace
ASSISTENTES EDITORIAIS: Isabela Leite e Larissa Nogueira

REVISÃO: Sol Coelho
DIAGRAMAÇÃO: Almedina
DESIGN DE CAPA: Roberta Bassanetto

IMAGEM DE CAPA: © Ashwin Kharidehal Abhirama

ISBN: 9786586618792
Dezembro, 2021

Dados Internacionais de Catalogação na Publicação (CIP)
(Câmara Brasileira do Livro, SP, Brasil)

Pimenta, João Paulo
O livro do tempo : uma história social / João
Paulo Pimenta. – São Paulo : Edições 70, 2021.

ISBN 978-65-86618-79-2

1. Ciências 2. Ciclos 3. História - Tempo
4. História social 5. Historiografia 6. Religião
7. Sociedade 8. Tempo - História I. Título.

21-86298   CDD-306.9

Índices para catálogo sistemático:

1. História social : Historiografia : Sociologia 306.9

Maria Alice Ferreira - Bibliotecária - CRB-8/7964

Este livro segue as regras do novo Acordo Ortográfico da Língua Portuguesa (1990).

EDITORA: Almedina Brasil
Rua José Maria Lisboa, 860, Conj.131 e 132, Jardim Paulista ∣ 01423-001 São Paulo ∣ Brasil
editora@almedina.com.br
www.almedina.com.br

SUMÁRIO

INTRODUÇÃO
UMA HISTÓRIA SOCIAL DO TEMPO

Tente o leitor deste livro imaginar uma situação qualquer de sua vida na qual a palavra *tempo* não se encaixe. Tente contar uma história que lhe venha à mente, descrever uma situação qualquer do seu cotidiano ou analisar uma questão relevante do seu mundo, sem a palavra *tempo* ou um de seus sinônimos: *época, idade, ano, era, clima, momento, dia, hora, minuto, segundo, antes, agora, depois, passado, presente, futuro*. Imagine agora como seria deixar seus pensamentos sem uma dessas palavras durante, digamos, 24 horas. Se esses exercícios hipotéticos se mostrarem minimamente complicados, é porque o *tempo* está por toda parte, a todo instante, em todas as pessoas, em todas as épocas. Como bem afirma Hans Meyerhoff, "não há nenhuma experiência que não tenha um índice temporal ligado a ela".[1]

Este livro não quer definir a palavra ou a realidade *tempo*. Quer descrever e analisar situações nas quais, ao longo da história, diferentes sociedades – incluindo a nossa – procuraram defini-lo, representá-lo e vivê-lo. Trata-se, portanto, de uma *história social do tempo*, que aborda um tema vasto e fundamental por meio de metodologias de análise histórica rigorosas, mas tentando se expressar em uma linguagem acessível ao público leitor em geral.

A história aqui apresentada não é uma história de todas as situações nas quais se pôde (no passado) e se pode (no presente) falar de *tempo*. Certamente, isso seria do interesse de muitos leitores, mas em prol da honestidade científica e intelectual, deve-se dizer que isso é algo impossível de se realizar. Não se trata aqui apenas de uma objeção ligada às circunscritas capacidades do autor deste livro, ademais consciente de que todo conhecimento social é necessariamente limitado e que o reconhecimento dessa limitação é ponto de partida para o conhecimento. É que o que costuma se chamar de história da humanidade quase nunca foi uma só. Até pelo menos o século XVI, a ocupação humana da Terra se dividia em unidades políticas, econômicas e culturais que só em alguns casos se conectavam umas com as outras – Fernand Braudel chamou-as *economias-mundo.** No passado, milhões de seres humanos jamais puderam se comunicar para além das fronteiras dessas unidades, de seus mundos particulares. Havia vários mundos, e não um só. Mundos dinâmicos, em movimento e às vezes se misturando, grandes ou pequenos, alguns em expansão, outros em contração; mas *mundos*, no plural.

A expansão colonial europeia dos séculos XV e XVI começou a modificar parcialmente esse cenário, criando condições para que esses mundos formassem um só. Isso ocorreu de maneira sinuosa e quase sempre conflitiva. E o que começou lá atrás continua, de certo modo, a ocorrer. Os dias atuais apresentam o auge daquilo que podemos chamar de globalização, mas desde que não exageremos o poder de tal palavra: pois ainda existem vários mundos menores, específicos e autônomos dentro de nosso planeta. A Terra, em muitos sentidos, ainda é mais diversidade do que unidade, mais dispersão do que coesão, mesmo que a tendência seja desses mundos serem cada vez menos isolados e autossuficientes.

Foi somente depois de uns trezentos anos de iniciada a expansão colonial europeia que começou a surgir a ideia de que existiria uma única história de todo o mundo. Até então, a narrativa

---

* "Uma economia-mundo é uma soma de espaços individualizados, econômicos e não econômicos, por ela agrupados, que representa uma enorme superfície (em princípio, é a mais vasta zona de coerência, em determinada época e em determinada zona do globo) que, habitualmente, transcende os limites dos outros grupos maciços da história; [...] um bocado do planeta economicamente autônomo, capaz, no essencial, de se bastar a si próprio e a que as suas ligações e trocas internas conferem certa unidade orgânica." (BRAUDEL, Fernand. *Civilização material, economia e capitalismo*. São Paulo: WMF Martins Fontes, 1995, III, p.12-14).

e a compreensão do passado eram, em todo canto, histórias – no plural – de coisas específicas e limitadas: de uma guerra, de um reinado, de uma instituição, de um povo. A "história de todas as coisas" começou, então, a virar grossos livros de muitas páginas ou volumes. Hoje em dia, quando a falta de tempo está de moda, também estão de moda pequenos livros contendo a história "de tudo", embora isso seja tão inadequado quanto impossível. Como alternativa a esse tipo de história, este livro oferece recortes temáticos menores, todos eles próximos entre si e diretamente relacionados com seu tema central: o tempo. Todos esses recortes conectam passados da humanidade com nosso presente, e nos ajudam a entender que a globalização de nosso mundo atual é, em parte, resultado de histórias de vários tempos e de vários mundos que, a partir de certo momento, começaram a se encontrar, fazendo triunfar uns tempos sobre outros. E mesmo assim esses triunfos jamais foram totais.

A história, entendida como narrativa e compreensão, nunca é tão somente o estudo do passado. Ela é, principalmente, uma forma de pensar pessoas, suas relações e suas ações, e de dotá-las de vida; por isso, a história é uma poderosa ferramenta de conhecimento de qualquer realidade humana, tanto do passado como do presente. É verdade que "o passado é um país estrangeiro", nas palavras de David Lowenthal, um país cuja distância e estranhamento nos ensina *aquilo que nós não somos*; como todo estrangeiro, porém, o passado também nos obriga a lidar com alteridades, diferenças sociais e pluralidades culturais, nos ensinando *aquilo que somos*. "Ciência dos homens no tempo", como escreveu Marc Bloch, a história está sempre a serviço do presente.[2]

A história social do tempo que o leitor aqui encontrará é uma história de como algumas sociedades viveram e pensaram aquilo que elas próprias entendiam por *tempo*. É uma história de suas noções, concepções, representações e conceitos, incluindo desde formas básicas e quase inconscientes de vivência do tempo, até ações concretas, técnicas, artefatos, ideias, palavras e imagens bem formuladas sobre ele. É, portanto, uma história na qual vida material e vida intelectual se relacionam permanentemente, até se confundirem. Da mesma forma, é uma história de uma dimensão social qualquer, dentre as muitas que constituem a humanidade, e que estão sempre condicionadas por fatores temporais (portanto, explicáveis historicamente), umas se transformando rapidamente, outras mais lentamente. Do mesmo jeito que é possível se escrever a história de um acontecimento, uma época, um indivíduo, um grupo, um lugar, uma instituição ou um objeto qualquer, todos com seus ritmos próprios de transformação, é possível se escrever uma história *do tempo*. Trata-se de uma questão de ênfase, de um corte preferencial: estuda-se uma coisa qualquer, não isoladamente de outras, apenas tendo nela um foco e uma delimitação que, em seguida, permitirão a construção de uma história mais ampla.

Neste livro, portanto, o tempo é tomado simultaneamente como *objeto de análise* (isto é, como uma dimensão da realidade em conexão com outras dimensões), e como *fundamento desta mesma análise* (pois é uma obra de história, e que, portanto, estuda o tempo das coisas e nas coisas).* E se o leitor se perguntar se este livro dá mais ênfase a uma história de tipo social, econômica, cultural, política ou algo semelhante, pediremos permissão para, deixando tais rótulos de lado, o definirmos, simplesmente, como um livro de história.

As análises aqui desenvolvidas rejeitam qualquer ideia de progressão e aprimoramento das formas pelas quais, ontem e hoje, as sociedades lidaram com o tempo. Esta não é uma história de um suposto melhoramento inevitável ou natural da humanidade

---

* Escrevendo na década de 1970, Jacques Le Goff ansiava por "um inquérito exaustivo que mostre, numa determinada sociedade histórica, o jogo entre as estruturas objetivas e os quadros mentais, entre as aventuras coletivas e os destinos individuais, de todos esses tempos no seio do Tempo. Começaria desse modo a clarificar-se a própria matéria da história e os homens, que são a presa dos historiadores, poderiam começar a reviver na trama da sua existência". (LE GOFF, Jacques. *Para um novo conceito de Idade Média*. Editorial Estampa, 1980.). Nosso livro não concentra sua atenção em uma determinada sociedade, mas busca uma síntese analítica de várias delas.

– no qual, aliás, definitivamente não acreditamos – embora, em várias de suas passagens, ideias de destino final, melhoria e progresso sejam analisadas. Não é nosso intuito avaliar se o passado é pior ou melhor do que o presente, e não julgaremos sociedades do passado atribuindo-lhes erros, acertos ou quaisquer características segundo os nossos padrões atuais. Tampouco tomaremos tecnologias do passado por seu grau de aproximação com tecnologias atuais, como se aquelas fossem "atrasadas" ou "adiantadas". A rigor, nada na história está *à frente de seu tempo*, como se costuma dizer: tudo está na sua época, tudo é de alguma maneira possibilitado por essa época e traduz suas condições, valores e vontades. Com essa advertência, evitamos o risco de violentar a lógica própria de cada sociedade, em cada momento de sua existência, jamais impondo ao passado valores, necessidades, problemas e soluções que a ele não pertenciam, e que pertencem exclusivamente a nós, homens e mulheres do século XXI. Neste livro procuramos então evitar, ao máximo de nossas forças, o chamado *anacronismo.**

A atribuição ao passado de valores do presente, embora equivocada, é uma tendência até certo ponto compreensível quando se trata de atender aos muitos interesses que o estudo da história desperta no público em geral. Segundo Mario Liverani, a passagem de uma "antropologia da contraposição a uma antropologia da diversidade e da historicidade – na qual toda cultura é diversa das outras, inclusive a nossa, sem qualquer privilégio – aconteceu e está acontecendo por meio de um árduo processo".[3] Um processo árduo e inacabado. De maneira recorrente, o público de história ainda é muito maltratado por autores, editoras, canais de tevê,

---

* Há quem veja no anacronismo – por exemplo, Georges Didi-Huberman – não um obstáculo, mas sim uma possibilidade de compreensão da história, uma vez que ele explicitaria o diálogo inescapável entre o acontecido, sua posteridade, seus intérpretes e seus leitores. De nossa parte, apenas nos preocupamos – como já o fizeram tantos outros a partir de Lucien Febvre – com as *excessivas distorções* de análise decorrentes desse diálogo, o que impõe a necessidade de *limitar* os efeitos do anacronismo no trabalho do historiador (para uma síntese do tema: CHAVES MALDONADO, "El anacronismo en la historia").

jornalistas, *YouTubers* e outros agentes do mercado de entretenimento e das redes sociais, que acabam impondo lógicas de consumo fácil e rápido como sendo as únicas possíveis a mediarem sua
relação com o público, sem sequer lhe cutucar o pensamento. Nas
pseudoexplicações do passado, este é constantemente invadido
pelo presente com o auxílio de muitas milícias: mistérios e se-
gredos imaginários, fantasmas e seres extraterrestres desneces-
sários, hipóteses descabidas sobre acontecimentos perfeitamente
explicáveis de outras maneiras, mitificações e distorções de todo
tipo. Ou apenas simples, mas sedutoras, mentiras: *fake news* do
presente e do passado.

Asseguramos ao leitor: uma história correta, criteriosa e fun-
damentada em fatos e métodos rigorosos não é menos interessante do que uma história sensacionalista, mentirosa, banalizada
e escravizada pelo presente. Como bem disse Carl Sagan, a verdade e a ciência podem ser tão ou mais encantadoras do que a
mentira e a fantasia.[4] É nesse espírito que nossa história social
do tempo, aqui apresentada em fragmentos temáticos articulados entre si, busca entender cada realidade *de acordo com sua
própria historicidade*; isto é, respeitando aquilo que é próprio de
cada uma, e aquilo que transcendeu cada uma para se tornar algo
parcialmente distinto em outras épocas, em outros espaços, com
outras pessoas. Realidades essas que por vezes também se junta-
ram umas com as outras para se tornarem algo maior, até mesmo
do tamanho de nosso planeta.

*

No livro XI de suas *Confissões*, escritas na passagem do século
IV ao V, Santo Agostinho escreveu: "E que assunto mais familiar
e mais batido nas nossas conversas do que o tempo? Quando dele
falamos, compreendemos o que dizemos. Compreendemos também o que nos dizem quando dele falam". Que o caráter retórico
da pergunta não engane o leitor. O célebre bispo de Hipona, um
dos maiores pensadores do cristianismo, não estava desprezan-
do o assunto, considerando-o banal, mas sim introduzindo uma

verdadeira teoria do tempo. À continuação ele escreveu: "O que é por conseguinte, o tempo? Se ninguém mo perguntar, eu sei; se o quiser explicar a quem me fizer a pergunta, já não sei".[5] Em outras passagens de seu texto, Agostinho deixa claro seu entendimento de que não havia um só tempo, mas vários. E se suas definições preliminares de passado, presente e futuro, ou de tempo longo e tempo breve encontram objeções por parte do próprio (autocrítico) autor, a dificuldade de definição leva a uma solução bastante engenhosa: existiria um tempo simples, dos homens apenas mortais, e no qual se passavam os feitos e acontecimentos a eles relacionados; mas existiria outro tempo, superior, que subordinaria o tempo dos homens e que a eles seria acessível apenas por uma operação mística: o tempo de Deus e da Eternidade.

Antes e depois de Santo Agostinho, o tempo conheceu muitas outras formas e nomes ao longo da história. Na arte da Europa e de suas colônias ultramarinas dos séculos XVI ao XVIII, por exemplo, quando valores cristãos bem-estabelecidos conviviam com formas pictóricas e discursivas reelaboradas da Antiguidade Clássica e parcialmente modificadas de acordo com os gostos de cada região, o tempo virou a imagem de um ancião forte, grisalho, alado e parcialmente nu: esse ser-tempo semidivino revelava a verdade, ditava o ritmo da vida, e destruía a beleza, trazendo a velhice e a morte. E com o auxílio de símbolos como a foice, bolhas de sabão, aves, a carruagem, o arco e flecha, a caveira, a ampulheta, muletas, um dragão, uma serpente mordendo a própria cauda, um disco zodiacal, ou composições chamadas de "natureza-morta", o ser-tempo lembrava a todos os mortais a efemeridade da vida e sua insignificância diante da morte e de Deus[6] **(Figuras 1-3).**

Figura 1. – Uma condensação de símbolos: o tempo personificado no ancião, à direita, dita o ritmo da vida, simbolizado na dança e na juventude de quatro mulheres, alegorias das quatro estações e da própria vida: a pobreza, o trabalho, a riqueza e a luxúria. No chão, anjos-crianças brincam com uma ampulheta e bolhas de sabão, símbolos da efemeridade da existência humana; acima, a carruagem nas nuvens, relacionada à morte, e comandada por Apolo, deus lunar grego com sua esfera de prata, aqui convertido em um deus-sol; à esquerda, a cabeça de Jano, deus romano de duas faces, guardião das passagens, das transições, da sucessão dos anos (POUSSIN, Nicolas. *A dança na música do tempo*, 1634-1636).

Figura 2. – Nas pinturas de Batoni, são frequentes cenários com ruínas e antiguidades. Nesta específica, o Tempo é um idoso, grisalho, calvo, alado (pois ele "passa") e segura uma ampulheta. A Velhice é feia, em forte contraste com a Beleza, que é jovem, em uma associação milenar e fortemente atual: por meio da velhice, o tempo arruína a beleza (BATONI, Pompeo. *O Tempo ordenando à Velhice que destrua a Beleza*, 1746).

Figura 3. – Símbolos tradicionais do tempo em contexto colonial luso-americano: a morte, passagem do tempo dos homens ao tempo da eternidade, embalada pela música dos anjos, é experimentada por São Francisco em meio a uma caveira, uma ampulheta e uma serpente; tema e formas convencionais da arte cristã europeia e de sua abordagem de santos. O casario, a natureza e a geografia, porém, são das Minas Gerais do século XVIII, e todos os rostos são mestiços, meio europeus, meio africanos (ATAÍDE, Manuel da Costa. *Agonia de São Francisco*, s.d.).

Em mitologias chinesas, o tempo dificilmente se tornou um deus personificado, mas foi simbolizado pela carruagem, pelo arco e flecha ou por certos pássaros associados aos céus e ao Sol; por vezes, o astro dominante era um deus próprio. O mesmo tipo de associação encontraremos, por exemplo, entre os antigos romanos, que ligavam o Sol ao imperador, e entre os mexicas da América Central dos séculos XV e XVI. No cristianismo primitivo, avesso ao culto das imagens, o Sol romano foi propositadamente substituído por um Deus único, também ele senhor do tempo.[7]

Antes dos romanos, os sumérios da Mesopotâmia tinham um deus especificamente reservado ao tempo: era En-lil, controlador das intempéries da natureza, poderoso, imprevisível e – como seria de se esperar – temperamental; na cidade de Assur, o deus-tempo era Dagan. Os gregos também tinham um deus-tempo, menos ligado ao clima e mais à sucessão temporal: Cronos. Segundo sua mitologia, Cronos obedeceu ao chamado de sua mãe, Terra (ou Geia), contra seu pai, Céu (ou Urano), que aprisionava e escondia todos os seus filhos. Cronos, então, castrou seu pai, cujo sêmen esparramou-se e semeou o mundo; depois, para não ser ele mesmo destronado, Cronos passou a devorar cada um de seus próprios filhos à medida que iam nascendo. Como forma de ludibriá-lo, sua esposa-irmã Reia pariu às escondidas um de seus filhos, Zeus, e deu a Cronos uma pedra para ser devorada no lugar do bebê. Uma vez adulto, Zeus preparou a vingança da família: deu a Cronos uma droga que o fez vomitar todos os filhos devorados, devolvendo-lhes a vida. E foi assim que o tempo, que Urano e Cronos quiseram deter e extinguir, seguiu novamente seu caminho.[8] Moral da história: o mesmo tempo que tudo destrói, tudo recria.

A exemplo de todas as línguas, o grego antigo tinha várias palavras cujos significados se aproximavam de *tempo*: *helikía*, *epoqué*, *gueneá*, *aeternitas*, *períodos*. Também *kairós*, que significava "circunstância", "momento", sendo este um dos filhos de Cronos que, uma vez vomitado pelo pai, passou a lutar contra ele; *aión*, de muitos sentidos possíveis, e que passaria a designar tempos longos; e *chronós*, derivada do deus Cronos, que podia ser usado como um tempo abstrato, um tempo muito bem definido de um ano ou uma data precisa. Essa palavra teria larga fortuna na história: por exemplo com o termo "cronologia", que no português atual significa literalmente o estudo do tempo e de suas divisões.[9] Os romanos antigos aproveitariam Cronos na criação do seu deus Saturno, um herói que, como Janus, separa uma época de outra, bem como um deus da agricultura, que destrói a terra para fecundá-la novamente. As festas que os romanos faziam a Saturno, as *Saturnais*, promoviam momentaneamente a inversão dos papéis sociais – tal qual se passara entre Urano e Cronos, e entre este e Zeus. Muitos séculos depois, as festas pagãs de Saturno chegariam ao ocidente cristão, e se perpetuariam até os dias de hoje com os nossos carnavais. Nessas festividades, a despeito de muitas variações morfológicas segundo países ou regiões, há sempre a ritualização de um tempo novo e efêmero que se abre, para que as convenções sociais vigentes sejam momentaneamente abolidas.[10]

O mito de uma longínqua Idade do Ouro, em que os homens eram bons, substituída pelas decadentes – mas não exatamente sucessivas – idades da Prata, do Bronze, dos Heróis e do Ferro, na qual o mal finalmente triunfou, também remonta aos esforços de Cronos por "parar o tempo", e no século I a.C. foi bem estabelecido pelo romano Ovídio a partir da leitura de um poema do grego Hesíodo (século VII a.C.).* Os próprios gregos antigos logo variaram esse mito, substituindo-o pelo de um tempo longínquo mau, e que estaria sendo melhorado no presente. Com qualquer um desses sinais, a mitificação do passado longínquo e sua comparação com o atual possui numerosíssimas correlações em outras sociedades, sempre se modificando de acordo com contextos específicos. Em tradições mágicas como a Alquimia, por exemplo, Saturno é associado com a putrefação ou com a distinção entre metais, representando a separação do tempo. Já na Astrologia, o planeta Saturno pode representar a estagnação ou a inércia, opondo-se à mudança do tempo; ou então simbolizar a fraqueza, a tristeza e o malefício. No mesmo tipo de registro, o tempo da eternidade é representado por formas circulares; e em tradições pictóricas muçulmanas surgidas no século VII d.C., pelo emaranhado de formas geométricas que podem se repetir até o infinito. O que evoca, em tradição religiosa distinta, o tempo que escapa aos homens e mulheres e que compete – como falava Santo Agostinho séculos antes – exclusivamente a Deus. Ou compete a um soberano especialmente poderoso, como ainda ocorre entre numerosas sociedades do continente africano.[11]

Foi assim que, como insígnia de poder, o *tempo* virou também Jesus Cristo ou o próprio Deus cristão, sobrepondo-se ao Cronos grego, ao imperador-sol romano e controlando a separação do tempo no Juízo Final. Este, aliás, é uma reelaboração primitiva cristã não apenas da mitologia greco-romana, mas também de

---

* "Hesíodo" é uma tradição poética, e não se tem total certeza acerca de sua real existência como um autor individual. Nessa mesma condição encontram-se seus ilustres colegas Homero e Daniel (o profeta bíblico), que também darão as caras neste livro.

motivos apocalípticos e escatológicos de povos mesopotâmicos e persas; motivos, aliás, presentes em muitas imagens que povoam o imaginário de parte da humanidade atual, como nos zumbis do cinema e de *comics,* ou nos fins de mundo repentinos também do cinema e de documentários televisivos.

Na Espanha do século XIX, a antiga imagem greco-romana de Saturno devorando os seus filhos foi revisitada por Francisco de Goya e Lucientes, e se tornaria uma memorável alegoria da destruição provocada pela guerra, da decadência física e moral de uma sociedade; ou simplesmente dos recônditos mais sombrios da alma humana que o mundo moderno começava a descobrir[12] **(Figura 4)**.

Figura 4. – O tempo personificado, detido e libertado: tema antiquíssimo em permanente reelaboração. Goya já era um observador crítico e mordaz da sociedade de sua época, quando se converteu involuntariamente em testemunha ocular das terríveis guerras entre a Espanha e a França (1808-1814), experiência amplamente tratada em sua vasta obra (GOYA, Francisco José de. *Saturno devorando a su hijo,* c.1820-1823).

Mas além de deuses, criaturas míticas, planetas e formas geométricas, em uma perspectiva mais mundana e pragmática o tempo também se tornou sinônimo de riqueza, poder e dinheiro, um bem precioso a não ser jamais desperdiçado. E aproveitando as formas circulares associadas à eternidade – mas podendo agora ser controlado pelos simples mortais, ou se converter em uma diabólica força dominadora – o tempo virou um relógio. Também virou sinônimo de esperança em um mundo melhor, de temor em relação a um mundo pior, ou ainda de conexão identitária, familiar e grupal com entes queridos (ou detestados) já desaparecidos e aqueles recém-despontados para a vida. O tempo seria ainda personificado por ou associado com forças da natureza, em incontáveis registros que sempre tomaram conta das artes plásticas, da literatura, do teatro, da música e do cinema.

Há cerca de trezentos mil anos, o *Homo heidelbergensis* realizava funerais no atual território da Espanha depositando objetos junto aos mortos, provavelmente pensando no futuro deles; e há pelo menos 45 mil anos, nossos ancestrais paleolíticos já faziam registros em paredes de cavernas da Indonésia – dez mil anos depois, também na América – baseados em suas experiências passadas, e possivelmente também de olho no futuro. Com outras linguagens, técnicas e vontades, somos perpetuadores dessas práticas.[13]

Assim, a humanidade sempre criou suas formas de tempo, nelas projetando valores e atitudes, mesclando passados, presentes e futuros. São algumas dessas histórias que o leitor encontrará a seguir. Pela mão segura da análise histórica, empreende-se um diálogo com outras disciplinas e saberes como a sociologia, a antropologia, a filosofia, a história da arte, a psicanálise, a economia, os estudos literários e a história das religiões. Há espaço aqui também para as chamadas ciências da natureza: afinal, se por meio delas é possível pensar realidades temporais gigantescas e que reduzem o homem a uma mera e quase insignificante partícula do cosmos, ou realidades em escala tão reduzida como a das partículas atômicas, nas quais o tempo parece ínfimo ou inexistente, tais ciências, com suas concepções de tempo contextualizadas e historicamente situadas, não deixam de ser, à sua maneira, também ciências humanas. Se a natureza cria seus próprios tempos, são homens e mulheres que se encarregam de descobri-los, de recriá-los, e de torná-los históricos; se encarregam até mesmo de pensá-los como independentes da humanidade.

O debate que contrapõe um tempo da natureza supostamente físico, objetivo e inumano, a um tempo dependente de sua concepção humana, logo subjacente à própria condição humana, é antigo. No século V a.C., o filósofo grego Antífono entendia que o tempo não possuía uma definição substantiva, sendo um conceito abstrato ou tão somente uma forma de medir a duração de algo. Dois mil anos depois, o sociólogo alemão Norbert Elias enxergaria a prevalência do tempo dos homens sobre o tempo da natureza: "parece que essa concepção superou amplamente sua contrária. Ela afirma, em linguagem simples, que o tempo é uma espécie de forma inata de experiência, ou seja, um dado inalterável da natureza humana".[14] *Um dado inalterável da natureza humana*: isto é, que se altera de acordo com a história. Pois o tempo da natureza, mesmo quando pensado para além da humanidade é, também ele, um *tempo da história*.

Já era essa, de certo modo, a posição de do filósofo espanhol José Ortega y Gasset, quando afirmava em 1944 que o homem não tem natureza, mas tem história, e que "o fracasso da razão física deixa o caminho livre para a razão vital e histórica".[15] Esse tipo de pensamento era favorecido pela Segunda Guerra Mundial, auge de uma era da catástrofe potencializada pela crença cega e desenfreada na bonança do desenvolvimento tecnológico e no aperfeiçoamento da razão científica. Escrevendo no mesmo ano que o filósofo espanhol, Marc Bloch novamente vem em nosso auxílio: "realidade concreta e vivida, submetida à irreversibilidade de seu impulso, o tempo da história [...] é o próprio plasma em que se engastam os fenômenos e como o lugar de sua inteligibilidade."[16]

O que Bloch chama de *tempo da história* pode ser entendido como a síntese dos *muitos tempos da história*. Afinal, como já observamos, uma mesma sociedade possui várias dimensões, cada uma com seus ritmos próprios de existência e transformação; logo, possui não apenas um, mas vários tempos, e todos ao mesmo tempo. Essa simultaneidade de tempos é uma premissa de qualquer análise histórica[17], e quem a realiza deve levar em conta que os fenômenos temporais de uma mesma sociedade estão sempre se modificando, interagindo uns com os outros, sendo criados, recriados e eliminados, e assim estabelecendo hierarquias recíprocas. As relações entre esses tempos simultaneamente existentes em uma mesma sociedade acabam por criar *estruturas temporais*, que estabelecem até onde pode chegar a ação de um indivíduo, mas jamais determinando-a por completo, jamais extinguindo a autonomia desse indivíduo. Uma estrutura temporal é uma espécie de "chão" onde uma sociedade pisa e se equilibra; ela é sempre internamente assimétrica (de acordo com as hierarquias de tempo nela encontradas), mas está sempre se movendo e se modificando no espaço e... no tempo! Essas modificações são resultado de uma mistura de condições naturais – ciclos astronômicos, tempos biológicos, recursos e catástrofes naturais – e ações humanas; ações estas, muitas vezes condicionadas por esses mesmos fatores naturais.[18] Portanto, essa é uma história também de tempos impostos como formas de dominação e de unificação de vontades sociais. É uma história não só de descobertas e consensos, mas também de conflitos e disputas.

Não um único tempo, mas muitos; não uma relação perfeita entre eles, mas hierarquias e relações de poder; e não um único ritmo de transformação, mas vários, e de origem natural e social. A observação dos tempos da história nos leva a mais uma síntese: eles podem, em determinados momentos e em determinadas circunstâncias, se *acelerar*, todos – ou quase todos – juntos.[19]

A aceleração dos tempos históricos é um fenômeno há muito diagnosticado pelos especialistas, que reconhecem sua incidência em várias ocasiões da história humana. São aqueles momentos estranhos em que um número significativo de pessoas sente que as coisas estão indo rápido demais em suas vidas; que dias, meses e anos misteriosamente parecem diminuir de tamanho; que grandes e inesperados acontecimentos estão ocorrendo ou prestes a ocorrer; ou simplesmente que a vida está passando mais rápido do que deveria. O passado parece cada vez mais distante. Porém, foram poucas as ocasiões em que esses sentimentos de aceleração do tempo transcenderam o indivíduo ou pequenos grupos e prevaleceram sobre o conjunto de uma sociedade, de modo a se tornarem não exceções, mas a regra. Este livro entende que uma dessas raras ocasiões começou a ocorrer entre fins do século XVIII e começos do XIX, e que, de certo modo, ela ainda se faz presente. No século XXI, nossa pluralidade de tempos continua em aceleração coletiva, sem dar sinais de diminuir seu ritmo.

Não é fortuito que o início dessa aceleração do tempo coincida, em termos cronológicos, com os primeiros sinais da Revolução Industrial, com o advento de grandes revoluções políticas, e com um vertiginoso aumento da população mundial. É muito difícil calcular essa população para épocas em que ninguém estava preocupado com isso, tampouco existindo meios para tal cálculo. Mas uma estimativa aproximada nos mostra que no Período Neolítico (doze mil anos atrás), a população mundial seria de cerca de dez milhões de pessoas; por volta do ano 3.000 a.C., de cem milhões; na época de Cristo, essa população talvez fosse 250 milhões, cifra mantida até o Ano Mil, crescendo e decrescendo em vários momentos posteriores até atingir 680 milhões em 1700, e um bilhão em 1800, quando começou a crescer de modo seguro e irrefreável. Em 1950, chegamos a dois bilhões e quinhentos milhões, em 2000 a seis bilhões, e apenas vinte anos depois, já somos mais de sete bilhões.[20]

No mundo todo, esse crescimento fez espaços se encurtarem, lugares e pessoas se aproximarem e suas vidas se acelerarem **(Gráfico 1)**. Todos juntos, esses movimentos contribuíram sensivelmente para uma brutal intensificação daquela globalização iniciada com a expansão colonial europeia em finais do século XV. Entre o período compreendido aproximadamente entre 1750 e 1850 se situa o empuxo definitivo de desenvolvimento e mundialização do sistema capitalista, e que em meio a grandes transformações em muitas outras dimensões da realidade que não apenas a econômica, terá enormes consequências para as formas de viver e pensar o tempo.

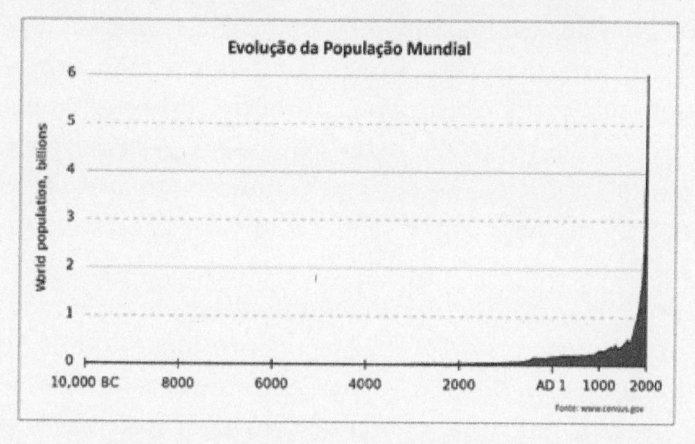

Gráfico 1. – As estimativas em torno da população mundial são fortemente imprecisas em grande parte da história. Mesmo assim, qualquer observação mostrará uma realidade indiscutível: um aumento progressivo, vertiginoso e sem precedentes na população mundial a partir do século XIX, em um padrão que se mantém atualmente. A pandemia de coronavírus que atingiu a humanidade em 2020 precisaria aumentar muito suas já consideráveis taxas de mortalidade para alterar esse padrão. Aumento da população, encurtamento das distâncias, aceleração do tempo (CENSUS. Evolução da população mundial, em bilhões. Disponível em: < https://www.census.gov/>. Acesso em 14 ago. 2021).

Estes e outros temas serão desenvolvidos ao longo deste livro, cujos capítulos têm vida própria só até certo ponto: pois eles jamais se separam por completo do conjunto que lhes dá sentido. Dedicados a temas específicos, eles têm sua própria cronologia (que, diga-se de passagem, também é um dos temas aqui tratados): em alguns casos, as maiores transformações terão ocorrido há dois mil anos; em outros, no final do século XIII d.C.; em outros ainda, nas últimas décadas do XX. Mesmo assim, todos os temas e capítulos, com suas histórias próprias, se encontrarão nesse grande ponto de convergência que começou a se estabelecer há cerca de 250 anos, e que impõe um limite entre nós e sociedades anteriores a isso: *um tempo mundial dominante*. Em outros aspectos, porém, esse limite não funciona, e formas de viver e pensar o tempo nos conectam com realidades muito mais antigas e ainda parcialmente em vigência.[21]

Para que as coisas fiquem menos abstratas, imaginemos a seguinte situação: uma pessoa qualquer que vive no mundo de hoje, com, digamos, quarenta anos de idade, e que tem expectativas de vir a ser mais velha. Durante a semana, ela acorda todos os dias às cinco da manhã, sai para trabalhar, almoça entre 11 horas e meio-dia, e vai dormir por volta de 10 horas da noite. Ela possui ritmos corporais ditados por seus relógios biológicos (cientistas acreditam que todos os mamíferos os possuem), diretamente conectados com os ciclos naturais da terra e do cosmo (o dia e a noite, o ano e suas estações, etc.). Mas essa pessoa precisa se submeter ao tempo matematizado do relógio, que é, também, parte do tempo do trabalho, da produção e do lucro. Nos fins de semana, pode dormir até mais tarde, encontrar tempo para se divertir (sortuda) com a família e amigos, disfrutando de tempos de lazer e descanso: durante os dois dias do fim de semana, a noite de sono se modifica, ganha duas horas a mais e mexe com seus relógios biológicos. Se ela for ao cinema ou ao futebol, assistir tevê, ler ou ficar enfiada no telefone celular, ganharão espaço os tempos da narrativa cinematográfica, do evento esportivo, do mercado de entretenimento e notícia, da novela literária e das redes sociais. Se ela praticar algum culto religioso, a eternidade e passados míticos também ganharão espaço. E tudo deverá voltar à rotina recomeçando-se a semana. Ou pelo menos até que seu cotidiano seja abalado por algum acontecimento inesperado: a morte de um parente, a notícia de um conflito militar em algum lugar do mundo, uma pandemia, uma nova oportunidade de trabalho ou a perda do emprego, etc. Em novembro ou dezembro, talvez ela se queixe que o ano "passou muito depressa", ou que ela "deveria reservar mais tempo" para outras coisas que não faz.

Trata-se de uma situação verossímil ao leitor? Caso positivo, quantos tempos diferentes coexistirão nessa experiência banal, todos eles pressionados por um tempo dominante, o tempo do trabalho, que se impõe sobre todos os demais, mas sem jamais eliminá-los por completo? E mesmo em uma época em que milhões de pessoas, por inesperadas circunstâncias históricas, foram obrigadas (ou deveriam tê-lo sido) a ficarem em casa, desacelerando uma parte de seus tempos, elas ainda se submetem a esse tempo do trabalho, que paradoxalmente acabou por dominá-las ainda mais. Sempre, em qualquer sociedade, vários tempos andam juntos e interagem, mas uns são mais poderosos do que outros.

Imagine agora que o leitor faz uma viagem, seja a trabalho ou de férias, dentro ou fora de sua cidade ou país; ou simplesmente que ele ande por seu bairro ou olhe através da janela de sua casa (desde que esta não ofereça apenas a vista da parede do prédio vizinho). Imagine agora que você, ao contemplar uma paisagem qualquer, decidisse tirar uma fotografia (provavelmente com seu telefone celular, tremendo acelerador de nossas experiências cotidianas), e que o resultado fosse uma imagem como a que segue **(Figura 5)**. Quantos tempos essa imagem é capaz de nos mostrar?

Figura 5. – Um exemplo dentre incontáveis outros: um olhar atento sobre qualquer quadrante da realidade humana e natural revelará um primeiro esboço da pluralidade simultânea dos tempos que constituem essa realidade. Neste caso, a cidade de Roma, vista a partir de algumas de suas antigas ruínas, mescladas com elementos da natureza, pessoas, edifícios de muitas épocas e artefatos mais recentes
(Roma, 2011. Foto do autor).

Em um primeiro plano, restos de construções, fundações e colunas remontam a diferentes momentos entre os séculos VIII e II a.C., embora possa neles haver algo ainda mais antigo. Ao fundo, ao centro, à esquerda e à direita, vemos edifícios construídos entre os séculos XV e XVIII, todos eles reformados posteriormente. Mais ao fundo, à direita, uma vasta construção branca da segunda metade do XIX, também reformada. Também há na imagem alguma vegetação, que remete a tempos lentos de uma natureza sempre em mudança. Finalmente, vemos uma grua, ao fundo à esquerda, o que indica um presente de pessoas trabalhando; e pessoas em todos os planos, desfrutando de uma viagem.

Mas não nos esqueçamos dos tempos de registro da foto. Ela foi feita no ano de 2011, com a tecnologia de uma câmera digital à época relativamente simples, em uma ensolarada manhã de primavera em um país mediterrâneo da Europa. O tempo principal aqui é esse: o de produção da fotografia, que condiciona todos os demais nela presentes. Inclusive o tempo do espectador, de seu olhar potencialmente variável e interminável que, como nos ensina Jacques Aumont, tipifica a fruição das imagens no mundo moderno.[22] Imagine então quantos outros tempos surgirão à medida em que o leitor incluir em sua fotografia pessoas de idades variadas, paradas ou movendo-se, automóveis e máquinas de diversos modelos, cartazes e faixas com diferentes registros linguísticos, e ainda distribui-la para seus seguidores em redes sociais, cada qual com seus muitos olhares, a contemplá-la em uma noite fria e chuvosa de 2021, ou em uma manhã quente e ensolarada de 2057.

Foi assim que a ideia de escrever este livro surgiu: com seu autor contemplando realidades do mundo atual em algumas de suas muitas portas de entrada, aceleradas ou não, tentando entendê-las com o olhar de um historiador acostumado com a pluralidade de tempos que constitui todos os processos humanos. Conectando passados e presentes, imaginando futuros.

*

Da contemplação à obrigação. Este livro começou a ser concebido em 2001, quando li pela primeira vez o grande livro de Reinhart Koselleck, *Futuro passado*. Com ele na cabeça, e com o posterior empurrão de *O tempo na História*, de Gerald J. Withrow, comecei a estudar uma ampla matéria que, aos poucos, foi ganhando unidade e coerência. Em 2013, 2014, 2017 e 2021, a estrutura geral do livro foi testada sob o formato de uma disciplina de graduação em História na Universidade de São Paulo, intitulada "História Social do Tempo", em que encontrei alunos – nem todos, claro – interessados, dedicados e estimulantes; nessas quatro ocasiões, o apoio técnico de Sarah Tortora Boscov, Mariana Leão Silva, Júlia Zanardo Grespan, João Gabriel Covolan Silva e Larissa Albuquerque foi fundamental no recolhimento de materiais didáticos, muitos dos quais acabaram sendo incorporados a este livro. Agradeço também aos amigos Airton Eiras, Júlio Pimentel Pinto, Rodrigo Blum e Márcia Cymbalista pelo encorajamento a uma abordagem interdisciplinar do tema, respectivamente, com a Física, a Literatura, a Psicanálise e a História da Arte.

A escrita deste livro se deu ao longo de dezoito meses dos difíceis anos de 2020 e 2021. Por isso, os agradecimentos que se seguem são dirigidos a pessoas que, em meio a suas próprias e acrescidas dificuldades, encontraram tempo e disposição para me ajudar. Os eruditos professores Lucas Giron e Paulo Martins esclareceram e corrigiram termos e passagens originalmente em latim e em grego. O professor Renan Milnitsky revisou todo o capítulo 7, relativo aos tempos das ciências da natureza. Meus colegas e queridos amigos de Departamento de História da USP, Rafael Marquese e Júlio Pimentel Pinto, leram e anotaram a introdução e os seis primeiros capítulos, enquanto Ana Paula Tavares Magalhães e Miguel Soares Palmeira me auxiliaram, respectivamente, com passagens relativas à Idade Média e às filosofias da história. Fábio Franzini, um amigo muito especial, revisou e corrigiu os capítulos 5 e 6, enquanto Rafael Fanni, Luís Otávio Vieira, Eduardo Kickhöfel e meu irmão Pedro Paulo Pimenta contribuíram com diversos outros pontos relativos à filosofia, à sociologia e às ciências da natureza. Eventuais e persistentes erros e distorções, evidentemente, são de minha inteira responsabilidade, e a todas essas pessoas apenas posso creditar meus reiterados agradecimentos.

O LabMundi-USP, grupo que coordeno junto com Alexandre Moreli, Rafael Marquese e Felipe Loureiro, provê um ambiente intelectual do qual este livro é devedor, assim como o grupo Iberconceptos III (com financiamento do Ministerio de Economía y Competitividad del Gobierno de España, e da Universidad del País Vasco), coordenado por Javier Fernández Sebastián, e no qual há anos convivo e aprendo com colegas como Fabio Wasserman, Guillermo Zermeño Padilla, Francisco Ortega e Gabriel Entin. Agradeço também à FAPESP, cujo projeto de pesquisa 2012/08824-0 esteve associado à elaboração deste livro; ao CNPq, cuja bolsa de produtividade em pesquisa o envolveu em seus anos finais; a César Augusto Atti, pela pesquisa iconográfica final; aos funcionários da biblioteca da Faculdade de Saúde Pública da USP, pelo acesso a importantes materiais; e a Marco Pace e à editora Almedina, sempre incentivadores e dispostos a prorrogar até o limite do bom senso a entrega dos originais. Em um tom mais pessoal, gostaria ainda de agradecer a István Jancsó (*in memoriam*), Andréa Slemian, Paula Braga, minha mãe Selma e meu filho Vinícius por, em diferentes momentos e de diferentes maneiras, terem estado junto a este livro antes mesmo dele existir.

CAPÍTULO 1
AS SOCIEDADES E OS CICLOS DA NATUREZA

OLHANDO PARA OS CÉUS

Quantas pessoas hoje em dia são capazes de olhar para cima e, de uma observação dos céus, extrair algo de imprescindível à sua sobrevivência? Ou entender leis de funcionamento da natureza, formular conceitos filosóficos, ou aprender sobre a história da humanidade? Muita gente continua a olhar para os céus, é verdade, mas quase sempre apenas para saber se vai chover ou fazer calor, ou para reparar em um avião, helicóptero ou passarinho. Nas iluminadas cidades do século XXI, onde se concentra 80% da população de nosso planeta (na Europa e nos Estados Unidos essa porcentagem chega a 99%), sequer é possível enxergar à noite algo além de algumas nuvens ou, na ausência delas, a Lua, uma ou outra estrela (talvez Sirius, a mais brilhante para nós), um ou outro planeta (provavelmente Vênus) **(Figura 1.1).**

À parte habitantes de zonas rurais do planeta, astrônomos profissionais ou amadores, e indivíduos em busca de inspiração poética, a maioria das pessoas não é capaz de fazer do firmamento mais do que um cenário banal de suas vidas cotidianas. Por isso, talvez não devesse ser surpreendente que, no Brasil de 2020, pesquisas mostrassem que o número de seres que acreditavam que a Terra é plana poderia chegar a onze milhões, um contingente formado principalmente por pessoas de baixa escolaridade, cristãos e usuários frequentes de redes sociais.[23]

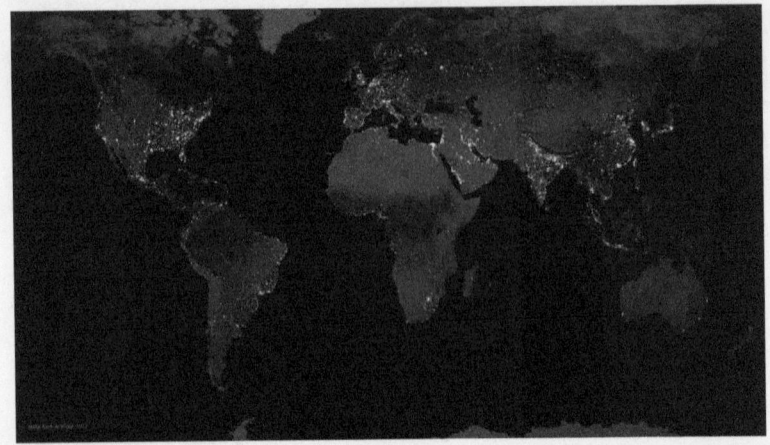

Figura 1.1. – Esta bela composição foi feita a partir de fotografias realizadas pelo satélite Suomi NPP, da NASA, nos meses de abril e outubro de 2012, e mostra como seria a superfície da Terra caso fosse possível, momentaneamente, apagar o Sol e mergulhá-la em uma noite global. As luzes observadas correspondem a grandes aglomerações urbanas, que concentram a maior parte da população do planeta. Em termos de áreas geográficas, ¾ do mundo ainda é muito escuro à noite, mas não para a imensa maioria de seus habitantes (NASA, *The Earth at Night*. 2017).

Mas durante milhares de anos, a observação dos céus foi uma questão de sobrevivência para a humanidade. Interpretando seus sinais e seus movimentos, homens e mulheres aprenderam a plantar, colher (a agricultura começou a ser praticada no Neolítico, por volta de 12.000 a.C.), se aquecer, se preparar para intempéries futuras, lidar com a geografia do planeta (e sua forma esférica), sobreviver aos perigos da noite e desenvolver tecnologias que julgaram necessárias e desejáveis em suas vidas. Em suma: aprenderam a domesticar a natureza e usá-la a seu favor. Observando os céus, a humanidade também desenvolveu suas primeiras ideias de tempo: concebeu o tempo, começou a matematizá-lo, tentou controlá-lo. Logo, passou também a desenvolver e praticar sistemas religiosos de pensamento.

A Revolução Industrial dos séculos XVIII e XIX, com suas gigantescas transformações tecnológicas de impacto global, alterou profundamente esse cenário, mas sem destruí-lo por completo. Os ciclos da natureza passaram a ser mais bem controlados, por vezes até mesmo ignorados: a luz elétrica foi diminuindo a escuridão no planeta; refrigeradores e aquecedores foram amenizando as intempéries climáticas; estufas, produtos químicos e técnicas de produção industriais atenuaram as estações do ano; e máquinas que podiam trabalhar de dia e de noite começaram a submeter os trabalhadores aos seus ritmos desumanos. Até mesmo grandes catástrofes naturais, como tempestades, nevascas, furacões, erupções vulcânicas e terremotos puderam ser potencialmente controlados.* No século XXI, somos herdeiros diretos dessas transformações, algumas das quais extremamente benéficas para a humanidade, outras nem tanto. Somos também portadores de um paradoxo: pois se nossa sociedade certamente é, em toda a história, a menos sensível aos ciclos da natureza, ela é profundamente marcada pelo uso de calendários, que são resultado direto de antigas observações desses ciclos. Também somos, sem dúvida, a sociedade mais noturna que jamais existiu.

DIAS E HORAS

As primeiras e mais básicas *noções* de tempo surgem a partir de experiências tão elementares como sentir frio ou calor, perceber a escuridão e a claridade, ou sofrer com a demora da chegada à boca do alimento ou do seio da mãe. Já as primeiras *concepções* de tempo, mais bem elaboradas, surgem da observação de intervalos de ocorrência de um mesmo fenômeno, ou de dois fenômenos comparáveis. A marcação desses intervalos nunca foi necessariamente contínua, progressiva ou acumulativa; ela sempre pode ser feita ao sabor de vontades coletivas variáveis. Essa marcação é, assim, uma mescla de processos físicos e culturais que determinam o que pode e o que deve ser feito em relação a

---

* O que não significa um controle universal. Em 2011, um terremoto de magnitude 9,1 na escala MMS atingiu o Japão, um dos países mais ricos do mundo, deixando cerca de dezoito mil mortos; um ano antes, um terremoto de magnitude menor (7,0), ocorrido no Haiti, um dos mais pobres do mundo, matou duzentas mil pessoas.

eles.[24] Os ciclos da natureza sempre ofereceram tais intervalos e tais ocorrências.

O ciclo mais fácil de se observar é também aquele mais impactante em nossa vida cotidiana: o nascer e o pôr do Sol, que definem o dia e a noite, a luz e a escuridão, o calor e o frio. No plano simbólico, esse ciclo pode ter muitos significados: a vida, a morte e o renascimento; a alegria e a tristeza; a coragem e o medo; o bem e o mal; o trabalho e o repouso. Embora a maioria das pessoas considere que o dia possui simplesmente 24 horas, e viva-o dessa maneira, com a tecnologia hoje disponível sabemos que o intervalo observado na superfície terrestre entre o nascer e o pôr do Sol é provocado pela combinação de dois movimentos: o da Terra ao redor de seu próprio eixo, e que dura – segundo nossas atuais unidades de tempo – 23 horas, 56 minutos, 4 segundos e 9 centésimos; e também o movimento orbital da Terra ao redor do Sol. Até aqui, estamos tratando de nossas definições, respectivamente, de *dia* e de *ano*. Mas como o eixo da Terra possui uma inclinação de sua posição em relação ao Sol, a combinação desses dois movimentos cria ao longo de um ano conjuntos de dias com características climáticas semelhantes. São as *estações*.[25]

Não cansaremos de repetir: essas são *nossas* definições e *nossas* medidas, às quais correspondem outras, como *horas, minutos, segundos,* e todas as combinações e equivalências daí derivadas. Nem sempre, porém, as coisas foram assim.

No antigo Egito (c.3.100-c.30 a.C.), onde os faraós eram identificados com o Sol, o dia costumava começar com a aurora. Já na Babilônia anterior à sua conquista pelo Império Aquemênida em 539 a.C., os dias começavam com o pôr do sol, costume adotado mais ou menos à mesma época também pelos gregos. Os hebreus herdaram tal prática de babilônios e gregos, o que provavelmente explica o dia litúrgico cristão – isto é, o período de realização de rituais formais – que existiria na Idade Média, também iniciando-se com o pôr do sol, e posteriormente seguido por sociedades muçulmanas a partir do século VII d.C. Ou seja, para muitos povos durante séculos, o dia era iniciado por um fenômeno natural.

Eram os fenômenos naturais que definiam o que era o tempo, e não o contrário.

O dia arbitrariamente iniciado à meia-noite, tal qual o perpetramos hoje – muçulmanos e judeus praticantes mantêm o costume de iniciá-lo com o pôr do sol – tem uma origem nos antigos romanos. Vivendo entre eles, o historiador grego Plutarco (46 d.C.-126 d.C.), um investigador de costumes e tradições dos povos, se perguntava de onde viria hábito tão estranho. Pouco mais de cem anos depois, em 238 d.C., o escritor latino Censorinus já distinguia *dies naturalis* (dia natural) de *dies civilis* (dia civil): o primeiro seria o dia da luz do Sol; o segundo, um dia que incluía a luz do Sol mas também a noite, e começava no meio desta. No século VII, a Europa medieval conheceu uma modificação aparentemente bizarra, com o *dies naturalis* passando a ser o dia de um período fixo, enquanto o dia da aurora e da claridade virou o *dies artificialis* (dia artificial). A tendência parece ter sido a de estabelecer o *dies naturalis* começando ao meio-dia, mas mesmo assim havia variações. Por exemplo: quando em Veneza o dia estava começando, ao meio-dia, em Basel (na atual Suíça) já era uma hora mais tarde. Nos séculos XV e XVI, os incas da América do Sul indicavam o meio-dia, mas ao que parece só distinguiam dois períodos: dia e noite.[26]

Somente muito depois, precisamente em 01 de janeiro de 1925, houve a unificação mundial do dia à meia-noite, definido por um acordo internacional. Por que só então? Porque a verdadeira reivindicação por um tempo mundial uniforme era relativamente recente, e as dificuldades de se estabelecê-lo não eram poucas.

O processo lento e sinuoso de definição mundial do que seria um *dia* remonta ao fim do século XVIII, com a mensuração das longitudes globais, e adentra ao século XIX, com a divisão do mundo em horas por regiões relativas umas às outras. Trata-se de uma consequência do desenvolvimento do capitalismo industrial, do comércio de longa distância e de novas tecnologias de transportes e comunicação que, em associação com o imperialismo europeu, demandavam cada vez mais tempos sincronizados entre diferentes partes do mundo. E mesmo então, muita gente ainda começava seu dia com o arcaico canto do galo, ou com o novíssimo apito do trem. Antes disso os dias eram contados, medidos, concebidos e vividos de acordo com cada sociedade particular; em comum a todas elas, o fato de basearem-se no ciclo natural oferecido pela posição da Terra em relação ao Sol, agregando-lhes critérios próprios de cada uma.

As *horas* surgiram não de ciclos da natureza, mas de vontades sociais de subdivisão do dia e da noite, seja para assinalar seus inícios, seja para organizar tarefas rotineiras específicas ou ainda separar momentos de trabalho, de culto e de descanso. Mesmo assim, as horas nem sempre foram necessárias. Em relação aos dias, as horas são mais importantes em momentos em que o tempo se acelera, parece correr demais, ou, na contramão, quando se desacelera e tarda a passar. Elas são, como muitos outros tempos, distorcidas por estados de espírito humanos, como declarou Ross, um dos personagens de *Machbeth* (c.1603), a tragédia de Shakespeare (c.1603):

> "Ah, bom pai,
> Vês como o céu, perturbado com os atos humanos,
> Ameaça este palco sangrento. Pelo relógio é dia,
> Mas a noite escura ainda sufoca a lâmpada ambulante.
> É a predominância da noite ou a vergonha do dia
> Que sepulta a face da Terra na escuridão
> Quando a vívida luz deveria beijá-la?"[27]

Minutos, segundos e centésimos quase nunca foram importantes na história, e só recentemente, com a aceleração generalizada do tempo desencadeada a partir de fins do século XVIII, é que passaram a ser consideradas medidas realmente dignas de nota.

Com o auxílio de relógios de sol e medidores de posições dos astros e constelações, alguns povos da antiga Mesopotâmia* dividiam dias e noites arbitrariamente em três horas, eventualmente subdivididas em quatro. No Egito faraônico, os dias claros eram divididos também arbitrariamente em dez períodos, outros dois eram reservados ao entardecer, e doze para a noite escura; e todas as horas tinham nomes e qualidades a elas associadas. Os antigos gregos e romanos tinham variadas divisões do dia, mas as 24 partes se fizeram presentes em vários momentos, como na Grécia do período helênico (323 a.C.-146 a.C.); os romanos por vezes dividiam a noite em quatro partes, e não em doze.

As vigílias noturnas chegaram à cristandade medieval, e foram fixando nosso costume de 24 horas do dia, mas sempre com adaptações. Assim definiam-se também tarefas litúrgicas praticadas em mosteiros e conventos, cujos nomes em latim foram se transformando em nomes de horas, as chamadas *horas canônicas*. Os monges beneditinos estabeleceram o costume mais bem regrado – que logo se espalharia por toda a cristandade – com a Regra de São Bento, de 530 d.C., que afirmava que "a ociosidade é inimiga da alma. Por isso, os irmãos devem estar ocupados a determinadas horas no trabalho manual e de novo a horas fixas na leitura das coisas de Deus". Primeiro, haveria uma hora noturna e seis horas diurnas, que depois viraram sete (totalizando 8 horas), cada umas das quais associada não a uma tarefa específica, mas a um tema, que por seu turno inspirava essa tarefa: *Matinas,*

---

* *Mesopotâmia* era a palavra usada pelos antigos gregos para designar a região compreendida entre os rios Tigre e Eufrates e suas adjacências, e que atualmente corresponde a uma parte do Iraque. Por muitos séculos, e em diferentes momentos, nela viveram povos sedentários e nômades cujos nomes muitas vezes se confundem com as línguas que falavam: *sumérios, acadianos, amoritas, arameus, caldeus, cassitas, gútis, assírios* e *babilônios*, entre outros. Tamanha diversidade não deve ser reunida genericamente sob esta última designação, que é também a de sua mais conhecida cidade: a Babilônia (LEICK, Gwendolyn. *Mesopotâmia*, p.13-14). Mario Liverani reúne todos esses povos – e mais alguns – sob a designação de *Antigo Oriente Próximo* (LIVERANI, Mario. *Antigo Oriente*, p.33 e segs.).

Laudes, Prima, Tertia, Sexta, Noa, Vesperas, Completas. Para os que seguiam tais práticas, o dia era dividido não em minutos, mas em momentos dedicados à devoção e ao trabalho, segundo as estações mais frias e mais quentes do ano.[28] O capítulo 48 da Regra de São Bento prescrevia:

"Da Páscoa às calendas de outubro, quando saem de manhã à hora prima, que trabalhem tudo o que for necessário até cerca da quarta hora e, desde a quarta até cerca da sexta, que se entreguem à leitura. Depois da sexta hora, tendo deixado a mesa, que descansem nas suas camas em perfeito silêncio; ou se por acaso alguém deseja ler, que leia para si próprio de maneira a não incomodar ninguém.

Que a Nona seja dita de preferência cedo, a meio da oitava hora, e que voltem de novo a fazer o trabalho que tem de ser feito até as Vésperas [...].

Desde as calendas de outubro até o princípio da Quaresma, que se entreguem à leitura até ao fim da segunda hora. Na segunda hora que seja dita a Terça e então que todos laborem no trabalho que lhes for designado, até a Nona. Ao primeiro sinal da Nona, que todos larguem o seu trabalho e se aprontem para o soar do segundo sinal. Depois da refeição, que se entreguem à leitura ou aos salmos.

Nos dias da Quaresma, desde a manhã até ao fim da terceira hora, entreguem-se à leitura e, daí até ao fim da décima hora, que façam o trabalho que lhes for designado. E nestes dias da Quaresma cada um receberá um livro da biblioteca que será seguido do princípio ao fim. Estes livros devem ser dados no princípio da Quaresma".[29]

A partir do século VIII d.C. os muçulmanos, possivelmente influenciados pelo costume cristão, começaram a fazer mais ou menos a mesma coisa: dividiram o dia primeiro em duas orações (*salat*), sempre convocadas publicamente; tempos depois, acrescentaram mais três, totalizando cinco. E o fato dessas orações deverem ser sempre voltadas na direção de Meca implicou, ao menos nos primeiros anos do Islã, o manejo de uma apurada leitura dos céus.[30]

A organização das horas canônicas entre os cristãos faria surgir os *livros de horas*, pequenos livros de instrução religiosa e ordenação temporal muito populares no final da Idade Média. Tais objetos, de fabricação artesanal, continham trechos da Bíblia, orações e outros textos devocionais, bem como calendários do ano divididos em doze meses. Cada mês era representado em uma folha, em geral associado a alguma tarefa agrícola, às vezes também ao zodíaco, sendo que os dias de cada mês eram assinalados de acordo com sua correspondência a um santo ou festividade religiosa (os mais importantes eram gravados em vermelho ou dourado). Ricamente adornado por ilustrações chamadas *iluminuras*, os livros de horas eram quase sempre escritos em latim, embora alguns trechos pudessem estar em outros idiomas também **(Figura 1.2)**.

Tais curiosos objetos começaram a surgir na Europa em fins do século XII e começos do XIII, sendo Paris e a região da Flandres (atuais Holanda e Bélgica) os principais centros de sua produção; em Portugal, seu auge correspondeu aos reinados de D. Manuel (1495-1521) e D. João III (1521-1557). Por todo continente, eram encomendados primeiro por famílias reais e nobres, mas a partir de fins do século XIII eles se popularizaram, e chegaram até as primeiras décadas do século XVI constituindo-se em espécie de *best-sellers* da Europa medieval e Renascentista.[31]

Figura 1.2. – Marcação de horas, dias e meses regulando práticas devocionais e o trabalho, e criando concepções de tempo que, na Europa cristã, conectavam o sagrado ao profano, símbolos do tempo, o zodíaco e cenas cotidianas. Aqui, uma folha do mês de outubro de um livro de horas do século XV, feito pelo holandês Pol de Limourg (*Très Riches Heures du Duc de Berry*, c. 1416). Musée Condé, Chantilly, France.

Reflexo de uma nova forma de pensamento europeu em ascensão na Idade Média, os livros de horas, muitas vezes portáteis, permitiam que o indivíduo praticasse sua devoção durante viagens ou no espaço da família e da intimidade, sem precisar, portanto, ir à igreja. Assim, ele passaria a se comportar à exemplo de alguns dos personagens figurados no livro: ajoelhando ou de pé, simulando e adentrando aos cenários mostrados pelas iluminuras.

Tais livros eram executados sob encomenda especificamente para um indivíduo, e por isso costumavam trazer marcas pessoais em alguns textos ou imagens que podiam ser os de preferência de seu dono, ou davam destaque a algum santo de sua particular devoção.[32] Tratava-se de uma individualização de uma experiência religiosa e de uma experiência do tempo, que doravante podia ser vivido não mais apenas em espaços públicos, mas também no mundo doméstico. Esse esboço de uma esfera privada do tempo criada pelos livros de horas se mostrará decisivo para o desenvolvimento de calendários; também de relógios mecânicos, que estavam surgindo na Europa mais ou menos à mesma época dos livros de horas, e que depois se converteriam em pequenos objetos de uso privado, e não mais somente de uso público, como eram no começo.

Bem se vê que, à exemplo da história dos dias, a história das horas nem sempre foi de uniformidade e padronização. Por que as divisões do dia deveriam ser iguais entre si, ou válidas para diferentes partes do mundo, se esse mundo durante muitos séculos não foi um só?

As Grandes Navegações europeias de fins do século XV levaram à busca pela determinação de distâncias e de tempos reguladores das viagens oceânicas. O estabelecimento das latitudes – isto é, das distâncias globais percorridas entre o norte e o sul – foi logo resolvido, mas o das longitudes – as distâncias entre leste e oeste – não. Os métodos mais facilmente disponíveis aos navegantes eram os baseados na observação dos céus, a olho nu ou com o uso de instrumentos. No entanto, para viagens mais longas, como a de Vasco da Gama, de Portugal à Índia (1497-1499), ou a impressionante viagem empreendida por Fernão de Magalhães e Sebastián El Cano que, partindo da Espanha, deu uma volta completa ao globo (1519-1522), as imprecisões desses métodos podiam ser excessivamente comprometedoras. Uma viagem oceânica nunca se fazia apenas cruzando latitudes ou longitudes, mas em uma mescla de sentidos e direções para cujo cálculo, ademais, havia que se considerar a inclinação da Terra sobre seu eixo e as diferenças do céu quando observado a partir do hemisfério norte ou do hemisfério sul.

Desde então, várias foram as tentativas de desenvolvimento de cronômetros que estabelecessem coordenadas longitudinais seguras, em uma história que também acompanhou a do desenvolvimento de relógios mecânicos cada vez mais precisos, portáteis e adaptados a navegações. E embora os créditos pela invenção do cronômetro marítimo, que permitiu um primeiro estabelecimento preciso das latitudes, caibam costumeiramente ao inglês John Harrison, que entre 1735 e 1762 criou e aperfeiçoou vários modelos eficientes, trata-se de um típico caso de desenvolvimento tecnológico coletivo.[33]

Raramente, grandes invenções são produto único e exclusivo de uma mente supostamente genial; quase sempre, ao contrário, elas dependem de ambientes sociais favoráveis à criatividade, à competição e à colaboração, e invariavelmente atendem a interesses sociais capazes de estimulá-las. Se não fosse assim, a invenção seria uma simples excentricidade, e não um artefato cultural importante. Como bem afirmou David Landes, quase sempre a necessidade é a mãe da invenção.[34] No caso do cronômetro marítimo, coroas europeias vinham estimulando sua invenção em várias ocasiões desde o século XVI, oferecendo grandes recompensas aos inventores cujos erros e fracassos foram levando a posteriores acertos e sucessos. Há muitos casos de invenções que merecem ser creditadas simultaneamente a várias pessoas, ao invés de uma única (além do cronômetro marítimo, o avião é outro belo exemplo disso).

Não foi à toa que o grande, desordenado e duradouro movimento coletivo de estabelecimento das horas do mundo – progressivamente também de suas subdivisões em minutos e segundos – teve como primeiros protagonistas espanhóis, portugueses e italianos, que no século XVII foram cedendo lugar a holandeses, franceses e ingleses. Tal alternância de personagens corresponde às próprias mudanças de posições na competição interestatal europeia. Por volta de 1825, quando a Grã-Bretanha já era a grande potência hegemônica mundial, todos os navios de sua Real Marinha contavam com cronômetros precisos a bordo.[35] Uma vez dominadas latitudes e longitudes, e dispondo-se de cronômetros de alto rendimento em navegações longas, o mundo pode, finalmente, obedecer a demandas do capitalismo em expansão, e se submeter a uma divisão global de horas devidamente padronizadas, subdivididas e relativas umas às outras.

Se nos séculos XV e XVI as grandes navegações oceânicas criaram vontades de definição de latitudes e longitudes, no século XIX a enorme aceleração do tempo do mundo associado às ferrovias, à navegação a vapor e ao telégrafo criou uma demanda por horas globais. As relações espaço-temporais entre as regiões do mundo foram brutalmente reconfiguradas. Na Grã-Bretanha industrial, a ferrovia já era uma realidade em 1825, mas em outros países só depois: a França começou a construir linhas férreas na década de 1840, enquanto Brasil e Portugal apenas na década seguinte; na China, onde tal tecnologia era vista por muitos habitantes como promotora de uma desarmonia entre homem e natureza, as ferrovias só pegaram para valer no final do século. Em vários países, companhias ferroviárias foram elaborando mapas de espaços a serem percorridos e tempos a serem vencidos; algumas dessas companhias estabeleciam postos telegráficos ao longo das linhas férreas, coordenando as horas de passagem dos trens (**Figura 1.3**). Na perspicaz observação de Jacques Aumont, os novos espaços-tempo das ferrovias são também, e pela mesma época, os do nascente cinema, onde um outro tipo de viajante, imóvel, experimenta uma experiência semelhante: um encurtamento de espaços e uma aceleração do tempo igualmente assentados na máquina.[36]

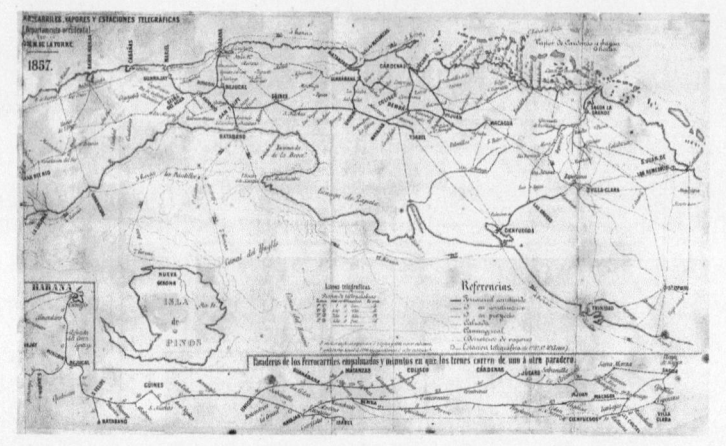

Figura 1.3. – Fuso-horários em construção, primeiro no interior de países, logo entre eles. Elaborado por José Maria de la Torre e impresso nos Estados Unidos em 1857, este mapa mostra a porção ocidental da ilha de Cuba, pujante região produtora de açúcar. Diferentemente de mapas de séculos anteriores, que indicavam preferencialmente recursos naturais, este indica ferrovias, barcos a vapor, estações telegráficas, tempos e espaços entre eles, tudo com grande minúcia. A economia, o trabalho e a produção dependem de tempos cada vez mais acelerados, coordenados em um espaço cada vez mais encurtados. (DE LA TORRE, José Maria "Mapa do Departamento Ocidental de Cuba". In: TOMICH *et al. Reconstructing the Landscapes of Slavery.* Chapel Hill: The University of North Carolina Press, 2021, p.50).

O Real Observatório de Greenwich tinha sido fundado nos arredores de Londres em 1675, em meio ao despontar da Inglaterra como grande potência comercial europeia. Mas somente em 1851 ele começou a se tornar o centro de referência da hora mundial, quando lá foi estabelecido um meridiano longitudinal com coordenadas precisas. A Nova Zelândia adotou-as em 1868. Os Estados Unidos criaram um sistema de horas em 1883, o que levou à reunião, em outubro do ano seguinte, da Conferência Internacional do Meridiano em Washington, e que estabeleceu a hora de Greenwich como "hora zero" do mundo (os outros observatórios concorrentes eram os de Paris, Berlim e Washington, mas houve quem propusesse meridianos também no Estreito de Behring ou nas ilhas dos Açores). Nesse momento, telégrafos submarinos já conectavam a Europa e os Estados Unidos a muitas partes das Américas Central e do Sul, à Índia, ao Japão e à Nova Zelândia. Todo o mundo unificado pelo tempo? Ainda não. A França, por exemplo, foi inicialmente contrária à medida, e só a duras penas seguiu-a em 1911. O Brasil foi na cola: aqui, a hora e a longitude de Greenwich foram adotadas com a lei 2.784, de 18 de junho de 1913.[37] E foi a partir dessa longitude o' que o mundo foi dividido em fuso-horários, através de linhas de norte a sul, de polo a polo, sendo que as regiões nela contempladas deveriam compartilhar a mesma hora. O acordo internacional de 1884 criou também a linha internacional da data que, no Pacífico, corta a Nova Zelândia e a região russa de Tchukotka (as duas, porém, "driblando" a perfeição das linhas retas, se mantêm dentro da mesma data que os fusos imediatamente anteriores).

Como sempre ocorre ao longo da história, a natureza não impôs todas as suas vontades aos homens e mulheres, que continuaram adaptando-a às suas necessidades e escolhas. As linhas de fuso-horários não são perfeitas, e dependem de decisões políticas e nacionais específicas. Na Nova Zelândia, todo o país está na mesma hora, incluindo o arquipélago de Tokelau – que corre o risco de desaparecer, inundado em consequência do aquecimento global – enquanto as ilhas Chatham estão 45 minutos atrasadas em relação ao resto do país. A China poderia ser cortada por vários fuso-horários, mas lá há apenas um em vigência; já a Rússia não viu problemas em ter várias horas diferentes, e possui onze delas. Na Índia, a hora em relação aos demais países não muda em intervalos de 60 minutos, mas de 30. E Portugal, que em termos puramente geográficos deveria estar atrasado em uma hora quanto à Inglaterra, tem o mesmo fuso horário, enquanto partes da Espanha e da França, que por esse mesmo critério deveriam estar no fuso inglês, estão adiantadas em uma hora. Em alguns países, as horas são contadas preferencialmente de 1 a 24, enquanto em outros prevalece a contagem em grupos de doze. Ingleses e norte-americanos manejam seu esquema *a.m./p.m.* (antes e depois do meio-dia), que é mais uma invenção daqueles terríveis romanos antigos: o *tempus antemeridianum* e o *tempus pomeridianum.* Já brasileiros e portugueses gostam de nomear suas horas em referência a *manhã, tarde* e *noite.*[38]

As horas podem mudar em certas épocas do ano: em muitos países é costume adotar-se o momentâneo "horário de verão", quando

relógios são adiantados em uma hora para, durante algumas semanas, haver maior aproveitamento da luz solar e consequente
economia de energia elétrica. Esse horário foi implementado pela
primeira vez por Alemanha, Império Austro-Húngaro, Holanda
e Grã-Bretanha durante a Primeira Guerra Mundial (1914-1918), e
a despeito de suas benesses para países cujas energias estavam
literalmente tomadas pela guerra, muita gente protestou, acreditando que estava "perdendo" uma hora, e que com o adiantamento dos relógios algo precioso lhes estava sendo surrupiado.[39] E até
hoje há quem apaixonadamente aprove ou desaprove o horário
de verão em seu país, seja lá por quais motivos.

Como se o tempo fosse uma coisa em si! Um objeto precioso, sagrado, ou mesmo sinônimo de dinheiro. Como antídoto aos
efeitos deletérios que a prática de tal concepção possa acarretar
às nossas pobres vidas, vale lembrar o caso da antiga língua espanhola, onde a palavra *siesta* indicava a sexta hora do dia, em
um termo que até hoje designa o saudável hábito anticapitalista
de se tirar uma soneca depois do almoço, típico da Espanha e de
alguns países americanos que dela se tornaram independentes
no século XIX. O hábito se observa também em lugares quentes
como Índia, Bangladesh, Vietnã, partes da China, sul da Europa,
norte da África e Oriente Médio.

ANOS, ESTAÇÕES, SEMANAS E MESES

Depois do dia, com suas sempre artificiais subdivisões em horas, o segundo ciclo mais notável da natureza é o do ano. De acordo com nossos saberes atuais, pode-se definir o intervalo entre
uma dada posição da Terra ao redor do Sol e sua primeira repetição – que em termos astronômicos é chamada de *revolução* –
como sendo de 365 dias, 6 horas, 9 minutos e 9,8 segundos. Pode-
-se também chamar isso de *ano sideral*. Ocorre, porém, que essa
medida, por mais exata que possa parecer, não leva em conta uma
série de detalhes que influenciam no movimento da Terra e que,
portanto, influenciam também naquilo que chamamos de *ano*;

assim, estabeleceu-se um *ano trópico*, ainda mais exato, de 365 dias, 5 horas, 48 minutos e 45,2 segundos. No entanto, para efeito da maior parte daquilo que em nossas vidas é relacionado com a vivência de um ano, quase todas as pessoas consideram que ele possui, simplesmente, 365 dias.[40] Ou seja, mesmo em um mundo repleto de medidas exatas e de tecnologias correspondentes, um ano pode ser entendido de três maneiras diferentes; ou ainda mais, se considerarmos, digamos, um ano *letivo*, um ano *laboral*, um ano *esportivo*, um ano *agrícola,* e assim por diante. E todos eles convivem quase sempre em perfeita harmonia. No decorrer dos séculos, várias foram as maneiras encontradas de estabelecer a correlação de anos com dias, e foi assim que surgiram os calendários. Logo chegaremos a eles.

Já os agrupamentos de dias ao longo do ano, conhecidos como *estações*, são definidos, de acordo nossos padrões atuais de medida e de pensamento, pela inclinação do eixo da Terra em relação ao Sol, que é de 23º 27'. Naturalmente, as estações são mais acentuadas à medida que se afastam do grau zero, que corresponde à linha do Equador, até praticamente desaparecerem nos sempre frios polos. As estações também foram vividas e elaboradas de diversas maneiras ao longo da história. Hoje muito se fala de *verão, outono, inverno* e *primavera* (pensando na sequência observada no hemisfério sul), mas nem sempre foi ou é assim: no Egito antigo, as estações eram três: "inundação" (*akhit*), "emergência das terras" (*perit*), e "baixa das águas" (*chemu*), enquanto os guarani da América do Sul conheciam duas estações: a do Sol e a das Chuvas. Hoje em dia, os BaBwende nativos da atual República Democrática do Congo, consideram cinco estações: as "grandes chuvas", o "pequeno período de seca", as "pequenas chuvas", o "grande período de seca", e a "queima da grama velha". Povos indígenas do atual Estado da Virgínia, nos Estados Unidos, também vivem cinco estações: o "germinar", os "cuidados do milho", o "sol mais alto", a "queda das folhas", e o "frio". Na Austrália, os Mirrar e os Noongar vivem seis estações, enquanto os Kulin vivem sete.[41]

As transições de uma estação a outra desde há muito marcam o cotidiano de várias sociedades, principalmente as agrícolas.

E se no mundo industrial atual essas transições são menos observadas e celebradas do que o foram no passado, mesmo assim elas podem evocar rituais de passagem e transição antigos, dotando-os de novos significados ou simplesmente rememorando o passado. Os *equinócios* são os dois momentos ao longo do ano nos quais a posição da Terra em relação ao Sol faz com que os hemisférios sul e norte de nosso planeta recebam a mesma quantidade de luz, anulando momentaneamente a inclinação de seu eixo de rotação; como resultado, o dia e a noite têm exatamente a mesma duração. Em síntese: os equinócios são os momentos em que a Terra está mais próxima do Sol. Eles assinalam o início do outono e da primavera, em dias (mas não meses) que são variáveis: em março, o equinócio marca o início do outono no hemisfério sul, e da primavera no hemisfério norte; em setembro, tem início a primavera no sul, e o outono no norte. Já os *solstícios* ocorrem nos dois momentos do ano em que a Terra está mais longe do Sol: em junho eles inauguram o inverno no sul e o verão no norte; em dezembro, a situação se inverte.

O equinócio da primavera sempre foi muito celebrado no hemisfério norte, onde os invernos que nesse momento terminam costumam ser mais rigorosos que os do sul. Há cinco mil anos atrás, as pedras de Stonehenge, na atual Inglaterra, devem ter sido erguidas observando o solstício de verão. No México, as pirâmides de Teotihuacán, construídas em algum momento entre c.290 a.C. e c.900 d.C., estão posicionadas de modo a indicar as passagens de estações do ano pela incidência nelas de posições do Sol e da Lua. Séculos depois, cidades e templos maias da América Central também foram construídos de acordo com a trajetória do Sol no solstício de verão, momento observado também pelos incas.[42] E em época recente, a ancestral celebração do equinócio da primavera alcançou uma música composta por George Harrison e gravada pelos Beatles em 1969, *Here Comes the Sun*:

> Little Darling, it's been a long cold lonely winter
> Little darling, it feels like years since it's been here
> Little darling, I feel that ice is slowly melting
> Little darling, it seems like years since it's been here.

Mesmo em latitudes climaticamente menos rigorosas os equinócios também foram celebrados, como na Babilônia, entre os hebreus nela cativos no século VI a.C., e entre os cristãos antigos e medievais. Quase sempre os equinócios foram associados a concepções de mutação, renovação e renascimento. Tais significados foram atribuídos também aos solstícios, aos quais se associam tradicionalmente o fogo e a purificação. Não por acaso, cristãos do século IV d.C. escolheram como data de nascimento de Cristo – já que a verdadeira tinha se perdido totalmente, sendo-nos desconhecida até os dias atuais – o dia 25 de dezembro do calendário juliano (instituído em 46 a.C.), um solstício de inverno no hemisfério norte que era uma festa romana dedicada ao Sol e, em decorrência, ao imperador. Agora, Jesus Cristo deveria tomar o lugar desse imperador, então ele foi propositadamente "nascido" nesse dia. E assim surgiu o Natal, embora por muito tempo os cristãos do oriente celebrassem-no em outra data: 06 de janeiro, e não 25 de dezembro. Já São João Batista foi "nascido" em outro solstício, o de verão: 24 de junho, data a lhe reforçar seus atributos purificadores. No cristianismo, o batismo deriva de uma antiga prática judaica, é o principal ritual de conversão, e simboliza a limpeza de impurezas passadas em direção a um renascimento. No Evangelho de João, aliás, lê-se uma frase que sintetiza essa modalidade cristã de sacralização do mundo natural e, nesse caso específico, a simbiose entre Jesus e seu discípulo: "Eu não sou o Cristo; mas sou enviado adiante dele [...]. Convém que ele cresça, e que eu diminua" (João, III, 30).[43]

Na mesma época em que o cristianismo ia crescendo e o politeísmo greco-romano diminuía, do outro lado do mundo as passagens das estações podiam ser vistas de maneira diferente. Na China da dinastia Han (206 a.C.-220 d.C.), os solstícios de verão e inverno eram ocasiões muito especiais porque evocavam a alternância entre dois princípios antagônicos e complementares: o *Yang* é o Sol, o calor, a masculinidade, o fogo, a ressurreição e a cabeça; o *Yin* é a Lua, o frio, o encoberto, a feminilidade, a água, o abismo e os pés. Eis a modalidade chinesa de uma estrutura de pensamento praticamente universal: a dos antagonismos que se chocam, associam, mesclam e alternam, e que dão movimento e sentido ao mundo. Em tradições hindus, onde as concepções de tempo podem incluir gigantescos ciclos de milhares ou até milhões de anos solares, as estações do ano e suas transições também são fundamentais na organização do mundo: junto com os ciclos do dia e do mês, o ciclo anual hindu impõe que homens e mulheres se engajem na tarefa de perpetuação da ordem cósmica por meio de rituais. Assim, o solstício de inverno abre um caminho místico, a *devayana*, ou o caminho dos deuses associado à escuridão e ao declínio; enquanto o solstício de verão abre a *pitriyana,* o caminho dos ancestrais associado à luz e à ascensão. A sucessão de dias, meses e anos é representada por uma tela, na qual trabalham duas mulheres que jamais cessam de tecê-la; por uma aranha fazendo sua teia; ou ainda uma roda celeste que jamais cessa de girar.[44]

Como uma espécie de parceira inescapável do Sol, a Lua também desempenhou um papel fundamental na organização e desenvolvimento de sociedades ao longo da história. Inclusive por permitir a concepção de unidades de tempo menores que os anos, e maiores que os dias. Assim surgiram os *meses* e as *semanas*. A Lua realiza os movimentos de rotação em torno de seu próprio eixo, e de revolução em torno da Terra; no entanto, esses dois movimentos são curiosamente sincrônicos, o que nos dá a enganosa impressão de que ela só gira em torno da Terra, e não de si mesma. E é por isso que de nosso planeta só podemos observar uma mesma face da Lua, ficando a outra sempre oculta. Essa inspiradora imagem forneceu o título ao célebre álbum *Dark Side of the Moon,* da banda britânica Pink Floyd, de 1973; e em 2019 uma missão espacial chinesa explorou pela primeira vez essa parte de nosso satélite, produzindo fotografias incríveis. Além disso, claro, a Lua acompanha a Terra na órbita desta ao redor do Sol.

A revolução lunar ao redor da Terra dura 27 dias, 7 horas e 43 minutos. Se considerarmos, porém, o intervalo entre suas diferentes aparências visíveis na Terra, essa duração aumenta e se arredonda um pouco, sendo de cerca de 29 dias e 12 horas. Essa duração é mais importante para a humanidade, pois ela diz respeito ao que costuma se observar da Lua na Terra, e foi ela que fez surgirem os meses com aproximadamente trinta dias. A Lua não tem luz própria, sendo observável apenas pelo reflexo da luz solar que ela projeta na Terra. Assim, a mescla de seus movimentos muda sua aparência visível na Terra, perfazendo um ciclo cujas fases são hoje conhecidas por quatro nomes: Lua Nova, Quarto Crescente, Lua Cheia e Quarto Minguante. São essas fases da Lua que levaram à criação das *semanas*, que até hoje duram convencionalmente sete dias. Em tempos remotos, o estabelecimento das semanas de sete dias pode ter ocorrido simultaneamente em vários lugares, sem que haja uma única e precisa origem. No Egito entre aproximadamente 2100 e 1850 a.C., parece ter existido uma divisão de dias em ciclos de dez, e não de sete, associada com a divisão decimal do dia claro; mas é certo que nas trocas culturais entre os mundos grego e mesopotâmico, a semana de sete dias já estava presente, e pode até ter chegado à Índia, por volta do século II a.C. No mundo cristão, a semana romana de sete dias foi oficializada bem depois, no Concílio de Nicéia de 325 d.C.[45]

No mundo antigo, a contagem de meses e semanas lunares era feita em muitos lugares. Na Mesopotâmia do século XXIV a.C., o colossal templo de Ur-Nammu sediava o festival de Akitu, que celebrava a Lua (um deus masculino), suas fases, e também os equinócios.[*] Os babilônios foram juntando a observação desses ciclos lunares à de outros ciclos, como o do Sol e de outros cinco

---

* O zigurate de Ur-Nammu, tal qual se observa no Iraque atual, é quase todo uma reconstrução: uma das várias ordenadas por Sadam Hussein desde a década de 1970, com a finalidade de erguer monumentos nacionalistas que associassem sua imagem de governante com a de antigos reis mesopotâmicos. Durante a Guerra Irã-Iraque (1980-1988), o zigurate de Ur pode ter servido também a outros propósitos, para desespero dos arqueólogos: boatos correram que o exército iraquiano lá instalou uma base de artilharia antiaérea. Já a invasão dos EUA ao Iraque, em 2003, parece ter destruído ainda mais o patrimônio do país: apoiada por antiquários estadunidenses, a invasão levou ao aumento do contrabando de antigos artefatos mesopotâmicos para o sedento mercado internacional de colecionadores. Estimativas apenas do Museu Nacional de Bagdá falam de quinze mil objetos saqueados (LEICK. *Mesopotâmia*, p.133, p.268; PEREIRA,

corpos celestes, aos quais posteriormente romanos dariam nomes de deuses: Mercúrio, Vênus, Marte, Júpiter e Saturno (Urano só seria descoberto em 1781 d.C., Netuno em 1846, e Plutão em 1930, sendo este rebaixado à categoria de "planeta anão" em 2006). E assim foram sendo atribuídos nomes aos dias da semana.

O costume romano de dar aos dias da semana nomes de astros e deuses permaneceu mesmo com o declínio da língua latina e a ascensão, no século XIV, de línguas modernas como o italiano, o espanhol, o francês, o inglês e o alemão. Com o português a situação foi outra, porque essa língua teve origem no latim medieval praticado pela Igreja, e que se diferenciava do latim mais vulgar, usado pela maioria das pessoas. No português, os dias receberam nomes de acordo com a Páscoa cristã e sua semana dedicada a orações e tarefas litúrgicas, e que era um período de trabalho reduzido, ou mesmo de descanso. Os dias dessa semana litúrgica eram as *feriae* (hoje sua derivação, os feriados, são dias especiais de não trabalho). Foi assim que logo os cinco dias de qualquer semana viraram uma *feria*, sendo o primeiro deles a *Feria secunda*, já que a semana começava com um *Dies dominica* (domingo), e se encerrava com um *Sabbatum* (sábado, do *Shabbat*, dia de descanso para os hebreus antigos e judeus atuais). Trata-se de um caso bastante singular[46] **(Tabela 1.1).**

João R., PAZ, Cláudia D.. "O Iraque e as ações de proteção ao patrimônio cultural mesopotâmico". *Memorare,* v.3, n.3, set./dez.2016, p.11).

Latim I	Italiano	Espanhol	Francês	Inglês	Alemão	Latim II	Português
Solis dies (Dia do Sol)	Domenica	Domingo	Dimanche	Sunday	Sonntag	Dies Dominica (Dia do Senhor)	Domingo
Lunae dies (Dia da lua)	Lunedi	Lunes	Lundi	Monday	Montag	Feria secunda	Segunda--feira
Martis dies (Dia de Marte)	Martedi	Martes	Mardi	Tuesday	Dienstag	Feria tertia	Terça-feira
Mercurii dies (Dia de Mercúrio)	Mercoledi	Miércoles	Mercredi	Wednesday	Mittwoch	Feria quarta	Quarta-feira
Iovis dies (Dia de Júpiter)	Giovedi	Jueves	Jeudi	Thursday	Donnerstag	Feria quinta	Quinta-feira
Veneris dies (Dia de Vênus)	Venerdi	Viernes	Vendredi	Friday	Freitag	Feria sexta	Sexta-feira
Saturni dies (Dia de Saturno)	Sabbato	Sábado	Samedi	Saturday	Samstag	Sabbatum	Sábado

Tabela 1.1. – Nomes de dias da semana em seis línguas diferentes, a partir de duas origens latinas. Nas duas colunas dos termos latinos, estes podem ser igualmente invertidos; Assim, *Solis dies = Dies solis*, etc. (composta a partir de CHERMAN & VIEIRA. *O tempo que o tempo tem*, p.126 e p.128; DONATO. *História do calendário*, p.22; e HOLFORD-STREVENS. *The history of Time*, p.71).

Há algumas sutilezas interessantes a serem observadas na tabela 1. Em italiano, espanhol, francês, inglês e alemão, o Sol e a Lua batizaram, respectivamente, o primeiro e o segundo dia da semana, em função de seu destaque nos céus; mas durante o reinado de Constantino I (306-337 d.C.), quando o cristianismo deixou de ser perseguido e começou a ser adotado oficialmente, o Concílio de Elvira (300) estabeleceu a substituição do antigo dia romano do Sol, o *Solis dies*, por um dia do Senhor, *Dies dominica*, que foi parar nas demais línguas menos no inglês e no alemão, que mantiveram a antiga associação romana, chamando o domingo de "dia do Sol". A segunda-feira portuguesa é, em todos os outros exemplos, "dia da Lua". Já a terça-feira é, em italiano, espanhol e francês, o dia de Marte, deus romano da guerra, mas em inglês e alemão ele é, por analogia, o dia de *Tyr*, o deus da guerra na mitologia nórdica medieval e que resultou em *Tuesday*; ou então *Mars Thincsus*, que em alemão deu em *Dienstag*. Já na quarta-feira, o inglês e o alemão divergiram: enquanto a primeira língua novamente buscou na mitologia nórdica um equivalente ao Mercúrio romano, chegando a Odin ou Wotan e criando o *Wednesday*, a segunda chamou esse dia de "meio da semana" (*Mittwoch*). Já o poderoso Júpiter latino da quinta-feira portuguesa foi associado ao Thor escandinavo (*Thursday*) e, em alemão, ao trovão germânico (*Donner*). A sexta-feira dedicada a Vênus, a deusa da beleza romana, foi associada à nórdica Friga, resultando na *Fryday* inglesa e na *Freitag* alemã. Por fim, o dia de Saturno foi quase que totalmente desalojado em favor do dia de descanso do hebraico, *shabbat*, que já havia sido transmitido aos gregos antes de chegar aos romanos como *sabbatum*, de dar no nosso sábado; à exceção da língua inglesa, que continuou a abrigar Saturno em seu *Saturday*.[47]

Mas é claro que no passado nem todo mundo falava latim ou línguas dele derivadas, assim como hoje em dia apenas algumas centenas de milhões de pessoas se expressam em português, espanhol, italiano, francês ou alemão; o inglês, língua das mais recentes potências hegemônicas mundiais, conta com mais praticantes. Muitas outras línguas, como as que resultaram nos atuais hindi, mandarim ou nos vários tipos de árabe, por exemplo, tinham formas próprias de se referir aos dias da semana. E na África do Sul, a imposição colonial dessa semana cristã de seis dias de trabalho e um de descanso, ocorrida na segunda metade do século XIX, fez surgirem designações próprias na língua dos Xhosa: *u-Mvulo* (segunda), *olwesi-Bini* (terça), *olwesi-Tatu* (quarta), *olwesi-Ne* (quinta), "o quinto dia" (sexta), *um-Gqibelo* (sábado) e *i-Cawa* (domingo).[48]

Finalmente, chegamos aos *meses*, também derivados da Lua, e correspondentes ao intervalo que ela leva para completar suas quatro fases tais como observadas da Terra. Algumas sociedades simplesmente contaram sucessões de luas e, a partir de um ponto inicial qualquer, elaboraram sequências e intervalos temporais independentes dos ciclos solares; esse parece ter sido o caso, por exemplo, de alguns povos indígenas que já habitavam o atual Brasil quando da chegada dos portugueses em 1500; também no reino de Daomé, na costa da África ocidental, no século XVIII. Outras sociedades contavam sóis e luas paralelamente. A maioria, porém, procurou unir os ciclos lunar e solar, e a partir daí criaram calendários, que foram se tornando mais complexos na medida em que se dispuseram a lidar com a questão da falta de sincronia entre esses dois ciclos.[49]

No próximo capítulo, detalharemos a história dos ciclos lunares e de sua nomenclatura em relação com calendários. De momento, porém, já podemos apontar uma tendência quase universal: a tripartição de um ano em doze períodos, aos quais atualmente chamamos de *meses*, embora essa não seja uma palavra válida para todas as sociedades; afinal, muitas delas nunca tiveram qualquer contato com outras ao seu redor. Os antigos gregos, por exemplo, jamais conheceram qualquer chinês, e nativos da Polinésia sequer poderiam suspeitar da existência do império inca. A universalidade da divisão do ano em meses é um caso típico de elaboração simultânea de concepções de tempo. O que explica esse fenômeno? O fato de que, em qualquer lugar do mundo habitado, certos ciclos da natureza serem observados do mesmo modo: fases da lua perfazendo semanas, quatro dessas fases perfazendo um mês, e doze meses perfazendo um ano solar. Mas como tudo é uma questão do que homens e mulheres quiseram fazer desses ciclos, em algumas situações o ano se dividiu em dez meses, e não doze; em outras, como em alguns períodos do Egito antigo, o ano tinha quatro meses, mas que se distribuíam por três estações, perfazendo um total também de doze meses. Nossos atuais meses, assim chamados e em número de doze, são uma herança direta dos romanos e do calendário juliano por eles estabelecido em 46 a.C.[50]

SÍMBOLOS E REPRESENTAÇÕES DA NATUREZA

O Sol e a Lua sempre forneceram à humanidade repertório para uma enormidade de símbolos e representações. Se o primei-

ro costuma ser associado à masculinidade e o segundo à feminilidade, essa relação se inverte no Japão, no Vietnã, entre os dogons
do Mali e as tribos nômades turco-mongóis da Ásia central. Para
os pigmeus semong da Austrália, o Sol é o olho de deus; em tradições hinduístas, o Sol é a origem de tudo: é a morada de Bra-
ma, emblema de Vishnu, e seus raios estão nos cabelos de Shiva.
Para Platão, na *República* (século IV a.C.), o Sol é o bem. E aqui
uma elaboração filosófica encontra estruturas religiosas para as
quais se o Sol é benigno, a Lua é maligna, pois ligada à escuridão
e à noite – de que decorre o sentido negativo dos eclipses, tantas vezes associadas a eventos destrutivos como guerras, pestes e
mortes. E, é claro, esse jogo de sentidos revela uma longeva concepção de predomínio dos homens (sóis, bons) sobre as mulheres
(luas, más).[51] Mas esse é apenas um dos muitos sentidos que esse
casal adquiriu ao longo dos séculos.

Na antiga Mesopotâmia, a Lua era masculina, e formava com
o Sol e Vênus não um casal, mas um triângulo amoroso: *Sin* (ou
Nannar), *Shamash* e *Ishtar,* respectivamente. No antigo Egito, a
Lua também era masculina, associada a Thoth. Na Bíblia judaico-
-cristã, Sol e Lua agem juntos para um mesmo fim. No quarto dia
de criação do mundo, Deus fez o Sol, a Lua e os demais astros
e encarregou-os de três missões: iluminar a Terra, distinguir o
dia da noite, e marcar as porções de tempo (Gênesis, I, 1-2 4ª:).
Em muitas imagens medievais, a Crucificação é mostrada junto
a um Sol e uma Lua, de modo a transformar Cristo em um senhor do tempo, assemelhando-o, portanto, a divindades mesopotâmicas, egípcias, gregas e romanas. No Alcorão, afirma-se que
"Alá criou a Lua e apontou para as suas casas, para que os homens
pudessem conhecer o número dos anos e a medida do tempo".[52]

A Lua junto a uma estrela é um dos símbolos mais importantes
do Islã, representa o tempo, e até hoje se faz presente na bandeira
oficial de países cuja maioria de seus habitantes segue a religião
de Maomé, como Argélia, Azerbaijão, Mauritânia, Ilhas Comores, Paquistão, Turcomenistão, Turquia, Tunísia e Uzbequistão.
Estrelas, simbolizando o futuro, e a união entre partes, estão em
bandeiras como as de Estados Unidos, Venezuela, Brasil, Cuba,

China, Israel, Síria e Senegal. O Sol também pode simbolizar o futuro, além de vida e poder, e encontra-se em bandeiras de países como Cazaquistão, Filipinas, Macedônia, Malauí, Namíbia, Nepal, Quirguistão, Malásia, Maldivas e Kiribati.

O Sol das bandeiras da Argentina e do Uruguai, muito parecidas morfologicamente, têm uma origem comum: um Sol incaico, que foi colocado também nas primeiras bandeiras nacionais do Peru, até desaparecer daquela criada em 25 de fevereiro de 1825 e até hoje vigente. Não é de se surpreender: a independência desses três países em relação ao Império Espanhol ocorreu em processos fortemente articulados entre as décadas de 1810 e 1820, e em vários momentos alguns de seus participantes valorizaram o passado incaico de regiões da América do Sul. Para os incas, o Sol era *Inti* ou *Punchao*, a Lua era *Quilla* ou *Quis*, e as estrelas, constelações, planetas e cometas, *coyllur* ou *huara huara*.[53]

Na bandeira do Japão, o Sol simboliza expressamente o poder do imperador, e seu modelo é compartilhado pelas bandeiras da Coréia do Sul, do Laos, de Bangladesh, e de Palau, um pequeno arquipélago do Pacífico. Já vimos como, no passado, o Sol era frequentemente associado ao poder e à grandeza de faraós, imperadores ou deuses. Luís XIV da França, que reinou entre 1638 e 1715 d.C., era chamado de "Rei Sol", enquanto o termo alemão *kaiser*, assim como o russo *czar*, utilizados em diferentes contextos para designar líderes políticos supremos, derivam ambos do romano antigo *caesar*, "o imperador", também ele associado ao Sol.[54]

Em passados remotos, observadores na China, Índia, Mesoamérica e várias partes da África, sem terem absolutamente nenhum contato uns com os outros, começaram a ver nas manchas da Lua a imagem de um coelho. A associação não é fortuita: assim como o coelho é um mamífero que pare filhotes em abundância, a Lua "renasce" em cada ciclo; por isso, ela se converteu em um símbolo praticamente universal de fecundidade. E o cristianismo primitivo mais uma vez foi eficiente em adaptar tradições antigas a seu favor, colando a morte e a ressurreição de Cristo à Lua: a Páscoa é até hoje fixada por ciclos lunares, e colaborou para a criação da imagem dos coelhos da Páscoa e seus populares ovos de chocolate.

Tais ovos começaram a ser produzidos na Inglaterra vitoriana e imperialista de fins do século XIX e começos do XX, e se espalharam pelo mundo por serem feitos a partir de uma matéria-prima de origem americana levada à Europa pelos colonizadores do século XVI. E há quem acredite que a Lua não seja apenas um símbolo de fecundidade e (re)nascimento, mas um agente efetivo e concreto de ambas as coisas, embora não haja nenhum indício científico minimamente auspicioso de que luas cheias ajudem em partos naturais, fortaleçam cabelos ou enlouqueçam pessoas.[55]

Os simbolismos da natureza e as concepções de tempo derivados da alternância de ciclos naturais encontra amplo rol de elaborações nas artes plásticas e visuais, na literatura e na música de muitas sociedades. No Japão, por exemplo, os romances de Yasunari Kawabata (1899-1972) descrevem árvores, flores, jardins, montanhas, chuvas e neves que atribuem sentidos à ação e ao sentimento de seus personagens, convertendo-se em símbolos da condição humana; algo semelhante também ocorre nos filmes dirigidos por Akira Kurosawa (1910-1998). Tais realizações artísticas dialogam com tradições culturais orientais longevas, como a de desenhos, pinturas e gravuras que trazem motivos de uma natureza fortemente espiritualizada[56] **(Figura 1.4)**.

Figura 1.4. – Em sociedades orientais com larga tradição de espiritualização de elementos da natureza, as estações do ano são protagonistas, ao mesmo tempo em que se tornam representações da própria condição humana e de seus estados de espírito. Acima, o inverno segundo Utagawa Hiroshige (*Noite de neve em Kanbara*, c.1833–1834). The Howard Mansfield Collection, Purchase, Rogers Fund.

Os ciclos da natureza encontram incontáveis significados também em outras tradições artísticas. Na Europa agrícola dos séculos XV ao XVIII, os ciclos naturais foram frequentemente usados de pano de fundo a reforçar cenários e mensagens bíblicas, ou mostrados como circunstância inescapável do cotidiano, eventualmente até de entretenimento, como nas pinturas de Pieter Brueghel, o Velho (c.1525/1530-1569). Na Europa industrial do XIX, Claude Monet (1840-1926) e Vincent Van Gogh (1853-1890), dentre outros, usaram as estações do ano para dar cor e movimento a uma natureza subjetiva; e na arte contemporânea esses mesmos ciclos continuaram a motivar muitas releituras renovadas de antigas tradições, atualizando seus temas (**Figura 1.5**).

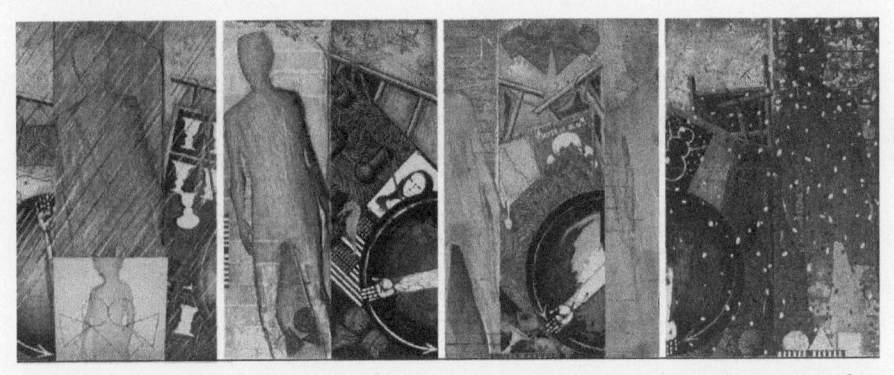

Figura 1.5. – Na arte contemporânea, sempre aberta a muitas interpretações, o tema das estações do ano é frequente. Aqui, na obra do pintor estadunidense Jasper Johns (1930-), ele surge como representação das fases da vida de um indivíduo, dividida em quatro "idades". Também como representação da solidão e da rotina desumanizadora a que o indivíduo sem face e opaco está submetido no mundo contemporâneo? Nas diferentes estações, um relógio marca a passagem do tempo, e envolve – aprisiona? – o *Homem Vitruviano* romano reelaborado por Leonardo da Vinci no século XV (JOHNS, Jasper. *As quatro estações*, 1987). Coleção particular, EUA.

No final do século XVIII e por todo o XIX, a Revolução Industrial foi atenuando as estações e minimizando seus efeitos sobre a humanidade; mas sem eliminá-las por completo. No século XXI, o aquecimento global também está indo nessa direção, mas com uma enorme diferença: é que suas consequências tendem não apenas a ser mais rápidas e catastróficas que as da Revolução Industrial (que, aliás, produziu coisas igualmente boas), mas também estão escapando cada vez mais da ação e controle humanos. O que o homem atenuou, a natureza devolverá multiplicado? O futuro dirá.

ASTROLOGIA

E por falar em futuro...

As relações entre as sociedades os ciclos da natureza conheceram uma formulação ímpar com a astrologia, que é uma forma milenar de interpretar essas relações. A despeito de muitas mudanças sofridas ao longo da história e de incontáveis e sólidos argumentos a ela contrários, a astrologia conseguiu se manter viva até os dias de hoje, reafirmando seus princípios básicos e desafiando a razão e o bom-senso. Essa persistência revela uma história fascinante. "Astrologia, feitiçaria, curas pela magia, adivinhação, profecias antigas, fantasmas e duendes são hoje devidamente desdenhados pelas pessoas inteligentes", nas palavras de Keith Thomas; "mas eram levados a sério por pessoas igualmente inteligentes do passado, e é tarefa do historiador explicar por que era assim".[57] Também devemos explicar por que *continua* sendo assim.

O princípio básico da astrologia estabelece um elo de causalidade entre os astros observáveis no céu e as pessoas na Terra: uma correspondência essencial, segundo a qual seres humanos seriam diretamente influenciados pela posição dos corpos celestes. Por vezes, essa influência é tratada de modo *descritivo*, isto é, como permitindo apenas a descrição e explicação de atributos e situações humanas; por outras, essa influência se torna supostamente *condutora* das próprias ações humanas e *reveladora* de futuros ocultos. Os corpos celestes podem ter, a princípio, suas posições no céu devidamente previstas, e é por isso que a astrologia necessariamente se articula com o futuro, oferecendo aos que nela creem uma sensação de controle e segurança. Ela também se baseia em aparições excepcionais ou imprevisíveis, como as de eclipses, cometas e asteroides. Não é de se espantar, então, que durante séculos ela fundisse aquilo que hoje chamamos separadamente de "astrologia" (explicação pelos astros) e "astronomia" (explicação dos astros).[58]

A astrologia demanda algum tipo de esquadrinhamento dos céus; por isso, ela se desenvolve a partir da concepção de um ano e seus doze períodos, correspondentes a determinadas aparências do firmamento que, como vimos anteriormente, apresentam feições distintas nos hemisférios sul e norte de nosso planeta. Não seria correto afirmar que a astrologia se desenvolve a partir do movimento de revolução da Terra ao redor do Sol, uma vez que durante a maior parte de sua história, aqueles que nela acreditavam sustentavam concepções mais ou menos elaboradas de um sistema geocêntrico, e não heliocêntrico. O fato de que, mesmo após as definitivas provas de que a Terra gira ao redor do Sol apresentadas por Nicolau Copérnico (1473-1543) em meados do século XVI – sua obra principal, *Sobre as revoluções dos corpos celestes*, é de 1543 –, muita gente continuou e continua acreditando no contrário. Da associação desses doze períodos do ano com a aparência dos céus surgiu a presunção de que isso influenciaria todo tipo de ocorrência na Terra, humanas, naturais ou sobrenaturais.

A antiga Mesopotâmia é geralmente conhecida como o berço da astrologia, uma vez que foi a partir dali que essa forma de ver as coisas se espalhou para muitos outros cantos do mundo. A epopeia de Gilgamesh, que teve sua atual versão compilada no século VII a.C., embora alguns de seus textos remontem a 2000-1600 a.C., nos mostra a suscetibilidade daquelas sociedades às instabilidades do mundo natural que as envolvia. Alguns povos mesopotâmicos, embora urbanizados, viviam em forte dependência dos rios Tigres e Eufrates, de suas frequentes e imprevisíveis inundações, e de toda geografia por eles configurada; eram, portanto, povos muito suscetíveis aos ciclos da natureza. Na busca de Gilgamesh pela vida eterna, e que ele logo descobrirá ser vedada aos homens, ao lado de muitas referências a inundações destruidoras e a uma profusão de simbolismos que incluem a noite escura maligna e o dia claro benigno, encontramos uma bela passagem, na qual Utnapistim, o Longevo, dá um conselho ao herói da epopeia:

"Nada permanece. Será que construíamos uma casa para ficar para sempre, será que selamos um contrato para que valha em todos os tempos? Dividem os irmãos uma herança para a guardarem para sempre, perdurará o tempo da inundação dos rios? Só a crisálida da libélula é que solta a sua larva e vê o sol na sua glória. Desde os dias antigos que nada permanece."[59]

Se nada permanece, surge o anseio de se controlar o futuro e de dar alguma estabilidade ao aparente caos do mundo. Da crença de que isso é possível, surge a astrologia.

Entre povos da Mesopotâmia, a prática da adivinhação – interpretação de sinais supostamente sobrenaturais como forma de se antecipar a um acontecimento – era muito comum já desde o terceiro milênio antes de Cristo, e deve ter potencializado a também muito antiga associação dos céus com ocorrências na Terra. Mas foi só por volta do século V a.C. que deve ter surgido a astrologia *horoscópica*, isto é, sistematizada em torno de momentos específicos e cíclicos da configuração dos céus ao longo de um ano. Esse tipo de astrologia conheceu grande ímpeto no Império Persa, que naquela época incluía a Mesopotâmia: foi lá que, não sabe bem quando, surgiu o profeta Zaratustra – a quem os gregos chamavam de Zoroastro – e, na esteira de sua obra, uma religião que, com muitas modificações, existe pontualmente em alguns lugares do mundo até hoje. No Império Persa, e a exemplo do que já ocorria em cidades mesopotâmicas, a astrologia foi cada vez mais sendo usada para fins políticos, isto é, orientando reis e governantes e pautando suas decisões.[60]

Da Pérsia, a astrologia chegou ao mundo grego. Nossa palavra *zodíaco*, aliás, tem origem grega, derivada de *zódia*, que significa "pequenos animais". Mas a ideia à qual ela se refere é mesopotâmica: os doze meses do ano, com seus respectivos desenhos no céu – as constelações – pavimentavam um "caminho", uma estrada celeste. Tais desenhos, resultado de antigas mentes fertilíssimas, associaram conjuntos de estrelas a imagens de animais, objetos ou seres míticos que, assim, foram dando seus nomes aos signos correspondentes; ou então, esses nomes correspondiam a "comportamentos" celestes. Assim, atualmente *Libra* (ou *Balança*) corresponde a uma época do ano em que, no passado, dias e noites pareciam se equilibrar e ter a mesma duração, enquanto *Câncer* (ou Caranguejo) se associa a uma época em que as estrelas pareciam "andar" lateralmente, tal qual o artrópode em questão. Atualmente esses signos são: *Áries* (ou *Carneiro*), *Touro, Gêmeos, Câncer* (ou *Caranguejo*), *Leão, Virgem, Libra* (ou *Balança*), *Escorpião, Sagitário, Capricórnio, Aquário* e *Peixes*.

O horóscopo chinês também é muito antigo, e remonta pelo menos ao século V a.C. Seguindo mais ou menos a mesma lógica mesopotâmica-persa, conheceu muitas variações ao longo de sua história, e na sua modalidade atual também divide o zodíaco em doze, mas se preocupando com momentos do dia e horas específicas, associando-lhes animais. Hoje em dia, os signos do horóscopo chinês são (com algumas variações): *Rato, Boi, Tigre, Coelho, Dragão, Serpente, Cavalo, Carneiro, Macaco, Galo, Cão* e *Javali*. Tais animais também batizam anos astrológicos.[61]

Na Grécia, a astrologia esteve associada, por um lado, à disseminada crença mesopotâmica em predições e oráculos; por outro, a preceitos racionais da filosofia grega – afinal, a astrologia dependia de um conhecimento minimamente científico dos céus[62]. Já no século VIII a.C., Hesíodo tinha elaborado o tema dos dias bons e dias maus supostamente determinados pelos astros, à época amplamente praticado no Egito antigo, assinalando em forma poética os momentos favoráveis e desfavoráveis ao trabalho nos campos e no mar. Esse tema perdurará por muito tempo, e até hoje em muitos países há quem acredite que não deva sair de casa antes de ler esse tipo de indicação. Três séculos depois de Hesíodo, a astrologia grega se consolidaria com Beroso, seguido por Hiparco e Cláudio Ptolomeu. Os dois últimos, ao buscarem racionalizar a astrologia, deram suas contribuições a duas perguntas filosóficas tipicamente gregas, e que terão grande transcendência na história: até que ponto é possível realmente prever o futuro? E até que ponto essa previsão é compatível com atributos de divindades?[63]

Por essa época, a astrologia grega começou a chegar também aos romanos, que só a metabolizariam de vez anos depois, com a atuação de nomes como Nigídio Fígulo (por volta de c. 50 a.C.), Manílio (entre 09 a.C.-5 d.C.) e Vétio Valente (c.120-185 d.C.). Segundo Georges Minois, foi em Roma que a astrologia herdada de gregos e babilônios se popularizou, perdeu seu caráter racionalista e adquiriu um fundamento sobretudo religioso que perdurará por muito tempo. Foi então em Roma que a Astrologia começou a se converter em questão de pura fé.[64]

Essa fé, porém, nem sempre esteve colada a um dogma religioso formal. Os primeiros cristãos apresentaram atitudes inseguras em relação à astrologia, complicadas pela história bíblica dos reis magos guiados a Jesus por uma estrela. Orígenes (séculos II e III d.C.) e depois Santo Agostinho (séculos IV e V d.C.) condenaram a astrologia como sendo coisa do Capeta. Se a astrologia precisava ser combatida, é porque ela era bastante aceita socialmente. Mas segundo V. I. J. Flint, a Igreja romana da Alta Idade Média nem sempre foi contra essa prática, chegando até mesmo a incentivá-la, considerando-a preferível a outras formas de predição e adivinhação igualmente populares no mundo cristão.[65] Essa distinção de atitudes contribuiria para uma separação entre astrologias consideradas "boas" e "más": a primeira seria mais natural e descritiva, enquanto a segunda seria premonitória e demoníaca. E outra distinção continuava seu curso, com a contribuição de Isidoro de Sevilha (c.560-636), mas ainda sem se impor totalmente: aquela entre "astrologia" e "astronomia".[66]

Assim como o cristianismo, o islamismo também oscilaria em suas relações iniciais com a astrologia, ora condenando-a, ora valorizando-a. Entre os séculos VIII e XII d.C., tradições, saberes e textos gregos que incluíam conteúdos de astrologia foram traduzidos e difundidos por povos árabes, inclusive com estímulos oficiais de certos califas, e a astrologia grega foi se fundindo com saberes persas, indianos e, claro, aqueles próprios dos árabes. Filósofos como Abu Al-Kindi (c.801-c.873), Abu Nasr Al-Farabi (c.872-950), Ibn Sina Avicena (980-1037), Abul Amide Al-Ghazali (c.1058-1111) e Ibn Rushd Averroes (1126-98) mesclaram a fé em Alá e Maomé com princípios gregos, e se esforçaram para também distinguir astrologia "boa" e "má". Nos séculos XII e XIII, as invasões e massacres perpetrados contra territórios árabes pelas Cruzadas aumentaram os conflitos, mas também as trocas culturais entre a Cristandade e o Islã. Práticas e saberes astrológicos muçulmanos foram amplamente traduzidos, adaptados e aceitos pelos invasores, e antigos conteúdos gregos retornaram ao mundo cristão em versões árabes. Séculos mais tarde, os conhecimentos árabes dos céus norteariam também as navegações oceânicas europeias, e até hoje muitas estrelas são conhecidas por seu prefixo "Al": Aldebarã, Alnilan (uma das "Três Marias"), Algol, Albiero, etc.[67].

Na cristandade medieval, a distinção entre astrologia e astronomia seguia adiante, sempre com passos incertos. Por volta de 1130, Hugo de São Vítor (1096-1141) foi mais um a retomá-la, valorizando certos componentes e práticas da astrologia, no que seria seguido por Alberto Magno (c.1200-1280) e Roger Bacon (c.1220-1294). Pierre d'Ailly, um profícuo teólogo cristão francês atuante entre 1380 e 1420, chegou até mesmo a conceber Deus como uma espécie de astrólogo supremo. Em uma célebre obra, d'Ailly desenhou uma cronologia de grandes acontecimentos da humanidade – o Dilúvio, a queda de Tróia, a destruição de Cartago, o nascimento do cristianismo, o nascimento de Maomé, as Cruzadas, a grande Peste Negra, etc. – segundo suas correspondências com a Criação, a Ressurreição de Cristo, o Apocalipse, etc., mas também com conjunções planetárias e siderais. Em última instância, para d'Ailly tudo podia ser explicado pelas posições dos astros e as criativas e flexíveis leituras que delas se fizessem.[68]

O apogeu da astrologia no mundo cristão corresponde ao declínio da profecia religiosa, cujo espaço ela foi ocupando entre os séculos XIV e XVII. A astrologia foi então ganhando crescente credibilidade científica e se expandindo socialmente, extravasando cada vez mais os altos estratos sociais para disseminar-se também entre os mais baixos. Mas essa continuou a ser uma história de oscilações, e não de um triunfo total, e muitas vezes o cristianismo continuou a combater certos tipos de astrologia, em especial aquela voltada para a adivinhação do futuro.

Em 1494, Pico della Mirandola desferiu poderosos ataques a qualquer astrologia; pouco depois, Thomas Morus (1478-1535) afirmou que naquele país ideal a que chamou de *Utopia*, "quanto a amizades e hostilidades provenientes das estrelas errantes, quanto à impostura da adivinhação dos astros", seus habitantes "nem cogitam isso". François Rabelais (?-1553) e sua deliciosa e divertida prosa fariam coro com esses e outros autores que desmascaravam e batiam na astrologia sem dó nem piedade. A Reforma Protestante de começos do século XVI também fez sua parte, combatendo elementos mágicos do cristianismo, em especial as profecias, e esvaziando uma parcela do mundo sobrenatural que beneficiava a crença na astrologia.

Mesmo assim, astrólogos – alguns dos quais charlatães de grosso calibre – como Cosme Ruggieri, Lucas Gaurico, Ulrico de Mogúncia, Ogier, Ferrier (este, o astrólogo do papa) Guilherme Parron, John Robins e Nicholas Kratzer gozaram de grande fama e reconhecimento à sua época, inclusive como conselheiros de reis, rainhas, príncipes e princesas europeus.[69] Nenhum deles, porém, chegou aos pés do francês Michel de Nostredame, ou apenas Nostradamus (1503-1566), talvez o astrólogo mais célebre de todos os tempos, e que até hoje encontra seguidores que utilizam suas delirantes e absurdas profecias para explicar virtualmente qualquer coisa que tenha ocorrido em qualquer momento da história. Nas palavras de Georges Minois, "a leitura de Nostradamus através das eras, que mereceria um estudo específico, é um dos monumentos da inconsequência do espírito humano".[70]

Nos séculos XVII e XVIII, os ataques à astrologia aumentariam. Primeiro, com a chamada Revolução Científica, em seguida com o Iluminismo. É verdade que vários representantes do cientificismo da época foram cautelosos em descartar por completo um sistema de pensamento que ainda podia, em parte e por muitos, ser considerado racional e científico; mas a Revolução Científica foi fundamentalmente crítica à astrologia como forma de predição, desprezando-a e separando-a cada vez mais da astronomia. Francis Bacon (1561-1626) afirmou que "quanto à astrologia, ela está tão infectada de superstição que quase não se encontra parte dela que seja sã"; pela mesma época, Johannes Kepler (1571-1630) se referiu à astrologia como "a mocinha estúpida que, graças aos seus encantamentos, sustenta e alimenta uma mãe [a astronomia] tão sábia quanto pobre". Depois, homens como Christopher Wren (1632-1723) e Isaac Newton (1643-1727) se manifestaram de modo mais aberto em relação à validade da astrologia como forma de conhecimento do cosmos, mas um discípulo deste último, David Gregory (1659-1708), seria taxativo: "vedamos à astrologia instalar-se em nossa astronomia, pois não é confortada por nenhum fundamento sólido, mas repousa sobre opiniões inteiramente ridículas de certas pessoas, opiniões que são forjadas para sustentar tentativas revoltosas".[71] Pierre Bayle (1647-1706) estava de acordo: "a astrologia é do mundo a coisa mais ridícula", no que seria escudado por François Fénelon (1651-1715), para quem ela era "uma peste em todas as Cortes", uma peste que "não tem nada que não seja falso e ridículo".[72]

De lá para cá, as objeções à astrologia se multiplicaram e, evocando a letra de Carl Sagan, poderíamos dizer que algumas das mais fortes parecem também as mais óbvias.[73] A precessão dos equinócios é apenas uma: o eixo da Terra se desloca gradualmente, o que faz com que, com o passar dos anos, as constelações nunca estejam exatamente onde estavam antes, tornando a observação "astrológica" dos céus, na Terra, sem qualquer referente fixo. Mesmo assim, a astrologia sobreviveu, e chegou aos dias de hoje mantendo os mesmos fundamentados de 2700 anos atrás, disseminando-se de alto a baixo entre tantas pessoas. Por que isso ocorreu? Porque as sociedades modernas continuam a precisar de formas de controlar e prever o futuro, e a falácia de tal possibilidade em termos concretos não impede que tais formas adquiram legitimidade, não no futuro, que elas são evidentemente incapazes de prever, mas no presente, cujos sofrimentos elas são capazes de atenuar. É sintomático, assim, que a astrologia, que na maior parte de sua história tenha sido usada principalmente como instrumento público e político de coletividades, agora tenha se tornado basicamente um instrumento de crença e conforto privados, individuais. O mundo mudou, mas a humanidade continua a sofrer: e cada vez mais voltada não à coletividade, mas apenas aos indivíduos, ela continua precisando se agarrar a coisas sobrenaturais, superstições e crendices.

VIDA NOTURNA

Vimos anteriormente como o Sol e a Lua deram lugar a uma enormidade de símbolos e representações, nas quais sempre foi muito comum a associação do dia com deus e o bem, e da noite com o mal e o diabo (por vezes também com a criminalidade). A vida noturna carrega esse estigma ao longo dos séculos. Mas nem sempre foi isso: é muito difícil de imaginar que nossos antigos ancestrais do Neolítico ou mesmo antes, tivessem um medo absoluto e universal do mundo às escuras com o qual certamente estavam acostumados. Em momentos posteriores, a vida noturna também esteve associada ao descanso e ao divertimento, ao trabalho (o que pode ser visto como um tipo de mal também), e à observância espiritual e religiosa. No judaísmo e no cristianismo existem numerosas referências bíblicas a episódios importantes envolvendo profetas, Jesus, seus discípulos e colaboradores, cuja mensagem é reforçada por se passarem à noite. Nos séculos XVI e XVII, teólogos cristãos como Juan de la Cruz (1542-1591), John Donne (1572-1631) e Jakob Böhme (1575-1624) elaboraram defesas de virtudes da noite como momento devocional, e pintores europeus como Caravaggio (1571-1610), Carlo Saraceni (1579-1620), Artemisia Gentileschi (1593-1653), Trophime Bigot (1579-1650), Georges de la Tour (1593-1652) e Rembrandt (1606-1669) escolheram cenários noturnos para a elaboração de suas imagens e mensagens de devoção e piedade[74] **(Figura 1.6)**.

Figura 1.6. – A escuridão do ambiente noturno permite que uma luz pontual ilumine o rosto e reforce a atitude piedosa da personagem. Junto a ela, a vela e a caveira, representações do tempo e da finitude da vida, compõe a mensagem cristã de resignação e adoração a Deus (LA TOUR, Georges de. *Madalena penitente*, c.1640) Metropolitan Museum of Art, New York.

A noite é, por si mesma, um mundo específico. Nas palavras de Alain Cabantous, "a noite sempre confere uma outra dimensão à realidade, amplificando no espírito do indivíduo insone um detalhe ou um incidente rememorados, um ruído estranho, uma preocupação persistente".[75]

Um dos cortes fundamentais na história da vida noturna ocorreu entre os anos de 1660 e 1700 d.C., período em que muitas cidades europeias começaram a inaugurar seus sistemas de iluminação pública – com lâmpadas de óleo ou velas protegidas por vidros – e foram se tornando ambientes mais claros do que escuros. Paris e Lille se iluminaram em 1667 e Amsterdã em 1669, no que foram seguidas por Hamburgo (1673), Turim (1675), Berlim e Groningen (ambas em 1682), Copenhagen (1683), Londres (entre 1684-1694), Viena (1688), Hannover (1690-1696), Dublin (1697), dezenas de cidades provinciais francesas (entre 1697 e 1699), e Dusseldorf e Leipzig (ambas entre 1699 e 1701). Essa iluminação pública mudou profundamente hábitos privados e coletivos,

atitudes religiosas, formas de entretenimento, sociabilidades e ritmos cotidianos, e espraiou o trabalho noturno que sempre tinha
existido em menor escala. A primeira cidade da América Inglesa
– os Estados Unidos só existirão a partir de 1776 – a se iluminar
desse jeito foi a Filadélfia, em 1757, e a do Brasil – ainda colônia
de Portugal – foi o Rio de Janeiro, em 1794; esta seria ainda mais
iluminada com a presença da Corte a partir de 1808.[76]

Depois, viria a iluminação a gás, testada em Londres e Paris
respectivamente em 1807 e 1819, mas só generalizada na Europa e
em outros continentes a partir das décadas de 1840 e 1850, como
resultado de uma nova fase de expansão da Revolução Industrial. Em Portugal, a iluminação a gás chegou em 1848, e ao Brasil
nos anos 1860. A energia elétrica, no final do século XIX, seria
a última e decisiva etapa de globalização da iluminação pública
urbana, causando novo grande impacto em várias dimensões sociais de muitas cidades. A luz elétrica chegou a Portugal (Lisboa)
e Espanha (Madri) em 1878, ao México (Guanajuato) em 1879, e
ao Brasil (Campos, no Estado do Rio de Janeiro, e Rio Claro, no
Estado de São Paulo) pouco depois, na década de 1880.[77]

A iluminada vida noturna sempre teve seus adversários. Em
um romance publicado em 1901, Eça de Queirós construiu uma
visão depreciativa da vida urbana, antagônica à suave e poética
vida rural, que em suas palavras permitia, inclusive, a contemplação dos céus: "Dentro, na 'nossa sala', ambos nos sentamos nos
poiais da janela, contemplando o doce sossego crepuscular que
lentamente se estabelecia sobre vale e monte. No alto tremeluzia
uma estrelinha, a Vênus diamantina, lânguida anunciadora da
noite e dos seus contentamentos".[78]

Esse antagonismo cidade-campo encontra-se por toda parte
como um aspecto interessante de uma história social do tempo e
suas múltiplas dimensões: essa história que nos trouxe ao mundo atual, todo iluminado em áreas urbanas que concentram a
maior parte dessa população do planeta que é pouco observadora
dos céus, embora continue a ser profundamente influenciada por
ciclos naturais que permitiram as primeiras e talvez mais duradouras concepções de tempo da humanidade.

CAPÍTULO 2
A INVENÇÃO DO TEMPO NOS CALENDÁRIOS

INVENÇÃO, CÔMPUTO E CONTROLE DOS TEMPOS

Calendários são notáveis artefatos culturais que resultaram da observação humana de ciclos da natureza, aos quais atribuíram-se medidas. Os calendários traduzem uma vontade de se controlar o passado, o presente e o futuro, por meio da regulação de dias, semanas, meses, estações e anos (as horas voltarão às nossas páginas no capítulo 4, dedicado aos relógios, e os períodos mais longos do que o ano serão abordados no capítulo 6, sobre cronologias). A história desses artefatos é ao mesmo tempo antiga e atual, e mostra muitas soluções possíveis para um problema central: como ajustar os ciclos da natureza uns aos outros? Em outras palavras: como unir vários tempos em um só?

A observação da natureza resultou em muitas concepções e representações do tempo, e os calendários sofisticam-nas. Eles nunca são simples instrumentos de medição de um tempo supostamente natural e objetivo, e sua história não é a de descobertas de verdades ocultas ou de evoluções em direção a calendários sempre melhores. Cada sociedade, com seus calendários, tem seus próprios interesses e suas próprias tecnologias; comparar essas sociedades ao longo dos séculos a partir de padrões estranhos a elas é equivocado e inútil.

Calendários sempre respondem a demandas humanas específicas, e dizem respeito menos a questões de tecnologia do que de política. Toda e qualquer sociedade, cada uma à sua maneira, sempre nutriu desejos de controlar os tempos que elas mesmas criaram e viveram. Ao longo da história, os calendários mais importantes foram concebidos, impostos e controlados por pessoas ou grupos em posição de poder, como forma de exercê-lo sobre uma maioria sem a qual esses calendários não fariam sentido. O que tendeu a reforçar a imagem de certos líderes como "senhores do tempo", colocando-os em uma condição próxima aos deuses. Além disso, os calendários se relacionam com formas mais amplas de organização de sociedades, unificando-as, dando-lhes identidade, expressando relações de poder e carregando conflitos. Em muitos casos, a história de um calendário correspondeu a processos territoriais e imperiais de expansão política, econômica e cultural. Segundo Sacha Stern, "calendários não são uma curiosidade técnica, mas um aspecto fundamental da vida social, um princípio organizador da experiência humana, um componente constitutivo da cultura e das visões de mundo".[79]

Alguns calendários existiram completamente sozinhos; outros, em companhia gregária de parentes, amigos e semelhantes. De um modo geral, a história desses artefatos se desenrola nos marcos de diversas "economias-mundo", tal qual a definição de Fernand Braudel. Durante a maior parte da história, a humanidade viveu em unidades isoladas ou apenas parcialmente conectadas entre si, e sem que qualquer uma delas se confundisse com a totalidade dos espaços de nosso planeta. Essas unidades se formaram a partir de processos iniciais de expansão, contato e mistura, mas que em determinado momento se autolimitaram, configurando unidades mais ou menos estáveis. Foram economias-mundo, por exemplo, a Austrália aborígene, o mundo grego antigo, o Império Romano, a Europa medieval cristã, a Península Arábica até o século VII, o Império Mongol dos Khan, os impérios inca e mexica, várias regiões da África antes do século XVI, a Índia até o século XVIII e a China até o XIX. Espaços grandes, plurais e dinâmicos, mas limitados, quase sempre isolados e afastados uns dos outros. E com seus próprios calendários. Uma exceção foi a Europa das Grandes Navegações, que se expandiu por todos os continentes e oceanos, levando à globalização do mundo atual. Não por acaso, levou também à globalização de um calendário que ela trazia na bagagem.

Em certos casos, os contatos entre essas economias-mundo se fizeram pela circulação de calendários, que foram sendo modificados como parte de processos mais amplos de trocas e conflitos políticos, econômicos e culturais; em outros casos, mesmo que esses calendários apresentassem notáveis semelhanças, eles existiram isolados uns dos outros. Tais semelhanças ocorreram porque quase todos esses calendários surgiram diretamente da observação dos astros nos céus – o que cada sociedade fez de modos e por motivos particulares. É disso que trataremos agora.

Uma última observação preliminar: quase nunca uma sociedade usou um único calendário; e jamais um calendário traduziu uma forma exclusiva e absoluta de se pensar e de se viver os tempos dessa sociedade. Isso tem a ver diretamente com as vastas extensões territoriais sobre as quais, como dissemos, a maioria dos calendários se esparramou; e essa diversidade espacial se fez também diversidade temporal. Novamente as palavras de Stern: "no mundo ocidental atual, dominado pelo calendário gregoriano, tendemos a ver o uso de um único e exclusivo calendário como sendo essencial para a sociedade e sua coesão; mas claramente a diversidade de calendários não atrapalhava a coesão de antigas sociedades e religiões. Para elas, a diversidade de calendários era normal e uma questão que suscitava grande indiferença".[80]

CALENDÁRIOS ANTIGOS, QUASE EXTINTOS

Dizemos "quase extintos" porque quase nenhum dos calendários de que trataremos agora desapareceu por completo. Embora eles não existam mais como instrumentos de uso coletivo, eles nunca foram eliminados de repente; ao invés disso, foram sendo incorporados a outros calendários posteriores ou os inspiraram de alguma forma; em alguns casos, esses calendários mais antigos ainda são mantidos como símbolos de tradições culturais, parcialmente rememorados em tradições nacionais ou festas cívicas, ou até mesmo utilizados por pequenos grupos. Eles tiveram seus grandes momentos no passado, mas não devem ser vistos como simples relíquias de mundos distantes: eles nos ajudam a entender uma longa história da qual foram um dia protagonistas, e que de alguma maneira ainda está em curso.

Um calendário nem sempre é um objeto concreto, uma imagem ou outro suporte físico com marcações de números, anos, meses ou dias; ele pode ser somente um sistema de cômputo do tempo, uma maneira de pensá-lo e de praticar sua vivência; apenas em certas ocasiões é que um calendário se transformará em objeto. Não há consenso se podemos ou devemos chamar de "calendários" a sistematização de algumas noções de tempo antiquíssimas, como a simples marcação gráfica de ocorrências como dias, luas, chuvas, nascimentos e mortes. Conhecemos marcas sequenciais realizadas em pedras, ossos, paredes e cavernas datadas de cerca de 30 ou 40 mil anos atrás, e que muito provavelmente possuíam essa função de contagem; mas dificilmente essas marcas implicaram alguma concepção de controle do passado, do presente e do futuro. Talvez não mereçam o nome de "calendários". De todo modo, podem ter desempenhado funções importantes nos agrupamentos humanos onde ocorreram. Posteriormente, essas mesmas ocorrências ensejaram concepções de tempo mais complexas.[81]

Durante séculos, a maior parte dos calendários dos quais se tem notícia eram calendários lunares; isto é, contavam fases da Lua, perfazendo meses, semanas ou simplesmente ciclos quaisquer que tivessem esse astro por referência (uma lua, duas luas, etc.). Esse parece ter sido o caso de vários dos povos indígenas com os quais os portugueses se depararam no começo do século XVI naquelas regiões que, futuramente, seriam o Brasil. Em outros casos, esses ciclos lunares eram encaixados em ciclos solares, mas estes é que se submetiam àqueles, sem a necessidade de uma contagem corrida e sequencial de anos. Nos calendários solares, essa relação se inverte, e são os ciclos da Lua que se submetem aos do Sol. Para todos os efeitos, a exatidão de marcações de tempo não é um critério absoluto a ser levado em conta, uma vez que "entender as quantidades em termos de números exatos não é uma intuição universal: é um produto da cultura".[82]

Caso raro na Antiguidade, as cidades da Mesopotâmia tiveram calendários construídos e manejados por observadores profissionais dos céus, embora sua aplicação seguisse sempre as ordens de governantes. Esses observadores identificavam, por exemplo, a Lua Nova que assinalaria o começo de um mês, mas eram seus superiores que decidiam se, de fato, aquele mês começaria, se impostos seriam cobrados, ou se alguma medida excepcional em relação à sociedade seria tomada. Durante muito tempo, a Mesopotâmia e a Ásia Menor tiveram vários calendários lunares, e a indicação mais frequente era a de meses, e não de anos. Entre sumérios e babilônios, um ano poderia ser assinalado simplesmente como aquele em que algo de importante aconteceu (a inauguração de um templo ou de uma muralha, um casamento real), e só em alguns casos isso ensejaria alguma sequência, mesmo assim limitada. Um esboço de padronização de calendários mesopotâmicos só começou a ocorrer por volta de 1100 a.C., por obra específica do reino assírio. Hoje, a designação dos meses desse calendário, de acordo com uma escrita fonética adaptada dos ideogramas encontrados nas fontes cuneiformes, nos é muito estranha! E como o estranhamento é sempre uma forma de aprendizado da diferença, o leitor pode encontrar deleite em passar os olhos por esses nomes tão esquisitos: *Nisannu, Aiaru, Simanu, Duzu, Abu, Ululu, Tashritu, Arahsamnu, Kislimu, Tebetu, Shabatu* e *Addaru*.[83]

O império Aquemênida, fundado na Pérsia (atual Irã) com a derrota dos medos em 550 a.C., deu continuidade ao uso do calendário assírio, influenciou diretamente um calendário difundido pelo Império Macedônico (336 a.C.-323 a.C.) de Alexandre, o Grande, e continuou a difundir-se na Mesopotâmia e na Pérsia com o Império Selêucida (312 a.C.-63 a.C.). No auge de suas viagens, esse calendário de origem assíria chegou até Bactria (no atual Afeganistão), Judéia, Lícia e Lídia (ambas na Ásia Menor) e, no Egito, até seu extremo sul, Elefantina, na fronteira com a Núbia. Quando os romanos chegaram ao Oriente Próximo no século I a.C., toda a região usava não um, mas vários calendários, todos derivados do assírio. E é possível que este tenha permanecido por mais tempo em uso no Império Parta (140 a.C.-224 d.C.), que se formou na Pérsia com o desmembramento parcial do Selêucida. Em toda essa enorme região, houve um movimento de certa unificação de tempos por meio do calendário lunar assírio, e que nesse caso consistia basicamente na vigência dos mesmos doze meses padronizados, bem como das chamadas "intercalações", isto é, a criação e a extinção temporária de meses e dias de acordo com decisões políticas.[84]

O calendário lunar assírio chegou ao Egito, onde predominava um outro, solar e fixo, sem variação de meses. Embora as origens desse calendário solar sejam muito antigas, provavelmente entre c.3100 e 2780 a.C.., a primeira descrição que dele dispomos é do século V a.C., obra do historiador grego Heródoto de Halicarnasso (c.484-? a.C.). Sua função política era explícita: a coroação do faraó deveria coincidir com a cheia ou a baixa do rio Nilo, em torno do qual se desenvolveu a economia-mundo egípcia; logo, era necessário um calendário. O reinado do faraó dava início ao ano I desse calendário, quando começava também a cobrança de impostos. No final das contas, um ano solar egípcio possuía os mesmos doze meses que na Mesopotâmia, porém divididos em doze unidades de trinta dias, e se encerrava com mais cinco dias, perfazendo um total de 365. Esse esquema fixo com acréscimo de cinco dias se espalhou fortemente durante o período em que o Egito esteve sob influência grega (o período ptolomaico ou helenístico, de 305 a 30 a.C.), e chegou aos romanos, que o devolveram quando o calendário juliano foi adotado no Egito no reinado de Cleópatra (51 a.C.-30 a.C.).[85]

O fato de o calendário egípcio ser solar e regular permitia certas previsões de futuro, coisa que os calendários lunares não faziam. Também permitia que a vida política fosse em alguns aspectos estável, projetando práticas para o futuro e diminuindo o peso de decisões circunstanciais. Por que isso ocorreu no Egito, mas não em outras partes? Provavelmente porque seu império foi, mais do que qualquer outro de sua época, altamente burocratizado. Um calendário rígido traduziria melhor as características políticas dessa sociedade do que um calendário flexível. Também há que se considerar que a religiosidade egípcia considerava perfeitas as realizações "antigas", isto é, anteriores a 2300 a.C., dentre as quais provavelmente estava o calendário; o que não quer dizer que os egípcios ignorassem as luas, que definiam vários aspectos de sua vida política e religiosa, bem como os meses. Estes eram, de início, apenas quatro, simplesmente numerados, e que se associavam às três estações – *Akhet, Peret* e *Shemu* – perfazendo doze; depois, entre os séculos V e III a.C., esses meses egípcios surgiram com nomes individualizados: *Thoth, Phaophi, Athyr, Choiak, Tybi, Mechir, Phamenoth, Pharmuthi, Pachons, Payni, Epiphi* e *Mesore.*[86]

Em contraste com a unidade egípcia, a Grécia era dispersão. Cada cidade-estado, cada *pólis*, tinha seu dialeto, suas leis, seus costumes e seus calendários, lunares. Eles estabeleciam meses e dias, com frequência contemplavam intercalações, e eram muito parecidos com os calendários mesopotâmicos. As primeiras notícias confiáveis que deles possuímos remontam ao século VI a.C., mas certamente houve calendários mais antigos. De acordo com o cronista Geminus, que escreveu no século I d.C., os meses na Grécia antiga começavam com a primeira visão da Lua Nova, como na Mesopotâmia, mas certamente essa não era uma regra rígida, e as decisões políticas de cada pólis é que deviam acabar determinando o início desse ciclo temporal. Um desses calendários, vigente em Atenas até o século III d.C., é chamado de "segundo o arconte", pois seguia decisões de um magistrado. A decisão política também dizia respeito a quais meses e dias deveriam existir, com nomes específicos em cada pólis.

Os usos desses calendários gregos foram amplos: religiosos, políticos e administrativos, econômicos, públicos e privados, e há registros deles até pelo menos o século V d.C. Também existiram calendários astronômicos e fixos de vários tipos e nomes pelo menos até o século I d.C., mas eles devem ter servido apenas para datar eventos astronômicos, e não para regular a vida cotidiana em geral. Em meio a essa grande diversidade de calendários gregos, um dos utilizados em Atenas tinha doze meses, assim chamados: *Hekatombaion, Metageitnion, Boedromion, Pyanopsion,*

Maimakterion, Poseidon, Gamelion, Anthesterion, Elaphebo-lion, Mounychion, Thargelion e *Skirophorion*. Tempos depois, já na Grécia macedônica, os doze meses eram chamados de *Artemisios, Daisios, Panemos, Loios, Gorpiaios, Hyperberataios, Dios, Apellaios, Audnaios, Peritios, Dystros* e *Xandikos*.[87]

Até aqui, observamos calendários lunares flexíveis na Mesopotâmia e na Grécia, e um calendário solar fixo no Egito. Foi por influência direta deste último que surgiu um calendário semelhante no Império Aquemênida dos persas, onde, como vimos, predominava um lunar de origem assíria. Esse calendário solar chegou à Pérsia entre fins do século VI a.C. e começos do seguinte, estimulado pela conquista do Egito promovida pelo imperador Cambises (c. 525 a.C.). O calendário persa que daí surgiu também tinha 360 dias, doze meses de trinta dias, mais cinco dias no final de cada ano; mas aos meses os persas davam nomes e ordem próprios. Em várias regiões da Mesopotâmia persa, contudo, o calendário lunar assírio continuou em vigência, e em partes do Egito o calendário tradicional conviveu com aquele adaptado pelos persas e sua nomenclatura própria.

Quando os persas enfrentaram os gregos nas Guerras Médicas (499-449 a.C.), se digladiaram duas culturas muito diferentes, inclusive em suas formas de conceber e computar o tempo. Hoje em dia, ao nos referirmos a episódios célebres dessas guerras, como a Batalha de Maratona (490 a.C.) ou a Batalha das Termópilas (480 a.C.), utilizamos uma forma de datá-las alheia tanto ao calendário persa quanto ao grego. Isso é válido para muitos e muitos outros eventos da história que são assinalados em calendários posteriores, elaborados por sociedades totalmente estranhas àqueles eventos. No estudo da história, a datação pode ser uma tarefa complicadíssima!

Por volta do século I a.C., o calendário solar persa estava em vigência na Capadócia – atual Turquia – onde logo seria substituído pelo calendário juliano inventado pelos romanos; bem depois, no começo da Idade Média, ainda era adotado em regiões que hoje correspondem ao Uzbequistão e à Armênia. Se um calendário serve bem aos costumes e necessidades locais, por que substitui-lo?

Mais de 1500 anos depois de ter sido criado, o calendário solar persa ainda era utilizado por grupos seguidores do zoroastrismo.[88]

Entre a Pérsia e a Índia, trocas culturais, conflitos e adaptações locais deram origem a vários calendários derivados do antigo calendário persa, sendo os mais importantes o Calendário Shenshai (a partir de 1006 d.C.), o Calendário Kadmi (1745) e o Calendário Fasli (1906). Neste último, os nomes dos meses são: *Färvärdin, Ordibehesht, Khordad, Tir, Mordad, Shährivar, Mehr, Aban, Azär, Dei, Bähmän* e *Esfänd*. Os três calendários, com vários pequenos ajustes, são utilizados até hoje em países como Irã e Índia, embora no Irã o calendário civil oficial seja o estabelecido pelo governo do Reza Xá Pahlavi em 1925, e que foi mantido pelos aiatolás que fizeram a Revolução Islâmica de 1979.[89]

Se agora nos dirigirmos ao continente africano subsaariano ocidental, os povos akan que no século XII d.C. começaram a ocupar a região que hoje corresponde aproximadamente a Gana e Costa do Marfim, dispunham de um calendário lunar que contava um ano de nove meses de seis semanas cada, e semanas de sete dias, o que muito provavelmente levava a adaptações periódicas aos ciclos solares. No Reino do Daomé (atual Benin), o chamado "Calendário de Costumes" está bem documentado para os séculos XVIII e XIX: consistia em um ciclo de cerimônias e rituais políticos e religiosos determinados pelo rei, segundo as luas e influenciado – era, portanto, flexível – por circunstâncias como campanhas militares. Além de exaltar a figura do rei, a prática dos "costumes" determinava os momentos em que, mediante o pagamento de um tributo real, comerciantes europeus poderiam exercer suas atividades, inclusive o comércio de escravos para a América.[90]

No continente americano, cujos habitantes durante a maior parte da história não tiveram nenhum contato com a África, a Europa ou a Ásia, também existiram muitos calendários, alguns completamente diferentes entre si. No vasto Império Inca dos séculos XV e XVI d.C., e que no seu apogeu ia do atual Equador até o noroeste da Argentina e o centro do Chile, havia várias formas de se contar e conceber o tempo em termos de dias, meses e anos, inclusive calendários muito antigos de grupos não incaicos, como os Yugas, os Collas e os Yauyos. O calendário mais bem conhecido é o *Panchap Vnancha*, que Mariusz Ziólkowski chamou de "calendário metropolitano", por ser vigente na capital do império, Cuzco, quando da chegada dos colonizadores espanhóis ao Peru. Era um calendário lunar, com meses móveis contados a partir de luas novas – a exemplo do que era costume em outros mundos – e com a intercalação eventual de um mês, para que os ciclos lunares se ajustassem a um ano solar, cuja real extensão em dias parece ser ainda desconhecida dos estudiosos. Os incas de Cuzco chamavam seus doze meses de *Pucoy quillaraime quis, Hatumpo coiquis, Allapo coiquis, Pacha pocoiquis, Ayriguaquis, Haucai quos quiquilla, Hatun cosquiquilla, Caguaquis, Carpaiquis, Satuaiquis, Omaraime quis* e *Cantaraiquis*.[91]

Cuzco foi conquistada pelos espanhóis em 1533, e o último reduto incaico caiu em 1572. Mesmo assim, uma grande diversidade de calendários simultâneos continuou a existir, embora o oficial dos espanhóis fosse, de início, o calendário juliano. O novo calendário gregoriano, criado em 1582, começou a ser adotado no império espanhol em 1584, e chegou a Cuzco em outubro daquele ano, mas sem se impor por completo. Essa mescla de referências temporais, advindas de fontes culturais tão diversas e conflitivas entre si como eram a Europa cristã e a América indígena, também confunde o posterior observador dos fatos daquela época e dificulta sua datação. Um evento como o assassinato de Atahualpa, o último imperador, que segundo o calendário gregoriano ocorreu em 1533, quando os espanhóis ainda se guiavam pelo calendário juliano, seria datado de que maneira pelos muitos calendários indígenas locais? É muito difícil estabelecer essa equivalência, e talvez ela nem faça sentido. Vale pensar que tal dificuldade indica, mais uma vez, que qualquer sociedade sempre é organizada segundo uma pluralidade de tempos simultâneos.

No caso do Peru incaico, essa pluralidade de tempos podia significar, inclusive, formas de resistir à dominação estrangeira: é sabido que após a conquista espanhola, incas e seus descendentes preservaram parte de suas cerimônias, festividades, datas e concepções de tempo, disfarçando-as de cristãs e adaptando-as ao calendário que lhes fora imposto. Por volta de 1615, Felipe Guamán Poma de Ayala, o célebre cronista de ascendência indígena que durante muitos anos serviu aos reis da Espanha, em seu esforço de explicação eurocêntrica das realidades nativas elaborou pictoricamente um calendário incaico de doze meses, indicando celebrações religiosas nativas de acordo com os meses julianos-cristãos. Poma de Ayala também elaborou um calendário agrícola, indicando as tarefas às quais os incas comumente associavam esses mesmos doze meses.[92] Esses dois calendários sincréticos traziam imagens que tinham a finalidade de aproximar costumes incas aos costumes espanhóis, e facilitar a exploração econômica e a dominação cultural destes sobre aqueles (**Figura 2.1**).

Figura 2.1. – A colonização pelas imagens. Em um dos dois calendários sincréticos de Poma de Ayala, o *setembro* do calendário juliano correspondia ao mês incaico de plantio do milho. Aqui, três pessoas trabalham; acima das montanhas, a Lua e pelo Sol, símbolos nativos, mas também cristãos. Na tentativa de aproximar dois mundos distintos, Poma de Ayala fundiu nomes, imagens e tempos, e submeteu o incaico ao europeu.
Felipe Guamán Poma de Ayala, Nueva crónica y buen gobierno, c. 1616.

Mais ao norte do continente, na vasta zona que atualmente corresponde ao México e aos países da América central, surgiram calendários fortemente originais e muito diferentes daqueles até aqui observados. Neles, os usos políticos do tempo também se fizeram presentes, ligados a hierarquias e interesses sociais, e com frequência eram controlados por lideranças políticas e religiosas. Isso já deve ter ocorrido com os calendários elaborados por olmecas (1200 a.C.-600 a.C) e zapotecas (800 a.C.-500 a.C.). No começo do século XVI, quando os espanhóis chegaram ao continente e deram início à sua conquista do México, o império mexica – também chamado de asteca – reunia um conglomerado de povos heterogêneos, e era combatido e enfrentado por vários outros ao seu redor. Nessa época, um calendário dominante estava assentado em um ciclo de 260 dias, chamado de *tonalpohualli*, e que se dividia em vinte grupos de treze dias, chamados de *tonalli*. Podemos entender esses 260 dias como se fossem "anos", e esses treze dias como "meses" ou "signos"? Só se estivermos conscientes de que essa é uma analogia didática e simplificadora, pois as ideias de anos, meses e signos não faziam exatamente parte daquele mundo. Mas a analogia ganha força à medida que cada *tonalli* se associava a um animal, vegetal, objeto, força da natureza e morte; e os dias eram nomeados da combinação do número (em sequência de treze) com um signo. Os *tonalli* eram, por ordem: *Cipactli* (jacaré), *Ehecatl* (vento), *Calli* (casa), *Cuetzpalin* (lagarto), *Coatl* (serpente), *Miquiztli* (morte ou morto), *Mazatl* (veado), *Tochtli* (coelho), *Atl* (água), *Itzcuintli* (cachorro), *Ozomatli* (macaco), *Malinalli* (erva), *Acatl* (cana), *Ocelotl* (jaguar), *Cuauhtli* (águia), *Cozcacuauhtli* (abutre), *Ollin* (movimento), *Tecpatl* (punhal), *Quiahuitl* (chuva) e *Xochitl* (flor).[93]

Curiosamente, o ciclo mexica de 260 dias não tinha correspondência com nenhum ciclo astronômico, e dele podiam decorrer outras sequências. Ele se associava, inclusive, com um outro ciclo de 365 dias, este sim astronômico, nomeado pelo primeiro dia do ciclo de 260 dias. Resistamos, porém, à tentação de considerar que esse ciclo de 365, por ser-nos mais familiar que o de 260, era mais importante para os mexicas; especialistas na história desses povos garantem que não era assim.[94] Esse sistema de ciclos combinados era compartilhado também por outros povos, como os habitantes de Teotihuacán – que hoje fica nas adjacências da Cidade do México; os antigos zapotecas, que nele incluíam um ciclo largo de 52 anos de 365 dias cada; e os maias mesoamericanos, que dividiam o ciclo de 260 dias não em vinte grupos, mas em dezoito (ou dezenove) assim nomeados: *Pop, Uo, Zip, Zotz, Tzec, Xul, Yaxkin, Mol, Chen, Yax, Zak, Ceh, Mac, Kankin, Muan, Pax, Kayab* e *Cumkui*; o 19º grupo era *Uayeb*. [95]

Calendários mexicas e maias nos oferecem excelentes exemplos de pluralidades de tempos encontradas em uma mesma sociedade; também de como concepções cíclicas de tempo podem perfeitamente se articular com concepções lineares, sem que uma exclua a outra. E a exemplo do que ocorreu no mundo incaico colonizado pelos espanhóis, também na Mesoamérica essa pluralidade de tempos significou, em alguns casos, formas de resistência a uma dominação estrangeira. Elites indígenas mexicas continuaram a utilizar marcos de seus antigos calendários até pelo menos o século XVII; também houve um grande número de calendários parciais, menores, que foram elaborados pelos europeus aproveitando elementos dos mexicas e adaptando-os a interesses coloniais.[96] Até hoje há quem se lembre dos dias, "meses" e "anos" maias e mexicas, mesclando-os a marcos do calendário gregoriano e utilizando-os como componentes de horóscopos e previsões de futuro que, quanto mais estiverem amparadas em culturas antigas, mais charmosas e sedutoras parecerão aos seus persistentes crédulos.

CALENDÁRIOS ANTIGOS AINDA VIGENTES

No mundo atual, vários calendários são seguidos por muitas pessoas. Os que veremos a seguir têm todos origem antiga, e suas histórias por vezes se cruzaram com as de outros calendários do passado. Em seguida, reservaremos um item só para o juliano e o gregoriano, este o calendário por excelência da globalização promovida pela cristandade europeia.

Entre os séculos VII e VI a.C., os povos hebraicos da Babilônia viveram sob a égide do calendário lunar unificado pelos assírios. As primeiras fontes conhecidas que identificam claramente um calendário hebraico próprio são só do século III a.C., e parecem indicar um calendário lunar flexível convivendo com um solar e fixo de 364 dias que, talvez, tivesse origem egípcia. Esse calendário fixo aparece no livro bíblico de Enoque, e no apócrifo Livro dos Jubileus.* Qual a sua finalidade? Talvez, datar eventos da Bíblia e, assim, estabelecer suas rememorações e comemorações. Os Manuscritos do Mar Morto, descobertos em 1947 em Qumran, na atual Cisjordânia, não indicam a existência de um único calendário entre os povos que viveram nessa região durante os séculos II e I a.C. (não temos certeza de que eram os essênios), embora suas referências pareçam dizer respeito a um ano de 364 dias. Os antigos hebreus, bastante dispersos no tempo e no espaço, devem ter vivido em meio a uma considerável diversidade de calendários lunares e solares, com meses entre 29 ou 30 dias, por vezes iniciados pelo critério mesopotâmico de observação da primeira lua nova.[97]

O atual calendário judaico foi fixado somente no começo do século X d.C., e a persistência de antigas tradições hebraicas explica a existência desse caso raro de calendário não solar no mundo de hoje. Ele é chamado de "Calendário Rabínico" ou "Calendário de Hillel", em referência ao patriarca Hillel II, que o desenhou por volta de 358 a.C., embora, repitamos, sua fixação seja bem posterior. Nele, os anos têm doze meses, mas a cada dezenove anos, sete possuem treze meses, de modo a reduzir a inevitável

---

* Um livro *apócrifo* é aquele que, tendo potencial para entrar na composição canônica da Bíblia, por algum motivo acabou ficando de fora. Conforme nos explica Fox, "antes de 70 d.C., ninguém ainda havia tentado tornar obrigatória uma 'versão autorizada' dos escritos religiosos. Em cada manuscrito, porém, a forma podia variar muito; alguns tinham versões mais curtas, outros versões mais longas, e é provável que houvesse diferenças mesmo entre os textos usados pelas várias facções religiosas." A primeira Bíblia manuscrita integral que se conhece é o chamado "Manuscrito de Leningrado", datado de 1009 d.C. (FOX, Robin L.. *Bíblia*, p.103 e p.90).

falta de correspondência entre os ciclos lunar e o solar, e com isso manter as estações do ano mais ou menos nas mesmas épocas. Seus doze meses são chamados de *Tishrei, Cheshvan, Kislev, Tevet, Shevat, Adar, Nissan, Lyar, Sivan, Tamuz, Av* e *Elul*; quando o ano possui treze meses, após *Adar* vem *Adar sheni*. O ano religioso judaico começa no mês *Nissan* (que cai em março ou em abril do calendário gregoriano), e o ano civil começa sete meses antes, em *Tishrei*. Há ainda uma série de regras específicas para os dias da semana em que devem ser celebradas festas religiosas como *Pessach* (páscoa), o *Sucot* (colheita) e o *Hoshana Raba* (último dia da colheita), o *Yon kipur* (perdão) e o *Rosh Hashaná* (ano novo). O *Tishrei* do ano 1 começou em 07 de outubro de 3761 a.C. e corresponde à suposta criação do mundo, de modo que o calendário judaico apresenta 3761 anos a mais em relação ao calendário gregoriano.[98]

Já o atual calendário muçulmano começou a ser sistematizado no século VII d.C., e deu continuidade a uma larga tradição de utilização de calendários lunares em regiões que tinham sido parte dos impérios da Mesopotâmia e da Pérsia. Maomé, o maior profeta da nova religião, proibiu terminantemente a intercalação de meses e dias, considerando-a uma afronta a Deus, isto é, ao senhor do tempo; por isso, até hoje o calendário muçulmano é simples e direto: é lunar, parte da observação de luas novas, e consiste em doze meses de 29 ou 30 dias, perfazendo um ano de 354 ou 355 dias. Os meses desse calendário, cotidianamente utilizado por muitos milhões de pessoas hoje em dia, são chamados de *Muharram, Safar, Rabi al-Awwal, Rabi al-Thani, Jumada al--Awwal, Jumada al-Thani, Rajab, Sha'aban, Ramadan, Shawwal, Dhu al-Qidah* e *Dhu al-Hija*. A marcação dos anos começou com a Hégira, isto é, a fuga de Maomé de Meca para Medina, em 622 d.C. de acordo com o calendário gregoriano, e por isso o calendário muçulmano também é chamado de "Calendário Hegírico". Em relação ao gregoriano, ele apresenta 622 anos a menos[99].

Na China, os primeiros calendários parecem remontar a c.2600 a.C. Desde pelo menos o século V a.C., os chineses dividiram os movimentos celestes em ciclos subdivididos em 28 partes, logo condicionados a movimentos lunares que resultariam em doze meses. Um calendário foi generalizado a partir de 221 a.C., e em 116 a.C. adotou-se o costume de se considerar o início de cada governo como um tempo novo, um novo ciclo dentre vários existentes. Esse calendário era controlado pelo imperador. No século I d.C. surgiram as associações dos anos com animais, ainda em vigência, sendo que os doze ciclos mensais (*jieqi*) se associam a outros dez (*zhongqi*), em uma combinação peculiar: o resultado é que esse calendário é dividido em doze ou treze meses, de 353, 354 ou 355 dias, ou de 383, 384 e 385 dias em anos especiais intercalados aos quais poderíamos chamar de "anos bissextos". Finalmente, esses anos perfazem ciclos de sessenta. Todas essas maneiras chinesas de conceber o tempo tiveram vigência também em regiões que hoje são a Coreia, Mianmar, Tailândia e Vietnã. A revolução chinesa de 1911 instituiu oficialmente um calendário solar, com semanas de sete dias, e em 1931 começou a vigência do calendário gregoriano. Mesmo assim, vários outros calendários continuaram sendo usados no país.[100]

Não é difícil perceber que a existência simultânea de calendários diferentes é algo normal ao longo da história. Para muita gente hoje em dia, calendários solares podem ser considerados melhores do que os lunares, porque são mais precisos em termos técnicos, astronômicos ou matemáticos; no entanto, tais critérios não são e nunca foram universais. Um bom calendário é simplesmente aquele que atende bem a certas demandas da sociedade que o criou. E essas demandas mudam muito ao longo da história. Por isso, a despeito da existência de vários calendários solares em sociedades antigas e atuais, os lunares também sempre se fizeram presentes, mesmo em sociedades muito afeitas à observação dos céus, como as da Mesopotâmia ou da Grécia antigas. Os calendários lunares também foram os preferidos de judeus e muçulmanos antigos e modernos, dos celtas da Europa, e de muitos povos asiáticos de regiões que hoje correspondem a Índia, China, Coreia, Japão e Vietnã.[101]

O calendário gregoriano, diretamente derivado do juliano, teve uma fortuna especial. Ela não se deve, porém, a qualquer suposta superioridade desse calendário sobre outros, em quaisquer termos que se considere a questão. Ele não é intrinsecamente melhor do que nenhum outro. Esse calendário se tornou o mais poderoso e abrangente de todos apenas porque resultou de uma economia-mundo expansionista e conquistadora: a Europa do século XVI, mercantil e cristã, e que começou a se afirmar sobre outras partes do globo em meio ao próprio processo de constituição do mundo capitalista global, com seus valores culturais correspondentes, inclusive suas maneiras de pensar e viver o tempo. O Calendário Gregoriano não foi o único que se expandiu e "conquistou" outros; inclusive seu principal antecessor, o juliano, também foi expansionista. Mas o gregoriano o foi em uma escala incomparável.

RUMO À GLOBALIZAÇÃO: OS CALENDÁRIOS JULIANO E GREGORIANO

O antigo mundo romano viveu por um bom tempo em meio a vários calendários que podiam sempre ser alterados em função de circunstâncias específicas. O mais antigo dos que se têm notícia estabelecia um ano com 304 dias divididos em dez meses que variavam entre 16 e 36 dias; tempos depois, passaram a variar entre 30 e 31 dias. Durante o reinado de Numa Pompílio (715-673 a.C.) esse calendário ganhou dois novos meses, mais ou menos correspondentes aos atuais "janeiro" e "fevereiro", e assim o ano passou a ter 355 dias, mas cheio de intercalações. Esse calendário não era preponderantemente solar nem lunar, mas como estes dois ciclos eram importantes no dia a dia, em várias ocasiões – como em 452 e 153 a.C. – foram sendo feitos ajustes.

Caio Júlio César, cônsul e logo ditador de Roma, enfrentou a questão com o auxílio do astrônomo egípcio de Alexandria, Sosígenes. Em 63 a.C., César tinha sido eleito *pontifex maximus*, e dentre suas atribuições estava estabelecer as intercalações do calendário então vigente; pouco depois, em campanha militar no Egito, César conheceu o calendário local fixo, e nele se inspirou não apenas para ajustar o romano, mas para, ao fazê-lo, fortalecer seu próprio poder. As preocupações de César, primeiro em reformar o calendário, depois em criar outro, efetivavam e simbolizavam a afirmação de sua autoridade pessoal, transformando o controle do tempo em uma forma de controle político. Em 46 a.C., primeiro foram feitos ajustes para preparar uma reforma que deveria estabelecer um calendário fixo; e como naquele ano a defasagem entre a contagem do ano e a ocorrência das estações estivesse em cinquenta dias, criou-se momentaneamente um *sui generis* ano de 445 dias; em seguida, ainda em 46 a.C., foi imposto um novo calendário, e que só poderia se chamar, claro, "Calendário Juliano".[102]

O Calendário Juliano seguia um esquema solar fixo, com um ano de 365 dias. Introduzia também um ajuste a cada quatro anos: os anos bissextos. Com eles, fevereiro passou a ter 29 dias nos anos comuns, e 30 nos bissextos. Os meses do novo calendário já existiam antes, nos são amplamente conhecidos porque são os mesmos do calendário gregoriano, e seus nomes têm significados interessantes.

Janeiro era um mês de passagem, de transição entre um ano e outro, e por isso evocava o deus Jano, de duas faces: uma voltada ao passado, outra ao futuro. Fevereiro deriva do latim, *februa*, que significa "purga", "purificação". Março se associava ao deus Marte, ademais homenageado com um dia da semana (nossa atual terça-feira). Abril evocava Vênus, vem de *aperire*, que depois virou *aprilis*: por um bom tempo, era o mês que "abria" o ano. Seu primeiro dia, sendo também o primeiro do ano, era dedicado a festas de inversões sociais, mas com a invenção do calendário gregoriano (1582), que definiu 1º de Janeiro como a abertura do ano, o 1º de Abril virou só o ainda hoje inofensivo e divertido "Dia da Mentira". Sobre Maio não há consenso: pode ser que sua origem seja a palavra *majestas*, e que portanto fizesse referência ao poder (do imperador, do Estado, da magistratura ou de outras autoridades sociais); ou *majores*, em tributo às pessoas mais velhas; ou ainda *Maia*, a deusa filha de Atlas e Pleiona. Junho, do deus Juno, era o mês da juventude e suas festas *junioribus*.

O mês de Julho primeiro se chamava *quintilis*, o quinto mês quando o ano começava em abril; depois, virou *julius*, uma homenagem a Júlio César. Algo semelhante ocorreu com Agosto, que primeiro se chamava *sextilis*, o sexto mês, mas depois virou *augustus* para homenagear o imperador Augusto (27 a.C. a 14 d.C.). Setembro, Outubro, Novembro e Dezembro eram, respectivamente, os meses sete, oito, nove e dez no cômputo antigo, e assim ficaram. Como alguns erros de interpretação e contagem continuaram a ocorrer, em 12 a.C. pequenos ajustes foram feitos, o que reafirmou a figura do imperador como controlador e senhor do tempo. E o Calendário Juliano seguiu adiante.[103]

A fortuna desse calendário jamais seria de glória absoluta, e sua autoridade, a exemplo da de seu criador, sempre conheceu contestações. A acreditarmos na afirmação de Plutarco (46 d.C.-126 d.C.), um dos primeiros grandes opositores da instituição do Calendário Juliano terá sido Cícero (106-43 a.C.), que nela não viu senão uma manobra de César em benefício de sua autoridade pessoal. Mesmo assim, o calendário se difundiu rapidamente a leste Mediterrâneo já no fim do século I a.C.; durante os primeiros trezentos anos da Era Cristã, ele se espalhou pelo Oriente Próximo e Império Bizantino, sofrendo alterações locais, mas mantendo sempre o ano de 365 dias. Na Grécia, Ásia Menor, Palestina e Península Arábica ele chegou bem depois, só no século VI d.C.; nessas regiões, ele logo enfrentaria a respeitável concorrência do calendário lunar muçulmano.[104]

As discrepâncias entre os ciclos lunares e solares foram diminuídas pelo Calendário Juliano, mas não completamente eliminadas. Essa questão poderia ter ficado confinada meramente aos planos astronômico e matemático se ela não carregasse um grave problema político-cultural: o da datação e celebração da Páscoa cristã, e que foi se tornando cada vez mais latente à medida em que o cristianismo se afirmava como religião dominante da Europa e do mundo mediterrâneo. A Páscoa deveria ser celebrada em *certa época* do ano, indicada por estações, e não em qualquer uma. A curto prazo, essa necessidade tinha sido esplendidamente contemplada pela adoção cristã do rígido Calendário Juliano, mas com o passar dos anos e o acúmulo de discrepâncias entre os ciclos naturais, o problema ressurgiu. O cristianismo, ao herdar o calendário romano e transformá-lo em um dos mecanismos de sua expansão, criou um obstáculo a essa própria expansão.

É bem conhecido o fato de o cristianismo ter se apropriado de símbolos, datas e festividades não cristãs, sobrepondo-se a eles e tornando suas próprias referências mais palatáveis aos praticantes de antigos costumes que, agora, deveriam ser convertidos à nova fé. Com a Páscoa não foi diferente: essa celebração se refere à ressurreição de Cristo, três dias após sua morte, e guarda evidente analogia com a Páscoa hebraica, o *Pessach*, que evoca a libertação dos hebreus do cativeiro no Egito. O *Pessach* sempre foi uma data móvel, definida pelo antigo calendário hebraico lunar, e os primeiros cristãos se apropriaram da história da libertação do cativeiro egípcio para tonificar a ideia semelhante de uma "Paixão de Cristo". Há duas possibilidades, não excludentes, para essa relação: 1) o Pessach, assim como a Páscoa Cristã, renovaria a aliança dos homens com Deus; no primeiro caso, simbolizada pela arca dos Dez Mandamentos, no segundo, por Cristo; 2) assim como o Pessach evocava a libertação dos hebreus da escravidão, a Páscoa seria a libertação da humanidade do pecado. Os cristãos, então, quiseram separar as duas datas: de início, começaram a celebrar a Páscoa no primeiro domingo depois do Pessach, que por seu turno ocorria catorze dias depois da primeira Lua Nova do ano. Mas a dependência em relação ao Pessach continuava, e complicava também a celebração de outras festividades cristãs importantes como a Quaresma e o Pentecostes.

A conversão do Império Romano ao cristianismo teve início com a tolerância oficial estabelecida durante o reinado de Constantino I, em 312, que doravante se preocuparia com o problema da Páscoa, à sua época comemorada em diferentes datas por diferentes grupos. Foi por pressão de Constantino que o Concílio de Arles (314 d.C.) decidiu que toda a cristandade deveria passar observar uma única data para a Páscoa, com critérios próprios e independentemente do Pessach hebraico, mas a decisão não chegou a ser implementada. O Concílio de Nicéia (325 d.C.) recolocou o tema, mas, ao que parece, também sem efeitos práticos. Não se sabe exatamente quando passou a prevalecer a regra segundo a qual a Páscoa cristã seria celebrada no primeiro domingo depois da primeira lua cheia após o equinócio vernal, que corresponde ao início da primavera no hemisfério norte (no hemisfério sul, é o início do outono); um dia móvel, portanto, a exemplo do solstício de inverno, que caía geralmente 25 de dezembro e que, como vimos, fixou essa data como a de "nascimento de Cristo". A Páscoa, então, podia se sobrepor ao Pessach.

O tema, no entanto, continuou a gerar debates, polêmicas e conflitos, principalmente porque o cristianismo ainda estava definindo e normatizando suas doutrinas, normas e práticas. Com frequência, posições adversárias e não necessariamente minoritárias foram estigmatizadas e reprimidas como sendo "heresias". As igrejas cristãs de Roma, Alexandria (no Egito) e Constantinopla (cidade fundada por Constantino em 330 d.C., atual Istambul) seguiam critérios próprios e por vezes divergentes de celebração da Páscoa, assim como cidades italianas e britânicas. Os cálculos podiam se basear em simples costumes, ou em complicadíssimas tabelas de dias e equivalências que cruzavam sóis, luas, números e datas, e que pouca gente era capaz de entender. Uma das pessoas que as entendia era uma mulher, a matemática Hipácia de Alexandria (360-c.415), que por ter realizado cálculos mais precisos do que seus pares (homens) teria despertado a inimizade do bispo Cirilo, o que talvez explique sua trágica e obscura morte – foi linchada por uma multidão de cristãos.

Além de tabelas, existiram também manuais de instruções para a realização desses cálculos. O título de um deles, um tratado irlandês do século VII d.C. escrito em latim, indica uma história muito interessante: *De Ratione Computandi* ("Sobre o método de calcular"). Aqui, a palavra *computandi* significa "calcular", "contar", "estimar" a grandeza de algo, frequentemente aplicada ao cômputo eclesiástico, isto é, ao cálculo de tempos para fins litúrgicos. Foi dessa palavra que surgiu a nossa portuguesa *computar* que, portanto, já existia muito antes da invenção desses hoje imprescindíveis objetos aos quais chamamos *computadores*[105]

Na Idade Média, o cálculo da Páscoa cristã podia ser tão complicado que hoje precisaríamos de um computador para conseguir fazê-lo!

O problema da celebração das festividades cristãs só poderia ser definitivamente solucionado por meio de uma reforma do Calendário Juliano que eliminasse a persistente e crescente diacronia entre ciclos lunares e solares. Esse compromisso foi assumido por mais um concílio eclesiástico, o de Trento (1545-1563). Em 1572, Ugo Buoncompagno tornou-se o papa Gregório XIII. Sob seu comando, a reforma do calendário assumida em Trento foi levada a sério: iniciada em 1578, ela culminou com a edição, em 24 de fevereiro de 1582, da bula *Inter gravissimas*, que estabelecia as novas regras. Nesse momento, havia dez dias de diferença do Calendário Juliano em relação ao equinócio da primavera que, como vimos, costumava ser usado como parâmetro para a datação da Páscoa. Após complicados cálculos (sem computadores), concluiu-se que bastaria uma mudança na regra dos anos bissextos: a cada quatrocentos anos, três anos bissextos seriam eliminados; além disso, de modo pontual, o dia seguinte à quinta-feira, 04 de outubro de 1582, virou sexta-feira, mas não 05 de outubro, e sim 15 de outubro. A diferença entre ciclos lunares e solares persistiu, mas de modo quase que imperceptível: apenas 26,8 segundos por ano.[106] Surgiu assim o Calendário Gregoriano que, em todos os outros aspectos, manteve intacto o Juliano – o nome também mudou, claro.

Por que a reforma do Calendário Juliano demorou tantos séculos para ser feita, já que o problema da datação da Páscoa era sério e bastavam dois ajustes muito simples para resolvê-lo? A resposta não é de ordem tecnológica ou matemática: os cálculos que embasaram a reforma de 1582 podiam perfeitamente ter sido feitos bem antes, e por pessoas que não eram nem menos inteligentes nem menos capazes do que as do século XVI. A resposta é econômica, política e cultural: foi só no século XVI que as necessidades da cristandade encontraram uma poderosa aliada na economia-mundo europeia em expansão. Juntas, criaram uma força motriz que se concretizou na exploração e colonização de novos mundos, e na imposição a outras sociedades de valores religiosos que os europeus consideravam superiores. O Calendário Gregoriano foi, assim, um verdadeiro instrumento de afirmação material e espiritual, comercial e cristã da Europa, e criou novas demandas em torno daquilo que Alfred Crosby chamou de "pantometria": isto é, novos ímpetos e maneiras de contar as coisas, de medir o tempo e de esquadrinhar o espaço.[107] A reforma gregoriana se explica não por uma suposta evolução natural do Calendário Juliano ou pela simples necessidade de se resolver o problema da celebração da Páscoa; menos ainda por qualquer tentativa de aprimoramento do espírito humano. Ela se explica pela vontade de expansão e de conquista europeias em um contexto histórico de competição imperial.

Um trecho da bula *Inter gravissimas* mostra como, na reforma do calendário, questões tecnológicas se subordinavam a outras questões; mais precisamente, a do bom funcionamento da Igreja Romana e a da manutenção de tradições que legitimavam seu poder. Nas palavras de Gregório XIII:

> "a restauração do calendário foi tentada várias vezes, durante um longo período de tempo, por nossos pontífices romanos predecessores. No entanto, ela nunca foi concretizada, até agora, porque os vários projetos de reforma propostos por astrônomos, além de apresentarem as dificuldades imensas e intrincadas que sempre acompanham tal reforma, não eram duradouros e, especialmente, não mantinham intactos os ritos antigos da Igreja, e isto era a nossa principal preocupação".[108]

O Calendário Gregoriano se espalhou com magnitude e rapidez como nenhum outro; mesmo assim, ele jamais se impôs por completo. Os primeiros Estados a adotá-lo foram as monarquias católicas, obedientes ao que consideravam, com razão, como um ato político da Igreja de Roma. Pelo mesmo motivo, o novo calendário despertou oposição da parte de Estados protestantes, que desde a Reforma de c.1517 vinham formando dissidências no interior da cristandade e não seguiam a Igreja de Roma. Mesmo assim, a expansão europeia foi pressionando a favor de sua adoção mesmo em países majoritariamente protestantes, uma vez que um calendário unificado se converteu em uma espécie de regulador da competição mundial na qual vários países estavam envolvidos. Já em 1582, o Calendário Gregoriano foi oficialmente instituído em alguns dos Estados italianos, no Império Espanhol, no Império Português; pouco depois, também na França e em duas províncias dos Países Baixos, a Holanda e a Zelândia. Em 1584 ele foi adotado no Sacro Império Romano-Germânico e na Áustria, e em 1587 chegou aos reinos húngaros. Em 1700 foi adotado na Noruega e Dinamarca. Em 1752, ao ser oficializado na Inglaterra e em partes da Índia, o calendário gregoriano provocou distúrbios populares: em Bristol, houve gente que acreditou que suas vidas estavam sendo encurtadas em dez dias! Em 1753 foi a vez da Suécia aderir ao novo calendário, exemplo seguido em 1784 por alguns cantões suíços.[109]

Por mais de dois séculos, várias regiões do mundo viveram com uma diferença de dez dias entre si, situação essa que, a exemplo de outras mencionadas anteriormente, cria armadilhas para o trabalho do historiador. Que o leitor não acredite que a humanidade perdeu dois de seus maiores escritores no fatídico dia de 23 de abril de 1616: pois na Madri de Miguel Cervantes, esse dia ocorreu dez dias antes do que na Stratford-upon-Avon onde William Shakespeare deu seu último suspiro. Também não acredite que, no ano em que Galileu Galilei morreu, Isaac Newton nasceu: pois o ano a que chamamos de 1642 aconteceu antes na Itália gregoriana do que na Inglaterra juliana.

A adoção oficial do Calendário Gregoriano em um determinado lugar não significa que lá ele tenha sido totalmente implementado, ou imediatamente seguido por todos os habitantes desse lugar. Um calendário é, repitamos, uma forma de conceber, computar e controlar o tempo de uma sociedade, mas nunca é a única. É inegável que os avanços iniciais do Calendário Gregoriano foram rápidos e significativos; mas sua verdadeira potência globalizadora só se revelaria a partir da segunda metade do século

XIX, quando após conquistar quase toda a Europa e as Américas, ele começou a se impor entre as enormes populações do Extremo Oriente, avançando também sobre lugares onde o Calendário Juliano ainda resistia sob a proteção do cristianismo ortodoxo.

No Japão, desde o século XVIII houve vários intentos de substituição de calendários lunares pelo gregoriano, em um esforço que envolveu personagens afeitos a valores ocidentais, como o escritor Maeno Ryotaku (1723-1803), o filósofo Nakai Riken (1732-1817) e o astrônomo Shizuki Tadao (1760-1806). No final do século houve uma reforma importante: a introdução de ciclos solares, em combinação com os lunares, com o auxílio dos *almanaques** que tinham começado a chegar ao Japão no século XVII por mãos holandesas. A implementação oficial do Calendário Gregoriano no Japão, contudo, só ocorreu entre 1872 e 1873 (junto com o dia de 24 horas). Desde 1864 ele estava presente na ilha africana de Madagascar, introduzido por missionários britânicos; em 1875 ele chegou ao Egito; em 1895 à Coreia, e em 1912 pisou na China, embora ali ele só fosse realmente adotado em 1929 e consolidado em 1949. No Japão, na Coreia e na China, o novo calendário passou a conviver com outros tradicionais lunares, com os calendários de "dias bons e dias maus", com a antiga contagem dos anos pelos reinados dos imperadores, e também com o calendário budista que se inicia com a entrada de Buda no estado transcendente do *nirvana* (algumas contagens situam esse marco em 949 d.C., enquanto outras o indicam por volta de 400 d.C.).

Em outra frente, o Calendário Gregoriano ganhou terreno no mundo do cristianismo ortodoxo com sua adoção pela Bulgária

---

* A palavra *almanac*, derivada do árabe, significa literalmente "livro do tempo". O almanaque era um gênero de publicação tradicional na Europa, derivado dos livros de horas medievais e de manuais de astrologia. De publicação anual e consumo majoritariamente popular, podia ter conteúdos muito diversificados, como tabelas de luas e estações do ano, previsões do tempo, das marés e astrológicas, notícias históricas e comerciais, conteúdos literários e até mesmo conselhos de dieta. Em todos eles, porém, havia uma constante: a presença de um calendário. Em suma: eram instrumentos reguladores da vida cotidiana (ANDRIES, Lise. "Almanaques: revolucionando um gênero tradicional".).

em 1916, passando pela Rússia revolucionária em 1918, e chegando à Grécia em 1923; lá, até hoje os cerca de 1500 monges ortodoxos que vivem no Monte Athos seguem o calendário juliano (gente esquisita). Em 1926, mais uma conquista importante: a Turquia. Lá, o fundador da república e seu primeiro presidente, Mustafá Kemal Atatürk, usou o Calendário Gregoriano para desalojar o tradicional calendário muçulmano – que ainda assim não desapareceu totalmente – como forma de romper com o passado, afirmando o novo regime como calcado no futuro.[110]

Assim triunfou o calendário gregoriano, de origem cristã e europeia, potencializado desde seu nascedouro pelas pressões da economia-mundo europeia em expansão e do capitalismo em formação. Os limites desse triunfo, porém, estão expostos por todos os lados. É o caso da desde sempre populosíssima Índia: lá, em finais do século XIX havia mais de vinte calendários em uso, lunares, solares, misturados, com variedade de datas de começos de ano, de nomes de meses, de inícios de meses e de agrupamentos de anos. Em 1953, o primeiro-ministro Jawaharla Nehru afirmou existirem no país mais de trinta calendários, e em 1957 ele promoveu uma reforma que reconheceu oficialmente apenas dois deles: o gregoriano e o Calendário Nacional, isto é, o Calendário Saka, com ano zero em 78 d.C. (utilizado principalmente no sul do país). Mesmo assim, a diversidade se manteve: até hoje, o calendário lunar Vikrama (mais comum no norte) assinala um ano I em 57 a.C., enquanto que o calendário solar Bengali o faz em 1556 d.C. Muitos outros calendários continuam a ser observados.[111]

CALENDÁRIOS REVOLUCIONÁRIOS

Ao longo da história dos calendários, muitos estiveram diretamente associados a governos e líderes políticos. Afinal de contas, calendários sempre proporcionam alguma forma de controle do tempo, um tempo que eles mesmos ajudaram a conceber e a computar. Por isso, calendários têm sempre uma natureza política, mais ou menos evidente, e que varia de caso a caso.

Há casos em que esse controle do tempo se faz pela adoção de um novo calendário, uma vez que ela implique a substituição de um calendário anterior que simbolize a ordem que se quer superar. Há casos, porém, em que ocorre a criação de um calendário totalmente novo; nesses casos, mais do que superar uma ordem, a tentativa é de criação de um novo tempo e uma nova história.

Durante muitos séculos, diversas sociedades pensaram ideias de *história* como tendo seus parâmetros de explicação sempre confinados ao passado; inclusive o futuro, aquilo que estava para ocorrer, se explicaria por aquilo que já ocorreu. Com numerosíssimas variações, esse conceito de história entenderia que o futuro não seria algo fundamentalmente novo, desconhecido e inesperado, mas sim algo apreensível pela experiência. Foi somente a partir do século XVIII que o futuro começou a ser pensado como substancialmente diferente e descolado do passado. Voltaremos a essa discussão nos capítulos seguintes; por ora, basta dizer que o projeto de fundação de uma história inteiramente nova por meio de um calendário que revolucionasse por completo o tempo só pôde ser pensado nos últimos poucos séculos. Antes disso, tal projeto seria considerado um completo disparate.

De acordo com Reinhart Koselleck, esse descolamento entre passado e futuro foi resultado de um processo que inclui a invenção de novos conceitos de história e revolução, e cujos marcos essenciais podem ser vistos em dois grandes movimentos políticos: a Revolução Francesa de 1789, e a Revolução Russa de 1917. Não por acaso, as duas inventaram seus próprios calendários, e tentaram influenciar a vida das pessoas muito além da política.[112]

O calendário revolucionário francês, chamado de "Calendário Republicano", foi idealizado por Gilbert Romme e estabelecido pela Convenção em 1793, mas era retroativo a 22 de setembro de 1792, o dia da abolição da monarquia e do início da República Francesa. Antes de ser adotada, essa data inicial foi debatida: havia quem preferisse que o "Ano Um do Reino da Razão" começasse com a queda da Bastilha, em 14 de julho de 1789; com a abolição dos privilégios feudais, em 04 de agosto do mesmo ano; ou com a deposição de Luís XVI, em 10 de agosto de 1792.[113]

A fascinante história desse calendário mostra como as grandes revoluções políticas, por mais radicais que sejam, jamais transformam por completo a realidade humana: pois ao mesmo tempo em que o Calendário Republicano, altamente politizado e antirreligioso, pretendia fundar um novo tempo e uma nova história, ele manteve o tradicional ano gregoriano de 365 dias (eventualmente, de 366), bem como os doze meses de trinta dias. De modo particular, porém, acrescentava cinco dias especiais a cada ano, destinados a festas cívicas da "virtude", do "gênio", do "trabalho", da "opinião" e da "recompensa".

Os doze meses do Calendário Republicano estavam associados a estações do ano e a condições climáticas, portanto a ciclos da natureza; mas também tinham sentido político, sobretudo com a mobilização imagética da mulher. Durante a revolução, a *Marianne* era um símbolo feminino de várias coisas: da liberdade, da república, da justiça, da constituição ou da igualdade. Acoplada ao calendário, Marianne se transformou também em senhora do tempo (**Figura 2.2).** Os nomes desses meses foram criados pelo poeta Fabre D'Énglantine: *Vendémiaire* (das vindimas), *Brumaire* (dos nevoeiros), *Frimaire* (das geadas), *Nivôse* (das neves), *Pluviôse* (das chuvas), *Ventôse* (dos ventos), *Germinal* (da germinação), *Floréal* (das flores), *Prairial* (do verdor), *Messidor* (das searas), *Thermidor* (do calor) e *Fructidor* (das frutas). Cada mês era dividido em três unidades de dez dias, chamadas de *décadas*. Os dez dias eram: *primidi, duodi, tridi, quartidi, quintidi, sextidi, septidi, octidi, nonidi* e *decadi*. Os dias possuíam dez horas, cada uma de cem minutos, e cada minuto tinha cem segundos, segundo uma lógica decimal que, naquele contexto, pretendia extirpar do novo tempo quaisquer conteúdos religiosos. Em 1798 a adoção desse calendário se tornou compulsória, proibindo-se qualquer prática do gregoriano, em especial a observância dos domingos e da semana de sete dias.

Um calendário tão inovador só poderia ter sua fortuna sujeita às intempéries da política francesa que, à época era tudo menos tranquila. Muitos franceses, por opção ou por falta dela, continuaram a seguir o calendário antigo. Após doze anos de vigência, o Calendário Republicano teve seu último dia de vida em 31 de dezembro de 1805, quando o então imperador Napoleão Bonaparte, que não gostava nada de capitular mas às vezes o fazia, teceu um acordo com a Igreja Romana e restaurou o velho e malvado Calendário Gregoriano.[114]

Figura 2.2. – A revolução como criação do tempo. Aqui, o tradicional anjo acompanha não mais um senhor, mas uma *senhora* do tempo: *Marianne*, com seu gorro frígio, símbolo da liberdade e da República. O novo tempo, profundamente politizado, se confunde com o novo governo, e este com a revolução; mas o ano ainda tem os mesmos doze meses de sempre, ainda que com outros nomes (DEBUCOURT, Philibert-Louis. *Calendário Republicano*, 1794). Musée Carnavalet, Paris.

Tempos depois, um calendário revolucionário soviético recuperou vários aspectos do francês. A Revolução Russa de 1917 desde o início usou símbolos como a foice, o martelo, o Sol e a mulher a serviço da ideia de que estava rompendo com o passado maligno e construindo um futuro novo e melhor; logo se tornaram comuns calendários impressos com ilustrações que uniam todos esses símbolos, mas com meses, semanas e dias de acordo com Calendário Gregoriano que a Rússia adotara em 1918. Em maio de 1929, no Quinto Congresso dos Sovietes, o economista Yuri Larin propôs a adoção de um novo calendário para toda a União Soviética (entidade política que havia sido criada em 1922). A proposta modificava sobretudo a semana, mais uma vez considerada uma indesejável herança cristã, e seus nefastos domingos de descanso: além de favoráveis a práticas religiosas inimigas da revolução, eles seriam adversários da produção industrial e agrícola. Em outubro de 1929, a ideia de Larin foi oficialmente adotada pelo governo de Josef Stálin, mas de modo gradual e com variações: a nova semana, chamada de *nepreryvka* ("semana de trabalho contínuo"), teria apenas cinco dias, um dos quais de descanso e compartilhado por 20% dos trabalhadores. Em cada dia da semana, um quinto deles descansava, em um esquema de alternância **(Figura 2.3)**

Figura 2.3. – Calendário soviético *nepreryvka* para o ano de 1930: cada cor indica o dia de descanso de um trabalhador. Colunas horizontais de sete dias, agrupados em doze meses sequenciados de janeiro a dezembro (seis na parte de cima, seis na parte de baixo) mostram que, uma vez adotado na Rússia em 1918, o calendário gregoriano nunca foi totalmente abolido (LARIN, Yuri. *Calendário soviético*, 1929). Biblioteca do Estado Russo, Moscou/Reprodução.

Em fevereiro de 1930, uma proposta de reestruturação do restante do Calendário Gregoriano foi apresentada ao governo, estendendo as modificações para além da esfera do trabalho. Diretamente inspirada no Calendário Republicano francês, a proposta era de criação formal de um "calendário revolucionário soviético", com um ano de 360 dias, agrupados em doze meses de trinta dias cada, com o acréscimo ao final do ano de cinco dias dedicados a festividades cívicas. A proposta, porém, não foi aprovada. Em 1931 houve uma reforma apenas da *nepreryvka*, com a introdução da semana de seis dias, aumentando para cinco os dias trabalhados. Finalmente, em 26 de junho de 1940, o Calendário Gregoriano foi reinstaurado e a União Soviética teve que se reconciliar com a semana de sete dias e os sacrílegos domingos.[115]

Muito resistente esse calendário gregoriano! Desde as barreiras protestantes e ortodoxas, passando pelas investidas revolucionárias francesas e soviéticas, várias foram as vãs tentativas de destroná-lo, todas incapazes de suportar as pressões de tradições religiosas e econômicas de uma globalização cada vez mais consolidada. Observemos mais duas tentativas, mais pontuais mas igualmente pretensiosas e fracassadas: o Calendário Positivista de 1849, e o Calendário Universal da Liga das Nações de 1923.

Obra do filósofo francês Auguste Comte (1798-1857), o Calendário Positivista reforçava a concepção de que a Revolução Francesa tinha inaugurado uma nova era, que seu autor chamava de "Crise Moderna"; mas diferentemente do Calendário Republicano, seu "ano 1" seria 1789, e não 1792. O Calendário Positivista baseava-se em uma concepção evolutiva da história, em que todo o passado importava. Inspirado em pensadores como Jacques Turgot (1727-1781), Edmundo Burke (c.1729-1797), o Marquês de Condorcet (1743-1794) e Alexis de Tocqueville (1805-1859), ele era fortemente passadista, pois entendia que o passado estava sempre aprimorando o longo e inevitável curso do progresso da história, do qual a Revolução Francesa era um de seus marcos fundamentais.[116] Nesse sentido, o Calendário Positivista era uma criação típica do século XIX e sua crença obstinada no progresso e nos benefícios que a tecnologia da Segunda Revolução Industrial supostamente traria à humanidade (essa crença só seria seriamente abalada pelas duas catastróficas guerras mundiais do século XX).

De acordo com a proposta por Comte, e que ele concebia como uma narrativa de uma história verdadeiramente universal, o ano teria 365 dias, agrupados em treze meses de 28 dias cada, e com semanas de sete dias. Cada mês seria dedicado a "grandes homens": *Moisés, Homero, Aristóteles, Arquimedes, César, São Paulo, Carlos Magno, Dante, Gutenberg, Shakespeare, Descartes, Frederico da Prússia* e *François Bichat* (fisiologista francês do século XVIII). O último dia do ano seria reservado à memória dos mortos, e haveria dias de intercalação evocando "mulheres sagradas".[117] No Brasil da segunda metade do século XIX e de começos do XX, bem como em outros países onde o positivismo também foi uma filosofia influente, o calendário de Comte até parece ter sido levado a sério; mas como ele poderia ser implementado de fato, sendo tão fortemente eurocêntrico e arbitrário?

Pouco antes de Comte, em 1834, o monge italiano Marco Mastrofini (1763-1845) inventou um calendário com um ano de 364 dias distribuídos em quatro períodos de 91 dias, períodos estes compostos por três meses (sendo o primeiro de 31 dias e os dois seguintes de 30 dias); além disso, um dia sem pertencimento a nenhum período seria acrescentado todo ano. O projeto só teve repercussão porque em 1923, quando a Sociedade das Nações – também conhecida como "Liga das Nações" – fez uma consulta a vários países a respeito de um possível novo calendário mundial em substituição ao gregoriano, a antiga proposta de Mastrofini foi ressuscitada, e venceu outras 184. Em 1937 ela chegou a ser oficialmente aprovada por catorze países, mas, fortemente atacada principalmente por grupos religiosos, a proposta jamais saiu do papel. Desde então, esse inoperante calendário ficou conhecido como "Calendário Universal".[118]

CALENDÁRIOS CIVIS E IDENTIDADE NACIONAL

Até aqui, tratamos de calendários astronômicos – à exceção de um dos antigos calendários mexicas – pautados por questões políticas e quase sempre também religiosas. Nos contextos históricos em que esses calendários foram inventados, eles contribuíram para concepções, cômputos e controles de tempo, na maioria dos casos regulando parte importante da vida de muitas pessoas. Com frequência, eles se associaram a almanaques, cronologias e previsões astrológicas, convertendo-se em guias de "dias bons" e "dias maus"; também se mesclaram com práticas tradicionais, reforçando-as ou modificando-as parcialmente; às vezes, quiseram até mesmo estabelecer práticas totalmente novas.

Um calendário é sempre um conjunto de normas temporais com graus variáveis de formalidade; às vezes, ele é também um objeto cujos contornos podem transformar-se muito. Seja como norma ou como objeto, sempre houve calendários menos abrangentes do que aqueles que até aqui observamos. Hoje em dia, muitas comunidades possuem calendários bastante específicos e que são usados de maneira circunstancial: calendários escolares, esportivos, corporativos, culinários, comerciais, etc.; afixados em paredes ou em cima de mesas, eles podem ser objetos de trabalho, publicidade ou decoração.

Para além de usos específicos e limitados, calendários continuam regulando a vida cotidiana de acordo com festividades cívicas; feriados mundiais, nacionais, regionais ou municipais; datas comemorativas simbólicas; e claro, os sempre importantes feriados religiosos, muitos dos quais, como vimos, possuem uma longa história. Em suma: na medida em que calendários criam tempos, inventam passados e permitem algum tipo de controle do futuro, eles também se constituem em importantes *suportes de memória coletiva*. E essa simultaneidade de diferentes calendários enseja uma pluralidade de tempos sociais.

No mundo atual, é fundamental pensarmos os calendários como

"instrumentos de construção da própria ideia de nação, já que as datas se relacionam com a dinâmica da sociedade, além de estarem intrinsecamente relacionadas ao nosso cotidiano, haja vista que, no caso de feriados, envolvem paralisações do tempo comum, recaindo sobre dimensões sociais, políticas, econômicas e religiosas".[119]

Nesse ponto, os calendários como objetos também podem reforçar uma ideia de nação, carregando imagens, símbolos e sinais apropriados a essa finalidade.

Observando essa questão, Eviatar Zerubavel examinou as normas de 191 calendários nacionais em vigência em 2003, e percebeu certas regularidades. Por exemplo: 139 países celebravam uma data de seu metafórico "nascimento", em geral uma data associada a processos de "independência" ou "libertação" do país; em alguns casos, a data se referia ao início desses processos, em outros, ao seu término, certas vezes, à atuação de seus supostos líderes, mártires e heróis. Os calendários cívicos, ao selecionarem e exaltarem certos acontecimentos e personagens em detrimento de outros, criam a ideia de que aquela comunidade seria o resultado de um rompimento histórico, de uma *descontinuidade temporal* que teria então fundado uma nova comunidade. Já em outras situações, calendários se referem a passados muito remotos, longínquos, e com isso promovem a ideia de uma duradoura *continuidade temporal* entre o presente e o passado; nesses casos, o passado não é descartado, mas valorizado.[120]

Os calendários cívicos e as festividades por eles estabelecidas não agem sozinhos na promoção dessas descontinuidades e continuidades temporais; a seu lado, espreitam-se potenciais aliados tais como museus, monumentos, filmes, obras de literatura, artigos de imprensa, programas de televisão e internet, além, claro, de certos conteúdos escolares. Juntos, todos podem convergir em práticas de seleção do passado que não têm como objetivo analisar a história segundo as lógicas próprias a ela, mas sim promover versões da história orientadas por certos interesses e necessidades do presente. Os calendários cívicos jamais *explicam a história* à qual eles se referem, mas colaboram com a *criação de memórias* em torno dela.

Como todos os países do mundo, o Brasil também tem seu calendário cívico. Durante mais de três séculos, nas colônias portuguesas da América (o Brasil enquanto nação ainda não existia) comemoravam-se coroações de reis e rainhas, nascimentos e casamentos de membros da família real portuguesa e o início de governos locais, além, claro, de uma montanha de feriados religiosos. Em 1707, as *Constituições Primeiras do Arcebispado da Bahia* traziam um calendário católico completo, com datas fixas que deveriam ser observadas pelos fiéis habitantes do Brasil. A partir de 1808, quando a Corte portuguesa se instalou no Rio de Janeiro, as datas a serem comemoradas foram aos poucos, e por vezes de modo bem sutil, sendo modificadas e acrescentadas; com a Independência, essas alterações foram se tornando mais evidentes, publicadas em almanaques, jornais e decretos da época: datas consideradas brasileiras ganharam espaço em relação a datas portuguesas, e foram valorizados os acontecimentos recentes do Brasil e seus protagonistas. Em 1826, um calendário perpétuo – que estabelece com precisão a correspondência futura entre dias, meses e anos – e alegórico, com imagens centradas na figura de D. Pedro I, foi oferecido ao novo imperador por portugueses que, recentemente, tinham aderido à causa política do Brasil. Nesse calendário-objeto não há uma nova contagem de tempo em relação ao calendário gregoriano, mas sim um elogio ao ano de 1822 como marco fundador de uma nova era[121] **(Figura 2.4).**

Figura 2.4. – No século XIX, uma modalidade luso-brasileira do antiquíssimo controle do tempo pelos calendários. Provavelmente inspirado em similares franceses, este calendário perpétuo e alegórico tem dupla função: possibilitar a localização futura da correspondência entre dias, meses e anos (até 1961), e enaltecer a dupla figura de D. Pedro I como fundador do Império do Brasil e Senhor do Tempo. Este calendário-objeto revela que a independência do Brasil foi um processo de conservação e conciliação: as imagens, palavras e símbolos aqui cuidadosamente dispostos querem atenuar a ruptura entre Brasil e Portugal, oferecendo em seu lugar a ideia de uma perfeita união entre dois países e duas monarquias; mas foi também revolucionária, modificando ideias e práticas de tempo, e fundando um novo mundo (*Calendário perpétuo e alegórico, dedicado à Sua Majestade Senhor Dom Pedro Primeiro, Imperador Constitucional e Defensor Perpétuo do Brasil*, 1826). Biblioteca Nacional, Portugal.

No final do século XIX, o calendário cívico brasileiro já era bem diferente. Em 14 de janeiro de 1890, poucos meses após a proclamação da República, o novo governo tentou tomar as rédeas do controle do tempo e criou novos feriados nacionais: 1º de janeiro, dedicado à "fraternidade universal"; 21 de abril, dia da morte de Tiradentes (ocorrida em 1792), agora convertido em um herói republicano; 03 de maio, que era a data convencional do "descobrimento" do Brasil pelos portugueses, por alguns anos comemorada inclusive em Portugal (hoje fala-se em 22 de abril, que não é feriado); 13 de maio, em memória à abolição da escravatura decretada em 1888; 14 de julho, data dedicada à comemoração da República, da liberdade e da independência dos "povos americanos"; 07 de setembro, a Independência do Brasil; 12 de outubro, que virou a "descoberta" da América, mas antes era o natalício e a aclamação de D. Pedro I, e hoje é "Dia de Nossa Senhora" (embora as crianças achem que o feriado é por causa delas); 02 de novembro, a homenagem mundial aos mortos; e 15 de novembro, a comemoração "da Pátria Brasileira", em referência à instauração da República.

Alguns desses feriados se mantêm até hoje, enquanto outros foram extintos, renomeados e acrescidos; parte deles é nacional, outros, estaduais, municipais, mundiais e, claro, há sempre os feriados religiosos. O golpe de Estado que em 1930 levou Getúlio Vargas ao poder impôs novas alterações a esse calendário nacional, cujos feriados passaram a ser: 1º de janeiro, mantido; 1º de maio, "confraternização universal das classes operárias"; 07 de setembro, mantido; 02 de novembro, mantido; 15 de novembro, mantido, mas renomeado como dia do "advento da República"; e 25 de dezembro, dia da "unidade espiritual dos povos cristãos". Três anos depois, um decreto restabeleceu o feriado de 21 de abril, de Tiradentes.[122] Por trás de cada alteração, há sempre uma intenção.

A criação da memória nacional brasileira pelos feriados seguiu adiante, passando por modificações feitas pela ditadura que comandou o país entre 1964 e 1985, pela chamada "redemocratização" e pelos movimentos sociais emergentes nas últimas duas décadas. Exemplo dessa última força foi a criação, em 2004, do "Dia da Consciência Negra", em 20 de novembro (dia atribuído à morte de Zumbi dos Palmares, em 1695), e que é feriado estadual e municipal em diversos lugares do país. As variações são muitas: em São Paulo, por exemplo, comemora-se o 09 de julho em memória ao movimento político de 1932, enquanto na Bahia a independência do Brasil é comemorada preferencialmente em 02 de julho.[123]

A coexistência de calendários revela alguns dos muitos tempos da vida de uma sociedade e de seus indivíduos. Também revela projetos, tensões e enfrentamentos políticos. E como suportes de memórias coletivas, os calendários mostram ainda mais: suas mesclas de passados e futuros, e de tempos lineares e cíclicos, permitem a convivência simbólica entre o velho e o novo. Nas palavras de Mircea Eliade, "em todas as partes existe uma concepção de fim e de começo de um período temporal fundado na observação dos ritmos biocósmicos, que se enquadram em um sistema mais vasto, o das purificações periódicas [...] e da regeneração periódica da vida".[124] Os calendários atuam para essa regeneração periódica da vida, bem como para a conexão com um passado evocado como original e fundador que enraíza sociedades e indivíduos, e ajuda a colocar ordem no aparente caos do mundo. O que nos leva diretamente ao tema das religiões e de como elas lidam com o tempo, assunto de nosso próximo capítulo.

CAPÍTULO 3
AS SOCIEDADES E SEUS TEMPOS
MÍTICO-RELIGIOSOS

A SACRALIZAÇÃO DOS TEMPOS

Grandes epidemias não são novidade na história: a Peste de Justiniano, de 532 d.C., a "Morte Negra" de 1348 e suas sucessivas ondas, as doenças europeias que dizimaram indígenas na América do século XVI e a Gripe Espanhola de 1918 são apenas alguns exemplos de ocasiões nas quais, em curtos intervalos de tempo, milhões de pessoas perderam a vida para doenças que seus sistemas imunológicos não estavam preparados para enfrentar; mas quase sempre essas doenças estiveram confinadas a certas regiões do planeta. Já a pandemia do novo coronavírus, que começou na China nos últimos dias de 2019, atingiu todos os países do mundo, e apresentou um saldo devastador: até julho de 2021 (as estatísticas são subestimadas), 200 milhões de infectados, quatro milhões de mortos, um terço da humanidade tendo passado longos períodos confinada em suas casas padecendo de sofrimentos físicos e psíquicos, a economia capitalista em uma grave crise, as redes sociais digitais incapazes de dar conta das novas demandas de relacionamento humano. Em meio a muitas incertezas sobre o futuro, por toda parte pipocam discursos falando do destino do planeta, da necessidade de transformação e regeneração da humanidade, da luta do bem contra o mal. Será o fim dos tempos?

Nos Estados Unidos (até fins de 2020) e no Brasil, os presidentes da República desafiaram todos os protocolos sanitários e científicos sérios, mentiram sobre o número de mortos em seus países, conclamaram suas populações a sair às ruas para manter a normalidade, e consideraram que as igrejas – sobretudo as evangélicas, importante base de apoio político de ambos – deveriam permanecer abertas. Os serviços dessas igrejas seriam, segundo os dois presidentes, tão importantes quanto os de hospitais, centros de saúde, instituições de segurança pública e centros de abastecimento de víveres. Enquanto isso tudo se passava, na Itália, mais precisamente no Vaticano, a postura foi oposta. E em 27 de março de 2020, o Papa Francisco rezou, pela primeira vez na história, para uma Praça de São Pedro inteiramente vazia, prática que se repetiria outras vezes; nessa ocasião, seus espectadores televisivos foram da ordem de 11 milhões.[125]

Criadoras e controladoras do tempo, as religiões sempre ofereceram respostas às perguntas mais difíceis, formuladas nas situações mais dramáticas. Quando e como surgiu o mundo? Para onde ele caminha? Qual o papel dos homens nele? Tais perguntas não são exclusivas de épocas de crise, mas nelas ganham tremenda força. Tampouco são exclusivas de pessoas religiosas, mas sempre as acompanham. Independente da confiança que tais perguntas e respostas possam suscitar, o constante empenho das religiões em formulá-las é um excelente caminho para entendermos formas de se pensar passados, presentes e futuros da humanidade.*

As primeiras concepções de tempo surgiram da observação humana da natureza e de seus ciclos mais básicos, ligados aos movimentos do Sol e da Lua, à ocorrência de dias e noites, e ao advento das estações. As religiões surgiram desse mesmo lugar. Todas elas são sistemas de pensamento que procuram explicar o aparentemente inexplicável, tudo aquilo que se vê na nature-

---

* Entendemos que, como referência a um conjunto de crenças, práticas, visões de mundo e histórias articuladas, a palavra *religião* tradicionalmente está vinculada a sociedades ocidentais, em especial as monoteístas; nem sempre, portanto, ela se ajustará bem a outros sistemas de pensamento, alguns dos quais fartamente referidos nas próximas páginas. Trata-se, mesmo assim, de uma palavra generalizante, facilmente reconhecível, e por isso mesmo – feita esta advertência – bastante útil.

za mas não se entende bem, e tudo aquilo que se concebe como do âmbito do sobrenatural; sempre, claro, a partir de demandas sociais concretas. Pode-se dizer que as religiões, sejam elas mais ou menos organizadas, majoritárias ou minoritárias, politeístas ou monoteístas, são baseadas em concepções de tempo e desejos de seu controle. Afinal, elas estão sempre atentas às *origens* do universo, do nosso planeta, da vida, e dos seres humanos. As religiões também nutrem permanente preocupação com *destinos* disso tudo, o que acarreta a observação de práticas, ritos, cerimônias e celebrações que devem pautar a existência *presente* do indivíduo religioso.

Eis um dos grandes temas da história social do tempo: como a invenção das religiões resultou na invenção de tempos religiosos, que desde então sempre pautaram numerosíssimos pensamentos, ações e vidas humanas. As religiões, com seus tempos próprios, chegaram a adquirir tamanha importância em determinadas sociedades a ponto de suas formas peculiares de enxergar a realidade se sobreporem e negarem outras mais plausíveis ou verdadeiras. Ainda hoje é assim: uma igreja se torna tão importante quanto um hospital e mais importante do que uma escola; e um pastor ou um presidente fanático se creem mais conhecedores de biologia do que um cientista ou um médico.

Um bom exemplo dessa sobreposição da religião sobre outras formas de ver o mundo está na longa história da crença obstinada de parte significativa da humanidade em um sistema geocêntrico. Não é difícil observar os céus e, com uma pitada de imaginação, entender que uma parte dos deslocamentos que nele se observam resulta do movimento do próprio ponto onde se encontra o observador. Mesmo assim, o sistema heliocêntrico, já imaginado entre os antigos gregos por Aristarco de Samos no século III a.C., só foi sistematizado e comprovado muito depois, por Nicolau Copérnico (1473-1543), e mesmo assim teve que enfrentar duros obstáculos para se impor como explicação dominante do funcionamento de parte do universo.

Não acreditemos, obviamente, que os europeus da época de Copérnico eram todos mais inteligentes do que seus antepassados (a hipótese de sermos, nós, mais inteligentes do que os nossos, é igualmente delirante). Ocorre que o sistema geocêntrico serviu muito bem a outras sociedades mais antigas, e só pôde ser verdadeiramente afrontado quando houve um clima histórico favorável a isso. Nas palavras de Jean Delumeau, o Renascimento europeu foi "variedade, jogo de contrários, exploração ardente e, por vezes, apenas esboçada de um universo de novidades", e conheceu sérios conflitos envolvendo velhas e novas religiões, como o catolicismo, o protestantismo, o cristianismo ortodoxo, o judaísmo e o islamismo. Por um lado, esses conflitos levaram ao fortalecimento das religiões como fonte dominante de explicações do mundo; por outro, abriram caminho para formas de pensamento alternativas e não religiosas.[126]

Criou-se, assim, um ambiente favorável à constatação: é a Terra que gira ao redor do Sol, e não o contrário. Ocorre que essa constatação fere um dos fundamentos das grandes religiões monoteístas: a centralidade da Terra no cosmos. A Terra é concebida como criação divina, palco de atuação dos profetas designados por Deus, e *locus* por excelência de todos os Seus desígnios desde a criação até o fim dos tempos; o heliocentrismo, portanto, implicou uma diminuição dos atributos tradicionalmente relacionados a Deus.[127] Mesmo assim, sempre houve resistência, e ainda hoje há pessoas de singulares convicções que acreditam não só que a Terra é plana e centro do Universo, mas também que é o Sol que gira ao seu redor.

Na Antiguidade, o monoteísmo deve ter sido inventado pelos hebreus, mas ele é mais recente do que muitas vezes se acredita: suas origens remontam, no máximo, ao século VI a.C. Antes disso, os hebreus conviveram com politeísmos mesopotâmicos, persas e egípcios, certamente esposando parte de seus ritos e doutrinas.[128] O monoteísmo hebraico diminuiu a quantidade de deuses existentes, concentrando-os em um só, mas não diminuiu a religiosidade do mundo. Essa religiosidade seria posteriormente abalada em muitas ocasiões, principalmente nos últimos dois ou três séculos, mas, seja em monoteísmos ou politeísmos, jamais deixou de existir. Georges Minois entende ser possível afirmar que, no mundo atual, o ateísmo já deixou de ser uma postura limitada a uma pequena minoria para se tornar a de "centenas de milhões de pessoas que não conseguem acreditar em Deus".

A extensa e fascinante investigação de Minois em torno do ateísmo não deixa dúvidas sobre a presença dessa postura até mesmo em muitas sociedades do passado, onde ele existiu com variáveis graus de publicidade e sob diferentes designações. Mas de nossa parte, preferimos nos inclinar ao diagnóstico de Mircea Eliade, segundo o qual a dessacralização do mundo, ao menos como atitude franca e corriqueira, é uma invenção apenas recente da humanidade. Prova disso seria o fato de que vários termos atualmente utilizados para designar ideias e comportamentos não religiosos emanam, justamente, do mundo sagrado: *ateísmo, descrença, agnosticismo, ceticismo, panteísmo, deísmo*, etc.* Para todos os efeitos, seja como forma dominante ou residual, o profano ainda carrega, no século XXI, profundas marcas de sua derivação primária do sagrado.[129]

Por que tais questões devem nos interessar? Porque ao longo da história, os tempos das religiões se fazem presentes até mesmo em espaços e tempos não sagrados. Os calendários são um bom exemplo: não é preciso ser cristão para celebrar o Natal, ou muçulmano para observar o Ramadã: basta viver em um país onde um número considerável de pessoas o faça. Tampouco é necessário ser religioso para acreditar em algum tipo de juízo final, de salvação, de eternidade ou de regeneração cósmica: basta temer a morte ou nutrir algum desejo de perpetuação. Terá sido por isso que, há cerca de trezentos mil anos, alguns de nossos ancestrais já sepultavam seus mortos e, provavelmente, realizavam rituais?[130]

Os tempos sagrados que emanam da elaboração humana dos fenômenos da natureza possuem forte autonomia em relação a outros tempos. Os tempos da religião foram propositadamente concebidos para propiciarem uma experiência de momentâneo

---

* Ocorrem-nos também exceções: *libertinagem* (termo antigo, hoje muito em desuso), *laicidade* e *materialismo*.

afastamento da realidade cotidiana comum. Tempos sagrados replicam experiências anteriores e fundadoras, descritas e prescritas em mitos e outras narrativas que dão sentido aos rituais religiosos no presente: judeus descansam aos sábados porque assim o fez Deus; cristãos lavam os pés de outrem em uma quinta-feira, a exemplo de Cristo, e assim sucessivamente. Tempos sagrados são tempos especiais que não se confundem com outros tempos da vida de uma mesma pessoa, pelo menos até certo ponto. Afinal, essa prática ritual de tempos sagrados, em espaços também sagrados (igrejas, sinagogas, templos, mesquitas), assim como os episódios aos quais essa prática se reporta, só aparentemente estão fora da realidade comum: pois eles sempre se situam em determinadas épocas, em determinadas sociedades e contextos, portanto, sempre possuem ligações com outros tempos sociais. Um ritual não pode ser praticado de qualquer jeito, em qualquer hora ou lugar: ele precisa, para ter sentido, de um *momento* específico e de um *lugar* próprio.[131]

Os tempos sagrados possuem, então, certas peculiaridades. Eles quase nunca se ajustam bem a definições matemáticas ou a marcos cronológicos exatos. Esse é um erro muito comum, cometido até mesmo por muitos praticantes das religiões. Não faz sentido acreditar-se, literalmente, que Jesus nasceu "no dia 25 de dezembro do ano I depois de Cristo"; do ponto de vista de um indivíduo religioso, basta celebrar o acontecimento todo ano na mesma data. Isso também vale para datas comumente atribuídas a eventos como os nascimentos de Buda e Maomé, ou a fuga dos antigos hebreus do Egito. Do ponto de vista da crença e da prática das religiões às quais estão associados, basta a fé e a evocação de tais eventos para que, periodicamente, eles sejam atualizados e perpetuados.

Em textos sagrados, o começo não necessariamente vem antes, nem o fim vem depois. "Mil anos" não significa mil voltas da Terra em torno do Sol, e "naquele tempo" pode ter variados sentidos. Já houve quem aplicasse critérios matemáticos e cronológicos na leitura da Bíblia para concluir que Adão – ou o primeiro homem – teria nascido no ano de 3760 a.C. Além dessa atribuição ser completamente desmentida pela análise científica – de textos antigos, sítios arqueológicos, esqueletos humanos, fósseis de plantas e animais, formações geológicas e elementos químicos naturais – do ponto de vista religioso ela também é falsa: as origens míticas do homem são justamente *míticas*, e não *históricas*, e se enquadram em um pensamento de tipo *religioso*, e não *científico*. "As representações religiosas", nos ensina Henri Hubert, "além de fixar limites às eternidades divinas e de deixar morrer os deuses, supõem igualmente um ritmo para o tempo, no qual desenrolam-se as durações de toda espécie e as durações divinas em particular". É por isso que

> "os atos religiosos e mágicos podem cessar sem terem acabado, repetir-se sem mudar, multiplicar-se no tempo, e, ainda assim, sempre permanecendo únicos e acima do tempo, que nada mais é, em realidade, que uma sequência de eternidades [...]. Durações quantitativamente desiguais são tornadas iguais e durações iguais, desiguais".[132]

Os tempos da religião podem ser muito parecidos com os de outras narrativas não necessariamente religiosas, como lendas, tradições folclóricas, histórias infantis e poemas. Na *Odisseia* (século VIII a.C.), Ulisses retorna para casa, onde reencontrará sua esposa Penélope após vinte anos de desafios, combates e aventuras; mas nada indica seu envelhecimento ou outra forma de transformação física. Uma narrativa tradicional macedônia afirma que um herói que levou três anos para ir ao outro lado do mundo e doze para de lá voltar, ficou trinta anos longe de casa. Aqui, bem como em muitos textos sagrados, datas e números são manipulados de modo convencional, estereotipado e aproximativo, sem quererem indicar qualquer exatidão. Alguém realmente acreditaria, como se lê na Bíblia, que Adão gerou seu filho Set com 130 anos, depois viveu mais oitocentos, ao longo dos quais teve outros filhos e filhas até morrer com 930 anos? Ou que Set viveu 912 anos, ou ainda que Noé gerou Sem, Cam e Jafet quando já estava com quinhentos anos? (depois, Deus teria decidido por ordem na casa e limitado a idade dos homens a 120 anos – *Gênesis*, 6:3) "O erro", na conclusão de Moses Finley, "está em aplicar o pensamento histórico moderno, à guisa de senso comum, a um relato mítico, ahistórico".[133] Falando em nome de povos indígenas brasileiros, e em defesa de sua maneira particular de ver o mundo, Ailton Krenak afirma:

> "Quando eu vejo as narrativas, mesmo as narrativas chamadas antigas, do Ocidente, as mais antigas, elas são sempre datadas. Nas narrativas tradicionais do nosso povo, das nossas tribos, não tem data, é quando foi criado o fogo, é quando foi criada a Lua, quando nasceram as estrelas, quando nasceram as montanhas, quando nasceram os rios."[134]

Os tempos da religião não desempenham a mesma função que outros tipos de tempo. Eles não estão a serviço daquilo que hoje se chama conhecimento histórico, mas sim de outras formas de explicação do mundo, dogmas religiosos e enraizamentos sociais. Todos os textos sagrados das grandes religiões foram sendo compostos a partir de tradições orais, autores e escritos variados; também foram compilados e modificados até adquirem as formas que possuem hoje (por vezes, em mais de uma versão). Em meio a esses processos de formação, esses textos muitas vezes foram lidos como sendo supostos portadores literais de verdades absolutas, e em alguns casos era isso mesmo que um autor esperava de seus leitores. Essa postura, que podemos chamar de "fundamentalista", ainda é muito comum nos dias de hoje, e com frequência distorce a natureza de tempos sagrados. O caso de certas passagens da Bíblia, analisadas por Robin Fox, pode ser transplantado para outros:

> "Para muita gente, a resposta está na fé, e não depende da verdade factual. Com ou sem fé, seria absurdo entender essas passagens da Bíblia de maneira literal, procurando em cada frase sua verdade ou falsidade e ignorando suas metáforas e a magnífica aproximação de suas palavras. A Bíblia,

porém, nem sempre é um texto desse tipo. Ela também se refere a fatos e a pessoas, desde a origem do mundo até seu fim iminente. Aqui, também, muitas vezes se interpreta aquilo que ela descreve; aqui, também, sua linguagem pode ser magnificamente aproximada; mas ainda assim a Bíblia também narra, refere e profetiza. E isto nos coloca a questão da verdade."[135]

Concepções de verdade sempre estiveram no âmago das grandes religiões: menos pela busca do conhecimento de uma verdade objetiva (frequentemente negada) do que pela aceitação de uma verdade canônica. Recentemente confrontadas com a ciência moderna, algumas religiões foram obrigadas a reconfigurar parte de suas concepções de verdade, alojando-as sob a proteção inquebrantável – porque inquestionável – da fé individual e subjetiva. Desde suas origens primordiais, a sacralização dos tempos remonta à busca de uma verdade sobre a natureza, o que resultou na imputação de atributos divinos a fenômenos celestes e a outras ocorrências do mundo natural que, de imediato e por alguma necessidade prática, demandavam algum tipo de explicação*. A observação dos céus, nas palavras de Mircea Eliade, "é uma das raras experiências que revelam espontaneamente a 'transcendência' e a majestade", e uma religião ligada ao cosmos indicaria um "mistério central: *a renovação periódica do mundo*".[136] Essa renovação, sempre buscada pelas religiões, às vezes com a ajuda de calendários, de narrativas históricas e de outros suportes de concepções de tempo, nos mostra uma ênfase em tempos cíclicos, em tempos que terminam para novamente recomeçarem. As religiões, porém, jamais limitam-se a conceber tempos cíclicos: tais ciclos sempre interagem com tempos lineares e sequenciais,

---

* Em 1913, Sigmund Freud escreveu em *Totem e tabu*: "Não é de supor que os homens tenham sido levados a criar seu primeiro sistema cosmológico por pura ânsia especulativa de saber. A necessidade prática de sujeitar o mundo teve, certamente, participação nesse esforço. Por isso não nos surpreenderemos ao saber que, de mãos dadas com o animismo, há instruções de como proceder para assenhorear-se dos homens, coisas e animais, isto é, de seus espíritos" (Freud. *Obras completas v.11*, p.125).

mesclados em relatos míticos acerca da origem e do fim do universo, dos deuses e dos homens.

Já vimos anteriormente que, durante muitos séculos, a ocupação humana da Terra se fez em regiões autossuficientes, algumas em contato com outras, mas a maioria em isolamento. Essas "economias-mundo", na expressão de Fernand Braudel, só começaram a se fundir há pouco, isto é, a partir da expansão material e cultural da Europa e que resultou na globalização (sempre incompleta) em que vivemos atualmente. Devemos, portanto, respeitar essas separações de mundos, e tentar entender as características e religiões de cada um por si mesmas. Não obstante, e a exemplo do que já observamos para os ciclos da natureza e os calendários, salta à vista a semelhança entre muitos relatos de origem e de fim do mundo, mesmo em casos em que as sociedades às quais tais relatos pertenceram jamais tenham tido contatos umas com as outras. Para além de influências, apropriações, continuidades e tensões entre modelos de tempos religiosos, notam-se estruturas em comum.

Vamos agora observar tempos mítico-religiosos em relatos de criação e de fim do mundo; em seguida, abordaremos um aspecto mais sinistro desse tema, que são tentativas de apressar o fim do mundo, promovendo-o em termos práticos. Por fim, discutiremos a dessacralização de uma concepção temporal que, em sua origem, é tipicamente religiosa: a eternidade.

MITOS DE CRIAÇÃO

Os relatos religiosos de criação do mundo podem ser genericamente chamados de *cosmogonias*, e os de criações dos deuses, *teogonias*. Todos eles formularam concepções de tempo. Tais relatos não devem se confundir com tentativas científicas de explicação da origem do universo (para a origem dos deuses não há explicações científicas, salvo que eles são criações humanas). A razão para isso é simples: a despeito de eventuais semelhanças morfológicas entre cosmogonias e explicações científicas, sua natureza é díspar: enquanto as primeiras dependem de uma crença prévia e carregam consigo assertivas autossustentáveis, as segundas se estabelecem e se modificam à medida de evidências empíricas verificáveis. É por isso que, desde aproximadamente os últimos três séculos, as explicações científicas foram progressivamente se dissociando de sistemas religiosos e da astrologia, e passaram a contar com um termo próprio a abrigá-las: *cosmologia*. Nem sempre, porém, religião e ciência desempenharam funções diferentes no pensamento humano.

Cosmogonias e teogonias com frequência confundiram, deliberadamente, tempo, espaço, cosmos, deuses, natureza, humanidade e outros seres vivos: mais um motivo para jamais tomarmos suas aparentes sequências narrativas ao pé da letra. A lógica interna de cosmogonias e teogonias está em sua função de promotoras de uma organização simbólica e espiritual do mundo real por meio de relatos de origem que não distinguem crença de verdade, tampouco realidades sagradas e profanas. Nessa lógica, elementos opostos e em conflito não se separam, mas se redefinem mutuamente. Há casos em que cosmogonias e teogonias encontram-se sistematizadas em textos específicos, integrantes ou não de livros maiores; em outros, encontram-se dispersas em escritos de épocas, autores e natureza variada, que chegaram até nós de modo fragmentado e que precisaram ser normatizados e estabelecidos em algum momento muito posterior a eles. Também é comum que relatos muito diferentes entre si integrem o corpo de textos e doutrinas de uma mesma religião. E não podemos deixar de assinalar, ainda, que as próprias expressões *cosmogonia* e *teogonia* podem ser estranhas a certas sociedades, que chamavam coisas semelhantes por outros nomes.[137]

Tomando tais expressões de um modo genérico, em que a precisão absoluta cede espaço ao didatismo, podemos nos perguntar: quando surgiram as primeiras cosmogonias e teogonias? É possível que elas remontem ao Paleolítico (antes de 12.000 a.C.), o que explicaria sua posterior incidência entre economias-mundo que, esparramadas no tempo e no espaço, jamais conheceram umas às outras. Segundo Mircea Eliade, cujo estudo das diferentes religiões procurou mais suas semelhanças do que diferenças, esses mitos de origem "são universalmente atestados, em todos os continentes, desde a Austrália e a América do Sul até as zonas árticas".[138] Com muitas variações, claro.

É comum cosmogonias e teogonias apresentarem seres divinos criando o universo, aos poucos ou subitamente, a partir da ordenação de um caos primordial, por vezes uma grande escuridão ou um profundo abismo. Quase sempre tais seres são semelhantes a homens, mulheres, crianças ou animais, e se multiplicam gradualmente por sucessivas gerações. Às vezes, eles antecedem o caos, às vezes o sucedem. Também é comum cosmogonias e teogonias apresentarem ambientes primordiais aquáticos ou desérticos, gélidos ou tórridos, a depender da geografia da região em que vivia a sociedade criadora do relato. Desses ambientes teria surgido a luz, a terra e a vida, ou ocorrido uma violenta separação entre elementos da natureza ou certos objetos (ovos, por exemplo). Não raro ocorreram lutas titânicas entre deuses e semideuses poderosos, vaidosos, ciumentos, benignos ou malignos; também lutas deles contra serpentes, dragões e outros monstros; ou ainda disputas terríveis pelo poder e assassinatos entre pais, mães, filhos e filhas. Nas cosmogonias e nas teogonias, a violência, a morte e a destruição encontram-se por toda parte, para que no fim das contas triunfe a paz, a vida e a criação. Ou pelo menos até que o universo se destrua para promover sua regeneração e o início de um novo ciclo cósmico.

Como seria de se esperar, as três grandes religiões monoteístas – o judaísmo, o cristianismo e o islamismo –, ao simplificarem o panteão divino, simplificaram também todos esses esquemas cosmogônicos e teogônicos; mas deles herdaram explicitamente a ideia de um Deus que criou o homem à sua imagem e semelhança.[139] Isso atesta como, a despeito de serem relatos de origem com numerosas variações, cosmogonias e teogonias estão sempre tratando de realidades e tempos profundamente humanos, tendo sido inventados por homens e mulheres em contextos históricos e geográficos específicos e de acordo com condições e demandas sociais concretas.

Muitas sociedades desenvolveram suas cosmogonias e teogonias de modo autóctone, como os aborígenes australianos guringai e yolngu, os kiliwa da Baixa Califórnia, os sulka da Melanésia, vários povos indígenas do Brasil, e numerosas sociedades antigas do continente africano.[140] Outras estabeleceram grandes cadeias de transmissão e troca cultural. Por exemplo populações mesopotâmicas e persas, cujas narrativas sobre a origem e o fim do mundo foram transmitidas e parcialmente reelaboradas por cananeus*, hebreus, cristãos e muçulmanos; ou povos que habitavam a América central antes dos mexicas (também chamados de astecas), e que a estes legaram certas concepções de ciclos cósmicos.

O profeta persa Zaratustra, caso tenha realmente existido, viveu em algum momento entre os séculos X e VI a.C. Como se tornaria comum na história das religiões, Zaratustra afirmava ter recebido a visita de um deus criador de tudo: Ahura-Mazda, inimigo de Ahriman. A palavra atribuída a Ahura-Mazda encontra-se dispersa em textos que nos são hoje conhecidos apenas por fragmentos, como os *gathas*. Nesses textos encontram-se ideias, impactantes à sua época e duradouras até os dias atuais, como a de que o mundo se encontra em uma permanente luta dualista* entre forças do bem e da verdade contra as suas complementares do mal e da mentira. Segundo os *gathas*, essa luta se resolverá em meio a uma sucessão de eventos: a intervenção de um salvador, a volta dos mortos ao mundo dos vivos, uma terrível batalha final na qual o bem triunfa sobre o mal, e um final feliz para a história da humanidade.[141]

---

* Antigos habitantes da atual Palestina.

* Como bem nos explica Juan Arnau, a palavra *dualismo* é de uso apenas recente e "apareceu na Europa rapidamente entre os séculos XVII e XVIII, pelas mãos de Hyde, Leibniz e Bayle. Posteriormente, Christian Wolff lhe daria um significado filosófico. Para Wolff, dualistas eram aqueles que admitiam a existência de substâncias materiais e imateriais, ou ainda princípios como o espiritual e o material, a luz e as trevas, o bem e o mal" (ARNAU. *Cosmologías de Índia*, p.102, tradução livre). O dualismo religioso persa ganharia, então, um sinônimo mais específico: *maniqueísmo*.

Por volta do século IV a.C., modificações da religião mazdeísta apresentaram divindades especificamente ligadas ao tempo. É o caso de Ormuzd e Zurvan, associados aos antigos Ahura-Mazda e Ahriman, e cuja oposição representaria não só o embate entre o bem e mal, mas também entre o finito e o infinito. O tempo finito é o bem? Sim, pois ele é o tempo da salvação do mundo, e que permite a sua regeneração periódica. Em 512 a.C. o imperador Dario iniciou a construção de Persépolis (no atual Irã) como uma cidade sagrada destinada, dentre outros fins, à prática ritual do ano novo, o *Nawroz*, celebrado sob a égide de Ahura-Mazda/Ormuzd e baseado na ideia persa da desejada regeneração periódica do mundo. Eis uma concepção de tempo simultaneamente linear e cíclica, que será aproveitada pelo judaísmo e pelo cristianismo a partir de três componentes essenciais: a criação do mundo, a revelação de Deus ao profeta, e a renovação do mundo por meio de sua destruição criativa – isto é, de uma *escatologia*.[142]

Na Mesopotâmia, os antigos sumérios que lá viveram entre o terceiro e o segundo milênio a.C. criaram um mito de que o mundo era uma extensão de terra, uma espécie de grande disco a flutuar sobre um oceano primordial; tudo o que nele existia havia sido criado pela deusa-mãe Tiamat. Esse oceano, chamado de Apsu, representava as destruições causadas pelas inundações dos rios Tigre e Eufrates, mas também pelas frequentes tempestades de areia que infernizavam os habitantes da região. A porção de terra entre as águas seria simbolizada em cidades sagradas, sendo Eridu a mais antiga delas. Esse mito cosmogônico sumério sofreria modificações e acréscimos a depender de línguas e cidades a usarem-no. A deusa Nammu, por exemplo, por vezes é identificada com o oceano primordial; ela é também a mãe do Céu (An) e da Terra (Ki), dos quais surgiram os demais deuses. An e Ki, por seu turno, geraram En-lil, o deus da atmosfera, do clima, ou do próprio tempo. Em alguns textos babilônicos fala--se de um lugar onde não há doença ou morte, uma espécie de paraíso chamado Dilmun, governado pelo deus En-ki (por vezes chamado Ea).[143]

Nesse fervilhante caldeirão de culturas que foi a antiga Mesopotâmia – o historiador francês Jean Bottéro chegou a estimar a existência nele de 2500 a 3000 mil deuses e deusas –, a criação mítica dos seres humanos conheceu quatro principais versões. A primeira – apenas por ordem de exposição – afirma que os primeiros homens brotaram do solo, da terra, tais quais as plantas; a segunda, que eles foram moldados em argila por seres divinos – também uma versão que teria vida longa em outras sociedades – e receberam o coração de Nammu e a vida de En-ki; a terceira, que a criação foi obra da deusa Aruru; e a quarta, que os seres humanos surgiram do sangue de dois deuses. Esta última versão encontra-se bem elaborada no antiquíssimo poema cosmogônico *Enuma elish*, escrito em algum momento entre os séculos XIX e XVII a.C., e que o arqueólogo inglês Austen Layard redescobriu em 1849, nas ruínas da antiga cidade de Nínive (atual Mossul, no Iraque).

No *Enuma elish* encontram-se as águas primordiais, o mundo envolvido por uma serpente que ameaça destruí-lo e um casal: Apsu (personificação das águas, agora convertidas em uma entidade divina, e que muito depois viraria também um deus dos mortos) e Tiamat. Desde então, "os dias se estenderam, os anos se multiplicaram", e surgiram outros deuses e criaturas, como os "Sete Sábios" exemplares. Apsu, então, passou a se queixar do comportamento de seus filhos, e quis destruí-los para viver em silêncio (o que significaria deter o universo e o tempo), mas encontrou a oposição de Tiamat. Um dos rebentos do casal, Ea (ou En-ki, e que mencionamos há pouco como senhor do paraíso), ao saber dos planos de Apsu, lhe deu um sonífero, o matou e se tornou o senhor das águas; delas, surgiu seu filho Marduk. Um conflito entre deuses e criaturas semidivinas resultou no triunfo de Marduk e seu embate final justamente contra Tiamat, deusa--mãe da primeira geração, e de cujos olhos jorram os rios Tigres e Eufrates. E assim o cosmos se organizou, criando a posição dos astros, o curso do tempo e as criaturas na Terra. Foi só então que Marduk criou o homem (em mitos mesopotâmicos posteriores,

Marduk assumiria atributos anteriormente dados a Ea e a En-ki; e entre gregos e romanos, se confundiria com Júpiter).

A exemplo dos persas, também os povos mesopotâmicos concebiam a ritualização da regeneração periódica do mundo, simbolizando-a em cidades e templos e evocando-a em rituais; mas entre os últimos, o simbolismo das águas foi mais central. Segundo Gwendolyn Leick, "a noção de água como fonte de vida neste mundo e para além da morte desenvolveu-se desde muito cedo e continuou a informar o pensamento religioso mesopotâmico até o final".[144]

Cosmogonias gregas também elaborariam o tema das águas primordiais. Narrativas muito antigas, elaboradas por populações não gregas, trazem a deusa Eurínome brotando nua do caos primordial, separando o céu do mar e dançando sobre este (o que nos remete à célebre Vênus romana pintada por Botticelli no século XV d.C.). Ofião, uma grande serpente, a encontrou e fecundou, e então Eurínome virou uma pomba e pôs um ovo. Circundado sete vezes por Ofião, o ovo quebrou-se, e dele surgiram todas as coisas do Céu e da Terra, menos os homens. O Monte Olimpo então se tornou a morada de Eurínome e Ofião, mas ele, ao falsamente reivindicar para si a criação do universo, foi por ela banido em direção às profundezas da Terra. Em seguida, Eurínome criou sete divindades, distribuídas em sete astros: o Sol, a Lua, Mercúrio, Vênus, Marte, Júpiter e Saturno, cada um deles protegidos por um titã e uma titânide. Foi só então que Eurínome criou a humanidade, a partir do primeiro homem, Pelasgo (é por isso que os gregos chamavam os antigos habitantes da Grécia de *pelasgos*). Posteriormente surgiram variações desse mito, como a de que a temida Noite, fecundada pelo Vento, pôs um ovo de prata, de onde nasceu Eros (ou Fanes), o criador do universo. Em outra versão, do Caos primordial surgiu a Mãe-Terra, que gerou Urano, e este fez jorrar uma chuva que fecundou a Terra.[145]

Já na Grécia clássica, as narrativas de origem por excelência couberam a Hesíodo (autor cuja existência histórica não é certa), e remontam ao século VIII a.C. *Os trabalhos e os dias* descrevem cinco "raças", quatro das quais com qualidades correspondentes a metais: a do Ouro, a da Prata, a do Bronze, a dos Heróis e a do Ferro. Do ouro ao ferro, o mundo teria decaído; mas na estrutura tipicamente mítica de *Os trabalhos e os dias*, o que temos aí não é uma sequência cronológica convencional, mas sim raças com atributos temporais próprios, e que podem conviver umas com as outras; a dos Heróis, inclusive, parece ser mais valorosa do que sua antecessora, a do Bronze.[146] Tampouco na *Teogonia* os momentos e os eventos obedecem a uma sequência perfeita: a obra de criação segue forças e nem sempre distingue anterioridades e posteridades, salvo quando afirma que certa divindade nasceu de outra. Vale a pena ler alguns de seus versos:

> "Sim bem primeiro nasceu Caos, depois também Terra de amplo seio, de todos sede irresvalável sempre, dos imortais que têm a cabeça do Olimpo nevado e Tártaro nevoento no fundo do chão de amplas vias, e Eros: o mais belo entre os Deuses imortais, solta-membros dos Deuses todos e dos homens todos ele doma no peito o espírito e a prudente vontade."
> (*Teogonia*, 116-122)[147]

A criação continua, repitamos, em ordem nem sempre sequencial: do Caos nasceram Êrebo e Noite; da Noite, nasceram Éter e Dia; a Terra pariu o Céu, "igual a si mesma" (126), bem como as Montanhas e o Mar. Com o Céu, a Terra gerou Oceano, Coios, Crios, Hipérion, Jápeto, Téia, Reia, Têmis, Memória, Febe, Tétis e Cronos, este último o "filho mais terrível" (138). Nasceram também outros deuses e criaturas semidivinas: os três ciclopes, Trovão, Relâmpago e Arges; também três outros "assombrosos filhos": Cotos, Briareu e Giges (149).

Nesse momento temos uma quebra na narrativa, e o poema passa a nos contar a história do Céu (também chamado de Urano) e de seu filho Cronos: o Céu detestava todos os seus filhos, que nasciam da Terra, e "tão logo cada um deles nascia/a todos ocultava, à luz não os permitindo,/na cova da Terra" (156-158). Terra, incitando seus filhos a reagir, encontra no "grande Cronos de curvo pensar" um corajoso voluntário. Quando "veio com a noite o grande Céu, ao redor da Terra/desejando amor sobrepairou e estendeu-se a tudo" (176-178), Cronos ceifou o pênis de seu pai, atirando-o ao longe. A reprodução pôde continuar com o fecundo esperma do Céu lançado a esmo, e com a libertação dos filhos da Terra.

Há nessa passagem da *Teogonia* uma imagem que merece destaque: o Céu que envolve e eroticamente possui a Terra poetiza parte de um ciclo da natureza interrompido: é a noite, que representa a escuridão, o caos, a morte e o fim do tempo. Cronos, porém, introduz a luz na noite, permite que o ciclo natural se complete com o advento do dia, e com isso liberta o tempo. A morte dá lugar à vida, e a destruição vira criação. A luta entre pai e filho evoca claramente o *Enuma elish* babilônico, com Atsu, Ea e Tiamat sendo substituídos, respectivamente, por Céu, Cronos e Terra. Já o tema da castração do pai pelo filho, que muitos séculos depois fará a festa de Sigmund Freud e seus seguidores, já estava presente em teogonias de hurritas, hititas* e cananeus (o que não significa que todos eles tivessem o que viria a ser chamado de "Complexo de Édipo").[148]

Cronos reaparecerá na *Teogonia* mais adiante, agora com a história do conflito com o seu filho, o "sábio Zeus, pai dos Deuses e dos homens,/sob cujo trovão até a ampla terra se abala" (457-458). Zeus é um dos "brilhantes filhos" (453) de Cronos e Reia, e irmão de Héstia, Deméter, Hera e Hades. Cronos, sabendo que seu destino era ser destronado por um deles, engolia-os assim que Reia lhes dava à luz. Quando nasceu Zeus, Reia enganou Cronos dando-lhe uma pedra no lugar do filho; Zeus assim sobreviveu e pôde cumprir seu desígnio: fazer Cronos vomitar e libertar seus irmãos. Nesse trecho do poema, Zeus toma o lugar de seu pai também como o libertador de seus tios, os filhos do Céu:

---

* Povos mesopotâmicos cujos primeiros registros remontam ao último quarto do terceiro milênio a.C. Os hititas chegaram a formar um poderoso império em meados do segundo milênio, até sua desaparição no século XIII a.C.

"E livrou das perdidas prisões os tios paternos
Trovão, Relâmpago e Arges de violento ânimo,
filhos de Céu a quem o pai em desvario prendeu;
e eles lembrados da graça benéfica
deram-lhe o trovão e o raio flamante
e o relâmpago que antes Terra prodigiosa recobria.
Neles confiante reina sobre mortais e importais" (501-506).

O triunfo de Zeus sobre Cronos, a exemplo do triunfo de Cronos sobre o Céu, é uma libertação do tempo; mas agora a regeneração periódica do mundo se expressa na quebra da imobilidade pretendida pela perpetuação do poder de Cronos, bem como na recondução dos irmãos de Zeus à vida. Não se trata mais de uma representação de um ciclo da natureza, mas sim da própria vida que, se nunca se perpetua, tampouco se extingue por completo.

Cronos: o nome desse deus grego, que protagoniza duas narrativas diretamente relacionadas a concepções de tempo, pode ser traduzido por *tempo*. Na mitologia romana, ele virou Saturno, mas ganhou algumas peculiaridades, todas a reforçar sua simbiose com o tempo. Saturno era o mais velho dos deuses romanos, patrono da agricultura, e foi associado ao astro cujo curso nos céus parecia ser o mais lento (a Lua era o mais acelerado). Com o passar dos anos, Cronos-Saturno ganharia uma vasta história de representações imagéticas, carregando consigo símbolos e atributos que, como vimos anteriormente, se tornaram, eles próprios, emblemas do tempo: um ancião forte e grisalho, asas, uma foice, bolhas de sabão, aves, uma carruagem, um arco e flecha, uma caveira, uma ampulheta, muletas, um dragão ou uma serpente mordendo a própria cauda, um disco zodiacal. Baseadas em mitos mesopotâmicos, essas imagens partiram da Antiguidade greco--romana, passaram pela Idade Média dos impérios carolíngio e bizantino, chegaram com força ao Renascimento e ao Barroco, e daí seguiram adiante até os dias de hoje, com algumas incursões até mesmo por sociedades não europeias. No decorrer dessa trajetória, Cronos-Saturno virou também um personagem sombrio, associado à melancolia (nas *Mil e uma noites*, ela residiria no baço das pessoas), à decrepitude, à doença ou a atitudes cruéis como a castração e o canibalismo. Sua história nos diz que o tempo é simultaneamente destruidor e criador; voraz e implacável; momento e eternidade; ilusão e verdade; passado e futuro.[149]

Dois séculos após Hesíodo, a Grécia clássica começou a transitar de formulações mítico-religiosas sobre as origens do mundo para outras de natureza mais marcadamente históricas, filosóficas e experimentais, mas sem que estas se sobrepusessem por completo àquelas. Platão, no diálogo *Timeu*, fala da súbita criação do universo por um demiurgo, um arquiteto supremo – ideia que muito depois, a partir do século XVIII d.C., seria recuperada pelos esquisitos maçons. Segundo Platão, o universo (ou o espaço) seria uma entidade em si, fixa desde a criação. A mudança e o movimento, bem como a duração e a eternidade, estariam nessa criação e existiriam antes e independentemente do tempo. O tempo seria apenas uma característica, um subproduto desse universo, na condição de uma "imagem movente da eternidade". Aristóteles, em outra perspectiva, entendia que o tempo estava na mudança e era a própria duração, sendo apreensível pela observação do mundo físico por meio da percepção e da mensuração de um "antes" e um "depois". A despeito de suas diferenças, nenhuma delas contava o tempo em termos matemáticos, tampouco prescrevia sequências cronológicas, e nisso elas se assemelhavam a concepções de tempo mítico-religiosas. No caso da de Platão ainda mais, pois nela o universo era, simplesmente, eterno.[150]

Não muito longe dos gregos, também os egípcios formularam narrativas acerca das origens do mundo. A vida no Egito antigo era muito condicionada pelas variações naturais do rio Nilo, a exemplo do que ocorria na Mesopotâmia com o Tigre e o Eufrates. Assim, uma cosmogonia apresentava o surgimento de uma porção de terra, talvez uma montanha, em meio a águas e a uma escuridão primordiais; dessa montanha surgiu a luz, a vida e a consciência. Diferentes cidades do Egito reivindicavam a condição de herdeiras dessa montanha na Terra, e cada uma considerava-se uma espécie de centro do mundo, o lugar da criação, o mesmo que se passava com cidades mesopotâmicas e persas.

Outra versão tratava da origem do mundo a partir de um ovo primordial que continha um pássaro, ou de uma flor trazendo uma criança; e bem como no *Enuma elish* babilônico e no mito pelágico de Ofião, também aqui uma serpente se associa ao caos. Uma terceira possibilidade: o deus Sol, Ré-Atum-Khépri, criou um primeiro casal, Xu (a Atmosfera) e Tefnut, que geraram Geb (a Terra) e Nut (o céu); estes dois geraram Osíris, Ísis, Seth e Néftis. E daí a coisa seguiu adiante, à semelhança do que nos apresenta Hesíodo na teogonia grega. Na teogonia egípcia, os homens nasceram das lágrimas de Ré-Atum-Khépri, contra ele se voltaram e a ele tornaram a obedecer. Mais comumente, porém, falava-se que o deus Sol – representado pelo Faraó – dera origem a todos os demais deuses e homens.[151]

De onde surgiria o cosmos, e de onde começariam a brotar todas as coisas, senão da escuridão, do caos, do abismo, ou simplesmente do "nada"? Como vimos, antigas cosmogonias e teogonias apresentaram certas variações: esse "nada" podia ser aquático ou desértico a depender dos temores despertados pelo meio geográfico nas sociedades criadoras desses relatos. A tradição judaico-cristã não fugiria à regra, e a Bíblia, tanto no Antigo quanto no Novo Testamento, pode ser vista como uma antologia de temas persas, mesopotâmicos, pelágicos, gregos e egípcios, tudo devidamente reelaborado de acordo com os temperos de novas religiões.

Como bem se sabe, a Bíblia é uma reunião de livros de autores, épocas e tradições diferentes, e que nem sempre perfazem uma coerência evidente. Muitas vezes, essa coerência é constituída tão somente pelos usos que dela fazem os muitos seguidores das religiões assentadas na Bíblia (o judaísmo e os vários cristianismos). Nela, não há uma teogonia, apenas uma cosmogonia: pois o seu Deus é um só, onipresente, existe desde sempre e não foi criado por nada nem ninguém. Já os elementos que se referem à criação do universo, da Terra, da vida e dos seres humanos estão concentrados em duas partes bem diferentes: o Gênesis 1 a 2:4, e no restante do mesmo livro.

No relato que primeiro se apresenta, escrito provavelmente no século VI a.C., a criação dura seis dias: no primeiro, Deus fez a luz, os dias e as noites; no segundo, fez o céu e separou as águas; no terceiro, separou a terra dos mares e criou as plantas e árvores frutíferas; no quarto, criou "uns luzeiros do firmamento do céu, que dividam o dia e a noite, e sirvam de sinais para mostrar os tempos, os dias e os anos"; no quinto, criou aves, répteis, peixes e outros animas; no sexto, os animais domésticos, o homem e a mulher; e então, no sétimo, finalmente descansou. Foi essa sequência que, em muitos calendários, definiu o sentido religioso da semana de sete dias. E se a atribuição do número sete à condição de princípio organizador do mundo tem origem em mitos mesopotâmicos, pelágicos e gregos, a criação do universo e do homem pela palavra tem antecedentes egípcios e, em outro canto do planeta, se faria presente também em mitos hinduístas e polinésios.[152]

No segundo relato bíblico de criação, temos uma versão bem diferente. Esse relato é mais antigo que o anterior e remonta ao século VIII a.C.. Segundo ele, antes da criação havia não um oceano, mas um deserto, que Deus fertilizou com uma onda, uma chuva ou uma fonte; e, então, com a argila do solo, Deus modelou o homem e o colocou no Paraíso, isto é, uma terra irrigada por um rio do qual surgiam outros quatro (2:7, 2:10-14). Aqui, três mitos mesopotâmicos são evocados: a região desértica primordial inundada, o paraíso irrigado e a criação dos homens a partir do solo (este último, presente também em cosmogonias de várias sociedades africanas). Também diferentemente do primeiro relato, agora o homem foi criado antes das plantas: Adão, o primeiro deles, deu nome às aves e animais, e em seguida, da costela de Adão, Deus fez Eva, a primeira mulher. A inspiração mesopotâmica continua com a narrativa acerca do pecado de Adão e Eva, versão hebraica de Apsu e Tiamat; já a serpente que simboliza a queda da humanidade, mas que propiciará sua posterior salvação, reedita uma imagem tanto babilônica quanto pelágica e egípcia. Em seguida, o Gênesis apresenta a história dos primeiros filhos de Adão e Eva; do assassinato de Abel por Caim e a sucessão deste (4:1-26); e a longa e curiosa passagem relativa à genealogia de Adão, cujos primeiros descendentes viveram muitos séculos até que Deus impôs a limitação da idade humana em 120 anos (6:3).

É significativo que o primeiro relato do *Gênesis*, o mais recente, se refira a dias e a momentos do dia precisos, enquanto no segundo relato, o mais antigo, o tempo é tratado de modo abstrato, sem qualquer preocupação com marcos desse tipo. Ocorre que de um relato a outro, os antigos hebreus modificaram sua forma de narrar aquilo que consideravam a sua própria história: de um tempo mais mítico, tinha-se passado a um tempo mais histórico. E por algum motivo desconhecido, esses dois relatos acabaram sendo agrupados como se fossem um só, com o mais recente sendo apresentado antes do mais antigo. Isso ocorreu por volta do século IV a.C.[153]

As diferenças entre as duas versões bíblicas para a criação não foram ignoradas por leitores atentos. Um deles, o erudito protestante francês Isaac La Peyrère (1594-1676), tentou explicá-las: a criação descrita no primeiro relato seria a dos povos não judeus, enquanto a do segundo seria exclusivamente dos filhos de Adão. Isso permitiria explicar o fato de povos como chineses e egípcios já serem tidos, à época de La Peyrère, como mais antigos do que os judeus; mas ninguém seria mais antigo do que Adão.[154] Até hoje, certas versões da Bíblia em diferentes idiomas preservam ambiguidades a esse respeito, sobretudo quanto à passagem de um relato a outro, e parecem empenhadas em diminuir suas discrepâncias.

Na Índia e suas vizinhanças, outro fértil manancial de relatos de criação esteve relacionado ao hinduísmo. Também esses relatos conheceram variações, e chegaram a nós por textos multiautorais muitas vezes incompletos. No hinduísmo, a dinâmica cósmica é movida por perdas e recuperações periódicas dos valores morais dos quais seus habitantes, sejam eles deuses ou seres humanos, são portadores. O tempo é um princípio que libera a ação desses habitantes e ativa essa periodicidade; por isso, o tempo se relaciona com a ordem ou lei cósmica, o *dharma*, que também pode ser entendida como uma espécie de ética. O declínio do mundo é inevitável, mas vai sendo compensado pelas descidas de deuses à Terra e sua incorporação por pessoas, os *avatares*. O dharma se relaciona com outras três concepções: o *samsara*, isto é, o eterno ciclo de nascimento, morte e renascimento via reencarnação; o *karma*, que é a complementaridade entre ação e consequente reação, uma espécie de lastro que a experiência dos seres humanos lega à posteridade e que marca o samsara; e a *moksha*, ou libertação do samsara com o alcance de um estado transcendente (no budismo, seu equivalente aproximado é o *nirvana*). [155]

Todos esses elementos do hinduísmo convergem em uma concepção de tempo que tende a uma dimensão cíclica, mas que não se esgota nela, pois também enseja momentos de ação ativa e de modificação e quebra desses ciclos. No hinduísmo, os ciclos temporais correspondem não à vida de um indivíduo, mas a períodos gigantescos de milhares ou até milhões de anos solares. A eles se associam, pontualmente, ciclos astronômicos menores, e muitos textos hinduístas prescrevem cantos em momentos específicos do dia, ou em relação a ciclos solares e lunares. Esses ciclos de longuíssima duração são chamados de *yuga*, e embora neles a continuidade temporal seja central, a ruptura também está prevista.[156]

Em meio a esse esquema geral, os primeiros mitos de origem hinduístas encontram-se nos Veda, que são um corpo de textos antigos recolhidos em tradição oral e divididos em quatro coleções: *Rgveda, Yajurveda, Samaveda* e *Atharvaveda*. A composição dos Veda se associa a um dos períodos nos quais tradicionalmente se divide a história da economia-mundo da Índia: o Período Védico, que abrange *grosso modo* os dois primeiros milênios a.C. Os Veda apresentam dispersamente quatro tipos de cosmogonias básicas: a criação de tudo a partir das águas primordiais; da derrota de um monstro ou gigante por um deus-herói; do conflito entre um *ser* e um *não ser*; ou da separação entre céu e terra[157].

Um dos deuses centrais nos Veda é Varuna, entidade terrível, visível por toda parte, onisciente – tem mil olhos – e infalível. Ele está ligado a duas concepções temporais importantes do hinduísmo e que possuem múltiplos significados: *rta* e *maya*. Rta pode ser entendida como a ordem cósmica e moral do mundo, segundo a qual foi feita a criação (posteriormente, essa concepção perderia espaço para as de dharma e karma). Maya pode ser entendida como a transformação destruidora do mundo, mas também como a transformação dessa transformação: ou seja, a anulação da destruição. Maya é uma mudança cósmica, mas também a sabedoria que a propicia. Outro deus central nos Veda é Indra, que protagoniza um combate vitorioso contra Vrtra, o dragão que guardava as águas primordiais e cuja morte liberta as águas e cria o mundo: o Sol, o calor, a aurora, o céu.

Mas no texto cosmogônico por excelência da época védica, o mito de criação é outro. No *Purusasukta*, Purusa é um ser primordial com atributos humanos e que se desmembra: de sua mente surge a Lua, dos seus olhos o Sol, de sua boca o fogo, de sua respiração a vida. Em seguida, surgem o homem e a mulher e, a partir dos seus membros – boca, braços, joelhos e pés – brotam os diferentes grupos sociais (a relação entre essa cosmogonia e o sistema de castas até hoje vigente na Índia é controversa). No *Purusasukta* há ainda uma segunda narrativa: o deus primordial Prajapati cria o mundo pela palavra (a exemplo do Deus judaico-cristão). Primeiro, ao se aquecer, ele criou os Vedas e, em seguida, ainda pela palavra, as águas; estas fecundaram um ovo do qual nasceu a Terra, e dela surgiram os deuses. Trata-se de um esquema que se reproduz na vida de um indivíduo: a ignorância e o erro (*avidya*) cria uma lei de causa, efeito e libertação (karma-samsara-moksha); sequências ensejam ciclos, o mundo decai e se regenera periodicamente.

Na Índia clássica (a partir de IV a.C.) e nos textos conhecidos como *upanisad*, os longuíssimos ciclos *yuga* foram se associando com aquela que se consolidaria como a tríade suprema dos deuses: Brahma, Vishnu e Shiva, que acabaram por se destacar em relação a muitos outros deuses e se tornaram regentes dos ciclos cósmicos e dos tempos concebidos pelo hinduísmo. A exemplo do que ocorre no *Enuma elish* babilônico, no Egito, no mito pelágico grego e na história cristã de Adão e Eva, também aqui temos a participação de uma serpente: *Shesha*, por vezes circundando e protegendo o ovo primordial do universo, por vezes como corporificação de Vishnu. Para todos os efeitos, é uma imagem benigna.[158]

Derivado do hinduísmo, o budismo foi fundado pelo príncipe Sidarta Shakyamuni – depois renomeado Sidarta Gautama Buda – por volta de 500 a.C. A nova religião radicalizou um componente do hinduísmo, com a ideia de que o universo depende fundamentalmente da vida mental de todos os seres que nele habitam. Os ritmos temporais do universo são interiores ao indivíduo, e é ele próprio que, com suas ações, traça o seu destino e o do universo. Os ciclos cósmicos de longuíssima duração também se fazem presentes, mas regidos pelas ações e pensamento dos indivíduos. De acordo com o budismo, não há um único universo, mas vários, incontáveis, e cada um deles corresponde a um nível mental, a uma condição espiritual de um indivíduo; e há uma hierarquia dessas condições, desde as mais inferiores até as mais elevadas. Mas no budismo, "a mente não é uma metáfora do cosmos, e o cosmos não é uma metáfora da mente", pois "ambos são igualmente literais e metafóricos".[159] Em tradições budistas mais antigas, não há relatos de criação propriamente ditos, pois a especulação sobre origens, natureza e desenvolvimento do universo e dos deuses era considerada nefasta.[160] Séculos depois, isso mudaria.

Entre os séculos II e IV d.C. foi sendo gestada aquela que depois seria a mais organizada narrativa budista de criação de que se tem notícia: trata-se de uma passagem do *Mahavastu*. Nela, lemos que depois de "muito tempo", o universo começou sua contração, com os seres renascendo no nosso mundo em função de seus karmas. Eram seres alegres e luminosos, que se moviam livremente. Então surgiu a Terra, no formato de um lago de água doce e refrescante, do qual os seres se aproximaram e provaram de suas delícias, atraindo-se uns aos outros e formando uma multidão. Mas então, seus corpos começaram a se despojar de suas mentes e de sua luz, tornando-se ásperos e pesados. Surgiram o Sol, a Lua e as estrelas, as constelações, os dias, as noites e as estações do ano. Os seres que comiam demais se intoxicavam, enquanto os moderados se tornavam belos; e da desigualdade entre eles nasceram a inveja, a ridicularização, a vaidade e a presunção. A água doce e refrescante então apodreceu, mas os seres continuaram dela bebendo. Foi aí que surgiram os grãos de arroz (alimento desde muito importantíssimo na culinária do extremo-oriente), dos quais os seres passaram a se alimentar também, o que lhes moldou sua natureza.[161]

Na China e em suas extensões, as elaborações budistas conheceram elementos cosmogônicos e teogônicos semelhantes às de outras sociedades: seres nascidos do caos, ovos, separações entre céu e terra, montanhas sagradas, casais primordiais, monstros, dilúvios lavando o mundo, a alternância de princípios antagônicos (nesse caso, o *yin* e o *yang*), cidades e templos concebidos como centros do mundo, etc. [162] No Tibete, onde o budismo só foi adotado oficialmente no século VIII d.C., mitos cosmogônicos mais antigos foram elaborados pela religião *Bom*. Nela, há referências à criação do mundo pelos deuses *Phyva* que se confundiam com montanhas sagradas celestiais; alguns desses deuses desceram à Terra, criando todos os seres vivos. Por dez mil anos, deuses e seres humanos conviveram em harmonia, até surgir um demônio que espalhou o mal sobre a Terra. Os deuses voltaram para o céu, o mal triunfa por centenas de milhares de anos, mas um dia os deuses retornarão, os mortos ressuscitarão e um novo ciclo do mundo regenerado terá início.[163]

Antes de encerrarmos esse passeio por mitos de origem que transitam entre formas autóctones e estruturas comuns compartilhadas, é interessante observarmos duas regiões que se afastam das economias-mundo indo-europeias até aqui observadas: a Escandinávia medieval e a Mesoamérica mexica.

Os povos vikings que viveram em regiões do norte da Europa e do atual Reino Unido entre os séculos VIII e XI d.C. tinham uma religião própria, com seus mitos cosmogônicos e teogônicos. É curioso notar que, de modos livres e criativos, muitos elementos da mitologia desses povos foram reelaborados na música contemporânea, no cinema, na literatura, e em *comics*, *games* e programas de televisão, perfazendo um imaginário histórico-fantástico muito popular. Um bom exemplo é a série *Vikings,* criada por Michael Hirst, e que entre 2013 e 2020 conheceu 79 episódios distribuídos em seis temporadas.

O poema *Völuspá*, conhecido como "A Profecia da Vidente", foi composto antes de 1220 d.C., e nos fala de um gigantesco abismo primordial, *Ginnungagap*. A norte dele, havia uma região fria, *Niflheimr*, o país dos mortos, e de onde corria um rio que dava origem a outros onze; ao sul, estava uma região quente, *Muspell*, a terra do fogo. Entre os dois surgiu Ymir, um ser divino, de cujo suor nasceram um homem e uma mulher, e de cujos pés nasceu uma criança. Ymir engendrou também uma vaca que se transformou em outro homem, que fecundou a filha de um gigante e criou três deuses, filhos de Ymir: Vili, Vé e Odin.

Um lugar mítico irrigado por rios já nos é familiar; também nos é o conflito entre pais divinos e seus filhos, e que na mitologia escandinava resultou no esquartejamento de Ymir não por um, mas por todos os seus filhos. A carne de Ymir formou a terra, seus ossos, os rochedos; seu sangue, o mar; seus cabelos, as nuvens; e seu crânio, o céu. A criação seguiu adiante: os três irmãos parricidas criaram os corpos celestes, dando-lhes movimento e estabelecendo os ciclos do dia e as estações do ano. Os primeiros seres humanos são criação de Odin, a partir de duas árvores sagradas: *Askr* e *Embla*. Mais uma vez, um sacrifício inicial liberta o tempo, dá movimento à criação e estabelece os meios rituais de regenerar e perpetuar o mundo, mantendo sua ordem.[164]

A ordem do mundo perseguida pelas cosmogonias e teogonias corresponde a anseios coletivos que, ao longo da história, cada sociedade elaborou de modo particular. As muitas semelhanças entre elas, porém, apontam para o fato de que esses mitos de origem traduzem também valores políticos, de embates entre forças e de tentativas de controle de umas sobre outras; valores políticos que sempre remeterão às sociedades que as criaram, às suas tensões e conflitos. Cosmogonias e teogonias nunca são narrativas estritamente religiosas: elas são também narrativas políticas. As palavras de Federico Navarrete sobre os astecas e os maias dos séculos XIV, XV e XVI são válidas também para outros contextos:

> "manter as distinções de poder e a hierarquia de forças no seio do que chamamos a sociedade, era uma tarefa inseparável do imperativo de preservar a ordem cósmica, pois ambos existiam amalgamados, um dentro do outro, sem as distinções que estamos acostumados a fazer".[165]

Vimos no capítulo anterior como populações mesoamericanas prévias à chegada dos espanhóis concebiam ciclos de duração cósmica que, ao se encerrarem, davam lugar a novos; nessa mescla entre tempos lineares e tempos cíclicos, ensejava-se uma concepção religiosa de fim de mundo que era, igualmente, a de um recomeço. A exemplo dos ciclos hinduístas e budistas, os povos mesoamericanos elaboraram idades de longuíssima duração; porém, à diferença dos demais, sua delimitação se dava sempre por cataclismas. Essas concepções de tempo e de mundo espalhavam-se por vários cantos dessas sociedades e exerciam grande influência sobre o seu cotidiano. Muitos registros dessas concepções foram feitos pelos europeus, que as modificaram segundo visão colonizadora. O livro maia *Popol Vuh*, por exemplo, nos oferece um relato baseado em tradições antigas, mas composto já no século XVI em parte segundo um modelo cosmogônico europeu. Nele, o mundo foi feito por deuses, que em seguida criaram também os animais sobre vales e montanhas; depois, deram vida a dois tipos de homens: os de barro – bem como ocorrera entre povos mesopotâmicos, hebreus e africanos – e os de madeira; mas como nem uns nem outros reverenciassem devidamente seus criadores, estes os destruíram, e os que sobreviveram foram transformados em macacos. Finalmente, os deuses decidiram modelar os homens atuais com milho – no mito budista, era com arroz –, dando-lhes inteligência equivalente à sua.[166]

MITOS DE FIM DO MUNDO

Praticamente todos os mitos de origem até aqui observados trazem também uma concepção de fim; neles, frequentemente o fim é um novo começo. Nem sempre, porém, é assim. Por vezes, o fim é realmente entendido como a destruição de tudo, enquanto em outras ele é um triunfo final que estabelece um reino divino, eterno e desejável. Como quer que seja, os fins têm um apelo adicional em relação ao começo: é que como o mundo ainda não acabou, eles são expectativas sedutoras. Quem sabe esses mitos se concretizam e deixam de ser mitos? É o que muita gente ainda pensa. E mesmo nós, historiadores, temos que reconhecer que, no mundo atual, ideias sobre o futuro costumam ser mais prestigiadas do que ideias sobre o passado. É que o futuro nos permite imaginar algo totalmente novo, e assim oferece atenuações dos sofrimentos do presente. As religiões sempre souberam lidar muito bem com a potência daquilo que ainda não se realizou – mesmo que nunca venha a se realizar. Não é disso que se nutre também a astrologia?

A exemplo dos mitos de origem, os mitos sobre o fim do mundo sempre guardaram forte conexão com a observação de fenômenos celestes. Se as ocorrências cíclicas permitiram concepções de tempo e maneiras de controlá-lo, ocorrências não cíclicas como eclipses e aparições de cometas foram associadas a catástrofes, destruições, mortes, quedas de reinos e impérios, pestes e guerras; também foram associadas ao fim de certos ciclos temporais, e nessa perspectiva puderam ser vistas como sinais do fim do mundo.[167] Vale a pena observar alguns desses mitos, quase sempre desdobrados de cosmogonias e teogonias, mas com alguns componentes próprios.

Não é à toa que o mito do dilúvio universal deve ter surgido na Mesopotâmia: vimos como naquelas sociedades as cheias dos rios Tigre e Eufrates e as tempestades de areia eram fontes de transtorno e temor, o que ajudou na configuração de concepções cíclicas de tempos religiosos. A destruição pelas águas significava a purificação de um mundo sujo e decadente que, de quando em quando, precisava ser regenerado. Uma das narrativas mesopotâmicas sobre o dilúvio fala de uma inundação que por determinação divina cobriu a Terra, sendo permitido a apenas um homem salvar-se: Ziusudra. Após a inundação, Ziusudra se tornou um ser semidivino e foi para Dilmun, o paraíso (ou em uma variação, para "a foz dos rios").[168]

Uma versão alternativa e mais detalhada encontra-se no *Gilgamesh*, texto composto por muitos autores ao longo de vários séculos. Ele nos conta a história de um rei assírio de Uruk que teria vivido no III milênio a.C. (não se sabe se Gilgamesh realmente existiu, mas Uruk, sim). Aqui, o dilúvio é um segredo dos deuses relevado a Gilgamesh por Ziusudra, que agora virou Utnapistim, "aquele que os deuses tomaram depois do Dilúvio e puseram a viver na terra de Dilmun; e só a ele, entre os homens, deram a vida eterna". É um mito todo organizado em torno do período de sete dias, a exemplo do que ocorreria depois com a narrativa judaico-cristã. Utnapistim conta a Gilgamesh que antes vivia-se em uma época decadente, em que "o mundo pululava, o povo multiplicava-se, o mundo mugia como um touro selvagem". Um dia, o senhor de Shuruppak (cidade que também existiu) foi despertado por um clamor: era o deus Anu, cujo conselheiro, En-lil, disse: "o tumulto da humanidade é intolerável e já não é possível dormir com esta confusão"; então, Anu e os demais deuses concordaram em acabar com a humanidade. Em um sonho, Utnapistim foi avisado a tempo por Ea, o deus das águas e, seguindo suas instruções, destruiu sua casa e, com o que dela restou, construiu um barco em sete dias; ao concluí-lo, deu "um festim como no tempo das festas do Ano Novo". Para dentro do barco, Utnapistim levou sua família e "a semente de todas as criaturas vivas".

Os deuses então deram início à terrível inundação, tão terrível que até eles fugiram aterrorizados para o céu mais alto. Então "Ishtar, a Rainha do Céu, de branda voz, gritou como uma mulher em trabalho de parto: 'Ai, os tempos antigos transformaram-se em pó porque eu ordenei o mal; por que ordenei eu este mal no conselho de todos os deuses? Eu ordenei guerras para destruírem o povo, mas não são eles o meu povo, pois que os pus no mundo?". A tempestade durou seis dias; no sétimo, o mar acalmou, a cheia parou e o mundo ficou em silêncio: "toda a humanidade se transformara em barro". Utnapistin então chorou, e o barco encalhou em uma montanha por seis dias; no sétimo dia, ele soltou uma pomba, que logo voltou; depois uma andorinha, que também voltou; e finalmente um corvo, que jamais retornou.

O sobrevivente, então, fez uma cerimônia com "sete e mais sete caldeirões" e derramou sobre a montanha uma mistura cujo odor chegou aos deuses e enfureceu-os.[169] Perante eles Ea se justificou, pois as águas purificam e regeneram a humanidade, mas como castigo dos deuses, elas são sempre terríveis demais:

> "Carrega o pecador com o seu pecado
> Carrega o transgressor com seu erro.
> Castiga-o um pouco quando ele foge,
> Não o leves com severidade porque morre;
> Antes um leão assolasse a humanidade
> Em vez da inundação,
> Antes um lobo assolasse a humanidade
> Em vez da inundação,
> Antes a fome devastasse o mundo
> Em vez da inundação,
> Antes a peste devastasse a humanidade
> Em vez da inundação."[170]

Na Bíblia, a narrativa do dilúvio (Gênesis, 6:5 – 9:17) tem início logo depois de Deus ter limitado a idade dos homens a 120 anos:

> "Vendo pois Deus, que era em extremo grande a malícia dos homens na terra, e que todos os pensamentos dos seus corações em todo o tempo eram aplicados ao mal, Pesou-lhe de ter criado o homem na terra; e tocado interiormente de dor, disse: Eu destruirei da face da terra o homem, que criei, desde o homem aos animais, desde os répteis até as aves do céu: porque me pesa de os ter feito." (*Gênesis*, 6:5-8).

Sai de cena Utnapistin, entra Noé; saem os deuses babilônicos, entra o Deus dos hebreus; a arca babilônica se transforma em um símbolo judaico (logo cristão) da igreja; e a história do dilúvio que se segue é praticamente a mesma do *Enuma elish*, com a permanência inclusive dos ciclos sagrados de sete números: Noé leva para a arca sete machos e sete fêmeas dos animais e das aves, Deus dá a ele sete dias para construir sua arca, que atracou "sobre os montes da Armênia" (8:4) no sétimo mês, Noé esperou por sete dias o retorno da pomba que soltou para ver se havia ainda terra, e outros sete dias para soltá-la novamente.

O dilúvio como mito de fim e regeneração do mundo aparece também em outras sociedades. Na China do século III a.C., por exemplo, falava-se de um casal de irmãos com corpos de dragão e que viviam entrelaçados: Fu-hi e Niu-kua. Quando de um dilúvio, Niu-kua refez o céu, criou os quatro polos do mundo, matou um dragão negro que o ameaçava e deteve as águas que ameaçavam inundá-lo novamente. Entre os indígenas ticuna, que hoje vivem na Amazônia entre o Brasil, o Peru e a Colômbia, fala-se em uma doença enviada por "Pai Dyoi" (que depois passou a ser chamado de Tupã) e que exterminará todos os homens, inclusive "os brancos"; e como a Terra já teria sido inundada no passado, talvez ela o seja novamente – o que parece evocar antigas crenças com as quais aquele povo teve contato por meio de missionários cristãos desde o final do século XIX.[171] Hoje em dia, a despeito de residuais crenças nessa direção, é amplamente sabido que a Atlântida, inventada pelos antigos gregos, nunca existiu; mas para os moradores das muitas regiões ameaçadas de submersão pela elevação do nível dos oceanos em consequência do aquecimento global, as águas diluvianas podem significar muito mais do que a evocação de antigos mitos.

Outra antiga mitologia em torno do fim do mundo e que ainda ecoa nos dias de hoje vem da Pérsia e da religião mazdeísta de Zaratustra: a ressurreição dos mortos antecedendo o juízo final, a queima dos pecadores, a salvação dos virtuosos e o triunfo do bem sobre o mal. Nos séculos XX e XXI, esse apocalipse zumbi conheceria, a exemplo de outros temas religiosos já mencionados, ampla fortuna criativa no cinema, na televisão, em *comics* e *games*, provavelmente com temperos advindos também de certas culturas africanas que, desde pelo menos o século XVII, tinham desenvolvido a noção de que indivíduos mortos durante o dia podiam reviver à noite. No antigo Egito, no Tibete e no cristianismo do Novo Testamento esse tipo de apocalipse foi parcialmente deixado de lado em favor da reelaboração do juízo final. Com todas as variações possíveis, o tema aqui é sempre o mesmo: o jogo entre vida e morte anunciando a decadência do mundo, ocorrida em um longo processo, diagnosticada por um ou vários deuses e por eles combatida por meio da destruição da humanidade ou de parte dela. No caso da Grécia de Hesíodo, essa decadência é tratada em termos de "raças", convertidas posteriormente em "idades", e que não ensejavam uma sequência linear perfeita: apenas elaboravam, ao modo grego, o tema da decadência.[172]

No emaranhado de tempos mítico-religiosos criados ao longo da história por diferentes religiões, concepções de fim parcial ou total do mundo se associam com a astrologia não apenas pela observação de eventos celestes especiais, mas também pela prática da profecia. Como vimos no capítulo 1, esse tipo de adivinhação do futuro encontra-se em muitas sociedades, mas foi na tradição judaico-cristã que ela parece ter conhecido seu maior espaço de difusão; e mais uma vez, como parcial herança persa e mesopotâmica. Os profetas são muito importantes no judaísmo, nem sempre anunciando catástrofes, mas antecipando e indicando eventos nos quais se revelaria a vontade de Deus, a necessidade de fidelidade a ele, e a redenção final de Israel e de seu povo. Como nos adverte Robin Fox, porém, a língua hebraica não possui tempos verbais específicos para designar o futuro; por isso, afirmações feitas no tempo verbal presente em antigos textos que acabaram integrados à Bíblia podem ter confundido seus muitos tradutores de diversas línguas, levando-os a atribuir ao futuro algo que, originalmente, valia apenas para o presente, e tornando alguns desses textos mais aparentemente proféticos do que eram de fato (o que não significa, claro, que os antigos hebreus não falassem de futuro: apenas o faziam de modo distinto da maioria das línguas modernas).[173]

No Antigo Testamento, os profetas estão por toda parte: Amós, Oséias, Isaías, Jeremias, Ezequiel, o "Segundo Isaías", Ageu, Zacarias, Enoque, todos eles sempre defendendo a necessidade da persistente crença no verdadeiro Deus a despeito das seguidas desgraças que acometiam o povo judeu – o que, mais uma vez, ecoa textos mesopotâmicos. Também anunciavam o advento de um novo tempo, uma nova era.[174] O mais conhecido dentre todos os profetas bíblicos é, sem dúvida, Daniel. Na verdade, não houve um único Daniel, mas vários. Trata-se inicialmente de um autor desconhecido e anônimo, cujas profecias circulavam no Oriente Médio entre 280 e 180 a.C., e que teve sua obra apropriada e aumentada por um outro autor que, entre 167 e 164 a.C., passou a usar o nome Daniel. Só então o livro bíblico deve ter sido composto, recolhendo e mesclando essas diferentes autorias e tradições.[175]

O conteúdo mais célebre do livro de Daniel é a interpretação do sonho profético de Nabucodonosor II, rei da Babilônia entre 604 e 562 a.C. Nesse período, o império babilônico conheceu uma importante expansão militar que resultou, inclusive, na destruição de Jerusalém (587) e no cativeiro de centenas ou milhares de hebreus. Em memória de seus feitos e em reafirmação de seu poder, Nabucodonosor II "monumentalizou" suas conquistas, registrando-as em estátuas e placas públicas. Se acrescentarmos a isso o fato de que interpretar sonhos e profetizar eram atividades muito comuns em cidades mesopotâmicas e egípcias, os alegados feitos de Daniel – narrados quatro séculos depois de sua suposta ocorrência – se tornam fáceis de entender.

De acordo com o relato bíblico, primeiro Daniel revelou conhecimento do misterioso sonho ao próprio Nabucodonosor II:

> "Tu, ó Rei, estavas olhando, e parecia-te que vias uma como grande estátua; a tal estátua, de uma grandeza e altura extraordinária, se tinha em pé diante de ti, e a sua vista era espantosa. A cabeça dessa estátua era de um ouro finíssimo, porém o peito e os braços eram de prata, já o ventre e as coxas eram de cobre. E as pernas eram de ferro, uma parte dos pés era de ferro, e a outra de barro. Tu a estavas vendo atentamente, até que uma pedra foi arrancada de um monte sem intervirem mãos de homem, a qual feriu a estátua nos seus pés de ferro e de barro, e os fez em pedaços." (*Daniel*, 2:31-34).

Em seguida, Daniel interpretou o sonho: ele prenunciava a queda de Nabucodonosor II e afirmava o Deus hebraico como senhor do Tempo; pois só Deus é eterno. O ouro, a prata, o ferro e o cobre simbolizam os quatro grandes impérios que cairiam no futuro: Babilônia, Medos*, Pérsia e Macedônia (quando o livro de Daniel foi escrito, aliás, todos já tinham existido e deixado de existir). Aqui, a apropriação de Hesíodo e suas raças é evidente, mas na perspectiva hebraica a sucessão dos metais não indica a decadência do mundo, mas sua libertação com o advento de um "Quinto Império" ainda por vir: o império do povo escolhido por Deus. Antes desse resultado, porém, era necessário que o seguidor de Deus se mantivesse fiel e, pacientemente, aguardasse por sua salvação.[176]

A mais famosa profecia de Daniel e o Quinto Império por ela anunciada cruzaram os séculos. Na Portugal da primeira metade do século XVI, o sapateiro Gonçalo Bandarra recuperou profetas e profecias do Antigo Testamento para, em suas trovas, traduzir algumas das aflições da sociedade de sua época. Poucos anos depois, na Espanha, os antigos escritos bíblicos ajudavam nos sonhos proféticos da cortesã de Lucrécia de León, inclusive supostamente adiantando a derrota da Invencível Armada espanhola para as forças inglesas (1588). Daniel e o Quinto Império foram parar também na guerra civil inglesa de 1649; nas profecias do rabino holandês Menasseh Bem Israel, em 1666; na pregação do padre, escritor e estadista português Antônio Vieira (1608-1697); e em muitas atividades proféticas e astrológicas de indivíduos que foram levados a sério em muitos lugares do mundo em diferentes épocas. O Quinto Império não está de todo ausente da insistência contemporânea no triunfo de Israel e de seu povo como escolhido por Deus, sendo elaborado também, de outros modos, por muçulmanos e protestantes.[177]

A ideia de que Jerusalém seria o centro físico e geográfico do Quinto Império também conheceu grande fortuna. As Cruzadas, por exemplo, que entre os séculos XI e XIII nutriram uma verdadeira obsessão pela cristianização dessa cidade, em vários sentidos portavam uma escatologia com antigos elementos mesopotâmicos e persas: o martírio dos povos cristãos era necessário para o seu

---

* O Império dos Medos era vizinho ao Império Persa, até ser por ele derrotado no século VI a.C.

ressurgimento na cidade sagrada.[178] Lamentavelmente, em nosso século XXI as disputas em torno de Jerusalém ainda persistem. Uma antiga profecia pode legitimar e estimular o triunfo de qualquer ordem política sobre outra, inclusive porque os termos do livro de Daniel são muitas vezes obscuros, misteriosos ou até mesmo ininteligíveis. Potencialmente, se ajustam ao gosto do freguês.

A mais persistente profecia bíblica, no entanto, é a de João, que constitui o cerne do Apocalipse. O último livro da Bíblia foi escrito por volta de 95 d.C., e mais uma vez sistematizou antigos conteúdos mesopotâmicos e persas, acrescidos de crenças e tradições hebraicas. Sua escrita se deu em um contexto de acirramento das perseguições romanas contra os cristãos; estes, naturalmente precisavam reforçar sua crença, herdada dos hebreus, de que seu Deus os faria triunfar sobre seus inimigos: o sofrimento e o martírio, então, mais uma vez se fazem presentes como caminho para a salvação no Céu, ou para a perdição eterna no Inferno (a partir dos séculos XII e XIII, os cristãos mortos poderiam fazer um estágio preparatório no Purgatório). Tal fim de mundo, a exemplo dos dilúvios mesopotâmico e hebraico, também se organiza em torno da sacralidade do número sete: sete selos lacram o livro da revelação final, sete anjos tocarão suas trombetas, sete taças simbolizam o furor de Deus, etc.

É possível que o Apocalipse bíblico fosse do conhecimento dos povos vikings da Europa medieval, que fizeram sua própria versão dessa profecia no poema *Völuspá*. De acordo com o apocalipse viking, o mundo entrará em decadência moral, e após um longo e tenebroso inverno "de três anos" um navio de gigantes surgirá no horizonte para invadir a terra e atacar *Asgardh*, a morada dos deuses. Em uma terrível batalha final, todos os invasores tombarão, bem como quase todos os deuses: Thor, Odin, Vidar, Heimdallr... O único sobrevivente será Surtr, que dará início ao grande incêndio cósmico. A vida desaparecerá, a terra será engolida pelas águas e o céu desabará. E então, um novo cosmos surgirá, com a recriação de tudo.

No Alcorão, o fim do mundo é ainda mais explicitamente filiado à versão bíblica, com o adendo persa da ressurreição dos mortos: em um dia terrível, uma trombeta soará para os infiéis. "Nesse dia, ó homem que buscas diligentemente teu Senhor, tu o encontrarás. Aquele que receber seu livro na mão direita será julgado com brandura", mas "aquele que receber seu livro e lhe voltar as costas, atrairá a destruição e arderá num braseiro" (84:1-12). Em outras passagens do livro sagrado dos muçulmanos, fala-se de um incêndio cósmico, da redução das montanhas a cinzas, da explosão do céu, e do apagamento da Lua e das estrelas (dois símbolos centrais ao islamismo). Com o segundo toque da trombeta, os mortos ressuscitarão e, como no apocalipse cristão, Deus surgirá em um trono para julgar a todos: os bons ficarão à direita e os maus à esquerda. Os absolvidos irão ao paraíso, e os condenados ao inferno.[179]

O apocalipse de João, reelaborado de mitos anteriores advindos de outras religiões e culturas, em suas muitas variáveis ensejou uma larga história de imagens – condenadas pelo cristianismo primitivo, mas depois criadas em abundância –, fornecendo pretextos para a produção artística nos mais diversos suportes e linguagens, incluindo as artes plásticas, a literatura, o teatro, o cinema e a música[180] (**Imagens 3.1, 3.2 e 3.3**).

Figura 3.1. – Uma das versões egípcias para o julgamento final: à esquerda, Anubis, figura antropomorfa com cabeça de chacal, conduz Hunefer, escriba do *Pert em hru*, o "livro dos mortos" egípcio. Em seguida, o coração de Hunefer é pesado com uma pena, acompanhado por uma criatura bestial com boca de crocodilo e devoradora de donos de corações pesados; então Hunefer é levado à presença de Osiris, deus protetor do submundo que, circundado por suas irmãs Isis e Neftite, decidirá o julgamento.
No antigo Egito, uma estrutura narrativa e uma convenção imagética se estabelecem; no papiro, os vários tempos da narrativa se encontram (*Papiro de Hunefer*, século XIII a.C.[181] – WIKIPÉDIA. Disponível em: https://pt.wikipedia.org/wiki/Ficheiro: The_judgement_of_the_dead_in_the_presence_of_Osiris.jpg. Acesso em 20 ago. 2021).

Figura 3.2. – Talvez o mais conhecido de todos os apocalipses: a versão cristã do Juízo Final criada por Michelangelo Buonarroti no teto da Capela Sistina, no Vaticano (1508-1512). Aqui, temas e imagens mesopotâmicos, persas e egípcios convergem para uma arte eivada de didatismo religioso, mas também feita para agradar seus consumidores – neste caso, o papa Júlio II. No lugar de Osiris, o Deus cristão; e como de costume, também aqui o fim do mundo se faz acompanhar de sua criação: no teto central, convergindo para o Juízo Final, Michelangelo pintou também cenas do Gênesis (WIKIMEDIA. Disponível em: <https://commons.wikimedia.org/wiki/File: Last_Judgement_(Michelangelo).jpg>. Acesso em 20 ago. 2021).

Figura 3.3. – Uma versão não religiosa para o fim do mundo, de autoria do pintor surrealista belga René Magritte. Os títulos das obras de Magritte têm considerável autonomia em relação a seu conteúdo, o que impõe um cuidado adicional ao analisá-las. O homem sem rosto e de chapéu, personagem central de muitas obras do pintor, representa a humanidade, que se dirige para o seu destino? Para a sua morte? O fim do mundo é o fim de um dia ou a confusão entre dia e noite? A mensagem não é clara, e nem deve ser: aqui, o antiquíssimo tema do fim do mundo é pretexto para um exercício de imaginação e representação (MAGRITTE. *La fin du monde,* 1963) (THE COOKING OF ART. Disponível em: <https://thecookingofart.wordpress.com/2011/11/06/la-fin-du-monde-according-to-rene-magritte/>. Acesso em 21 ago. 2021).

É interessante notar como o enfrentamento entre forças divinas, semidivinas e humanas em terríveis batalhas cósmicas oferece uma alegoria frequente do fim do mundo, seja como fim de todas as coisas, como início de um novo mundo ou como episódio de reorganização cósmica. O poema hinduísta *Mahâbhârata*, que no século IV a.C. compilou textos bem mais antigos, narra a história dos conflitos entre duas linhagens de semideuses e homens, e que se desenvolve até uma guerra final na qual os deuses – Brahma, Shiva, Vishnu (por vezes também Krishna, como revelação de Vishnu) – tomam partidos e influenciam as ações e destinos dos participantes. Algo semelhante já tinha ocorrido na *Ilíada* (VIII a.C.), poema grego atribuído a Homero, com uma divisão entre os deuses que, na Guerra de Tróia, apoiavam gregos ou troianos. Muito tempo depois, em um romance publicado em 1984, o grande escritor brasileiro João Ubaldo Ribeiro utilizou o argumento para recriar um episódio da Guerra do Paraguai:

a Batalha de Tuiuti, ocorrida em 24 de maio de 1866. Aqui, o terrível enfrentamento entre forças brasileiras e paraguaias se dá com a intervenção direta de divindades afro-brasileiras, de um lado, e indígenas, de outro.[182]

O fim do mundo sempre foi uma força criativa e inspiradora!

ADIANTANDO O FIM DOS TEMPOS.

Na *Cidade de Deus,* Santo Agostinho (354-430 d.C.) foi taxativo ao afirmar que o apocalipse do Novo Testamento era alegórico, e não concreto: a vida já seria uma luta do bem contra o mal (tema persa), e o reino de Deus estaria na Terra; mais precisamente, na Igreja. Era então inútil tentar prever quando chegaria o apocalipse, assim como o início do reinado de mil anos de Satanás que, segundo o livro de João, antecederia o Juízo Final.[183] Essa ideia é coerente com uma das célebres afirmações de Santo Agostinho a respeito do tempo: o tempo de Deus jamais se confunde com o tempo dos homens, pois a eternidade não é mensurável. Ponto final. Mas a autoridade de um dos primeiros e mais respeitados teólogos do cristianismo não foi suficiente para liquidar uma questão que continuaria a atormentar muita gente: quando ocorrerá o fim do mundo? E sendo possível afirmá-lo, será possível também se preparar para ele?

Essa questão precisa ser levada a sério, pois ao longo da história foram recorrentes os momentos em que ela se mostrou dramaticamente capaz de influenciar muitos aspectos da vida de muitas pessoas – inclusive o mais importante desses aspectos, que é o da manutenção da própria vida. Um dos anunciadores do Juízo Final, o *Anticristo,* é uma derivação de Satanás. As primeiras menções a esse personagem surgem nos livros bíblicos de Jó e Zacarias, e inicialmente ele é uma espécie de anjo a serviço de Deus, e que decai. Logo, Satanás se converte na própria personificação do mal, o grande inimigo de Cristo, de Deus e do bem. O maniqueísmo persa e espíritos malignos mesopotâmicos convergiram no Satanás cristão, que passou então a assombrar uma parcela considerável da humanidade. O autor deste livro admite que, em sua infância, ter assistido pela primeira vez ao filme *O exorcista* (escrito por William Blatty e dirigido por William Friedkin, em 1973) não contribuiu em nada para a tranquilidade de suas noites de sono; posteriormente, o relaxamento da segunda vez lhe permitiu perceber uma boa solução narrativa: pois o filme tem início em um sítio arqueológico iraquiano, onde a perturbadora descoberta de uma relíquia mesopotâmica por um padre-arqueólogo nos lembra que a antiquíssima luta do bem contra o mal ainda não terminou (o exorcismo ainda é praticado no judaísmo e no cristianismo, embora residualmente).

Para os primeiros cristãos, o Anticristo seria o anunciador de uma boa notícia: a decadência de Roma; depois disso, ele se tornou uma convenção maligna, supostamente reconhecido como entidade real e concreta em muitos contextos diferentes. Por exemplo entre 1378 e 1417, quando o comando da cristandade foi disputado entre os papados de Roma e Avignon; ou em revoluções políticas como as inglesas do século XVII, e as comunistas do século XX. Até hoje é costume vozes cristãs imputarem a condição de Anticristo a um inimigo político. Assim como Cristo teria vindo ao mundo para salvá-lo, a aparição do Anticristo seria um sinal do fim do mundo, e anteciparia a luta que resultaria no triunfo do bem contra o mal. Mas o bem pode virar o mal, principalmente para intelectos sofisticados: em um texto filosófico intitulado *Anticristo* (1888), Friedrich Nietzsche se converte, ele próprio, no inimigo do cristianismo, não para ameaçar o mundo de destruição, e sim para preservar sua potência de vida e seus valores mais elevados contrários às religiões.[184]

Se o mundo vai mesmo acabar em breve, como insistem tantos, talvez fosse desejável antecipar o Juízo Final. Essa foi a conclusão a que chegaram numerosos grupos religiosos fundamentalistas. Por um lado, essa pode ter sido uma maneira de se vislumbrar, no futuro, o fim das injustiças do presente, de superar formas de opressão e dominação a que os membros desses grupos se opunham frontalmente. Por outro lado, a antecipação do Juízo Final também conheceu feições sinistras. Exemplos dessas comunidades que lidaram com essa ambiguidade entre melhorar o mundo ou simplesmente destruí-lo, foram compilados por Marcelo Gleiser em um livro muito interessante. Dentre elas, a comunidade anabatista de Munster (atual Alemanha, à época parte do Sacro Império Romano Germânico) chefiada por Jan Bockelson, e que em 1534 transformou sua cidade em uma "Nova Jerusalém", até ser sitiada em 1535 e terminar com milhares de mortes. Em 1897, a comunidade sertaneja de Canudos, no interior do Brasil, formada por cristãos muito pobres e comandada por Antônio Conselheiro, foi massacrada pelo exército nacional, também terminando com milhares de mortes (esse evento inspirou o filme de Glauber Rocha, *Deus e o Diabo na Terra do Sol*, de 1964, e livros como *Os sertões*, de Euclides da Cunha, de 1902, *Veredicto em Canudos*, de Sándor Márai, de 1970, e *A guerra do fim do mundo*, de Mario Vargas Llosa, de 1981).

Outros exemplos recentes: em 1969, Charles Manson e um pequeno grupo de fanáticos racistas promoveram brutais assassinatos nos Estados Unidos com o intuito de precipitar uma guerra entre brancos e negros travestida de "batalha final" entre o bem e o mal. Em 1978, um numeroso grupo de cristãos reunido na Guiana – em outra "Nova Jerusalém" – e comandado pelo pastor estadunidense Jim Jones (que se dizia a reencarnação de Buda, Cristo e Lênin), participou de um autoproclamado "suicídio revolucionário": a ingestão de um suco com veneno resultou na morte de 913 pessoas, e vários sobreviventes foram assassinados. Em 1993, os seguidores protestantes de David Koresh reunidos em Waco, nos Estados Unidos, montaram um verdadeiro arsenal militar de preparação para a batalha final contra as forças do mal, que terminou em uma batalha contra forças de segurança dos Estados Unidos e 74 mortos. Em 1997, a aparição nos céus do cometa Halle-Bopp foi o pretexto para o suicídio coletivo de 39 pessoas da seita *Heaven's Gate Order*, comandada por Marshall Applewhite Jr., também nos Estados Unidos. E se quisermos ter certeza de que esse tipo de coisa não diz respeito apenas àquele país, basta mencionarmos os ataques perpetrados no metrô de Tóquio em 1995 pela seita apocalíptica budista *Aum Shinrikyo*, de Shoko Asahara, e que matou doze pessoas; ou a medonha cerimônia de Ano-Novo que, em 31 de dezembro de 1999, deixou 924 mortos em uma igreja de Uganda: investigações mostraram que a maioria foi assassinada a mando dos líderes da seita *Movement for the Restoration of the Ten Commandments of God*, uma vez que suas previsões de fim do mundo na virada do milênio não se confirmaram.[185]

A origem religiosa das mais conhecidas, antigas e duradouras concepções de fim do mundo não deve nos enganar: ao longo dos séculos, esses julgamentos adquiriram muitas e muitas feições, conjugando-se inclusive com a dessacralização parcial do mundo ainda em curso. Assentados ou não em bases religiosas, há também "fins do mundo" não religiosos, e alguns dos próprios episódios acima mencionados mostraram ambiguidades a esse respeito. Se formas de pensamento religioso sempre foram especialistas em tratar das origens e dos fins de tudo, outras formas de pensamento, como o científico e o histórico, também têm dado suas contribuições na mesma direção, e cada vez mais. À medida em que se avoluma o conhecimento sobre certos aspectos de funcionamento do mundo, aumentam as condições de diagnóstico de situações passadas e presentes que possam conduzir a situações futuras. E quanto mais informação disponível acerca do que já ocorreu e do que está ocorrendo, maiores as condições de se falar sobre possibilidades do que pode vir a ocorrer.

Em uma edição especial de outubro de 2010, a revista *Scientific American Brasil* tratou, em suas palavras, do "eterno fascínio que envolve a ideia de fim". Uma de suas matérias trazia diferentes especialistas apontando quais consideravam as principais ameaças à existência da "civilização moderna", e quais as probabilidades de ocorrência real dessas ameaças. Em meio às respostas dadas – uma super tempestade solar, o aquecimento global descontrolado, a erupção de um mega vulcão, uma guerra nuclear, a colisão com a Terra de um asteroide gigante, uma explosão cósmica de raios gama, o engolimento de nosso universo por um universo paralelo – uma nos chama a atenção: uma pandemia mortal. Segundo Joseph Fair, essa pandemia resultaria de um novo vírus ou da adaptação de um vírus antigo, pegaria a humanidade despreparada, e teria 50% de probabilidade de ocorrer "nos próximos 30 anos".[186] Não foi necessário esperar tanto tempo: bastaram dez anos para que tal previsão se confirmasse.

A situação do mundo hoje em dia mostra que a pergunta sobre o fim dos tempos é uma constante da história humana. Ela sempre foi legítima e atual. Já as posturas práticas em relação a ela variam, indo do religioso ao científico, da passividade ao entendimento, e da destruição do mundo ao empenho coletivo em melhorá-lo.

ETERNIDADE E ETERNO RETORNO

Como corolário das narrativas acerca das origens e dos fins do mundo, merece destaque a concepção de *eternidade*. Afinal, depois do fim do mundo pode vir um outro: o velho mundo recriado e purificado, ou um mundo totalmente novo. A eternidade pode ser, então, sinônimo de um novo tempo.

Eternidade significa coisas diferentes e possui representações variadas a depender de cada sociedade. Uma definição preliminar e parcial, mas pertinente, é a que diferencia eternidade como a ausência de tempo ou como algo que não se sujeita ao tempo, de um lado; e eternidade como somatória de todos os tempos, isto é, como sinônimo de "infinito", de outro. Essa dupla definição remonta à antiga Grécia e a alguns de seus filósofos, como Parmênides, Platão, Aristóteles e Plotino. A palavra grega *aión* significava "vida"; mais precisamente, o princípio ou força da vida, o transcurso de uma determinada vida, ou ainda a qualidade ou essência de uma determinada vida, incluindo seu desfecho. Podia, então, significar "o tempo de uma vida". Com o passar dos anos, *aión* foi se dissociando de "vida" e virando cada vez mais "tempo", mas um período muito longo de tempo, que logo pode ser também sinônimo de *aeternitas*, ou "eternidade".[187]

Vimos anteriormente como Platão, no *Timeu*, concebeu a criação do universo por um arquiteto supremo; além disso, formulou a ideia do "Grande Ano": isto é, um momento especial, quando da ocorrência de uma determinada conjunção de todos os corpos celestes que encerraria um ciclo dessas posições, logo reiniciado em um eterno retorno cósmico. A principal oposição a tal ideia viria dos primeiros teólogos cristãos, como Orígenes e, em seguida, Santo Agostinho; afinal, ela não contemplava o corte no tempo que seria a vida, morte e ressurreição de Cristo. Se tudo se reiniciava no cosmos, como pretendera Platão, como sustentar ainda a inevitabilidade do Juízo Final e da salvação, ou ainda a associação do tempo da eternidade exclusivamente com Deus, tão cara a Santo Agostinho? Mesmo assim, a ideia do "Grande Ano" foi sendo acolhida e reelaborada na Antiguidade tardia por astrólogos medievais cristãos, e chegou com força ao mundo islâmico, entre os séculos VIII e X d.C. Lá, se mesclou com ideias de grandes ciclos cósmicos advindas do mundo persa e do hinduísmo oriental; também se mesclou com as ideias de filósofos muçulmanos como Abu Al-Kindi (c.801-c.873), Muhammad Al-Razi (854-925) e Saadia Gaon (882-942), que nessa época estavam começando a formular uma definição de "eternidade" como sinônimo de "Deus". Essa definição conheceria uma expressão alegórica nos complexos sistemas geométricos e pictóricos típicos do mundo islâmico.[188]

A história do "Grande Ano" platônico mostra o peso de elaborações que entenderam que até mesmo o cosmos, sendo criação divina, estava sujeito a uma previsibilidade cíclica, a um "eterno retorno". Discutir eternidade ou finitude implicava refletir acerca da própria natureza de Deus, de seu caráter eterno e perfeito, bem como de sua onipresença e onipotência.[189] O declínio desse eterno retorno começou no século XVI, em duas frentes: primeiro, pelo avanço do sistema heliocêntrico formulado por Copérnico, que não contemplava qualquer alinhamento perfeito entre os astros do céu. Segundo, pelo próprio declínio parcial das formas religiosas de pensamento na Europa. Esse momento, nas palavras de Yitzhak Melamed, "parece ser o outono da eternidade", e desde então "a secularização da cultura europeia deu pouca sustentação para o conceito de eternidade e sua pesada bagagem teológica".

A partir de então, muitos filósofos passaram a secularizar a discussão em torno das relações entre Deus e o tempo, bem como dos significados de eternidade, nem sempre destituindo-a de suas origens religiosas. Dentre eles, podemos mencionar Francisco Suárez (1548-1617), Thomas Hobbes (1588-1679), Pierre Gassendi (1592-1655), René Descartes (1596-1650), Henry Moore (1614-1687), Isaac Barrow (1630-1677), Baruch Spinoza (1632-1677), John Locke (1632-1704), Nicolas Malebranche (1638-1715), Isaac Newton (1643-1727), Gottfried Leibniz (1646-1716), Samuel Clarke (1675-1729) e Alexander Baumgarten (1714-1762). A partir das reflexões de Immanuel Kant (1724-1804) e, principalmente, de Georg Hegel (1770-1831), a eternidade se tornou cada vez mais uma questão de ordem histórica, portanto não eterna – como tudo na história. Na filosofia europeia dos séculos XIX e XX, o tema se converteu definitivamente em uma questão ligada não mais a Deus e sua natureza, mas à existência e condição humanas. E foi assim que ele também invadiu as artes em suas mais diversas manifestações, desde a música de Olivier Messiaen (1908-1992) e Philip Glass (1937-), até o cinema de Andrei Tarkovski (1932-1986) e Theo Angelopoulos (1935-2012), passando pela literatura de Jorge Luis Borges (1899-1986) e José Saramago (1922-2010).[190]

Um dos maiores responsáveis pela dessacralização da eternidade foi sem dúvida o "anticristo" Friedrich Nietzsche (1844-1900). Ao se debruçar sobre as ideias de *eternidade* e *repetição*, Nietzsche ecoou formulações de seu antecessor, o dinamarquês Soren Kierkegaard (1813-1855), destituindo-as de seus conteúdos religiosos. O "eterno retorno" de Nietzsche encontra-se formulado em várias partes de sua obra, incluindo aquela na qual evoca o fundador do mazdeísmo persa: *Assim falou Zaratustra* (1883-1885). "Todas as coisas retornam eternamente, e nós próprios com elas, e que já estivemos aqui eternas vezes, e todas as coisas conosco."[191] "Eternidade" aqui é advérbio, e não substantivo; por isso, tudo a que ela se refere se torna menos *transcendente*, menos afeita a concepções religiosas, e mais *imanente*, mais relacionada ao homem. Nietzsche não está fazendo uma formulação de caráter empírico, e sua assertiva não é concretamente demonstrável; trata-se, antes de tudo, de um exercício de pensamento que se insere em um sistema filosófico mais amplo.[192]

Nas palavras de Scarlett Marton, "com o eterno retorno, Nietzsche desautoriza as filosofias que supõem uma teleologia objetiva governando a existência, desabona as teorias científicas que presumem um estado final para o mundo, desacredita as religiões que acenam com futuras recompensas e punições. Recusa a metafísica e o mundo suprassensível, rejeita o mecanicismo e a entropia, repele o cristianismo e a vida depois da morte".[193] Trata-se, em suma, de uma concepção de tempo ateia. Uma concepção que condena – por vezes até ridiculariza – componentes mítico-religiosos muito antigos e que foram sendo reelaborados ao longo dos séculos, e entende que o cíclico e o linear, o velho e o novo, se combinam para formar algo novo, embora não totalmente novo.

O "eterno retorno" de Nietzsche também é uma crítica a um dos componentes persistentemente religiosos do pensamento cientificista europeu do século XIX: a crença quase cega no supostamente natural progresso do mundo, bem como na salvação da humanidade pelo desenvolvimento tecnológico. Trata-se do mito do progresso, e a ele ainda voltaremos neste livro.

ACREDITAM AS SOCIEDADES EM SEUS MITOS?

Para concluir, não podemos escapar dessa pergunta, paráfrase do título de um livro de Paul Veyne: *acreditavam os gregos em seus mitos?* E não só eles, mas todas as outras sociedades aqui mencionadas? Se por "acreditar" entendemos uma postura literal, direta e rígida, a resposta é: por vezes sim, por vezes não, a depender do mito, de seu contexto, e do grupo ou indivíduo com o qual ele interage. Mas assim como os tempos mítico-religiosos não são apreensíveis quando tomados ao pé da letra, tampouco o são as narrativas, as imagens e os personagens neles contidos. Religiosos ou não, mitos fornecem parâmetros morais, inspirações e pedagogias úteis e necessárias a uma sociedade. Eles existem como mais uma ferramenta de controle do aparente caos do mundo, e por isso eles podem ser também – como tanta coisa nas religiões – tranquilizadores.

Mas atenção: a questão da crença em mitos não é de ordem puramente subjetiva. Como bem nos adverte Veyne,

> "existe uma pluralidade de programas de verdade através dos séculos, que comportam diferentes distribuições do saber, e são estes programas que explicam os graus subjetivos de intensidade das crenças, a má-fé, as contradições num mesmo indivíduo. Nisto acreditamos em Michel Foucault: a história das ideias começa realmente quando se historiciza a ideia filosófica de verdade".

E é por isso, continua Veyne, que os mitos podem perdurar, mesmo quando nos pareçam tão inverossímeis quanto todas as narrativas sobre as origens e os fins do mundo aqui observadas: pois "para rejeitar o mito ou o Dilúvio, não basta um estudo mais acurado ou um método mais aperfeiçoado: é necessário mudar de programa [de verdade]; não se reedifica o que estava construído obliquamente: vai-se habitar alhures".[194]

Pode-se acreditar simplesmente naquilo que se deseja acreditar, e pronto. E assim, os mitos funcionam não apenas como mecanismos – tão almejados pelas religiões – de controle de tempos e amortização de sofrimentos, mas igualmente como dispositivos políticos de enfrentamento de conflitos sociais. Principalmente se os mitos souberem cativar o fascínio humano pelos começos e fins de tudo, bem como pelo excêntrico, pelo distante e pelo aparentemente inexplicável.

CAPÍTULO 4
A MECANIZAÇÃO DO TEMPO

RELÓGIOS PARA QUÊ?

Quem nunca sentiu uma alteração de estado de espírito ao deixar uma grande e barulhenta metrópole e dirigir-se a uma pequena cidade, ou a um tranquilo lugar no campo, nas montanhas, na praia? À parte os viciados em aglomerações, muitas pessoas acham essa experiência prazerosa; para outras, ela é também altamente recomendável por motivos de saúde física ou mental. Em última instância, ela significa trocar um ritmo de vida por outro, e substituir um tipo de tempo por outro.

Os contrastes entre os tempos acelerados de aglomerações urbanas e os tempos mais lentos típicos de ambientes rurais ou de descanso tendem a aumentar neste nosso planeta que não cessa de se urbanizar e de destruir a natureza. Há mais de cem anos, esses contrastes foram retratados pelo escritor português Eça de Queirós (1845-1900), em um livro publicado logo após a sua morte e que já mencionamos anteriormente. *A cidade e as serras* narra a história de um amigo que leva o outro a abandonar a frenética Paris e, para deleite de ambos, instalar-se no bucólico interior de Portugal. É aqui que, em uma certa ocasião,

> "em roda do lume um bando alvoroçado de mulheres depenava frangos, remexia as caçarolas, picava a cebola, com um fervor afogueado e palreiro. Todas emudeceram quando aparecemos – e de entre elas o pobre Melchior, estonteado, com o sangue a espirrar na nédia face de abade, correu para nós jurando 'que o jantar de *suas incelências* não demorava um credo...'"[195]

Sai o tempo regulado das cidades, e entra o tempo maleável da natureza e das tarefas. Saem horas, minutos e segundos, e entra uma reza, evocando costumes antiquíssimos e que um dia ditaram o ritmo de vida da maioria das sociedades. Lá estavam tais costumes nas cidades do Antigo Oriente, em povos nômades da África, nos grandes impérios da Antiguidade, nos mosteiros da Europa medieval, nas Américas indígena e colonial. O jantar do romance de Eça de Queirós não demoraria "um credo"; o dobro disso, "dois credos", foi a duração de um terrível terremoto que atingiu a capitania hispano-americana do Chile na noite de 13 de maio de 1647, matando milhares de pessoas.[196] Mesmo hoje em dia, muita gente continua a marcar tempos de suas vidas valendo-se de recursos desse tipo: rezas, a aurora, o crepúsculo, o badalar de sinos, o rufar de tambores, o canto de galos ou de outros animais, os gritos de vigilantes diurnos e noturnos, o advento do sono, o aperto no estômago. No entanto, entre nós e nossos antepassados há um divisor de águas: o relógio mecânico, o mais tirânico instrumento de concepção, imposição e controle do tempo que jamais existiu.

Todas as grandes invenções da humanidade ocorrem menos devido a supostos gênios individuais, e mais a vontades coletivas que encontram correspondência em indivíduos que, juntos, concorrem para a resolução de suas demandas; sempre, de acordo com as condições de sua época e seu meio. Nas palavras de Carlo Cipolla, "a máquina só tem sua razão de ser como expressão de resposta do homem aos problemas a ele colocados por seu ambiente, e que são recebidos e interpretados através do filtro da cultura dominante".[197] Com essa lição em mente, podemos nos perguntar: afinal, se durante a maior parte de sua existência a humanidade não precisou de relógios mecânicos, preferindo outras formas de marcação de tempo, por que passou a deles precisar? O que levou à sua invenção? E tendo sido essa invenção, como hoje constatamos, tão impactante em todo o mundo, porque ela ocorreu em um único lugar – a Europa medieval – e não em vários ao mesmo tempo?

As sociedades sempre observaram os ciclos da natureza; desde muito cedo também criaram seus calendários, e associaram-

-nos com concepções de tempo mítico-religiosas. No entanto, a partir de um certo momento, e em uma única das várias economias-mundo então existentes, as coisas começaram a mudar: foi quando as ideias e atitudes em relação ao tempo foram ao encontro de alterações decisivas de *formas de trabalho*. Aos poucos, tratar-se-ia não mais de simples trabalho doméstico – que, aliás, continuou a existir – ou de formas quaisquer de exploração do homem pelo homem; mas de um tipo específico de trabalho: a *exploração de mão de obra*, com o surgimento de *formas sociais específicas* derivadas dessa exploração. Isso surgiu em um contexto particular de modificações em concepções gerais de tempo e de espaço, que Edward P. Thompson assim nos explica:

> "é óbvio que os caçadores devem aproveitar certas horas da noite para colocar as suas armadilhas. Os pescadores e os navegantes devem integrar as suas vidas com as marés [...]. Da mesma forma, o trabalho do amanhecer até o crepúsculo pode parecer 'natural' numa comunidade de agricultores, especialmente nos meses da colheita: a natureza exige que o grão seja colhido antes que comecem as tempestades. E observamos ritmos de trabalho 'naturais' semelhantes acompanhando outras ocupações rurais ou industriais: deve-se cuidar das ovelhas na época do parto e protegê-las dos predadores; as vacas devem ser ordenhadas; deve-se cuidar do fogo e não deixar que se espalhe pelas turfas (e os que queimam carvão devem dormir ao lado); quando o ferro está sendo feito, as fornalhas não podem apagar. A notação do tempo que surge nesses contextos tem sido descrita como orientação pelas tarefas". Mas essa orientação "se torna muito mais complexa na situação em que se emprega mão de obra", pois "assim que se contrata mão de obra real, é visível a transformação da orientação pelas tarefas no trabalho de horário marcado,"[198]

O horário passou a ser marcado, e fez com que o relógio mecânico ganhasse enorme importância como regulador da vida em geral. A história desse tipo de relógio não diz respeito apenas à Europa ocidental do século XIII, onde ele foi inventado, mas a todo o planeta.

Antes de detalhar a história dessa progressiva hecatombe que nos atinge até os dias de hoje, observemos alguns relógios não mecânicos, mais antigos e ainda em uso. Sua história é também a da permanência, no século XXI, de resquícios de tempos diferentes dos atualmente dominantes.

RELÓGIOS DE SOL, CLEPSIDRAS, AMPULHETAS E VELAS

Os relógios de sol nos oferecem mais um admirável exemplo de artefato resultante de invenções coletivas e simultâneas. Seu princípio básico é tão engenhoso quanto funcional: uma vez que o Sol, ao se deslocar no firmamento, projeta sua luz sobre objetos na Terra, produzindo um proporcional deslocamento da sombra desses objetos, esse deslocamento funciona como um indicador temporal, de transcurso do que é, então, concebido como *tempo*. Claro que, em dias muito nublados, à noite, ou durante deslocamentos humanos que impliquem no deslocamento do próprio relógio, um relógio de sol não funciona; mas em todas as outras situações, sim. Para que ele funcione, basta a escolha de um lugar fixo, onde a luz solar incida por períodos considerados largos o suficiente por seus usuários, e a instalação nele de um objeto – comumente chamado de *gnômon* – que permita a observação de sua sombra. Para sofisticá-lo, pode-se introduzir nesse objeto um ponteiro e controlar sua posição segundo as estações do ano.

Hoje, com base em nossos conhecimentos e condições tecnológicas, consideramos que um bom relógio de sol deve estar inclinado em relação ao solo de acordo com a inclinação latitudinal do local de sua instalação, bem como posicionado segundo sua longitude[199]; no entanto, esse critério é histórico, e pertence a nós, do século XXI, e não à maioria de nossos antepassados. Eles não estavam interessados em marcar o tempo sempre, mas apenas em momentos ou ocasiões específicas, e de acordo com padrões de exatidão próprios, que simplesmente não correspondem aos nossos. Por isso, a inclinação da Terra não importava.

Outros instrumentos semelhantes aos relógios de sol são os muitos tipos de quadrantes solares e estrelas portáteis – como os astrolábios, muito utilizados em navegações – e os *merkhets* egípcios, que eram fios de prumo que balizavam os movimentos noturnos do firmamento. Já os relógios de água, também chamados de *clepsidras*, obedeciam a um princípio diferente: concebia--se o tempo pela contagem de seu transcurso a partir do jorrar de água de uma fonte alimentadora para dentro ou para fora de um recipiente. Quanto tempo isso duraria? Ora... o tempo que isso durasse! Podia-se aumentar ou diminuir a corrente de água de alimentação, aumentar ou diminuir a capacidade de seu recipiente (os gregos inventaram uma regulagem eólia para essa corrente), e era o próprio dispositivo que definia como era esse intervalo, e não o contrário. A exemplo dos relógios de sol, as clepsidras eram ruins para serem usadas em deslocamentos, mas podiam ser usadas independentemente de condições climáticas, salvo em temperaturas muito baixas que congelassem a água; podiam também funcionar bem tanto de dia quanto de noite, mas em geral por períodos mais breves do que os relógios de sol.

Os relógios de areia, ou *ampulhetas*, seguiam a mesma lógica das clepsidras: o tempo era concebido e mensurado com a queda de uma certa quantidade de areia – a de casca de ovo, mais fina que outras, funcionava melhor – colocada em um recipiente contendo dois espaços de vidro dispostos verticalmente; uma vez terminado o período, invertia-se a ampulheta, e a areia tornava a cair, mas para o outro espaço. Boas para intervalos pequenos, a ampulheta podia ser usada de dia ou de noite, no calor ou no frio, e até mesmo em movimento, como em caminhadas, cavalgadas ou navegações. A partir do século XV europeu, as ampulhetas virariam um dos símbolos imagéticos mais frequentemente associados ao tempo. Por fim, pode-se mencionar o uso de velas, cuja queima indicava um transcurso temporal específico, fosse por sua combustão total ou parcial (neste caso, com intervalos gráficos assinalados na própria vela ou ao lado dela).

Todos esses instrumentos foram amplamente usados no mundo antigo, de maneira pública e privada, em diferentes povos, lugares e condições. Os mais antigos relógios de sol hoje conhecidos são egípcios e chineses, e remontam a aproximadamente 1500 a.C.; mas foram usados, junto com clepsidras e ampulhetas, também por mesopotâmicos, persas, gregos, romanos e muitos outros.[200] Em todas essas sociedades, a questão do tempo nunca foi uniforme e objetiva, tampouco puramente tecnológica. O uso desses instrumentos mostra concepções variadas de tempo, geralmente de tempos descontínuos que só faziam sentido em momentos ou ocasiões específicas; mostra também uma simultaneidade de tempos, pois um desses instrumentos não necessariamente excluía os demais. Finalmente, esses relógios antigos revelam formas de distinção social, pois sua posse e manipulação costumavam ser atributos de poucos. E nisso os tempos dos relógios se assemelham a todos os demais até aqui tratados neste livro: pois usar um relógio é sempre uma maneira de controlar um tempo; e se esse relógio for público, esse controle será ainda mais abrangente. Relógios, portanto, são também instrumentos políticos.

A politização do tempo foi brutalmente acentuada com a invenção e o desenvolvimento dos relógios mecânicos, que passamos agora a observar.

A INVENÇÃO DOS RELÓGIOS MECÂNICOS

No começo do século XIII d.C., era muito mais fácil construir relógios mecânicos na China, no mundo árabe ou na Europa bizantina do que na Europa ocidental. Pelo menos, em termos da tecnologia disponível. Um século depois, essas posições tinham se invertido.[201] Não se trata de afirmar uma suposta superioridade cultural da Europa ocidental sobre outras partes do mundo, menos ainda considerá-la natural ou historicamente necessária: isso nunca existiu, inclusive do ponto de vista tecnológico. Culturas não são superiores ou inferiores, mas apenas diferentes entre si, e só podem ser comparadas a partir de padrões pertencentes a elas próprias. A tarefa aqui é entender por que os relógios mecânicos surgiram na Europa ocidental, a despeito da pouca propensão tecnológica de suas sociedades a eles, e não em outras partes. O entendimento dessa questão nos permite observar como esses relógios contribuíram para uma verdadeira mundialização de um tempo específico que se tornou dominante, em um processo que – repitamos – chega aos dias de hoje.

Na China, relógios mecânicos eram construídos desde pelo menos 979 d.C. Poucos, é verdade, mas o eram. O caso mais conhecido é o do relógio construído por Su Song entre 1086 e 1094 por ordem do imperador, e instalado em K'ai-fêng, a então capital da China da dinastia Song. Era uma máquina bastante complicada: pesava algumas toneladas, tinha doze metros de altura, e sua base girava constantemente sobre uma roda movida por uma clepsidra oculta. Esse relógio reproduzia o movimento aproximado do Sol, da Lua e de algumas estrelas, possuía um globo de observação e um globo celeste, e ambos giravam ao redor de um eixo polar; mostrava também horas e quartos de horas. Em 1126, durante a conquista do norte da China pelos povos tártaros Jurchen e a formação do Império Jin, o relógio foi levado pelos invasores e desapareceu.[202] O relógio de Su Song era uma maravilha excêntrica, e certamente despertava a admiração de quem o visse; mas não atendia a demandas sociais significativas, e por isso não fincou raízes e nem padrões naquela sociedade. Outros instrumentos e recursos de concepção e mensuração do tempo eram mais úteis aos chineses, assim como outros artefatos que eles estavam inventando pela mesma época, como o mosquete e a mina terrestre (tenebrosa invenção que até hoje aleija tantas pessoas em muitos países).[203]

O mundo islâmico, uma economia-mundo com a qual a China se conectava, também sabia fazer relógios mecânicos, e em várias partes eles foram efetivamente construídos. Há registro de pelo menos um deles: em 799, o célebre califa Harune Arraxide, que se tornaria personagem de algumas das histórias reunidas nas *Mil e Uma Noites*, ofereceu a Carlos Magno, por meio da delegação franca que o visitou em Bagdá em 799 d.C., um relógio sonoro. Ao que tudo indica, esse era um presente para impressionar seu contemplado, bem como um emblema do poder e da distinção de quem o oferecia, e não um artefato típico: pois a exemplo do que ocorria na China, tampouco o mundo islâmico dessa época precisava de relógios mecânicos em escala significativa. Em regiões quentes, com céus abertos e poucas nuvens durante todo o ano, relógios solares e clepsidras funcionavam muito bem. Além disso, e principalmente, visões de mundo dos antigos muçulmanos, assim como dos chineses, passavam por critérios muito diferentes daquelas que, no mundo cristão europeu, se associavam com uma concepção mecanicista do universo e da criação divina, e que, como veremos, sustentariam a invenção dos relógios mecânicos.[204]

Na Europa ocidental ainda não havia necessidade nem tecnologia de construção dessas máquinas, mas havia outras coisas. No século XIII, o continente conheceu dois processos simultâneos importantíssimos: um aumento do comércio de média e longa distância, e um crescimento demográfico e urbano. Esse generalizado aumento da prosperidade material impôs uma nova demanda pelo cálculo e pela mensuração das coisas: das pessoas, da matéria, da produção, da riqueza, dos circuitos espaçotemporais de distribuição. As cidades, centros por excelência de toda essa atividade, concentravam pessoas, e nelas se constituíam os ambientes favoráveis à seriação de tarefas (como as envolvidas na indústria têxtil, a mais importante da Europa naquela época), de relações sociais, do cotidiano e do tempo em geral. As cidades também eram ambientes particularmente afeitos a signos artificiais, mais distante de signos naturais. Foi nesse contexto que, entre 1280 e 1300, floresceu o relógio mecânico.[205]

No século XIII, os Estados italianos e os Países Baixos meridionais possuíam boa oferta de trabalho artesanal especializado, bem como gente interessada a nele investir. Esses artesãos e empresários eram bastante móveis, acostumados e dispostos a se deslocar de seus locais de origem para centros de concentração de trabalho. Isso ajudou o nascimento da indústria relojoeira por vários motivos: nela, o emprego de matérias-primas é relativamente baixo, de modo que não há necessidade de a produção estar geograficamente perto do centro de fornecimento dessa matéria; sua produção emprega pouca energia, portanto não precisa estar próxima de minas de carvão ou de outras fontes de energia; e, no caso dos relógios de pequeno porte, seu transporte é fácil, seguro e barato.[206]

Também é importante observar que, no século XIII, em parte como corolário da expansão comercial, a Europa estava desenvolvendo sua metalurgia, inclusive sua indústria de canhões. Até o século XVI – quando os relojoeiros se tornarão ourives especializados – a construção de relógios e de canhões esteve nas mãos dos mesmos mestres e artesãos. Essa associação tem a ver não somente com a matéria-prima comum aos dois objetos: é que, assim como os canhões transformaram as formas de se conceber o espaço, encurtando as distâncias da guerra, os relógios mecânicos transformarão as formas de se conceber o tempo, matematizando a natureza e a economia. Essas duas invenções protagonizaram o início de uma profunda mudança na mentalidade coletiva europeia que, segundo Alfred Crosby, começava a substituir formas qualitativas de entendimento da realidade por formas eminentemente quantitativas. *Contar* se tornava cada vez mais importante. Como vimos em outros capítulos, isso impactou também a história dos tempos dos calendários e das religiões.[207]

No plano das mudanças de formas de pensar, há outro fator que favoreceu o advento dos relógios mecânicos na Europa do século XIII: o incremento da vida monástica cristã, que trouxe novas necessidades de regras e disciplina. As horas da liturgia estavam se tornando cada vez mais importantes, bem como as interrupções do tempo laico nos centros urbanos, onde esse tempo convivia cada vez mais com os novos tempos acelerados da atividade mercantil. Tudo isso implicava divisões do dia cada vez mais rígidas. Não por acaso, a palavra do latim medieval que designava *sino* – instrumento que era um dos principais reguladores das divisões do dia – era *clocca*, que deu origem à francesa *cloche*, à inglesa *clock*, à flamenga *klokke* e à alemã *glocke*; em todos esses casos, "sino" passou a ser sinônimo de "relógio". Em outra vertente, a palavra latina *horologium* era usada para quaisquer artefatos medidores de tempo, e foi dar no português *relógio*, no espanhol *reloj*, no francês *horloge* e no italiano *orolo-*

gio.[208] O sino e o relógio inicialmente se confundiam, mas foram se distinguindo em meio ao que Jacques Le Goff chamou de "conflito entre o tempo da Igreja e o tempo dos mercadores", em que "o velho sino, voz de um mundo que morre, irá ceder a palavra a uma voz nova – o relógio".[209]

O conflito entre os tempos da Igreja e do mercador não leva a nenhum triunfo absoluto: inclusive porque o mercador também vivia, em parte, os tempo da Igreja; e esta, como bem se sabe, jamais foi uma instituição alheia a mercadorias, negócios e dinheiro. Em pleno século XXI, velhas formas de conceber e mensurar tempos ainda convivem com o tempo cada vez mais acelerado fundado com o apoio dos relógios mecânicos, e que a Europa medieval levaria para outras economias-mundo até ele se transformar em um tempo verdadeiramente mundial.

Podemos continuar mais um pouco com as palavras de Le Goff:

> "da mesma forma que o camponês, o mercador está submetido, na sua atividade profissional, em primeiro lugar ao tempo meteorológico, ao ciclo das estações, à imprevisibilidade das intempéries e dos cataclismos naturais. Neste aspecto, e durante muito tempo, ele só necessitou de submissão à ordem da natureza e de Deus e só teve, como meio de ação, a oração e as práticas supersticiosas. Mas quando se organiza uma rede comercial, o tempo torna-se objeto de medida. A demora de uma viagem, por mar ou por terra, de um lugar para outro, o problema dos preços que, no decorrer de uma mesma operação comercial, e mais ainda quando o circuito se complica, sobem ou descem, aumentam ou diminuem os lucros, a duração do trabalho artesanal ou operário (o mercador é também quase sempre um doador de trabalho) – tudo isto se impõe cada vez mais à sua atenção e se torna objeto de regulamentação cada vez mais minuciosa [...]. Para o mercador, o meio tecnológico sobrepõe um tempo novo, mensurável, quer dizer, orientado e previsível, ao tempo eternamente recomeçado e perpetuamente imprevisível do meio natural."[210]

Ora, se o tempo nunca é um só, mas sempre vários; e se ele é sempre uma construção humana e nunca um dado absoluto e totalmente objetivo, qual o sentido da ideia de "perda de tempo", tão antiga e tão atual? Ela tem a ver com o surgimento dos relógios mecânicos na Europa medieval, e a ideia deles decorrente de que "tempo é dinheiro". Em *Policraticus* (1159), o teólogo John of Salisbury se perguntou:

> "o que há de mais indigno do que o homem que desdenha conhecer-se a si mesmo? Do que o homem que gasta mal o tempo, esse tempo dado por uma mão que administra cuidadosamente as necessidades da vida, que gasta mal a única coisa que não se pode recuperar, que depois terá que ser buscada novamente a preço de usura e grave multa?"[211]

Se o tempo pertencia a Deus, usá-lo mal, perdê-lo, seria um pecado gravíssimo. No século XIV, essa definição já se encontra muito bem estabelecida. Pouco depois, no contexto da expansão comercial europeia que envolveu a invenção dos relógios mecânicos, um frade franciscano defendeu a sacralidade do tempo contra a lógica do mercador: "podem os mercadores, para um mesmo negócio, fazer pagar mais àquele que não pode pagar imediatamente do que àquele que paga logo? A resposta argumentada é: não, porque assim estava a vender tempo e cometeria usura, vendendo o que não lhe pertence".[212] Temos aqui ecos de Santo Agostinho: há um tempo que não pertence ao homem, e sim a Deus, a quem portanto cabe a prerrogativa exclusiva de seu usufruto. Mas, com os relógios mecânicos, o tempo estava cada vez mais passando às mãos de homens e mulheres, contribuindo para uma parcial dessacralização do mundo.

Nenhuma outra sociedade tinha até então conhecido e canalizado todos esses fatores – comerciais, demográficos, urbanos, industriais, mentais, religiosos – para a invenção dos relógios mecânicos. É por isso que não apenas eles surgem profundamente enraizados na Europa da Baixa Idade Média, mas também dotados de uma força de expansão e perpetuação que, alguns séculos depois, tornaria os relógios parceiros íntimos das relações sociais decorrentes do capitalismo e, nessa condição, senhores do tempo no mundo.

É muito difícil indicar com exatidão quando e onde surgiram os primeiros relógios mecânicos europeus, tampouco se os relógios públicos realmente surgiram antes dos privados, como costuma-se afirmar.[213] O estabelecimento de uma cronologia desse surgimento esbarra em três dificuldades: primeiro, porque os textos dessa época se referem a "relógios" quase sempre de maneira indiscriminada, incluindo tanto mecânicos quanto de sol, clepsidras, ampulhetas, sinos, etc.; segundo, porque esses mesmos textos ora se referem ao início da construção de um relógio, ora à sua conclusão, ou ainda a um determinado ano em que ele estava funcionando; e terceiro, porque há mais registros relativos a Inglaterra, França e cidades italianas do que a outras regiões. Com todas essas ressalvas, podemos chegar ao seguinte quadro aproximativo:

Ano	Localidade
1292	Catedral de Canterbury, Inglaterra
1300	Bad Doberan, Alemanha
1303	Hotêl de Ville, Compiègne, França
1309	Igreja de Sant'Eustorgio, Milão, Itália
1318	Catedral de Exeter, Inglaterra
1319	Catedral de Sens, França
1320	Catedral de Peterborough, Inglaterra
1320	Mosteiro de Wimborne, Inglaterra
1323	Catedral de Beauvais, França
1323	Catedral de Norwich, Inglaterra
1326	Mosteiro de Saint-Albans, Inglaterra
1332	Courtrai, Bélgica
1335	Palácio de Visconti (depois Igreja de San Gottardo), Milão, Itália
1335	Mosteiro de Glastonbury, Inglaterra
1340	Abadia de Cluny, França
1343	Módena, Itália
1344	Palácio Carrara, Pádua, Itália
1347	Monza, Itália
1352	Estrasburgo, França
1353	Gênova, Itália

1356	Bolonha, Itália
1356	Palácio Real de Perpinhão, França
1359	Catedral de Chartres, França (dois relógios)
1362	Ferrara, Itália
1370	Palácio Real de Paris, Castelo de Vincennes e Hôtel Saint Paul, Paris, França
1377	Sé de Lisboa, Portugal

Tabela 4.1. – Primeiros relógios mecânicos públicos na Europa – estimativa. Os nomes dos países correspondem a designações atuais (USHER. *Uma história das invenções mecânicas*, pp.263-264; CIPOLLA. *Las máquinas del tiempo*, p.23; DONATO. *História do calendário*, p.72; MARINHO. *Guardiães do tempo*, p.56)

Em muitos casos, os textos antigos fazem menção simplesmente a "guardadores" de relógio (isto é, a responsáveis por sua manutenção), como na Catedral de Saint-Paul e no Palácio de Westminster, em Londres, respectivamente em 1286 e 1288; mas tampouco sabemos que tipo de relógios eram esses. Dentre os listados na tabela acima, os primeiros seguramente mecânicos são os de Milão (1335), Pádua (1344) e Estrasburgo (1352). Como quer que seja, em meados do século XIV esse tipo de relógio já era bastante comum em cidades de pujança comercial e em centros devocionais. Em Paris, a instalação de três relógios mecânicos em 1370 teve um efeito importante: por ordem do rei Carlos V, as badaladas de sino de horas cheias e de quartos de hora de todas as igrejas da cidade deveriam seguir a marcação desses relógios, em um esboço de normatização e sincronização do tempo que foi se espalhando por outras partes da Europa, consolidando inclusive a adoção de uma hora regular de sessenta minutos. O controle político do tempo mecânico começava a avançar também sobre o tempo litúrgico.[214]

Mas afinal, como funciona um relógio mecânico? Seu princípio básico é a introdução de energia em um conjunto de rodas dentadas que, devidamente ajustadas, farão girar um ou mais ponteiros sobre um mostrador de horas ou de outras medidas matemáticas. De início, essa fonte de energia era um ou mais pesos, dispostos verticalmente e tensionando para baixo – pela força da gravidade – uma corda ou correia. Por meio de uma engrenagem, essa energia aciona um conjunto de rodas dentadas que começam a girar. Porém, como a energia criada pelos pesos tende sempre a aumentar (observação empírica da lei da gravidade), é necessário controlá-la, não apenas para evitar que as rodas dentadas girem cada vez mais rápido, mas também para permitir um armazenamento da energia criada; por isso, o conjunto de rodas teve que se conectar, ao seu final, com um "escape", isto é, com uma coroa também dentada, mas que após girar uma vez, trava o conjunto de rodas por um tempo, até que a pressão desse conjunto faça o escape se deslocar e travar novamente. Com isso, a energia inicial pode ser contida e bem distribuída, de modo a fazer com que toda a engrenagem enseje um movimento contínuo e regular.

O escape trava as rodas por meio de um dispositivo, a ele conectado, de "abre-e-fecha", que por sua vez, ao sofrer a pressão cadenciada do escape, pode girar de maneira pendular, oscilando de um lado a outro. Finalmente, esse mecanismo pendular "bate" em uma roda dentada menor, mas só em um dos períodos desse movimento pendular – na ida ou na volta –, uma vez que essa roda menor girará sempre na mesma direção. De uma combinação dessas rodas menores, movidas pela oscilação desse dispositivo pressionado pelo escape, é possível reproduzir uma combinação proporcional entre segundos, minutos e horas ou quaisquer outros períodos.

Esse é um esquema geral. A história tecnológica dos relógios mecânicos é a história de mudanças, aperfeiçoamentos, ajustes, invenções, erros e acertos na combinação desses princípios básicos: uma fonte de energia produz movimentos circulares, que uma vez balanceados e ajustados, fazem um ou mais ponteiros girarem em sincronia com intervalos de tempo previamente concebidos. E como sempre ocorre com as grandes invenções, uma vez inventados, os relógios mecânicos adquiriram certo grau de autonomia em relação ao meio social que os inventou, e logo passaram também a influenciar esse mesmo meio. Em outras palavras: os relógios começaram a caminhar com suas próprias pernas e a deixar suas marcas.

Em meio a modificações tecnológicas, os relógios mecânicos foram espraiando novas concepções de precisão, impondo-as a seus usuários. Foram também diminuindo de tamanho, convertendo-se definitivamente em um objeto tanto de uso público quanto privado e doméstico. Como uma grande máquina fixada na torre de uma igreja, de um mosteiro, em uma praça ou um edifício administrativo, um relógio significava *status* para aquele lugar e seus moradores; como objeto de decoração de uma casa, ou de uso pessoal, implicava distinção e reprodução de desigualdades sociais.[215]

Vimos como os chineses, antes mesmo dos europeus, sabiam construir relógios mecânicos que não necessariamente serviriam para mensurar horas, minutos ou segundos. Como uma máquina que concebia tempos simultaneamente, o relógio de Su Song teve vários correlatos posteriores em uma Europa que começava a dominar a mecanização de relógios. Um exemplo é o do relógio construído por Giovanni Dondi em Pádua, entre 1348 e 1364, e que também combinava horas astronômicas com movimentos celestes.[216]

Nas mãos de um europeu do século XIV, no entanto, esse tipo de relógio era mais do que a excentricidade chinesa de 270 anos: agora, esse tipo de máquina revelava uma retomada da antiga concepção grega – elaborada por Lucrécio no século I d.C. – de que o mundo era uma espécie de máquina perfeita. Em perspectiva cristã, a perfeição divina da mecânica celeste poderia ser reproduzida na Terra, por mãos humanas.

Na *Comédia,* escrita por Dante Alighieri por volta de 1320, os relógios são emblemas da divindade celeste, e seu movimento mecânico e regular é metáfora da eternidade. Por exemplo no canto 10 do "Paraíso", em que Dante é elevado ao Sol, onde estão as almas dos grandes teólogos*:

---

* São eles: São Tomás de Aquino, Alberto Magno, Graciano de Chiusi, Pedro Lombardo, Dionísio Aereopagita, Paulo Orósio, Severino Boécio, Venerável Beda, Ricardo da Escócia, Isidoro de Sevilha e Siger de Brabante.

"E qual o relógio, que nos chama em hora,
Em que, desperta, do Senhor a Esposa
Matinas canta e o seu amor implora;

Que, no girar das rodas, tão donosa
Nota faz retinir, de amor enchendo
Devota alma, que o escuta fervorosa;

O glorioso círc'lo, se movendo,
Assim vi eu, com tal suavidade
E doçura de vozes, que compreendo

Só haja iguais do céu na eternidade."
("Paraíso", 139-148)

No Canto 24, em que Beatriz pede aos santos que iluminem Dante, o movimento do relógio é belo porque se confunde com o movimento da musa do poeta:

"Em relógio quem põe atenta a mente,
Das rodas uma cuida estar sem moto
E correndo estar outra velozmente:

Pelo vário compasso que lhes noto
Nas coreias, já lento, já apressado,
Da glória sua a estimativa adoto.

Do círc'lo em mor beleza assinalado
Um lume vi surgir tão venturoso,
Que nenhum outro ficara avantajado.

Em torno a Beatriz girou formoso
Por vezes três com tão divino canto,
Que trasladar não posso o som donoso."
("Paraíso", 13-24).

Nos versos finais do poema, a roda que obedece ao motor conduz a Deus, que move os astros no céu:

"À fantasia aqui valor fenece;
Mas a vontade minha a ideias belas,
Qual roda, que ao motor pronta obedece,

Volvia o Amor, que move sol e estrelas."
("Paraíso", 142-145)[217]

Bem acolhidos no Paraíso de Dante, aliados a sensibilidades e visões de mundo que eram europeias e não chinesas ou árabes, os relógios europeus se preparavam para conquistar o mundo.

A MUNDIALIZAÇÃO DOS RELÓGIOS MECÂNICOS

Entre os séculos XIV e XVI, a produção e o consumo de relógios mecânicos se esparramou por várias regiões da Europa: península itálica, Sacro Império Romano-Germânico, cantões suíços, Países Baixos, Inglaterra e França. Mas não havia ainda centros nem circuitos bem definidos. Como esse ainda não era um fabrico especializado, as primeiras corporações de relojoeiros só surgiriam quando sua arte já estava bastante generalizada. Temos notícias dessas corporações em Paris (1544), Blois (1597), Genebra (1601), Toulouse (1608), Londres (1631), Lyon (1658-1660), Haia (1688), Estocolmo (1695) e, já no século XVIII, em Copenhague (1755). Em muitas outras cidades produtoras, porém, os relojeiros não tiveram corporações própria, permanecendo nas dos ferreiros.[218]

Além da formação de novos grupos profissionais – fabricantes, comerciantes, empresários, "governadores" de relógios públicos – a generalização da indústria relojoeira contribuiu para o incremento do comércio europeu, que no século XV voltara a crescer após a grande depressão causada pela Peste de 1348. Assim, os relógios mecânicos começaram a viajar para cada vez mais longe, principalmente com o início das Grandes Navegações. Em muitos cantos, esses objetos foram, de início, tratados como curiosidades, para só depois serem consumidos como artefatos socialmente necessários. De uma atitude a outra, revela-se a capacidade dos relógios mecânicos carregarem consigo valores culturais – inclusive concepções de tempo – que o colonialismo da Europa começava a impor a outras economias-mundo.

O caso da China é exemplar. As trocas entre Europa e Oriente já existiam quando, no final do século XV, a célebre viagem portuguesa de Vasco da Gama (1497-1499) abriu uma rota marítima estável que turbinaria esse comércio. Foram, aliás, os portugueses os primeiros ocidentais a estabelecerem enclaves comerciais na Índia, no Japão e na China, aos quais se seguiram espanhóis e holandeses, que estenderam o colonialismo até Filipinas e Indonésia. Nesse novo cenário de competição, em 1582 o jesuíta italiano Matteo Ricci chegou a Macau, onde começou seu trabalho missionário na China. Segundo ele, lá os calendários reais eram "imprecisos" e incapazes de prever fenômenos celestes recorrentes, e quase não se usavam relógios de sol, preferindo-se os de água, areia ou velas. Ricci carregava consigo almanaques portugueses e relógios mecânicos (alguns sonoros), o que, ainda segundo ele, teria causado enorme fascinação nos chineses, inclusive no imperador. Ricci, na verdade, exagerou esse fascínio para afirmar uma suposta superioridade civilizacional da Europa em relação à China, e que ele extrapolaria do plano tecnológico para o plano da religião: afinal, os relógios mecânicos europeus eram concebidos à imagem do universo perfeito supostamente criado pelo Deus cristão. E embora os chineses há muito tivessem tecnologia para construí-los, desde então os relógios europeus poderiam encontrar na China um excelente mercado consumidor. Os chineses se impressionaram com os relógios muito menos do que Ricci pretendeu, e esse mercado só se tornou importante no século XVIII, mesmo assim enfrentando a rejeição cultural chinesa a hábitos e artefatos estrangeiros.[219]

A história de Matteo Ricci e sua missão religiosa na China nos mostra uma forma de colonialismo que se fez, dentre outros fatores, pela colonização do tempo: o relógio mecânico significa um tipo de controle de tempo, e os europeus, que faziam esse controle melhor do que ninguém, quiseram impor – e em muitos casos lograram fazê-lo – a sociedades que tinham os seus próprios tempos. Pela mesma época em que isso ocorria na China, os portugueses começaram a destruir culturas indígenas no Brasil por meio da imposição a elas de tempos de trabalho agrícola completamente exógenos a suas tradições e costumes.[220] A história da expansão da economia-mundo europeia é farta de outras situações semelhantes, como aliás já pudemos observar em outro capítulo, a propósito da adoção do calendário gregoriano em diferentes lugares. As relações entre a Europa e China mostram uma trágica ironia: no século X artesãos da China sabiam construir relógios mecânicos; cinco séculos depois, missionários colonialistas lá introduziram esses artefatos comercialmente; e em 1860, quando o palácio imperial de Beijing foi saqueado por exércitos franceses e britânicos, no contexto do novo imperialismo do século XIX, centenas ou até milhares de relógios europeus, que tinham sido adquiridos durante séculos pelos chineses, foram roubados, indo parar em museus e coleções particulares mundo afora; parte foi inclusive arrematada em leilões a altos preços, dado seu excepcional "valor histórico".[221]

O caso do Japão também oferece um bom exemplo de mundialização dos relógios mecânicos, embora muito diferente do da China. Quando os portugueses lá chegaram, no século XVI, as horas japonesas não costumavam ser divididas em 24 iguais, doze para cada período; prevalecia o costume de fracionar os períodos de luz e de sombra que, sendo variáveis a depender das estações do ano, jamais ensejavam horas fixas. Os relógios mecânicos europeus não levavam esse costume em consideração e, como na China, seu consumo no Japão implicava a adoção de uma concepção de tempo estrangeira; mas diferentemente dos chineses, os japoneses logo começaram a construir seus próprios relógios mecânicos no final do século XVI. Inicialmente, eram simples cópia dos relógios europeus, e foi só um século depois que os relógios japoneses – produzidos principalmente em Nagasaki, mas também em Quioto, Tóquio, Osaka, Sendai e Nagoya – introduziram um escape duplo, permitindo uma marcação de horas para o dia e outra para a noite, em respeito a seu antigo costume (o mesmo aconteceria depois com relógios franceses da época da Revolução, que traziam um mostrador com a hora "normal", e outro com a hora do sistema decimal lá adotado em 1793). Outros modelos japoneses trariam uma curiosa marcação de horas vertical, ajustável a distintas durações de dias e noites. Alguns fabricantes e comerciantes europeus, principalmente os holandeses, passaram a observar e contemplar o costume horário japonês, até que finalmente na segunda metade do século XIX o Japão adotou, junto com o Calendário Gregoriano, a hora ocidental fixa e o dia de 24 horas. E foi com base nessa hora que o Japão se tornou, no final daquele século XX, um dos líderes mundiais da produção relojoeira. A indústria chinesa, muito mais tímida, veio depois.[222]

Ao passo em que o tempo dos relógios mecânicos ocidentais conquistava o extremo oriente, ele também tomava de assalto regiões da África e da Oceania, onde o colonialismo europeu de meados do século XIX expandia seus interesses capitalistas, conquistava mercados, terras e almas, destruía culturas nativas e impunha o cristianismo com seus feriados, celebrações, semanas de sete dias e horas reguladas tanto para o trabalho quanto para o culto. Nas missões e escolas protestantes britânicas da África do Sul e da Austrália, contudo, a globalização do tempo foi protagonizada inicialmente não pelos relógios mecânicos, mas pelos sinos, que junto às populações locais exerciam a mesma função: matematizar o tempo e, assim, impor valores culturais e econômicos. Sempre houve, porém, resistência, e os tempos colonialistas tiveram que negociar com os tempos tradicionais das populações locais.[223]

Mas voltemos ao século XVII, quando o espírito cientificista europeu renovou a antiga ideia de que o mundo era uma máquina perfeita e divina. Como vimos, ela tinha sido reforçada pela invenção dos relógios mecânicos no século XIII; agora, ela continuaria a esvaziar parte dos atributos sagrados do mundo. A ênfase em questões físicas em detrimento de questões metafísicas, e a ideia de que a ciência e a matemática deveriam estar a serviço do domínio humano sobre a natureza, favoreceram o incremento da relojoaria mecânica, fazendo com que dela se aproximassem alguns dos mais importantes representantes da chamada Revolução Científica.[224] Essa revolução, porém, não foi hegemônica, tampouco a dessacralização do mundo por ela promovida: foram apenas tendências parciais em um contexto no qual formas tradicionais de pensar o tempo e o mundo continuavam de pé. Às vezes, velhas e novas formas habitavam inclusive a mesma pessoa. Johannes Kepler (1571-1630) é um perfeito exemplo. Em seu estudo da mecânica celeste, afirmou que os céus, assim como os relógios mecânicos, se explicavam pela física, e não pela religião:

> "meu objetivo é mostrar que a máquina celeste não é uma espécie de ser vivo e divino, mas um tipo de mecanismo de relógio (e quem acredita que os relógios têm alma está atribuindo à obra os atributos do criador), na medida em que quase todos os movimentos múltiplos são causados por uma força magnética e material sumamente simples, assim como todos os movimentos do relógio são causados por um simples peso."

Kepler custou a chegar a essa afirmação, bem como a confiar em sua maior descoberta: a de que os planetas perfazem ao redor do Sol uma órbita elíptica, e não circular, como costumava se acreditar à época. Pois afinal o círculo, e não a elipse, era considerada uma "forma perfeita", que traduziria, portanto, a perfeição celeste da obra divina. Os relógios mecânicos, inicialmente associados à essa obra divina, agora tinham ajudado a criar as condições para o enfraquecimento ou até mesmo o abandono dessa crença.[225]

O contexto cientificista favoreceu um enorme salto qualitativo dos relógios mecânicos em termos de precisão. Até então, as horas assinaladas pelos relógios eram capazes de se aproximar de um dia solar com um desvio mínimo de oito minutos (a maioria dos relógios apresentava desvios ainda maiores). Entre 1650 e 1673, graças à invenção e construção de vários tipos de relógio de pêndulo pelo holandês Christian Huygens (1629-1695) – que além de relojoeiro era um típico cientista de sua época – essa defasagem caiu para míseros dez segundos. E com os sucessivos aprimoramentos e invenções que se seguiram, em menos de cem anos essa defasagem foi reduzida a apenas um segundo.[226] O que isso revela?

Em primeiro lugar, a ideia de precisão temporal criada pelos relógios mecânicos, brutalmente reforçada na passagem do século XVII ao XVIII, trouxe para dentro dos espaços domésticos uma concepção de tempo como um contínuo regular, que perpassaria todos os níveis da vida cotidiana, e não mais apenas, ou principalmente, aqueles compartilhados coletivamente nas proximidades de um relógio público. Os relógios privados, objetos de luxo e ostentação, mas também instrumentos de regulação, se tornaram cada vez mais importantes. Além disso, essa nova precisão acentuou a regularidade dos ritmos de trabalho que, como vimos, vinha crescendo desde a Idade Média, generalizando inclusive a padronização das semanas e dos períodos de descanso. Nas palavras de Keith Thomas, "essa mudança nos hábitos de trabalho constituiu um importante passo rumo à aceitação social da noção moderna de tempo como igual em qualidade, em oposição ao antigo sentido da desigualdade e irregularidade do tempo". O tempo estava se tornando uma espécie de "fita métrica ininterrupta e uniforme", não mais visitando as pessoas em apenas alguns momentos de suas vidas.[227]

Em segundo lugar, a nova precisão do tempo dos relógios assentou as bases de uma situação futura. Afirmamos anteriormente que, uma vez criado por demandas sociais típicas da Europa da Baixa Idade Média, o relógio mecânico adquiriu autonomia, e passou ele mesmo a impor demandas às sociedades que passaram a consumi-lo. Ora, uma vez que a lógica técnica do aperfeiçoamento de suas marcações em relação a observações astronômicas começou a se impor, as sociedades começaram a "acelerar" seus tempos; ou pelo menos, os tempos diretamente relacionados com os relógios mecânicos. Esse é um fenômeno importantíssimo, pois os relógios mecânicos cada vez mais acompanharam a expansão material e cultural da economia-mundo europeia. Essa dilatação espacial do mundo europeu em direção ao resto do mundo se fez acompanhar, portanto, de um encurtamento do tempo marcado mecanicamente pelos relógios. No século XVII esse encurtamento ainda é uma potência não totalmente realizada. É o despontar de uma tendência que ainda levará algumas décadas para se tornar verdadeiramente irresistível.

Voltando ao século XVII: os principais centros relojoeiros encontravam-se na Inglaterra e nos cantões suíços. Genebra, por exemplo, chegava a produzir cinco mil relógios portáteis ao ano. Com o acirramento da competição econômica, a diversificação de modelos e o aumento da produção, o século XVIII assistiu à ascensão das cidades francesas, mas terminou com a liderança britânica: sua produção pode ser estimada de 150 a 200 mil relógios portáteis ao ano, praticamente a metade da produção europeia – que correspondia quase que à totalidade da produção mundial, entre 350 mil e 400 mil. E das mãos dos artesãos genebrinos surgiram os primeiros modelos especificamente femininos. Toda essa história está ligada a relojoeiros – alguns dos quais célebres em sua época – como Isaac Gribelin, Salomon Coster, Isaac Thuret, Nicolas Lemaindre, Thomas Tompion, Daniel Quare, George Graham, John Ellicott, Thomas Mudge, Henry Sully, Julien Le Roy, seu filho Pierre Le Roy, Jean-André Lepaute, Ferdinand & Louis Berthoud, Jean-Antoine Lépine, Antide Janvier, Robert Robin, Abraham-Louis Perrelet, Abraham-Louis Breguet, Jules--Samuel Jequier, Frédéric Japy de Beaucourt, Pierre-Augustin Caron, John Harrison, John Arnold e Thomas Earnshaw.[228] Os três últimos participaram ainda da invenção do cronômetro marinho, que por volta de 1760 aprimorou enormemente a navegação oceânica, ajudou a criar e definir as longitudes, e potencializou ainda mais o colonialismo europeu como um colonialismo do tempo.

Protagonista da expansão europeia nos séculos XV e XVI, Portugal nunca esteve na ponta da história dos relógios mecânicos: ocorre que a base de seu poder e riqueza estava no comércio, e não na indústria. Em Portugal, como em toda parte, o uso de relógios de sol é antiquíssimo, e remonta pelo menos à época romana (embora o mais antigo ainda existente talvez seja um de 1586, que se encontra no Hospital de Santo António dos Capuchos, em Lisboa). Como vimos na tabela anterior, há um registro de um relógio na torre da Sé de Lisboa em 1377; na segunda metade do século XV, o frei João da Comenda, do Convento da Conceição de Leça da Palmeira, pode ter sido o primeiro português construtor de relógios, e segundo a estudiosa Lúcia Marinho, consta que ele construiu doze deles. Pelos séculos XVII e XVIII, essa atividade cresceu um pouco, até que em 1759 ou 1765 – a data exata é incerta – o rei D. José I criou a Real Fábrica de Relojoaria, que contou com mestres franceses e faliu pouco depois; por essa época, havia também uma corporação de relojoeiros.[229]

No Brasil, os primeiros séculos de história dos relógios nos são pouco, quase nada conhecidos. O que temos são registros isolados de algumas regiões, como peças de um quebra-cabeças que ainda precisa ser montado. Sabemos, por exemplo, que em 1609 o regimento de criação do Tribunal da Relação da Bahia, lavrado pelo rei da Espanha – pois entre 1580 e 1640 Portugal e seu império eram parte do Império Espanhol – fazia menção à obrigação de, uma vez "acabada a missa", começarem os membros do tribunal a despachar observando as marcações de um relógio de areia que deveria estar na mesa do governador. Em 1616, há notícia de um relógio "de marfim de agulhão" em São Paulo, talvez proveniente do Paraguai. Nas Minas Gerais da segunda metade do século XVIII, certamente havia um número considerável de relógios mecânicos e não mecânicos, públicos e privados; um deles, de sol, encontra-se até hoje exposto em frente à Igreja Matriz na cidade de Tiradentes; e em 1760 os vereadores de Vila Rica discutiram a construção de um relógio público, considerando-o "útil e conveniente" a seus moradores e comerciantes. Em 1791, há o registro de um relógio, provavelmente não mecânico, em Ubatuba, e em 1805 sabemos de um "relojoeiro", Jerônimo José de Freitas, atuante em São Paulo, onde havia relógios privados de parede, de sala e de mesa.

Como esses registros estão geograficamente concentrados, é muito provável que outros estejam à espera dos historiadores em documentos relativos a lugares como Rio de Janeiro, Bahia, Pernambuco, Maranhão, Pará ou Goiás. Em 1808, vários relógios particulares de portugueses que fugiram da invasão francesa foram parar no Rio de Janeiro, e esse número certamente aumentou com a abertura dos portos do Brasil ao comércio internacional, decretada naquele ano. Também em 1808 chegou ao Brasil um cronômetro marinho até então utilizado pelo Real Observatório da Marinha de Lisboa. E foi durante o governo português sobre Montevidéu que a cidade conheceu seu primeiro relógio mecânico público, instalado na torre da Igreja Matriz em 1818. Na América espanhola, o comércio, a fabricação e o consumo de relógios tanto públicos quanto privados deve ter sido mais difundido, principalmente nos centros urbanos mais pujantes dos Vice-reinos do Peru, de Nova Granada (Colômbia), de Nova Espanha (México) e do Rio da Prata, assim como nas capitanias de Cuba, Guatemala, Venezuela e Chile.[230]

Repitamos: os relógios mecânicos não se afirmam subitamente em nenhuma parte, tampouco as novas concepções de tempo a eles atreladas fazem desaparecer outras mais antigas. Na América portuguesa, fortemente católica, temos um caso interessante de pluralidade desses tempos inovadores e tradicionais. O século XVIII conheceu ali um encontro de tendências importantes: a população em geral cresceu, assim como migrações internas e externas; as vilas e cidades aumentaram, as redes comerciais dentro do Brasil e dele com outras partes do mundo se adensaram, acarretando uma maior articulação entre regiões; a competição colonial internacional se acirrou; e o governo metropolitano promoveu um conjunto de reformas político-administrativas dos espaços coloniais. Foi nesse contexto que, em 1766, monges carmelitas da vila de Santos entraram em uma curiosa discórdia espiritual: seus mortos deveriam ser antes velados na Capela da Ordem do Carmo, para então serem levados à igreja onde seriam enterrados, ou deveriam ser velados direto nessa igreja? A questão parecia séria, por dois motivos: primeiro, porque as discussões estariam desviando os monges de seus exercícios espirituais; segundo, porque as almas dos mortos estariam sendo "atrasadas" em sua ida definitiva aos céus.

A velha questão cristã da "perda de tempo" era agora revivida em um contexto em que as transformações pelas quais passava o império português impunham outros tipos de "pressa", para além das espirituais: é que a posição do Brasil no contexto internacional da época criava a ideia, bastante difundida entre os governantes portugueses, que o Império Português estava "atrasado" em relação aos outros impérios europeus. Por isso, o governo colonial tinha que ser eficiente, acelerar todos os trâmites e medidas possíveis, e nunca perder tempo com nada.[231] Os novos tempos apressados e regulares da política e da administração cruzavam com os antigos tempos lentos e abstratos da religião.

ULTRAPRECISÃO E TIRANIA DO TEMPO

A segunda metade do século XIX assistiu à hegemonia mundial da Suíça na fabricação de relógios mecânicos, bem como à ascensão da indústria estadunidense que se tornaria fortíssima poucos depois. A Suíça respondia por dois terços dessa produção, que chegava a 2,5 milhões de relógios por ano, seguida por Grã-Bretanha e França. A essa altura, os relógios mecânicos tinham se tornado fundamentais para amparar o desenvolvimento das ferrovias e da navegação de grandes distâncias em vários países do mundo; tinham que ser precisos e baratos, e podiam também ser de dupla-hora, muito úteis para sincronizar tempos entre espaços diferentes. Os relógios mecânicos foram então se conectando, unindo-se para criar uma hora mundial que, por seu turno, aprofundou a demanda por precisão tecnológica dos aparelhos nela envolvidos. Os sistemas elétricos de coordenação de relógios devem ter sido inventados na Grã-Bretanha e na Suíça nas décadas de 1830 e 1840; logo deram as caras nos Estados Unidos, nos reinos germânicos que formariam a Alemanha, e em outros países, e avançaram por todo o século XIX.[232]

A sincronia de tempos cada vez mais curtos entre espaços cada vez mais distantes se tornou uma questão da maior importância no plano da economia mundial, das comunicações e das relações internacionais, mobilizando governos, empresários, cientistas, engenheiros, filósofos e até mesmo a opinião pública de vários países. Em uma escala até então inédita, o problema do controle político do tempo se generalizou por toda a vida social, tomando a forma da *simultaneidade*. Na síntese de Peter Galison,

> "a materialização da simultaneidade espalhou-se por um mundo que, na viragem do século [XIX], era muito diferente do nosso. Era um mundo em que os limites mais importantes atingidos pela Física teórica se mantinham firmes, perante uma violenta ambição moderna de estender, por todo o planeta, cabos por onde circulavam sinais horários, para fazer a coreografia da circulação de comboios e para completar mapas. Era um mundo em que engenheiros,

filósofos e físicos ombreavam lado a lado; em que o presidente da câmara da cidade de Nova York discursava sobre o convencionalismo do tempo; em que o imperador do Brasil esperava, na margem do oceano, a chegada, por telégrafo, das horas europeias; e em que dois dos principais cientistas do século, Albert Einstein e Henri Poincaré, colocavam a simultaneidade nas encruzilhadas da Física, Filosofia e Tecnologia".[233]

Mesmo assim, continuou a haver lugar para o velho relógio objeto de luxo, signo de distinção social, ou simples excentricidade. Um caso famoso é o do português A. de Carvalho Monteiro, radicado em Besançon, na França, e que entre 1893 e 1897 construiu um relógio de ouro de sete centímetros de diâmetro. Mesmo tão pequeno, ele marcava, simultaneamente, hora, minuto, segundo, dia, mês, ano, fases da Lua, estações do ano, solstícios e equinócios, tinha alarme sonoro, horizontes siderais com 236 estrelas para Paris e para Lisboa, e outro de 111 estrelas para o Rio de Janeiro, assinalava o nascer e pôr do Sol em Lisboa, tinha um higrômetro (marcador de umidade do ar), um altímetro, uma bússola e um disco zodiacal.[234] Tamanho amontoado de informações em um pequenino objeto ecoa uma marca de nascença dos relógios mecânicos: sua relação com um afã de contar, de mensurar a realidade em tudo o que for possível, devidamente atualizado pelos vertiginosos desenvolvimentos tecnológicos do século XIX.

Ditando ritmos regulares e sincrônicos entre a vida privada e a vida coletiva, os relógios mecânicos puderam se converter em senhores hegemônicos – nunca absolutos – do tempo em um mundo cada vez mais global. Essa hegemonia se faria, sobretudo, dando concretude a uma sensação de diminuição, encurtamento e aceleração do tempo, experimentada em praticamente todas as esferas da vida cotidiana. Com certas ênfases, porém: mais vividas nos ambientes urbanos do que nos rurais, mais nos espaços de trabalho do que nos de lazer, mais em alguns momentos do que em outros. A essa sensação de diminuição, encurtamento e aceleração do tempo, podemos dar o nome de *modernidade*, e a ela voltaremos mais adiante neste livro. Por ora, basta assinalar que foi ela que, mais uma vez, reeditou a antiga ideia de que o tempo pode ser "perdido" porque "tempo é dinheiro". [235] E desde então, acoplada ao funcionamento potencialmente ininterrupto das máquinas espalhadas pela Revolução Industrial e ao rodízio de turnos de trabalho, essa dupla sensação não mais nos abandonaria. Como símbolo da modernidade capitalista, da exploração do trabalho, e da dominação do homem sobre o homem, os relógios mecânicos adquiriram graus de autonomia ainda maiores. Tornaram-se, definitivamente, senhores de um tempo submetido aos homens, mas também por eles disputado.[236] E quando trabalhadores industriais passaram a se mobilizar reivindicando *horas* e *jornadas de trabalho*, eles involuntariamente atestaram: a modernidade capitalismo havia triunfado **(Figura 4.1)**.

Figura 4.1. – O tempo imposto, o tempo disputado. Neste cartaz da União dos Sindicatos de Operários do Sena, França, 1919, trabalhadores (canto inferior esquerdo) e patrões (canto inferior direito) fazem um "cabo de guerra" com os ponteiros de um gigantesco relógio que, pairando acima deles, marca oito horas e tem o formato do número. Trata-se de uma peça de campanha dos trabalhadores pela efetiva implementação do turno de oito horas de trabalho, estabelecido na França no ano anterior. Ao fundo, como sombras de montanhas colossais, chaminés de fábricas, máquinas de mineração e gruas; à esquerda e se mesclando com o relógio, lê o texto: "Trabalhador empregado, o princípio foi votado, mas somente sua ação fará valer as 8 horas" (TARTAKOWSKI. "L'application des 8 heures". *L'histoire par l'image*. Out. 2003. Disponível em: <https://histoire-image. org/fr/etudes/application-8-heures>. Acesso em 23 ago. 2021).

Sinônimo de dinheiro e trabalho, exploração e descanso, o tempo como objeto de disputa se tornou cada vez mais precioso, também mais *preciso*. Desde a invenção do pêndulo de Huygens em meados do século XVII, a imprecisão dos relógios não parou de diminuir. Em fins do século XIX, ela chegou a apenas um décimo de segundo ao dia. A invenção de cronômetros que funcionavam com corrente elétrica e câmaras de vácuo pôde eliminar as rodas e engrenagens tradicionalmente utilizadas nos relógios mecânicos, e permitiu que se chegasse a uma imprecisão entre centésimos e milésimos de segundo ao dia. Essa tecnologia foi sendo aperfeiçoada não apenas em laboratórios, mas também na prática esportiva: nos Jogos Olímpicos de Estocolmo, em 1912, foram realizados testes de medições de performances que levariam à adoção formal de décimos de segundo, posteriormente, nas Olimpíadas de Los Angeles, em 1932. O salto tecnológico seguinte viria com a invenção de relógios de cristais de quartzo, movidos não mais a corda, mas a bateria, cerca de dez vezes mais precisos do que os cronômetros elétricos, e que tinham a imprecisão de apenas um segundo a cada 275 anos.

Em 1939, um relógio de quartzo foi instalado no Observatório de Greenwich, nos arredores de Londres, então responsável pela certificação da hora mundial global. Pelas décadas seguintes, o quartzo viraria um relógio portátil: os primeiros modelos surgidos em 1968 e 1969 eram muito caros, mas logo se popularizariam. A liderança da produção de relógios de luxo de quartzo caberia primeiro à Suíça, com os modelos mais baratos sendo produzidos principalmente pelo Japão e pelos Estados Unidos. Em seguida, o Japão se tornou líder mundial em todos os níveis, até ser ultrapassado por Hong Kong na década de 1980. A essa altura os relógios de quartzo pareciam evocar, em formato portátil, alguns de seus mais excêntricos antepassados: em diferentes cores e formas, podiam ter alarmes, músicas e vozes, gravadores de vídeos, gravadores de som, *timers*, jogos, calculadoras, cronômetros, termômetros; sem esquecer, claro, de horas, minutos e segundos.[237]

Pouco depois dos primeiros relógios de quartzo, um novo salto de precisão veio com a invenção dos relógios atômicos à base de césio. O primeiro deles foi construído nos Estados Unidos em 1949, o segundo na Inglaterra em 1955, e de lá para cá muitos outros foram surgindo. Com base na precisão atômica, a 13ª Conferência Geral de Pesos e Medidas adotou, em 1967, a seguinte definição de *segundo:* "a duração de 9.192.631.770 períodos de radiação correspondente à transição entre dois níveis hiperfinos do estado fundamental do átomo de césio 133 à temperatura de 0 *kelvin*". Que o leitor jamais se esqueça dessa simples e poética definição!

Como funciona um relógio atômico? Quando elétrons, gravitando em torno do núcleo de um átomo, mudam seu nível gravitacional, os átomos emitem ou absorvem pulsos de energia (os *quanta*), o que enseja frequências extremamente – mas não totalmente, já que a perfeição não existe – regulares; afinal, o interior de um átomo é um lugar seguro, fortemente imune a interferências externas como gravidade, pressão, temperatura, flutuações da bolsa de valores ou síndromes do pânico. Por isso, a imprecisão de um relógio atômico pode ser muito menor do que um segundo a cada mil anos.

Atualmente, a hora oficial do mundo é regulada pela média de oitenta desses relógios, instalados em vinte países diferentes e controlados por uma central em Paris. Essa hora oficial, contudo, não estabeleceu o limite da concepção de precisão do tempo fundada no século XIII pelos relógios mecânicos: em 2010, relógios ópticos experimentais usados somente em laboratórios, baseados em íons de alumínio, foram desenvolvidos por cientistas do National Institute of Standards and Technology, dos Estados Unidos. Sua função é inimaginável em épocas anteriores à formulação da ciência relativística de Albert Einstein: detectar alterações de tempo em função de modificações de espaço (logo, de tempo). Neles, a defasagem é de um segundo em 3,7 bilhões de anos![238]

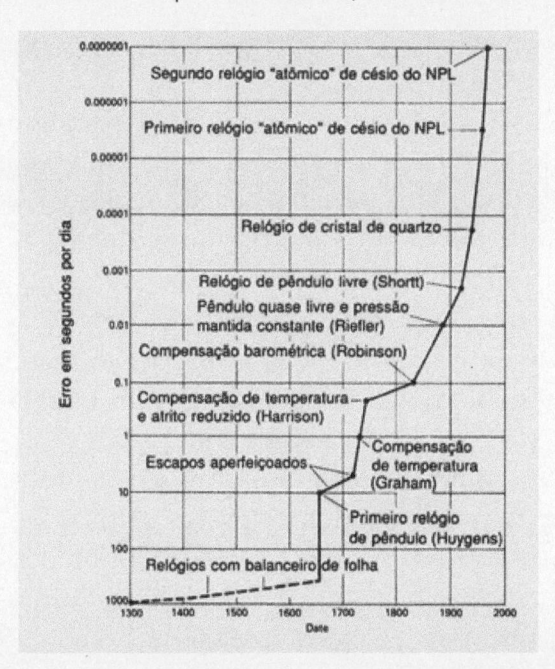

Gráfico 4.1. – O desenvolvimento da precisão do tempo acompanha a própria história dos relógios mecânicos e seus derivados – cronômetros, relógios de quartzo e atômicos. Os momentos de maior "salto" desse desenvolvimento, observáveis neste gráfico – meados do século XVII e finais do XIX – não são apenas criações da tecnologia, mas também momentos de acolhimento dessa tecnologia por parte das sociedades. Todas elas cada vez mais "aceleradas" (WITHROW. *O tempo na história*, p.8, com base nos trabalhos de F.A.B.Ward).

Os relógios atômicos traduzem não apenas concepções de tempos extremamente precisos, mas também de tempos minúsculos, diante dos quais um mísero segundo parece uma eternidade. Por exemplo, o *nanosegundo* (bilionésimo de segundo), o *picossegundo* (milésimo de bilionésimo de segundo), o *femtosse-gundo* (milionésimo de bilionésimo de segundo) e o sensacional, ainda que breve, *zeptosegundo* (bilionésimo de bilionésimo de segundo), todos eles utilizados para a mensuração de fenômenos quânticos realmente existentes. Por exemplo: a luz no vácuo leva um nanosegundo para viajar trinta centímetros, a interação da luz com pigmentos da retina leva cerca de duzentos femtosse-gundos, e uma partícula de luz demora 247 zeptossegundos para atravessar uma molécula de hidrogênio. Já no plano especulativo, afirma-se que o menor tempo do mundo é o chamado "tempo de

Planck" (10 elevado à -43ª de segundo), e que até hoje não conseguiu mensurar nada.[239]

Para medidas mais comuns, relógios mais comuns. A Suíça, que no século XVII chegou a produzir cinco mil relógios por ano, atingiu em 2017 a marca de cerca de trinta milhões, e ainda lidera o mercado mundial, tendo em seu encalço Hong Kong e China. Mas a maior quantidade de relógios que circula no mundo atual não tem registro de país de origem: são objetos falsificados, e que estão em praticamente toda parte. Formam um mercado que desde 2014 tem um novo personagem: os chamados "relógios inteligentes", isto é, que funcionam com sistemas operacionais à semelhança de computadores. Nessa fatia do mercado a liderança não é de um país, mas de uma empresa multinacional de origem estadunidense: a Apple – que vendeu cerca de dezoito milhões de unidades em 2017 –, seguida por Samsung, Sony e Motorola.[240]

O surgimento dos "relógios inteligentes" se confunde com o dos telefones celulares, que atualmente são o instrumento de marcação de horas mais usado em todo o mundo. Além de aprimorarem a concepção de tempo fundada na sua diminuição, no seu encurtamento e na sua aceleração, esses artefatos são, a exemplo de tantos relógios do passado, multiuso. Emblemas de distinção social, pontes de conexão entre esferas públicas e privadas, objetos de consumo e encantamento portáteis e extremamente difundidos pelo mundo em que vivemos, mas principalmente por sua poderosa onipresença, os celulares são herdeiros diretos daqueles relógios mecânicos inventados pela Europa do século XIII, e que aos poucos ganharam o mundo, impondo-lhe suas lógicas próprias. Os celulares, a exemplo de seus parentes mais antigos, começaram a caminhar com relativa autonomia, deixando marcas por onde passam. Inclusive com o tirânico dispositivo do GPS (*Global Positioning Satellite*), desenvolvido a partir dos anos 1960, concluído na década de 1990 com a coordenação de 24 relógios posicionados em satélites e coordenados com uma precisão cinquenta bilionésimos de segundo por dia.[241]

O filme *Tempos modernos*, de Charlie Chaplin (1936), nos mostra várias imagens antológicas do poder da mecanização do tempo produzida pelos relógios, em cores antigas que não diminuem em nada a sua atualidade: nelas, o homem se converte no próprio mecanismo que ele deveria criar. As imagens são trágicas, mas também ridicularizadoras: pois a arte, ao passo em que revela as forças destrutivas do mundo, também potencializa suas forças criativas. E como para bem dizer, a arte às vezes precisa exagerar, em *Tempos modernos* a soberania do tempo mecânico sobre a humanidade foi elevada à condição de tirania.

A exemplo dos relógios de Chaplin, o de Julio Cortázar (1914-1984) também é tirânico, a ponto de – tema clássico na literatura e no cinema – usurpar o lugar do homem:

> "Pense nisto: quando dão a você de presente um relógio estão dando um pequeno inferno enfeitado, uma corrente de rosas, um calabouço de ar. Não dão somente o relógio, muitas felicidades e esperamos que dure porque é de boa marca, suíço com âncora de rubis; não dão de presente somente esse miúdo quebra-pedra que você atará ao pulso e levará para passear. Dão a você – eles não sabem, o terrível é que não sabem – dão a você um novo pedaço frágil e precário de você mesmo, algo que lhe pertence mas não é seu corpo, que deve ser atado a seu corpo com sua correia como um bracinho desesperado pendurado a seu pulso. Dão a necessidade de dar corda todos os dias, a obrigação de dar-lhe corda para que continue sendo um relógio; dão a obsessão de olhar a hora certa nas vitrines das joalherias, na notícia do rádio, no serviço telefônico. Dão o medo de perdê-lo, de que seja roubado, de que possa cair no chão e se quebrar. Dão sua marca e a certeza de que é uma marca melhor do que as outras, dão o costume de comparar seu relógio aos outros relógios. Não dão um relógio, o presente é você, é a você que oferecem para o aniversário do relógio."[242]

O tempo cada vez mais preciso dos relógios mecânicos, com seus velhos ponteiros, com misteriosos números digitais, escondidos em computadores ou travestidos de telefones celulares, nunca se impôs por completo. Nesse sentido, a pluralidade de tempos simultâneos que constitui a história de todas as sociedades, ao passo em que traz consigo hierarquias, soberanias e tiranias, sempre oferece também brechas e resistências àquelas sociedades que quiserem e souberem delas fazer bom uso. Talvez indo além de breves períodos de descanso na praia ou na montanha.

CAPÍTULO 5
A ORGANIZAÇÃO TEMPORAL DO PASSADO

PARA QUE SERVEM OS MARCOS TEMPORAIS?

Os governos dos países sempre têm muitos problemas a resolver. Nos últimos dias de 2019, um jornal de circulação mundial estampou a manchete: "o México não sabe o que fazer com seus mamutes". Na reportagem, ficamos sabendo que em Tultepec, perto da capital do país, foram descobertos esqueletos de mamutes junto a armadilhas construídas por humanos, em uma rara combinação. Essa região do México é farta em restos desses animais, que podem chegar a catorze mil anos de idade, e registros coloniais antigos já falavam de grandes ossadas encontradas por indígenas e espanhóis, que estes acreditavam terem pertencido a homens gigantes. Os atuais moradores de Tultepec são tão habituados com essas ossadas que até pouco tempo costumavam guardar restos delas em suas casas. Porém, a despeito do ineditismo da descoberta de 2019, e de seu interesse científico, histórico, educativo e turístico, o arqueólogo Luís Córdoba Barradas disse à reportagem que, diante da falta de interesse governamental e de investimentos públicos, é comum que descobertas como essa sequer sejam finalizadas. Frequentemente, afirmou, "deixamos ossos enterrados lá. Mesmo se tivéssemos os recursos para poder tirá-los, não teríamos onde colocá-los nem o que fazer com eles".[243]

O problema exposto na reportagem não diz respeito apenas a governos, mas às sociedades em geral: o que fazer com o passado, como lidar com suas sobras? O sociólogo Eviatar Zerubavel nos explica que as sociedades costumam olhar para trás de modo artificialmente contínuo e sequencial, mas também, em outras situações inversas, de modo descontínuo e fragmentado: nestes casos, elas estabelecem ligações entre o passado e o presente – por exemplo ancestralidades, linhagens de parentesco e memórias coletivas – segundo interesses e demandas próprias *do presente*, e não segundo características objetivas *do passado*. Nessas ligações, nem tudo do passado é devidamente preenchido ou conectado, apenas aquilo que, por algum motivo, importa ao presente. Assim, cada pessoa pode "escolher" a seu bel-prazer os seus antepassados dos quais se orgulhar, ignorando solenemente todos os demais.[244] Em muitos sentidos, é mais fácil lembrar de um longínquo, mas célebre, tataravô do cunhado da tia-avó, do que de um irmão criminoso ainda vivo. E é provável que existam mexicanos que se sentem mais próximos de Adão e Eva do que daqueles caçadores de mamutes que, um dia, viveram onde hoje estão os quintais de suas casas.

Um desafio se coloca a todas as pessoas que, por qualquer motivo, se interessam pelo passado: como construir, organizar e justificar essas pontes entre ele e nós? Uma das maneiras mais eficientes de fazê-lo consiste em *organizar temporalmente o passado*: isto é, dar idades e datas às coisas desse passado. Para isso, não existem critérios universalmente objetivos e perfeitamente eficientes, e mesmo um historiador profissional faz escolhas parciais e arbitrárias; afinal, toda e qualquer datação obedece a critérios de seleção, serve a interesses específicos e traduz vontades e necessidades particulares do presente em relação ao passado.

Vimos em capítulos anteriores como é difícil entender a história de uma sociedade que viveu antes de nós caso ela tenha pensado seus tempos de outras maneiras. Essa dificuldade que se coloca ao estudioso da história é, igualmente, um dos maiores encantos de sua tarefa, porque o obriga a pensar diferente do comum, a pensar como se pensava em um mundo que não existe mais, mas que é possível de ser parcialmente imaginado e compreendido.

Vamos agora observar uma breve história de formas de datar o passado, de organizá-lo segundo critérios que sempre variaram muito e a depender dos usos que dele foram feitos posteriormente. A despeito dessas variações, essas formas nos revelam, mais uma vez, a simultaneidade de tempos existentes em toda e qualquer sociedade. Revelam, também, uma curiosa e generalizada necessidade de estabelecer a idade das coisas, e de dizer quando elas existiram e quanto duraram. Porque, no fundo, tudo isso nos diz o quão perto e o quão longe elas estão de nós.

Ao tentar compreender as origens do universo, da natureza e de si mesmos, homens e mulheres criaram narrativas que tomaram diferentes formas nem sempre bem definidas ou separadas, e que ajudaram a fixar regras de conduta e a elaborar concepções de futuro. Quando concebidas sob a égide das religiões, essas narrativas foram além: pautaram critérios de organização temporal de momentos, de acontecimentos, de personagens e de sequências. E quando parcialmente transcenderam o pensamento mítico, as religiões influenciaram o pensamento histórico. A escrita da história, que é uma maneira sistemática de organização temporal do passado, do presente e eventualmente do futuro, carregaria heranças dos tempos mítico-religiosos até mesmo quando ela começou a se desprender das religiões e a contribuir para a dessacralização do mundo, em um processo que continua até os dias de hoje.

A transição de um passado mítico a um passado histórico não é um movimento absoluto e nem uniforme: muitas vezes os dois tipos de passado conviveram dentro de uma mesma sociedade que, à sua maneira, tratou de confundi-los, diferenciá-los e articulá-los. Sociedades africanas do passado e do presente oferecem exemplos fáceis disso[245], mas não são as únicas: isso sempre ocorreu, de diferentes formas, em todas as partes do globo. E assim como os mitos impõem uma ordem simbólica ao aparente caos do mundo, oferecendo atenuações aos sofrimentos decorrentes desse caos, a escrita da história também pode fazê-lo. Os mesmos efeitos produzidos por uma teogonia ou cosmogonia, por exemplo, podem ser obtidos por relatos acerca da fundação de uma dinastia ou nação, dos sofrimentos de um povo, ou das origens étnicas de uma comunidade. No entroncamento entre história, mito, ciência, religião, verdade e verossimilhança, o tempo estabelecido por idades, datas fixas e sequências cronológicas pode ser tão útil a uma sociedade quanto o tempo das durações não lineares, divinas e eternas.

Nas palavras de David Lowenthal, "fatos históricos são atemporais e descontínuos até que sejam trançados juntos em histórias. Não experimentamos um fluxo do tempo, apenas uma sucessão de situações e eventos. Muito daquilo que é apreendido historicamente permanece quase tão vago temporalmente quanto a memória, a falta de datas ou de sequências". E à continuação, "as histórias de todas as coisas começam em um passado mais ou menos remoto e se estendem por uma sequência inalterável até que deixam de existir ou de serem lembradas. Potencialmente, uma ordem sequencial dá a todas as coisas um lugar temporal, empresta forma à história, e permite que assentemos nossas vidas no contexto de eventos externos".[246]

Observemos, então, algumas maneiras de organizar temporalmente o passado, trançando primeiro histórias da natureza, e em seguida, histórias humanas.

O TEMPO PROFUNDO DA NATUREZA

A tradição judaico-cristã sempre se mostrou prenhe de exemplos de persistência de atribuição de critérios históricos de datação a eventos de natureza mítica. Na Bíblia, a pouca ênfase em datas precisas e sincrônicas – recursos não só praticamente inacessíveis aos seus autores, mas sobretudo desinteressantes a eles – não impede a profusa utilização de recursos narrativos como "antes de", "depois de", "ao tempo de". Isso torna seus conteúdos míticos suscetíveis de serem lidos, ao menos em parte, também como conteúdos históricos. Não à toa, o atual mercado cultural ligado à história não cessa de oferecer filmes, séries de televisão, programas de internet, livros e artigos de imprensa – além, claro, de trabalhos acadêmicos – dedicados a explorar a "verdade histórica" que estaria escondida na Bíblia. Esse tema, sem dúvida encantador embora muitas vezes ilusório, encontra terreno especialmente fértil nos dois diferentes relatos bíblicos da criação, e a partir deles muitas tentativas foram feitas até mesmo para datar a suposta origem do mundo.

Para alguns dos antigos e dos atuais judeus, o mundo foi criado no dia 07 de outubro do ano que hoje identificamos como sendo 3761 "antes de Cristo".* Já para o historiador cristão Sexto Júlio Africano (160-240 d.C.), o mundo teria sido criado no dia 25 de março de 5500 a.C.; pouco depois, Eusébio de Cesareia (c.260 d.C.-?) estabeleceu uma data diferente: 5198 a.C., modificada pelo monge grego Annianus de Alexandria, que propôs 25 de março de 5492 a.C. O monge beneditino inglês conhecido pela alcunha de Venerável Beda (c.673-735) datou o ano da criação como sendo 3952 a.C. Pela mesma época, no mundo bizantino, a *Crônica pascal* (VII d.C.) fixou-a em 25 de março de 5509 a.C., mas uma datação bizantina posterior estabeleceria outro dia do mesmo ano: 01 de setembro.

A insistência na busca da datação precisa da criação do mundo continuaria a perseguir muitos outros personagens. O filólogo francês Joseph Justus Scaliger (1540-1609), por exemplo, assinalou-a em 3494 a.C.; o polonês Johannes Hevelius (1611-1687), como bom astrônomo, não se contentou em definir apenas dia, mês e ano da criação, mas também sua hora: seis da tarde de 24 de outubro de 3963 a.C.; já o teólogo irlandês James Ussher (1581-1656) preferiu 23 de outubro de 4004 a.C., sem hora marcada. A questão contaria até mesmo com o pitaco de Isaac Newton que, por ser considerado um dos Pais Fundadores da ciência moderna,

---

* A maneira de datar "a.C.-d.C.", até agora fartamente utilizada neste livro, logo se transformará em objeto de análise. Os anos a ela correspondentes devem ser vistos como equivalentes aos nossos atuais, e não foram necessariamente utilizados exatamente assim pelos autores e povos aqui mencionados.

jamais deixou de ser um cristão fervoroso: para ele, o mundo tinha sido criado em 3988 a.C. A lista de tentativas é enorme: até fins do século XVIII, são conhecidas cerca de cinquenta datações diferentes. Em 1885, a proposta de Ussher aparecia em uma cronologia incluída na versão inglesa autorizada da Bíblia, conhecida como *Bíblia do Rei James*, e que vinha sendo editada desde 1611. Ou seja: na industrializada e moderna Grã-Bretanha de finais do século XIX, centro de um império mundial que tratava povos colonizados como culturalmente inferiores, muitas crianças ainda "aprendiam" que o mundo tinha dia, mês e ano de criação.[247]

As criações judaico-cristãs são apenas duas dentre as muitas imaginadas. Nos séculos XV e XVI, os mexicas da América Central entendiam que o mundo possuía alguns grandes momentos, aos quais nós atualmente chamaríamos – usando palavras nossas, não deles – de "idades", "épocas" ou algo parecido. Esses momentos seguiriam uma sequência, ao cabo da qual perfariam um ciclo; estes seriam quatro ou cinco (os especialistas divergem a respeito), com durações talvez de 2028 anos, sendo o último de 676 anos; ou então de 12.822 anos cada, ou pelo menos os três primeiros. Tais variações e incertezas decorrem da impossibilidade de comprovação factual em relação a um mundo que não era, como o nosso atual, obcecado por números e marcos precisos; mas também, provavelmente, do fato de que o sistema mexica de datação da criação do mundo não era monolítico, fechado e invariável, mas sim sujeito a adaptações segundo demandas sociais que iam sempre mudando.[248] Os antigos mexicas lidavam com intervalos de tempo mais ou menos equivalentes àqueles concebidos pelos persas mazdeístas em sua concepção zodiacal do universo. Eram intervalos longos se comparados com os judaico-cristãos, mas curtos em relação aos hinduístas ou budistas, cujas cosmogonias concebiam ciclos de até milhões de anos. Essa diferença de escala é decorrente das próprias diferenças entre as religiões, sobretudo suas modalidades particulares de conceber a origem, a trajetória e o fim de todas as coisas.

Martin Rudwick afirma, para o século XVII, que "na era de gigantes cientistas como Galileu e Newton, a maioria das pessoas no mundo ocidental, religiosas ou não, tinha por pressuposto que a humanidade era praticamente da mesma idade que a Terra. Elas assumiam também que não só a Terra, mas todo o universo, e até mesmo o próprio tempo, eram só um pouco mais velhos do que a vida humana".[249] Embora confinada a certas sociedades, essa concepção deve ser destacada porque pertencia justamente a esse mundo ocidental que, mais do que qualquer outro, estava se expandindo por toda parte, carregando e impondo inclusive suas formas de pensar o tempo.

A coincidência aproximada entre as idades do universo, da Terra e da humanidade começou a ser desfeita a partir da observação sistemática e criteriosa dos fenômenos naturais, em particular daqueles ligados à formação, composição e dinâmica dos elementos geológicos da Terra e de espécies extintas. Essa observação – que no século XIX desembocaria no surgimento da Geologia e da Paleontologia – foi criando as condições para uma brutal dilatação dos tempos pensados pelas sociedades, bem como para uma revisão fundamental nos atributos qualitativos desses tempos. As religiões não seriam sempre, nem totalmente, inimigas desses longuíssimos tempos; já vimos inclusive que algumas os concebiam como parte de seus sistemas de pensamento; e que o pensamento histórico com frequência se desenvolveu não na contramão do pensamento mítico-religioso ou à sua revelia, mas em associação a ele. Não só Newton, mas vários outros dos pensadores hoje considerados pioneiros das ciências da natureza eram pessoas convictamente religiosas. Por outro lado, as religiões sempre cuidaram de explicar a criação e o funcionamento da Terra, mas nem sempre foram capazes de aceitar descobertas, respeitar novas formas de pensar, e rever seus cânones; e como todos sabemos, em numerosíssimas situações, as religiões combateram e ainda combatem abertamente o pensamento científico e seus propugnadores.

Em muitas sociedades, o interior da Terra, aquilo que nele se observa e o que dele se extrai, conhece atributos sagrados. Isso já ocorria em antigas tradições rituais ligadas à metalurgia, ao fogo, às cavernas e aos vulcões, algumas das quais se mantém até os dias de hoje. Segundo Mircea Eliade, ao se adentrar em zonas interiores da Terra, "tem-se o sentimento de aventurar-se em um domínio que não pertence de direito ao homem: um mundo subterrâneo com os seus mistérios da lenta gestação mineralógica que se processa nas entranhas da terra-mãe. Todas as mitologias das minas e das montanhas, os inumeráveis gênios, fadas, elfos, fantasmas e espíritos, são as múltiplas epifanias da *presença sagrada* que se enfrenta ao penetrar nos níveis geológicos da vida". Esses tempos longos do mundo natural foram elaborados também por diferentes tradições da Alquimia, atentas ao mistério da intervenção supostamente divina sobre a lenta composição dos metais, e cujo controle humano significaria um domínio sobre o próprio tempo: o tempo da vida, da morte e da eternidade.[250] Trata-se de uma concepção sagrada de um tempo longo da natureza.

Outra situação muito diferente surgiu quando começou a se acentuar a dessacralização do mundo, e quando o processo de globalização promovido pela expansão europeia se conjugou com novas formas de pensamento, e com revoluções políticas e econômicas. Os séculos XVII e XVIII foram retirando o tempo longo da história da Terra do campo religioso para colocá-lo em um campo oposto. Logo estariam dadas as condições para se conceber aquilo que nós historiadores chamaríamos de *longa duração*, mas que os cientistas da natureza radicalizaram em termos de escala e, lançando seu alcance para muito além da observação da história humana, alcunhariam de *tempo profundo*.

"O tempo profundo é tão difícil de se compreender", afirmou Stephen Jay Gould, "tão alheio à nossa experiência comum, que permanece sendo uma grande pedra no caminho de nosso entendimento".[251] Se ainda hoje pode ser considerado assim, imaginemos séculos atrás, quando os diferentes mundos e sociedades que compunham a Terra pensavam tão distintamente de nós. Naquele século XVII em que a maioria dos europeus achava que universo, Terra e humanidade tinham origens praticamente sincrônicas, dois temas sagrados cristãos remetiam diretamente ao mundo natural e incentivavam sua observação cada vez mais sistemática e criteriosa: a Criação e o Dilúvio. As sagradas escrituras e sua verdade infalível estabeleciam os limites dessa observação, ao passo em que, contraditoriamente, incentivavam-na. As duas narrativas criacionistas contidas no Gênesis, a despeito de suas enormes diferenças e incompatibilidades, remetiam ambas a etapas, a *sequências de eventos*, e concebiam um mundo *antes do homem*.

Aqui, o leitor pode se perguntar: mas se as escrituras foram sempre assim, e com algumas pequenas variações disseram sempre as mesas coisas, por que elas se tornaram fonte desse tipo de inquirição somente no século XVII? Ora, ocorre que, com base na antiga tradição de tentar datar de modo preciso a criação bíblica do mundo, o racionalismo cientificista europeu pôde fazer uma releitura dos textos sagrados, não para desafiá-los abertamente, mas para tomá-los como inspiração para um novo olhar sobre o mundo. A Terra e sua história passariam a interessar cada vez mais, e um bom cristão poderia perfeitamente se perguntar como era esse mundo antes do Dilúvio, antes do homem, ou em cada uma das etapas de sua criação. Esse tipo de interesse será fundamental para o posterior surgimento de uma história da natureza, para a constituição de ciências específicas da Terra, e para a concepção de um tempo profundo.[252]

Nessa renovação, dinossauros e outras criaturas extintas desempenharam um papel tão importante quanto filósofos e cientistas. A palavra latina *fossilis* é antiga e quer dizer aquilo "que é tirado da terra, cavado, escavado".[253] Rochas contendo formas petrificadas semelhantes a seres vivos ou a pedaços deles sempre foram conhecidas por toda parte. Por volta de 500 a.C., Xenófanes de Colofão encontrou conchas enterradas em rochas de montanhas gregas, atribuindo-as a grandes e antigas inundações que, como vimos, povoavam escritos míticos de culturas com as quais a grega tinha tido contato. Dois mil anos depois, em 1588, o suíço Konrad von Gessner (1515-1565) publicou um livro com descrições de fósseis semelhantes a criaturas marinhas, mas o douto autor não soube dizer se tais objetos algum dia tinham sido seres vivos, ou se sempre tinham sido pedras. Por volta de 1600, Isaac de la Peyrère, que lera o Gênesis e seus dois relatos criacionistas como supostamente referidos em separado aos judeus e aos demais humanos, também observou fósseis, e mais uma vez mobilizou sua mente criativa: levantou a hipótese de serem obra de mãos humanas muito antigas e – detalhe importantíssimo – *anteriores a Adão e Eva.*

Aqui, as duas célebres hipóteses de La Peyrère se juntavam: pois se a dupla origem do homem bíblico explicaria a diversidade de tipos humanos que os europeus consideravam tão díspares entre si, como chineses, indígenas das Américas ou africanos subsaarianos, a anterioridade dos fósseis em relação a Adão e Eva explicaria a existência dessa diversidade humana não adamita, não judaica, e seu espraiamento pela Terra em épocas distintas. Finalmente, tudo isso junto explicaria relatos de criação aparentemente mais antigos do que os judaico-cristãos e que precisavam ser dignos de alguma consideração, como os mesopotâmicos e egípcios. Mesmo fortemente preso ao cânone bíblico, La Peyrère testava a elaboração de tempos mais longos do que os de costume, e como a indissociabilidade entre ciência e imaginação nem sempre é devidamente compreendida, seu livro *Pré-adâmicos*, de 1655, foi proibido, queimado publicamente, e seu autor teve que se retratar junto a autoridades católicas.[254]

Ao seu momento, as formulações de La Peyrère não foram vistas como descobertas necessárias ou avanços inevitáveis em direção a qualquer verdade definitiva. Tanto assim que, pouco depois, o bispo dinamarquês Nicolaus Steno (1638-1686), trabalhando em Florença, aventou a origem biológica dos fósseis, mas preservou os pressupostos da criação divina da Terra e da natureza, postura aprofundada pelo pastor anglicano inglês Thomas Burnet (1635-1715). Em um livro significativamente chamado de *A teoria sagrada da Terra*, Burnet contou uma história do planeta por meio de uma perfeita harmonia entre os textos sagrados e a observação criteriosa da natureza, em que se encontrariam as obras de Deus. Procurou, assim, explicar mitos como o Paraíso Terreal, as idades de centenas de anos dos primeiros descendentes de Adão, e o Dilúvio. Os tempos da Bíblia seguiam prestigiados.[255]

Não de repente, mas aos poucos e em um sinuoso caminho cheio de idas e voltas, a história da natureza foi sendo dessacralizada no pensamento europeu; ao mesmo tempo, essa história foi ficando cada vez mais "histórica", no sentido de necessitar de referências temporais não apenas qualitativas, mas também quantitativas. Em meio a esse caminho, foi se diluindo uma tradicional oposição conceitual entre aquilo que no mundo era visto como *mecânico* e aquilo que era *orgânico*: em outras palavras, foi se tornando intelectualmente concebível um mundo natural dotado de uma ordem, de uma racionalidade própria, a ser explicada em termos fundamentalmente científicos, e não teológicos.[256] Mas claro que os relatos mítico-religiosos continuariam de pé: assim, cientistas como John Woodward (1665-1728) e, bem depois, Abraham Gottlob Werner (1749-1817), difundiram a teoria "netunista", segundo a qual águas muito antigas – o que evocava as águas primordiais de tantas religiões – haviam criado as camadas geológicas e originado a vida. Em contraposição, cientistas como Nicolas Desmarest (1725-1815) e William Hamilton (1730-1803) puseram ênfase no papel dos vulcões, de suas lavas e do calor interno na formação da Terra, o que deu subsídio à teoria "plutonista".[257] A despeito de suas diferenças, essas teorias convergiam no reforço da ideia de que a Terra era resultado não de uma criação abrupta e pontual, mas de processos naturais e temporalmente longuíssimos.

Bem se vê que o *tempo profundo*, a exemplo de tantas outras ideias e invenções humanas, não foi criação de uma única cabeça. Nessa convergência de esforços, merece destaque George-Louis Buffon (1707-1788), autor de uma *História natural* editada em 44 volumes entre 1749 e 1789, e que afirmaria, de modo antológico, que "habitamos ruínas": o estado visível da Terra era resultado de uma história muito mais antiga do que os quatro ou cinco mil anos bíblicos, uma história que foi formando coisas, imprimindo marcas e deixando resíduos. Trabalhando em colaboração com Louis-Jean Daubenton (1716-1799), Buffon aventou inclusive a possibilidade de os seres vivos sofrerem mudanças ao longo do tempo; mas não se trata, aqui, de uma perspectiva "evolucionista" que não tinha sido ainda pensada por ninguém, mas sim da hipótese de um desenho primitivo, de um "protótipo geral" que manteria a constância de uma espécie em sua evolução e até sua eventual extinção. Para dar conta dessas lentas transformações geológicas e orgânicas, Buffon estimou a idade da Terra, primeiro, em três milhões de anos, mas, aparentemente assustado com o próprio cálculo, reduziu-o a 75 mil, divididos em épocas com características e eventos próprios.[258]

Buffon chegou a elaborar uma analogia entre o trabalho do historiador da natureza e o historiador da humanidade. Segundo ele,

> "assim como na História Civil consultam-se os títulos, examinam-se as medalhas, decifram-se as inscrições antigas, para determinar as épocas das revoluções humanas e estabelecer as datas dos eventos políticos, do mesmo modo, na História Natural, é preciso folhear os arquivos do mundo, extrair das entranhas da terra os antigos monumentos, coletar seus detritos, e reunir, num só corpo de provas, todos os indícios de alterações físicas que nos permitam retornar às diferentes idades da natureza. É o único meio para fixar alguns pontos na imensidão do espaço e dispor pedras numerárias na rota eterna do tempo".[259]

Dos arquivos do mundo e das entranhas da Terra, velhos objetos conhecidos passariam a ter novos significados nessa rota eterna do tempo. No começo do século XVIII foram descobertos na Sibéria ossos e presas posteriormente identificados como sendo daquelas mesmas criaturas que, trezentos anos depois, dariam o ar da graça em Tultepec: os mamutes. Em 1739, descobertas no rio Ohio, nas então colônias britânicas da América do Norte (os Estados Unidos só começaram a existir em 1776), levaram à identificação do mastodonte. Em 1788, no então Vice-Reino do Rio da Prata (Argentina, Uruguai e Paraguai só nasceram bem depois), foram descobertos restos daquilo que veio a se chamar megatério; e assim sucessivamente, com uma descoberta lançando luz sobre as demais. Mas essas descobertas só eram "descobertas" de fato porque, em fins daquele século, já era possível olhar para os objetos que surgiam da Terra de um modo novo: como resquícios de seres que teriam vivido muitos milhares de anos atrás, há tanto tempo que inclusive já teriam desaparecido (**figura 5.1**).

Nesse contexto, outro personagem de destaque é Georges Cuvier (1769-1832), que em fósseis e ossos antigos viu "seres de um mundo anterior ao nosso, seres destruídos por revoluções do globo; seres cujo lugar foi ocupado pelos que hoje existem, e que talvez também um dia serão igualmente destruídos e substituídos por outros".[260]

Figura 5.1. – O tempo profundo e outros tempos: no Museu Argentino de Ciências Naturais, em Buenos Aires, um interessante exemplo de dupla concepção de como o passado pode servir ao presente. Uma bem-cuidada coleção de fósseis de seres extintos, visitada por cientistas, estudantes e cidadãos em geral, demonstra uma valorização de um passado longínquo que, entende-se, serve à sociedade. E em meio a essa coleção, uma espécie de dinossauro carnívoro de cem milhões de anos, descoberta em 1998 em território atualmente argentino, "comemora os dois séculos de nascimento da pátria", e por isso leva o nome científico de *Bicentenaria argentina*; mesmo que a atual Argentina não existisse nem há duzentos anos, nem há cem milhões (Foto do autor, 2019; citação da placa de identificação do museu).

Cuvier olhava fósseis para explicar a formação da Terra. Sua ênfase estava não nas águas netunianas ou no calor plutonista, mas nas grandes e esporádicas catástrofes naturais, como quedas de meteoros, inundações e terremotos, e que para fazerem sentido como agentes dessa formação implicavam tempos longuíssimos.* Esses tempos continuaram a ser concebidos na enorme obra do escocês James Hutton (1726-1797), *Teoria da Terra,* onde lentos processos naturais se associavam a catástrofes. Segundo Hutton, a história da Terra seria parte de uma sucessão de mundos, sem princípio ou fim definidos. Ao contrário de muitos de seus contemporâneos, Hutton não distinguia o mecânico e o orgânico, e evocando antigas imagens do mundo representado por um relógio perfeito, entendia a Terra como uma espécie de máquina perpetuamente autorrenovável, cujo desenvolvimento engendraria um tempo sem direção definida; mas que seria, para todos os efeitos, um tempo longuíssimo.[261]

Muitos outros estudiosos da natureza, de diferentes maneiras, foram convergindo na concepção de um tempo profundo que daria sentido à história da Terra. Por exemplo o francês Jean-Baptiste de Lamarck (1744-1829); o inglês William Smith (1769-1839); os escoceses John Playfair (1748-1819) e Charles Lyell (1797-1875) – este, considerado o fundador da Geologia moderna; e, claro, o inglês Charles Darwin (1809-1882) que, simultaneamente ao galês Alfred Russel Wallace (1823-1913), elaborou uma revolucionária teoria da evolução das espécies que introduziu definitivamente os seres humanos nessa dilatação temporal que, até então, enfocara principalmente a Terra e os animais. Por meio de um grande esforço coletivo no qual seus participantes nem sempre estiveram de acordo em muitos pontos, na segunda metade do século XIX processos longos e grandes catástrofes, evolução e extinção, natureza e humanidade, tinham deixado de ser binômios separados e passaram a integrar, todos juntos, uma mesma história da Terra.[262]

---

* A hipótese de que os dinossauros foram extintos há creca de 65 milhões de anos atrás pelos efeitos da queda de um ou vários meteoros na Terra só foi formulada no começo da década de 1980, pelos geólogos Luiz Álvarez e Walter Álvarez, junto com os químicos Frank Asaro e Helen Michel.

Nesse contexto, a humanidade perdeu centralidade, confinada a tempos curtos, quase ínfimos, e com ela, também a divindade. Como narrativa explicativa de processos e eventos, essa história da Terra deu sua contribuição à dessacralização dos tempos, sem, no entanto, almejá-la ou lográ-la totalmente. Como bem nos adverte Gould, o tempo profundo "impôs uma visão de realidade arraigada em tradições antigas do pensamento ocidental tanto quanto refletiu um novo entendimento das rochas, fósseis e estratos".[263] Mais uma vez, nessa história social do tempo que estamos desenhando, vemos que não ocorre o triunfo de uma única forma de sentir, pensar e viver o tempo, mas o estabelecimento de uma nova arquitetura de tempos plurais e simultâneos.

É interessante notar que entre o povo ticuna, que atualmente habita regiões amazônicas do Brasil, do Peru e da Colômbia, há uma visão de tempo que se assemelha ao tempo profundo europeu. A Terra estaria envelhecendo, e os ticuna seriam sua geração mais recente. Outros seres desapareceram no passado, em cataclismos que deixaram vestígios em camadas geológicas: camadas claras corresponderiam a dilúvios; camadas escuras ou cinzas, a incêndios; e camadas amareladas seriam resultado do derretimento de moedas antigamente fabricadas pelos homens brancos. Essa clara alusão à colonização europeia e à exploração aurífera talvez nos permita vislumbrar uma reelaboração indígena do tempo profundo europeu, levado à Amazônia pela colonização europeia.[264]

O tempo profundo foi uma elaboração majoritariamente franco-britânica? Pode-se dizer que sim. Nas últimas décadas do século XVIII e primeiras do XIX, França e Grã-Bretanha possuíam tradições filosóficas, ambientes intelectuais, e instituições científico-acadêmicas capazes de estimular os esforços coletivos de observação e explicação da história da Terra de acordo com padrões que se mostrariam inovadores. Além disso, eram as maiores potências econômicas e industriais em ascensão não apenas na Europa, mas em todo o mundo, e concorriam entre si (os Estados Unidos ainda passariam por uma guerra de secessão, a Alemanha por sua unificação, e a China pela cada vez mais difícil resistência às agressões imperialistas europeias). E se na França a revolução iniciada em 1789 provocou solavancos econômicos, também incentivou fortemente as instituições científicas. Assim, para França e Grã-Bretanha, observação e explicação da Terra eram sinônimos de condições privilegiadas de transformação da natureza, de exploração do solo e de dominação social; inclusive porque nessa época a maioria da população do planeta, que não parava de crescer, ainda vivia no campo, e não nas cidades.[265] Em uma geopolítica de competição imperial renovada pela Revolução Industrial e pelas guerras napoleônicas do começo do século XIX, observar e explicar a Terra possuía profundas implicações econômicas, políticas e culturais.

Com o emprego de metáforas, analogias e comparações, o estudo da Terra, da natureza e dos seres vivos foi constituindo um discurso não apenas sobre tais objetos, mas também sobre o tempo e a história. E mais uma vez, não é fortuita a afirmação desse discurso em meados do século XIX: na Europa e nas Américas, esse foi o momento de afirmação da História como conhecimento disciplinar, acadêmico e científico. Em muitos países, multiplicaram-se reflexões filosóficas a esse respeito, elaboraram-se projetos historiográficos de caráter identitário e nacional, e proliferaram instituições formalmente encarregadas de desenvolver a pesquisa histórica (no Brasil, esse é o caso do Instituto Histórico-Geográfico Brasileiro, fundado no Rio de Janeiro em 1838).

Inicialmente, as histórias da Terra e da humanidade seriam parceiras; porém, a crescente especialização de ambas, assim como de muitos outros campos do saber, acabou criando áreas de pensamento e atuação profissional progressivamente estanques e distantes umas das outras. Essa generalizada hiperespecialização do saber, que atravessou as últimas décadas do século XIX para chegar com força aos nossos dias, foi consequência da própria complexificação – e das demandas a ela atreladas – daquela economia-mundo europeia que iniciara sua expansão nos séculos XV e XVI, para se tornar, com o empuxo irresistível da industrialização capitalista e das revoluções políticas dos séculos XVIII e XIX, um agente de unificação parcial de um mundo agora global.

De acordo com Immanuel Wallerstein, pode-se dizer que, fundada nas ideias de progresso e de dilatação temporal não apenas do passado, mas também do futuro, a geopolítica do capitalismo tinha agora a sua correspondente geocultura.[266]

Na sua obra-mestra, *A origem das espécies* (1859), Charles Darwin rendeu tributo às ideias de Charles Lyell sobre a formação e a idade da Terra, em palavras que evocam também passagens de Buffon e Hutton:

> "considero os registros geológicos naturais como a história imperfeitamente preservada do mundo, e escrita em um dialeto que não cessa de modificar-se; desta história possuímos apenas o último volume, referente a apenas dois ou três países. Deste volume, somente alguns capítulos curtos foram aqui e ali preservados; e, de cada página, somente algumas linhas aqui e ali."[267]

Darwin revela-se perspicaz observador de sua época: uma época de tempos cada vez mais acelerados, mecanizados, sincronizados e quantificados; tempos que produziam uma sensação de encurtamento desses "capítulos do mundo", e que tinham revelado até então nada mais do que algumas poucas linhas de uma história muito maior. No próximo capítulo, voltaremos ao tema da aceleração do tempo e da história nos séculos XVIII e XIX; por ora, basta destacar que esse encurtamento brutal de tempos da vida humana – um pedaço pequenino dos tempos da natureza, da Terra e do universo – possibilitou o alongamento e a dessacralização de tempos não humanos.

AS IDADES DA TERRA

Graças a Darwin e a outros pensadores a ele anteriores e posteriores, hoje podemos aprofundar ainda mais o tempo profundo. Nesse tempo, os números não podem ser exatos, apenas aproximados. E para corresponder às suas exigências de mensuração de larguíssimas durações, foram sendo desenvolvidas técnicas de datação próprias. Uma delas é a do Carbono 14, por meio da qual se mensura a quantidade perdida desse isótopo radioativo de carbono por uma matéria orgânica morta, o que permite datar aproximadamente essa morte. Outra é a dendrocronologia, que, a partir da quantidade e da espessura dos anéis internos de troncos de árvores, pode revelar a idade de construções e objetos feitos de troncos, bem como de florestas e sítios arqueológicos.[268] Além disso, claro, existem muitas e sofisticadas técnicas de datação ligadas à observação de fenômenos astronômicos baseadas, por exemplo, em mudanças cromáticas de objetos e eventos cósmicos, e na quantidade de luz por eles emitida.

De acordo com números que, por serem muito altos só podem ser aproximativos, hoje afirma-se que o universo tem 14 bilhões de anos de idade, e que as galáxias têm 12 bilhões. O sistema solar tem 4,5 bilhões, a Terra um pouco menos, as primeiras formas da vida que nela habitam 3,8 bilhões, e as primeiras células com núcleos 2,5 bilhões de anos, quando um primeiro supercontinente já deveria ter se dividido (3,2 a 2,8 bilhões de anos) e formado os primeiros oceanos. Uma nova subdivisão continental ocorreu há novecentos milhões de anos. Os primeiros seres multicelulares marinhos surgiram há 620 milhões, os primeiros vertebrados marinhos entre 500 e 450 milhões, e os primeiros ancestrais diretos dos malditos pernilongos, há quatrocentos milhões de anos. Os primeiros vertebrados terrestres surgiram há 375 milhões, os mamíferos, há 225 milhões, e as primeiras flores que embelezaram o mundo, se estivessem vivas, seriam velhinhas de 120 milhões de anos. Os dinossauros foram extintos há 65 milhões de anos, quando da quinta grande extinção da biodiversidade no planeta.

Se agora dermos um salto temporal gigantesco, vemos que a separação de linhagem entre os gorilas e as criaturas que viriam a dar nos atuais humanos ocorreu há oito milhões, e a destes com seus quase-irmãos chimpanzés, há 5,5 milhões. Os primeiros hominídeos surgiram há dois milhões de anos, e o *homo erectus* há um milhão. Os neandertais, que parece terem deixado alguma herança genética em nós, viveram entre duzentos mil e trinta mil anos atrás. E nós, o *Homo sapiens*, somos menos do que uns bebês chorões: temos entre duzentos e cem mil anos de idade; em algum momento entre 195 e 123 mil anos atrás, condições climáticas adversas fizeram nossa população declinar e beirar a extinção, sobrevivendo graças a algumas centenas de indivíduos refugiados no litoral da atual África do Sul.[269]

Toda essa história ensejou várias divisões em momentos, à semelhança do que faziam os antigos mexicas americanos. No tocante especificamente às idades da Terra, a divisão mais co-mum concebe quatro gigantescos *éons*, por seu turno divididos em *eras*, estas em *idades*, e as mais recentes destas em *épocas* (se mais algumas dessas subdivisões tivessem merecido títulos de filmes como o *Jurassic Park*, dirigido por Steven Spielberg e lançado em 1993, talvez nossa familiaridade com tais formas de organização temporal do passado fosse bem maior). A divisão apresentada a seguir conhece variações entre os cientistas, seus marcos temporais são aproximados, e estão apresentados – como é costume entre os historiadores, daqui a pouco veremos o por-quê – dos mais antigos ao mais recentes, de cima para baixo, e da esquerda para a direita:

Início (anos atrás)	Éon	Era	Idade	Época
4,5 bilhões	Hadeano			
4 bilhões	Arqueano	Eoarqueano		
3,6 bilhões		Paleoarqueano		
3,2 bilhões		Mesoarqueano		
2,8 bilhões		Neoarqueano		
2,5 bilhões	Proterozoico	Paleoproterozoico	Sideriano	
			Rhyaciano	
			Orosiriano	
			Statheriano	
1,6 bilhões		Mesoproterozoico	Calymmiano	
			Ectasiano	
			Steniano	
1 bilhão		Neoproterozoico	Toniano	
			Criogeniano	

			Ediacarano	
542 milhões	Fanerozoico	Paleozoico	Cambriano	
488 milhões			Ordoviciano	
443 milhões			Siluriano	
416 milhões			Devoniano	
359 milhões			Carbonífero	
299 milhões			Permiano	
251 milhões		Mesozoico	Triássico	
199 milhões			Jurássico	
145 milhões			Cretáceo	
65 milhões		Cenozoico	Paleogeno	Paleoceno
				Eoceno
				Oligoceno
23 milhões			Neogeno	Mioceno
				Plioceno
2,6 milhões			Quaternário	Pleistoceno
11 mil				Holoceno
250 anos				Antropoceno

Tabela 5.1. – As idades da Terra segundo uma escala geológica. O Antropoceno, época mais recente do Quaternário, não é consensual entre os cientistas, e os que o defendem podem divergir quanto ao seu início (BRANCO, Pércio de M., "Breve história da Terra". Serviço Geológico do Brasil. Disponível em: <http://www.cprm.gov.br/publique/Redes-Institucionais/Rede-de-Bibliotecas---Rede-Ametista/Breve-Historia-da-Terra-1094.html>. Acesso em 23 ago. 2021; TEIXEIRA *et al. Decifrando a Terra*. São Paulo: Companhia Editora Nacional, 2007, p.558-559).

De acordo com essa classificação temporal, nós, seres humanos, ocupamos tão somente as últimas duas células inferiores da coluna da direita. A época do Holoceno também conhece divisões menores, que se cruzam com classificações não mais geológicas, mas histórico culturais, como as elaboradas por Christian Thomsem (1819) e John Lubbock (1865) para a divisão de todo o Quaternário: *Paleolítico, Mesolítico, Neolítico*, todas compondo uma *Idade da Pedra*, à qual se seguiria uma *Idade dos Metais* cujas subdivisões se inspirariam nos antigos mitos gregos latinizados: *Idade do Cobre, Idade do Bronze, Idade do Ferro*, todas elas já cobrindo as primeiras sociedades do mundo antigo; e nenhuma delas gozando de aceitação unânime dentre os estudiosos.[270]

Em 2000, os cientistas Paul Crutzen e Eugene Stoermer propuseram uma nova época do Quaternário e que ainda estaria em curso: o *Antropoceno*. Sua principal fundamentação se baseia no tremendo impacto material que o mundo industrial dos últimos 250 anos trouxe não apenas à vida, mas principalmente à composição física da Terra, como resultado de brutais modificações provocadas pela ação humana, tais como o depósito de milhões de toneladas de produtos químicos e sintéticos na superfície e na atmosfera do planeta; alterações significativas em seu clima, oceanos e relevo; ou a criação de condições para uma hipotética sexta extinção em massa, que poderia já estar em curso. Novamente, não se trata de uma proposta totalmente aceita entre os cientistas, que não estão todos seguros de que a ação humana tenha sido capaz de imprimir à Terra marcas permanentes; e dentre os defensores da proposta, há divergências: alguns preferem um Antropoceno se iniciando com a Revolução Industrial, enquanto outros propõem a primeira bomba atômica, a descoberta europeia da América, ou o próprio início da humanidade. [271]

De nossa parte, devemos apenas louvar o conceito de Antropoceno por sua capacidade de conectar a história humana com a história profunda do restante de nosso planeta. É um conceito que, independentemente de suas eventuais limitações, valoriza a existência da humanidade e de sua capacidade de ação transformadora (e destruidora), a despeito dessa existência ocupar uma porção quantitativamente tão ínfima diante das idades geológicas.

Essa porção é ainda mais ínfima quando observamos não mais a idade da Terra, mas a do universo. E se no capítulo 2 apresentamos ao leitor calendários elaborados por diferentes sociedades ao longo dos séculos, não poderíamos agora deixar de mencionar aquele que é o mais radical de todos os calendários pautados pelo tempo profundo: o chamado *calendário cósmico*, ou *ano-terra*. Ele pode ter diferentes desenhos, mas sempre parte de uma analogia entre a história do universo e um ano gregoriano simplificado de 365 dias com 24 horas de 60 minutos cada.[272] Nesse calendário cósmico, os primeiros seres *homo* surgiram na África às 19:12 do dia 31 de dezembro; e as 7,5 bilhões de pessoas que hoje existem no mundo nasceram em diferentes frações do último segundo!

Somos insignificantes, como já apontara Darwin? Em termos quantitativos sem dúvida, mas não em termos qualitativos: afinal, fomos nós que concebemos esses gigantescos tempos geológicos e cósmicos, chamando-os inclusive de "tempo". Nessa perspectiva, o tempo profundo foi deixando de ser uma suposta criação divina para se tornar mais um dos *muitos tempos profundamente humanos* inventados ao longo de uma existência que, por ser curta, não é menos importante.

Passemos então à observação das divisões e datações da existência humana, isto é, às idades da história.

PRIMEIRAS CRONOLOGIAS

O estudo da história humana sempre foi organizado em torno de momentos, sucessões, sincronias e datas, e termos como *eras, idades, épocas, períodos, tempos, ciclos, séculos, décadas* e *anos* foram sendo empregados em diferentes contextos, línguas e culturas. Até mesmo no livro que o leitor tem em mãos esses termos apareceram e continuarão a aparecer. Eles possuem eficácia didática, e o fato de serem minimamente compreensíveis já à primeira vista pode ser o suficiente para justificar seus usos. Porém, nenhum deles é universalmente válido, e por serem sempre parciais e problemáticos, jamais são totalmente aceitos pelos estudiosos. Já discorremos sobre a história dos *calendários* e dos *relógios*, e sobre a dificuldade do historiador em lidar com os tempos de sociedades cujas marcações de tempo são hoje desconhecidas, ou eram muito diferentes das nossas. A mesma coisa vale para as *formas de periodizar a história*, que foram sempre mudando, e que nos confundem e desafiam na hora de estudarmos, à nossa maneira, a história dessas sociedades.

Nenhuma forma de periodizar a história é perfeita, e nenhuma está isenta de interesses políticos, distorções e manipulações. Cada registro, cada listagem de acontecimentos, cada seleção do que deve ou não ser lembrado, implica *escolhas* e *destaques*; portanto, *exclusões* e *silêncios*. No passado, o trabalho do historiador esteve quase sempre explicitamente sujeito aos humores das sociedades, e assumidamente subordinado a relações de poder e disputas entre interesses, aos quais serviam o conhecimento e a lembrança do passado. [273] Hoje em dia os historiadores continuam lidando com essas questões; só que eles se veem obrigados a justificar suas escolhas e, com isso, a praticarem sua análise de modo idealmente isento e objetivo. E mesmo que no fim das contas essa seja uma meta inatingível, ela não pode ser abandonada, porque ela funciona não como um ponto de chegada definitivo do estudo da história, mas sim como seu princípio norteador.

Os calendários e os relógios marcam tempos recorrentes e previsíveis e, quase sempre a partir de referentes astronômicos, apontam suas armas para o presente e para o futuro. Já as cronologias (do grego *chronós*, que significa um tempo bem definido, como uma data ou um ano), com seus termos específicos e suas subdivisões internas, inventam critérios abstratos para marcar tempos do passado e do presente. E mesmo quando as cronologias se aproveitam de alguns marcos advindos de ciclos naturais – dias, meses e anos – sua organização de tempo segue lógicas fundamentalmente próprias; e é por isso que as cronologias podem se oferecer a usos políticos mais ainda do que os calendários e os relógios. Se hoje utilizamos cotidianamente calendários e relógios que não necessariamente correspondem àqueles usados no passado, com as cronologias ocorre exatamente o mesmo: as atuais formas de periodizar a história nem sempre existiram, enquanto outras muito prestigiadas no passado já caíram em desuso ou praticamente desapareceram. As cronologias, como formas de tempo inventadas pelas sociedades, também possuem sua própria história, e foram trocando seus nomes.

Hoje, periodizamos a história para melhor entendê-la, para colocá-la em uma espécie de *lugar* temporal que fornece sua lógica de entendimento; mas, durante muito tempo, periodização e explicação da história foram coisas bem diferentes. *Selecionar, registrar* e *listar* eram procedimentos que não conduziam a *analisar, encadear* e *compreender,* e quase ninguém estava interessado em juntar todas essas coisas. Um caso típico é o dos textos chineses conhecidos como *Anais da Primavera e do Outono,* e que apenas registram acontecimentos ritualísticos ocorridos entre os anos que hoje identificamos como 722 e 481 a.C.; ou a *Tradição de Tso,* de alguns séculos depois. Tais textos poderiam ser comentados por outros autores, mas não traziam, eles mesmos, análises. Sima Qian (c.145-c.85 a.C.), considerado o mais importante de todos os antigos historiadores chineses, consolidou um método que, com modificações, perduraria nas cortes chinesas até 1911: ao historiador, oficialmente designado pelo imperador, caberia recolher registros de acontecimentos importantes; em seguida, selecioná-los, organizá-los – inclusive cronologicamente –, eventualmente, abreviá-los e perpetuá-los. Explicá-los, não.[274]

Outro caso no qual periodização e explicação estavam separadas é o das listagens de governantes, largamente praticadas pelos chineses, mas também por muitos outros povos. Essas listas serviam a questões administrativas, de afirmação do poder, ou como base para identidades sociais, mas não para subsidiar análises do passado. Nos antigos textos védicos da Índia, os *Purana,* essas listagens tinham também caráter mítico-religioso, semelhante ao observado entre os sumérios, dos quais chegou até nós uma lista elaborada por volta de 2000 a.C., e que se inicia com uma sequência de oito personagens lendários cujos governos teriam durado, todos juntos, 241.200 anos. Esse tipo de registro se tornou um costume posterior entre assírios e babilônios que, além de listarem reinados, datavam-nos e cruzavam-nos com temas como campanhas militares, eventos astronômicos, festividades, aspectos de seu meio geográfico e relações estabelecidas com outros povos. Por exemplo, a chamada *Crônica P,* que cruza registros da Babilônia com os de povos dela vizinhos; ou a lista assíria de reis composta por volta de 609 a.C. Na Mesopotâmia essas listas eram muito comuns, e arrolavam não só governantes, mas também animais, peixes, árvores, cidades, regiões, profissões e objetos variados.

Lidando com heranças e influências de povos mesopotâmicos, os judeus e os persas também faziam listas de líderes políticos e religiosos, relacionando-os a outros temas, e compondo assim crônicas e livros sagrados. No século III a.C., o sacerdote e escriba egípcio Mâneton compilou, em grego, uma relação de faraós, juntando-os em dinastias e criando *agrupamentos temporais*. Contar e agrupar dinastias era costume não só Egito helênico, mas também na China, na Coreia e no Japão, onde tais agrupamentos ensejavam a criação de calendários. Os romanos desde 509 a.C. contavam consulados. E muito depois os povos árabes muçulmanos registrariam sucessões de autoridades (califas, sultões, vice regentes, juízes), como no Egito que o Império Otomano conquistou aos mamelucos no século XVI. Na África subsaariana, listas de reis foram elaboradas pelos ngulube da Zambézia desde o século XVII, e em povos do Daomé (atual Benin) pelo menos desde o século XIX. Em outra parte do planeta, e sem jamais terem tido nenhum contato com esses povos, os incas da América do Sul também listavam e contavam seus soberanos. E assim, em diferentes lugares e momentos, mas de modo muito semelhante, sociedades estabeleceram continuidades entre o passado e o presente, cada uma de acordo com seus próprios interesses.[275]

Embora as cronologias que foram surgindo a partir de listagens e contagens geralmente não implicassem análises do passado, elas continham essa potência dentro de si, uma vez que, como já afirmamos, *listar* pressupõe *selecionar*, o que por seu turno impõe manipulação de critérios. Em termos que hoje consideraríamos matematicamente precisos, muitas sociedades africanas periodizavam pouco ou quase nada. Os antigos gregos também, mas seus historiadores estavam atentos e preocupados com o estabelecimento de momentos e sequências. Uma maneira de fazê-lo era, seguindo o exemplo babilônico, comparar temas gregos com os de outros povos, tal qual fez Hecateu de Mileto (c.550-c.480 a.C.) e, um pouco depois, Heródoto de Halicarnasso (c.484-? a.C.). Considerado por muitos como o "Pai da História" – alcunha sem dúvida eurocêntrica provavelmente criada por Cícero –, Heródoto estabeleceu sincronias temporais aproximadas entre a história grega e as de outras regiões, ensejando explicações de uns pelos outros. Suas referências temporais eram dadas por expressões como "antes de", "depois de", "ao tempo de", tal como alguns livros da Bíblia que estavam sendo escritos pela mesma época. Valendo-se delas, Heródoto esboçou datações e uma sequência relativa aos poemas de tradição homérica: Homero teria vivido uns quatrocentos anos antes de Heródoto, e a Guerra de Tróia teria ocorrido cerca de oitocentos anos antes. Ao traçar essa sequência, Heródoto omitiu eventos que considerava essencialmente míticos e que, portanto, não poderiam ser submetidos a uma lógica histórica – isto é, a uma organização temporal cronológica.

Outro grande historiador grego, um pouco mais jovem que Heródoto, foi Tucídides. Ao focar sua atenção em um evento específico – a Guerra do Peloponeso entre Atenas e Esparta, ocorrida entre 431 e 404 a.C. – Tucídides enfatizou a cronologia e suas referências matemáticas mais do que Heródoto, inclusive fazendo uma leitura crítica de diferentes calendários vigentes no mundo grego em busca de uma exatidão temporal de registros; o que, segundo ele, permitiria explicar acontecimentos e situações. Mas a despeito dos esforços de Heródoto e Tucídides, os gregos antigos eram pouco afeitos a cronologias, e preferiam a poesia à história, pois enquanto esta precisava coligir e criticar diferentes fontes para se chegar a uma verdade, aquela seria portadora direta da verdade. O surgimento da história entre os gregos, como um conhecimento inferior, enfatizaria passados recentes, portanto, mais suscetíveis de serem datados, enquanto a poesia recairia sobre passados mais longínquos, onde a cronologia não teria nada o que fazer.[276]

Os procedimentos históricos de Heródoto e de Tucídides no tocante às relações entre registro e explicação não parecem ter sido a regra em nenhum dos mundos da Antiguidade. Nos fragmentos de pedra conhecidos como "Mármore de Paros" ou "Crônica de Paros", datados de 264-263 a.C., encontram-se registros gregos relativos ao intervalo entre 1582 e 288 a.C. que não distinguem eventos míticos e históricos.[277] Em muitas sociedades posteriores à grega, *registrar* continuaria a ser algo distinto – às vezes até mais importante – do que *explicar*: Segundo Rosenberg e Grafton, "na Europa, entre o período clássico e a Renascença, a cronologia estava entre as mais reverenciadas metas dos intelectuais. Na verdade, em alguns aspectos ela possuía um *status* maior do que o próprio estudo da história. Enquanto a história lidava com histórias, a cronologia lidava com fatos. Mais ainda, os fatos da cronologia tinham implicações significativas para além do estudo acadêmico da história".[278]

Não seria na distinção entre mito e história que o potencial analítico latente nos registros cronológicos encontraria maior espaço de realização. Seria nos procedimentos de subdivisão desses registros em agrupamentos temporais, e na atribuição a eles de alguma qualidade própria.

PERÍODOS

Uma forma muito antiga desses agrupamentos temporais é o de reis em dinastias, e que no século XXI ainda tem vigência em países como Japão e Taiwan; outra, é a adoção de certos marcos como dando início a um intervalo de tempo. Entre 776 e c.330 a.C., por exemplo, os gregos fizeram uso de uma contagem de intervalos de tempo a partir da última Olimpíada realizada (atualmente, muita gente ainda organiza registros de sua vida pessoal em torno de eventos esportivos sazonais). No século IV d.C., os romanos criariam um agrupamento de quinze em quinze anos, a "Indicção Romana", que foi utilizada posteriormente em muitos lugares, passando pela cristandade medieval e chegando até à América espanhola do século XVI.[279] Esse tipo de agrupamento, a partir de um marco qualquer, facilitava registros e contagens de tempo, pois tornava um ano pertencente a uma unidade temporal pequena, fechada, e não a um contínuo temporal infinito. Um agrupamento podia também ganhar nomes e qualidades próprios; não porque isso fosse um desenvolvimento natural de formas supostamente primitivas de organização temporal do passado rumo ao seu aprimoramento, mas simplesmente porque os interesses pelo passado foram sempre se modificando, e em alguns casos levaram à necessidade da autonomização de agrupamentos uns em relação a outros. Quando isso ocorreu, as cronologias se tornaram mais complexas, e ensejaram novos critérios de divisão temporal.

Os nomes dos agrupamentos temporais criados para dividir a história sempre estiveram em movimento, sujeitos aos caprichos de cada uma das línguas nas quais eles se expressaram. Quando estudamos a história das cronologias, portanto, enfrentamos um desafio a mais: não só devemos descobrir quais agrupamentos foram usados no passado, mas também como traduzi-los nas nossas línguas atuais. E uma vez superada essas dificuldades, temos que lidar também com a variação de usos das mesmas palavras em diferentes línguas e campos do saber. Na história natural, as coisas são mais bem definidas do que na história humana: um *éon* se subdivide em *eras*, estas em *idades*, e estas em *épocas*. Mas quando o assunto são pessoas e sociedades, todas essas palavras podem perfeitamente ser tomadas como sinônimas. E mais: suas formas em diferentes línguas podem se confundir. Assim, a palavra inglesa *age*, que em português significaria literalmente *idade*, é frequentemente traduzida em livros de história como *era*; a francesa *âge* pode ser traduzida como *idade* mas também *época*, e a espanhola *edad* pode ser tanto *idade* quanto *tempo*. Vida de historiador não é fácil!

Ainda bem que as palavras também possuem história, e essa história pode nos socorrer. Na língua grega antiga, *aión* significava originalmente "vida": princípio de vida, transcurso de vida, ou período de uma vida; aos poucos, tornou-se sinônimo de "tempo", e de um tempo cada vez mais longo, imensurável, a ponto de se referir também a "eternidade". E foi como um tempo longuíssimo que o *aión* grego, associado ao *aevum* latino, virou o *éon* da língua portuguesa. Já *era*, a subdivisão de um éon na escala geológica, deriva do latim *aera*, que queria dizer, simplesmente, uma unidade de cálculo. E se antigamente *éon* podia se referir ao plano divino do tempo longo ou eterno, *era* desde sempre pareceu um termo mais afeito aos simples mortais e seus tempos modestos; o que provavelmente explica seu uso na escala geológica como uma subdivisão dos éons, mesmo que em perspectiva ainda grande demais para contemplar qualquer aspecto da história humana. Foi, então, como tempo mais breve do que éon que a *era* e seus sinônimos – *idade, época, tempo* – conheceram fortuna como forma de periodização da história humana. Podemos então chamá-los, todos, de *períodos*, palavra grega que significa "perfazer" ou "completar um caminho". Períodos são *instrumentos de periodização*.

Segundo Leofranc Holford-Strevens, o termo *era* como instrumento de periodização deve ter se originado na Espanha visigótica do século IV d.C., que inventou uma *Era Hispânica* iniciada lá atrás com a conquista da península ibérica por Roma, em 38 a.C (segundo o calendário juliano então vigente). Na contagem dessa "era", não importavam propriamente os anos exatos, mas sim um conjunto deles que formava um intervalo maior de tempo. Antes de ser substituída pela contagem "a.C/d.C.", a *Era Hispânica* teve vigência na Catalunha até 1180, em Aragão até 1350, em Castela até 1383, e em Portugal até 1420 d.C. Várias outras "eras" foram utilizadas para periodizar a história, quase sempre retrospectivamente. Por exemplo, a *Era Selêucida*, que teria sido iniciada em 311 a.C. com o governo de Seleuco I, um dos generais de Alexandre, o Grande; essa "era" foi largamente utilizada em muitos lugares entre os atuais Turquia e Tadjiquistão, e por meio de pequenas comunidades de cristãos orientais dissidentes chegou até o século XX. Também a *Era de Nabonassar*, que teria se iniciado em 747 a.C. entre babilônios e egípcios; a *Era de Diocleciano*, a partir de 300 ou 302 d.C., e que se referia às perseguições romanas aos cristãos no reinado de Diocleciano (e que a partir do século VII d.C. ficaria mais conhecida como *Era dos Mártires*); e as eras judaica e muçulmana, iniciadas respectivamente com a criação do mundo em 3761 d.C., e com a *égira,* isto é, a fuga de Maomé de Meca para Medina, em 622 d.C. (como vimos anteriormente, ambas assinalam o início da contagem de tempo dos calendários ainda vigentes dessas duas religiões).[280] Mas a mais influente e duradoura de todas as eras seria, sem sombra de dúvida, a *Era Cristã*. Logo chegaremos a ela.

No mundo clássico, a mais célebre divisão da história naquilo que em português chamaríamos de *idades* é de natureza mítica, e encontra-se em uma releitura posterior da tradição poética grega atribuída a Hesíodo – mais um autor que, a exemplo de Homero e de Daniel, não temos certeza de que realmente existiu. Em *Os trabalhos e os dias* (versos 106-201), temos a descrição de cinco "raças" (*genós)*, não "idades", e que, perfeitamente distintas em seus atributos qualitativos, não necessariamente teriam existido em uma sequência temporal perfeita: 1) a Raça de Ouro; 2) a Raça da Prata; 3) a Raça do Bronze; 4) a Raça dos Heróis; e 5) a Raça do Ferro. As elaborações míticas de Hesíodo, feitas no século VIII a.C., conheceriam muitos momentos de ressurgimento e reelaboração em contextos completamente diferentes do grego antigo, no qual elas ganhariam contornos mais históricos. Foi assim que, no século I a.C., o poeta romano Ovídio, escrevendo suas *Metamorfoses* em latim, transformou (Canto I, versos 89-150) as *raças* de Hesíodo em *idades* (do latim *aetas,* que significa "tempo de uma vida" ou "idade"); Ovídio chamou as *raças* também de *proles* ("descendências").

Muito depois, no pensamento político português e espanhol do século XVIII, frequentemente se falaria de um "século de ouro" ou "idade do ouro" desses impérios – Portugal do século XV, a Espanha do XVI, a Holanda do XVII – e que deveria ser recuperada pelas políticas reformistas inspiradas no Iluminismo europeu. No Brasil da mesma época, essa evocação de Hesíodo seria presença marcante entre poetas e literatos coloniais; e entre 1811 e 1823, um importante jornal editado na Bahia levaria o título de *Idade d'Ouro do Brasil*. Desde então, as "idades" conheceram muitas e variadas utilizações, inclusive, curiosamente, para periodizar a história da própria língua latina que, como vimos, foi responsável por dar novo sentido às "raças" de Hesíodo: o latim teria tido suas "Idade do Ouro" e "Idade da Prata", para então conhecer sua suposta decadência.[281] Quanto mais os tempos mudam, mais sente-se a falta de um passado supostamente glorioso, mesmo que seja um passado inventado.

A tradição judaico-cristã não gostava da periodização de Hesíodo e Ovídio. Em seu lugar, estabeleceu uma divisão em quatro períodos que, com variações, forneceria à história das periodizações a sua estrutura mais duradoura e global. A força do número *quatro* é antiga e atual: provavelmente, isso se deve por sua correlação com as estações do ano e com os quatro elementos da natureza; mas também por obra de convenções judaico-cristãs de organização temporal do passado. A organização quadripartite da história é tributária da tradição profética bíblica concentrada no nome "Daniel". Em suas visões, Daniel se depara com quatro animais que se devoram sucessivamente, e que encarnariam quatro reinos históricos – Babilônia, Medos, Pérsia e Macedônia – desde sempre fadados ao desaparecimento. O fim do último deles daria lugar à realização da vontade de Deus com o estabelecimento do Quinto Reino, ou Quinto Império; isto é, o império universal da cristandade.

Vimos no capítulo 3 que o mito do Quinto Império teria ampla difusão posterior; mas na própria Antiguidade ele foi bastante adotado, variando quanto à indicação dos impérios por ele contemplados. Porém, esse não foi o caso dos historiadores romanos, que não parecem terem-no levado a sério, provavelmente porque, no império ao qual serviam, essa ideia de reino decadente fadado a sumir não tinha a menor graça. Por algum tempo, Roma se viu como uma entidade política eterna e que nunca desapareceria.* Mas os incansáveis cristãos insistiriam no esquema, entendendo que a decadência de Roma prepararia o advento do Quinto Império a ser anunciada pela vinda do misterioso Anticristo. Paulo Orósio (375-420 d.C.), por exemplo, viu nos crescentes ataques germânicos contra Roma um positivo desígnio divino. [282]

---

* Essa autoproclamada condição de eternidade, que o cristianismo aliás tomaria do mundo romano e formataria em uma lógica histórica hebraica, iludiria os artífices de muitas outras formações políticas posteriores, como o Sacro Império Romano-Germânico, a Etiópia cristã do século XIII, o Império Asteca e o III Reich da Alemanha nazista.

Pouco depois, na *Cidade de Deus* (livro IX), Santo Agostinho falou não de *quatro*, mas de *seis* períodos da história humana, correspondentes aos seis dias da Criação e àquelas que eram consideradas as seis fases de uma vida completa de uma pessoa: 1) de Adão a Noé, ou a primeira infância; 2) de Noé a Abraão, ou a puerilidade; 3) de Abraão a Davi, ou a adolescência; 4) de Davi ao cativeiro da Babilônia, ou a juventude; 5) do cativeiro ao nascimento de Cristo, ou a maturidade; 6) e daí em diante até o Juízo Final, ou a velhice. Na Idade Média europeia, essa divisão da história em seis períodos foi utilizada também por Isidoro de Sevilha (c.560-636 d.C.), em sua *História Universal*; pelo Venerável Beda, em *Sobre a contagem do tempo*; e pelo dominicano Vincent de Beauvais (1190-1264), em *O espelho da história*. Mas, no século XII, o esquema quadripartite de Daniel ganhou nova força como critério de periodização: é que nesse momento, a consolidação do Sacro Império Romano-Germânico transformou-o em mais um candidato a império eterno, o Quinto Império; e para tanto, claro, eram necessários outros quatro.[283]

Todas essas divisões cristãs da história em períodos são uma reelaboração de lógicas dualistas presentes no judaísmo e no cristianismo primitivo, como as que contrapõem e associam a Sinagoga e a Igreja, a Lei e a Graça, a Antiga e a Nova Aliança, ou Adão e Cristo. Em um mundo em que os números funcionavam, principalmente, como indicativos de qualidades, e não tanto para a mensuração de quantidades, a história da humanidade que o cristianismo ia escrevendo seguia esse mesmo princípio, e via nos números expressão da perfeição da obra de Deus. Por isso, também era possível pensar a história como dividida em *três* períodos que remetiam à Trindade: *Ante legem, Sub lege* e *Sub gratia* ("Antes da lei", "Sob a lei", "Sob a graça"), sendo que estes podiam se combinar com os tradicionais quatro, seis ou ainda sete períodos, isto é, o ciclo completo da Criação (e que aproveitou a sacralidade do número *sete* anteriormente estabelecida por mesopotâmicos, pelágicos e gregos).

Joaquim de Fiore (c.1130-1202), monge calabrês da ordem cisterciense, foi um especialista nessas combinações. Ao longo de quatro obras (*A harmonia do Novo e do Velho Testamento, Explicação do Apocalipse, Livro introdutório* e *Tratado sobre os quatro evangelhos*) dividiu a história humana em quatro: 1) antes da lei mosaica (de Moisés); 2) durante a lei mosaica; 3) Evangelho; 4) Novo Testamento. Em seguida, viriam a salvação e a instauração da eternidade. Mas segundo Fiore, os dois primeiros períodos podiam ser agrupados, resultando em três: 1) a do Pai, de servidão à lei mosaica; 2) a do Filho, da verdade evangélica; 3) e a do Espírito Santo, do Evangelho Eterno. Esses três períodos podiam ser ainda transformados em sete: os cinco primeiros, do Antigo Testamento; o sexto, do Novo Testamento; e o sétimo, do Evangelho Eterno. Fiore gostava de cálculos: partindo do Evangelho de São Mateus, estimou em 42 gerações a distância temporal entre Abraão e Jesus; em seguida, e contrariando a orientação de vários de seus antecessores, situou o início do terceiro período entre 1200 e 1260 d.C.; ou seja, a Salvação poderia começar a qualquer momento, ou já teria começado.[284] Hoje podemos dizer que, se ela começou, ainda não terminou...

Outra versão dos quatro períodos da história humana encontra-se na obra do dominicano Jacobo de Varazze (1228-1298), *Legenda áurea*. Inspirado por Santo Agostinho e sua distinção entre um tempo sagrado e outro humano, Varazze concebeu um tempo *santoral*, composto pelas vidas de 153 santos (que remetiam aos 153 peixes da pesca milagrosa propiciada por Jesus a seus discípulos segundo o Evangelho de João), e um tempo *temporal*, dado por Deus a Adão e Eva, e que seguiria seu curso até Juízo Final. É esse segundo tempo que se dividiria em quatro períodos, com seus respectivos atributos: 1) de Adão a Moisés, um período de "desvario"; 2) de Moisés ao nascimento de Jesus, um período de "renovação" ou "chamado"; 3) a Encarnação, que vai da Páscoa a Pentecostes, um período de "reconciliação"; 4) e daí em diante, até o Juízo Final.

O protestante Filipe Melâncton (1497-1560), em *Primeira parte da crônica absolutíssima*, também seguiu a tradicional periodização quadripartite – mas a das monarquias – para nomear três épocas de acordo com uma lógica bíblica: 1) a Época Vazia;

2) a Época da Lei; e 3) a Época do Messias. Johannes Sleidanus (c.1506-1556) seguiu o mesmo caminho em seus *Três livros dos quatro impérios soberanos, a saber, da Babilônia, da Pérsia, da Grécia e de Roma*, mas propôs três períodos diferentes: 1) da Criação até a morte de César; 2) o início do Império Romano, com Augusto, segue pelo império do oriente até a conquista de Constantinopla pelos turcos, em 1453; 3) o ocidente europeu de Carlos Magno até Carlos V. E pouco depois, Joseph Justus Scaliger, a quem anteriormente mencionamos como um dos muitos eruditos empenhados em datar a criação do mundo, criticou o calendário gregoriano, bem como cronologias e periodizações anteriores, oferecendo a sua. Em *Sobre a correção dos tempos* (1583), Scaliger deu forte ênfase à história humana, e criou um "período juliano", em homenagem a Júlio César: um sistema referencial que duraria 7980 anos, em um ciclo que articulava três menores, de quinze, dezoito e dezenove anos; nesse sistema, quaisquer datas e eventos poderiam ser localizados em marcações correspondentes aos três ciclos.[285]

Se até aqui insistimos tanto na observação das periodizações inventadas pelo cristianismo, foi porque nas igrejas, mosteiros e universidades da Europa medieval a escrita da história, entendida como orientada por Deus e associada à Igreja Romana, foi ganhando forma, conteúdo e força, cada vez mais assentada em divisões por períodos e em cronologias. Entre fins do século XIII e começos do XIV, a periodização da história foi se associando à crescente disciplina requerida pelos trabalhos espirituais e que, junto com a expansão urbana e comercial da Europa, levou àquela transformação também em formas de organização temporal do presente e do futuro representada pelos relógios mecânicos. Não só o presente e o futuro estavam se mecanizando, mas também o passado: não com pesos, engrenagens e ponteiros, mas com registros temporais, períodos e cronologias cada vez mais apurados – e sempre sujeitos, claro, aos interesses políticos do presente. Como resultado, a história humana divinamente concebida se tornaria cada vez mais humana, expandindo seus interesses para além do sagrado sem, contudo, com ele romper por completo.[286]

Na Europa e em suas colônias dos séculos XV e XVI, a história eclesiástica continuou a ser um importante manancial de temas, métodos e critérios para os historiadores em geral, e desde sempre apresentava brechas para outros temas e enfoques. As periodizações propostas por Melâncton, Sleidanus e Scaliger, por exemplo, mesclaram referências bíblicas com marcos históricos não cristãos. A economia-mundo europeia em expansão, que ia conhecendo, incorporando e parcialmente dominando outros cantos do planeta, conhecia também uma escrita da história humana cada vez menos sagrada; e isso no mesmo momento em que, conforme assinalado anteriormente por Rosenberg e Grafton, o *registro* e a *explicação* do passado começaram a diminuir suas distâncias, fazendo com que *cronologia* e *história* convergissem como saberes complementares e interdependentes.

Giorgio Vasari (1511-1574), em sua *Vida dos grandes pintores, escultores e arquitetos italianos*, concebeu três períodos muito pouco religiosos, segundo critérios artísticos e de acordo com o que ele chamava de "espíritos" de cada período: 1) de tempos míticos até Constantino, um período belo e exemplar; 2) de Constantino até 1250, um período ridículo que começou a ser modificado pelo nascimento dos primeiros "grandes pintores, escultores e arquitetos"; 3) daí em diante, o período atual, novamente belo porque inspirado no primeiro.[287] Contraditoriamente, a arte europeia do século XVI, tão profundamente religiosa, contribuía para dessacralizar a história.

MAIS CRONOLOGIAS

O desenvolvimento das cronologias cristãs esteve atrelado às persistentes dificuldades de definição do momento do ano em que a Páscoa deveria ser celebrada, e que só seriam resolvidas com a criação do calendário gregoriano em 1582. Nos primeiros séculos do cristianismo, a questão da Páscoa tinha a ver com a necessidade de fixação de um dogma, o que implicava a escrita de uma *história eclesiástica* focada nas vidas, obras e acontecimentos relativos a Cristo, aos santos, mártires e papas; em contrapartida, outros personagens e ideias iam sendo excluídos, alguns dos quais inclusive considerados heréticos.

Eusébio de Cesareia foi, em todos esses sentidos e em mais alguns, um fundador. Além de contribuir para o estabelecimento do dogma cristão, sua obra criou um padrão cronológico que se mostraria influente e duradouro por muitos séculos. A primeira contribuição de Eusébio para a cronologia talvez tenha sido a obra *Os cânones evangélicos*, que dispôs conteúdos dos quatro evangelhos em dez colunas sincrônicas, indicando especificidades e pontos em comum entre eles. O modelo estava lançado: nas *Crônicas,* após elaborar um resumo histórico bíblico sobre caldeus, assírios, hebreus, egípcios, gregos e romanos, Eusébio novamente distribuiu sua matéria em colunas sincrônicas que iam desde o nascimento de Abraão até o século IV a.C. Seu objetivo era demonstrar a anterioridade da tradição religiosa judaico-cristã em relação a qualquer outra.[288]

Na Idade Média cristã, *crônicas* costumavam ser narrativas de grandes feitos do passado com pouco ou nenhum rigor cronológico. Nesse sentido, a obra de Eusébio, a despeito de seu título, era antes uma *cronologia.* Havia também as simples listas de registros e datas enumeradas e não explicadas, chamadas de *anais*; e as antigas e populares *genealogias,* com suas curiosas e muito comuns árvores que tentavam ligar Jesus com seus ancestrais, estes com dinastias reais, também desenhavam famílias consideradas nobres em geral (essas árvores continuaram a existir, ganharam prestígio na Europa do século XII, e ainda são feitas por muitas pessoas em todo o mundo).[289]

Nas *Crônicas* de Eusébio, as colunas cronológicas correspondem às histórias judaica, pagã e cristã, e mesclam assuntos políticos, religiosos e informações sobre a igreja. Não por acaso, essa apresentação faz com que a cronologia de Eusébio seja morfologicamente muito semelhante a um calendário, apresentando colunas com dados dispostos de cima para baixo, e da esquerda para à direita (**Figura 5.2**). É que por essa época, a diversidade de calendários em uso no Oriente Próximo, Grécia, Ásia Menor,

Palestina (onde Eusébio deve ter nascido) e Arábia fez surgir aquilo que hoje chamamos de *hemerologia*, isto é, a prática de organizar, fixar e comparar calendários. Uma das formas mais comuns dessa prática consistia em elaborar tábuas com os dias e meses julianos, em uma coluna, e seus equivalentes em cerca de uma dúzia de outros calendários vigentes, em outras colunas.

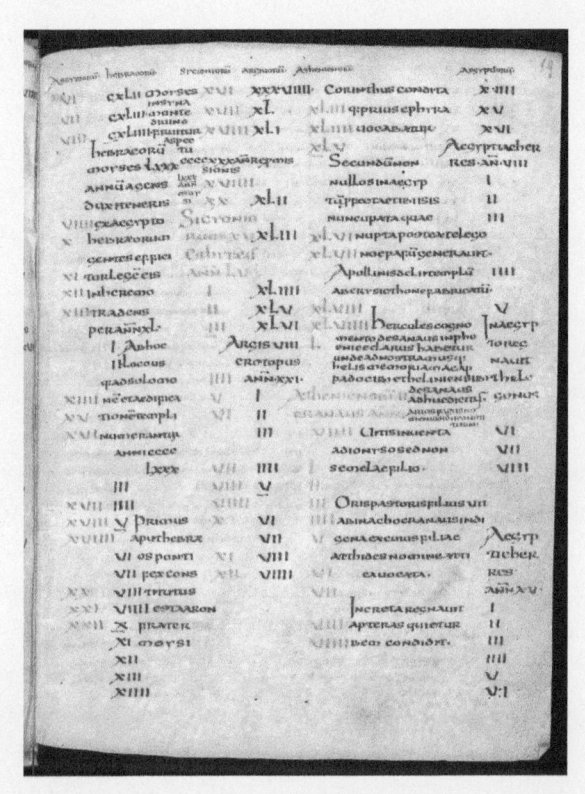

Figura 5.2. – A cronologia como uma espécie de "calendário comparado" da história. Uma página das *Crônicas* de Eusébio, originalmente escritas em grego, aqui se apresenta na tradução para o latim de Jerônimo de Estridão, c.699. Na Idade Média, o recurso a diferentes cores para distinguir colunas era usado também em calendários e livros de horas. (Bern, Burgerbibliothek, Cod. 219, f. 19r - Eusebius-Hieronymus: Chronicon - http://www.e-codices.ch/en/bbb/0219/19r/0)

Eusébio parece ter se inspirado mais especificamente em Orígenes (c.183-254 d.C.), outro dos chamados "Pais Fundadores" da Igreja Romana, e que pouco antes tinha elaborado uma Bíblia poliglota, a *Hexapla*, cujo texto em hebraico era comparado, em colunas, com cinco versões em grego. Não é de se espantar, então, que o padrão gráfico lançado por Eusébio, e desde então amplamente utilizado por muitos historiadores, tenha conhecido, dentre suas posteriores adaptações, a disposição de seus conteúdos em um formato cronológico de calendário: isto é, em colunas indo de 01 de janeiro a 31 de dezembro de cada ano; outras versões incluiriam também eventos astronômicos.* Essas cronologias-calendários criadas por Eusébio têm a ver também com uma transição material e gráfica da Antiguidade tardia relacionada com a crescente popularização da Bíblia: o rolo manuscrito, amplamente utilizado até então, começou a dar lugar ao *códex*, isto é, ao livro encadernado, também manuscrito, e que induzia seus autores a fazerem anotações que ensejassem a continuação de uma página a outra. Para tanto, colunas da esquerda para a direita, e de baixo para cima, eram perfeitas.

A cronologia de Eusébio não significava um tratamento matemático rigoroso. Seus registros estabeleciam, sobretudo, sequências e sincronias, e seguiam a prática costumeira no mundo antigo de ordenar assuntos por "antes de", "depois de", "ao tempo de". A grande novidade estava, sem dúvida, na forma de apresentação da cronologia. No século V, Jerônimo de Estridão (c.347-420) traduziu as *Crônicas* de Eusébio para o latim (pois o texto original estava em grego); pouco depois, Cassiodoro (485-585) considerou-as "uma imagem da história"; e bem depois, em 1475, as *Crônicas* ganharam uma edição impressa em Milão, no alvorecer da invenção de Gutenberg. Com adaptações pontuais, o estilo de Eusébio permaneceu como estilo formal de cronologia dominante no mundo ocidental até pelo século XVIII **(Figura 5.3)**. Nossa tabela das idades da Terra, algumas páginas atrás, mostra como ainda hoje ele pode ser útil.

---

* Principalmente a partir principalmente do século XVI, quando marcos zodiacais invadiram de vez as cronologias e passaram a conviver com referências míticas, religiosas e históricas.

Figura 5.3. – Eusébio em uma forma simplificada e adaptado às necessidades da comunidade local. Da esquerda para a direita, de cima para baixo, anos e acontecimentos registram infortúnios que acometeram Pollau ("tempestas pollensis"), Áustria, em fins do século XVI; por exemplo a peste de 1585, legível no primeiro dos registros. Os títulos superior e inferior em latim, com os registros em língua germânica, parecem indicar um certo tom solene dessa cronologia em pedra – feita para perdurar – encravada na parede exterior de uma casa voltada para uma praça pública. Foi feita ("fecit") nas "calendas de junho" (primeiro dia do mês) de 1600 ("Cal Iuni MDC"). Seu autor: o juiz polense ("Iudex Pollensis") Lucas Zarl (2011, foto do autor).

A importância da cronologia se manifesta também em outra obra de Eusébio, a *História eclesiástica*. Seu primeiro parágrafo afirma, explicitamente, a necessidade de uma ordenação temporal dos assuntos nela contidos:

> "A sucessão dos santos Apóstolos, assim como o intervalo de tempo entre o Salvador e nós; a enumeração de tantos e tão importantes eventos no curso da História Eclesiástica; quantos nela mencionados presidiram e governaram com destaque as dioceses mais ilustres; em cada geração, quantos foram deputados para ministrar a palavra divina oralmente ou por escrito; quantos e quando os que, arrastados a erros extremos pela atração de novidades, anunciaram e introduziram uma falsa ciência, e semelhantes a lobos rapaces cruelmente dizimaram o rebanho de Cristo."

Pouco adiante, Eusébio constatou que "até hoje nenhum dos escritores eclesiásticos se [ocupou] em empreender uma obra dessa espécie", e fez uma previsão: "confio que se revele muito proveitosa aos que se interessam pelos valiosos ensinamentos da História".[290] Como vimos, ele acertou em cheio.

O proveito da obra de Eusébio, porém, não se limita a uma questão formal. Sua força tem a ver com o fato de que, desde o início, sua cronologia deu suporte a uma concepção de história providencialista, na qual tudo de realmente importante dependia da vida de Cristo e dos desígnios divinos. Ela serviu, portanto, à concepção de salvação que, desde há muito, estruturava não só o cristianismo, mas também outras grandes religiões: a história, como uma lista de acontecimentos, caminhava linearmente para uma única direção. Isso explica inclusive um padrão artístico da pintura medieval, reelaborado da antiguidade egípcia e greco-romana, onde um determinado acontecimento sagrado era mostrado em destaque, mas no mesmo plano, junto com outros acontecimentos a ele anteriores ou posteriores, compondo uma narrativa sequencial de imagens (nos séculos XV e XVI, esse plano foi ganhando perspectiva e profundidade). E se tudo se ordenava divinamente, não só os impérios pagãos estavam fadados a desaparecer, mas também todo e qualquer poder político contrário ao cristianismo. Nesse ponto, a cronologia se articulava à divisão da história por períodos, e fazia da história uma poderosa ferramenta política.[291]

Uma breve história das cronologias não poderia deixar de mencionar, mais uma vez, o Venerável Beda, que, como vimos antes, tentou datar a criação da Terra e estabeleceu uma divisão da história humana em seis períodos. Beda foi também um mestre na contagem de tempos. Uma de suas obras, intitulada, justamente, *Sobre a contagem do tempo*, trouxe cálculos sobre a Páscoa dispostos em tabelas, contagens de marés, e uma história do mundo até o tempo presente (o dele, claro). Beda também aprimorou métodos antigos, de diferentes culturas, de calcular com as mãos, e desenvolveu um *computo* até um milhão que incluía toques em outras partes do corpo.[292]

A.C./D.C E SEUS CONCORRENTES

Afinal de contas, para que tanta conta se os números eram indicativos mais de qualidades do que de quantidades? E uma vez que contar de modo exato não era prioridade, para que serviam esses ordenamentos temporais do passado? Na lógica da história cristã, eles serviam para regulamentar a Páscoa, e para demonstrar a (aliás, falsa) anterioridade do cristianismo sobre outras religiões; mas serviam também para assentar as bases de uma história providencialista que supostamente caminhava rumo ao Juízo Final. Foi por isso que, junto com aprimorar as cronologias e articulá-las com períodos, a história cristã definiu um novo marco temporal para a contagem contínua do tempo: um marco que deveria assinalar o início dessa caminhada da humanidade em direção à Salvação.

Até 532 d.C., era costume no mundo romano fazer essa contagem a partir da suposta fundação de Roma (e que hoje localizamos em 753 a.C.); esse marco, chamado de *ab urbe condita* ("a partir da fundação de Roma"), ou simplesmente *AUC*, posicionava tudo em termos de "antes" e "depois". Outra possibilidade era, como vimos, a contagem de anos a partir da conquista romana da Península Ibérica, e que estabeleceu a *Era Hispânica*. Essas contagens lineares de tempo começaram a perder terreno no século VI d.C., quando Dionysius Exiguus ("o Pequeno"), um monge natural da Cíntia (atual Romênia) e radicado em Roma, foi encarregado pelo papa João I de continuar as tabelas de Páscoa então existentes; só que para fazê-lo, ele precisava de uma referência, sendo a mais disponível a *Era de Diocleciano*, que homenageava um inconveniente perseguidor dos cristãos. Dionysius, então, usou a mesma lógica linear de contagens anteriores para criar um padrão diferente: a contagem a partir do suposto nascimento de Jesus Cristo. Surgiu, assim, o famoso e hoje dominante sistema "a.C./d.C.". Um detalhe interessante é que o ano de nascimento de Cristo foi considerado por Dionysius "ano um", e não "ano zero"; ora, quando se tornou costume na Europa considerar um século equivalente a uma unidade exata de cem anos (isso ocorreu no século XVI), criou-se uma contagem estranha: aquele século, por exemplo, tinha começado em 1501, e não em 1500; assim como o XXI começou em 2001, e não em 2000. E se o leitor se perguntar se a década de vinte desse século começou em 2020 ou 2021, ficará sem uma resposta definitiva.

Após sua criação, o sistema de Dionysius foi sendo usado privadamente até ganhar um empurrãozinho do Venerável Beda (de novo ele), que o endossou em sua *História eclesiástica dos povos ingleses*, de começos do século VIII. Beda até criticou os cálculos de seu antigo colega, por fazerem discrepar as datas das mortes de Cristo e de Herodes, mas não questionou a estrutura cronológica já estabelecida. Na Inglaterra e na França, porém, o sistema a.C./d.C. só foi amplamente aceito no século IX; no Sacro Império Romano-Germânico, no século X; na Espanha, em 1100; e ainda mais tarde na Áustria, em Portugal (1420) e em outras partes.[293]

Mesmo assim, outras datações do passado persistiram, inclusive porque, de acordo com variados calendários então existentes, os anos podiam começar em dias e meses dos mais diversos. Em 781, por exemplo, o papa Adriano I instituiu uma contagem por anos de cada pontificado. Já o mundo muçulmano sempre conheceu a contagem a partir do governo de califas, vizires e secretários, paralela ao padrão cronológico dominante que estabeleceu uma ordenação de anos a partir de 622 (aqui estaria uma das mais sérias oposições ao triunfo do sistema a.C./d.C.). Em outras situações, as cronologias inovavam apenas em aspectos pontuais, mantendo e reforçando o sistema a.C./d.C. Foi o caso do astrônomo Paulus Crusius que, inspirado em Melâncton, elaborou uma cronologia triangular que permitia o cruzamento de registros tanto na vertical quanto na horizontal; de Joseph Scaliger, que em seu *O tesouro dos tempos* (1606) fez uma grande compilação de dados referentes a dinastias antigas da Pérsia, Egito e Babilônia; e de James Ussher, que em 1650 começou a compilar dados desde a suposta criação do mundo em 23 de outubro de 4004 a.C.[294]

Uma ameaça mais recente ao sistema a.C./d.C. veio com a Revolução Francesa que, como vimos no capítulo 2, inventou um calendário republicano quase que totalmente novo, e que começava com um "ano 1" no dia 22 de setembro de 1792. Esse calendário durou até 31 de dezembro de 1805, quando o gregoriano foi restaurado, e com ele o sistema a.C./d.C. No século XX, os fascismos italiano e espanhol, declaradamente cristãos mas guiados por líderes megalomaníacos, tentaram criar suas próprias cronologias: em 1937, Benito Mussolini instituiu uma "Era Fascista", contada a partir de sua marcha sobre Roma em 28 de outubro de 1922; já Francisco Franco inventou de contar os três primeiros anos da Guerra Civil Espanhola, ocorrida entre 1936 e 1939, como "I Año Triunfal", "II Año Triunfal" e "III Año Triunfal"; já 1939 virou "I Año de la Victoria", e assim sucessivamente. Na Pérsia (futuro Irã), o Mohammad Reza Shah quis afirmar-se um sucessor de Ciro, e em 14 de março de 1976 extinguiu a "Era Hejri", criando em seu lugar uma "Era Shahänshahi", contada a partir de 559 a.C. O novo período foi oficialmente abolido em 27 de agosto de 1978, às vésperas da grande revolução ocorrida pouco depois, e que daria nova força ao calendário islâmico.[295]

O triunfo gradual e sinuoso do sistema a.C./d.C., mesmo sem ser absoluto, é uma das redefinições mais importantes da história social do tempo: ele significa o estabelecimento de uma cronologia de fundamentos cristãos inclusive em histórias não cristãs ou desprovidas de qualquer orientação providencialista. Essa cronologia se impôs até mesmo no estudo de passados muito remotos – como os primórdios das histórias egípcia e mesopotâmica – para os quais as datações tendem a ser mais arredondadas em comparação com passados mais recentes, que recebem datações mais precisas.[296]

O estágio atual da dessacralização da história, bem como as persistentes – provavelmente insolúveis – dúvidas acerca da verdadeira data de nascimento de Jesus Cristo, levaram ao surgimento de um padrão um pouco diferente, no qual "antes de Cristo" e "depois de Cristo" passaram a ser chamados de "antes da Era Comum" (AEC) e "Era Comum" (EC). Outro padrão é o "antes do presente", em que a contagem é linear e retrospectiva a partir de um presente que, de modo inconveniente, está sempre se movendo. Nada, porém, que altere substantivamente a obra do "pequeno" Dionysius Exiguus que, mil e quinhentos anos depois, o leitor há de convir, já merecia uma alcunha mais digna de sua realização.

ANTIGUIDADE, IDADE MÉDIA, IDADE MODERNA, IDADE CONTEMPORÂNEA

Conheço uma professora que, em certa ocasião, afirmou a um garoto de catorze anos que gostava muito de história, que a Antiguidade ia até 476 d.C., a Idade Média até 1453, e a Idade Moderna até 1789, quando havia começado a Idade Contemporânea na qual ainda vivíamos. E que cada uma dessas datas correspondia a um grande acontecimento: a queda de Roma, a queda de Constantinopla e a Revolução Francesa. E fim de papo, acabou-se a discussão!

Ora, as coisas verdadeiras podem ser um pouco mais complicadas e, por isso mesmo, mais interessantes. Se a história das cronologias mostra o triunfo da contagem "a.C./d.C.", a história dos períodos também tem o seu vencedor: a divisão em *quatro*, que, em meio a alternativas e disputas, também conseguiu chegar aos nossos dias.

A palavra "Antiguidade" tem sua origem no latim *antiquitas*, que significa "envelhecimento", mas também "tempo antigo" ou "passado". A ideia de que a humanidade teria chegado ao seu envelhecimento – e que, portanto, a antiguidade seria o presente – foi bem formulada por Santo Agostinho e sua divisão da história humana em seis períodos, de acordo com correlatas idades de uma vida completa. Entre os séculos V e VI d.C. surgiu a palavra *modernus*, como sinônimo de *hodiernus,* isto é, "atual", ambas utilizadas para fazer uma distinção entre a antiguidade romana e o mundo cristão. Em diferentes ocasiões, essa distinção foi sendo utilizada para valorizar o presente em relação ao passado, como no Império Carolíngio do século IX, considerado um *saeculum modernum.* Segundo Jacques Le Goff, foi em alguns mosteiros medievais do século XII e também na Universidade de Paris que a distinção entre antigos e modernos começou a se manifestar, em oposição à ideia agostiniana de envelhecimento do presente, e ensejando uma distinção temporal: o presente não só era diferente do passado, como por vezes os *modernos* seriam até superiores aos *antigos*, a exemplo da superioridade dos *cristãos* em relação aos *pagãos*; em outras elaborações, no entanto, eles seriam apenas diferentes. Nesse contexto surgiu também a palavra *modernitas*.

As ideias de "antigo" e "moderno" foram, assim, ganhando qualidades próprias, permitindo que entre o passado e o presente se concebesse um período intermediário: em latim, *Media aetas*. Daí a expressão *Idade Média*. Talvez o primeiro a esboçá-la tenha sido Petrarca (1304-1374), entendendo-a como as *trevas* (em latim, *tenebrae*) posicionadas entre a "história antiga" e a "história nova"; já muito bem definida, a expressão encontra-se em Giovanni Bussi (1417-1475), que distingue "os antigos da Idade Média dos modernos de nosso tempo". Com algumas variações – *Medium aevum, Medium aetum* – encontra-se em obras como as do suíço Joachim von Watt (1484-1551), do humanista flamengo Justus Lipsius (1547-1606), e do jurista também suíço Melchior Goldastus (c.1576-1635). Nesse momento, a palavra *Antiguidade* em referência a um período histórico bem definido já tinha sido empregada pelo pensador francês Michel de Montaigne (1533-1592), e que nela incluía apenas os mundos grego e romano.

Aos poucos, *Antiguidade* e *Idade Média* foram se definindo mutuamente como períodos históricos, e com o auxílio de um terceiro: o *Renascimento*. Essa palavra surgiu como qualificação de um presente que estaria recuperando um passado distante e positivo, em contraposição a um passado recente e negativo. Giorgio Vasari, cuja divisão da história em períodos artísticos mencionamos há pouco, foi um de seus formuladores. Mas o conceito de *Idade Média* só se consolidou de vez no século XVII, primeiro na Europa, e depois se esparramando para outros continentes. Foi nesse momento que ocorreram três coisas importantes: primeiro, a polarização *antigo-moderno* e a valorização do presente ganharam novo impulso com a colaboração do livro de

Charles Perrault, *Paralelos dos antigos e dos modernos* (1688-1697); segundo, surgiram designações equivalentes a *Idade Média* em várias línguas, como *Féodalité*, em francês, e *Dark Ages*, em inglês (hoje, há equivalentes em línguas tão distintas entre si como chinês, japonês, hindi, hebraico e turco); e terceiro, Christophorus Cellarius definiu essa Idade Média com precisão cronológica em sua *História Universal* (1688): do reinado de Constantino (iniciado em 306) até a queda de Constantinopla diante dos turcos, em 1453. Esse marco final já tinha sido proposto por Johannes Sleidanus quase duzentos anos antes, e se popularizaria por vezes enfrentando a concorrência da chegada de Cristóvão Colombo à América (1492); já o marco inicial da Idade Média conheceria mais variações: as perseguições de Augusto aos cristãos (de novo Sledianus), o início do reinado de Constantino, sua tolerância ao Cristianismo (312), ou a deposição de Rômulo por Odoacro e a transferência das insígnias imperiais de Roma para Bizâncio (476).[297]

Enquanto esses três períodos – Antiguidade, Idade Média, e Renascimento/Moderno – iam se definindo mutuamente, foi surgindo uma outra forma de divisão da história que não era incompatível com eles: o *século*. Nosso leitor talvez imagine que, sem essa palavra, teria sido impossível escrever este livro: ela se faz muito presente desde suas primeiras páginas. É uma palavra derivada do latim *saeculum,* que por muito tempo designava o universo cotidiano: uma pessoa "vivia" no século, isto é, no dia a dia; designava também um período curto, associado a uma vida (como *aetas,* "idade"). Foi assim que, no estudo da história, *século* virou o período de vida de uma pessoa especial: o "século de Péricles", o "século de César", etc. Como intervalo totalmente arbitrário de cem anos e com um número a ele correspondente, o *século* surgiu na Europa depois, por volta de 1550, mas os dois sentidos da palavra coexistiram. Uns duzentos anos depois, *século* se associou a *período*, palavra que dava a ideia de um intervalo maior do que um século; e *período* se confundiu com *idade* ("antiga", "média", etc.). Quando isso ocorreu, já era costume dividir o *século* em *décadas*: a palavra vem do grego *deka*, usada na

Antiguidade para descrever um ciclo egípcio de dez dias, por vezes representado por dez estrelas.

Na tônica renascentista de Vasari, mas acrescentando-lhe o otimismo e a ideia de progresso da história típicos do Iluminismo, o filósofo francês Voltaire (1694-1778) afirmou, em *Le siècle de Louis XIV* (1751), que "só há quatro séculos na história do mundo", "quatro idades felizes" correspondentes ao "aperfeiçoamento" das artes, da filosofia, dos costumes, do governo, do espírito e da razão, e referidos por muitos personagens: 1) a Grécia antiga, de Filipe, Alexandre, Péricles, Demóstenes, Aristóteles, Platão, Apelle, Fídias, Praxitèle; 2) a idade de César, Augusto, Cícero, Tito Lívio, Virgílio, Horácio, Ovídio, Varão e Vitrúvio; 3) a idade a partir da conquista de Constantinopla por Maomé II, mas basicamente ligado à Itália; 4) e o século de Luís XIV, "aquele que mais se aproxima da perfeição" e que vinha sendo preparado desde antes pelo Cardeal Richelieu (1585-1642). Nessa divisão, Voltaire dá um salto cronológico entre os períodos 2 e o 3: é o tal período intermediário nefasto, a *Idade Média*.[298]

É curioso que Voltaire, que pensou sua periodização da história em perspectiva não religiosa, aparentemente tenha se aproveitado dos quatro períodos bíblicos de Daniel. Mas com uma diferença: aqui, esses períodos não caminham em direção ao Juízo Final, mas sim à "grandeza do espírito humano" e ao seu aprimoramento. Nos dois casos, porém, encontramos uma *teologia da história*, isto é, a atribuição à história humana de um destino segundo o qual os acontecimentos, as datas e os períodos dessa história vão ganhando sentido. Voltaremos a esse ponto no próximo capítulo, para observar o encontro dessas teologias com outra muito importante e ainda atual: a *ideia de progresso*. Por ora, basta apontar que, à medida que o Iluminismo reforçava, à sua maneira, essa concepção de história, a tradicional representação cronológica por colunas sincrônicas começou a ceder lugar à cronologia em linha reta.

A despeito de variações dessa representação, inclusive sua combinação com colunas, diagramas e desenhos dos mais diversos, a linha reta também começou a se impor, unindo-se ao sistema a.C./d.C. e à divisão da história em quatro períodos. Um autor decisivo foi Joseph Priestley, que pelo menos em duas obras – *A chart of biography* (1765) e *A new chart of history* (1769) – consolidou a ideia de que a história humana transcorre de acordo com uma lógica gráfica, isto é, com um "antes" e um "depois". Essa lógica continua a favorecer a perpetuação do nascimento de Cristo como "ano 1" da história. No plano literário, a grande novela de Laurence Stern (1713-1768), *The life and opinions of Tristram Shandy, Gentleman,* utilizou linhas retas e tortas como divertidas metáforas de trajetórias e estados de espírito de seus personagens.[299]

Mas e a "Idade Moderna" e a "Idade Contemporânea", quando surgem? No século XIX europeu, que muito significativamente é chamado por muitos filósofos e historiadores de "o Século da História". Com o crescente peso dado ao estudo do passado em universidades e academias especializadas, e com a sensação cada vez mais intensa de que o tempo se acelerava, passava mais depressa do que antes e "escapava" aos homens e mulheres, mais uma vez surgiram anseios por se diferenciar o presente do passado. O mecanismo é simples: quanto mais uma sociedade quer se distinguir de outras do passado, mais ela recorre a novos marcos fundacionais e inventa novos períodos.

O século XIX consolida também o termo *Renascimento*, muito bem definido pelo historiador francês Jules Michelet em uma de suas aulas no *Collège de France,* em 1840, e consagrado pelo suíço Jacob Burckhardt em seu célebre livro de 1860, *A cultura do Renascimento na Itália.* Nesse momento, a especialização da história como disciplina específica pedia certos didatismos práticos, dentre os quais a divisão de toda a história da humanidade em quatro: "História Antiga", "História Medieval", História Moderna" e "História Contemporânea", esta última supostamente ainda em curso. O "Renascimento" foi integrado à Idade Moderna, guardando, porém, autonomia e vida própria.[300]

A tradicional periodização quadripartite bíblica de Daniel sobreviveu à história iluminista de Voltaire e seus colegas, e foi alojar-se na "história universal" consagrada pela disciplina histórica do século XIX. O filósofo alemão Georg Friedrich Hegel (1770-1831), por exemplo, em suas *Lições sobre a filosofia da história* (publicada postumamente em 1837), concebeu essa história universal como história "da liberdade" e "do espírito", dividiu-a em cinco períodos e, à semelhança de Santo Agostinho, colou-os às idades da vida de um indivíduo: 1) o Extremo-Oriente, formado por China e Índia, e que corresponderia à infância; 2) o Oriente Médio e a Pérsia, a adolescência; 3) a Grécia, a juventude; 4) Roma, a maturidade; 5) e o mundo germânico, a velhice. Mas Hegel se distanciou de seu ilustre e santo antecessor e se aproximou dos historiadores do século XVI ao entender que o presente, representado pelo mundo germânico, não era decrépito, mas pleno, definitivo. Posteriormente, pensando não na história da libertação do espírito, mas na do desenvolvimento do Direito, Hegel estabeleceu quatro períodos: 1) o Oriental; 2) o Grego; 3) o Romano; 4) o Germânico.

Em outra perspectiva política e intelectual, Karl Marx (1818-1883) também criou sua própria periodização da história. Partindo de uma caracterização de meios de produção e relações sociais deles derivadas, inspirado diretamente por pensadores econômicos escoceses mas interpretando a história de acordo com seu próprio diagnóstico do sistema capitalista e das formas pelas quais ele deveria ser superado, Marx falou (*Contribuição à crítica da economia política*, de 1859) de quatro "modos de produção", apenas parcialmente sequenciais: 1) asiático; 2) antigo; 3) feudal; 4) burguês. A progressiva supressão de todos eles daria lugar a uma nova economia e uma nova sociedade.[301]

A partir de então, cada nova periodização da história proposta tenderia não a eliminar, mas a interagir com a quadripartição "História Antiga, Medieval, Moderna e Contemporânea". A multiplicação de Estados e nações nos séculos XIX e XX fez surgir centenas de "histórias nacionais" com suas cronologias e periodizações específicas, mas quase sempre elas se ajustariam, de alguma maneira, aos marcos mais amplos de uma história do mundo tal qual concebida, banalizada e distorcida pela periodização quadripartite judaico-cristã e europeia. Inclusive porque esses

Estados e nações criariam seus próprios sistemas de ensino, e neles o ensino de história "mundial" ou "geral" sempre se faria presente como complemento às histórias "nacionais". Os historiadores do Império Otomano, por exemplo, desde o século XIX, elaboraram divisões e cronologias próprias à sua história, mas muitas vezes submeteram-nas à divisão *antiga-medieval-moderna*; no Japão de começos do XX ocorreu o mesmo.[302] No Brasil, até hoje costuma-se falar em "Brasil Colônia", "Brasil Império" e "Brasil República", cruzando-se tais períodos com os de uma história mundial; ou, em uma periodização de fundamentos econômicos, em "ciclo do pau-brasil", "ciclo do açúcar", "ciclo do ouro", "ciclo do café" e "ciclo da borracha".

Sejam nacionais, regionais ou mundiais, quaisquer períodos e cronologias que estejam assentados em datas linearmente distribuídas pelo sistema a.C./d.C. reduzem e distorcem a história, e impõem sérias dificuldades à justificativa de tais escolhas.

É o que vemos quando nos perguntamos: e quando começou a Idade Contemporânea? A maioria das pessoas diria que em 1789, com a Revolução Francesa (uma revolução, aliás, que mal tinha começado naquele ano); outros, porém, propuseram que só em 1914, com a eclosão da Primeira Guerra Mundial; em 1917, com a Revolução Russa; em 1939, com o início da Segunda Guerra, ou ainda em 1945, quando de seu fim; entre historiadores alemães, até hoje há divergências se o século XIX faz parte da Idade Moderna ou da Contemporânea O historiador Geoffrey Barraclough, que em 1964 encontrava-se às voltas com essa questão do início desta última idade, propôs uma "Era Europeia", que iria de 1498 até 1947, correspondente *grosso modo* ao intervalo entre a viagem de Vasco da Gama à Índia e à independência deste país; mas segundo o mesmo autor, entre 1890 (retirada de Bismarck da cena política alemã) e 1961 (a ascensão de John F. Kennedy ao poder nos Estados Unidos) teria havido uma brutal separação na história, sendo esse período supostamente um "amplo divisor de águas entre duas épocas". Sem chegar a uma resolução satisfatória do problema, Barraclough afirmou: "a história contemporânea começa quando os problemas que são reais no mundo atual tomaram, pela primeira vez, uma forma visível".[303] Essa história contemporânea então estaria sempre recomeçando? E a história moderna continuaria em curso?

É certo que, quanto mais perto nos encontramos dos acontecimentos, mais tendemos a valorizá-los: mais importantes, inéditos e disruptivos eles nos parecem. Um pitoresco ditado acadêmico afirma que a diferença entre o jornalista e o historiador está em que, enquanto para o primeiro tudo está acontecendo pela primeira vez na história, para o segundo nada é novo. Em meio a essas duas atitudes extremas, a percepção de história mais comum no mundo atual tende, sem sombra de dúvida, para a primeira. É por isso que continuam a surgir propostas de quebra da "Idade Contemporânea": a chegada do homem à Lua, o mundo nuclear, o mundo digital, a queda do Muro de Berlim, o Antropoceno, os ataques da Al-Qaeda aos Estados Unidos, o aquecimento global, a pandemia de Covid-19...

Talvez os historiadores devessem ser menos precavidos em relação aos ineditismos do presente, e mais abertos ao reconhecimento das novidades que se desenrolam diante de seus olhos. Pode ser. Mas eles fazem muito bem de desconfiar da suposta novidade de tudo, bem como da validade de marcos estritos definidos por simples acontecimentos. Às datas precisas, eles privilegiam os processos e as aproximações; preferem entender mudanças de períodos por meio não de um, mas de vários acontecimentos; e ao fazê-lo, estão permanentemente recriando cronologias e periodizações, com a certeza de que nenhuma delas é perfeita ou definitiva.

É assim que, nas mãos dos historiadores, termos convencionalmente utilizados em cronologias e periodizações podem ter usos muito criativos. *Era* ou *idade*, por exemplo, viraram títulos nos célebres livros de Robert R. Palmer, *The Age of the Democratic Revolution* (1959); de Eric J. Hobsbawm, *The Age of Revolution* (1962), *The Age of Capital* (1975), *The Age of Empire* (1987) e *The Age of Extremes* (1994); e de John Kenneth Galbraith (também uma série televisiva), *The Age of Uncertainty* (1977). Em toda parte, é muito comum o emprego de expressões como

"Era das Cruzadas", "Era dos Descobrimentos", "Era das Grandes Navegações", "Era Vitoriana", "Era Espacial", etc., e cada vez mais encontram-se trabalhos acadêmicos intitulados com expressões como "Era Digital", "Era da Internet" ou "Era Global". Recentemente, Paulo Eduardo Arantes tratou de uma "Era da Emergência" no subtítulo de seu livro *O novo tempo do mundo* (2014). Para a história específica do Brasil, costuma-se falar de "Era Collor", "Era FHC" ou "Era Lula", mas principalmente "Era Vargas".

Estudiosos dos mundos antigos e medievais puderam se encontrar na concepção de uma "Antiguidade Tardia", ou de uma "Alta Idade Média", à qual poder-se-ia suceder uma "Baixa Idade Média". Ernst Werner (1962) e depois Perry Anderson (1974) preferiram "passagens da Antiguidade ao Feudalismo" ao invés de estritas divisões cronológicas, enquanto Jacques Le Goff (1977) defendeu uma "longa Idade Média" que se desenrolaria até a Revolução Industrial. Immanuel Wallerstein (1974), Fernand Braudel (1979) e Giovanni Arrighi (1994), dentre outros, elaboraram a ideia de "longos séculos", que extrapolariam intervalos de cem anos, para periodizar a história do capitalismo, ao passo que Eric J. Hobsbawm viu no século XX um "breve século". E em muitas disciplinas, divisões entre "Antigo", "Moderno" e "Pós-moderno" já renderam milhares de páginas. Em meio a tantas alternativas, houve até quem propusesse que, quanto menos períodos, melhor: em um de seus escritos (*Raça e história*, de 1952), Claude Lévi-Strauss propôs a concepção de apenas dois: a "Revolução Neolítica" e a "Revolução Industrial". Para outros autores, esses dois períodos seriam "Pré-história" e "História".

A lista de outras propostas semelhantes seria longa em demasia. Principalmente se abandonássemos marcos históricos excessivamente eurocêntricos, e que foram parcialmente vitoriosos com a consolidação, no século XIX, daquilo que Kenneth Pomeranz chamou de "a grande divergência"; isto é, o triunfo da economia europeia como força motriz da globalização em detrimento da até então também poderosa economia chinesa.[304] Poderíamos, então, avançar em direção a histórias de cronologias da própria China, mas também da Índia, da África subsaariana, de mundos islâmico ou de povos ameríndios. Ou se passássemos a observar dimensões específicas, particulares, das sociedades, todas elas com seus tempos e seus ritmos de existência e de transformação próprios: a arte, o direito, a economia, os costumes, as técnicas, as religiões, as formas de pensar, as estratificações, as lutas sociais, etc.

O que fazer diante de tantas alternativas e dificuldades? Como evitar as simplificações, distorções, usos políticos e silêncios implicados em todas as formas de periodização da história? Historiadores profissionais, acostumados com o problema, já sabem: devem justificar suas sempre imperfeitas escolhas, e reconhecer tais imperfeições. Estudantes de história que aspiram a essa condição profissional devem estudar a história das cronologias e periodizações – bem como a história da escrita da história – para aprenderem a, futuramente, também justificar suas escolhas. E os demais amantes da história em geral podem, simplesmente, desfrutar do prazer que lhes dará um conhecimento da história sempre imperfeito, portanto sempre renovável, e no fim das contas muito mais verdadeiro do que aquele contido nas ilusórias perfeições cronológicas da história.

Como bem sabiam os mais antigos historiadores e cronologistas de que se têm notícia, alguma periodização é sempre necessária. Sem organização temporal, o passado é incompreensível. Tal apelo pode ser mais eficiente se o leitor concordar que vivemos, no século XXI, em um mundo globalmente presentista, que pensa quase que exclusivamente naquilo que é imediato, valoriza pouco o passado, e por isso tem grande dificuldade de imaginar e planejar o futuro. Como mais um capítulo de uma história social do tempo, a história das datações e periodizações pode dar a sua contribuição para que passado e futuro estejam sempre próximos, conversando e construindo algo de positivo. E, para que isso ocorra, esses tempos têm que estar abertos, e não fechados.

CAPÍTULO 6
IDEIAS DE HISTÓRIA

TODA SOCIEDADE TEM HISTÓRIA

Nenhuma sociedade surgiu do nada. Todas têm algum passado. Todas, sem nenhuma exceção, formularam algum tipo de pensamento sobre esse passado, e inventaram formas de descrevê-lo e de relacioná-lo com a vida coletiva. Ao organizá-lo temporalmente, dando-lhe coerência e unidade, e ao submetê-lo a uma narrativa compreensiva a partir de um conjunto de registros perpetuados, lembrados e avaliados, muitas sociedades converteram esse passado em algo que se passou a chamar de *história*.

Falar de "história" é, assim, falar de uma forma específica de passagem do tempo. A própria palavra já teve muitos significados diferentes, e pode ser considerada "um patrimônio de diferentes culturas ocidentais, que há quase 2500 anos é cultivado, expandido e ressignificado".[305] Atualmente ela extrapolou culturas ocidentais, e quer dizer principalmente duas coisas: 1) um conjunto de acontecimentos e situações do passado; e 2) uma narrativa de compreensão e explicação desse passado. Partindo de uma ou de outra definição, pode-se afirmar que nunca existiu uma sociedade sem história.* Mas para explicar como *aconteceu*

---

* A imputação a determinadas sociedades de uma suposta ausência de história foi, durante certo tempo, uma forma colonialista de desqualificá-las, como se elas fossem "primitivas" ou "inferiores". Foi, também, uma simplificação: quem não escreveu, ou não escreveu de um determinado modo, não teria tido nem

uma história, é necessário entender como ela foi *concebida* por aqueles que a viveram e narraram. É necessário se fazer uma *história de ideias de história*.

No capítulo anterior, examinamos maneiras de organizar temporalmente o passado, algumas das quais perduraram e foram tão utilizadas a ponto de se tornarem estruturas de narrativas da história. Agora, vamos examinar outras dessas estruturas: não mais sob a forma de divisões em períodos históricos, ou de cronologias matematicamente organizadas, mas de *ideias sobre a própria história*. Algumas dessas ideias também podem ser muito duradouras e influentes, constituindo-se em estruturas históricas. Como bem nos ensina Fernand Braudel, estruturas são um conjunto de características de uma sociedade cujos ritmos de transformação formam, juntos, uma espécie de construção sólida com a qual tudo naquela sociedade, de algum jeito, se conecta. Estruturas não são fixas nem perpétuas; também elas se movem e estão sempre se modificando, só que em ritmos mais lentos do que outras dimensões da realidade. E tais estruturas podem ser majoritariamente econômicas, políticas, sociais, culturais ou intelectuais.[306]

Queremos, então, entender *ideias sobre a história* como estruturas: são ideias que duraram muito, e que se acomodaram bem em diferentes contextos. Mas o que essas ideias estruturaram, afinal? O que elas sustentaram em cima de suas bases? Elas sustentaram algumas das mais duradouras ideias de tempo que conhecemos. É por isso que o leitor pode acreditar: este não é um assunto que diga respeito apenas aos especialistas! Entender pensamentos sobre a história é uma excelente maneira de en-

---

feito história. Hoje em dia, a disciplina histórica rejeita as duas posições (uma referência fundamental é o livro de WOLF Eric, *A Europa e os povos sem história*, comentado por HOBSBAWM Eric. "Todo povo tem história". *Sobre história*, pp.185-192). Já a correta rejeição da pretensão de completa unificação de todas as histórias pelos códigos unificadores de linguagens e epistemologias dominantes coloca um problema: se todas as sociedades *viveram* historicamente, como explicá-las? Particularmente, entendo que algo em comum deve nortear o trabalho de todos os historiadores do mundo, independentemente de suas formações pessoais, temas e especialidades: caso contrário, o estudo da história se relativizará a ponto de se autodestruir.

tender pensamentos sobre o tempo, a vida e o mundo. Podemos conhecer coisas fundamentais acerca das sociedades observando como elas pensaram sua própria história, e isso vale também para nossa sociedade atual.

As sociedades nunca fazem uma única coisa com o seu passado. Nelas sempre há diversidade: algumas pessoas acham o passado importante, outras o desprezam, outras o ignoram. Há quem acredite que o passado deva ser lembrado para que ele não venha a se repetir, que o passado jamais se repetirá, ou que o passado seja algo sempre presente. Para pessoas de uma certa idade, talvez o passado seja fonte de referências morais ou de nostalgias individuais, enquanto para pessoas mais jovens, pode ser que nem passado nem futuro importem, só o presente. Também há quem se encante com certos temas, períodos ou personagens da história, enquanto para outros eles são totalmente desconhecidos ou nada representam. Enfim, em uma mesma sociedade, a história pode ser amada, odiada ou ignorada. Pode ser séria, importante, imprescindível, solene, maléfica, divertida, ridícula ou inútil.

Podemos chamar de *cultura de história* todas as ideias, valores e atitudes de uma determinada sociedade em relação àquilo que ela mesma considera como sendo história, sejam elas conscientes – a chamada *consciência histórica* – ou inconscientes, elaboradas tanto por especialistas quanto por leigos. Como toda cultura, a cultura de história também é uma estrutura dinâmica, está em permanente transformação e se conecta com muitos outros aspectos da sociedade; às vezes, essa cultura de história é mesmo compartilhada entre diferentes sociedades ou transmitida de uma para outra com adaptações e modificações. No mundo dos séculos XIX e XX, a criação de centenas de novos países fez com que culturas de história se multiplicassem, e passassem a depender cada vez mais – embora nunca exclusivamente – de características nacionais específicas desses países, tais como línguas, calendários, sistemas escolares, instituições culturais, mídias, sistemas políticos, tradições religiosas e estruturas familiares. E dentro de cada cultura há também muitas variações a depender de cada indivíduo, divisões sociais, contextos particulares, etc.[307]

Em meio a uma cultura de história, encontra-se aquilo que o historiador francês Pierre Nora identificou como *cultura historiográfica*: isto é, a capacidade de uma determinada sociedade ler criticamente sua relação com o passado, nele enxergando não só fatos e situações concretas que realmente existiram, mas também versões, usos e disputas em torno desse passado.[308] Quanto mais uma sociedade se incomoda, por exemplo, com monumentos a senhores de escravos, ditadores ou políticos corruptos, por entender tais homenagens como inadequadas a certos projetos de futuro, ou é capaz de desmascarar e combater versões de história propositadamente manipuladas ou *fake news* cotidianas, mais aguçada será sua cultura historiográfica. Se, ao contrário, ela tende a aceitar passivamente os usos políticos do passado e não se preocupa com suas consequências, ou se sua atitude é de silenciamento ou destruição do passado, sua cultura historiográfica será pouco expressiva **(Imagens 6.1 e 6.2)**.

Figura 6.1. – Cultura de história: em Berlim, nos fragmentos do antigo muro que entre 1961 e 1989 dividiu a cidade convivem, simultaneamente, arte urbana, informação histórica (em cartazes colados no muro) e turismo. Aqui, a história está viva: o passado é considerado interessante, demanda informação e é fonte de entretenimento (Berlim, 2014, foto do autor).

Figura 6.2. – Cultura de história: inaugurado em 1999, o monumento ao guerrilheiro Carlos Marighela localiza-se no abastado bairro Jardim América, em São Paulo, próximo ao local de seu assassinato em 1969 por forças repressivas brasileiras. Diversas vezes atacado, removido e reinstalado, atualmente encontra-se praticamente escondido na paisagem urbana, sem identificação, em uma quase clandestinidade que parece corporificar a própria vida do homenageado. Aqui, a história oscila entre a vida e a morte: a lembrança e a louvação do passado enfrentam seu silenciamento e sua destruição. (São Paulo, 2021, foto de César Augusto Atti)

Uma parte específica – embora bastante abrangente – da cultura de história pode ser chamada de *memória*. Não se trata aqui de uma memória fundamentalmente individual (embora nenhuma o seja por completo), mas sim de uma memória coletiva, que parte de memórias individuais, mas que não resulta jamais em uma simples somatória delas. Uma memória coletiva é um conjunto dinâmico de usos coletivos e seletivos do passado que enfatizam não sua análise ou compreensão, mas sim sua instrumentalização no presente; usos esses que, sendo fluidos e transitórios, buscam fazer certas lembranças hegemônicas em meio a outras possibilidades em permanente disputa. A memória coletiva serve a propósitos de uniformização simbólica da sociedade como um todo, ou de certos grupos dentro dela, e busca impor a transcendência do coletivo sobre o indivíduo. A memória coletiva, portanto, precisa de monumentos, imagens, discursos, símbolos e narrativas porque quer que o passado seja exemplo para o futuro, ou que o passado seja exorcizado para que nunca mais se repita.[309]

Finalmente, também faz parte de uma cultura de história a *historiografia*. Por essa palavra podemos chamar quaisquer formas de narrativa sistemática, organizada e metódica do passado com vistas a sua explicação. Nesse sentido, a historiografia se confunde com uma parte da própria definição atual de *história*, isto é, enquanto narrativa do passado. À historiografia se dedicam os historiadores e todos aqueles que, pelos mesmos meios e com os mesmos fins, narram e explicam o passado. E é possível se fazer uma *história da historiografia*, entendida como uma história das formas de se narrar e explicar o passado.[310]

Historiografia, memória coletiva, cultura historiográfica, consciência histórica. As diferenças entre esses termos, práticas e elaborações podem ser muito tênues, e é frequente que um se confunda com o outro, criando tensões recíprocas no interior de uma mesma cultura de história. O que importa é que, com ênfases um pouco diferentes, todos convergem para formar ideias de história que, parcialmente decompostas, podem ser devidamente observadas. A seguir, abordaremos, primeiro, uma ideia antiga, mas ainda muito popular, que imputa à história um sentido, um movimento em direção a um único – geralmente predestinado – fim. Depois, trataremos de ideias de história um pouco mais complexas, que englobam e conectam outras ideias formando o que podemos chamar de *conceitos de história*. Concluiremos observando outras duas ideias muito atuais e que não deixam de ser, à sua maneira, ideias de história: *modernidade* e *pós-modernidade*.

SENTIDOS DA HISTÓRIA

A história caminha em uma única e inevitável direção, rumo a um destino predeterminado? A história tem um *sentido*? Os bons historiadores de hoje dizem que não, embora existam na história relações de causa e efeito, entrecortadas por eventos singulares e fortuitos, e condicionadas pela ação humana; mas muita gente acredita que sim, que a história tem um sentido. Essa antiquíssima crença implica a ideia de que, de alguma forma implícita e misteriosa, todos os momentos, personagens e acontecimentos do passado, do presente e do futuro estão sempre conectados e submetidos a uma força exterior a eles. É a crença de que a história é uma única unidade, possuidora de um ponto de chegada que explicaria todo o resto. Trata-se, claramente, de uma ideia de história de forte cunho religioso; afinal, como já afirmamos no capítulo 3, as grandes religiões sempre foram especialistas em atribuir sentido a todas as coisas do mundo, fazendo-as convergir para os desígnios de deuses. Mas isso ocorre também com algumas ideias de história laicas nas quais forças divinas foram substituídas por forças humanas. Nesse ponto, a história social do tempo nos mostra mais uma vez como a dessacralização parcial do mundo, fenômeno relativamente recente e que ainda estamos experimentando, jamais superou a origem religiosa de muitos dos tempos vividos pela humanidade.

Segundo a filósofa Agnes Heller, uma determinada ação pode ter *sentido* em dois casos: quando segue regras e valores bem definidos, ou quando está determinada pela vontade de seu autor. Assim, "à história só pode ser imputado um 'sentido' de acordo com a segunda definição, pois ela não tem regras e normas; mas pode [supostamente] seguir os desígnios de Deus ou de algum outro sujeito, tendo incumbido alguém – os sujeitos da história – a realizá-lo".[311] De acordo com essa definição, portanto, *sentido* não implica, obrigatoriamente, um destino ou uma vontade divina implícita no curso da história. A história poderia ter seu sentido dado segundo as vontades de seus próprios autores, de seus próprios sujeitos. No pensamento brasileiro, é mais ou menos essa concepção materialista, não religiosa e orientada pela ação humana que Caio Prado Júnior identificou em 1942 como sendo nosso "sentido da colonização": "todo povo tem na sua evolução, vista à distância, um certo 'sentido'. Este se percebe não nos pormenores de sua história, mas no conjunto dos fatos e acontecimentos essenciais que a constituem num largo período".[312] Na maior parte das vezes, contudo, esses sentidos da história foram concebidos não como sínteses imprevisíveis das ações humanas concretas, mas sim como desígnios implícitos das vontades divinas.

Como essas vontades teriam se manifestado? Por ação direta de deuses e de suas forças nas coisas do mundo, ou pela indicação divina daqueles que supostamente se constituiriam nos verdadeiros sujeitos da história. Aqui, cada deus inventado pela humanidade pôde corresponder bem aos anseios de seus criadores mundanos, tornando-os parte de um "povo eleito" – como judeus, cristãos e muçulmanos. E se não um povo eleito, ao menos um pequeno grupo especial de indivíduos, como os seguidores das restritas seitas religiosas, escatológicas e místicas das quais o mundo atual é cheio de exemplos. Pobres mortais, querendo ser especiais, podemos inventar forças imortais que assim nos designam.

Dentre todos os autointitulados eleitos de Deus, os antigos hebreus foram, sem dúvida, os mais eficientes na elaboração de uma ideia de história dotada de um *sentido*. Entre os séculos VIII e II a.C., os discípulos de Abraão foram revisitando ideias sobre o fim do mundo de povos mesopotâmicos e persas, transformando-as no triunfo definitivo dos hebreus como povo eleito. O curso da história humana seria, então, o de seu reconhecimento como tal, ensejado nas muitas ocasiões em que o supostamente único e verdadeiro Deus* teria manifestado sua vontade. Com o auxílio dos diversos autores que escreveram o Antigo Testamento bíblico, em especial aqueles responsáveis pela constituição de uma robusta tradição profética, forjou-se uma ideia de história na qual os eventos humanos têm um sentido, perfazem uma unidade e caminham rumo a um destino inelutável.

Essa ideia não foi uma elaboração puramente intelectual: ela respondeu a anseios de reação do povo judeu em momentos nos quais sérios desafios se apresentavam à sua própria existência social, como os cativeiros no Egito e na Babilônia. Se as coisas estavam dando tão errado para esse povo, como seria possível acreditar em um Deus? Acreditando nas profecias que afirmavam que as coisas mudariam, e acreditando que o sentido da história era não só a libertação, mas a elevação do povo judeu à condi-

---

* *Javé*, designação que provavelmente desembocou em *Jeová* e, muito depois também na curiosa ramificação do *Jah* da religião rastafári.

ção de escolhido. Na síntese de Mircea Eliade, "os acontecimentos históricos possuem, desse momento em diante, um valor em *si mesmos*, na medida em que são determinados pela vontade de Deus. Os fatos históricos tornam-se, assim, 'situações' do homem em face de Deus, e como tais adquirem um valor religioso que nada, até então, podia assegurar-lhes".[313]

Por que esse sentido de história foi uma invenção judaica e não, digamos, grega? Ocorre que os antigos gregos tinham uma tradição de crítica de registros, praticada no século V a.C. por historiadores como Heródoto de Halicarnasso e Tucídides, e que não servia aos intentos da necessariamente acrítica historiografia judaica; intentos estes que se resumiam, basicamente, em justificar sua existência como sociedade. Enquanto os gregos duvidavam, os judeus simplesmente, e obedientemente, acreditavam.[314] Essa história de invenção judaica, em que passado e presente são perfeitamente explicados e o futuro é perfeitamente previsto, permanecerá, com pontuais modificações, como uma enorme e persistente força intelectual no mundo ocidental durante muitos séculos, fazendo-se presente inclusive em alguns cantos do atual mundo globalizado.

Ao reconhecimento final do povo eleito, o cristianismo deu uma ênfase um pouco distinta: o fim da história se daria com o reconhecimento, mas também punição, dos pecadores, e com a salvação da parcela da humanidade fiel e obediente. O futuro, então, deveria ser preparado todos os dias, e o transcurso da história seria o de uma série de sinais, advertências e condicionamentos divinos à ação humana. É por isso que os historiadores cristãos da Antiguidade e da Idade Média procuravam sincronizar narrativas bíblicas com a história política de povos e impérios, organizando-as em calendários, períodos e cronologias que convergissem para a centralidade de Cristo e para o Juízo Final, centralidade ademais reforçada pelas pinturas narrativas medievais e renascentistas Na prática, essa submissão de uma história política a uma história religiosa resultava em uma ideia de história também fortemente política, pois perfeitamente ajustável aos interesses dos escolhidos de Deus.

A religião de Maomé, fundada no século VII d.C., e que em tantos pontos passaria a se opor fortemente ao judaísmo e ao cristianismo, cerraria fileiras com ambas no tocante à ideia de que a história teria um sentido: no caso, a decadência do mundo que se acentuava quanto mais este se afastava da época do Profeta e rumava ao fim à salvação. Essa ideia de decadência, como vimos no capítulo anterior, era muito cara à tradição judaico-cristã da qual Santo Agostinho é um dos maiores representantes. E em começos do século XIV, o livro etíope *Kebra Nagast* ("Glória dos Reis") mesclaria elementos das concepções muçulmana, cristã e judaica da história em uma curiosa elaboração, anunciando que o triunfo final da vontade de Deus resultaria em uma partilha do mundo em dois reinos sagrados: a Etiópia cristã e Roma.[315]

Outras ideias de história tomariam esse mesmo modelo básico judaico-cristão-muçulmano, de uma história humana fechada, predeterminada e divinamente concebida, para inverter o peso das vontades divinas e ações humanas, estas prevalecendo sobre aquelas. No século XVIII europeu essa é uma tendência clara, alojada no efervescente caldeirão intelectual do Iluminismo, e que não foi capaz de eliminar por completo seus persistentes temperos religiosos. Mas na historiografia dos filósofos iluministas, o ponto de chegada é novo: trata-se do triunfo da Razão e, por meio da ação humana, da libertação do reino da superstição e das trevas. Mesmo assim, há um ponto de chegada, e a história continua a ter um destino guiado por um valor supostamente permanente, ou um *telos* (palavra grega que significa "plenitude", "consumação", "fim").[316]

No Iluminismo europeu, a história dotada de um *telos* foi se transformando em uma verdadeira filosofia, que o século XIX chamará de *filosofia da história*. Segundo essa forma de pensar, os acontecimentos do mundo *têm* um destino, isto é, uma realização última e superior; mas eles também *devem ter* um destino, e é desejável que assim seja. Portanto, a filosofia da história enseja uma ação no presente, um presente que se torna, como ponto de construção do futuro, mais importante do que o passado. Recorrendo novamente às palavras de Agnes Heller, "na filosofia da história, a verdade da história se revela no futuro", e não no passado em si mesmo; como consequência, "a História com letra maiúscula não é o passado. É o presente que *contém* o passado e o futuro, [...] o presente incorpora o passado histórico e também é o berço do futuro." Em síntese, "a filosofia da história não trata do passado, mas sim do presente. A História (com maiúscula) não é o passado, é o passado e o futuro, no presente".[317]

Os séculos XVIII, XIX e XX conheceram uma profusão de filosofias da história, resultado de uma enorme e difusa mobilização coletiva em direção a um futuro melhor – ou pelo menos não tão catastrófico como tantas vezes ele pôde parecer. Nunca, antes, a humanidade pareceu tão ardentemente desejar controlar o futuro, tentando fazer com que a história caminhasse rumo a algum lugar desejado mas nada garantido. Não é por acaso que o sentido da história adquiriu uma projeção de um futuro não apenas inevitável, mas também desejável: foi nessa época que, ao menos no mundo ocidental, foi ganhando espaço a ideia de que o futuro da humanidade era substancialmente diferente do seu passado; logo, o conhecimento do passado não serviria para instruir a construção do futuro. Um novo e dominante *conceito de história* foi se estabelecendo, e a ele voltaremos daqui a pouco.

Exemplos de tentativas de controle do futuro, portanto de controle do passado e do presente, são muito numerosos. Herdeiro do pensamento iluminista, Georg Friedrich Hegel (1770-1831) elaborou um complexo sistema filosófico no qual a história se consolidou como algo para além de um plano divino, uma trajetória coletiva ou um conhecimento sobre o mundo. Para o filósofo alemão, a história é um sujeito em si mesma, que constrói e cumpre seus próprios objetivos. As pessoas, os seres humanos, não seriam exatamente os sujeitos dessa história, mas sim a representação de uma "razão imanente": a história é, ela mesma, sua razão de ser, e é ela que se autorrealiza por meio de um povo – neste caso, em mais um exemplo de auto eleição, o próprio povo germânico ao qual Hegel pertencia. O sentido da história, seu fim último, seria o estabelecimento de uma condição eterna e perene. Daí a importância do estudo da história, para a qual Hegel propôs, como vimos no capítulo anterior, uma periodização.[318]

Voltando-se contra o que considerava excessos idealistas e abstratos do hegelianismo e de toda a tradição filosófica a ele associada, que levaria pensadores influentes a se descolarem da realidade concreta e dos meios de transformá-la, Karl Marx também elaborou, à sua maneira, uma periodização e uma filosofia da história. A ideia do comunismo e da supressão da sociedade de classes como ponto de chegada da história guarda uma indiscutível semelhança com as teleologias e filosofias da história anteriores, inclusive as de cunho explicitamente religioso; mas aqui as ideias de Marx implicaram uma diferença: é que, contrariamente a todas as anteriores, a história concebida por Marx pressupunha uma ativa e permanente mobilização humana e social para que ela pudesse se realizar como um *telos*. A realização desse destino, portanto, estava condicionado pela ação humana, que por seu lado só poderia se desenvolver dentro de certas condições prévias historicamente estabelecidas. A preparação dessa ação se daria não no plano divino (como na tradição judaico--cristã-muçulmana) ou no plano do espírito (como em Hegel), mas no plano da revolução. Caberia, então, aos homens e mulheres vivendo em sociedade, criar um mundo novo e definitivo. Como? Diagnosticando, denunciando, combatendo e superando as mazelas da economia capitalista e da sociedade burguesa e classista.

No pensamento de Marx, o "povo eleito" seria, então, o proletariado, não exatamente *destinado*, mas sim *capacitado* para assenhorear-se da história e conduzi-la a seu ponto final de chegada. Foi assim que, segundo Koselleck, "Marx tentou juntar no seu pensamento aqueles dois polos que na linguagem comum sempre foram utilizados de forma unilateral e, assim, prejudicados: a factibilidade da História, por um lado, e o superpoder que exerce sobre os homens, por outro lado". A união dessas duas coisas daria sentido, então, à célebre frase de Marx, presente em seu *Dezoito Brumário de Luís Bonaparte* (1852): "Os homens fazem a sua própria história, mas eles não a fazem livremente, não sob condições escolhidas, mas sim sob condições encontradas, dadas e transmitidas".[319]

Na contramão do chamado à ação revolucionária contido na filosofia de Marx, alguns autores elaboraram ideias de história impregnadas por um pessimismo decorrente do declínio dos impérios coloniais europeus no século XX. Para tais autores, esses impérios representariam tentativas de evolução humana, com a submissão de povos e culturas "inferiores" aos valores "superiores" de certas civilizações – notadamente, a chamada "civilização ocidental". E uma civilização poderia morrer. É o que lamentava o alemão Oswald Spengler (1880-1936), em *O declínio do Ocidente*, uma obra sombria elaborada durante a Primeira Guerra Mundial. Nela, uma lógica biológica de nascimento, crescimento, maturidade, declínio e morte é aplicada à história, mais precisamente à história europeia, que estaria – infelizmente, na interpretação de seu autor – terminando. Aqui, o sentido da história seria o de seu declínio, mas sem vislumbre de qualquer salvação. Já o inglês Arnold Toynbee (1889-1975), com seu *Um estudo da história*, alinhou-se à ideia de uma história em declínio de Spengler, mas, em tom otimista, entendeu que, graças às religiões, as decadentes civilizações poderiam se renovar e ensejar um novo ciclo de ressurreição. Uma espécie de salvação da humanidade após o Juízo Final.[320]

Nos séculos XIX e XX, a ideia de que a história possui um sentido não estaria nas mãos apenas de teólogos, filósofos e historiadores. Também economistas e políticos meteriam seus pitacos nessa questão, contribuindo decisivamente para que ela continuasse muito ativa no mundo contemporâneo, modelando-o de muitas maneiras. O liberalismo econômico e seu filho, o neoliberalismo, fornecem exemplos importantes dessa ideia. Nos dois, o elemento central está no conceito de *mercado*, uma instância mediadora de relações humanas supostamente capaz de regulá-las em benefício da "eficiência" e da "produtividade" de tais relações, eliminando ou amortizando as inevitáveis mazelas delas decorrentes. Nos dois, os portadores da verdade suprema não seriam religiosos eleitos por Deus, filósofos ou revolucionários, mas economistas e gestores presuntivamente capazes de identificar e combater os inimigos do *telos* da história: estes, não mais infiéis, obscurantistas ou burgueses capitalistas, mas sim o Estado (odiado pelos liberais, mas aproveitado pelos neoliberais como instrumento de viabilização seus interesses), socialistas, esquerdistas, intelectuais, ambientalistas ou defensores da vida comunitária em geral. Para o neoliberalismo, até mesmo a própria concepção de sociedade é um obstáculo à consumação da plenitude da história: o triunfo de uma economia de mercado.[321]

Um livro inspirado em Hegel e muito representativo dos elementos religiosos das crenças econômicas e sociais liberais e neoliberais atuantes desde o século XIX, é *O fim da história e o último homem* (1992), de Francis Fukuyama. Para o autor – uma espécie de ideólogo do governo ultra neoliberal de Ronald Reagan nos Estados Unidos (1981-1989) –, o fim da Guerra Fria e o colapso do mundo do chamado "socialismo real" indicariam que a história teria, finalmente, atingido sua plenitude; isto é, a plenitude capitalista e da sociedade de mercado, corolário de uma suposta evolução da história humana. Diferentemente de teleologias e filosofias da história anteriores, agora não se tratava mais de prever um futuro, mas sim de afirmar que esse futuro já tinha chegado. Bem, para quem viveu o mundo global de lá para cá, e não conheceu nem o fim da história e nem o tal de "último homem", não é difícil discordar. E dez anos depois de *O fim da história,* o próprio Fukuyama, agora menos encantado com o mundo, escreveu um livro sombrio e realista: *Nosso futuro pós--humano.*[322]

Nesse ponto, podemos nos perguntar por que, a despeito das numerosas e permanentes observações sistemáticas da história desmentirem uma por uma todas as grandes previsões de que a humanidade conheceria um ponto de chegada, um destino inevitável divina ou economicamente traçado, ou mesmo humanamente construído, tanta gente acreditou e ainda acredita em teleologias e em filosofias da história.

Em parte, isso se explica pelo acentuado desenvolvimento tecnológico observado nos últimos duzentos anos, cuja escala não encontra precedentes em nenhum momento do passado da humanidade e ainda permite certos prognósticos cientificamente embasados e até então impensáveis. Por exemplo: se houver uma ou duas guerras nucleares em breve, a humanidade toda pode morrer e o mundo desaparecer. Outro: o aquecimento global pode provocar a extinção, em curto e médio prazo, de muitas espécies vivas. Ou então: daqui a muitos milhões de anos, alterações naturais no equilíbrio do universo, em particular do sistema solar, podem levar à morte não só a humanidade, mas todo o nosso planeta. Essas são, atualmente, possibilidades absolutamente plausíveis, e em todas elas a história teria, efetivamente, um fim. Se esse fim é ou não inevitável, é uma outra conversa.

Para além da potência prognosticadora do desenvolvimento tecnológico, há uma outra questão. Ocorre que todas as versões da ideia de que a história possui um sentido satisfazem certas demandas sociais, e embora suas versões laicas, em comparação com as religiosas, tenham um público menos abrangente, no final das contas elas acabam se encontrando. A síntese de Heller sobre as filosofias da história vale para quaisquer formas de teleologia, já que todas elas "fazem perguntas *simples*, apesar de que, nem de longe, sejam simples as respostas a elas. Tais perguntas também são feitas pelo homem comum, praticamente por todos que refletem sobre sua experiência de vida em nosso mundo". Todos queremos saber para onde vamos. Afinal de contas, somos todos

> "vítimas das catástrofes mundiais e voltamos nossas faces para os primeiros bruxuleios da aurora. Acalentamos esperanças com relação aos anos vindouros e nos desesperamos quando frustram nossas expectativas. Perguntamos: qual o sentido de tudo isto? Perguntamos se nossas vidas e lutas foram vãs e infrutíferas, ou não. Indagamos se nossos filhos hão de viver num mundo melhor ou pior do que o nosso. Interrogamos se é realmente possível um futuro melhor".[323]

A crença em um sentido da história responde a tais questões e ajuda a amortizar os sofrimentos que elas causam.

CONCEITOS DE HISTÓRIA

Passemos agora a outras ideias de história; mais precisamente, àquelas que foram ao longo dos séculos se agrupando em torno da própria palavra *história*. A história dessa palavra mostra que ela é mais do que um simples vocábulo: ela é um *conceito*.

O que é um conceito? Podemos defini-lo como sendo uma ideia especial: complexa, abrangente e duradoura; uma ideia que se expressa em uma palavra, frase ou imagem, e que reúne, dentro de si e ao seu redor, outras ideias. Um conceito não é uma simples ideia, mas uma ideia-chave, mais forte do que outras porque é capaz de articular um sistema de pensamento. E é por isso que um conceito conecta sinais de diferentes dimensões da realidade e revela os diferentes tempos que constituíram essas dimensões.

Uma palavra qualquer não é, necessariamente, um conceito: apenas palavras abrangentes, que se conectam com muitas outras partes da realidade, e que possuem por detrás de si uma história. Essa diferença depende dos usos sociais que, concretamente, são feitos dessa palavra, considerando-se fatores como línguas e linguagens em que se expressa, níveis de letramento e oralidade da sociedade que a utiliza, as formas de contagem e de mensuração da realidade corriqueiras nessa sociedade, etc. Palavras como *bola, ouvido, pato* ou *folha* quase nunca se apresentam como conceitos; *democracia, liberdade, império* ou *eternidade*, quase sempre.

Fazer a história de um conceito é, assim, fazer a história das possibilidades de pensamento e de expressão de uma determinada sociedade. Mas é também fazer a história das transformações que condicionaram o surgimento desse conceito e, simultaneamente, a história das transformações por ele facilitadas.[324]

Tempo pode ser considerado um conceito? Certamente. Mas, na maioria das vezes, essa palavra indica um conceito tão amplo que será muito difícil rastreá-lo e explicá-lo. Mais proveitoso pode ser tomar um conceito de tempo específico e explorá-lo em relação a outras ideias e conceitos. Uma simples ideia de tempo pode ser a constatação do dia e da noite, ou o medo da morte;

um conceito, porém, se estabelece quando *noite* se refere a uma divindade, um período histórico (como a "Idade das Trevas") ou um estado de espírito (por exemplo, a espera impaciente no *Macbeth*, de Shakespeare). A *morte* vira um conceito quando, digamos, ganha a imagem de um cavaleiro (no *Apocalipse* bíblico), de um jogador de xadrez (no filme dirigido por Ingmar Bergman, *O sétimo selo*, de 1956) ou quando vira uma referência política (como a "Guerra até a Morte", inventada pela Revolução Francesa, reelaborada por Simón Bolívar em 1813 e transformada em um dos lemas da independência do Brasil por D. Pedro em 1822).

História é um conceito que sempre se refere a *tempo*. Uma simples ideia de história pode surgir de nossa capacidade de dizer algo sobre ela: por exemplo, a impressão que temos das coisas que aconteceram nos Estados Unidos no dia 11 de setembro de 2001, ou a lembrança do que estávamos fazendo naquele dia. Já um conceito surgirá se considerarmos tais acontecimentos como o início de um novo período da humanidade, o resultado de determinados processos e ações anteriores, ou um sinal do fim do mundo.

Todas as sociedades possuem *história* e *ideias de história*, mas não necessariamente *conceitos de história*. Nem todas formularam de modo sistematizado o conjunto de suas ideias sobre o passado de modo a fazê-las convergir em um ou vários conceitos. O que não torna tais sociedades em nada deficientes: do mesmo modo como muitas nunca precisaram de calendários solares fixos ou de relógios mecânicos, outras simplesmente não tiveram necessidade de conceitos de história. A história desse conceito, portanto, é sempre uma história parcial e fragmentada. É a história de algumas sociedades, e não de todas.

Já dissemos que, atualmente, *história* tem o duplo sentido de algo que aconteceu, e de narrativa desse acontecimento. Este segundo significado é, de longe, o mais antigo. Em um caminho que se inicia com os antigos gregos, passa pelos romanos, adentra ao ocidente medieval, e com a expansão europeia iniciada em fins do século XV vai se pavimentando até chegar aos nossos dias, esse significado de *história* sempre esteve vivo. Se observássemos outros cantos do planeta não conectados com a Europa, provavelmente encontraríamos uma situação muito similar, ainda que expressa por outras palavras. Não é de se estranhar: afinal, a evocação do passado e sua organização em uma narrativa são uma necessidade humana que proporciona formas de identidade e de coesão sociais. Quando nosso planeta era uma pluralidade de mundos separados – ou de *economias-mundo,* na expressão de Fernand Braudel –, a história só podia ser um conjunto de histórias. E à medida que um desses mundos se fundia em outro, a tendência era que se fundissem também suas histórias ou uma parte delas.[325]

No mundo grego antigo, o primeiro registro lexicográfico do que poderíamos traduzir por *história* remonta ao século V a.C. É a palavra *historie*, que significava a busca, o exame, o conhecimento ou a investigação de algo (*histor* significava o juiz, a testemunha, aquele que sabia de algo). A palavra aparece no título da obra de Heródoto e em suas primeiras linhas:

> "Esta é a exposição das investigações [histórias] de Heródoto de Halicarnasso, para que os feitos dos homens se não desvaneçam com o tempo, nem fiquem sem renome as grandes e maravilhosas empresas, realizadas quer pelos Helenos quer pelos Bárbaros; e sobretudo a razão por que entraram em guerra uns com os outros."[326]

Nas palavras de Heródoto, essas "investigações" ou "histórias" não se referiam a um objeto único e bem definido, mas a um procedimento ou um conhecimento. É por isso que em sua obra foram tratados objetos que para nós, hoje em dia, parecem muito diferentes entre si: acontecimentos do passado, regiões e paisagens naturais, costumes e tradições de gregos e não gregos, etc. *História* era método e saber, e não assunto. Pouco depois, Tucídides narrou um acontecimento específico, a Guerra do Peloponeso, e o conceito se repetiu: a história não era a guerra em si, mas sua narrativa e seu conhecimento. Manejando uma pluralidade de termos de significados parecidos, filósofos, historiadores e poetas antigos mantiveram sempre a ênfase no conhecimento e nas formas de se chegar a esse conhecimento, e não naquilo que seria conhecido. A obra de Políbio (203-120 a.C.) trouxe uma parcial novidade: embora fosse grego, Políbio tratou do mundo romano, e transformou o termo grego *historie* no latino *historia*, nele unificando todas as narrativas que já tinham sido feitas; criou-se, então, uma certa unidade de conhecimentos e procedimentos variados, mas não de objetos.[327]

Entre os gregos antigos, a história era inferior à poesia porque, enquanto esta era portadora direta da verdade, aquela dependia da crítica de distintas versões para atingir a verdade; mesmo assim, algo se extraía da história, dedicada a passados que, quanto mais recentes, mais úteis eram; a história podia até mesmo ser uma pedagogia (em grego, *paideia*). Posteriormente, historiadores como o grego Diodoro Sículo (c.90-c.30 a.C.), ou os romanos Salústio (86-35 a.C.), Tito Lívio (59 a.C.-17 d.C.), Plutarco (46-120 d.C.), Tácito (56-120 d.C.) e Suetônio (69-141 d.C.) – além de Júlio César (100-44 a.C.), que foi tão grande escritor como imperador – não modificaram por completo essa atitude, mas tornaram a história ainda mais útil como manancial de exemplos.

Roma era uma unidade política construída à base da guerra, da expansão territorial, e da conquista e submissão de outros povos, e em certo momento seus dirigentes até forjaram sua imagem como a de um poder supostamente eterno. Daí a pertinência da ideia de *historia magistra vitae* ("história, mestra da vida"), elaborada pelos gregos mas consagrada por Cícero (106-43 a.C.): *Historia vero testis temporum, lux veritatis, vita memoriae, magistra vitae, nuntia vetustatis, qua voce alia nisi oratoris immortalitati commendatur?* ("As histórias são um testemunho dos tempos, uma luz da verdade, a vida da memória, uma indicação da antiga forma de ser, mestra e educadora da vida humana"). Essa história exemplar e útil, formada por diferentes histórias de ações militares, feitos e personagens políticos, foi se constituindo como uma história de Roma e seu poder. É por isso que, durante muito tempo, a cronologia dominante em muitos lugares tinha como marco zero a suposta fundação da cidade de Roma, e que hoje assinalaríamos como tendo ocorrido em 753 a.C.[328]

O mundo cristão desde cedo rejeitou essa convergência das várias histórias para uma única história de Roma, e aos poucos foi promovendo sua substituição por uma história eclesiástica, organizada em torno do sistema a.C./d.C. ("antes e depois de Cristo"). Essa história eclesiástica abordava a vida de Jesus, de seus discípulos, das perseguições sofridas pelos cristãos, dos mártires, dos teólogos e da afirmação da nova religião e de suas instituições. Essas narrativas, não mais político-militares, mas religiosas – embora, claro, repletas de enfrentamentos políticos – também eram entendidas como mestras da vida. Nem poderia ser diferente: cabia ao bom cristão seguir os exemplos e os ensinamentos dos santos e mártires.

A modalidade medieval da ideia de que a narrativa do passado era útil conheceu uma boa difusão com autores como Eusébio de Cesareia (c.260 d.C.-?), Isidoro de Sevilha (c.560-636 d.C.), o Venerável Beda (c.673-735) e Jacques Voragine (c.1230-c.1298), que em 1280 organizou a biografia de cerca de 150 santos e mártires conhecida como *Legenda áurea*. É bem verdade que a origem da ideia era pagã, e por isso havia motivos para dela desconfiar; mesmo assim, ela foi sendo reelaborada em perspectiva religiosa e pôde seguir adiante. As maiores novidades do conceito cristão de história estariam em dois pontos: primeiro, a ideia de que a história eclesiástica era a narrativa de uma trajetória que, sendo humana, era também finita e caminhava inexoravelmente em direção ao Juízo Final; segundo, a de que tudo o que era narrado pelas histórias se devia à ação ou intervenção de Deus. Assim, Beda escreveu na abertura de sua *História eclesiástica dos povos ingleses*:

> "Se a história conta coisas boas sobre os bons, o ouvinte solícito é instigado a fazer o bem, e se recorda de maldades dos maus, nem por isso o ouvinte e piedoso leitor, evitando o que é danoso e perverso, deixa de iluminar-se com mais força no desejo de fazer o que aprendeu que é bom e digno de Deus."[329]

Já desde a Alta Idade Média (séculos V-X), havia um outro conceito de história, não totalmente separado nem da história eclesiástica, nem das histórias gregas e romanas. Na definição de Odilo Engels, *história* era também "o registro exclusivamente daquilo que o próprio autor vivenciou, representando, portanto, conhecimento seguro, que, por consequência, possui altíssimo grau de veracidade". Como então atestar a veracidade, por exemplo, das vidas de Cristo ou dos primeiros apóstolos, se delas não existiam mais testemunhas oculares? A resposta era: confiando-se nos registros daqueles testemunhos que, quanto mais antigos, mais factíveis seriam; e sempre de acordo com a seleção das coisas do passado que interessariam ao presente e ao futuro. *História* continuava a ser conhecimento e narrativa, e não tudo aquilo que aconteceu. Na língua latina, essa palavra continuava também a se confundir com outras, como *anallis, chronica* ou *gesta* e que, de modos diferentes e nem sempre claros, também se referiam a narrativas e registros de acontecimentos exemplares do passado.[330]

Na Baixa Idade Média (séculos XI-XV), o crescimento do cristianismo, da população europeia, das cidades e do comércio de longa distância, agregou às *histórias* novos temas, como as Cruzadas e as linhagens de famílias nobres e reais, renovando a mescla entre política, guerra e religião.[331] Cada vez mais, os historiadores cristãos medievais foram unindo períodos, datas e registros bíblicos e eclesiásticos com assuntos político-militares. E se no antigo mundo romano as histórias tendiam a convergir para uma história de Roma, fazendo com que o conceito de história esboçasse uma unidade, na Europa medieval esse esboço foi outro: a história convergia para os desígnios e as ações de Deus.[332]

O passado, que ensinava algo aos gregos, e muito aos romanos e cristãos, também seria útil a chineses e árabes muçulmanos. Vimos há pouco que, a exemplo das tradições judaica e cristã, os seguidores de Confúcio (c.551-479) e de Maomé entendiam que a existência humana tinha um sentido, isto é, caminhava em direção a uma salvação final. E sendo essa existência também uma progressiva decadência, o passado ensinava ao presente porque fornecia exemplos virtuosos.[333] E é por isso que "escrever história", afirmou Albert Hourani, "era uma característica de todas as sociedades muçulmanas letradas e o que se escrevia parece ter sido amplamente lido. Obras de história e temas afins proporcionam o maior volume de textos nas principais línguas do Islã, tirando a literatura religiosa".[334]

Como nos explica outro especialista no mundo árabe, Felipe Maíllo, nesse idioma "existe o passado (*madi*) e o presente (*hadir*); mas não o futuro. Em seu lugar existe o presente duradouro, que desempenha o papel de futuro. A História é sempre a reprodução do passado. O futuro se constitui no presente e não como ruptura em relação a ele". Antes do século VII d.C., entre os povos árabes pré-islâmicos predominantemente nômades*, os relatos do passado eram basicamente orais – as chamadas "Jornadas dos Árabes" – e, apresentando-se tanto em verso quanto em prosa, serviam à glorificação de passados míticos, bem como à afirmação de códigos de honra por meio de conexões entre vivos e mortos. Também havia, como no mundo cristão, genealogias que funcionavam como instrumentos de distinção e promoção social.

A fundação do Islã fundou também um novo conceito de história, com o auxílio de um calendário religioso específico que, doravante, permitiria ordenar cronologicamente referências do passado: "a nova religião é como uma nova criação, que inaugura um tempo linear em um processo histórico contínuo, convertendo o homem em um 'portador da história'. Emerge, então, uma nova concepção histórica da vida e do destino do homem, com a fixação de um começo e com um fim no curso do tempo". Eis,

---

* Trata-se dos povos que habitavam o norte e o centro da península arábica, que desde o século VI d.C. vinham migrando para aquelas regiões dos impérios bizantino e sassânida que hoje correspondem, aproximadamente, à Síria, ao Egito e ao Iraque, e que foram formando parciais unidades políticas e culturais em torno da língua árabe. Segundo Hourani, aos poucos "criou-se uma nova ordem política" na qual "o grupo dominante foi formado não pelos povos dos impérios, mas pelos árabes da Arábia Ocidental, sobretudo Meca" (HOURANI. *Uma história dos povos árabes*, p.32).

então, a aproximação islâmica com tradições de história judaica e cristã. Segundo a periodização proposta por Maíllo, primeiro (c.610-c.730) criou-se uma tradição profética oral, com curtas anedotas acerca de Maomé, em torno de algo por ele dito ou vivido; posteriormente (c.730-c.830), e sem que a tradição oral desaparecesse, surgiram relatos mais densos, sagrados ou profanos, relativos ou não a Maomé e ao Islã, elaborados por autores como Ibn Shihab al-Zuhri (c.677-c.741), Ibn Ishaq (704-767) e Ibn Hisam (?-833); E a partir do século IX, essas narrativas do passado se consolidaram, inclusive como portadoras de ensinamentos para o presente.[335]

Talvez o mais conhecido dos antigos historiadores árabes seja também o menos típico deles. Trata-se de Ibn Khaldun (1332-1406), nascido na atual Tunísia, e que elaborou uma "história universal" ou "mundial" como uma narrativa a partir da criação do mundo e que, segundo ele, até o século VII d.C., se constituiria em uma espécie de prólogo da história do Islã. Criticando e retificando muitos outros escritores, Ibn Khaldun elaborou uma analogia entre a vida de uma dinastia e a vida de um indivíduo, em ciclos de 120 anos (o mesmo número que, segundo o Gênesis bíblico, Deus fixou como limite à existência humana) constituídos, segundo ele, por conjunções astrais, sendo que uma dinastia raramente duraria mais de três desses ciclos. Portanto, a história não só teria um sentido e uma linearidade – de Maomé ao fim dos tempos – mas também períodos cíclicos menores.* Dinastias, povos e impérios estariam sujeitos a movimentos de crescimento e decadência. E se nisso suas obras – como a *Kitab-al-'Ibar*

---

* Compreende-se a insistente contraposição entre tempos *lineares* e *cíclicos* com que muitos autores trataram de questões relativas à história social do tempo. Mircea Eliade, por exemplo, em seus estudos sobre as religiões, frequentemente contrapôs um tempo linear ("histórico") a um tempo circular ("mítico"). Stephen Jay Gould escreveu um luminoso livro (*Seta do tempo, ciclo do tempo*) procurando articular essas duas concepções na escrita de uma história natural da Terra nos séculos XVII e XIX. Para nós, esse tipo de contraposição é pouco interessante: os tempos criados e vividos pela humanidade nunca são exclusivos, e sim plurais e simultâneos; logo, considerando seus contextos sociais mais amplos, dificilmente um desses tempos será *apenas* cíclico ou linear.

("Livro dos exemplos"), ou o *Muqaddimah* ("Prolegômenos") – se distanciam das de seus antecessores e contemporâneos árabes, com elas se reencontra na ideia de que tudo, ao final, segue os desígnios de Alá.[336]

Por toda parte onde tenha existido, o conceito de *história* sempre esteve em movimento, transformando-se ao sabor de circunstâncias das mais diversas. A ideia de que a história era mestra da vida, também. Com a nova expansão territorial e cultural da Europa nos séculos XV e XVI, e, pouco depois, com o avanço da secularização de visões de mundo, os conceitos de história advindos de tradições judaico-cristãs foram englobando cada vez mais temas, e buscando com mais afinco do que nunca uma unidade que, como vimos, até então tinha sido apenas esboçada em algumas situações. Mesmo assim, o plural, *histórias,* continuou a prevalecer sobre o singular.

O conceito de *histórias*, no plural, se expandiu por sobre um tipo de tema que já existia antes, mas que agora ganharia mais força: as indevidamente chamadas "histórias nacionais". As nações dessa época não eram exatamente as que existem hoje. Elas não se associavam a Estados política e territorialmente unificados, e nem se confundiam com povos soberanos ou forças de representação política como as que hoje consideramos legitimamente constituintes das nações. As nações diziam respeito a monarquias e poderes reais, divinamente justificados (em outros casos culturalmente muito diferentes, diziam respeito também ao que chamaríamos hoje de *etnias*). É então uma distorção chamar narrativas como as gregas ou romanas de "nacionais".

Na Europa dos séculos XV e XVI, sobretudo no interior do chamado Humanismo itálico, tornou-se bastante comuns autores se interessarem pela história de suas próprias cidades, regiões ou instituições políticas. Por exemplo, Leonardo Bruni (c.1370-1444) e Nicolau Maquiavel (1469-1527), ambos com histórias de Florença; Marcus Antonius Sabellicus (c.1436-1506) e a história de Veneza; Enea Piccolomini, futuro papa Pio II (1405-1464) e a história da Boêmia; Antonio Bonfini (1434-1503) e a história da Hungria; Lucio Marineo Siculo (c.1444-1533) e a história da

Espanha; Polydorus Vergilius (c.1470-1555) e a história da Inglaterra; e Paulus Aemilius Veronensis (c.1455-1520) e a história da França.

Alguns desses autores trataram da história, da geografia e de costumes em recortes espaciais amplos, até mesmo compreendendo todo o globo (é o caso de Piccolomini, cuja obra foi lida e anotada por ninguém menos do que Cristóvão Colombo); outros estavam interessados apenas em suas cidades, regiões ou em um único assunto, reforçando o conceito de *história* como narrativas particulares. E mesmo sendo particulares, algumas dessas histórias podiam ser exemplares e úteis (caso da de Maquiavel). E para todos eles, a palavra *história* indicava investigação e conhecimento, e não um objeto.[337]

Depois das inovações até aqui apontadas – a concepção grega de *história*, a convergência dos passados em direção à eternidade de Roma, a história como mestra da vida, os sentidos das histórias judaicas, cristãs e muçulmanas – a principal mudança na história do conceito de história viria no século XVIII, inaugurando uma parte do mundo em que ainda vivemos. As linhas gerais dessa ruptura nos são dadas por Koselleck:

> "Quando se fala hoje de 'História', estamos diante de uma expressão cujo conteúdo só se consolidou no último terço do século XVIII. A 'História' é um conceito moderno que – apesar de resultar da evolução continuada de antigos significados da palavra –, na prática, corresponde a uma configuração nova. Naquilo que tange à História do termo, o conceito se cristaliza a partir de dois processos de longa duração, que no final vão confluir e, assim, desbravar um campo de experiência que antes não podia ser reformulado. Por um lado, trata-se da criação do coletivo singular, que reúne a soma das histórias individuais em um conceito comum. Por outro lado, trata-se da fusão de 'História' (como conjunto de acontecimentos) e '*Historie*' [em alemão] (como conhecimento, narrativa e ciência históricos)."[338]

Nesse movimento de transformação de *histórias* em *história,* significando não mais apenas a narrativa e o conhecimento do passado, mas também o próprio passado como uma coisa só, Deus perdeu espaço. Não que ele tenha desaparecido, de modo algum. Apenas deixou de ser o fundamento exclusivo de todos os acontecimentos humanos, passando a disputar essa autoria com pobres mortais ou com os acontecimentos que, por eles mesmos, ganharam lógicas próprias. Um autor que contribuiu para a elaboração desse novo conceito de história foi Immanuel Kant (*O conflito das faculdades*, de 1798), para quem a História possuía sua própria ordem: a ordem da Razão, representada por certos acontecimentos e momentos especiais. Consequentemente, qualquer forma de organização temporal, como uma cronologia ou uma periodização, devia partir dessa ordem imposta pela Razão, e não de uma entidade alheia a ela, como pretendia a concepção providencialista da história divina.[339] Como vimos antes, essa "libertação" da História dos domínios de Deus, encontrada sob outras formas também em historiadores-filósofos franceses mais ou menos contemporâneos a Kant, ganharia posterior força com Hegel, Marx e muitos outros, fazendo com que o novo conceito de história desse uma boa "mãozinha" na dessacralização do mundo.

A síntese de Koselleck a respeito desse novo conceito de história é persuasiva e amparada em sólidos argumentos. No entanto, seu autor pretendeu explicar apenas uma parcela – principalmente a germânica – do mundo europeu, e não ele todo; menos ainda outros mundos dos séculos XVIII e XIX. Até que ponto essa síntese tem validade mais ampla? Claro que a ela escaparão certos conceitos de história pela mesma época encontrados, por exemplo, na Índia, na China (de onde ideias de história se esparramaram também para Vietnã, Coréia e Japão), na Austrália, no Império Otomano e em muitos lugares da África, que tinham suas próprias histórias e conceitos que, muitas vezes, seguiam lógicas de pensamento completamente estranhas ao mundo europeu expandido; porém, mesmo essas regiões e seus historiadores começaram a sofrer fortes e duradouras influências do novo conceito ocidental de história, de práticas de registro e investigação a ele relacionadas, e de novas formas de conceber o tempo em geral.[340]

Não é de se surpreender. Quando a Revolução Francesa dava seus primeiros passos em meio a um conjunto de outras revoluções políticas, e a Revolução Industrial se consolidava a partir da Inglaterra, o mundo europeu atingia seu ápice histórico em termos de expansão territorial e cultural; por isso, não seria razoável supor que o novo conceito de história permanecesse à margem desse movimento e confinado a algumas poucas regiões. Muito pelo contrário, ele foi um protagonista dessa expansão. Como historiadores, podemos até seguir a advertência de Sanjay Seth – sem dúvida correta, embora pouco original – de que "precisamos pensar na história não por um veio imperialista, como a aplicação da Razão ao passado, e sim como o diálogo entre diferentes tradições de raciocínio".[341] Apenas não nos esqueçamos que no passado nem sempre as coisas foram assim bonitas, e que a história do conceito de história foi, em si mesma, parcialmente imperialista e dominadora, mais do que promotora de um diálogo entre diferenças.

Na França, *história* como uma unidade de narrativas e de passados parece ter surgido já no século XVII; porém, a antiga ideia de que o passado era fonte de ensinamentos úteis ao presente se manteve, e foi até se fortalecendo em meio a autores como Voltaire e Montesquieu, orientados – a exemplo de Kant – pelo *telos* da Razão como ponto de chegada da trajetória humana. Por isso, também na França algo decisivo ocorreu a partir de finais do século XVIII: a Revolução Francesa não apenas contribuiu para a secularização do novo conceito de história – ela tentou até mesmo instituir um novo calendário e um novo sistema de contagem do tempo – mas também para a unificação do passado em torno de uma mesma e única história. Se a Revolução via a si mesma como *o acontecimento central* de toda a História, também o passado podia ser visto como uma coisa só.[342]

Em Portugal, Espanha e suas imensas colônias, o conceito de história também estava se renovando. Segundo Guillermo Zermeño, a síntese de Koselleck permite observar como esse conceito, que também no mundo ibero-americano costumava se referir a um conjunto de narrativas específicas e orientadas pelo providencialismo divino, foi se laicizando e esboçando uma unidade de narrativas e de passados. Essa transformação começou a ocorrer em finais do século XVIII, em parte devido à obra de estadistas e escritores que, tanto no império português quanto no espanhol, colocavam seus serviços à disposição do fortalecimento e da grandeza de suas respectivas monarquias. Muitas dessas obras eram escritas por homens nascidos nas Américas, ou tratavam de temas diretamente relacionados às colônias.[343]

No Brasil, os territórios portugueses foram durante um bom tempo um conjunto de colônias que pouco ou nada se comunicava entre si. Elas praticamente só formavam uma unidade a partir de seu ponto de convergência metropolitano europeu: isto é, não formavam um *Brasil* propriamente dito, mas uma variedade de colônias portuguesas distribuídas pelo continente americano. Por isso, existiram várias *histórias* dessa América escritas nos séculos XVI, XVII e XVIII, e, a exemplo daquelas escritas na Europa, com forte teor religioso. Por exemplo, a *História do Brasil* (1627) de frei Vicente do Salvador; a *História da América portuguesa* (1730), de Sebastião da Rocha Pita; e *Desagravos do Brasil e glórias de Pernambuco* (1757), de Domingos Loreto Couto.[344] O primeiro dicionário da língua portuguesa, escrito pelo padre jesuíta Rafael Bluteau, definia *história* evocando e misturando o conceito grego antigo, a "mestra da vida" romana, o providencialismo judaico-cristão, e também a parcial dessacralização de sua escrita que, em caso de conflito com outras visões, deveria ser deixada de lado:

> "*História*. Deriva-se do Grego *Isimi,* que quer dizer *Eu sei,* e a própria palavra *História* é grega, e vale tanto como *indagação de coisas curiosas* e *desejo de saber.* Mais particularmente, *História* é narração de coisas memoráveis que têm acontecido em algum lugar, em certo tempo e com certas pessoas ou nações. De todas as Histórias, a mais certa é a da Sagrada Bíblia; como ditada pelo Espírito Divino, deve

ser preferida a todas e (segundo advertiu Santo Agostinho, na *Cidade de Deus* [...]) quando em Historiadores profanos achamos coisas contrárias às que estão na Bíblia, havemos de ter por certo que são falsas [...]. A história é a testemunha do tempo, a luz da verdade, a vida da memória, a mestra da vida, & mensageira da Antiguidade."[345]

Algumas décadas depois, quando a exploração do ouro em regiões como Minas Gerais, Mato Grosso e Goiás já tinha levado pessoas, mercadorias e centros urbanos mais para o interior do continente e aumentado as ligações entre as capitanias, essas *histórias* começaram, timidamente, a esboçar a ideia do Brasil como uma unidade; isto é, como se referindo a um único passado. Mas como esse esboço era expressão de anseios de reforço da unidade imperial portuguesa, ele não tinha nenhuma relação com qualquer projeto de uma independência política do Brasil que, por essa época, aliás, quase ninguém sequer imaginava poder um dia acontecer. A transformação política radical viria só depois, nas primeiras décadas do século XIX. E a exemplo do que ocorreu na América espanhola, também no Brasil o processo de independência se faria em um contexto de mudanças importantes no conceito de *história*. Mesmo assim, e a despeito das inovações, *história* continuaria por um bom tempo e em muitas partes a carregar consigo muitos componentes tradicionais, herdados do passado europeu.[346]

No Brasil e em muitos outros lugares, *história* continuará a ser sinônimo de *histórias*, mestra da vida, divinamente orientada, a ter um *telos,* etc. Continuará, enfim, a ser um conceito polissêmico. Mas seu significado majoritário no mundo atual é aquele que começou a dar as caras em partes da Europa e da América em fins do século XVIII: tudo aquilo que aconteceu e sua narrativa explicadora, condensados em uma mesma palavra, que é um singular coletivo: *a história.** Mais de duzentos anos depois dos

---

* A história de um conceito pode nos advertir contra armadilhas do entendimento; neste caso, como duas ou mais expressões iguais ou similares podem significar coisas muito diferentes. Como vimos, uma história "universal" foi

primeiros respiros dados pelo novo conceito, *história* ainda pode significar várias coisas, oriundas de muitos lugares do passado; mas o principal dicionário da língua portuguesa atual agrupa essas coisas em duas: "conjunto de conhecimentos relativos ao passado da humanidade, segundo o lugar, a época, o ponto de vista escolhido", e "a evolução da humanidade ao longo de seu passado e presente, sequência de acontecimentos e fatos a ela correlatos".[347] Duas coisas que, quando começaram a se unir, acabaram por criar uma história que ainda vivemos.

MODERNIDADE E O TEMPO DOMINANTE DO CAPITALISMO

Um dos pontos mais interessantes da análise do conceito de história feita por Koselleck é sua relação direta com mutações observadas em outros conceitos de tempo, como *revolução* e *progresso*. Entre aproximadamente 1750 e 1850 teria ocorrido, então, uma grande transição em formas de viver e pensar o passado, o presente e o futuro, relacionadas, por um lado, às revoluções políticas, e por outro, à Revolução Industrial. O conceito de *história* teria protagonizado essas mutações, características de um novo mundo que estava sendo criado, e ao qual Koselleck chamou de *modernidade*.[348]

Nos últimos 250 anos, essa palavra e outras a ela associadas – como *moderno* ou *modernismo* – foram e continuam a ser usadas

---

proposta no século XIV por Ibn Khaldun; quatrocentos anos depois, também por Kant (*Ideia de história universal em um sentido cosmopolita*, de 1784). Mas eram duas histórias separadas pela diferença entre um conceito pluralista de narrativas do passado divinamente orientadas (Khaldun), e outro unificador do próprio passado como perfazendo uma unidade guiada pela Razão (Kant). No mundo atual, fazem muito sucesso livros de história supostamente "de todas as coisas" em escassas duzentas ou trezentas páginas, como os *best-sellers* de Yuval Harari (*Sapiens: uma breve história da humanidade*, de 2014) ou Emma Marriott (*História do mundo para quem tem pressa*, de 2017). E se a promessa dessa história jamais pode ser cumprida, fica ao seu consumidor ao menos a ilusão – protegida pelo conceito inaugurado lá no século XVIII – de que, se ele está aprendendo *história*, então está aprendendo *tudo*.

de diversas maneiras: como substantivos ou adjetivos positivos ou negativos; em campos tão variados como as ciências naturais, a política, a filosofia, a historiografia, o direito, a engenharia, as artes plásticas, a literatura, a arquitetura e o cinema; e invadindo muitos e muitos lugares da vida social de distintos países e regiões.[349] Para Koselleck, a modernidade estaria relacionada a novas formas de viver e pensar o tempo, e seria uma *estrutura temporal* com dois componentes centrais. Primeiro, ela teria promovido um distanciamento inédito entre passado e futuro, fazendo com que cada vez mais pessoas em geral vissem na história não uma fonte de ensinamentos, mas um conhecimento pouco ou nada útil, incapaz de oferecer algo de proveitoso para a construção do futuro; na prática, esse distanciamento entre *passado* e *futuro* teria esvaziado os dois, alçando o *presente* à condição de valor temporal máximo na vida social e deixando o futuro cada vez mais em aberto, justamente porque não encontraria mais correspondência no passado. Segundo, e em articulação a essa quebra entre passado e futuro, a modernidade teria feito triunfar uma sensação, já existente em outras épocas, mas quase sempre residual, de uma progressiva aceleração de quase todos os tempos sociais. É a ideia de que o tempo estaria sempre "correndo" e passando cada vez mais rápido. Nas palavras de Koselleck:

> "o perspectivismo temporal derivou de uma História que parecia se afastar, com velocidade crescente, de seus dados prévios. A experiência de uma ruptura que estaria separando, de forma violenta, as dimensões do passado e do futuro, a consciência de um período de transição está amplamente registrada, desde a grande revolução [francesa]. Desde então, também vão se afastando os enfoques em direção a um futuro a ser criado, por um lado, e um passado que vai se perdendo cada vez mais, que só pode ser reconquistado historicamente, por outro lado – ainda que inicialmente ambos ainda sejam cobertos pelo conceito de História."[350]

Como já dissemos, essas duas características da modernidade – distanciamento entre passado e futuro, e aceleração progressiva do tempo – se verificaram também no mundo ibero-americano; mas como formas de viver e pensar o tempo, elas jamais foram uma simples apropriação de ideias exteriores, supostamente importadas da Europa e mais ou menos aceitas, distorcidas ou rejeitadas em um novo meio. Na América, durante os processos políticos que resultaram na formação de mais de uma dúzia de novos países, todos com suas correspondentes histórias nacionais, essa modernidade do tempo adquiriu feições próprias a depender de cada lugar; variou também segundo as formas de viver e pensar o tempo já existentes. Entre aproximadamente 1800 e 1850, o continente todo se constituiu em um verdadeiro e imenso laboratório de projeções de futuro e de invenções de passados.[351]

O estabelecimento da modernidade como uma nova estrutura temporal dependeu de muitos fatores. Em diversas ocasiões do passado, várias palavras foram utilizadas para distinguir o passado do presente; vimos no capítulo anterior, inclusive, que foi assim que foram sendo inventados períodos históricos como "Idade Antiga", "Idade Média" e "Idade Moderna", com muitas variações de país a país. A ideia de que o presente é não só diferente do passado, mas também superior a ele, não é nova, mas tem sido muito mais comum nos últimos 250 anos do que em qualquer momento anterior.

No ocidente judaico-cristão, pelo menos quatro "modernidades" ocorreram antes do fim século XVIII: 1) entre os séculos V e VI, quando a palavra latina *modernus* surgiu para expressar uma vontade de diferenciação entre uma atualidade cristã e uma antiguidade pagã; 2) entre os séculos IX e XII, com o aprofundamento dessa distinção servindo à contestação da ideia de Santo Agostinho de que o passado era sempre superior ao presente; 3) uma modernidade renascentista, potencializada pelos grandes descobrimentos marítimos, com uma nova valorização do presente e de um passado longínquo, e com a correspondente depreciação de um passado intermédio; simultaneamente, generalizou-se a ideia do tempo como "destruidor" do mundo, como uma força à qual nada era capaz de resistir, e que era uma forma de se pensar a aceleração do tempo; 4) a partir de fins do século XVII, com a consolidação da ideia de que teria havido uma "Idade Média", e com o aprofundamento da distinção entre *antigos* e *modernos*, que depois se misturou com vários componentes da filosofia das Luzes. Além destas quatro, é bem provável que tenham existido muitas outras "modernidades".[352]

A modernidade mais recente não tem apenas um único tempo social, e sua estrutura não é inteiramente nova: uma vez estabelecida, essa modernidade nunca destruiu por completo a antiga ideia de que a história é capaz de ensinar algo ao presente. É verdade que a transformação do estudo da história em uma disciplina especializada, ocorrida em muitos lugares no século XIX, contribuiu para que o passado ficasse confinado em uma espécie de "cápsula", e fosse fortemente alijado do presente. É também verdade que a ideia de que o futuro é incerto e imprevisível – combatida no mundo atual por astrólogos, profetas e alguns economistas – passou a concentrar, nesse futuro, energias humanas outrora direcionadas ao passado. Por essas razões, hoje em dia a imensa maioria das pessoas seguramente está inclinada a preferir, dentro de diferentes culturas de história e nem sempre de maneiras conscientes, primeiro o *presente*, depois o *futuro*, e só lá atrás (literalmente) o *passado*. Mesmo assim, a história entendida como algo exemplar e útil resiste, e ainda conta com muitos defensores dessa antiga ideia.

No século XIX, dois desses defensores foram os alemães Johann Droysen (1808-1884) e Friedrich Nietzsche (1844-1900); este último, aliás, deu a um de seus escritos o eloquente título de *Sobre a utilidade e a desvantagem da história para a vida* (1874). Na mesma época, essa persistência de um passado útil também se verificava em outros países, inclusive o Brasil. De lá para cá, muitos historiadores profissionais concordariam: do passado, é possível e até desejável extrair parâmetros, exemplos e lições para o presente. Acertadamente, um desses historiadores, Christophe Bouton, propõe que a modernidade de que fala Koselleck seja entendida como tendo promovido não exatamente a dissolução da história como mestra da vida, mas apenas sua reconfiguração. A história segue sendo útil.[353]

Aposto que os leitores deste livro, se se dispuseram a nele empenhar seu precioso tempo, concordarão. Mas também concordarão que todos vivemos, de alguma maneira, muito distantes de nossos passados, com dificuldades para projetar futuros, e aprisionados em uma sensação de eterno presente.* Também sofremos quase todos os dias a tirania de uma aceleração do tempo que, de modo desconcertante, parece nunca dar sinais de trégua. Trabalha-se cada vez mais para... se ganhar mais tempo.

A ideia de que *tempo é dinheiro* remonta à Europa do século XII, quando ela foi formulada em perspectiva teológica: o tempo era um bem divino, logo, seu mau uso implicava grave pecado; agora, o pecado é outro: não acelerar, não produzir, não lucrar, não "empreender". Entre um momento e outro, os relógios mecânicos foram inventados, se conjugaram com a divisão e o aumento do trabalho, e se tornaram cada vez mais precisos, compactando e acelerando o tempo. Hoje, nos momentos em que essa aceleração deveria ser combatida, para nossa desgraça o tempo parece correr ainda mais: as férias e os fins de semana demoram para chegar e quando chegam, passam excessivamente rápido. Para Hartmut Rosa:

"A dureza de aço dessa dinâmica escalar faz-se notória na seguinte circunstância: não importa com quanto êxito, individual e coletivamente, vivemos, trabalhamos e nos orientamos economicamente neste ano; no próximo ano, para mantermos nosso lugar no mundo, devemos ser melhores, mais velozes, eficientes e inovadores – e, no seguinte, coloca-se o nível ainda um pouco mais acima [...]. Aqui se manifesta, de forma especialmente impressionante,

---

* É razoável conceber a tendência a uma distribuição desigual de presente e futuro em grupos de indivíduos a depender de sua condição social. De acordo com pesquisas de J. Rifkin e G. Wood, dentre outros, pessoas abastadas se inclinam mais a projetos de futuro do que pobres, pelo simples fato de que, para estas, a vida tende a apresentar menos perspectivas e mais urgências (KELLEHEAR. *Uma história social do morrer*, pp.452-453). Porém, mesmo que de modo assimétrico e com variações, a estrutura temporal da modernidade parece a todos envolver.

> a irracionalidade da moderna lógica escalar, que se asseme-
> lha a um 'correr às cegas': os esforços de hoje não signifi-
> cam um alívio duradouro amanhã, antes uma dificuldade e
> uma agudização do problema."[354]

Ainda vivemos em meio àquela *modernidade* que começou a surgir e a se esparramar por todo o mundo em finais do século XVIII? Tentaremos responder a essa pergunta nas páginas seguintes; por enquanto, apenas afirmamos que, em meio à pluralidade dos tempos históricos vividos desde então, podemos identificar os traços de um *tempo dominante*. É um tempo geral responsável por submeter os tempos derivados da observação da natureza àqueles mecânicos, econômicos, laborais e tecnológicos turbinados pelo capitalismo em suas distintas fases. Na criação desse tempo dominante – esboçado timidamente no final do século XIII europeu, espraiado pela expansão comercial dos séculos XV e XVI, e desde então fracionado em períodos cada vez mais curtos pela tecnologia dos relógios – *modernidade* e *capitalismo* se associaram e se retroalimentaram[355] (a humanidade agradece o fato dessa dominação nunca ter sido completa e de ainda existirem outros tempos mais lentos, menos socialmente destrutivos, e mais fáceis de se lidar).

Revoluções políticas, revolução industrial; secularização do mundo; novas relações entre passado, presente e futuro; aceleração do tempo e um novo conceito de história. O século XVIII agregou, então, mais um componente a esse cenário: sob a liderança da Inglaterra, a consolidação do capitalismo como um sistema de dimensões mundiais, a encurtar distâncias e acelerar tempos já desde o âmago de sua própria lógica interna, pautada não pelo atendimento de subsistência e outras necessidades, mas por uma busca pelo aumento permanente – *acelerado* – da produção, dos lucros, da circulação de capitais, e pelo crescimento econômico.[356]

É importante destacar que esse tempo dominante do capitalismo foi ganhando corpo em meio a um crescimento da população mundial em escala até então inédita. Segundo alguns autores, um cálculo de proporção entre o tamanho físico da Terra e seu aumento populacional mostraria, nos últimos três séculos, um "encolhimento" do planeta de cerca de seis vezes.[357] Escrevendo na década de 1960 uma obra notável, em que a consideração do mundo todo respeitava a lógica da pluralidade de suas histórias específicas, Fernand Braudel se perguntou: "não é verdade que há um limite, um teto que confina toda a vida dos homens, que a envolve como que numa fronteira mais ou menos vasta, sempre difícil de atingir e mais difícil ainda de transpor?". Segundo ele, por toda parte esses limites permaneceram mais ou menos os mesmos entre os séculos XV e XVIII, e "só haverá ruptura, inovação, revolução na vasta linha que separa o possível do impossível com o século XIX e a convulsão total do mundo". O principal indício dessa convulsão total estaria não em coisas, mas em pessoas:

> "O que [...] mudou, e muito, foi o próprio ritmo do aumento da vida. Atualmente, um surto contínuo, mais ou menos animado conforme as sociedades e as economias, mas contínuo. Antigamente, aumentos, e depois recuos, como em marés sucessivas. Este movimento alternado, estes fluxos e refluxos da demografia são o símbolo da vida de outrora, sucessão de desastres e de avanços, os primeiros obstinados a quase anular inteiramente – não inteiramente – os segundos. Perante estas realidades básicas, pouco falta para que tudo pareça secundário. O certo é que é das pessoas que temos de partir. Depois, será altura de falar das coisas."[358]

Braudel nos ajuda a entender que a modernidade, como uma estrutura temporal, só pôde estabelecer um tempo dominante porque novas formas de pensar o tempo e a história se articularam com um aumento populacional generalizado em todo o nosso planeta. Longe de ser um movimento isolado, isso foi ao encontro de um conjunto de transformações econômicas, sociais, tecnológicas e intelectuais que fizeram com que a vida humana começasse a se alongar, os espaços a se encurtar, o tempo a correr, e o dinheiro a se colocar acima de quase tudo. E o mais significativo: os mundos e as histórias começaram a se tornar uma coisa só, com a ajuda de um novo conceito unificador de *história*.

Para que se tenha uma ideia do que foi esse crescimento demográfico que ainda nos afeta: sua curva ascendente estabelecida em fins do século XVIII foi seriamente abalada em apenas dois curtos momentos: a Primeira Guerra Mundial, que matou cerca de treze milhões de combatentes, imediatamente seguida pela pandemia da chamada Gripe Espanhola, que entre 1918 e 1919 matou entre vinte e quarenta milhões de pessoas; e a Segunda Guerra Mundial, que entre 1939 e 1945 ceifou em torno de cinquenta milhões de vidas. Desde então, nenhum outro acontecimento ou contexto – guerras, crises de fome, genocídios, acidentes nucleares, terremotos e tsunamis, pandemias, doenças – freou a curva de crescimento da população mundial. No final do século XVIII, essa população era de uns setecentos milhões; hoje, é de mais de sete bilhões. O resultado: mais pessoas confinadas no mesmo planeta, espaços mais curtos e tempos mais breves, alavancados por novas tecnologias de transporte, comunicação, produção e consumo.[359] O passado ficou ainda mais para trás, o futuro virou um ideal quase sempre inatingível, restou o presente.

Em meados do século XVIII, as viagens a cavalo no interior da Europa duravam mais ou menos a mesma coisa que na época do Império Romano; uma viagem de barco entre Portugal e Brasil, ou entre Irlanda e América do Norte, durava o mesmo que 250 anos antes; e ninguém em sã consciência pretenderia viajar da África ocidental ou da Rússia até a Austrália. Tudo isso mudou no intervalo de poucas décadas. E não é por acaso que várias tecnologias que ajudaram nessa mudança foram pioneiramente desenvolvidas na Inglaterra: como berço da Revolução Industrial, foi lá que mais agudamente se manifestaram demandas em torno da melhoria de estradas e de tecnologias navais, dos sistemas públicos de comunicação, e da marcação de tempos terrestres e marítimos.

No século XIX, principalmente depois das Guerras Napoleônicas (1803-1815), essas inovações se multiplicaram em direção ao aumento da exploração política e econômica da Europa em relação a outras partes do mundo: máquinas, barcos e locomotivas a vapor; ferrovias; telégrafos; e a popularização e sincronização dos relógios mecânicos públicos e particulares tiveram, todos juntos, um enorme impacto no encurtamento de distâncias, no aumento da circulação de pessoas, bens e conhecimento, e na aceleração do tempo.[360] Nada disso, claro, permite afirmar que os ingleses fossem mais "adiantados" do que quaisquer outros povos europeus ou de outros continentes: simplesmente, eles criaram demandas tecnológicas relativas à sua economia em fase de industrialização, e acabaram por exportar tais demandas para quase todo o mundo.

Bem se vê que no dia a dia da maioria das pessoas do planeta, as novas maneiras de viver e pensar o tempo não se dariam apenas por meio de complexas e abstratas formas intelectuais acerca do passado, do presente, do futuro, ou da história; tais formas, muito importantes sem dúvida, mas de abrangência social relativamente limitada, se mesclaram com novas relações de trabalho e de produção em escala mundial.

Como as máquinas agora poderiam trabalhar de modo ininterrupto, criaram-se turnos de trabalho diurnos e noturnos de doze, catorze ou dezesseis horas inclusive para crianças, e os idosos passaram a ser socialmente descartados como improdutivos. Aos poucos, o mundo todo foi se sincronizando em torno de uma espécie de imenso e global relógio perpétuo, cada vez mais preciso e dominador, resultando, no final do século XIX, na hora mundial unificada. Os tempos da natureza e da religião foram sendo confinados a rincões menores das vidas das pessoas, e velhas tradições e costumes resistiram residualmente em meio ao novo tempo que pretendia ser dominante, mas não absoluto: afinal de contas, descansos de fins de semana ou férias não apenas não afrontariam, mas até reforçariam a transição humana ao novo mundo do trabalho e da produção infindáveis. *Tempo* não apenas se tornou, mais uma vez, sinônimo de *dinheiro*, mas também um poderoso e brutal agente disciplinador: e as pessoas que tratassem de se adaptar![361] **(Figura 6.3).**

Figura 6.3. – A adaptação humana aos tempos da modernidade. O trabalho do *knocker-up* surgiu na Inglaterra na época da Revolução Industrial, e continuou a existir até pelo menos os anos 1970. Para acordar trabalhadores até então acostumados aos tempos da natureza, uma pessoa era paga para percorrer ruas dando batidas nas janelas das casas com uma longa vara, atirando ervilhas assopradas com um canudo, ou produzindo sons com um chocalho. A imagem é antiga, mas revela um fenômeno moderno: a vara, o canudo e o chocalho foram trazidos para dentro das casas, transformados em nossos atuais despertadores digitais (Lancashire, Inglaterra, c.1900. Disponível em: <https://rarehistoricalphotos.com/knockers-up-history-1900-1941>. Acesso em 29 ago. 2021).

Como corolário final da simbiose entre modernidade e capitalismo, o passado foi ficando cada vez mais obsoleto, dando lugar a uma interminável e ilusória valorização do novo e de um futuro inatingível, tornando o presente o próprio indivíduo efêmeros e desenraizados. A rapidez, o curto e o transitório da modernidade levaram a atitudes de reação que, curiosamente, a conduziram para um campo quase que oposto: é por isso que dentre muitos sinônimos possíveis de *modernidade*, sobretudo no século XX, está o de movimento de criação de uma realidade planejada e durável. De acordo com esse sentido, o *novo* foi mantido e associado ao ato criador, valorizado como algo permanente, portanto, estável. Nas palavras de David Harvey:

"Nessa nova concepção do projeto modernista, artistas, escritores, arquitetos, compositores, poetas, pensadores e filósofos tinham uma posição bem especial. Se o 'eterno e imutável' não podia mais ser automaticamente pressuposto, o artista moderno tinha um papel criativo a desempenhar na definição da essência da humanidade. Se a 'destruição criativa' era uma condição essencial da modernidade, talvez coubesse ao artista como indivíduo uma função heroica [...]. O artista, alegou Frank Lloyd Wright – um dos maiores arquitetos modernistas –, deve não somente compreender o espírito de sua época como iniciar o processo de sua mudança."[362]

Se o duradouro da modernidade era sua permanente criação de coisas novas, como se daria essa criação? Por meio de uma linguagem artística que, devendo promover sempre a inovação, expressaria uma verdade supostamente eterna da qual os verdadeiros artistas seriam portadores. Nesse ponto, a modernidade flertou com a tradicional *eternidade* de tempos religiosos não modernos. A modernidade ensejou projetos modernistas carregados dessa ambiguidade: como transformar a permanente criação do novo em uma estabilidade que não se autodestrua? Os dois lados dessa ambiguidade já se manifestavam em um dos escritos do escritor francês Charles Baudelaire (*O pintor da vida moderna*, 1863), e que é considerado por muitos estudiosos do tema como o fundador da modernidade como projeto artístico: "a modernidade é o transitório, o fugidio, o contingente; é uma metade da arte, sendo a outra o eterno e o imutável".[363]

A modernidade como estrutura temporal se relaciona profundamente com aquelas ideias de *história* acima observadas, muito comuns nos séculos XIX e XX, e que a entendiam como possuidora de um sentido. Neste caso, o sentido da história seria uma permanente evolução da humanidade de acordo com um conceito central dessa época: o *progresso*. No Iluminismo europeu do século XVIII, essa evolução tinha uma qualidade *moral*; nos séculos XIX e XX, ela ganhou uma qualidade *econômica* e *tecnológica* tipicamente capitalista.

Os exemplos de manifestação do conceito de *progresso* no dia a dia das pessoas, a despeito de seu declínio em meados do século XX, ainda são numerosos. Indiquemos apenas um: há, no mundo atual, muita gente disposta a levar a sério os chamados testes de Q.I. ("quociente de inteligência"). Quase todos esses testes são baseados na velocidade com que uma pessoa é capaz de resolver determinados problemas específicos predeterminados; ou seja, a pessoa é considerada mais ou menos inteligente – portanto, melhor ou pior – na medida em que ela se aproxima ou se distancia de uma máquina, e não de um ser humano. Os testes de Q.I. se constituem em uma típica valorização da modernidade temporal, em que perder tempo é perder dinheiro, e a pressa não é inimiga da perfeição, mas sim sua aliada. Eles pretendem a unificação do *homo sapiens* segundo um padrão supostamente objetivo, capaz de mensurar uma das coisas que o distingue de outras espécies, que é sua capacidade de pensar; mas o faz às custas de outra dessas coisas, que é a singularidade do pensamento individual. O valor é a aceleração, e não há espaço para a lentidão: o jovem sempre superará o idoso, o novo substituirá o velho, e o crescimento econômico é um *telos* da história que nada pode frear. Segundo algumas pesquisas, os testes de Q.I seriam capazes até mesmo de sugerir que a humanidade está se tornando cada vez mais veloz, logo, mais inteligente[364] (diante de tais afirmações, é difícil não acreditar no contrário).

Em 1890, o funcionário do Observatório de Berlim, Wilhelm Förster, responsável por manter sempre correta a hora do relógio mestre daquela cidade, afirmava que um relógio público que não oferecesse as horas com imprecisão menor do que um minutinho era uma máquina "que mostrava um desprezo total pelas pessoas".[365] Já Machado de Assis (1839-1908), do outro lado do Atlântico, parecia não gostar da ideia, e traduzia essa generalizada aceleração do tempo com sagacidade e humor a ele contumazes (a crônica é de 25 de março de 1894):

"A semana foi santa, – mas não foi a semana santa que eu conheci, quando tinha a idade de mocinho nascido depois da guerra do Paraguai. Deus meu! Há pessoas que nasceram depois da guerra do Paraguai! Há rapazes que fazem a barba, que namoram, que se casam, que têm filhos, e, não obstante, nasceram depois da batalha de Aquidabã! Mas então que é o tempo? É a brisa fresca e preguiçosa de outros anos, ou este tufão impetuoso que parece apostar com a eletricidade? Não há dúvida que os relógios, depois da morte de López, andam muito mais depressa. Antigamente tinham o andar próprio de uma quadra em que as notícias de Ouro Preto gastavam cinco dias para chegar ao Rio de Janeiro. Ia-se a São Paulo por Santos. Ainda assim, na semana, os estudantes de Direito desciam a Serra de Cubatão e vinham tomar o vapor de Santos para o Rio. Que digo? Caso houve em que vieram unicamente assistir à primeira representação de uma peça de teatro. Lembras-te, Ferreira de Meneses? Lembras-te, Sizenando Nabuco? Não respondem; creio que estão mortos. Aí vou escorrendo para o passado, coisa que não interessa no presente. O passado que o jovem leitor há de saborear é o presente lá para 1920, quando os relógios e os almanaques criarem asas."[366]

De lá para cá, os incomodados sobreviveram, o que mostra que nem tudo está perdido para o homem da modernidade. Nas palavras de Ailton Krenak, um dos poderosos porta-vozes de populações indígenas do Brasil atual, "essa mesma cultura, essa mesma tradição, que transforma a natureza em coisa, transforma os eventos em datas, tem antes e depois. Data tudo, tem velho e tem novo. Velho geralmente é algo que você joga fora, descarta, o novo é algo que você explora, usa. Não há reverência, não existe o sentido das coisas sagradas".[367]

A promessa de realização humana pelo rápido e pelo novo não seria a única ilusão criada pela união entre modernidade, capitalismo e a mundialização desse tempo dominante, com o qual praticamente todos os demais tempos ainda existentes estabelecem uma relação desigual. Esse tempo também criou a ilusão de que, já que tudo encurta e corre cada vez mais, não haveria mais *um tempo dominante*, mas sim uma *infinidade de tempos equiva-*

lentes. A modernidade já teria sido superada; em seu lugar, teria surgido uma outra coisa.

PÓS-MODERNIDADE

Nos anos 1930, começou a ganhar corpo a ideia de que a palavra *Modernidade* não dava mais conta de descrever a realidade, e que tampouco qualquer projeto modernista servia como instrumento de interação com o mundo. Segundo essa ideia, a ruptura com a modernidade teria sido tão grande que implicaria o descarte de propostas de análise continuístas e indicadas por expressões como *Ultramodernidade, Segunda Modernidade, Modernidade Reflexiva, Modernidade Liberal Estendida* ou *Modernidade Tardia.* O que teria surgido, ou deveria surgir como um novo projeto, seria a *Pós-modernidade.*

O termo se originou na crítica literária, e remonta a ideias como as do espanhol Federico de Onís (1885-1966), que diagnosticou o surgimento de certas manifestações que não se enquadrariam bem na classificação do modernismo. No mundo anglo--saxão a mesma ideia foi burilada depois, indo parar nos Estados Unidos de finais dos anos 1960 e culminando no texto do também crítico literário egipto-estadunidense Ihab Hassan (1925-2015), "POSTmodernISM: a Paracritical Bibliography", de 1971, e na criação da revista *boundary 2: a jornal of postmodern literature,* em 1972. Pouco depois, o filósofo francês Jean-François-Lyotard (1924-1998), em um livro chamado *A condição pós-moderna,* de 1979, aprofundou a ideia de que o mundo vivia uma nova sensibilidade incompatível com alguns dos pressupostos essenciais da modernidade, o que implicaria o abandono de visões totalizantes da realidade e de hierarquias de explicações e pontos de vista. Segundo estes e outros autores, seria difícil precisar o início dessa sensibilidade, e é por isso que desde então a Pós-modernidade oscilou entre o diagnóstico de um novo momento histórico, em substituição ao anterior, e um projeto intelectual-cultural de intervenção no mundo.[368]

Como vimos antes, essa oscilação entre diagnóstico e projeto também esteve alocada na ideia de modernidade. Outro ponto em comum entre as duas é que a ideia pós-moderna também possuía fortes conexões com o desenvolvimento do capitalismo. Vejamos isso com algum detalhamento.

Entre aproximadamente 1914 e 1973, o sistema capitalista esteve fortemente baseado em um regime de trabalho que poderíamos chamar de *fordista*, e que era igualmente um regime de tempo. Ele foi introduzido primeiramente na fábrica de automóveis de Henry Ford em Dearbon, no Estado norte americano de Michigan, e baseava-se em um turno diário de oito horas de trabalho, com remuneração fixa (à época, de cinco dólares por dia). Turnos e remuneração fixos garantiriam um poder aquisitivo capaz de converter o trabalhador em um potencial comprador daquilo que ele próprio fabricava, criando assim um ciclo virtuoso entre produção e consumo, reforçado ademais por garantias trabalhistas obtidas via sindicatos. Com muitas variações, esse regime se generalizou por todo o mundo industrial. No entanto, a crise de 1973, que eclodiu com a alta dos preços do petróleo para logo se converter em uma crise estrutural do capitalismo global, promoveu uma violenta flexibilização das jornadas de trabalho, das remunerações e dos direitos trabalhistas, e aumentou os fluxos internacionais de capital financeiro, que passaram a circular mais livremente do que nunca. O regime fordista caiu por terra.[369]

A crise de 1973 reforçou, no plano intelectual, uma flexibilização da própria modernidade e de seus tempos, agora associados com o regime fordista que, sem desaparecer totalmente, ficara para trás. O capitalismo, um sistema desde o século XVIII baseado na produção e na riqueza autorreprodutiva, começou a se tornar um sistema mais estruturado em torno de finanças e de capitais especulativos altamente instáveis, sem controles formais e globalizados. David Harvey chamou a isso de um novo regime de *acumulação flexível* de capital que, "marcada por um confronto direto com a rigidez do fordismo", passou a se apoiar "na flexibilidade dos processos de trabalho, dos mercados de trabalho, dos produtos e padrões de consumo". A rigidez fordista se tornou sinônimo de rigidez da modernidade, e a flexibilização de estruturas socioeconômicas do capitalismo encontrou correspondência na ideia de flexibilização da própria estrutura temporal surgida a partir de fins do século XVIII. O mundo digital seria um complemento dessa situação, atuando como um agente de uma "compressão do espaço-tempo" típica da modernidade, mas brutalmente acentuada a partir da década de 1970: as distâncias do mundo diminuíram ainda mais, a população continuou a crescer, a aceleração temporal deu um salto e o passado e o futuro se condensaram ainda mais no presente, com sua vertiginosa simultaneidade de tempos cada vez mais imediatos.[370]

No plano das doutrinas econômicas, as décadas de 1970 e 1980 conheceram o triunfo do neoliberalismo*, que radicalizou a concepção liberal de que a economia deveria caminhar em direção à perfeição supostamente promovida pelo funcionamento de um mercado autorregulável e livre (o que, diga-se de passagem, nunca existiu na história do capitalismo); agora, tratar-se-ia da afirmação da *inevitabilidade* de uma *sociedade de mercado*, um novo *telos* da história, em que tudo – desde a circulação, a produção, os preços, as trocas e o acúmulo de riqueza, até a educação, as relações afetivas, a prática de esportes, os deslocamentos humanos e o cumprimento das leis – deveria seguir os comandos inescapáveis de aperfeiçoamento da evolução humana ditados pelo infalível mercado.[371] Em um mundo de regimes de trabalho, capitais financeiros e tempos sociais desregulados em escala global, o neoliberalismo contribuiu, como vimos anteriormente, para

---

* Curiosamente, o termo é rejeitado por muitos dos defensores das ideias e práticas por ele contempladas. Cabe, portanto, um esclarecimento: "Sim, o neoliberalismo existe, e tem quase um século de existência. Desde cedo, teve perfis confusos, como tantas outras coisas, e desde cedo também há um uso retórico do termo, impreciso, de intenção política, e que não ajuda a esclarecê-lo. Mas o neoliberalismo é um fenômeno perfeitamente identificável, cuja história pode ser contada. É um programa intelectual, um conjunto de ideias sobre a sociedade, a economia e o direito, e é um programa político derivado dessas ideias". (ESCALANTE GONZALBO, Fernando. *Historia mínima del neoliberalismo*, p.17, trad.livre).

o surgimento de um novo sentido de história, versão capitalista-
-avançada e pós-moderna de velhas ideias sobre o fim do mundo.

Projetos pós-modernistas se manifestaram de diversas formas
em diferentes campos. Na arquitetura, por exemplo, eles se tra-
duziram no combate ao planejamento e à permanente inovação,
que foram substituídos pela adaptação à realidade e pela consideração daquilo que os moradores – e não os arquitetos – achavam
que deveria ser um ambiente, um edifício, uma rua, um bairro ou
uma cidade. Nas artes plásticas, o pós-modernismo atacou a originalidade da criação individual, substituindo-a pela colagem, pela
citação e pela transfiguração de outras obras.[372] Na historiografia,
projetos pós-modernistas foram menos explícitos, mas existiram:
por exemplo – tal qual defendera Lyotard – ao pretender substituir a explicação de grandes temas espaço-temporalmente abrangentes pela narrativa supostamente autojustificável de pequenas
coisas; e na afirmação da abolição de hierarquias explicativas em
favor da equivalência de todos os pontos de vista possíveis e ima-
gináveis contidos em um mesmo fenômeno.*

Ihab Hassan procurou classificar as diferenças mais significativas entre projetos modernistas e pós-modernistas segundo as
indicações da tabela abaixo. São indicações aproximadas, eventualmente imprecisas, e que na prática podem se misturar; mas
no seu conjunto nos dão uma boa ideia de como a Pós-modernidade, ao se autodefinir, ajudou a definir a própria Modernidade
à qual se opôs:

---

* Em um influente livro publicado em 2003, onde o termo "pós-modernidade"
é cuidadosamente evitado, substituído por um novo, "regime de historicidade",
François Hartog afirmou de maneira lapidar: "o historiador agora aprendeu a
não reivindicar nenhum ponto de vista predominante" (HARTOG. *Regimes de
historicidade*. Belo Horizonte: Autêntica, 2014, p.7).

Modernismo	Pós-modernismo
Forma fechada	Forma aberta
Propósito	Jogo
Projeto	Acaso
Hierarquia	Anarquia
Obra de arte acabada	Obra aberta, processo, performance
Distância	Participação
Construção	Desconstrução
Presença	Ausência
Centração	Dispersão
Semântica	Retórica
Paradigma	Sintagma
Metáfora	Metonímia
Seleção	Combinação
Profundidade	Superfície
Leitura	Desleitura
Significado	Significante
Grande história	Pequena história
Sintoma	Desejo
Fixo	Mutante
Origem	Diferença
Determinação	Indeterminação

Quadro 6.1. – *Diferenças esquemáticas entre Modernismo e Pós-modernismo*, segundo classificação de Hassan, elaboração de Harvey, p.84, e adaptada.

A concepção geral da Pós-modernidade e muitos dos projetos dela derivados foram atacados por vários lados; em geral, por capitularem da ação política transformadora, abrindo mão de qualquer aspiração de controle do futuro. Afinal, se o mundo pós-moderno nunca é uma coisa só, e se nele não há hierarquias entre pontos de vista ou entre tempos sociais, planejá-lo seria tão indesejável quanto impossível. O Pós-modernismo como projeto, então, e a despeito de ter fomentado intensa criatividade principalmente em campos artísticos, imobilizaria e alienaria. Novamente Harvey:

"Se, como insistem os pós-modernistas, não podemos aspirar a nenhuma representação unificada do mundo, nem retratá-lo como uma totalidade cheia de conexões e diferenciações, em vez de fragmentos em perpétua mudança, como poderíamos aspirar a agir coerentemente diante do mundo? A resposta pós-moderna simples é de que, como a representação e a ação coerentes são repressivas ou ilusórias (e, portanto, fadadas a ser autodissolventes e autoderrotantes), sequer deveríamos tentar nos engajar em algum projeto global)."[373]

A concepção do futuro como um ideal a alimentar expectativas e mover ações humanas é um elemento central da ideia de modernidade enquanto uma estrutura temporal. Sua abolição por projetos de Pós-modernidade representa, portanto, uma diferença muito significativa entre duas maneiras de se pensar o tempo e a história. Mas, em outros aspectos, essas duas maneiras parecem ser uma só: pois se a Pós-modernidade quer superar a Modernidade, esta parece continuar de pé, com sua permanente valorização do *novo* em relação ao *velho*. E se a Modernidade se caracteriza, dentre outras coisas, pelo distanciamento acelerado do passado em direção a um futuro que nunca chega, então a Pós-modernidade, ao reconhecer que nem vale a pena buscar esse futuro, continua a ser parte – e não superação – da modernidade.[374]

Rejeitando qualquer sombra de endosso de diagnóstico de uma Pós-modernidade, inclusive a pretensão desta de ter promovido a abolição de hierarquias temporais, Paulo Arantes levantou a hipótese de que, neste nosso século XXI, o capitalismo interminavelmente acelerado e acumulador tenha conduzido a humanidade a um novo tempo dominante, marcado não mais pelas crescentes expectativas em relação ao futuro típicas da modernidade, mas sim por *expectativas decrescentes*. Em termos políticos, esse novo tempo implicaria não a inação pós-moderna, mas o que o autor chamou de um "estado de perpétua emergência".[375] Mas será mesmo esse um novo tempo do mundo, um novo tempo dominante, e em substituição àquele que começou a surgir em algumas partes de nosso planeta em finais do século XVIII?

Independentemente da resposta a essa pergunta, podemos todos concordar: no mundo atual, o futuro continua em baixa. O que implica que sua reabertura, como ideia e ação, depende da capacidade de se lutar contra essa poderosa equação que alçou o presente à condição de lugar temporal quase absoluto, uma espécie de cárcere da humanidade. Para se derrubar as grades e muros dessa prisão, caso o futuro ainda interesse, o passado pode ser um poderoso aliado: pois ele é capaz de auxiliar na prática de prospecções temporais e na construção de culturas de história que permitam mudar esse estado de coisas. E, assim, talvez precisemos que a história volte a ser, de alguma maneira e mais do que tem sido ultimamente, uma mestra de nossas vidas.

CAPÍTULO 7
O TEMPO SEGUNDO AS CIÊNCIAS
DA NATUREZA

A BREVIDADE QUE NOS UNE

Lançado em 1988, o livro de Stephen Hawking, *A brief history of time*, abordava, em uma linguagem acessível e bem-humorada, um tema fascinante e do interesse de milhões de pessoas: as profundas modificações nas ideias de tempo e de universo ocorridas no pensamento científico do último século. Levando-se em conta a autoridade e o carisma de Hawking, bem como os investimentos editoriais que o livro recebeu, não foi à toa que logo se converteu em um *best-seller*.

No Brasil, ele foi traduzido como *Uma breve história do tempo*; em Portugal, ele apenas perdeu o artigo indefinido "uma"; nos dois casos, o livro continuava a ser uma *breve história*. O longuíssimo tempo cósmico nele abordado era submetido, então, à pressa e à falta de tempo de seus leitores, típicas, aliás, de quase todos os leitores do mundo daquela década de 1980. Tratava-se, portanto, de um livro sobre um tempo para além dos homens, mas concebido de acordo com vontades e demandas profundamente humanas. E atuais.

Na edição revista de 2005, em coautoria com Leonard Mlodinow, o número de páginas do livro diminuiu, as ilustrações aumentaram e ficaram coloridas, e o título foi parcialmente modificado: agora, tratava-se de *A briefer history of time*, literalmente "uma história ainda mais breve", em clara alusão ao título anterior. No Brasil, porém, ele virou *Uma nova história do tempo*, e em Portugal, *Brevíssima história do tempo*. Duas más traduções, ou necessários ajustes para atender aos gostos de cada mercado editorial? Não importa. Pois no final das contas, todos esses títulos possíveis – *breve, mais breve, brevíssima* ou *nova* história – relevam um mesmo fenômeno: os tempos da natureza e do cosmos tratados pelos cientistas sempre foram concebidos de acordo com os padrões sociais de sua época. Nos últimos 200 ou 250 anos, esses padrões passaram cada vez mais a valorizar o breve em detrimento do longo, o rápido em relação ao lento, e o novo em relação ao velho.

Isso é válido para mercados editoriais e práticas de leitura, mas também para muitas e muitas outras coisas em nossa sociedade. Inclusive o próprio pensamento científico, que de lá para cá – principalmente a partir de fins do século XIX – passou a valorizar a rápida velocidade da luz em relação a velocidades mais lentas; o instante e o descontínuo em relação ao processual e o contínuo; e novas teorias, modernas, que substituíram outras, clássicas.

Não estamos afirmando, evidentemente, que bons livros não devam ser atrativos e vendáveis – caso contrário, este livro que o leitor tem em mãos não teria sido escrito! Tampouco pretendemos que o cosmos, nosso planeta e sua natureza não tenham existido muito antes da história humana, ou que essa existência não seja fortemente – por vezes completamente – independente dessa história. Obviamente, não se trata desse disparate. Apenas afirmamos que os fenômenos do mundo físico, ao fornecerem as bases para concepções científicas e filosóficas de *tempo*, revelam-se, também eles, como *formas sociais* de tempo. E é por isso essas concepções merecem ser estudadas como parte de uma história social do tempo. Afinal, os átomos, moléculas, planetas e galáxias não se estudam a si mesmos, e não chamam nada de *tempo*; quem o faz são pessoas e sociedades que, ao observá-los e analisá-los, muitas vezes acabam por dissociar completamente tempos naturais de tempos sociais.

Que físicos, químicos, biólogos e outros cientistas eventuais leitores deste livro não nos levem a mal: nossa intenção não é definir os tempos por eles concebidos e praticados como se fossem *exclusivamente* sociais (logo, históricos), mas sim expandir o escopo desses tempos, tratando-os *também* como sociais. Como veremos a seguir a partir de alguns exemplos, não só todas as grandes concepções científicas de tempo foram ampla e profundamente condicionadas historicamente, como também contribuíram para a parcial modificação dos tempos até então pensados e vividos pelas sociedades ao longo de sua história.

Segundo Gerald Withrow, "embora haja diferenças entre a ordem objetiva do tempo físico e o tempo individual da experiência pessoal, somos compelidos cada vez mais a relacionar nosso 'agora' pessoal ao cronograma determinado pelo relógio e o calendário. Da mesma maneira, no estudo do mundo natural, nunca se atribuiu tanta importância aos aspectos temporais dos fenômenos como atualmente". Podemos acrescentar ao "tempo individual" mencionado por Withrow também os tempos sociais que atuam no indivíduo. Várias vertentes da atual corrente de pensamento conhecida como "Perspectivismo Científico" concordariam conosco: as verdades científicas não são nem absolutas nem totalmente relativas – apenas são criadas e condicionadas a partir de certas perspectivas históricas e sociais, cujo reconhecimento amplia seu potencial de explicação do mundo.[376] Vale lembrar que as primeiras concepções de tempo social surgiram de observações de ciclos naturais e de suas consequências sobre grupos humanos; por que então haveríamos de acreditar que, um dia, tais observações deixariam de ser sociais para se tornarem, exclusivamente, naturais?

Em resumo: em se tratando de um esforço geral de entendimento, cientistas da natureza e historiadores, bem como muitos outros especialistas de diversos domínios, mais têm a ganhar convergindo, comparando e cotejando interesses e enfoques particulares acerca do tempo do que isolando-os por completo, como se cada um se bastasse por si próprio ou se impusesse como único. Em um mundo separado por saberes e práticas acadêmicas e disciplinares profundamente especializadas, essa é uma tarefa difícil, mas necessária.

O TEMPO ABSOLUTO

Platão (427-347 a.C.), influenciado por outros pensadores gregos como Parmênides (c.515-? a.C.) e Zenão de Eleia (século V a.C.), afirmou, no diálogo *Timeu*, que o tempo não era algo em si, mas simplesmente uma característica, uma decorrência do Universo; mais precisamente, de algo que atravessaria os séculos como fundamento de concepções de tempo decorrentes da observação da natureza: o movimento dos corpos celestes. De acordo com a visão idealista de Platão, sendo o universo geometrizado em formas perfeitas e eternas, mas não estáticas, o tempo seria uma "imagem movente da eternidade", um produto direto dos deslocamentos de corpos celestes. Pouco depois, Aristóteles (384-322 a.C.) modificou consideravelmente essa visão sobre o tempo, dando-lhe ingredientes de lógica e pragmatismo calcadas não apenas em uma idealização da natureza, mas também em suas formas. Para ele,

> "é necessário que o princípio seja um ou mais de um, e, se for um, é necessário que seja ou imóvel, [...] ou suscetível de movimento, como afirmam os estudiosos da natureza [...]. Mas, para nós, considere-se estabelecido que as coisas que são por natureza, ou todas elas ou algumas, são suscetíveis de movimento".

Sendo as coisas suscetíveis de movimento, nele estava o tempo:

> "não apenas medimos o movimento pelo tempo, mas também o tempo pelo movimento, porque eles se definem um ao outro. O tempo marca o movimento, visto que é seu número, e o movimento marca o tempo".

A partir do movimento dos corpos celestes, mas aplicando o mesmo princípio para movimentos no plano terrestre, Aristóteles considerava *tempo* e *movimento* como duas coisas que se determinavam mutuamente, mas com uma ressalva: o movimento poderia parar, mas o tempo não; portanto este seria "algo em si". Aristóteles introduziu, ainda, a questão da consciência desse tempo: ele seria dado pela noção de "antes" e de "depois".[377]

Como em tantas outras coisas, o pensamento dos antigos gregos influenciaria sociedades de diferentes épocas. De muitas maneiras, passou-se a aceitar que havia um tempo que jamais parava e sempre fluía. E se, como pretendeu Aristóteles, a natureza em movimento era objetivamente compreensível pela essência e qualidade das coisas, mas não pela sua transformação, o conhecimento também poderia ser apreendido pelo pensamento puro.

O novo entendimento do movimento dos astros desenvolvido por Nicolau Copérnico (1473-1543) renovaria o problema da concepção de tempo deles derivada. O sistema heliocêntrico, apresentado por meio de complicadas fórmulas, cálculos e tabelas matemáticas em *Sobre as revoluções dos corpos celestes*, resultava tanto de uma nova concepção do Universo e da posição que nele a Terra ocupa, quanto dos árduos esforços do ilustre astrônomo polonês em adequar os movimentos dos corpos celestes efetivamente observáveis – suas "revoluções" – às antigas tabelas de cálculos que previam suas posições. No século XVII, Francis Bacon (1561-1626), Robert Boyle (1627-1691), John Locke (1632-1704) e Robert Hooke (1635-1703), dentre outros, elevaram a experimentação e a verificação à condição de pilares de um método científico, que doravante se mesclaria com – e não abandonaria – especulações e idealizações. Nesse contexto, Galileu Galilei (1564-1642) retomou formulações anteriores de estudiosos medievais acerca do movimento para propor uma importante questão: estando uma pessoa parada no interior de um barco que se move em velocidade constante em um oceano de águas calmas, como ela poderia ter certeza de que o que se move é o barco, e não o oceano? A resposta é: apenas com o auxílio de um referencial externo, supondo-se, portanto, a existência de um espaço e de um tempo absolutos. O que reforçava a concepção aristotélica que relacionava um tempo que fluía incessantemente a um movimento que, ao contrário, poderia cessar.

Mas foi sem dúvida Isaac Newton (1643-1727) quem formulou as ideias mais impactantes a respeito do tempo e que, seguindo o exemplo da filosofia clássica, eram decorrentes da tentativa de explicação dos movimentos dos corpos celestes. Operando de acordo com várias premissas de Aristóteles, Galileu e outros de seus antecessores, Newton aprofundou-se no estudo do movimento; e para que este pudesse existir, ser mensurado e explicado – e não fosse uma mera ilusão – era necessário que houvesse um referencial espacial e outro temporal externos ao objeto. Assim, só seria possível afirmar-se que um objeto está em movimento (dentre diversos tipos de movimento) ou parado em relação a um espaço absoluto, e em função de um tempo também absoluto. O tempo absoluto, então, existiria e fluiria, em linha reta, independentemente dos fenômenos naturais e dos movimentos deles decorrentes.

Para Newton, as coisas não seriam apenas sua essência, mas também as mudanças que elas sofriam; e essas mudanças se fariam em relação a uma constante imutável e uniforme: "o tempo absoluto, verdadeiro e matemático, [que] por si mesmo, e por sua própria natureza, flui de modo igual, sem relação a qualquer coisa externa", tal qual escreveu em seus *Princípios matemáticos de filosofia natural,* de 1687. Esse "tempo newtoniano" não só revitalizava parte de uma antiga concepção grega, mas também aquela cristã, bem formulada por Santo Agostinho, segundo a qual o tempo dos homens e dos acontecimentos não deveria confundir-se com o tempo de Deus e da eternidade: e este sempre existiria. Porém, se para o grande teólogo o tempo divino só seria apreensível aos homens por meio de uma prática espiritual, para Newton ele o era por meio do cálculo.[378]

Bem se vê que, a exemplo de todas as outras ideias relevantes um dia pensadas, as de Newton acerca do tempo não eram exclusivamente suas, tampouco absolutamente originais. Elas eram tributárias de um contexto intelectual, ao mesmo tempo em que com ele interagiram – e em tais contextos, tais ideias, longe de serem "falsas", poderiam funcionar perfeitamente bem. Na Europa, as primeiras décadas do século XVII conheceram manifestações de esgotamento da concepção aristotélica que via as coisas da natureza "em si", e dotadas de *qualidades estáticas* a elas inerentes. Em seu lugar, foi ganhando força a concepção de que a natureza era o resultado de transformações; portanto, que era fruto de *processos temporais*. Essa concepção se relacionava com uma visão mecanicista do Universo, segundo a qual este se assemelhava a um grande e perfeito relógio divino (uma imagem muito antiga que agora ganhava nova força), e que aliás estimulou aprimoramentos da tecnologia e da indústria relojoeiras. Essa concepção se relacionava também com novos olhares sobre a formação da Terra, de suas camadas e fenômenos geológicos, olhares esses que aos poucos foram permitindo uma revisão cronológica de histórias sagradas e humanas. Finalmente, o entendimento dos fenômenos naturais como fenômenos temporais deu novo estímulo àquela "matematização" do mundo que vinha ocorrendo, em fases desiguais, já desde fins do século XIII, e que encontraria expressão na célebre afirmação de Galileu: "o livro da natureza está escrito em caracteres matemáticos". Agora, no fervilhante contexto experimentalista, historicizante, mecanicista e cientificista do século XVII, a autoridade da elaboração intelectual individual ganhou força, mas a onipotência divina foi plenamente mantida.[379]

Na física e no tempo newtonianos, um determinado evento natural só poderia ter um único tempo a ele associado, embora ambos se relacionem a um tempo absoluto que lhes dava sentido. Dois eventos que ocorressem com o mesmo tempo eram chamados, então, de "simultâneos", e nisso Newton reforçava Galileu: dentro de um barco (supondo velocidade e aceleração constantes, sem atritos), duas pessoas estão paradas, claro, uma em relação à outra; mas ambas se movem em relação a uma terceira que, fora do barco, flutua no oceano.[380]

É muito interessante observar que a existência desse pano de fundo temporal organizador de tudo o que ocorria na natureza podia ser de utilidade para ordenar também os eventos humanos. Em outras palavras, a concepção de mundo da qual Newton era representante no século XVII supunha a possibilidade de se sincronizar tudo o que teria ocorrido ou viesse a ocorrer, em qualquer época e em qualquer lugar. Não é de se espantar, portanto, que o grande cientista britânico fosse fã de outro ilustre grego antigo, desta vez não um filósofo, mas um historiador. "Quando homens como Newton declaravam a sua fé em Heródoto", afirma Arnaldo Momigliano, "a respeitabilidade estava garantida. Newton declarou ter montado quadros cronológicos para 'fazer com que a cronologia concordasse com o curso da natureza, com a astronomia, com a história sagrada e com Heródoto, o pai da história'".[381]

Nesse mundo perfeito, todo ele geométrico, matemático, lógico e histórico, as cronologias, periodizações, como formas de organização temporal do passado, foram ganhando novo fôlego. Em decorrência disso, em meados do século XVIII começaram a surgir na Europa interessantes mapas históricos que, sendo também cronologias históricas, pretenderam unir, em uma mesma e indissociável representação, *espaço* e *tempo*. Se havia um tempo absoluto, isso uniformizava espaços e permitia sincronizações entre eventos; nesse caso, eventos humanos. Mas a concepção que estava por detrás dessa representação espaço-temporal era válida, igualmente, para eventos naturais. A "simultaneidade" newtoniana era, igualmente – como bem o sabiam muitos de seus antecessores –, histórica **(Figura 7.1).**

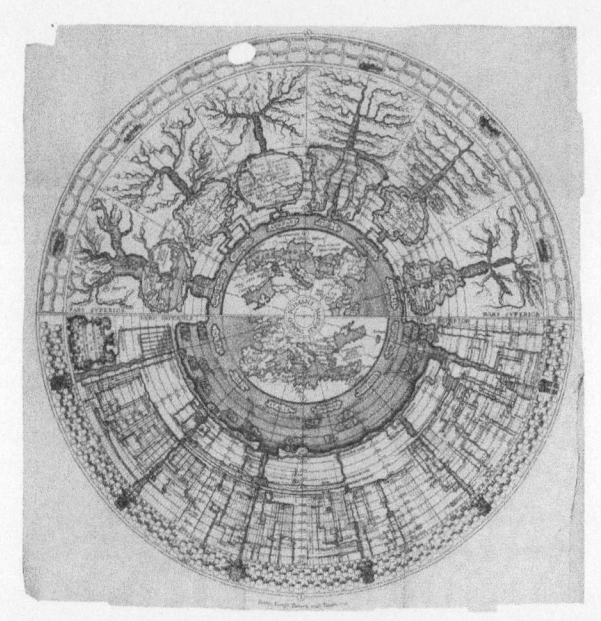

Figura 7.1. – Girolamo Andrea Martignoni, *Spiegazione della carta storica dell'Italia,*
Roma, 1721. Nesse mapa histórico do império romano que é também uma cronologia,
espaço e tempo encontram-se articulados. A representação já convencional do mundo
como uma esfera aqui é apresentada dividida em círculos concêntricos. No menor
de todos, lê-se "Imago Romani Imperii"; ao seu redor o círculo seguinte "espelha" os
territórios romanos em uma metade inferior e outra superior; no círculo seguinte,
indicações dos territórios conquistados pelos romanos (nova metade superior)
e os que do império surgiram (metade inferior). Rios reais e imaginários formam
ramificações que, na metade superior da circunferência maior, mostram lugares,
enquanto as ramificações inferiores indicam acontecimentos e datas. Como já se
tornara típico do pensamento europeu, aqui o espaço e os eventos humanos têm
sua razão de ser em um tempo absoluto.[382] (Department of Rare Books and Special
Collections, Princeton University).

É claro que nem todo mundo pensava da mesma maneira que
Newton e seus interlocutores, fosse na Europa ou em outras partes do mundo. As ideias sobre um tempo absoluto, como toda
e qualquer concepção social de tempo, diziam respeito a certas
pessoas e grupos sociais, jamais a todos eles. Aliás, isso é válido
também para as concepções de mundo do século XVII, aprimora-
das no XVIII, e que podem ser chamadas de "cientificistas".

Esse cientificismo, porém, era uma tendência importante, que
se mostrou bastante influente e duradoura. Gottfried Leibniz
(1646-1716), por exemplo, um dos muitos desafetos que o anti-
pático Newton teve que encarar ao longo de sua vida, reforçou a

posição de Aristóteles a respeito da exclusividade de um tempo surgido do movimento das coisas, e não como "algo em si". Leibniz, que acreditava em Deus tanto quanto Newton, colocava, então, a pergunta filosófica: se o tempo é absoluto e flui incessantemente de modo uniforme e linear, por que Deus não criou o mundo um ano antes? (para Newton, essa criação datava de 3988 a.C.). Discordâncias e provocações à parte, no entanto, mesmo para Leibniz o tempo era universal e único, pois era constituído pela sucessão dos eventos naturais e humanos: quando essa sucessão engendrava o tempo, era sempre o mesmo tempo que tornava a existir. E assim os dois brigões seiscentistas se encontrariam na posteridade com outros parceiros ilustres só parcialmente a eles antagônicos, como Immanuel Kant (1724-1804), para quem o tempo não era empírico, não era observável da experiência, mas um dado primordial de toda atividade de pensamento: sempre que alguém pensasse, lá estaria o tempo para organizar o pensamento (talvez isso explique por que hoje em dia tanta gente se queixa de falta de tempo...). Para todos os efeitos, e a despeito de certas diferenças de formulação de parte a parte, o tempo era pensado como uma coisa que, surgida ou não só da experiência ou dos eventos, estava acima dos homens. Havia algo de divino nesse tempo formulado por uma "Revolução Científica" e sistematizado por um de seus principais expoentes. Para Newton e tantos outros de seus contemporâneos, em um mundo governado pela Providência, o cientista, assim como o historiador, eram intérpretes dos desígnios de Deus.[383]

Façamos um breve retorno à obra de Newton para observarmos um ponto que, muito depois, se mostraria decisivo para concepções científicas de tempo: a gravidade. Nos *Princípios matemáticos de filosofia natural*, ele escreveu:

> "Explicamos até aqui os fenômenos dos céus e de nosso mar pelo poder da gravidade, mas ainda não designamos a causa deste poder. [...] Ainda não fui capaz de descobrir a causa destas propriedades da gravidade a partir dos fenômenos, e não construo hipóteses. Pois tudo aquilo que não

é deduzido a partir dos fenômenos é para ser chamado de uma hipótese. E as hipóteses, quer metafísicas ou físicas, quer de qualidades ocultas ou mecânicas, não têm lugar na filosofia experimental [...]. E para nós é suficiente que a gravidade exista realmente e atue de acordo com as leis que explicamos, servindo abundantemente para explicar todos os movimentos dos corpos celestes e de nosso mar."[384]

Ou seja: Newton considerava a gravidade central no movimento dos corpos celestes e das marés, descrevia-a em detalhes e relacionava-a com a massa; mas simplesmente não explicava por que massa gera gravidade. Além disso, a gravidade seria uma força independente, portanto, que existiria sem relação com o tempo absoluto. Mas haveria, então, algo fora desse tempo? Quando Newton escreveu sua obra, essa lacuna e essa incongruência não causaram nenhum problema, pois o conjunto de sua teoria funcionava muito bem para os padrões de sua época.

Se nessa época alguém achasse toda essa discussão muito complicada, poderia simplesmente buscar uma definição de *tempo* em um dicionário. No caso dos leitores, falantes ou ouvintes do português, esse dicionário poderia ser o *Vocabulário Português e Latino*, de autoria do padre Rafael Bluteau, cuja definição seria esta:

> "TEMPO: é a duração das horas, dias, meses, anos, e séculos, medida pelas revoluções [dos corpos celestes] e o primeiro Móvel [a esfera celeste onde estariam os astros], e movimento dos Astros; e ainda que o primeiro Móvel, e Orbes Celestes parassem, ainda nas coisas corpóreas se daria certo tempo, que consiste na duração do ser, e existência de cada qual. O tempo, que tudo descobre, só se encobre de si de sorte, que ninguém pode bem compreender a sua natureza, tão extraordinária, e caprichosa, que se compõe de um ser passado, e de outro ser futuro, atados um e outro a um momento presente."[385]

Tempo universal, absoluto, em parte aristotélico, totalmente newtoniano. Séculos depois, quem fizesse a mesma coisa e abrisse um dicionário recente, leria algo muito diferente:

"TEMPO: 1. Duração relativa das coisas que cria no ser humano a ideia de presente, passado e futuro; período contínuo e indefinido no qual os eventos se sucedem."[386]

Tempo *relativo*, criação de *ideias* de passado, presente e futuro? Newton desaprovaria tal relativismo, certamente. Mas talvez se contentasse em perceber que, mesmo com tamanha inovação conceitual, *tempo* pode continuar a ser um *período contínuo no qual os eventos se sucedem*, tal qual ele pensara há mais de 350 anos. Mas o que explica duas definições de tempo tão diferentes – uma relativa, outra absoluta – condensadas em um mesmo verbete de dicionário? Uma não implode a outra?

Não exatamente. Dicionários de língua são objetos verdadeiramente notáveis: não apenas reúnem uma amostragem significativa das palavras que condicionam os pensamentos e as expressões de uma sociedade, mas também podem articular, na definição de cada palavra, diferentes significados de diferentes épocas. É por isso que um dicionário atual da língua portuguesa ou de qualquer outra língua faz muito bem em colocar lado a lado uma definição de tempo newtoniana e outra, bem posterior. Pois embora o funcionamento de muitas coisas do mundo seja perfeita e maravilhosamente explicável segundo essa nova definição de tempo relativamente recente, muita gente ainda acredita na existência de um tempo absoluto, universal e até mesmo divino, que flui incessantemente e dá sentido a tudo o que acontece. Inclusive porque, na escala de suas vidas cotidianas, esse tempo funciona bastante bem. O tempo absoluto, portanto, sobreviveu à nova revolução científica capitaneada pelo tempo relativo; deixou de ser uma *ferramenta* útil à explicação de fenômenos naturais, mas manteve-se de pé como *uma concepção social* de explicação e ordenamento do mundo dos homens.

O TEMPO RELATIVO

Na passagem do século XIX ao XX, o tempo absoluto foi sendo destituído de sua capacidade de descrever fenômenos da natureza, sendo esse papel transferido a um tempo agora concebido como relativo. Note-se que, o que muitos chamam de *descoberta* de um novo tempo, nós chamamos de *concepção*. Não porque estejamos a negar que, efetivamente, algumas verdades vieram à tona com esse novo tempo; mas simplesmente porque as verdades dependem sempre, em alguma medida, daquilo que cada sociedade entende por verdadeiro. Como nos ensina Michel Foucault (1926-1984), as verdades da natureza só podem ser pensadas de acordo com as verdades sociais de cada época, e que quase nunca servem a outras épocas. Por isso, elas são sempre verdades *históricas*, e são elas que permitem que coisas novas sejam descobertas.[387]

A ideia de um tempo relativo não foi uma concepção inteiramente nova desse momento, tendo sido pensada, de maneiras variadas, também em outros contextos; mas foi a partir do final do século XIX que, por uma série de motivos, ela foi sendo reelaborada em uma nova perspectiva, em função de condições de pensamento e de demandas sociais também novas. Esse novo tempo relativo parte de uma constatação incompatível com o tempo absoluto newtoniano: o ritmo de mudança de um fenômeno qualquer depende diretamente do lugar em que ele corre, pois o tempo de um lugar nunca é o tempo de outro. E isso graças a dois fatores de determinação e deformação temporal: massa e movimento. Trocando em miúdos: para uma pessoa que está dentro daquele mesmo barco em movimento antes imaginado por Galileu e Newton, o tempo não é igual ao de uma pessoa em outro barco ou parada na praia. Para uma pessoa no alto de uma montanha, o tempo é diferente do de outra pessoa ao pé dela. E para um viajante no interior de um avião, o tempo não é igual ao de alguém que está no aeroporto de onde ele partiu, ou aonde ele chegará.

Em nenhum desses casos, porém, essas diferenças de tempo se reduzem a uma questão de percepção subjetiva, de formulação intelectual, ou de estado de espírito individual: as coisas *são mais lentas ou mais rápidas a depender do lugar em que elas estão ou ocorrem*, pois se submetem a *deformações temporais causadas pela gravidade e pelo movimento*; gravidade e movimento, por seu turno, que variam segundo *massas* e *velocidades*. No entanto, pelo fato de todos esses exemplos dizerem respeito a situações espacialmente muito próximas entre si, suas diferenças temporais são muito, mas muito pequenas, e por isso passarão desapercebidas por seus protagonistas. Se elas forem observadas por meio de instrumentos científicos sofisticados e altamente precisos, apenas serão constatadas diferenças de pequeníssimas frações de segundo entre cada situação. Mas se elas disserem respeito, por exemplo, a corpos celestes de massas imensas ou em velocidades altíssimas, suas diferenças temporais poderão atingir minutos, horas, meses, anos. Muitos anos.

Mas afinal, por que a vida de um habitante do vigésimo andar de um edifício andará mais rapidamente do que a de um habitante do primeiro andar? E por que um viajante cósmico dentro de um foguete envelhecerá mais lentamente do que o cientista que estiver quietinho no planeta de onde o foguete foi lançado? Porque *a gravidade e o movimento desaceleram a transformação física*: quanto mais um desses fatores atuar sobre um determinado corpo, nele mais devagar o tempo passará.

No mundo físico, portanto, os dois principais fatores que produzem uma deformação temporal são de ordem gravitacional e cinética: massa e velocidade. E deformações gravitacionais podem ocorrer mesmo em corpos com velocidades baixas, e deformações cinéticas ocorrerão mesmo em lugares que estejam sob o efeito de massas pequenas. Mas a gravitacional é mais usual e costuma ser mais intensa, pois provoca uma deformação não apenas em um corpo – como no caso da deformação cinética –, mas em todo o seu entorno. Além disso, a deformação cinética demanda velocidades altíssimas, cuja ocorrência é mais rara do que a de massas significativas. E aqui cabe um esclarecimento: a gravidade não está em um objeto em si, mas na deformação que sua massa cria ao seu redor. A gravidade é a consequência dessa massa, portanto, ela é a própria deformação espaço-temporal resultante.

É por isso que quem está mais perto do centro da Terra (o morador do primeiro andar), cuja massa é grande, sofre mais gravidade do que quem está mais longe dele (o morador do vigésimo); e quem se move mais rápido (os viajantes barco, do avião ou do foguete) sofre mais os efeitos cinéticos de quem se move mais devagar (seus observadores externos). Um adendo importante: nada se desloca mais rápido do que a luz, cuja velocidade – 299.792.458 metros por segundo – é uma constante cósmica que não pode ser alterada.* A velocidade da luz como um fator absoluto não foi propriamente uma descoberta, mas sim um pressuposto teórico (mais precisamente de Albert Einstein) que levou a uma inversão de outro pressuposto, outrora endossado por Galileu, Newton e muitos outros: agora não seriam mais o movimento e a velocidade de um corpo que se alterariam, sendo relativos segundo um plano espacial e uma função temporal estabelecidos por um espaço absoluto e um tempo absoluto; mas sim, um espaço e um tempo que, determinados reciprocamente, sempre se alterariam e se relativizariam em função de uma velocidade absoluta.

Mais deformação gravitacional ou cinética, tempo e relógios mais lentos; menos deformação, tempo e relógios mais rápidos. O tempo, enquanto ritmo de transformação da natureza, depende, portanto, do espaço, da gravidade que esse espaço sofre ou da velocidade em que ele se desloca. O *quando* sempre se relaciona com o *onde*. Logo, no mundo físico não existe um tempo único, absoluto, mas vários, incontáveis, sempre relativos. E a observação dessa relatividade é mais fácil de ser realizada em deformidades espaço-temporais mais brutais do que as típicas dos mundos natural e social que imediatamente nos rodeiam.[388]

Na condição de um espaço-tempo, o tempo relativo se tornou algo bem diferente daquele tempo absoluto, somado a um espaço também absoluto, e que vimos acima representado em uma imagem de começos do século XVIII. Duzentos anos depois, *tempo* se transformou em *espaço*, e vice-versa. Nas palavras de Richard Price, o cerne da Teoria da Relatividade que assim o formulou

---

* Como a velocidade de um corpo aumenta sua gravidade, deve haver um limite para essa ocorrência: pois um deslocamento acima dessa constante implicaria a possibilidade (tida por impossível) de um corpo adquirir gravidade infinita.

é "a relação entre as medições (ou seja, as coordenadas) obtidas em diferentes referenciais".[389] Essa concepção de espaço-tempo implica que todo e qualquer evento deve ser localizado, indissociavelmente, em três dimensões espaciais mais uma quarta, temporal (há formulações mais recentes que preveem, por enquanto apenas no plano teórico, a existência de até dez "coordenadas" ou "dimensões").[390]

Foi isso, dentre outras coisas, que Albert Einstein (1879-1955) concebeu e fundamentou cientificamente. Não o fez sozinho, porém, nem de repente, embora tenha sido aquele que o fez de modo mais contundente e definitivo. A própria ideia de *espaço-tempo* como uma geometria tetradimensional, e que afrontou a tradicional geometria euclidiana, se deve não a Einstein, mas ao matemático Hermann Minkowski (1864-1909), que assim que tomou conhecimento das formulações de seu ex-aluno, se pôs a estudá-las e aprimorá-las.[391] Para todos os efeitos, as descobertas de Einstein se inserem em um contexto ampliado de novas concepções de tempo e de espaço que estavam sendo formuladas na passagem de um século a outro, na Europa e em outras partes do mundo; e essas concepções estavam relacionadas com demandas específicas de uma época que estava desestabilizando algumas de suas verdades. Einstein, embora certamente genial, não o era mais do que muitos pensadores e pensadoras que viveram antes dele. Os antigos sumérios da Mesopotâmia, os cristãos da Europa medieval, os habitantes do reino Songhai da África dos séculos XV e XVI, os chineses da época Ming ou os aborígenes australianos, por exemplo, não tinham nenhuma necessidade de uma teoria como a que Einstein formulou. Ao invés dela, pensaram e explicaram o mundo segundo outros critérios que – alguns uns mais, outros menos – serviram bem às suas demandas materiais e intelectuais. Quais foram, então, as demandas históricas que explicam o advento da relatividade do tempo?

Em várias ocasiões ao longo deste livro, caracterizamos a aceleração temporal das sociedades como uma característica da modernidade, e vimos como essa modernidade, com uma enorme quantidade de fenômenos econômicos, políticos, culturais e intelectuais a ela associados, deu uma contribuição à unificação parcial do mundo. A aceleração temporal, como também vimos, não foi exclusividade dos séculos XVIII e XIX, nem do mundo ocidental; foi dali, porém, que ela se esparramou para outras partes, e foi dali que ela chegou até nós, aos dias de hoje.

Foi em meio à progressiva aceleração temporal da modernidade que a concepção de um tempo único, absoluto e universal começou a ser posta definitivamente em descrédito. Não é de se espantar: se o tempo podia correr mais ou menos, como mostrava a aceleração temporal, então ele não podia ser absoluto; e se não existia um único tempo, mas vários, então eles podiam ensejar assimetrias; e havendo tempos assimétricos e não equivalentes, não havia por que continuar a se acreditar que eles fluiriam sempre na mesma direção, ou sequer que eles tivessem alguma direção. Teoricamente, esses tempos poderiam até ser reversíveis.

Logo voltaremos a essa interessante questão, procurando nela dar os pitacos de um profissional do tempo irreversível, que é o historiador. Por enquanto, basta subscrever as palavras de outro historiador, Elias Palti, para quem "o desenvolvimento dessa noção de reversibilidade do tempo foi a condição para a concepção da natureza como sistema (suscetível de ser fixada em leis), e representa a culminação do processo de secularização do pensamento ocidental iniciado pela Ilustração".[392] Um pouco antes, no século XVII europeu, o tempo absoluto, irreversível e unidirecional tinha sido um desdobramento coerente de uma concepção judaico-cristã da história, segundo a qual o tempo da eternidade de Deus se encontraria com o tempo finito dos homens nesse destino inescapável que seria, para os hebreus, o seu reconhecimento como povo escolhido; e para os cristãos, a salvação operada pelo Juízo Final. O sentido dessa história subsidiou a concepção newtoniana de que o tempo da natureza também fluía em uma única direção, mas com uma novidade: a temporalização da natureza. Foi assim que, no século XVIII, a observação humana da natureza foi contestando a cronologia sagrada e a história eclesiástica. Essa observação foi também dilatando o tempo para trás em uma escala até então inimaginável para os padrões judaico-cristãos (outras religiões como o hinduísmo e o budismo, há muito que pensavam alguns de seus tempos em unidades gigantescas).

No final do século XIX, muitas das razões para se acreditar em um tempo único e linear permaneciam de pé, mas eram cada vez mais contestadas. Para tanto, a tentativa de unificação de diferentes espaços do globo deu uma contribuição importante. A expansão do capitalismo, o acirramento da competição imperialista europeia, a integração de mercados cada vez mais longínquos, e o interesse – ainda que frequentemente etnocêntrico – por diferentes lugares e povos, acentuaram o problema da sincronização temporal entre espaços. Cem anos antes esse problema tinha levado à invenção e ao aperfeiçoamento de cronômetros marítimos e ao estabelecimento de longitudes; agora, a sincronização temporal era renovada por novas demandas: o funcionamento de sistemas ferroviários e telegráficos coordenados; a integração territorial de Estados nacionais em formação ou consolidação, e destes uns com os outros; e a operação de mercados financeiros mundiais cada vez mais sofisticados. Os espaços a serem conectados se multiplicavam. Seria possível sincronizá-los em um único tempo, um tempo absoluto tal qual concebido por Newton e outros europeus lá no século XVII?

A confiança na sincronização temporal desse mundo em dilatação era encorajada pelo vertiginoso aperfeiçoamento da precisão dos relógios mecânicos, e diria respeito não só a países e continentes, mas também aos espaços internos das cada vez mais iluminadas e populosas cidades. Entre as décadas de 1830 e 1840, os britânicos Charles Wheatstone (1802-1875) e Alexander Bain (1810-1877) começaram a construir sistemas elétricos de conexão entre diferentes relógios, e destes a um relógio central; pouco depois, Matthäus Hipp (1813-1893), na Suíça, e outros engenheiros espalhados pela Europa e Estados Unidos estavam fazendo o mesmo. Ensaiava-se, na escala de uma cidade, a criação futura de uma hora mundial. No velho continente, parece que a primeira cidade a possuir um sistema sincronizado de relógios foi Lípsia, e em seguida (1859) Frankfurt, ambas na atual Alemanha; nos cantões suíços, um sistema com cem relógios sincronizados foi inaugurado em 1890 em Berna, cidade onde o jovem Einstein trabalharia (entre 1902 e 1909) no escritório local de patentes. O futuro elaborador da Teoria da Relatividade, portanto, "não estava apenas rodeado pela tecnologia dos relógios coordenados, estava também num dos grandes centros da invenção, fabrico e registro de patentes desta tecnologia que começava a lançar os seus primeiros rebentos".[393]

Na Europa, nos Estados Unidos e em muitos outros países, as crescentes demandas industriais e urbanas por sistemas de sincronização das horas, sistemas públicos de iluminação, e formas de controle do trabalho e da produção, encontraram correspondência em pesquisas científicas que exerceriam enorme impacto sobre assuntos referentes ao tempo. Por exemplo, as de Michael Faraday (1791-1867) ou James Clerk Maxwell (1831-1879) sobre eletricidade, magnetismo e – no segundo caso – a luz. Faraday formulou um conceito de "campo" ao qual Maxwell submeteu a equações matemáticas, preparando ideias de espaços-tempo.[394] Na Filosofia, talvez seja Henri Bergson (1859-1941) o melhor representante do que, em fins do século, já se vislumbrava claramente como a criação de condições intelectuais para a profunda relativização do tempo, antes mesmo de sua sistematização em uma teoria científica.

Até por volta de 1880, a reflexão filosófica europeia acerca do tempo era dominada por referências a Newton e a Kant, com apenas algumas poucas aberturas (como as advindas de Leibniz, Berkeley e Hume) para o seu questionamento. O tempo como "aparência" ou "ilusão" já havia sido formulado anteriormente em várias sociedades; mas foi na Europa de fins do século XIX que a questão ganhou especial contundência. Para Bergson, a realidade não era *algo* ou *mudança de algo* (debate que remontava a Platão e Aristóteles), mas o processo contínuo de mudança em si, e que ele chamou de *duração*.[395] Em seu *Essai sur les donnés immédiates de la conscience*, de 1889, Bergson definiu a duração como a "forma que toma a sucessão de nossos estados de consciência". E haveria uma "duração pura", isto é, "uma sucessão de mudanças qualitativas que se fundiriam, se interpenetrariam, sem contornos precisos, sem qualquer tendência a se exteriorizarem umas em relação às outras".[396] Ao tempo homogêneo, quantitativo e divisível em partes iguais dos relógios e das fórmulas dos astrônomos newtonianos, e que não seria nada além de um "tempo ilusório", Bergson ofereceu a confrontação de um tempo heterogêneo, qualitativo, interno e dependente da consciência do indivíduo.[397] Esse tempo bergsoniano se mostraria uma concepção muito influente por todo o século XX.*

Dialogando criticamente com Bergson mas apoiando algumas de suas ideias, Henri Hubert (1872-1927) analisou fundamentos do pensamento religioso que mostrariam, com clareza, a inexistência de uma única unidade perfeita de tempo. Em seu *Estudo sumário da representação do tempo na religião e na magia* (1905), Hubert afirmou que as religiões operariam uma mescla de tempos dotados de ritmos e fundamentos próprios, convergindo para atributos muito mais qualitativos do que quantitativos. Nesse mesmo ano, Sigmund Freud (1856-1939) publicou seus *Três ensaios sobre a teoria da psicanálise,* dando continuidade a uma série de poderosas elaborações acerca do inconsciente, sua lógica e funcionamento por meio de tempos subjetivos, plurais e sempre relativos a experiências individuais e sociais.[398]

Nem todo mundo, porém, concordava com Bergson, Hubert, Freud ou ainda com aqueles pobres trabalhadores industriais que, em fins do século XIX continuavam a ver nos relógios mecânicos um simulacro de tempo absoluto, a servir basicamente de instrumento de dominação do homem pelo homem. A ideia de um tempo absoluto, fosse ele o da natureza, dos relógios ou de Deus, ainda era forte. Em meio à competição política, econômica e cultural do capitalismo, e que era também uma competição pelo controle de um tempo mundial, a sincronização dos relógios nas

---

* Inclusive na arte. A tradicional consideração da arte cubista de Picasso, Braque e outros como uma espécie de receptáculo artístico da relatividade einsteiniana é abertamente descartada por Meyer Schapiro, que a considera influenciada, sobretudo, pela temporalidade bergsoniana – antes o *momento* do que o *simultâneo*, antes o *fechado* do que o *relativo*, antes o *subjetivo* do que o *objetivo* (SCHAPIRO. "Einstein e o cubismo: ciência e arte").

cidades foi mais bem-sucedida em Londres do que em sua principal rival, Paris, enquanto o mundo germânico, os cantões suíços e os Estados Unidos ficavam em uma posição de vantagens intermediárias. Essa competição também se materializava na construção e operação de cabos telegráficos, inclusive os submarinos e transoceânicos. Desde os fins da década de 1840, esses cabos foram conectando metrópoles, colônias, países e regiões, mas foi só nas décadas de 1870 e 1880 que essas conexões começaram a dar mais certo do que errado, e sistemas isolados de conexão foram se articulando uns com os outros, muitas vezes embaralhando as nacionalidades de seus construtores e operadores, e reconfigurando o sempre incerto jogo de parcerias e rivalidades da política internacional da época.[399]

Em 1877, já havia cabos britânicos que conectavam Londres e Lisboa com Recife e outras partes do nordeste brasileiro. Em seguida foram feitas conexões estadunidenses e portuguesas com o Pará, a Bahia e o Rio de Janeiro, aonde o sinal chegou pela primeira vez em julho de 1878, tendo por testemunha o próprio imperador Pedro II. A partir de 1883, por ação dos Estados Unidos e da França, essa rede de telégrafos começou a conectar o sudeste do México a Panamá, Peru e Chile, e este à Argentina; e pelo Rio de Janeiro essa rede "retornava" ao Velho Continente. Nessa mesma década os cabos telegráficos submarinos ligavam a Europa também ao Japão, à Índia e à Nova Zelândia, e foi então que uma hora mundial pôde ser estabelecida, na Conferência de Washington de 1884. Pouco depois, também a China passou a integrar essa rede.[400]

Não creia o leitor, porém, que o maior ou menor sucesso de uma ou outra potência nesse cenário de competição – que logo desembocaria na Primeira Guerra Mundial – significasse um triunfo do tempo absoluto. As dificuldades de conexão telegráfica e ferroviária, bem como da sincronização de relógios, foram enormes. A unificação temporal do mundo começou a ser feita de modo imperfeito, e seus malogros exerceram profunda influência sobre filósofos e cientistas da época. Essa parcial unificação contribuiu, assim, para o descrédito do tempo universal absoluto e para o reforço de atitudes de ceticismo que convergiram e desembocaram na relativização do tempo. De acordo com Galison, "nas suas correções de erros, já há muito tempo que os cartógrafos elétricos vinham tomando em conta precisamente o tempo de trânsito, quando sincronizavam relógios entre Paris e as longínquas estações situadas nos Estados Unidos, Sudoeste Asiático, África Ocidental e Oriental. Ou, ainda, nas medições de rigorosa precisão entre Paris e Greenwich. Eles não precisaram de esperar pela relatividade".[401] Assim como as invenções técnicas são fruto da necessidade, as grandes ideias, por mais abstratas que possam parecer, também adoram um empurrãozinho do mundo real.

Na França, o matemático Henri Poincaré (1854-1912) estava fortemente empenhado na resolução de questões práticas desse mundo real, como a administração de minas de carvão, a sincronização de relógios e problemas ligados às longitudes; e foi a partir delas que formulou ideias que, em certos pontos fundamentais, se assemelhariam às que Einstein logo proporia sob a forma de uma teoria. Em *La mesure du temps*, de 1898, Poincaré valeu-se da influência de autores como Felix Klein (1849-1925), Auguste Calinon (1850-1900), e H. A. Lorentz (1853-1928) para, à sua maneira, golpear o tempo absoluto e abrir caminho para um tempo relativo. Por um lado, afirmou que o tempo era "uma forma preexistente em nosso espírito" (o que o colocava próximo de Kant e Newton); mas por outro, colou essa ideia a um tempo psicológico, interior e qualitativo, e insistiu no puro convencionalismo das medidas e mensurações de tempo (no que se aproximava de Bergson). Para Poincaré, era desse tempo que derivava o tempo científico da física e da natureza. Em suma: haveria um tempo *a priori*, mas seria um tempo qualitativo, e não quantitativo. Como não havia um tempo quantitativo universal que permitisse discernir qualquer intervalo temporal fixo e invariante, a difícil sincronização de relógios precisaria sempre levar em conta *o tempo do lugar* em que se encontrava cada relógio e o intervalo que levaria para o sinal de um chegar ao outro. Conclusão: o tempo quantitativo era relativo.[402]

Em um artigo apresentado a uma conferência científica em 02 de agosto de 1900, Poincaré repisou seus argumentos anteriores para concluir:

> "1. Não existe um espaço absoluto, e nós só podemos imaginar o movimento relativo; apesar disso, em muitos casos os fatos mecânicos são enunciados como se houvesse um espaço absoluto ao qual se pudessem referir. 2. Não existe um tempo absoluto. Quando dizemos que dois períodos são iguais, a afirmação não tem qualquer significado, e só pode adquirir um significado através de uma convenção. 3. Não só não temos qualquer intuição direta da igualdade de dois períodos, como nem sequer temos intuição direta da simultaneidade de dois acontecimentos que ocorram em dois lugares diferentes."[403]

Toda essa plural e multiforme relativização do tempo se processou também com a contribuição de pesquisas atômicas. E assim como a observação criteriosa da natureza vinha, desde o século XVIII, dilatando sua história muito para trás, ensejando a concepção do chamado *tempo profundo*, agora essa história começou a ser projetada também para frente, com uma dilatação temporal em direção ao futuro igualmente espantosa. Em um artigo científico de 1903, Ernest Rutherford (1871-1937) e Frederick Soddy (1877-1956) abordaram pioneiramente o problema da dinâmica da energia atômica, mais especificamente o da duração de vida do rádio; em 1905, Rutherford estimou a vida de outros dois elementos, o tório e o urânio, em cerca de 2×10^9 anos e em 5×10^8 anos, respectivamente. Esses números são tão grandes que sequer possuímos palavras adequadas para descrevê-los! Assim como o Universo tinham um passado de bilhões de anos, seu futuro poderia ser equivalente ou até maior. Definitivamente, a física segundo as escalas de medida de nosso planeta não dava conta da física do Universo.[404] Logo observaremos que, por essa mesma época, a pesquisa atômica estava criando as condições para a física quântica, que também traria enormes implicações para a história social do tempo nos séculos XX e XXI.

Foi em meio a esse efervescente contexto intelectual, científico e tecnológico que, embebido dos sucessivos descréditos que o tempo absoluto ia sofrendo, sensível em particular à difícil sincronização dos relógios, e lendo autores como John Stuart Mill (1806-1873), Ernst Mach (1838-1916) e Karl Pearson (1857-1936) – talvez também Poincaré –, Albert Einstein formulou e publicou sua teoria que, na verdade, foram duas. A primeira, conhecida como "Teoria da Relatividade Especial", foi publicada em 1905, mesmo ano de obras como as de Hubert, Freud e Rutherford acima mencionadas. Aqui, Einstein começava por pensar a possibilidade de sincronia entre dois relógios em posições diferentes, para desembocar em postulados como a impossibilidade do tempo absoluto, sua substituição por um espaço-tempo relativo constituído por quatro coordenadas, a centralidade da luz e sua velocidade invariável como uma "constante cosmológica", e o esvaziamento da ideia de simultaneidade entre eventos, substituída pela de que um evento pode ter mais de um tempo, a depender da posição (espaço) em que se encontra seu observador.*[405]

A segunda, chamada de "Teoria da Relatividade Geral", é de 1915, e à primeira acrescentou os efeitos da gravitação que, segundo Einstein, deformavam o "tecido" do Universo, produzindo espaços-tempo curvos. Nas palavras de Einstein: "em um campo gravitacional os raios luminosos em geral se propagam segundo linhas curvas" (linhas "retas" também podem ser consideradas curvas, uma vez que sejam deformadas). Sobre essa parcial, porém fundamental, retificação de sua própria teoria, Einstein afirmou: "esse é o mais belo destino que uma teoria física pode ter: quando ela abre caminho para o estabelecimento de uma teoria mais ampla, na qual continua a viver como um caso particular".[406]

A teoria estava completa. Faltava, porém, sua plena comprovação. Seria mesmo possível observar, como previu Einstein, esse estranho comportamento da luz, de ter sua trajetória desviada

---

* Atualmente, é sabido não existir "repouso absoluto" no Universo: tudo está em movimento, pois tudo depende de espaços-tempo relativos uns aos outros. O que aumenta as implicações da Teoria da Relatividade (Hawking & Mlodinow, pp.32-33).

por uma força gravitacional? Em 1919, astrônomos britânicos organizaram duas expedições científicas a regiões onde um eclipse solar ofereceria condições favoráveis à comprovação da Teoria da Relatividade Geral, pois permitiria observar estrelas cuja visibilidade na Terra, por torná-las próximas do Sol, teriam sua luz por este parcialmente desviada. Na ilha de Príncipe, arquipélago de São Tomé e Príncipe, no litoral ocidental da África, as condições climáticas no dia 30 de maio daquele não ajudaram a observação; mas em Sobral, no estado brasileiro do Ceará, sim **(Figura 7.2)**. Ali, com a colaboração de cientistas e técnicos brasileiros, ficou comprovado que Einstein estava certo: a imagem captada de doze estrelas no céu demonstrou que o mundo físico é todo curvado e deformado por ação das forças gravitacionais.

Figura 7.2. – Foi nesse cenário que, em 1919, ficou comprovado que a luz de estrelas visíveis no céu era desviada pela gravidade exercida pelo Sol. Esta notável fotografia de Sobral, no nordeste do Brasil, é mais do que um registro desse importante feito. Ao centro e no primeiro plano, os barracões provisórios de observação e seus operadores; à direita, uma igreja; à esquerda, um casario do século XIX; no centro e ao fundo, a natureza. Uma pluralidade de tempos, todos eles de alguma forma tempos históricos, na paisagem onde estava sendo comprovada a relativização do tempo físico. (Estação Meteorológica de Sobral em 1919. Prefeitura de Sobral, Brasil).

Outra comprovação necessária teria que aguardar mais um pouco. No trecho logo acima, Einstein falou de "campo gravitacional", onde os "raios luminosos em geral se propagam segundo linhas curvas".[407] Segundo ele, a curvatura do espaço-tempo se constituiria por uma daquelas tramas da realidade física do mundo à qual os físicos chamam de "campo", e que estão por toda parte (ao contrário das partículas, que só existem em um único ponto). A existência de campos gravitacionais ainda não foi devidamente comprovada pelos cientistas; mas sim a previsão de Einstein de que os efeitos da deformação no espaço-tempo se propagariam a partir de sua fonte de massa por meio de ondas, produzindo oscilações. A confirmação definitiva da existência dessas ondas se deu em 2015, graças ao esforço conjunto de centenas de cientistas, dentre os quais Barry Barish (1932-), Rainer Weiss (1932-) e Kip Thorne (1940-).[408]

Se o tempo é relativamente mais lento ou mais rápido a depender do campo gravitacional onde ele seja registrado, seria possível *desacelerar o tempo* (a teoria não prevê a possibilidade de acelerá-lo indefinidamente) a ponto de *pará-lo* por completo? Existiria um tempo estacionário? Talvez. Einstein previu algo que muitos de seus colegas da posteridade demonstraram com base em experimentos de laboratório: a velocidade da luz parece ser a velocidade-limite no Universo, sendo possível aproximar-se dela, mas não ultrapassá-la; essa velocidade-limite, então, impõe uma deformação cinética também limite (criada pela velocidade) a ser adquirida por um objeto, que por seu turno gera uma barreira à desaceleração. O tempo, então, pode correr muito devagar, mas não parar por completo.

Mas como vimos anteriormente, a principal deformação espaço-temporal não é a cinética, mas a gravitacional, produzida por massa. E aqui entram em cena os buracos-negros, objetos fascinantes definidos pioneiramente por Karl Schwarzschild (1873-1916) pouco antes de sua morte, em um diálogo "em tempo real" com a Teoria da Relatividade Geral de Einstein. De lá para cá, os buraco-negros foram deixando de ser uma previsão teórica para se converterem em personagens muito reais do Universo **(Figura 7.3)**. Um buraco negro é um ponto do Universo onde a concentração de massa e energia é tão alta, gerando uma gravidade tão alta, que a partir de um certo limite de proximidade com ele (um "horizonte"), nada escapa à sua atração, nem mesmo a luz. Segundo Kip Thorne, um buraco negro

"é o fim da linha em matéria de encurvamento do espaço-tempo, de acordo com as equações de Einstein: ele é produzido inteira e exclusivamente por esse encurvamento. Seu enorme encurvamento é produzido por uma enorme quantidade de energia altamente compactada – energia que não reside na matéria, mas no próprio encurvamento. O encurvamento gera o encurvamento sem ajuda de matéria. Essa é a essência dos buracos negros".[409]

Ocorre, porém, que nunca ninguém entrou em um buraco negro para ver como ele realmente funciona, e quase tudo que lhe diz respeito permanece sob o domínio da teoria.* E teoricamente é possível, sim, que, além da energia liberada, pouquíssimas e minúsculas partículas escapem de um buraco negro; caso contrário, não haveria o horizonte de proteção ao seu entorno e tudo no Universo seria atraído por um buraco negro cujo tamanho seria infinito. A possibilidade de que algo escape de um buraco negro deixa de pé a hipótese de que, em seu interior, o tempo seja lento, lentíssimo, mas não totalmente parado ou inexistente.[410]

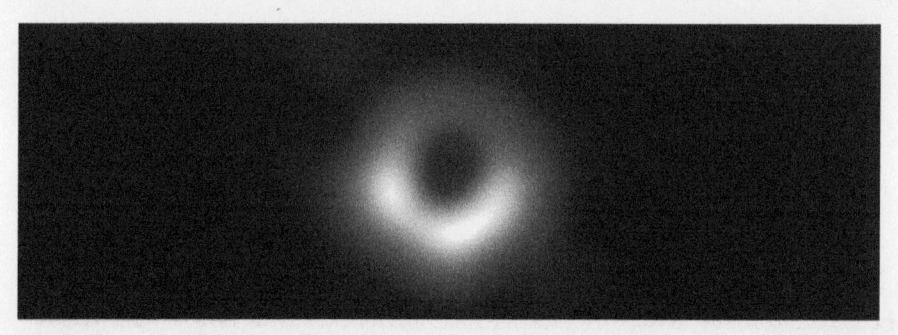

Figura 7.3. – A primeira fotografia de um buraco-negro da história. Em 10 de abril de 2019, uma equipe de cientistas ligada ao *Event Horizon Telescope* – uma rede de oito telescópios localizados em vários países – divulgou essa imagem de um buraco negro localizado a 53,5 milhões de anos-luz da Terra, e com uma massa de aproximadamente 6,5 bilhões de vezes a do nosso Sol. Será esse tipo de objeto capaz de, em seu misterioso interior, parar por completo o tempo? Haverá, nesse mundo físico, observado em escala astronômica e regido por leis da relatividade, algum resquício de um resiliente tempo absoluto, na forma de um tempo incessante? (NASA/Colaboração Event Horizon Telescope). [411]

---

* Em 1941, o físico brasileiro Mário Schenberg (1914-1990) começou a trabalhar com o indiano Subrahmanyan Chandrasekhar (1910-1995) acerca de condições de evolução estrelar, do que resultou a formulação de um conceito – o Limite de Schenberg–Chandrasekhar – que estabelece o limiar de massa necessário para que uma estrela morta se converta em um buraco negro.

A despeito do nome de suas teorias, Einstein nem qualquer cientista sério jamais pretendeu que, na natureza e no Universo, "tudo é relativo".* Muito pelo contrário: o que Einstein pretendeu e conseguiu foi organizar a enorme variação do mundo físico em torno de uma invariante, de uma constante universal, que é a velocidade da luz, que permanece sempre a mesma independentemente de lugar, momento e observador. A concepção de um tempo relativo em relação a essa constante, e condicionado por espaços-tempo dinâmicos, levou então a uma enorme racionalização do entendimento da natureza e do Universo.[412] O fato de quase tudo – mas nem tudo – ser relativo, levou, paradoxalmente, a que as novas certezas acerca do tempo passassem a se basear em novas incertezas.

CERTEZAS E INCERTEZAS SOBRE O TEMPO

No que respeita a concepções de tempo, Einstein considerava que o Universo era estático, e como o espaço-tempo sempre implica relatividade, isso imploderia qualquer definição precisa de *antes* e *depois*. Assim, *passado* e *futuro* não seriam noções úteis ao mundo físico, e teoricamente tudo seria reversível. Essa posição, porém, logo teria que ser revista em decorrência do aprofundamento do entendimento do Universo e de suas grandezas a partir, justamente, da relatividade einsteiniana. Passado e futuro continuam a importar.

Vimos anteriormente como, desde o século XVIII, a escrita de uma história da natureza foi dilatando seus tempos para trás; e que com o desenvolvimento posterior da pesquisa atômica, pouco mais de cem anos depois, tempos gigantescos foram se dilatando

---

* Apropriações livres e cientificamente infundadas da ideia de *relatividade* – assim como da *incerteza* quântica – levaram a delírios e charlatanices de todo tipo, que incluem terapias místicas, falsos remédios, formas de vida associativa baseada em princípios supostamente científicos, experiências sobrenaturais, etc. No plano de diagnósticos e projetos de sociedade, subsidiaram também diversas formas de pós-modernismo, sobretudo a partir das últimas décadas do século XX.

também para frente. Essa progressiva desestabilização temporal de concepções de mundo não foi em nada incompatível com a modernidade, pelo contrário: pois o aumento da escala do passado se articulou com o distanciamento entre passado e presente; e o aumento da escala do futuro traduziu a busca por alguma certeza em relação ao cada vez mais incerto e aflitivo porvir, uma vez que o futuro não mais estava contido no passado. Marcas da modernidade.

Rudolf Clausius (1822-1888) ofereceu uma contundente contribuição à questão do *antes e depois* na natureza. Entre 1850 e 1865, ele formulou a Segunda Lei da Termodinâmica, segundo a qual a desordem ou aleatoriedade – chamada de *entropia* – de um sistema termodinamicamente fechado aumenta até um limite máximo. A interação entre dois sistemas, portanto, levará a uma distribuição igualitária dessa desordem, produzindo um equilíbrio. O que mais nos importa nessa definição é que a entropia de um sistema está sempre *crescendo*, e não *diminuindo*. O que implica que o passado difere do futuro.[413] Doravante, tal concepção temporal se mostraria fundamental em toda a ciência, inclusive a ciência da nova relatividade temporal.

Partindo de ideias e observações de Vesto Slipher (1875-1969) e Alexandre Friedmann (1888-1925), em 1929 Edwin Hubble (1889-1953) descobriu que as galáxias estão se afastando umas das outras; portanto, que o universo não é estático, mas dinâmico, está em expansão, e nele *passado* e *futuro* diferem. E mais: essa expansão não é uniforme, tendo sido às vezes mais lenta, às vezes mais rápida. Isso significa que o Universo, a exemplo dos seres humanos, da natureza e da Terra, também tem uma história que é, em parte, uma história do próprio tempo. Afinal, se a expansão do Universo é desigual, e se os espaços-tempo são dinâmicos, o tempo relativo também é. No final da década de 1990, Saul Perlmutter (1959-), Brian Schmidt (1967-) e Adam Riess (1969-) constataram que, além de se expandir, o cosmos conhece áreas de aceleração: galáxias mais novas se afastam mais rapidamente umas das outras do que as mais antigas. A expansão do Universo possui, então, uma pluralidade de ritmos distintos.[414] O cosmólogo brasileiro Mario Novello (1942-) aventa até mesmo a possibilidade de que as leis físicas que regeram o Universo tenham mudado: o que funciona hoje não necessariamente teria funcionado ao longo dessa história cosmológica que mescla passados e futuros em uma perspectiva relativista e não-linear, mas sem implodir por completo o *antes* e o *depois*.[415]

Se o Universo se expande, então ele é finito. Se ele está em transformação, pode ter tido um começo; e se teve um começo, talvez tenha um fim. Muitos aspectos do desenvolvimento do Universo são atualmente tratados em termos de um conhecimento seguro ou quase seguro; suas origens, em termos de fortes possibilidades; e seu destino é quase que totalmente incerto. Na história do Universo e de seus tempos, o que não faltam são hipóteses. São, no entanto, hipóteses científicas, baseadas em observações, métodos e demonstrações, e que, portanto, se distinguem de mitos, crenças e expectativas religiosas. O fato de ciência e religião poderem coabitar sociedades atuais como parceiras complementares, e não necessariamente como rivais estranhos, deve-se mais a opções privadas de certos membros dessas sociedades do que a supostas compatibilidades entre pressupostos. Os casos em que ciência e religião se unem nos mostram, em última instância, que as verdades de cada época jamais se resumem a uma única; o que não significa, evidentemente, que tais verdades se equivalham em termos de suas capacidades de, efetivamente, explicarem o mundo. As diferentes verdades de uma época, por serem coexistentes, não são necessariamente comparáveis, embora, do ponto de vista do historiador, todas sejam dignas de observação.

O *Big Bang* foi pensado como um modelo em 1946 por George Gamow (1904-1968), embora curiosamente tenha sido assim batizado por um de seus críticos, Fred Hoyle (1915-2001), que atribuiu uma expressão irônica a uma ideia que lhe parecia bizarra. Segundo esse modelo, em algum momento entre 13.761 milhões e 13.835 milhões de anos atrás (um cálculo bastante acurado, com imprecisão de "apenas" 74 milhões de anos), toda a matéria e toda a energia do Universo estariam concentradas em um único ponto, de volume igual a zero, mas de densidade infinita; haveria, portanto, um lugar e um momento de origem, um espaço e um tempo. Ao explodir, esse ponto teria dado início à expansão de tudo o que ele concentrava, e o tempo começou a existir com a própria dinâmica desse Universo em expansão. Eis, então, a Segunda Lei da Termodinâmica de Clausius em ação: por cerca de cem mil anos, o Universo teria sido muito quente e denso, e por isso seus fótons – partículas eletromagnéticas elementares – não teriam se propagado; depois disso, ele teria começado a se expandir e resfriar, e a espalhar seus fótons, que inclusive chegaram – e ainda chegam – à nossa Terra. Foram alguns desses fótons que Arno Allan Penzias (1933-) e Robert Woodrow Wilson (1936-) captaram em 1965, a chamada "radiação de fundo cósmico", e que até hoje é considerada como o endosso mais consistente ao modelo do *Big Bang*. [416]

Mesmo assim, muitos cientistas seguiram desconfiando desse modelo, preferindo conceber que o Universo simplesmente "existe", dispensando a hipótese de uma origem precisa, de um *antes* e um *depois*. Um deles, Stephen Hawking (1942-2018), atribuiu parte do ceticismo em relação ao *Big Bang* por suas semelhanças morfológicas com as antigas cosmogonias religiosas. Já a Igreja Católica admitiu, em 1951, a plausibilidade do modelo, considerando-o compatível com a Bíblia, uma vez que reservaria lugar para um ato primordial de criação que só poderia ser divino (mesmo que isso pareça implicar a pouca utilidade de Deus pelos treze bilhões de anos subsequentes).[417] Voltando à ciência: outros cenários preveem a possibilidade de que nosso Universo teria sido criado a partir do colapso de outro anterior; ou de que existam vários universos paralelos; ou ainda, que o atual não tenha sido jamais criado, apenas conhecido diferentes estágios de desenvolvimento. Em todos os casos, o *tempo*, como função da expansão do Universo, conheceria diferentes feições.

E o fim do Universo e do tempo? Se o Universo possuísse, no seu conjunto, pouca matéria e gravidade muito fraca, ele poderia se expandir ilimitadamente, para sempre. Caso contrário, ele morreria. Em 1856, Hermann von Helmholtz (1821-1894) previu, com base na Segunda Lei da Termodinâmica, que o universo estava "morrendo". Na Teoria da Relatividade, como o Universo é estático (e não distingue passado e futuro), seu colapso só poderia ocorrer com uma *singularidade*, isto é, um evento cujo funcionamento escapa às leis da física. Seria o próprio fim do tempo.[418]

Sempre com base na Segunda Lei da Termodinâmica, cientistas concebem pelo menos seis possibilidades para o fim do Universo ou para a alteração de sua dinâmica temporal: 1) *Big Crunch*: a atual aceleração do Universo seria freada pela gravidade da matéria, provocando uma contração que se estenderia até seu colapso final, levando ao fim do tempo; 2) *Big Whimper*: ocorreria uma expansão constante do Universo, tornando-o mais escuro e vazio, rumo a um estado de equilíbrio; o tempo não acabaria, mas ficaria sem propósito; 3) *Big Rip*: a acelerada expansão do Universo o fragmentaria, "rasgando-o" em pedaços; nada escaparia, nem os átomos, e o tempo seria destruído; 4) *Big Freeze*, ou *Big Chill*: o Universo atingiria um estado de tão pouca matéria e gravidade, e tanta "matéria escura", que se desenvolveria rumo a uma densidade infinita; o tempo se tornaria cada vez e infinitamente mais lento; 5) *Big Brake*: o Universo teria sua expansão acelerada freada por força da "energia escura"*, criando uma contrária e infinita desaceleração do tempo; 6) *Big Lurch*: toda a matéria comum do Universo entraria em frenesi, com um aumento da pressão rumo ao infinito, mas com a densidade e a expansão cósmica se mantendo equilibradas; aqui, não se sabe o que ocorreria com o tempo: se ele fluiria ou não.[419]

Tanto o *Big Bang* quanto seus possíveis "big ends" se ajustam bem, de modo geral, à Teoria da Relatividade; salvo, porém em seus instantes iniciais e finais. Neles, com suas grandezas ínfimas, a física quântica é capaz de prestar melhores serviços. Desenvolvida no mesmo contexto histórico que a relatividade, a

---

* *Matéria escura:* "alguma forma de matéria gravitacionalmente ativa e não visível". *Energia escura*: "se diferencia da matéria escura e de outra forma qualquer de radiação ou matéria conhecida por apresentar uma pressão negativa" (GUSMÃO *et al.* "A matéria escura no Universo").

física quântica representou um complemento inverso das dilatações temporais da primeira, promovendo um até então impensável encurtamento de tempos, espaços e escalas de observação. E a exemplo da relatividade, a física quântica deveu suas elaborações a esforços individuais e coletivos inseridos em um contexto de crescente descrédito do tempo absoluto.

Em meio a muitos expoentes dessa outra profunda renovação do pensamento científico, pode-se mencionar Max Planck (1857-1947), Niels Bohr (1885-1962) e Werner Heisenberg (1901-1976). O mundo quântico que esses cientistas ajudaram a conceber é o das partículas ínfimas, minúsculas e invisíveis, regidas por comportamentos aparentemente estranhos e arredios às determinações tanto da física newtoniana quando da Teoria da Relatividade. Segundo as leis quânticas, os comportamentos de partículas só podem ser definidos de modo probabilístico. Heisenberg, inclusive, formulou o Princípio da Incerteza (1926), segundo o qual quanto mais se conhece a posição de uma partícula, menos se conhece sua velocidade, e vice-versa.[420] Alçada à condição de princípio filosófico, a assertiva de Heisenberg nos ensina que, no mundo em que vivemos, o pressuposto de certos conhecimentos é a destruição de outros.*

Enquanto a física relativística inundava o mundo com novas certezas, perfeitamente ajustáveis a grandes escalas de tempos e espaços, a física quântica apresentava uma ciência baseada em incertezas, possibilidades, limitações e aproximações, perfeitamente ajustada para as pequeníssimas coisas. O tempo, no mundo quântico, não é nem absoluto e contínuo, tampouco relativo:

---

* Pensemos, por exemplo, no caso da Psicanálise, onde é necessária uma intervenção externa para que uma "verdade" seja extraída de um indivíduo, que assim se torna apto a conhecê-la e enfrentá-la. Até então, aquela verdade estava bem protegida em um inconsciente; ao se revelar, ela terá sido parcialmente alterada pelo procedimento psicanalítico, ganhando uma mediação, nomes, lógicas e razões de ser em um outro tempo e em outro espaço que não os de sua formulação original. Na Arqueologia ocorre algo semelhante: para a reconstituição da realidade material de uma determinada sociedade do passado, é imprescindível escavar o solo que dela guarda sinais, indícios e fragmentos; ao fazê-lo, porém, o arqueólogo precisa destruir parte daquela mesma realidade.

ele é fragmentado, como se estivesse embalado em "pacotes". Como nos explica Carlo Rovelli:

> "a 'quantização' do tempo implica que quase todos os valores de tempo *t não* existem. Se pudéssemos medir a duração de um intervalo com o relógio mais preciso imaginável, descobriríamos que o tempo medido só adquire certos valores discretos específicos. Não podemos conceber a duração como sendo contínua: não como algo capaz de fluir de modo uniforme, mas como algo que, em certo sentido, salta, como um canguru, de um valor a outro."[421]

Em escala quântica, portanto, existem *intervalos mínimos de tempo*, e não um tempo contínuo que preenche todos os seus valores. Por isso, um tempo "salta" a outro, e o mesmo ocorre com o espaço. E aqui entra em cena o Princípio da Incerteza: não é possível prever com exatidão o aparecimento e o comportamento de uma partícula; e quanto mais se sabe de sua velocidade (*quando*), menos se saberá de sua posição (*onde*), e vice-versa. Nesse ponto, a física quântica se remete a uma antiquíssima concepção que entendia que o tempo e todas as coisas da natureza eram compostos por minúsculos fragmentos. Diferentemente, porém, de pensadores como Isidoro de Sevilha (c.560-636), o Venerável Beda (c.673-735) e Maimônides (1138-1204), que não viviam em um mundo experimentalista e de leis demonstráveis, os cientistas quânticos, bem como seus antecessores atômicos, comprovaram tudo isso.[422]

No século XX, outro flanco de novas certezas e incertezas sobre o tempo surgiu com estudos da chamada "física de não equilíbrio" e da dinâmica de sistemas instáveis. A partir da teoria evolução das espécies elaborada por Charles Darwin (1809-1882) e Alfred Russel Wallace (1823-1913); da Segunda Lei da Termodinâmica e da entropia estabelecidas Rudolf Clausius; e também das formulações de Ludwig Boltzmann (1844-1906), segundo as quais seria possível uma descrição evolutiva do mundo físico a exemplo do mundo biológico, os estudos da física de não equilíbrio e da dinâmica de sistemas instáveis conceberam que parte muito significativa desses mundos é regida por uma metafórica "flecha do tempo", em que causas, efeitos e relações de parcial determinação temporal se acumulam para configurar realidades *não reversíveis*; logo, não contempladas pelas concepções de tempo newtoniana, relativista ou quântica.[423] Muitos cientistas, porém, como Carlo Rovelli (1956-), entendem que os processos irreversíveis são exceções no mundo físico, limitando-se àqueles onde há calor (pois o calor não pode passar de um corpo frio a outro quente, apenas o contrário); outros, como Roger Penrose (1931-), aventam a possibilidade de existirem diferentes entropias no Universo, com aumentos mas também diminuições dela; outros ainda, como Ilya Priggogine (1917-2003), entendem que, no mundo físico, a flecha do tempo não é minoritária, mas majoritária, e os processos nela baseados são construtivos, e não destrutivos:

> "Precedentemente, a flecha do tempo estava associada a processos muito simples, como a difusão, o atrito, a viscosidade [...]. A irreversibilidade não aparece mais apenas em fenômenos tão simples. Ela está na base de um sem-número de fenômenos novos, como a formação dos turbilhões, das oscilações químicas ou da radiação laser. Todos esses fenômenos ilustram o papel construtivo fundamental da flecha do tempo. A irreversibilidade não pode mais ser identificada com uma mera aparência que desapareceria se tivéssemos acesso a um conhecimento perfeito. Ela é uma condição essencial de comportamentos coerentes em populações de bilhões de bilhões de moléculas [...]. A natureza apresenta-nos ao mesmo tempo processos irreversíveis e processos reversíveis, mas os primeiros são a regra, e os segundo, a exceção."[424]

Todas essas elaborações a respeito de um tempo que pôde ser, segundo as verdades de épocas que foram mudando ao longo da história, *absoluto, relativo* e *fragmentado*, para voltar a ser em parte *unidirecional*, mostram como questões profundamente enraizadas na vida de uma sociedade, como suas formas de viver, pensar e representar o tempo, podem adquirir feições desde as mais simples e corriqueiras – sentir calor ou frio – até elaborações altamente sofisticadas – a descrição de buracos negros ou de "pacotes" quânticos. Os tempos da ciência são capazes, sem dúvida, de mexer com nossa imaginação, mas o contrário também é verdadeiro. Evocando a letra de Mário Schenberg, poderíamos dizer que sem imaginação não há ciência!

Levando a sério essa premissa, cientistas imaginaram até mesmo a possibilidade de viajar no tempo. Será mesmo isto possível?

MÁQUINAS DO TEMPO

Publicado pela primeira vez em 1895, *A máquina do tempo* é um maravilhoso romance de autoria de H. G. Wells (1866-1946). Nele, um anônimo "Viajante do Tempo" constrói uma máquina capaz de levá-lo para um longínquo futuro, ao ano 802.701 da Era Cristã, onde encontra um mundo estranho, habitado por pequenos e amáveis seres "superiores" que são perseguidos e devorados por medonhas criaturas "inferiores". A superfície e o subterrâneo que esses seres habitam evocam imagens tradicionais do céu e do inferno, de um mundo iluminado em contraste com um mundo sombrio. Em finais do século XIX, muita gente acreditava que o desenvolvimento tecnológico conduzia a humanidade ao progresso e a um futuro melhor; mas na história de Wells não é isso o que acontece. Muito pelo contrário.

Nessa síntese literária de contradições e dilemas de sua época, que desemboca em uma visão pessimista e algo profética de um mundo à beira da catástrofe da Primeira Guerra Mundial, Wells elaborou algumas imagens antológicas. Em uma delas, o desnorteado Viajante do Tempo contempla um cenário inóspito, completamente distinto da casa e da vizinhança onde, milhares de anos antes, ele iniciara sua jornada. E então, ele busca alguma segurança na contemplação do firmamento, cujos astros poderiam revelar alguma permanência do passado:

"A colina estava tranquila e deserta, porém da escuridão da mata me chegavam de vez em quando ruídos de seres vivos. Por sobre mim cintilavam as estrelas, pois era uma noite muito clara. De certo modo eu sentia um reconforto amigo no seu piscar. Todas as antigas constelações, no entanto, haviam desaparecido do céu: seu lento movimento, que é imperceptível durante centenas de vidas humanas, desde muito que as havia reagrupado diferentemente [...]. Ante o espetáculo das estrelas, de súbito me compenetrei da insignificância de meus problemas e de todos os transes da vida terrestre. Meditei na sua incalculável distância, no seu curso lento mas inexorável do desconhecido passado para o futuro desconhecido. Pensei no grande ciclo precessional que o polo da Terra descreve. Somente quarenta vezes se tinha produzido essa silenciosa revolução durante todos os milhares de anos que eu atravessara. E durante essas poucas revoluções, todas as atividades, todas as tradições, as complexas organizações, os países, as línguas, as literaturas, as aspirações, até a simples lembrança do Homem tal como eu o conhecia, tinham sido varridas da existência."[425]

A viagem no tempo produziu um desenraizamento total. Em outra passagem, o Viajante se depara com um edifício, um palácio de porcelana verde "deserto e em ruínas": eram os restos de um museu de História Natural, onde agora "reinava um grande silêncio", e "a densa camada de pó amortecia o ruído de nossos passos". Fragmentos destruídos e apodrecidos de fósseis, pedras, frascos, livros, máquinas, armas, ídolos, nada estava em condições de oferecer uma conexão entre os tempos antigamente revividos no museu, o passado em que o Viajante vivera, e esse terrível futuro em que agora ele se encontrava.[426] Finalmente, ao cabo de sua jornada, ao retornar para casa, ele decide avançar mais, muito mais no tempo. Como bom moderno, ele decide *acelerar* sua máquina e *procurar indefinidamente o futuro*. E é assim que ele se torna testemunha do crepúsculo final do mundo:

> "Fui viajando, parando de tempos em tempos, a intervalos de mil anos ou mais, impelido pelo mistério do destino da Terra, vendo com estranha fascinação o sol tornar-se cada vez maior e mais apagado no ocidente, e a vida neste velho

planeta a declinar-se para o fim. [...] A escuridão aumentava rapidamente. Um vento frio começou a soprar do leste em lufadas enregelantes, enquanto os flocos de neve caíam com maior intensidade. O mar se encrespou levemente, com um murmúrio longínquo. Afora esses ruídos da natureza, tudo era silêncio. Silêncio? Difícil descrever a profundíssima quietação que pesava sobre o mundo. Todos os rumores da humanidade, o balido dos rebanhos, o canto dos pássaros, o zumbido dos insetos, a agitação que forma como que a música de fundo de nossas vidas – tudo calara. À proporção que as trevas se adensavam, os turbilhões de neve se tornavam mais frequentes, os flocos dançando diante de meus olhos. O frio era glacial. Por fim, um a um, numa sucessão rápida, os cumes brancos das colinas distantes sumiram na escuridão. A brisa transformou-se num vento lamurioso. A sombra central do eclipse estendia-se na direção do lugar onde me encontrava. Um momento depois, só as pálidas estrelas eram visíveis."[427]

O Viajante do Tempo nunca mais voltou. Perdeu-se em algum lugar do futuro ou do passado, morreu com a extinção de seu planeta, do Sol, do Universo? Não precisamos saber: a liberdade de imaginação faz parte do brinde final que Wells oferece ao leitor. Em sinal de gratidão, com ele continuamos a sonhar com viagens no tempo. Sem descartar, porém, que o sonho possa se tornar um pesadelo.

Com seus jogos temporais, as viagens no tempo se tornaram um grande tema da modernidade. Em muitas ocasiões, elas deram suporte a representações sociais e artísticas do passado e do futuro como a de Wells, e que resultaram em críticas ao mundo atual sob forma de utopias e distopias; em outras, fomentaram aproximações entre a ciência, o entretenimento e a indústria cultural. Dois bons exemplos desse segundo grupo são o filme *Interestelar* (direção de Christopher Nolan, 2014) e a minissérie televisiva *Dark* (direção de Baran bo Odar, 2017-2020, três temporadas). No primeiro, uma missão espacial secreta estadunidense deve buscar, em outros planetas, formas de salvar a vida que na Terra está se esgotando. O resultado é uma viagem cósmica e uma trama familiar que compõe um enredo cheio de embasamentos científicos traduzidos em linguagem e imagens simples para o público em geral. No segundo, uma pacata cidadezinha alemã, localizada próxima a uma misteriosa floresta e a uma usina nuclear, conhece uma série de estranhos acontecimentos deflagrados pelo desaparecimento de uma criança. À medida em que a trama se desenrola, pessoas e eventos se encontram e desencontram em um grande labirinto de viagens no tempo que desafia a compreensão do expectador. Em meio a contorcionismos narrativos e invencionices imagéticas, as duas produções estão bem embasadas em conteúdos científicos (a segunda, também em conteúdos filosóficos).

Os cientistas do mundo em que vivemos têm muito a dizer sobre viagens no tempo. Em geral, em um estilo menos poético do que Wells, e menos lúdico do que *Interestelar* ou *Dark*; em compensação, com a força de uma imaginação derivada de métodos, fórmulas, experiências e demonstrações. Pela Teoria da Relatividade Geral e pelos princípios quânticos, que não pensam o tempo como uma "flecha", teoricamente é possível nele avançar ou retroceder. Segundo nos explica Paul Davies, em um excelente livro, *Como construir uma máquina do tempo* (2001), quatro possibilidades se vislumbram.

A primeira: se a gravidade que deforma o Universo e produz a curvatura dos espaços-tempo implica tempos sempre diferentes e relativos aos seus espaços, existem tempos mais lentos e mais rápidos. O Universo está sempre conhecendo passados relativos a futuros, e vice-versa. E se os espaços-tempo são curvos, e não lisos, eles podem se encontrar, se mesclar em algum ponto ou "dobra" de suas deformações, desde que estas sejam suficientemente acentuadas: nesse caso, dois tempos diferentes se encontrariam, e a necessária defasagem entre eles significaria o encontro de um "passado" com um "futuro". O mecanismo de conexão entre esses dois tempos diferentes seria uma hipotética "passagem" entre dois espaços-tempo, um caminho que permitisse ir de um ao outro. A essa conexão os imaginativos físicos chamam de "buraco de minhoca" e, se pudesse ser criada artificialmente, forneceria uma passagem entre um "passado" e um "futuro".

Teoricamente, isso é possível. Ocorre, porém, que dificilmente esse "buraco de minhoca", cuja existência real já é em si bastante improvável, seria um caminho de ida e de volta (os físicos não fazem ideia do que aconteceria com um ser humano em uma viagem louca dessas). E se tal "buraco" puder existir, um conjunto de átomos distribuídos em, digamos, 1,70 de altura e 60 quilos de peso, dificilmente caberia em seu tamanho, provavelmente quântico. Seu "abre e fecha", igualmente quântico, tampouco ofereceria tempo para atravessá-lo. Mas se mesmo assim fosse possível tal viagem, o passado a ser visitado só poderia ser posterior à invenção da máquina capaz de criar o tal buraco: a visita a épocas mais anteriores estaria descartada.

A segunda possibilidade: basta (a palavra não é das mais exatas...) um viajante se deslocar para um lugar distante em uma velocidade próxima à da luz, e retornar; quando isso ocorrer, as pessoas de seu lugar de origem, por terem sofrido muito menos gravidade, estarão mais velhas do que ele. Em relação a elas, o viajante estará no passado. Porém, essa velocidade é muito difícil de se conseguir. Atualmente, grandes aceleradores conseguem fazer com que partículas atômicas atinjam 99,99 % dessa velocidade, o que as torna muito pesadas e exige o emprego de uma enorme energia. Segundo Paul Davies, as mais sofisticadas tecnologias aeroespaciais atualmente disponíveis permitem que espaçonaves atinjam no máximo 0,01% da velocidade da luz; para um objeto de 10 toneladas ser acelerado perto da velocidade da luz, seria necessário o emprego de toda a energia produzida pela humanidade durante alguns meses. Fazer um ser humano viajar perto da velocidade da luz, portanto, requer uma tecnologia que não ainda existe e que talvez jamais venha a existir.

A terceira possibilidade pode parecer bastante decepcionante para os leigos em geral, mas é a mais segura de todas: trata-se da consecução e subsequente reversão de fenômenos físicos em laboratórios. Uma determinada coisa pode ser transformada, para em seguida retornar a seu estágio anterior, ser novamente transformada, etc. A coisa, então, viajou ao futuro, e retornou; ou, do ponto de vista do que ela virou no futuro, viajou ao passado e retornou. Ocorre, no entanto, que por mais brutos que os seres humanos possam ser, eles ainda não conseguiram se tornar essas coisas de laboratório capazes de – relativisticamente falando – viajar no tempo. "Os físicos não podem calcular explicitamente as ações dos seres humanos, porque os seres humanos são demasiado complexos", afirmou Igor Novikov.[428]

A quarta depende de uma hipótese ainda mais preliminar do que as demais até aqui mencionadas: se o Universo tiver forma, limites e um movimento geral unificado, se esse movimento for de rotação em torno de seu próprio eixo, e se houverem outros universos limítrofes, seria possível conceber uma viagem de uma parte de um universo a outra parte de outro universo, retornando-se em ao primeiro. Isso seria um "salto" entre espaços-tempo muito afastados entre si, e resultaria em uma viagem no tempo. Ninguém por enquanto tem ideia de como isso poderia ser feito.[429]

A inexistência de uma oposição fundamental à reversibilidade temporal, de acordo com as físicas relativista e quântica, torna todas essas hipóteses teoricamente plausíveis, embora ainda muito longe de qualquer comprovação; já se consideramos posturas que dão primazia à "flecha do tempo", as viagens entre passado e futuro estão definitivamente descartadas. Em resumo: se as viagens no tempo são possíveis, talvez elas nunca sejam viabilizadas; e se elas puderem sê-lo, talvez nunca sejam consideradas socialmente interessantes para justificarem o investimento nelas. Mas talvez elas sejam simplesmente impossíveis.

A uma impossibilidade dessas os físicos chamam de *paradoxo*:

> "Na presença de máquinas do tempo, podem ocorrer processos físicos muito estranhos e incomuns, mas não contradições. [...] Os eventos [...] não podem ser modificados. Eles acontecem uma só vez e é impossível que haja duas histórias em uma das quais o evento ocorre enquanto na outra ele não ocorre. [...] Seria possível que você pudesse usar uma máquina do tempo, viajar ao passado e matar uma versão mais nova de si próprio? A resposta é: não. É impossível. Isso levaria a um paradoxo, e [...] os paradoxos

não ocorrem. As leis da física devem, portanto, impedir que você mate uma versão mais nova de si próprio."[430]

Não se pode modificar o passado, e talvez essa seja uma boa notícia. Não tanto para os historiadores, como quis o bem-humorado Stephen Hawking – afinal, já somos suficientemente treinados para lidar com a irreversibilidade dos fenômenos sociais que queremos explicar –, mas para outras pessoas mais impressionáveis do que nós com o aparente caos do mundo. Mesmo o caos tem lá suas lógicas, e elas devem incluir "proteções", inclusive proteções cronológicas, segundo as quais "as leis da física conspiram para impedir que objetos macroscópicos viajem no tempo" (pode ser que, com objetos microscópicos, a situação seja um pouco diferente).[431]

Até segunda ordem, as únicas viagens no tempo realmente possíveis são as que estão dentro de nossas cabeças e as máquinas que as permitem nos são velhas conhecidas: um livro de história, uma grande novela literária, uma obra de arte, um bom filme (de preferência no cinema), um sítio histórico a ser visitado... São viagens eventualmente baratas, edificantes, prazerosas e ao alcance da maioria das pessoas. E podem ser muito mais seguras do que se enfiar em um buraco de minhoca cósmico.

TEMPOS DA NATUREZA, TEMPOS DA HISTÓRIA

Em relação às gigantescas escalas do Universo e aos minúsculos "pacotes" do mundo quântico, podemos dizer que os tempos sociais da história estão em uma espécie de meio do caminho. É por isso que a vida humana, profundamente condicionada por fenômenos físicos, jamais se confunde totalmente com eles, e jamais se explica exclusivamente por suas leis: se uma bomba atômica for lançada de um avião estadunidense sobre uma cidade japonesa e matar duzentas mil pessoas, a física poderá explicar as trajetórias do avião e da bomba no céu, como ela explodiu, como foi fabricada e os efeitos que causou, de que modo ela produziu tantas mortes e muitas outras coisas; mas jamais explicará por que uma guerra existiu.

Cientistas da natureza e cientistas da sociedade possuem muitas diferenças. Uns pensam por segundo leis, enquanto outros lidam melhor com singularidades, submetidas a repetições; uns se sentem à vontade em laboratórios, são gregários e publicam artigos elaborados a muitas mãos (de preferência em inglês), enquanto outros só conseguem trabalhar em arquivos, bibliotecas ou com a realidade diretamente observável, e individualmente ou em pequenos grupos (geralmente de amigos); os primeiros calculam o tempo todo, enquanto os segundos preferem ler, anotar e escrever. Alguns cientistas da natureza podem sonhar não só com viagens no tempo, mas também com um Prêmio Nobel, enquanto a maioria dos cientistas sociais se dá por satisfeita com salários em dia e uma editora que publique seus livros. Mas todos eles, se forem bons em suas respectivas áreas de atuação, perseguem verdades, praticam o criterioso questionamento de seus objetos e de suas próprias conclusões, trabalham com teorias e métodos, lidam com aproximações e incertezas, e criticam uns aos outros. Todos eles também, ainda que de formas variadas, lidam com concepções de tempo.

Em 1929, o astrofísico Arthur Stanley Eddington (1882-1944) afirmou que "em toda tentativa de construir uma ponte entre os campos de experiência que pertencem às dimensões espirituais e às dimensões físicas, o tempo ocupa a posição crucial".[432] Se entendermos essas "dimensões espirituais" em um sentido amplo, como dimensões sociais em geral, então a síntese parece perfeita. Por essa mesma época, historiadores franceses como Lucien Febvre (1878-1956) e Marc Bloch (1886-1944), promoviam uma grande renovação nos estudos sociais do passado e do presente, a chamada *Escola dos Annales,* deixando-se influenciar inclusive pelos estímulos advindos das ciências da natureza, em que o tempo absoluto e linear cedia lugar a tempos relativos e plurais. Com a modéstia típica dos grandes espíritos, Bloch escreveu (1944), em uma obra postumamente editada destinada a se tornar um dos mais importantes livros de história de todos os tempos, que "a teoria cinética dos gases, a mecânica einsteiniana, a teoria dos quanta alteraram profundamente a noção que ainda ontem qualquer um formava sobre a ciência. Não a diminuíram. Mas a flexibilizaram. Com certeza, substituíram, em muitos pontos, o infinitamente provável, o rigorosamente mensurável pela noção da eterna relatividade da medida. Sua ação foi sentida até mesmo pelos inumeráveis espíritos – devo, infelizmente, colocar-me entre eles – aos quais as fraquezas de sua inteligência ou de sua formação proíbem de seguir, se não de muito longe e de certo modo por reflexo, essa grande metamorfose".[433]

Em outra obra notável, Bloch tratou de aplicar a mecânica einsteiniana na explicação de uma grande questão de sua época: por que, afinal, a França foi tão facilmente vencida pela Alemanha nos primeiros momentos da Segunda Guerra Mundial? Demonstrando que o historiador não deve se ocupar apenas do passado, mas também do presente, Bloch analisou a questão em meio à própria guerra (pouco depois, ele seria assassinado pelos nazistas):

"Uma característica decisiva entre nós opõe a civilização contemporânea àquelas que a precederam: desde o início do século XX a noção de distância mudou radicalmente. A metamorfose se produziu mais ou menos no espaço de uma geração e, por mais rápida que tenha sido, inscreveu-se bem demais e de modo progressivo em nossos costumes para que seu caráter revolucionário não acabasse mascarado, por pouco que fosse, pelo hábito. Mas o momento presente se encarrega de abrir nossos olhos. Pois as privações causadas pela guerra ou pela derrota agiram sobre a Europa como uma máquina do tempo, e foi aos modos de vida de um passado tido ainda ontem como desaparecido para sempre que elas nos levaram bruscamente de volta [...]. Os alemães fizeram uma guerra de hoje, sob o signo da velocidade. Nós [os franceses], por nosso lado, não tentamos apenas fazer uma guerra de véspera ou de antevéspera. Quando vimos os alemães lutarem sua guerra, não soubemos ou não quisemos compreender seu ritmo, adequado às vibrações aceleradas de uma nova era. Tanto que foram dois adversários pertencentes cada um a uma época diferente da humanidade que se enfrentaram em nossos campos de batalha."[434]

Nas primeiras décadas do século XX, ficava claro que a história não era regida por um único tempo, mas por vários; não paralelos, e sim relativos uns aos outros e também a espaços. Tempos relativos, especializados, plurais, uns mais curtos, outros mais longos, ensejando hierarquias e relações: tempos da história, tempos das sociedades, mas tempos também da natureza. Se no século XVII Newton declarara-se aprendiz de Heródoto, no começo do século XX a relação se inverteu, e eram os intérpretes da natureza que ensinavam aos observadores das coisas humanas novos olhares. Desde então, com cada um mantendo preferências, métodos, escalas de observação, objetos e convenções próprias a cada campo do saber, todos parecem caminhar, se não exatamente juntos, ao menos bem próximos, em meio aos tempos de um mundo que ainda é o nosso atual: o mundo da modernidade, da aceleração, da relativização, de rupturas e continuidades, e de muitas incertezas que não deixam de ser, elas mesmas, novas certezas.

CAPÍTULO 8
VIVER E PENSAR O FUTURO

O FUTURO, SEMPRE PRESENTE

Quem nunca organizou com antecedência uma agenda de compromissos profissionais, tentou economizar dinheiro pensando lá na frente, sonhou com alguns dias de férias, imaginou os filhos, os amigos ou a si mesmo na velhice, ou simplesmente deu uma espiada na previsão do tempo para os próximos dias? Quem nunca vislumbrou um mundo melhor, pior ou apenas diferente?

No mundo atual, o futuro está em toda parte. De muitos modos, a depender de cada pessoa, momento e lugar, muitas vezes até sem nos darmos conta dele. Costuma-se dizer que, a rigor, o futuro não existe, pois quando ele começa a existir, já virou presente ou passado. Não deixa de ser verdade. Mas também é verdade que as pessoas nunca deixaram de pensar em coisas que podem vir a acontecer. Por isso, o futuro também tem história. Como parte de uma história social do tempo, a história do futuro nos revela aspectos fascinantes da existência humana. O futuro é capaz de despertar curiosidade, encantamento e mobilização, de nutrir esperanças, desencadear conflitos e provocar desilusões; potencializa pesadelos mas também nos faz sonhar. E acima de tudo, de algum jeito, o futuro mostra aquilo que somos, revela nosso lugar no mundo.

Todas as ideias de tempos futuros traduzem formas de ser, no presente, da sociedade que as pensou. O futuro nunca é uma antecipação de nada, mas sim uma forma de expressão de realidades concretas que já existem.

Por muitos séculos e ainda no mundo atual, o futuro pode ser pensado como realização misteriosa de forças divinas ou ocultas, apenas parcialmente acessível aos seres humanos. Ele também pode ser uma espécie de repetição apenas parcialmente modificada do passado, portanto apreensível pelo estudo da história (nesse caso, a história é "mestra da vida"). Na Europa do século XVII começou a surgir algo diferente: a ideia de que o futuro seria algo parcialmente previsível pela linguagem dos números e suas possibilidades de repetição, já que estes seriam capazes de traduzir a repetibilidade dos fenômenos naturais (foi assim que nasceu, no campo da matemática, a teoria das probabilidades).[435] Um pouco depois, na Europa, mas também em outras partes, o futuro começou a ser visto como algo fundamentalmente novo, totalmente distinto do passado, desconhecido e amedrontador, o que reforçou métodos muito antigos de adivinhação, profecias e outras formas de tentar prever e controlar aquilo que ainda não aconteceu.

Nas páginas seguintes, faremos uma breve história de como parcelas da humanidade viveram e pensaram o futuro, mas sem a pretensão de esgotar essa dimensão tão importante da história social do tempo. Focaremos apenas em quatro ideias que têm vida própria, mas que frequentemente se encontraram e se confundiram: *revolução*, *progresso*, *utopia* e *distopia*. Mais do que simples ideias, elas são quatro *conceitos de tempo*, poderosos, abrangentes e influentes. E por serem conceitos, suas formas, conteúdos e usos práticos sempre foram variáveis e dinâmicos. Esses quatro conceitos, portanto, não são autoexplicativos e nem têm significados óbvios ou naturais. Longe disso! E embora suas histórias sejam longas, é nos últimos trezentos anos que elas se tornaram mais importantes, adquirindo uma força que as fizeram chegar até nosso mundo atual.

REVOLUÇÃO

"Poucas palavras foram tão largamente disseminadas e pertencem de maneira tão evidente ao vocabulário político moderno quanto o termo 'revolução'. Trata-se de uma dessas expressões empregadas de maneira enfática, cujo campo semântico é tão amplo e cuja imprecisão conceitual é tão grande que poderia ser definida como um clichê".[436] As palavras de Reinhart Koselleck são precisas: todo mundo já ouviu ou usou a palavra *revolução*, dando a ela algum sentido. Pouca gente, porém, conhece a rica história de formas de viver e de pensar o tempo que se esconde por detrás desse clichê.

Nem sempre essa palavra foi importante. Durante um bom tempo, sua forma latina *revolutio*, derivada de um movimento de remexer ou revolver algo, significava somente a "passagem sucessiva" de um corpo a outro ou de um lugar a outro; e outras palavras com sentidos mais ou menos equivalentes podiam ser encontradas em outras línguas e culturas. O sentido latino está presente no título da obra de Nicolau Copérnico (1473-1543), *De revolutionibus orbium coelestium*, e que poderia ser traduzido como *Sobre as revoluções dos corpos celestes*. O livro foi publicado em 1543, e tempos depois causaria enorme rebuliço nas até então bem estabelecidas visões de mundo perpetradas pelo cristianismo, por afirmar o hoje bem conhecido sistema heliocêntrico. Nas palavras de seu autor, o livro tratava das "revoluções divinas do Universo", isto é, do "movimento dos astros, dimensões, distâncias, nascimentos e ocasos", assim como das "causas de outros fenômenos no céu". *Revolução*, então, queria dizer o movimento regular, reiterativo e natural de um corpo celeste que partia de um ponto para, depois de um intervalo de tempo, chegar a esse mesmo ponto. E era um movimento que escapava à ação humana.[437]

Nessa época, a palavra *revolução* não era utilizada apenas nos saberes relativos à natureza, mas foi a partir deles que, no século XVII, ela chegou ao campo político. Primeiro como metáfora, logo como descrição direta, a palavra conheceu uma ampliação de usos e significados, e passou a ser aplicada também a processos e acontecimentos que alteravam posições no mundo dos homens, tais como mudanças de governos ou distúrbios sociais; mas sempre de acordo com a lógica de um movimento reiterativo que terminaria com a recondução das coisas a seu estágio anterior, logo, conhecido. A chamada "Revolução Gloriosa" ocorrida na Inglaterra entre 1688 e 1689, por exemplo, a despeito de seus grandes impactos políticos, sociais e culturais, foi vista à época como restauradora das "antigas liberdades" mais do que como promotora de novas.

Sem jamais deixar de servir à descrição de fenômenos do mundo natural, o conceito *revolução*, ao se politizar, ampliou também seu alcance temporal, passando a valer tanto para processos históricos lentos quanto rápidos. No segundo caso, ele passou cada vez mais a se referir a alterações sociais repentinas e surpreendentes, e foi pavimentando o caminho para a ideia de que uma revolução conduzia não a uma situação anterior e bem conhecida, mas a um lugar novo e desconhecido. As revoluções podiam ser boas, caso servissem apenas para melhorar o mundo, aperfeiçoando-o sem alterá-lo bruscamente; mas também podiam ser temíveis e negativas caso criassem situações inéditas e destrutivas.[438]

A história do conceito *revolução* foi, assim, se tornando cada vez mais polissêmica, unindo até mesmo significados opostos: processos naturais ou político-sociais, lentos ou abruptos, mantenedores ou transformadores da ordem, desejáveis ou temíveis. No final do século XVIII essa convivência de diferentes significados se tornou mais difícil. A grande responsável por isso foi a Revolução Francesa, iniciada em 1789, e que foi movida pela ideia de que as alterações do mundo político poderiam efetivamente criar um futuro novo radicalmente distinto do passado; e esse futuro novo não seria apenas *político*, mas também *social*: pois era possível mudar as estruturas de uma sociedade, abolindo os privilégios da nobreza, as distinções de grupos sociais, a desigualdade entre os homens. Muitos de seus próprios protagonistas pensaram a Revolução Francesa como um verdadeiro divisor de águas de toda a humanidade, a véspera de um novo futuro que não encontraria paralelo em nenhuma das muitas histórias até aquele momento conhecidas. Foi nessa condição de suposta unificadora dos destinos humanos que a Revolução Francesa deu uma grande contribuição para a emergência do conceito moderno não só de *revolução*, mas também de *história*: ela seria "a revolução de todas as revoluções" e, como o maior acontecimento da humanidade, ela seria também "a história de todas as histórias". Juntas, *revolução* e *história* estavam se tornando esses singulares-coletivos que até os dias de hoje dominam a carga semântica dos dois conceitos.[439]

O deslocamento do conceito de *revolução* do mundo natural para os mundos político e social, e a inversão de sua ênfase de processos lentos de conservação para acontecimentos súbitos de inovação, não se deu de repente, tampouco em uma linha reta. A história de um conceito costuma ser sinuosa, cheia de percalços, e está sempre se transformando. O conceito *revolução* antecedeu a Revolução Francesa, e por isso pôde fornecer aos participantes desta uma ferramenta útil: uma ideia de transformação política que acabou sendo radicalizada pela própria Revolução. E isso foi possível porque estavam sendo criadas condições de se pensar um futuro novo, diferente dos futuros concebidos até então.

A Revolução Francesa só aconteceu e só transformou os conceitos de *revolução* e *história* porque condições materiais específicas da sociedade francesa daquele momento se mesclaram com condições intelectuais mais gerais e antigas. A França de fins do século XVIII passava por uma crise em sua economia agrícola, por tremores em sua estrutura social e pelo enfraquecimento político de suas principais instâncias de poder. A Europa e outras partes do mundo ocidental vinham conhecendo, desde o século XVII, formas de dessacralização da natureza, de cientificização do tempo, de matematização de cronologias e periodizações e de mutações no conceito de história. Tudo isso convergiu e desembocou em uma nova concepção de futuro, de um novo tempo que os revolucionários franceses acreditavam que estavam inventando e oferecendo ao mundo.

Outras revoluções também contribuíram para esse novo tempo; algumas mais, outras menos, cada uma à sua maneira. Dentre elas, a independência das Treze Colônias inglesas da América, e que levou à fundação dos Estados Unidos (1776); a grande rebelião de escravos na colônia francesa caribenha de Saint-Domingue, e que desembocou na Independência do Haiti (1804); as independências da América espanhola que, entre as décadas de 1810 e 1820, terminaram com a criação de mais de uma dezena de países; as revoluções liberais da Espanha (1812) e de Portugal (1820); a Independência do Brasil (1822); a guerra de independência da Grécia contra o Império Otomano (1821-1829); e as revoluções europeias de 1848. Nem todos esses eventos se fizeram propositadamente como revoluções no sentido moderno; isto é, nem sempre seus participantes quiseram efetivamente criar um mundo novo ou modificar em profundidade a política e a sociedade. Mas em todos eles, o que não faltou foram oportunidades práticas para a percepção de que, independentemente das intenções humanas, o passado estava se distanciando cada vez mais do presente e o futuro ia surgindo como uma novidade desconhecida e imprevisível. A síntese de Hannah Arendt, pensada para os casos dos Estados Unidos e da França, transcende essas duas situações: "essa experiência relativamente nova, em todo caso nova para os que a fizeram, era ao mesmo tempo a experiência da capacidade humana de dar início a algo novo", isto é, "uma experiência nova que revelava a capacidade do homem para a novidade". Esse processo não teve um único centro de criação ou de irradiação. Ele se fez simultaneamente em vários momentos e lugares.[440]

Inclusive, como já dissemos, no Brasil e em Portugal. Em 1720, o primeiro dicionário da língua portuguesa já definia *revolução* mesclando seus sentidos básico, astronômico e político:

> "Tempos revoltosos. Revoltas, & perturbações na República. [...] O movimento de cousa, que anda rodando. [...]. A revolução dos Astros."

Três séculos depois, um dicionário brasileiro manteria esses sentidos, mas dando ênfase ao político e acrescentando-lhe o social:

> "revolução [...] alteração brusca e significativa de alguma coisa, esp.de natureza político-social [...] movimento de revolta contra um poder estabelecido, feito por um número significativo de pessoas, em que ger. se adotam métodos mais ou menos violentos; insurreição, rebelião, sublevação [...] conjunto de acontecimentos históricos que têm lugar numa sociedade e que envolvem ger. o país inteiro, quando parte dos insurgentes consegue tomar o poder, e mudanças profundas (políticas, econômicas, sociais) se produzem na sociedade."[441]

O que aconteceu entre uma definição e outra? Revoluções. No Brasil, em Portugal e em muitos outros lugares, as ações humanas e sua história concreta deram novos significados às palavras pelas quais homens e mulheres pensavam e agiam. A história do Brasil é frequentemente mitificada e distorcida como se ela fosse caracterizada pela ausência de conflitos; como se o Brasil quase sempre tivesse sido um país pacífico e passivo em meio a um mundo convulsionado; e como se o brasileiro tivesse um caráter nacional que o faria obstinadamente evitar, em sua vida pública, o embate e a violência. De acordo com esse mito, o Brasil não teria tido suas revoluções, pois a ideia de invenção de um tempo novo ou o anseio pela quebra da ordem jamais poderia colar por aqui. Ora, quem se põe a estudar essa história com alguma profundidade e rigor logo vê que as coisas nunca foram assim.

Em 1817, por exemplo, quando as grandes potências políticas da Europa, monárquicas e conservadoras, estavam irmanadas na tentativa de varrer do mapa os persistentes ventos da Revolução Francesa – que, com as guerras napoleônicas, tinham virado um verdadeiro furacão –, a América espanhola ardia em revoluções. Comodamente instalada no Brasil, a corte portuguesa observava tudo com muita atenção, até que em março daquele ano eclodiu um movimento republicano na então província de Pernambuco, que depôs as autoridades locais, se opôs ao governo português do Rio de Janeiro e ameaçou arrastar consigo outras províncias. O então príncipe-regente D. João não gostou de nada disso, e logo mandou tropas armadas para destruir o movimento. Na Venezuela, Simón Bolívar aplaudiu os revolucionários de Pernambuco, por meio de seu jornal *Correo del Orinoco*. Na Inglaterra, o influente escritor Hipólito da Costa também aplaudiu, em seu jornal *Correio Brasiliense*: para ele, uma *revolução* era um tipo de *reforma*, e o Império Português vinha precisando de alguns consertos. Pouco depois, porém, à medida em que o movimento de Pernambuco, chamado por todo mundo de "revolução", se mostrava mais radical e criador do que reformador e conservador, Hipólito da Costa mudou de ideia e passou a condená-lo. Em poucos meses, os acontecimentos de Pernambuco foram modificando o conceito de *revolução*, contribuindo para sua modernização no Império Português e em outras partes do mundo ocidental, e ninguém mais tinha certeza absoluta do que essa palavra podia significar.

Poucos anos depois, lá estava o conceito de *revolução* disponível para aqueles que participaram dos acontecimentos de Portugal em 1820, e que repercutiram fortemente no Brasil, criando as condições para a independência. Houve quem preferisse chamar o movimento constitucional português de *reforma* ou *regeneração*; para outros, porém, era uma *revolução*. Ou ainda... tudo isso ao mesmo tempo. Quando, em 1822 triunfou a separação entre Brasil e Portugal, triunfou também um sentido de revolução: a independência do Brasil teria sido uma *revolução conservadora*, e por isso mesmo uma *revolução melhor* do que a de seus vizinhos hispano-americanos ou a de seus antecessores franceses. A independência teria criado um futuro novo, uma nova nação supostamente surgida sem as rupturas e as violências das revoluções políticas e sociais mais triviais. E assim como os revolucionários franceses tinham afirmado a sua presuntiva superioridade histórica, agora era a vez dos brasileiros fazerem o mesmo, do seu jeito: o Brasil se distinguiria dos demais países livres do mundo porque teria sabido conduzir sua própria revolução evitando a destruição comum às revoluções modernas. Pelo menos foi isso o que disseram alguns dos protagonistas desse processo, que jogaram para debaixo do tapete as guerras e toda a violência política e social características da independência do Brasil (o Estado e a nação surgiram, aliás, baseados na escravidão, que por si só já implicava profunda violência).

Muita gente até hoje acredita nessa versão idílica e distorcida da história do país. Como consequência, acaba por não enxergar uma história cheia de revoluções episódicas ou processuais bem-sucedidas ou intentadas, e de muitos futuros imaginados e construídos. É possível até mesmo se fazer uma história do Brasil por meio dos significados e usos do conceito *revolução*. Essa história passa por grandes acontecimentos que foram solidificando o conceito moderno de revolução no Brasil e em todo o mundo, como as revoluções europeias de 1848, a russa de 1917, a chinesa de 1949 e a cubana de 1959. Em meio a revoluções autoproclamadas por seus protagonistas, ou assim chamadas por seus observadores externos, essa história chega até os dias de hoje, sempre dando ênfase ao novo em detrimento do velho, ao futuro sobre o passado, à expectativa sobre a experiência, e à transformação sobre a conservação.[442]

No Brasil atual, essa história cheia de contradições explica por que certos grupos politicamente relevantes, capazes de abominar praticamente todas as grandes revoluções modernas que já ocorreram, principalmente suas transformações sociais e suas aberturas ao futuro, utilizam essa mesma palavra para expressarem sua nostalgia do brutal golpe que instaurou uma ditadura em 1964, e que para eles foi "a Revolução de 1964". Uma palavra desde sempre por eles condenada é reabilitada para se opor, circunstancialmente, a outras palavras ainda mais indesejadas.

Palavras novas sempre têm algo de palavras velhas, e estas têm seus significados em permanente mutação. Palavras expressam algo da realidade, ao passo em que também permitem a permanente e infindável construção humana na realidade. Em contextos nos quais muita coisa nova está acontecendo simultaneamente, criam-se descompassos entre aquilo que se *quer dizer*, e aquilo que se *consegue dizer*, e disso a história dos conceitos oferece numerosos exemplos. A modernidade ocidental iniciada em fins do século XVIII multiplicou esses descompassos, inclusive em relação a formas de viver, pensar e representar o tempo. "Romper com a tradição e continuar falando a própria língua, com as mesmas nuanças, os mesmos códigos e toques de identificação, significa enredar-se nos meandros do 'já visto', e é como fazer um esforço enorme para apenas balbuciar seu tempo, sem exprimi--lo".443

De início "balbuciando" o tempo, logo expressando-o de formas mais claras, os homens e mulheres da modernidade encontraram também outras formas de afirmar a superioridade do futuro em relação ao passado, segundo pregava o novo conceito de revolução. Por exemplo, com a prática muito antiga e sempre comum de destruição física do passado. A conquista romana de Cartago, em 146 a.C., terminou com a esterilização do solo da antiga cidade fenícia, para que esta jamais voltasse a florescer; em começos do século XVI, os conquistadores espanhóis do México fizeram questão de construir seu principal templo cristão por sobre o *templo mayor* asteca de Tenochtitlán; e no século XXI, correram o mundo as imagens de destruição de antigas e gigantescas estátuas budistas no Afeganistão pelo Talebã, e de coleções mesopotâmicas de museus do Iraque pelo Estado Islâmico (parte do que delas sobrou foi parar nas mãos de colecionadores estadunidenses). Em todos esses casos e em muitos outros, porém, a destruição do passado se fez em nome de uma ordem igualmente passada que se queria restaurar, ou de uma ordem presente que se queria reforçar.

Alguns revolucionários modernos fizeram um pouco diferente: destruíram em nome do futuro. Foi o caso da Bastilha, colocada abaixo pelos franceses; de igrejas e monumentos imperiais e religiosos destruídos pelos russos; e dos livros sagrados queimados e dos antigos imperadores exumados e atirados ao rio pelos chineses. Nesse sentido, a destruição de estátuas de senhores de escravos, bandeirantes, personalidades racistas e ditadores, muito em voga na década de 2020, parece ter algo de revolucionário; afinal, elas se fazem em nome de um *futuro fundamentalmente novo*: o de um mundo sem racismo e dominação. Aplicam, porém, velhos métodos.*

Já a ênfase capitalista no novo não é necessariamente revolucionária: a destruição do velho – artefatos de consumo, edifícios, estéticas, pessoas – não se faz em busca de um mundo novo, apenas de um já existente e que não cessa de reproduzir lógicas de relação entre trabalho, produção, consumo e lucro. Essa destruição capitalista só poderia ser considerada revolucionária se, como Marx e Engels previram – até agora sem sucesso – ela se relacionasse com a autodestruição do próprio sistema.*

No alvorecer da modernidade, as disputas entre passados e futuros conheceram uma metáfora em um elemento tradicionalmente ligado ao tempo e aos ciclos da natureza: a árvore. Conta-se que em 1789, assim que ficou sabendo da queda da Bastilha na França, um grupo de jovens estudantes da universidade alemã

---

* Entendemos que historiadores, por princípio, jamais podem defender a destruição de quaisquer documentos que permitam entender aspectos relevantes de épocas passadas ou da sua própria, inclusive estátuas e monumentos. Afinal, destruí-los implica a anulação da própria possibilidade de esclarecimento da história. Historiadores podem e devem propor, qualificar, e até mesmo realizar intervenções em lugares de memória de modo a criticar seus significados, explicando a história por detrás deles, eventualmente contrapondo-lhes contradiscursos; sempre a partir de métodos de análise rigorosos e em nome da verdade e da justiça. No entanto, historiadores também têm a obrigação de entender que nem sempre – ou quase nunca – a maioria das forças sociais de seu mundo agem segundo princípios iguais aos seus; e que também faz parte de seu dever explicá-las independentemente de seu endosso ou reprovação a elas.

* Marx, Engels e seus seguidores deram vários significados ao conceito *revolução*: a passagem abrupta de um período histórico ("modo de produção") a outro; a criação de condições para a tomada de poder por uma classe distinta da dominante; a tomada violenta desse poder; um processo permanente de aceleração de sucessivos estágios até a consumação final de uma sociedade comunista; o estímulo à instauração de uma ordem socialista ou comunista não apenas em um país, mas em todo o mundo, etc. Trata-se de um rico manancial de ideias acerca de um conceito ainda atual, cujo valor supera em muito seu caráter preditivo (KIERNAN, V. G. "Revolução". In: BOTTOMORE, T. [ed.]. *Dicionário do pensamento marxista*. Rio de Janeiro: Zahar, 1988, pp.324-327).

de Tubinga plantou uma árvore em homenagem ao evento, batizando-a de "Árvore da Liberdade". Tais jovens eram Friedrich von Schelling (1775-1854), Friedrich Hölderlin (1770-1843) e Georg Friedrich Hegel (1770-1831), que em poucos anos se tornariam autores de importantes visões de futuro na poesia e na filosofia. A árvore simbolizava, simultaneamente, a liberdade, o futuro, uma nova constituição e uma revolução. O gesto dos jovens alemães convergia com as palavras do pensador radical Thomas Paine (1737-1809) escritas à época da revolução dos Estados Unidos, e que agora podiam servir também à da França:

> "No presente, é um tempo especial, que se apresenta a uma nação uma única vez, o tempo de se dar um novo governo [...]. Temos a possibilidade e todas as boas razões de elaborar a mais nobre e pura constituição deste mundo. Está em nossas mãos recomeçar o mundo."[444]

Por outra parte, capitaneados por Edmund Burke (1729-1797), os inimigos da revolução defendiam que o sistema social deveria ser resultado não de solavancos abruptos, mas de aprimoramentos lentos e seguros a partir de tradições, costumes, leis e instituições. A conservação seria uma via mais segura do que a inovação, e ela viria não de uma árvore nova recém-plantada, pequena e de vida incerta, mas de uma árvore madura e forte, capaz de proteger a sociedade contra as tormentas do mundo. Em um panfleto de 1792, uma "Liberdade Francesa" de horror e destruição era contrastada com a "Liberdade Britânica", de paz e prosperidade; esta, bem abrigada debaixo de uma frondosa árvore[445] **(Figura 8.1)**.

Figura 8.1. – Imagens e conceitos em disputa em tempos de *revolução*. Nesta peça de propaganda anti-Revolução Francesa, a "Liberdade Britânica" é apresentada, à esquerda, como uma guerreira forte e austera, protetora da justiça, da constituição e do comércio, e abrigada debaixo de uma sólida e benéfica árvore. Ao contrário, a "Liberdade Francesa", assim referida com ironia, é uma figura raivosa e cruel, causadora de destruição e morte; desamparada pela natureza, a ela foi retirada o símbolo da árvore. Dois grupos de conceitos conflitantes reforçam a mensagem final: "felicidade" de um lado, "miséria" do outro. ("The Contrast 1792 – Which is Best").[446]
The Elisha Whittelsey Fund and Harris Brisbane Dick Fund, by Exchange, 1970.

Ao evocarem a árvore protetora, os inimigos da revolução tinham em mente uma antiga imagem presente na Bíblia: "mas a sua vontade está posta na lei do Senhor, e na sua lei meditará de dia e de noite/E será como a árvore que está plantada junto às correntes das águas, que a seu tempo dará o seu fruto, e cuja folha não cairá; e todas as coisas, que ele fizer, serão prósperas". O conservadorismo de Burke, mas também de Joseph de Maistre (1753-1821), Louis de Bonald (1754-1840) e outros, ao considerar as revoluções destrutivas e nefastas, colaborou para a própria fixação do conceito *revolução* em sentido moderno. E ao mobilizar conteúdos religiosos na luta política, esse conservadorismo também reforçou uma ideia judaico-cristã de história: a ordem natural do mundo, a ser preservada, seria divinamente orientada em direção ao seu amadurecimento e aperfeiçoamento. Essa ordem, portanto, era contra a *revolução*, mas a favor do *progresso*.[447]

PROGRESSO

As ideias modernas de *progresso* e *revolução* se desenvolveram juntas mas sem se confundirem. Quando as comparamos, vemos que *progresso* significaria um caminho para o futuro com menos ação humana do que *revolução* e com mais ação natural ou divina; também com menos construção de algo novo e mais aprimoramento daquilo já existente.[448] E o poder de persuasão e a aceitação de *progresso* foram maiores. Ironicamente, porém, o advento de *progresso* foi mais abrupto do que o de seu par.

Quando falamos do conceito moderno de progresso, nos referimos àquele que começou a surgir no mundo ocidental em finais do século XVIII e se estabelecer plenamente ao longo do século seguinte. Antes disso, sempre houve, em muitos lugares, ideias como a de que uma história específica seguia um curso inevitável e positivo em direção a um destino final; ou de que uma determinada sociedade poderia ser aperfeiçoada com base em processos de aprendizado mais ou menos deliberados. Eram, no entanto, ideias muito localizadas e fugidias, que conheciam expressões e alcances variados e associavam-se a incontáveis formas de viver e pensar o tempo. Elas apenas tangenciavam uma vaga noção de que era possível, desejável e às vezes inevitável melhorar o presente.

Historiadores, sociólogos, filósofos e outros estudiosos não convergem quanto ao grau de aderência dessas ideias antigas com o conceito moderno de progresso. Apenas reconhecem que esse conceito tem raízes no século XVII, quando a Revolução Científica estimulou a ideia de que o conhecimento humano da natureza, construído por meio de hipóteses e demonstrações, poderia se acumular, crescer indefinidamente e se aperfeiçoar em sucessivas autocorreções. Mais ainda: o conhecimento científico seria capaz de tornar o mundo um lugar melhor para se viver. Surgiu, então, uma associação entre *ciência* e *melhoria do mundo* que não era inteiramente nova, mas que doravante jamais deixará de existir. Sua inspiração religiosa era clara, mas agora se dava contraditoriamente em um contexto de parcial dessacralização do mundo. Foi assim que o conceito moderno de progresso começou a surgir.[449]

Também importante para esse surgimento foi o aprimoramento tecnológico dos relógios mecânicos que, em meados do século XVII e graças a relojoeiros-cientistas como Christian Huygens (1629-1695), foram ganhando enorme precisão. Os relógios mecânicos deixaram de ser instrumentos úteis apenas à mensuração de tempos vividos no presente para se converterem cada vez mais em instrumentos potencializadores de concepções de tempos futuros, matematicamente projetados. Um pouco antes, Joseph Justus Scaliger (1540-1609) vinha elaborando cronologias e periodizações nas quais histórias de sociedades eram dispostas como se as mais recentes aprimorassem as anteriores, e os tempos dessas histórias eram representados graficamente por linhas contínuas e progressivas, como se estivessem projetadas ao futuro. A chamada disputa entre "antigos" e "modernos", que confrontou intelectualmente pensadores que entendiam que os povos do passado eram superiores aos do presente, e vice-versa, deu uma mãozinha ao incipiente conceito de progresso: os "modernos" seriam os "antigos" aperfeiçoados pelo curso do tempo. Filósofos e escritores como Comenius (1592-1670), Gottfried Leibniz (1646-1716) e Bernard de Fontenelle (1657-1757) também pensaram e escreveram coisas a respeito, bem como Blaise Pascal (1623-1662), que afirmou com contundência:

> "Não só todo homem progride dia após dia nas ciências, mas todos os homens juntos executam nelas um contínuo progresso à medida que o universo envelhece, porque na sucessão dos homens acontece a mesma coisa que nas diversas idades de um indivíduo. De modo que toda a série de homens, no curso de tantos séculos, deve ser considerada como um homem que sempre existiu e aprendeu continuamente."[450]

Por essa mesma época foi despontando a ideia de que a natureza era formada em processos longuíssimos, responsáveis pela feição com a qual seus componentes se ofereciam à observação humana. Eram processos que não correspondiam às datações relativamente curtas sugeridas pela Bíblia, e deles resultavam aprimoramentos. Cem anos depois, essa concepção de um tempo que melhorava as coisas já estava arraigada nas ciências da natureza, e a partir dela começou a se infiltrar em outros campos como as artes, a história, a filosofia e a economia política. Cada um deles poderia conhecer seu próprio "progresso".

No século XVIII a ideia de progresso se generalizou, mas não triunfou. Ainda era comum a concepção de que as histórias do mundo eram narrativas de decadência, que o presente era pior do que o passado e que a humanidade estava envelhecendo. A palavra *progresso* ainda era pouco utilizada, preterida por outras como *avanço, razão, luzes* e *triunfo*. Em meio a essas alternativas vocabulares, em 1757 Mirabeau definia *progresso* como "um movimento da civilização para adiante, para um estado cada vez mais florescente", ponto de vista endossado por obras como as de Anne-Robert Turgot, *Revisão filosófica dos sucessivos avanços da mente humana* (1750); de William Robertson, *Visão do progresso da sociedade na Europa* (1769); do Marquês de Condorcet, *Esboço de um quadro histórico do progresso humano*; de Immanuel Kant, *Ideia de uma história universal de uma perspectiva cosmopolita* (1784); e de Johann Gottfried von Herder, *Cartas para fazer progredir a humanidade* (1793-1797).[451]

Foi só no século XIX que o conceito moderno de progresso se consolidou, ganhando autonomia em relação aos campos do conhecimento específicos aos quais costumava ser associado. Na síntese de Jean Starobinski:

> "No século XVIII se falava de *artes* e *ciências,* e aplaudiam-se seus *progressos*; o uso desses termos no plural implicava uma multiplicidade de disciplinas. No século XIX, porém, vemos surgir no vocabulário três entidades que, colocadas no singular, surgem com uma maiúscula sacralizadora: *Arte, Ciência, Progresso*: tais termos equivalem ao que os linguistas chamam *singulares coletivos* e, por meio de princípios de legitimação, se somaram aos conceitos de Humanidade, Justiça e História."[452]

Termos como *Arte, Ciência* e *Progresso* se converteram, então, em conceitos autojustificadores, referidos a eles mesmos como portadores de valores supostamente universais e com conotações sempre positivas. O conceito de *progresso* passou a indicar um "órgão suprapessoal de execução do acontecimento" e, a exemplo de outros conceitos da mesma época, se tornou um singular coletivo a unificar os vários "progressos" específicos até então existentes. Um elemento importante dessa transformação foi o surgimento de um conceito perfeitamente contrário a *progresso* e a ele complementar: *decadência* ou *declínio*.[453]

Assim, o conceito de progresso adquiriu clareza, coesão, coerência e alcances inéditos. E a despeito de muitas variações possíveis decorrentes de temperos próprios de cada língua, contexto e época particulares, ele se tornou uma potência intelectual. Ainda hoje, *progresso* é basicamente a crença em um futuro fadado a ser melhor do que o passado e o presente; um futuro construído paulatinamente por ações humanas que não podem retroceder, apenas seguir seu curso inevitável e permanente em direção à sua realização final. Na história desse conceito, Deus continuou por perto, mas foi perdendo espaço como força propulsora do progresso para duas substitutas gestadas lá no século XVII: a ciência e a tecnologia. Graças à expansão do capitalismo, com seu tempo dominante e acelerado do trabalho, da produção, da exploração e do lucro; e às enormes transformações tecnológicas criadas por esse mundo cada vez mais globalizado, o século XIX foi, por excelência, o século do progresso.[454]

Um dos países em que o conceito moderno de progresso mais teve força foi a França. Não por um acaso: além de ser um centro efervescente de movimentos políticos, filosóficos e culturais nos quais pensar o futuro era uma constante, a França atravessava um período de acentuado desenvolvimento econômico, científico e tecnológico em meio à chamada Segunda Revolução Industrial. O conceito moderno de progresso se expressou em obras como a *Revista do Progresso*, fundada por Louis Blanc em 1839; *Sobre a ideia do progresso* (1850), de Auguste Javary; a *Filosofia do progresso* (1851), de Pierre Proudhon; a *Profissão de fé do século*

XIX (1852), Eugène Pelletan; e a *Doutrina do progresso* (1856), de Étienne Vacherot. Expoente desse contexto também foi Auguste Comte (1798-1857) que, obcecado pela busca de uma cientificização do mundo social, que segundo ele seria regido por leis perfeitas, criou um calendário positivista universal para ordenar, pelo tempo, toda a humanidade. Comte inseriu o conceito de progresso no âmago do positivismo, elaborado em obras como *Curso de filosofia positiva* (1830-1842) e *Discurso preliminar sobre o conjunto do positivismo* (1848). Nesta última, escreveu:

> "Uma sistematização real de todos os pensamentos humanos constitui, portanto, a nossa primeira necessidade social, igualmente relativa à ordem e ao progresso. O cumprimento gradual desta vasta elaboração filosófica fará surgir espontaneamente em todo o Ocidente uma nova autoridade moral, cujo inevitável prestígio lançará a base direta da reorganização final, ligando as diversas populações avançadas por uma mesma educação geral, que fornecerá em todo o lado, para a vida pública e para a vida privada, princípios fixos de juízo e de conduta."[455]

O conceito de progresso se fez presente também no Brasil. Por exemplo, por meio do darwinismo social, que inventou que assim como as espécies evoluem em um processo de seleção natural e aprimoramento, as sociedades fariam o mesmo; e assim – típica perspectiva do imperialismo etnocêntrico europeu – as populações coloniais seriam "atrasadas" e menos "civilizadas" do que seus exploradores.* As obras do inglês Herbert Spencer, o principal representante do darwinismo social, tais como *Princípios de psicologia* (1855), *Princípios de biologia* (1864-1867) e *Princípios de sociologia* (1877-1896), circularam no Brasil e fizeram a

---

* Nas colônias britânicas da África do Sul e da Austrália, a "civilização" era sinônimo de um tempo cristão regulado pelos relógios e sinos e de disciplina do trabalho e do culto, em contraste com o "atraso" ou "barbárie" de povos nativos que, segundo a miopia dos colonizadores, viviam um mundo "sem tempo" (NANNI. *The Colonisation of Time*).

cabeça de muita gente. Principalmente entre uma elite escravo-crata e racista que achava que "branquear" o Brasil era um modo de se realizar o inevitável "progresso", mesmo após a abolição da escravidão em 1888. Mas foram os autores franceses que mais circulação e influência conheceram por aqui. O lema de Auguste Comte, "ordem e progresso", foi parar na bandeira nacional ado-tada pela República em 19 de novembro de 1889, e lá está até hoje; e foram criados clubes positivistas em vários lugares do país. O Brasil participou também de nove das 34 exposições univer-sais realizadas entre 1851 e 1915 e que, em um mesmo grande espaço físico, reuniam pavilhões e expositores de diversas partes do mundo, mesclando representações culturais com interesses econômicos em uma grande celebração da ideia de progresso do século XIX.[456]

Novamente a história da língua portuguesa nos mostra a inser-ção do Brasil e de Portugal na história do conceito de progresso: em 1813, um dicionário definia *progresso* como "adiantamento em proveito ou efeito"; por exemplo, "fazer progressos nas Artes, nas Ciências" ou no comércio; duzentos anos depois, outro dicio-nário acrescentaria: "a evolução da humanidade, da civilização, modernização".[457]

A ideia de progresso foi tão forte nos séculos XIX e XX que ela subsidiou revoluções e movimentos políticos de todo tipo, tran-sitou entre esquerdas e direitas e caiu nas graças de democra-tas, ditadores, republicanos, monarquistas, liberais, neoliberais, conservadores, socialistas, anarquistas, ambientalistas, feminis-tas, imperialistas, comunistas, fascistas, nazistas, ateus, católicos, protestantes, místicos e religiosos de todo tipo. Indivíduos ou grupos sociais poderiam se considerar progressistas em âmbito privado e não progressistas em âmbito público, ou o contrário. Nesse percurso, *progresso* se aproximou de conceitos como *re-volução, história, modernidade, liberdade, raça, civilização, oci-dente, evolução, destino, sociedade, necessidade, avanço, atra-so, decadência* e muitos outros. Como o progresso não mais se confinava a campos específicos do conhecimento e da moral, e sendo agora uma entidade de abrangência universal, ele poderia se desdobrar, especificamente, em qualquer coisa: na educação, no direito, no Estado, na família, na ciência, na religião, na moral.[458]

O conceito moderno de progresso se desdobrou também na economia. Não nos referimos apenas às relações entre o surgimento do conceito e aspectos econômicos do capitalismo na modernidade, já assinaladas, mas também a *concepções de economia* que encontraram no conceito *progresso* uma ferramenta de realização. A economia ajudou a criar o conceito; e uma vez pronto, o conceito ajudou a transformar ideias e políticas econômicas.

A ideia de progresso econômico remonta ao século XVIII, e já se expressava no título do livro de Du Pont de Nemours, *Origens e progresso de uma ciência nova* (1768). Desde então, houve divergências quanto às formas de sua realização: os pensadores fisiocratas, por exemplo, enxergavam o progresso econômico no fomento e desenvolvimento da agricultura; Adam Smith (1723-1790), na liberdade de comércio e na solidariedade econômica – não na desenfreada competição; William Godwin (1756-1836), no trabalho, na abolição do Estado e na distribuição justa da prosperidade segundo as necessidades de cada indivíduo e família. Já os neoliberais do século XX abominaram a solidariedade entre indivíduos, acreditando no mercado como regulador da natureza supostamente competitiva dos seres humanos e, nessa condição, como agente do progresso.[459]

Conforme nos explica David Harvey, no sistema capitalista o controle e a exploração do trabalho são essenciais para a produção de lucros; do mesmo modo a permanente inovação tecnológica e organizacional que garantem a reprodução de um sistema altamente competitivo. Essa incessante busca por "algo mais" se harmoniza com o conceito moderno de progresso, que o define como simultaneamente desejável e inevitável. O *progresso bom e inevitável* se tornou um dos componentes básicos da ideologia justificadora do capitalismo desde o século XIX, em um processo de imposição e aceitação social que teve aliados importantes em conceitos como *crescimento, desenvolvimento* e *modernização*. A promessa de um destino de abundância e prosperidade material, em que desejos de consumo e dominação se encontram fantasiados de supostas necessidades humanas, tem sido bastante eficaz em neutralizar o fato, facilmente observável, de que para a imensa maioria da humanidade esse destino não chegou e nem chegará. Daí a importância de mais um componente dessa mesma ideologia: o mito do mérito individual, que busca explicar a distribuição desigual das vantagens no sistema. Na história do capitalismo, o crescimento, o desenvolvimento e a modernização econômicos sempre estiveram de alguns lados, jamais de todos; não obstante, como sinônimos de *progresso*, eles continuam em alta, inclusive em meio a indivíduos e grupos sociais dos mais prejudicados por esse sistema.[460]

Não estamos afirmando, evidentemente, que a dimensão econômica de conceitos como *progresso, crescimento, desenvolvimento* e *modernização* implique que os fenômenos aos quais eles se referem sejam *apenas* construções abstratas cuja finalidade é justificar as promessas não cumpridas de realização humana por meio da prosperidade econômica. Não há dúvidas de que, na economia e nas muitas dimensões da realidade às quais ela se refere, tais conceitos adquirem concretudes com implicações decisivas na configuração dessa mesma realidade, e é por isso que os conceitos devem ser levados a sério tanto por economistas quanto por políticos e gestores públicos e privados. Apenas estamos apontando para o fato de que, como construções intelectuais e históricas de interface com a realidade social, os conceitos jamais podem ser naturalizados ou reificados como se eles fossem a própria realidade. No caso do conceito *progresso* e de seus derivados, isso é especialmente importante porque a modernidade capitalista apresenta uma inclinação justamente à naturalização e reificação de conceitos. Se a crítica e o entendimento desses conceitos implicarão ou não algum tipo de resistência, bem como a proposição de alternativas àquilo que se supõe inevitável, é uma questão de escolha política de cada um.

Por algum tempo, o conceito moderno de progresso esteve confinado à Europa, partes das Américas e algumas poucas regiões de Ásia e África ligadas ao imperialismo europeu. Na China, a filosofia confucionista reverenciava o passado e não acolhia bem concepções de tempo linearmente progressistas. No começo do século XIX, Gong Zizhen (1792-1841), inspirado por autores ocidentais, elaborou uma ideia de história movida pelo progresso, na qual uma "era do caos" seria superada por uma "era de paz ascendente", até se chegar a uma "era de paz universal". Mas sua formulação foi residual e teve pouca aceitação à época.[461] Na segunda metade do século, porém, o conceito de progresso já estava, com variações e particularidades, em praticamente todo o mundo, sempre acompanhando o conceito moderno de história: separando passado, presente e futuro e acelerando a maioria dos tempos sociais.

A despeito de sua abrangência espacial e de sua capacidade de se associar com uma enormidade de temas e saberes específicos, o conceito moderno de progresso sempre encontrou gente que se recusava a ver nele o portador de uma verdade acerca do destino e da felicidade humanos. Foram vozes minoritárias, às vezes um pouco herméticas e que quase nunca somaram esforços; mesmo assim, algumas delas foram poderosas.

No século XIX, Arthur Schopenhauer (1788-1860), Jacob Burckhardt (1818-1897) e Friedrich Nietzsche (1844-1900), cada um do seu jeito, nutriram sérias antipatias filosóficas pelo progresso. Pouco depois, em uma obra sugestivamente chamada *Ilusões do progresso*, de 1908, o engenheiro e escritor francês Georges Sorel (1847-1922) o viu como uma ideia tipicamente burguesa, descolada da realidade. E em um texto muito influente escrito em meio à Segunda Guerra Mundial, Walter Benjamin (1892-1940) converteu um desenho de Paul Klee em uma antológica representação do progresso como uma tempestade acumuladora de catástrofes:

"Há um quadro de Klee que se chama *Angelus Novus*. Nele está desenhado um anjo que parece estar na iminência de se afastar de algo que ele encara fixamente. Seus olhos estão escancarados, seu queixo caído e suas asas abertas. O anjo da história deve ter esse aspecto. Seu semblante está voltado para o passado. Onde *nós* vemos uma cadeia de acontecimentos, *ele* vê uma catástrofe única, que acumula incansavelmente ruína sobre ruína e as arremessa a seus pés. Ele gostaria de deter-se para acordar os mortos e juntar os fragmentos. Mas uma tempestade sopra do paraíso e prende-se em suas asas com tanta força que o anjo não pode mais fechá-las. Essa tempestade o impele irresistivelmente para o futuro, ao qual ele volta as costas, enquanto o amontoado de ruínas diante dele cresce até o céu. É a *essa tempestade* que chamamos progresso."[462] (**Figura 8.2**).

Figura 8.2. – O progresso inevitável, porém catastrófico. Na leitura de Benjamin – condicionada pela experiência do nazismo e da Segunda Guerra Mundial e que levará à própria morte do filósofo – o Novo Anjo de Klee gostaria de frear o progresso; incapacitado, ele se limita a contemplá-lo (KLEE, Paul. *Angelus Novus*. 1920). Israel Museum, Jerusalém.

Amplamente triunfante no século XIX, o conceito *progresso* foi conhecendo sucessivos reveses no XX: a Primeira Guerra Mundial e a promoção em escala até então inédita de mortalidade e destruição calcadas no desenvolvimento tecnológico; a Crise de 1929 e a falência momentânea do progresso econômico até então prometido pelo liberalismo; a Segunda Guerra Mundial, que consolidou aquilo que Eric Hobsbawm chamou de "era da guerra total", simbolizada nas câmaras de gás e na bomba atômica; e a Guerra Fria e a escalada armamentista nuclear que ameaçaram toda a humanidade de repentina extinção. Depois disso tudo, como acreditar nas benesses do progresso?

De maneira complementar, a descolonização da Ásia e da África fez surgirem dezenas de novos Estados e nações, cujas populações pobres e fraturadas por problemas que não encontravam paralelo nos países economicamente mais ricos tinham muitos motivos para se questionarem: o que o tal *progresso* lhes reservava? E o *crescimento*, o *desenvolvimento* e a *modernização* econômicos? A Conferência de Bandung, realizada na Indonésia em 1955, foi um marco importante do surgimento de um bloco de países não alinhados – o "Terceiro Mundo" – à polarização Estados Unidos-União Soviética, o que também contribuiu para o esvaziamento do conceito de progresso.[463]

Mesmo assim, a despeito desse terrível século XX, o conceito de progresso não desapareceu e ainda há muita gente que ainda nele acredita e nele confia. Há pelo menos três grandes motivos para isso. Em primeiro lugar, o enorme desenvolvimento da ciência e da tecnologia em setores em que elas foram capazes de prestar indiscutíveis serviços àquela mesma humanidade cuja existência fora por elas ameaçada, como: a invenção de vacinas, a erradicação de doenças, melhorias sanitárias e nutricionais e o prolongamento generalizado da vida. Aqui, o progresso ganhou um merecido crédito.

Em segundo lugar, o conceito de progresso sobreviveu porque se modificou parcialmente, adaptando-se a novos tempos. O progresso econômico desempenhou papel importante nessa mutação. Como bem apontaram grandes estudiosos da história e do funcionamento do capitalismo como Karl Marx (1818-1883) e Fernand Braudel (1902-1985), este é um sistema com notável capacidade de adaptação; desde suas origens até os dias atuais ele respondeu a desafios impostos – em parte por ele próprio – à sua sobrevivência, e manteve intactos seus princípios adaptando-os a novos cenários. O conceito de progresso fez o mesmo. E de modo particular, despiu-se de sua conotação de positividade para manter a de inevitabilidade. "A semântica do progresso", afirma Hartmut Rosa, "que acompanhou todos os surtos modernizadores anteriores, desaparece[u] quase completamente, no início do século XXI, atrás da *retórica da imposição dos fatos*: transformações técnicas e sociais não são mais realizadas em nome do *progresso*, mas, antes, justificadas pela ameaça da perda da capacidade de concorrência". Mantendo sua dimensão de inevitabilidade, o progresso perdeu sua força de um singular-coletivo universal para voltar a ser, em parte, o que era no século XVIII: uma série de progressos particulares e específicos. Inclusive o econômico.[464]

Em terceiro lugar, o progresso continua vivo e útil porque guardou parte de sua matriz religiosa original, que o torna um repositório de desejos de melhoramento de um mundo ruim e de esperanças em um futuro melhor. E como todas as crenças não empíricas no futuro, o progresso continua a ser uma espécie de profecia; e nessa condição, uma questão de fé.

UTOPIA

Hoje em dia, a palavra *utopia* é utilizada na maior parte das vezes em sentido depreciativo: ela é algo impossível de se atingir, incoerente, não científico, e por isso não mereceria atenção; ou um simples devaneio ou delírio, uma forma de escape da realidade, talvez até uma manifestação de esquizofrenia social. Porém, nem sempre foi assim. Ao longo de sua história, a utopia pôde ser algo bom ou mal, próximo ou distante da realidade, um diagnóstico ou um projeto. Suas definições podem ser abrangentes ou específicas, podem apresentar ou não componentes religiosos, e sempre se associaram a outras palavras e conceitos como *revolução, progresso, projeto, ideologia* e *sonho*.

As utopias expressam formas de viver, pensar e criticar o presente. Segundo Gregory Claeys, o núcleo central de uma utopia é a possibilidade de se "imaginar uma sociedade mais ordenada se as falhas humanas forem contidas por uma série de revisões da lei, pela Constituição, por religião, controle social, arquitetura e meio ambiente, etc."[465] As utopias, então, têm sempre alguma coerência: não no futuro que elas desenham, mas no presente que elas representam. Sempre propositadamente exageradas, sinalizam para o que Jörn Rüsen chamou de um "superávit de carências" do presente, do qual resulta um "superávit de expectativas" no futuro; para Paul Bénichou, elas evocam valores como "liberdade, progresso, santidade do ideal, dignidade da ciência, fé na providência e religião do porvir humano".[466] Para Lewis Mumford, as utopias quase sempre trazem

> "críticas implícitas da civilização em que se enquadram, e representam também uma tentativa de revelar potencialidades ignoradas pelas instituições em vigor ou soterradas debaixo de uma espessa crosta de costumes e tradições [...]; encaram a sociedade como um todo, e, pelo menos em imaginação, fazem justiça à interação trabalho-pessoas-lugar, bem como à interrelação entre funções, instituições e objetivos humanos".[467]

Cheias de inconformismo e de liberdade criativa, as utopias costumam ser manifestações autodeclaradas, fortemente autorais e por isso mesmo bastante plurais. Ao longo dos séculos, elas engendraram um verdadeiro gênero literário: a descrição de lugares imaginários supostamente visitados por um determinado personagem e povoados por pessoas estranhas, de cuja contemplação emergem então as insuficiências comparativas do lugar de origem do personagem. Às vezes, as utopias assumiram a forma de relatos de viagem ou de novelas e poemas claramente fictícios; às vezes, elas viraram textos filosóficos ou manifestos abertamente políticos.

A palavra *utopia* foi introduzida na língua latina em 1516, a partir de duas palavras gregas: *outopia* e *eutopia*. O autor dessa proeza foi Thomas Morus (1478-1535) que, entre o "não lugar" da primeira, e o "bom lugar" da segunda, fez um trocadilho: em um mundo ruim, o lugar bom seria aquele que simplesmente não existe. Esse é o sentido do título de sua célebre obra, *Libellus vere aureus, nec minus salutaris quam festivus, de optimo reipublicae statu deque nova insula Utopia* ("Livrinho verdadeiramente dourado, não menos benéfico do que divertido, sobre o excelente estado de uma república, e sobre a nova ilha Utopia"). A partir de então, a palavra foi ganhando corpo, fama e utilidade.[468]

As utopias, esses bons lugares inexistentes, representam o presente no futuro, e por isso são formas sociais de se viver e pensar o tempo. Como podemos escrever sua história? Há autores que vêm utopias em toda parte: o *Gilgamesh* mesopotâmico, a *República* de Platão (IV a.C.), as profecias bíblicas do triunfo judaico da ou salvação cristã, o paraíso medieval da Cocanha* e até uma enormidade de livros, filmes e músicas das últimas décadas. Por exemplo, *Imagine* (1971), onde John Lennon nos recomenda, bem ao estilo de sua então esposa Yoko Ono:

> Imagine no possessions
> I wonder if you can
> No need for greed or hunger
> A brotherhood of man
> Imagine all the people sharing all the world

Quanto mais diversificadas são as épocas, os espaços e a natureza das coisas que queremos analisar, mais difícil se torna compreendê-las como se fossem uma só. Considerando-se as incon-

---

* Utopia de origem medieval vigente entre os séculos XIII e XVII, o país da Cocanha era uma terra sem trabalho e sem sofrimento, de abundância e fartura. Hilário Franco Jr. nos informa que, em meio a muitas versões, a Cocanha chegou ao Brasil português possivelmente no século XVII, pelas mãos e vozes dos holandeses, e aí teve vida própria, indo parar em um cordel nordestino do século XX, *São Saruê*, registrado em 1947: "o país São Saruê/o melhor lugar/que neste mundo se vê" (FRANCO JR., Hilário. *Cocanha*. Cotia: Ateliê Editorial, 1998, pp.9-16; trecho citado, p.165; também: JASMIN. "Utopia: do espaço ao tempo", p.172).

táveis manifestações de desconformidade com realidades ruins que em algum momento resultaram em visões de mundos melhores – uma estimativa fala de mais de mil obras escritas com esse intuito apenas no mundo ocidental – o mais adequado é delimitar a análise e agrupar apenas algumas dessas manifestações.[469] Aqui, trataremos só de dois grupos de utopias: as baseadas no padrão conceitual e narrativo estabelecido por Morus no século XVI; e aquelas que surgiram atreladas às formas de tempo típicas da modernidade a partir de finais do século XVIII.

A *Utopia* de Morus traz um narrador em primeira pessoa que conta a um amigo, Pierre Gilles, o que teria ouvido de um viajante português chamado Rafael Hitlodeu a respeito de uma viagem a um lugar desconhecido. A narrativa do fictício Hitlodeu, personagem que teria acompanhado o não fictício Américo Vespucci em suas andanças pelo Novo Mundo, passa então a ocupar a maior parte do livro. A ilha chamada de *Utopia* seria um lugar onde mesquinhos interesses privados estariam submetidos a elevados interesses públicos, com seus habitantes levando uma vida ordeira e virtuosa de obediência a leis, comportamentos sociais bem regulados, prescrição do trabalho e do lazer, satisfação de questões afetivas, etc. Claramente, o lugar que se apresenta é bastante realista e cheio de limites: em Utopia não há carestia de alimentos, mas a economia é agrária; a guerra é regulada, mas frequentemente praticada; o ouro e outros metais não são disputados, pois eles existem em abundância; o divórcio e o segundo casamento são permitidos, mas não o adultério. E a escravidão é prescrita para criminosos e inimigos do governo de Utopia, mas jamais é contestada. A utopia de Morus seria um delírio irreal de um futuro impossível de ser construído? Longe disso: é apenas expressão dos incômodos de seu autor com o mundo em que ele vive, e que ele gostaria de reformar parcialmente. O "não lugar" ou "bom lugar" é uma Inglaterra melhorada.

O lugar imaginado por Morus dependia também de uma readequação do mundo do tempo, que seguia padrões já bem estabelecidos na Europa do século XVI. Em Utopia, o trabalho se dá em função de ciclos da natureza devidamente matematizados;

só que seus habitantes trabalham um pouco menos e descansam um pouco mais do que na Inglaterra real:

> "O dia solar é dividido em vinte e quatro horas de igual duração, seis das quais consagradas ao trabalho: três antes do meio-dia, seguidas de duas horas de repouso e mais três terminadas com a refeição da noite. Na oitava hora, que eles contam a partir do meio-dia, todos vão se deitar e dedicam oito horas de sono."[470]

E porque Utopia é uma ilha e não – digamos – uma montanha sagrada ou um disco gigante pairando sobre as nuvens? Claro, como uma Inglaterra retocada, a Utopia é, a exemplo de sua matriz, uma ilha. Mas isso tem a ver também com o fato de que a obra de Morus se insere em um século XVI em que as grandes navegações oceânicas estavam dilatando os horizontes e a imaginação do homem europeu, e multiplicando relatos de viagem meio verdadeiros, meio fantasiosos. Neles, lugares míticos ainda desconhecidos costumavam ser ilhas, isto é, regiões isoladas e misteriosas que, remontando a mitos de criação muito antigos, eram espécies de terras primordiais cercadas de águas. Mitos medievais também estavam sendo reciclados, como aquele do século V d.C. que falava de uma ilha, talvez para os lados da Irlanda, chamada *Bresal*, e que à época de Morus colaborou para o batismo das novas terras portuguesas da América com o nome de *Brasil*.[471] Mas sem exageros: como típico humanista do renascimento europeu, Morus gostava de se considerar diferente e superior a seus antepassados mais recentes daquela obscura, tenebrosa e mistificadora Idade Média. E nesse ponto, Hitlodeu é seu bem-humorado e irônico *alter ego*, que não "perde tempo"

> "em descrever-nos monstros, que são tudo o que há de mais antiquado. Cilas, Celenos e Harpias vorazes, lestrigões canibais e outros prodígios medonhos do gênero, em que lugar não se encontram? Mas homens vivendo em cidades sabiamente governadas, eis o que não se encontra em qualquer lugar".[472]

Há ainda outro motivo para a Utopia ser uma ilha: é que na Inglaterra do século XVI a terra comunal estava perdendo espaço para a terra privada, com os processos conhecidos como "cercamentos"; por isso, o lugar de expansão e reprodução da imaginação social, do futuro e da novidade era menos a terra, e mais o mar. Como bem nos explica Carl Schmitt, o continente europeu era o lugar do *nomus,* da lei e do domínio sobre a terra; o outro lugar, o diferente, a *utopia,* era uma ilha.[473]

A partir da obra de Thomas Morus surgiram várias outras semelhantes. Alguns exemplos: a *Cidade do Sol* (1602), de Tommaso de Campanella; *Cristianópolis* (1619), de Johann Andreae; a *Nova Atlântida* (1627), de Francis Bacon; a *Descrição do famoso reino de Macária* (1641), atribuída a Samuel Hartlib; a *Nova Solyma* (1648), de Samuel Gott; a anônima *O Estado Livre de Noland* (1696); a *Commonwealth of Oceana* (1658), de James Harrington; a *História dos sevarambos* (1675), de Vairasse d'Allais; e *As aventuras de Telêmaco* (1699), de Fénelon. Pelo menos outras vinte obras utópicas foram publicadas na Europa do século XVII, algumas das quais imaginavam um mundo melhor, governado por sábios cientistas, bem ao espírito da época. Todas elas, porém, de alguma forma expressavam, segundo Georges Minois, "um desejo de fuga diante do mundo sufocante".[474] E mesmo quando as utopias se converteram menos em lugares melhorados e aperfeiçoados, e mais em lugares de refúgio ou lugares abertamente fantásticos, elas continuaram denunciando mazelas reais do presente. Nessa direção caminharam dois dos mais célebres livros do século XVIII: *Robinson Crusoe* (1719), de Daniel Defoe; e *As Viagens de Gulliver* (1726), de Jonathan Swift. Esta última era ainda uma sátira às utopias, uma espécie de *metautopia.*[475]

Em 1770 foi publicado um livro utópico algo incomum: *O ano 2440,* de Louis-Sébastien Mercier, inicialmente proibido, mas depois um verdadeiro *best-seller.* Nele, um personagem francês conversa com um amigo inglês sobre problemas de sua época; em seguida, ao adormecer, embarca em um sonho que o projeta para 670 anos depois. Na Paris do futuro, a Bastilha não mais existe (como sabemos, ela seria derrubada pelos revolucionários dezenove anos depois da publicação do romance), tendo sido substituída pelo "Templo da Clemência"; o governo ainda é uma monarquia constitucional, mas os estamentos sociais foram abolidos, substituídos por grupos de méritos; e – o mais difícil de se imaginar – todo mundo é escritor. Contudo, a utopia de Mercier é menos chegada ao conceito de *revolução* do que ao de *progresso*: nela, o mundo se aperfeiçoa, mas não por meio de solavancos abruptos. E nesse sentido, ela é também tipicamente iluminista; e sendo iluminista, ela porta alguns valores que hoje nos soariam tremendamente conservadores. Por exemplo: na Paris do futuro, as mulheres não se maquiam, não bebem nem fumam, frequentam pouco a vida pública e servem passivamente de instrumento sexual de reprodução da espécie. Como já ocorrera na obra de Morus, também na de Mercier a utopia quer modificar algumas coisas, mas nem todas.

O que é mais digno de nota na utopia de Mercier, porém, é o fato do mundo ideal que ela descreve se projetar não mais no espaço, mas no tempo. Isso indicava uma mudança de sensibilidade: na modernidade, em sintonia com o distanciamento entre passado, presente e futuro; com novos conceitos de tempo; e com transformações políticas, econômicas e sociais mais amplas, as utopias passaram a se concentrar não em *lugares imaginários*, mas em *tempos imaginários*. Por que isso aconteceu? Porque os incomodados do tempo presente eram, em geral, pessoas sensíveis ao que ocorria em um mundo do qual não gostavam, e que estava se temporalizando. Mas também pelo fato de que, de modo análogo ao esgotamento das terras inglesas que duzentos e poucos anos antes levara Morus a jogar a utopia em uma ilha, agora a economia-mundo europeia quase não tinha mais para onde se expandir, e o mundo era quase todo – à exceção da Oceania e dos polos – razoavelmente conhecido. Se o novo e o imaginário não tinham mais um novo espaço, restou a sua projeção em um novo tempo. Que tempo era esse? O futuro.[476]

Experiências de desenraizamento temporal e de enfrentamento de um porvir desconhecido podem ser duras e sofridas. Homens e mulheres que começaram a sentir isso há duzentos e poucos anos nutriram grandes expectativas em relação ao futuro novo que lhes fora permitido vislumbrar; nutriram também gigantescas decepções à medida em que esse futuro não se realizava. Ou ainda pior: à medida em que as revoluções e o progresso traziam ainda mais guerras, destruição e morte. Nas palavras de Paul Bénichou, "estava em ruínas um mundo que as antigas certezas tinham justificado. Teria, o novo, as suas?"[477]. Como alternativa a essa realidade, em parte como sua sublimação, as utopias se generalizaram, manifestando-se em campos tão variados como as artes plásticas, a literatura, o pensamento político, a filosofia, a escrita da história, a arquitetura e o urbanismo, a economia, e a religião. Às vezes, as utopias foram otimistas em relação ao futuro; às vezes, saudosas do passado.[478]

Foi então que surgiu o que se costuma chamar de *romantismo*. Até fins do século XVIII, *romântico* era uma palavra utilizada em referência aos "romances", isto é, antigas narrativas meio lendárias, meio históricas, muito comuns na Europa desde a Idade Média; em francês e alemão, ela também era um adjetivo depreciativo: algo confuso, desordenado, indisciplinado, desregrado. Em um sentido estético, o termo começou a se contrapor ao regramento clássico francês, valorizando em contrapartida um estilo germânico mais livre e subjetivista. Assim, *romantismo* foi virando sinônimo de contestação e revolta.

De maneira simplificada, podemos dizer que o romantismo se consolidou nas primeiras décadas do século XIX como uma sensibilidade utópica que, expressando-se principalmente por meio da poesia, da novela, da música e das artes plásticas, nutriu um inconformismo com o presente, expressando-se de modo sentimental e espiritual segundo a subjetividade criativa de um autor individual. Suas realizações dariam grande ênfase a uma nostalgia em relação ao passado – tradições, histórias e costumes nacionais, antigos lugares, edifícios em ruínas, etc.; por vezes, porém, sua potência criativa estaria direcionada à imaginação de um futuro novo, subsidiando projetos e movimentos políticos e unindo-se aos conceitos modernos de *revolução* e *progresso* (**Figuras 8.3 e 8.4**). Para todos os efeitos, o romantismo perseguia lugares que não mais existiam, ou que só tinham existido na imaginação dos artistas. Aos poucos, porém, esses lugares foram se deslocando para tempos também inexistentes: passados e futuros.[479]

Figura 8.3. – O romantismo retrospectivo. Na célebre pintura de Caspar David Friedrich (1774-1840), a presença de uma única figura, adulta, estática, contemplativa e sem rosto – uma marca do pintor –, confere ênfase ao indivíduo e sua subjetividade, universalizados em relação às forças superiores de Deus e da natureza. O céu nublado, um chão de nuvens e o horizonte profundo dão à cena um ar de valorização do passado em uma representação fortemente espiritualizada da efêmera condição humana (FRIEDRICH, Caspar David. *O caminhante sobre o mar de névoa*,1818). Stiftung für die Hamburger Kunstsammlungen.

Figura 8.4. – O romantismo prospectivo. Na não menos célebre pintura de Eugène
Delacroix (1798-1863), uma multidão de mulheres, homens e crianças – típico símbolo
de futuro na arte oitocentista- se move por sobre corpos e escombros que lhes obstam
o caminho. Todos têm rosto, portam emblemas de luta política ou armas, e erguem seus
braços ao céu – gesto que também simboliza o futuro: um céu que, em meio a nuvens e
neblina, começa a se abrir à luz do Sol. Aqui não há espaço para contemplação: juntos,
guiados pela Liberdade, todos fazem sua própria história e marcham em direção ao porvir
(DELACROIX, Eugène. *A liberdade guiando o povo*, 1830). Musée du Louvre, Paris.

Com seu inconformismo em relação ao presente, o romantismo
ombreou pintores, músicos, escritores, filósofos, historiadores e
líderes políticos. No século XIX, porém, as atuações de cada um
frequentemente se misturavam. Escritores como o escocês Walter Scott (1771-1832), o polonês Adam Mickiewicz (1798-1855), o
francês Victor Hugo (1802-1885) e o brasileiro Gonçalves de Magalhães (1811-1882) compuseram novelas e poemas que tinham a
pretensão de explicar coisas do passado. Poetas como os alemães
Johann Wolfgang von Goethe (1749-1832) e Friedrich Schiller
(1759-1805) podiam ser considerados igualmente filósofos. E historiadores como o inglês Robert Southey (1774-1843), o francês
Jules Michelet (1798-1874) e o português Alexandre Herculano
(1810-1877) eram também novelistas ou poetas. As distinções que
hoje conhecemos entre ciência e arte, bem como entre disciplinas
e campos do saber a elas associados, estavam apenas começando
a surgir (elas corresponderiam a novas demandas associadas à

formação de Estados nacionais na Europa e na América, como a criação de sistemas escolares e de universidades). A fuga do presente em direção ao passado ou ao futuro mobilizaria todos os "românticos" que, de alguma forma, se propusessem a pensar, descrever e explicar o tempo, novo refúgio da utopia.[480]

Na atuação de todos esses utopistas, a busca de um outro tempo, um tempo melhor do que o atual, se desdobrou mais concretamente em dois tipos de utopia que nem sempre se diferenciavam perfeitamente, e que tendiam a reproduzir as ênfases retrospectiva e prospectiva do romantismo. O primeiro era ligado à ideia de nações e de Estados a serem criados ou recuperados por tradições, costumes, línguas, memórias e histórias nacionais. Esse tipo de utopia não anulava o futuro, mas conferia ao passado um caráter quase sagrado, revelador do espírito de um povo e de seus destinos e que moveria o curso da história (como pretendia Hegel), dando subsídio a movimentos e valores *nacionalistas*. Já o segundo tipo de utopia tinha maior inspiração social, enfatizando a fundação ou reforma de comunidades específicas não nacionais – como de trabalhadores ou religiosos – e dos laços sociais entre seus indivíduos. Esse tipo de utopia muitas vezes foi chamado de *socialista*, e nele o futuro era mais importante do que o passado.[481]

Com sua ênfase temporal em um futuro a ser concretizado em um lugar preciso, as utopias socialistas – com as chamaram criticamente Marx e Engels – de certo modo recuperaram também a antiga ênfase espacial da imaginação de mundos ideais. François Charles Fourier (1772-1837), por exemplo, projetou uma sociedade associativa perfeita, assentada em um lugar específico: uma propriedade comunal a que deu o nome de *falanstério*; na mesma linha, James Silk Buckingham (1786-1855) também projetou uma comunidade ideal, *Victoria*. A obra de Étienne Cabet (1788-1856), *Viagem a Icária*, inspirou a fundação, em 1847, de uma comunidade utópica em Nova Orleans, nos Estados Unidos. Utopias espaciais também foram projetadas pelo Conde de Saint-Simon (1760-1825) e por Robert Owen (1771-1858). Este último chegou a transformar duas de suas fábricas em comunidades ideais:

a *New Lanark*, na Escócia, e a *New Harmony*, nos Estados Unidos. Só na Grã-Bretanha e nos Estados Unidos, sua atuação de inspirou a criação de pelo menos outras vinte comunidades semelhantes. Todos elas de alguma forma espelhavam o desenvolvimento do mundo industrial e, na condição de utopias, buscavam enfrentar problemas por ele criados, como o acentuado crescimento populacional, o aumento das distâncias entre lugares de trabalho e de moradia, o aumento de turnos de trabalho com a diminuição do descanso e do lazer, más condições sanitárias, e a falta de escolarização de pais e filhos.[482]

Na Grã-Bretanha e na França, os dois grandes centros econômicos da Europa industrial, pipocaram autores, empreendedores e projetos de comunidades utópicas. Nos Estados Unidos houve um movimento semelhante, mas com contornos próprios. Também este país estava se industrializando e se desenvolvendo economicamente no século XIX, principalmente após o fim da Guerra de Secessão (1861-1865), quando foram criadas condições favoráveis a uma grande expansão territorial que levou à conquista de territórios indígenas a oeste até a fronteira do Oceano Pacífico. Os Estados Unidos se tornaram, então, um ambiente favorável à imaginação idealizada de futuros, inclusive utópicos. Só que nesse caso, muitas comunidades foram criadas em associação com projetos religiosos de dezenas de cultos cristãos protestantes, como os Mórmons (1830), os Adventistas (1831) e as Testemunhas de Jeová (1874). No plano literário, uma obra que expressa bem os sotaques estadunidenses de utopias oitocentistas é da Edward Bellamy (1850-1898), *Daqui a cem anos: revendo o futuro* (1888). Neste livro otimista e de grande sucesso editorial, temos um protagonista que, a exemplo do personagem de Mercier cem anos antes, sonha e acorda em um futuro melhor. Nele, o individualismo exacerbado foi erradicado e a sociedade se tornou mais comunitária e cooperativista; isto é, bem ao contrário do que de fato ocorria nos Estados Unidos. O livro de Bellamy inspirou a fundação de sociedades cooperativistas nos Estados Unidos, na Europa, na África do Sul, na Indonésia e na Nova Zelândia.[483]

Definitivamente, as utopias de inspiração social tinham recuperado a dimensão espacial concreta desse tipo de imaginação do futuro. Das comunidades socialistas ou religiosas, as utopias migraram para o campo da arquitetura e do urbanismo e floresceram nos projetos modernistas típicos das primeiras décadas do século XX que buscavam, por meio de uma ação humana deliberada, estabelecer uma realidade planejada e durável que, paradoxalmente, deveria ser de permanente inovação. Nessa perspectiva se encontra, por exemplo, a atuação do arquiteto francês Le Corbusier (1887-1965) e seus projetos altamente disciplinadores que, em nome da modernidade, do progresso e do futuro, procuravam impor a cidades e seus moradores normas e valores comuns a todos. Le Corbusier se aproximava abertamente de concepções utópicas fascistas de arquitetura e urbanismo, como as expressas no bairro da *Esposizione Universale*, em Roma, concebido em 1942, dentre outros, por Marcello Piacentini (1881-1960); ou na Nova Berlim concebida por Albert Speer (1905-1981), o arquiteto de Adolf Hitler. No mundo soviético, o regime socialista também atuou em nome da construção de um futuro – o comunismo – por meio de lugares concretos, onde edifícios, traçados urbanos e conjuntos de moradia expressavam também modalidades de utopias sociais. No Brasil, lugares utópicos foram, de distintas maneiras, a comunidade fourierista do Falanstério do Saí – ou Colônia Industrial do Saí – criada em Santa Catarina em 1841; o povoado de Canudos, no interior da Bahia (destruído pelo exército brasileiro em 1897), que representava um tipo de utopia religiosa milenarista anunciadora de um futuro escatológico de salvação; e a fundação de Brasília, em 1960, projetada pelos arquitetos modernistas Lúcio Costa (1902-1998) e Oscar Niemeyer (1907-2012).[484]

As práticas, projetos e concepções econômicas que nos séculos XIX e XX estiveram fortemente associadas ao conceito de *progresso* também adquiriram feições eventualmente utópicas. Utopistas sociais como Fourier, Buckingham e Owen, por exemplo, estavam preocupados com questões econômicas que podiam observar e vivenciar em seu próprio dia a dia. A eles se juntaria o economista húngaro Theodor Hertzka (1845-1924), cujo livro

Freeland: uma antecipação social, desenhou uma sociedade ideal a ser formada por indivíduos livres e de iniciativa, promotores de um desenvolvimento econômico industrial que resultaria em prosperidade material para todos os seus habitantes, tendo o Estado como promotor privilegiado de tal situação. É fácil perceber como a "antecipação social" – expressão tipicamente utópica – de que falava Hertzka era, no fundo, a realização de uma sociedade aperfeiçoada pelo liberalismo econômico de Adam Smith, de quem aliás era aberto seguidor. Com Hertzka, a utopia oitocentista adquiriu a modesta pretensão de apenas imaginar ajustes em relação ao desenvolvimento do capitalismo em curso.[485]

Evitando a *revolução* e movendo-se pelo ideal do *progresso,* essa concepção de economia se espraiou com sua conversão em disciplina formal a serviço da promoção e gestão do mundo material em expansão, e da suposta felicidade daí resultante. Organicamente inserida nesse século XIX obcecado pelo futuro, a disciplina econômica atribuiu-se uma potência preditiva a ostentar uma autoimagem de uma ciência exata e infalível a serviço de um mundo ideal e inevitável. Aqueles economistas que por quaisquer motivos ainda hoje acreditam nisso, talvez não tenham aprendido a lição de Joseph Schumpeter (1883-1950), ele mesmo um economista dado a previsões, mas suficientemente precavido para limitá-las:

> "A análise, seja econômica, seja referente a outras disciplinas, nunca fornece mais do que uma explicação relativa às tendências discerníveis num modelo observado. Ora, tais tendências nunca indicam o que sucederá ao modelo, apenas o que lhe sucederia caso elas continuem a agir como agiram durante o intervalo de tempo coberto por nossa observação e caso outros fatores não intervenham."[486]

Até aqui, tratamos de personagens, ideias e ações movidos favoravelmente a concepções utópicas de passado e de futuro; mesmo que nem sempre tenham se produzido sob a égide de uma palavra que, sobretudo no século XX, estava carregada de estigmas. Uma semântica depreciativa de *utopia* já estava presente na Europa da década de 1830, utilizada como crítica a Fourier, Cabet, Saint--Simon ou Owen, acusados de portar um otimismo ingênuo, ignorar a história, despolitizar as sociedades e embaralhar messianicamente doutrinas econômicas, sociais e religiosas; além de, não pouco frequentemente, caírem em delirantes devaneios (Fourier, por exemplo, vislumbrou o advento de uma nova aurora boreal que, modificado o clima da Sibéria, produziria uma substância capaz de transformar a salgada água dos oceanos em uma saborosa limonada). Marx e Engels, críticos contundentes desse socialismo que, por ser utópico e não científico, só poderia ser falso, deram uma contribuição decisiva para a depreciação do termo *utopia*; também o associaram com *ideologia*, sinônimo de falsificação ou acobertamento da realidade que agiriam para impedir sua transformação. Na *Ideologia alemã* eles escreveram:

> "o comunismo, para nós, não é um estado que seja preciso criar, nem um ideal para o qual a realidade deve se orientar. Chamamos comunismo o movimento real que abole a ordem estabelecida."[487]

Isso não significa, contudo, que Marx e Engels, ao vislumbrarem um mundo novo e ideal, não fossem também utópicos à sua maneira. Como bem afirma David Lapoujade, "trata-se de opor um tipo de utopia a outro. O marxismo não é apenas uma nova filosofia, é uma nova concepção da utopia. São como duas versões da utopia: uma separada do mundo real que ela se propõe transformar, a outra ancorada numa análise do mundo real que ela se propõe derrubar".[488]

Imaginar o futuro, projetá-lo e implementá-lo: eis os atributos inescapáveis da utopia que, no contexto da modernidade, terminam por dotá-la de uma aura profética e sagrada, herdeira de formas religiosas de viver e pensar o tempo. Desde sempre, os porta-vozes das utopias foram, de alguma forma, analistas críticos da ordem social que os envolvia; ao procurarem superá-la, converteram-se também em profetas de um novo espaço e de um novo tempo. "Toda definição de ordem social consagra como guia aquele que a formula, principalmente quando se trata de uma definição ideal", bem definiu Paul Bénichou. Independentemente de sua religiosidade ou ateísmo, de suas tendências mais progressistas ou conservadores, de sua valorização ou detração de regimes democráticos ou autoritários, e de suas melhores ou piores intenções, foram profetas da modernidade personagens tão díspares quanto Fourier, Owen, Marx e Engels, os grandes economistas liberais, os pequenos economistas neoliberais, Hitler, Stálin, Mao Tsé-Tung, e uma enormidade de líderes religiosos. Em um mundo de desenraizamentos sociais, o culto à personalidade adquiriu um sentido de busca por um futuro necessário devidamente anunciado e seguramente guiado, bem como de organização de uma comunidade de indivíduos que, em um grande líder, conseguem atenuar suas frustrações pessoais e projetar suas expectativas não atendidas.[489]

Não à toa, portanto, desde sempre as utopias flertaram com diferentes formas de autoritarismo, de imposições de normas e condutas sociais, econômicas, políticas e culturais supostamente necessárias à obtenção do tão almejado futuro melhor. E como vias para o controle social, as utopias podem ser, claro, alienadoras. Evocando Marx e Engels, o filósofo romeno Emil Cioran (1911-1995) afirmou que "para conceber uma *verdadeira* utopia, para esboçar, com convicção, o panorama da sociedade ideia, é preciso uma certa dose de ingenuidade, mesmo de tolice, que, demasiado aparente, acaba por exasperar o leitor. As únicas utopias legíveis são falsas".[490]

Mas não é imprescindível que assim seja. Uma utopia não está fadada a ser um descolamento da realidade, sua falsificação, uma atitude ingênua ou uma prática autoritária. Pelo contrário. O tipo de escape que ela pressupõe, do presente em direção a outros espaços e tempos, quando originário de uma postura de incômodo crítico resultante de um diagnóstico da realidade, pode ser uma valiosa ferramenta de transformação e melhoria do mundo por meio de um compromisso coletivo; ou um ponto de partida para o desafio a poderes instituídos. Uma utopia pode ser também uma forma de enraizamento e orientação social, provendo parâmetros de ação e pensamento não apenas benéficos, mas também necessários a uma sociedade. Ou ainda, na mais tímida das hipóteses, uma utopia pode ser apenas uma forma de sonho, mais precisamente de libertação criativa do pensamento humano.[491] Nesse sentido, pode ser também um meio eficaz e necessário de parcial afrouxamento das muitas formas de tempo social que, de alguma maneira, pesam sobre nossas vidas. O que, convenhamos, não é pouca coisa.

DISTOPIA

Quando, em seus escapes de um mundo ruim, as utopias vislumbraram outro ainda pior, elas viraram *distopias*. Multiplicadas a partir da decadência da ideia de progresso, as distopias são denúncias ainda mais contundentes do presente e jamais visam o passado, só o futuro. Esse futuro, porém, é a frustração e interdição de todas as expectativas nele depositadas; por isso, ele não é aguardado ou conquistado, mas temido. É uma espécie de pesadelo que se sonha acordado.

Há quem veja na história bíblica da expulsão de Adão e Eva uma primeira manifestação distópica, continuada pelos anúncios religiosos de cataclismas, fins do mundo e juízos finais (estes, já elaborados por povos mesopotâmicos, persas e egípcios). É um exagero, sem dúvida: pois as formas de tempo que esse tipo de imaginação contém não aprisionam o futuro, e nem são terminantemente negativas: nelas, depois da destruição vem um novo começo ou uma eternidade que melhorarão o mundo. Como forma de utopia às avessas, a expressão distópica se anuncia somente no século XIX. Por exemplo, com *Frankenstein* (1818), de Mary Shelley, que evoca o mito de Prometeu e retoma o tema da busca humana pela imortalidade em uma perspectiva faustiana: ela tem um preço, e este é alto*; ou, décadas depois, com *A máquina do*

---

* De acordo com a mitologia grega, Prometeu, o criador da humanidade, logrou enganar Zeus em um sacrifício de um touro; como vingança, o deus supremo do *tempo* (1895), de H. G. Wells, que converge com o romance de Shelley no temor em relação ao futuro construído e destruído pelo progresso tecnológico. Mas será ao longo do século XX que, abrigadas principalmente na literatura, no cinema, nas artes plásticas e na música – todas elas formas de representação dotadas de modos particulares de abordar o tempo –, as distopias se consolidarão como uma notável forma de se viver e pensar os tempos do mundo.[492]

As fantasias futuristas são, por excelência, o lugar das distopias. Por isso, o advento do futuro terrível acompanhou o surgimento de um gênero literário que nem sempre foi distópico: a *ficção científica* – designação cunhada em 1929, por Hugo Gernsback. Já na Europa do século XVII, filósofos, cientistas e escritores tinham dado asas à imaginação de um futuro que, baseado no desenvolvimento tecnológico protagonizado por relógios, telescópios e outros instrumentos práticos, se projetava em espaços supraterrestres. Principalmente a Lua. Surgiram então romances como a *História cômica: viagem à Lua* (1657), de Cyrano de Bergerac; *A descoberta de um novo mundo na Lua* (1638), de John Wilkins; *O homem na Lua* (1638), de Francis Godwin; e *Uma viagem para a Lua* (1728), de Murtagh McDermot.[493] Nenhum deles, contudo, era distópico.

No século XIX as fantasias futuristas e científicas se converteram em um gênero literário. Viagens cósmicas andariam próximas da descoberta de mundos perdidos, da exploração do interior da Terra e de viagens no tempo, sempre alavancadas pela

---

Olimpo privou a humanidade do fogo, restituído por novo ardil de Prometeu. Zeus, então, fez acorrentar Prometeu a um rochedo, onde um abutre devorava lentamente seu fígado que, à noite, se reconstituía. Já a história de Fausto remonta ao século XV, quando de regiões do então Sacro Império Romano-Germânico começou a se espalhar para outras da Europa: trata de um sujeito que faz um pacto com o diabo e, em troca da imortalidade, concede-lhe a alma. Na literatura, conheceu diferentes versões na pluma de Christopher Marlowe, Goethe e Thomas Mann, dentre muitos outros (GRAVES, Robert. *Os mitos gregos*. Lisboa: Dom Quixote, 1990, v.1, pp.128-130; BUENO, Luís, "O nascimento de um mito literário". In: MARLOWE, C. *A trágica história do Doutor Fausto*. Cotia/Campinas: Ateliê/ Editora Unicamp, 2018, pp.13-25).

tecnologia e seus imprevisíveis efeitos. Wells seguiria por aí, em obras como *A ilha do Doutor Moreau* (1896), *O homem invisível* (1897), e *Os primeiros homens na Lua* (1901); Arthur Conan Doyle (1859-1930), célebre criador do detetive Sherlock Holmes, também trilhou esse caminho, com *O mundo perdido* (1912). Mas foi sem dúvida Jules Verne (1828-1905) o maior bem-sucedido de todos eles, autor de livros célebres como *Viagem ao centro da Terra* (1864), *Da Terra à Lua* (1865), *Vinte mil léguas submarinas* (1869) e *A volta ao mundo em oitenta dias* (1872). No Brasil, o curioso livro de Augusto Emilio Zaluar (1826-1882), *O doutor Benignus* (1875), traz a narrativa de uma expedição científica pelo interior do país, descortinando não apenas um presente cheio de novidades e descobertas mas também um futuro auspicioso e fortemente otimista, baseado na crença de que a ciência e a explicação científica da natureza são capazes de aperfeiçoar o Brasil e o mundo. E a exemplo de livros similares, o de Zaluar foi concebido como uma literatura instrutiva e pedagógica, capaz de *representar* ao mesmo tempo que *estimular* o progresso. Nas primeiras páginas do livro, assim o autor se dirigiu ao leitor:

> "O espírito humano, enriquecido com a grande soma de conhecimentos com que as ciências têm opulentado o seu patrimônio intelectual, não pode contentar-se unicamente com as leituras frívolas ou livros de exageradas e às vezes perigosas seduções."[494]

Todas essas narrativas oscilavam entre otimismo, pessimismo ou, no final das contas, não investiam nem em uma coisa nem em outra. Foram as grandes catástrofes do século XX que empurraram a já consolidada ficção científica rumo à distopia, que por seu turno se espalhou também para outras formas de representação artística. Constituiu-se, assim, uma estrutura básica a organizar narrativas, imagens e argumentos distópicos: 1) deslocamentos espaciais e/ou temporais, como nas utopias, mas com referências precisas que potencializam um maior apelo à realidade mesmo em situações abertamente fantasiosas; 2) o desenvolvimento tecnológico que leva a resultados sombrios, frequentemente com a submissão do homem à máquina, a simbiose de ambos e a desaparição de sentimentos, afetos e desejos; 3) sociedades diversificadas e plurais, mas caóticas, violentas, quase sempre poluídas e sombrias; 4) aproveitando-se o flerte de utopias com regimes autoritários, nas distopias estes são levados ao limite, com controle e disciplinarização de todos, ou quase todos os meandros da vida pública e privada; 5) como consequência dos conflitos homem-máquina e dos regimes autoritários, há a contração ou mesmo a desaparição da individualidade; 6) em nome de um futuro que jamais se realiza e de um presente triunfante, o passado é abertamente combatido ou eliminado, ponto no qual as distopias parecem representar perfeitamente a modernidade; 7) as distopias usam e abusam de dicotomias que organizam esse eterno presente futurista e sombrio: mundo superior x mundo inferior, dentro x fora, acima x abaixo, claro x escuro, vida x morte, alegria x sofrimento, civilização x barbárie, homem x máquina, fecundidade x esterilidade, salvação x perdição, bem x mal.[495]

Não custará ao leitor reconhecer que tais dicotomias distópicas evocam componentes de tradições religiosas, políticas e culturais de sociedades de diversas épocas e lugares, alguns dos quais talvez já estivessem presentes até mesmo em comunidades neolíticas de doze mil anos atrás. A viagem ao submundo pode ser uma punição, uma descida aos infernos ou um contato com mistérios divinos. Pode representar também um rito de passagem em direção à morte, ao sofrimento eterno ou a elevação da condição humana. A visita da antiga deusa babilônica Inanna ao reino inferior de sua irmã Ereshkigal é, de certa forma, a odisseia heroica do grego Ulisses, e a jornada pedagógico-cristã de Dante ao Inferno. Nas representações distópicas modernas, essas viagens a submundos foram parar, por exemplo, em *Metrópolis* (1927), dirigido por Fritz Lang. Esse grande filme, realizado no contexto sombrio da Alemanha pré-nazista, e que era também um contexto de culto industrial ao progresso e à máquina, nos apresenta uma cidade dividida: em um nível superior, habitam grandes, ricos, jovens e poderosos empresários e industriais; em um nível inferior, trabalhadores pobres que são meio escravos, meio máquinas. Mas atenção: esse lugar tenebroso – que ainda pode ser transformado por uma história de amor que tenta aproximar os dois níveis – não é apenas o país de origem de seu diretor: em certa ocasião, Lang afirmou que o filme se inspirou em uma contemplação noturna da cidade de Nova York, a partir de sua baía.[496] A distopia aspira à universalidade.

Mais recentemente, um filme espanhol, *O poço* (dirigido por Galder Gaztelu-Urrutia, 2019), elabora a mesma imagem para fazer uma crítica não exatamente do culto ao progresso e à máquina, mas ao individualismo da sociedade de consumo. O jovem protagonista do filme ingressa voluntariamente em uma prisão. Nela, um enorme poço é rodeado por centenas de andares: as celas onde cada preso compartilha um exíguo e estéril espaço com outro preso. De quando em quando, moradores do mundo superior – glutões desenfreados de um restaurante – atiram seus restos de comida na plataforma móvel do poço; e assim, os presos podem, por alguns segundos, comer o que lhes restou. Mas há outra hierarquia, em meio a esta principal, e que multiplica os submundos: os ocupantes da primeira cela comem primeiro, deixando seus restos para os da cela logo abaixo, e assim sucessivamente até os últimos níveis, onde a sobrevivência humana é cada vez mais levada aos seus limites. De modo sutil e ambíguo, porém, ainda resta alguma esperança.

Uma distopia quase nunca é totalmente fechada ao futuro. Inclusive porque, em se tratando de filmes, séries, livros e outros produtos culturais, é sempre bom que seus consumidores terminem sua fruição não totalmente deprimidos – caso contrário, as chances de venda do produto serão menores. E uma distopia não necessariamente mobiliza simultaneamente todos os componentes de sua estrutura básica, podendo distribuí-los ao gosto de seus criadores. Na literatura, um exemplo clássico é o livro do escritor soviético Evgeni Zamyatin, *Nós* (1920), que imagina uma comunidade mundial criada pela ciência onde todos são felizes, mas tudo é controlado e ninguém é livre. Traduzida ao inglês em 1924, a obra de Zamyatin influenciou diretamente outros dois grandes romances distópicos: *Admirável Mundo Novo* (1932), de Aldous Huxley, que enfatiza a desumanização do homem e a desigualdade de classes como corolários da universalização "científica" da felicidade; e *1984* (1949), de George Orwell, que elabora a imagem de um mundo sem futuro nem passado, ultra-autoritário e em permanente guerra, cuja ordem é dada pela onipresença do "Grande Irmão".[497]

Nenhuma dessas realizações literárias limita seu escopo crítico a uma única realidade presente: não se trata *apenas* da União Soviética socialista, ou da Alemanha nazista, como leitores desavisados ou oportunistas por vezes gostam de afirmar. O presente que move a distopia literária do século XX é de todo lugar onde houver desigualdade, dominação, exclusão, injustiça, guerra, violência e desumanização. É por ser tão abrangente e de pretensões universalizantes que a distopia se moveu com tanta desenvoltura entre diferentes expressões artísticas.

Na interface entre literatura e cinema distópicos encontram-se bons exemplos que, inclusive, desafiam o lugar-comum de que um grande romance dificilmente se converte em um grande filme. *Fahrenheit 451*, escrito por Ray Bradbury em 1951, virou um filme equivalente sob a direção de François Truffaut em 1966: em uma sociedade onde livros são proibidos e bombeiros são encarregados não de extinguir incêndios, mas de produzi-los queimando tais artefatos, o submundo resiste, e um bombeiro arrependido troca de lado para – em uma passagem final comovente elaborada tanto no livro quanto no filme – integrar uma sociedade subversiva de leitores onde cada membro tem a missão de ler, decorar, destruir e se converter, ele mesmo, em um livro. Em pelo menos duas ocasiões, Stanley Kubrick também logrou a proeza de fazer filmes tão bons quanto os livros em que se baseou: *Laranja Mecânica* (1972), a partir do livro de Anthony Burgess (1962), em que uma sociedade caótica, ultraviolenta e disciplinadora não logra equilibrar controle social e felicidade; e *2001: uma odisseia no espaço* (1968), baseado no livro de Arthur C. Clarke (que dividiu com Kubrick a elaboração do roteiro): aqui, uma viagem cósmica é também uma odisseia existencial e tecnológica na qual a condição humana está em conflito com sua submissão à técnica e à ciência.

Há muitos outros exemplos dessas notáveis manifestações de crítica em relação ao presente e de pessimismo em relação ao futuro. Em um tom algo pessoal e sem pretensões a qualquer originalidade, poderíamos mencionar outro livro de Bradbury, *Crônicas marcianas* (1950); *Eu, robô* (1950), de Isaac Asimov; *O homem do castelo alto* (1962), de Philip Dick; e *O Conto da Aia* (1985), de Margaret Atwood. No Brasil, as obras de João Ubaldo Ribeiro e J. J. Veiga valem-se amplamente, e de modos muito originais, de componentes distópicos clássicos. No cinema, distopias que, ao serem vistas e revistas, ajudaram a inspirar este livro, são *Solaris* (1972), de Andrei Tarkovski; *O ovo da Serpente* (1977), dirigido por Ingmar Bergman; *Brazil, o Filme* (1985), de Terry Gillam; além de *Blade Runner* (1982), realização de Ridley Scott e que, surpreendentemente, rendeu uma excelente continuação em 2017: *Blade Runner 2049*, dirigido por Denis Villeneuve.[498] O leitor seguramente terá outros títulos na ponta da língua.

O futuro pode estar em muitos lugares e tempos, na ficção científica ou não. Pode ter muitas formas, nomes, cores, atributos, valores, entradas e saídas. Há futuros inofensivos (como os da série *Star Wars*), outros são bons ou pelo menos auspiciosos, enquanto muitos são terríveis e quase sem escapatória. Há até mesmo quem ache que, independentemente de ideias diametralmente opostas, a simbiose entre homem e máquina – o chamado *transhumanismo* ou *pós-humanismo* – é uma coisa positiva, consequência supostamente inevitável do velho *progresso* que teima em ainda dar as caras neste século XXI.*

---

* Essa corrente de pensamento teve várias origens, sendo a mais notória a contracultura californiana-estadunidense de finais da década de 1960, com seus cultos libertários, individualistas e contrários à sociedade e suas instituições. Aos poucos, começou a ser levado a sério por gente rica e poderosa, engendrando instituições financiadas até mesmo por corporações como a Google. Seus adeptos – como Ray Kurzweil, Max More, Raymond Kurzweil, Nick Bostrom, Aubrey de Grey, James Hughes, Allen Buchanan, Marc Roux e Laurent Alexandre – entendem que, futuramente, os robôs adquirirão tamanha autonomia em relação aos

Mas não nos esqueçamos: como quer que seja o futuro, ele é sempre uma representação do presente e um meio de organizá-lo. E nessa condição, uma imaginação necessária.

---

humanos que acabarão por superá-los. Em seu profundo desprezo pelo corpo e mente humanos, o transhumanismo evoca ideias ainda mais velhas de aspiração à imortalidade, e nisso se aproxima de uma religião (GROS. "A utopia contemporânea dos corpos", pp.272-273; WOLFF. "As três utopias da modernidade", p.44 e segs.; BESNIER, Jean-Michel. "O pós-humano: rumo à imortalidade?". In: NOVAES [org.]. *O novo espírito utópico*, cit., pp.324-327).

CAPÍTULO 9
MORRER, VIVER E LEMBRAR

TEMPOS DA MORTE COMO TEMPOS DA VIDA

Em passagem do *Satyricon* de Petrônio, obra romana do século I d.C., o anfitrião do banquete, Trimálquio, pergunta a um de seus convidados, o marmorista Habinas: "Você construirá meu túmulo como eu o encarreguei?" Em seguida, detalha instruções que incluem a colocação de estátuas, palavras esculpidas, adornos de árvores e plantas, e um escravo para vigiar o túmulo. Então Trimálquio conclui:

> "coloque no centro de tudo um relógio, para que quem quiser saber a hora seja forçado a ler meu nome. Como epitáfio, veja se esse te parece bem: 'Aqui jaz. Caio Pompeu Trimálquio Mecenato repousa aqui. O servirato lhe foi conferido em sua ausência. Ele poderia ter pertencido a Roma e a todas as decúrias [grupos especiais], mas esse não foi seu desejo. Homem de dever, valente, fiel, partiu há pouco, deixou trinta milhões de sestércios [moeda romana] e jamais deu ouvidos a um filósofo. Porte-se bem –Você também!"[499]

Não é à toa que, para os romanos, um túmulo era designado pela palavra latina *monumentum*, que significa "tudo que serve de trazer à memória, tudo que lembra, que recorda". Um morto deveria manter-se vivo na memória dos vivos, e por isso seu túmulo deveria chamar a atenção. Como? Com um epitáfio, registrando feitos do morto, e com adornos chamativos – por exemplo, um relógio. Muitos séculos depois, outro *monumentum* seria construído, desta vez aos mortos na Primeira Guerra Mundial, na cidade inglesa de Scarborough. Era um túmulo apenas simbólico, pois seus mortos não foram ali enterrados, mas teria a mesma finalidade que o de Trimáquio: manter, entre os vivos, a lembrança dos mortos, homenageá-los e chamar a atenção. E aqui, imitava o romano no adendo de um relógio que, desta vez, não seria solar, mas mecânico.[500]

Entre esses dois túmulos-monumentos – um fictício, outro real – separados por dois milênios, há um ponto em comum: a morte é tratada não como um fim absoluto mas como uma continuação da vida, simbolizada por um relógio cujo tempo está sempre fluindo. Essa continuação é uma forma de tempo social. Por mais paradoxal que possa parecer, a morte de uns é uma forma de viver de outros. Os mortos continuam vivendo na lembrança dos vivos.

É por isso que os antigos romanos celebravam uma festa aos mortos, entre 13 e 21 de fevereiro de seu Calendário Juliano, ocasião em que a vida pública se contraía em respeito e por temor aos que se foram. Na cristandade medieval, havia um dia dedicado a mortos ilustres, o Dia de Todos os Santos, em 01 de novembro; e por volta do ano 1030 d.C., na Abadia de Cluny, na França, foi instituída outra celebração, a todos os mortos, em 02 de novembro. Essa é a origem do atual Dia dos Mortos, observado em muitos lugares (no Brasil ele é chamado de "Dia de Finados", e em Portugal de "Dia dos Fiéis Defuntos").[501] No México, a enorme e criativa festa nacional que se celebra nessa data mistura componentes indígenas com o calendário litúrgico trazido ao país pelos colonizadores espanhóis no século XVI. Em alguns países, parentes visitam, limpam e enfeitam as sepulturas de seus mortos como se estas fossem extensões das casas (às vezes isso deve ser feito de dia, às vezes ao anoitecer); em outros, cerimônias privadas são realizadas dentro das próprias casas ou em templos. Há numerosas variações a depender de religiões, tradições e épocas.

As muitas formas de morrer – não apenas de ver terminada sua vida biológica, mas também de se preparar ou temer a morte, de celebrá-la, ignorá-la ou representá-la – compõe uma rica e fascinante história. A seguir, desenharemos traços preliminares da história da morte como parte de uma história social do tempo. Uma história que, tomada desse ponto de vista, apresenta denominadores comuns em meio a uma enormidade de variações. Todos os indivíduos e todas as sociedades que já existiram – inclusive nós – viveram relações com ciclos da natureza que são fonte das mais antigas e duradouras concepções de tempo. A vida humana, portanto, sempre existiu em estreita conexão com tais concepções. A morte, como fim e continuação da vida, também é uma delas.

A história da morte como parte de uma história social do tempo é, simultaneamente, a de fenômenos naturais – mais precisamente, biológicos – e sociais. E como todas as demais histórias até aqui apresentadas, a da morte articula passados, presentes e futuros, fazendo do seu estudo um esforço de entendimento não apenas daquilo que fomos e somos, mas também do que podemos ser. Afinal, como bem afirmou o historiador Michel Vovelle, "a morte é o reflexo privilegiado de uma visão de mundo".[502]

CICLOS E RELÓGIOS BIOLÓGICOS

Historiadores não costumam ser laureados com grandes prêmios científicos, menos ainda com importantes somas de dinheiros; no entanto, podem aprender muito com tais felizardos. Em 2017, Jeffrey Hall, Michael Rosbash e Michael Young foram laureados com o Prêmio Nobel de Medicina e Fisiologia graças às suas pesquisas sobre um tema antigo mas ainda relativamente pouco conhecido: os "relógios biológicos". As aspas se devem ao caráter metafórico da expressão: pois tais relógios são, na realidade, genes presentes em células responsáveis por movimentos recorrentes que regulam a atividade de seres vivos, perfazendo certos ciclos temporais. Tais ciclos são condicionados pelos movimentos de rotação e revolução da Terra (responsáveis pelo dia, pela noite e pelas estações do ano), mas também por condições climáticas, ambientais e heranças genéticas. Esses genes se constituem, assim, em espécies de relógios depositados no interior de muitos seres vivos, e ditam ritmos internos de funcionamento orgânico de acordo com padrões de transcurso do tempo.

A função de tal propriedade celular, mais evidente em plantas e seres humanos, mas presente também em outros animais, é conferir estabilidade orgânica e modular condutas, coisas absolutamente fundamentais para assegurar a sobrevivência de um indivíduo. Para aqueles que os possuem, os relógios biológicos e os ciclos temporais que assinalam são tão importantes que a interrupção de seu funcionamento, ainda que breve, pode causar doenças graves ou até a morte. Há relógios biológicos que se mantêm funcionando durante toda a existência do indivíduo, confundindo-se com sua própria vida, e só param de funcionar com a morte.[503]

Não é preciso ser versado em biologia ou ciências afins para se dar conta do quão centrais à vida humana são os relógios biológicos. Com sua sensibilidade de escritor, Thomas Mann (1875-1955) nos oferece uma representação poética da morte biológica de um indivíduo como morte do tempo. O indivíduo aqui é Gustav Aschenbach, um escritor-viajante que morre lentamente, símbolo de toda uma civilização, e o romance é *A morte em Veneza* (1912):

> "Embrulhado no seu paletó, um livro no colo, o viajante repousava e as horas passaram sem sentir. Parara de chover, retiraram o teto de linho. O horizonte estava completo. Sob a turva cúpula do céu estendia-se em volta a porção de mar deserto. Mas no espaço vazio sem laços que nos prendam também falta ao nosso espírito a medida do tempo e nós crepusculamos na imensidão. Figuras estranhamente sombrias, o ancião janota, o homem de pera no interior do navio passavam com movimentos vagos, com palavras confusas e imaginadas pelo cérebro do repousante, e ele adormeceu."[504]

Poetas descrevem a morte com palavras e imagens, cientistas traduzem-na com números. De acordo com Glass e Mackey, quem se dedica ao estudo de relógios biológicos pode mensurar e analisar seus ritmos por meio de quatro ideias matemáticas ligadas a uma função de tempo, e correspondentes a certos padrões de regulação da ocorrência de fenômenos: "estados estacionários", "oscilações", "caos" e "ruído".[505] Ocorre, porém, que muitas vezes as fronteiras entre palavras, imagens e números são tênues. Os seres humanos têm consciência de muitas dessas ocorrências e lidam com elas como lidam com o próprio tempo; porém, a consciência parcial da existência dos relógios biológicos ou seu manejo empírico não significam necessariamente que seja possível ajustar seus horários. Há pessoas que, inseridas nos tempos dominantes da modernidade capitalista, se vêm forçadas a trabalhar à noite e descansar de dia (ou trabalhar de dia, estudar à noite e arranjar algum tempinho para descansar) e se adaptam bem, inclusive quando podem ou precisam retornar ao horário antigo; outras, no entanto, jamais o conseguirão. Para estes, suas vidas conhecerão oscilações, ruídos e até mesmo o caos, à semelhança dos termos das equações matemáticas dos cientistas. E há muitos casos em que os relógios biológicos funcionam de modo completamente independente da vontade de seus proprietários, como no *jet lag* das viagens aéreas, típicas dos acelerados encurtamentos de tempos e distâncias do mundo globalizado.

Há relógios biológicos que podem ser influenciados por fatores externos, outros não, fato do qual nós, humanos, podemos ter maior, menor ou nenhuma consciência. Os exemplos mais evidentes dos movimentos condicionados por esses relógios talvez sejam, além do ciclo vigília-sono, a respiração; os batimentos cardíacos, a pressão arterial e outros ritmos musculares; os ciclos de reprodução sexual; nossos fluxos digestivos; e o apetite e a saciedade. Outros menos evidentes mas igualmente importantes são a produção de insulina e de certos hormônios; ondas peristálticas no intestino e nos ureteres (canais que conduzem urina); a atividade elétrica do córtex cerebral; e constrições de vasos sanguíneos e da pupila, dentre muitos mais. Suas durações podem variar de centésimos de segundo a vários anos, e algumas, por corresponderem bem a ciclos geofísicos naturais – como dias, marés, semanas e anos – são também conhecidas por nomes daí derivados: ciclos *circadianos, circamareais, circalunares* ou *circanuais.*

Em um mesmo organismo, um relógio biológico sempre se relaciona com outro; tais dispositivos, portanto, não têm funcionamento completamente autônomo. Além disso, vários deles são, como já dissemos, condicionados ou parcialmente influenciados por condições climáticas, por fatores ambientais momentâneos e por carga genética. Nossos relógios podem mudar seu funcionamento se corremos, andamos ou estamos parados; se estamos tranquilos ou excitados; descansados ou fatigados; no claro ou no escuro; no calor ou no frio; alimentados (variando a depender do alimento) ou famintos; se passamos ou não o dia na frente de telas de computadores e celulares, etc. Eles terão alguma marca de fabricação a depender de seus proprietários terem nascido fêmeas ou machos, carregarão heranças genéticas e estarão sempre mudando ao longo da vida a depender das fases biológicas da vida de um indivíduo (diferindo de um bebê para um jovem adulto, de um adolescente para um idoso, etc.).[506]

Com tantas variáveis em jogo, é impossível que um relógio biológico seja absolutamente preciso ou completamente idêntico a outro. A exemplo de uma sociedade, "o corpo humano é uma unidade complexa, organizada espacial e temporalmente"[507], e embora as medidas e o funcionamento desses espaços e tempos sejam frequentemente matematizáveis, parece sempre haver espaço para incertezas. Nesse ponto, os relógios biológicos são análogos aos relógios mecânicos, precisos e controladores da vida humana, mas sempre inexatos; e se aproximam também dos antigos relógios de sol, clepsidras e ampulhetas, dependentes que são de ciclos e elementos da natureza.

Quando, exatamente, os relógios biológicos param de funcionar? Quando, segundo suas medidas, é possível se afirmar que alguém está morto? No caso de mortes violentas e abruptas, a questão é relativamente simples; no caso de mortes processuais, ela se torna mais complexa:

"em termos biológicos, morrer dura apenas alguns preciosos segundos ou, ocasionalmente, minutos. O processo físico da morte geralmente começa com a falência de um órgão e, a seguir, se espalha, apagando meticulosamente as luzes à medida que vai saindo de cada cômodo do corpo. A paralisação tecidual e depois celular transforma tudo em papa, depois em gases, depois em pó. E então o 'nosso' pó simplesmente se une a uma micropartícula irmã maior."[508]

No *timming* da morte de um indivíduo, uma diferença entre segundos ou minutos pode ser decisiva. Após a morte, certos elementos biológicos do corpo ainda continuam funcionando por algum tempo, enquanto outros apenas passam a interagir de forma diferente com outros elementos de seu entorno. É por isso que é possível a doação de certos órgãos de um cadáver para um ser vivo, operação que cotidianamente salva e melhora muitas vidas em todo o mundo. Há partes do corpo – rins, peles, pedaços de ossos e cartilagens, sangue – que podem ser doadas ainda em vida; outras – coração, fígado, pâncreas, pulmão, córneas – só após a morte do doador. Se estas últimas forem privadas de oxigênio por muito tempo após a morte do doador, elas se tornam inúteis e devem ser descartadas. É por isso que os médicos devem seguir protocolos que respeitem, simultaneamente, a morte do doador e a possibilidade de continuidade da vida do receptor.

Um desses protocolos indica que primeiro o médico deve declarar uma "morte cerebral" das funções superiores, e logo, do tronco cerebral; em seguida, o coração precisa parar de bater. Se ele continuar a bater por mais de uma hora depois da morte cerebral, os órgãos (alguns) a serem doados são inutilizados; mas se ele parar em menos de uma hora, a equipe médica deve aguardar 120 segundos para se ter certeza de que não haverá volta dos batimentos. Se houver, tem início nova espera de uma hora; se não houver, finalmente os órgãos podem ser retirados e devem, rapidamente, ser levados ao receptor para a operação de transplante.[509]

Transplantes de tecidos de um corpo a outro são uma prática antiga, encontrada em várias economias-mundo do passado;

os de órgãos vitais, porém, são recentes: só começaram a ser praticados nos últimos cem anos. Durante muitos séculos, as incertezas em torno do *timming* da morte de um indivíduo deram vazão a atitudes de perplexidade e terror diante de fenômenos hoje facilmente explicáveis, como sons vindos de túmulos, secreções do corpo, presença de unhas, dentes e cabelos em esqueletos, e movimentos inesperados de cadáveres, inclusive as célebres ereções penianas, outrora tão comuns em corpos de enforcados. Em várias sociedades, o desconhecimento das causas desses fenômenos alimentou crenças em mortos-vivos, maldições e assombrações, e provocou medo de enterros prematuros.[510]

Antes de apresentar uma terrível história, o narrador de um conto de Edgar Allan Poe (1809-1849), escrito em 1844, toma o corpo humano metaforicamente como um relógio, e assim se dirige ao leitor:

> "Ser enterrado vivo é, fora de qualquer dúvida, o mais terrífico daqueles extremos que já couberam por sorte aos simples mortais. Que isso haja acontecido frequentemente, e bem frequentemente, mal pode ser negado por aqueles que pensam. Os limites que separam a Vida da Morte são, quando muito, sombrios e vagos. Quem poderá dizer onde uma acaba e a outra começa? Sabemos que há doenças em que ocorre total cessação de todas as aparentes funções de vitalidade, mas, de fato, essas cessações são meras suspensões, propriamente ditas. Não passam de causas temporárias no incompreensível mecanismo. Certo período decorre e alguns princípios misteriosos e invisíveis põem de novo em movimento os mágicos parafusos e as encantadas rodas. A corda de prata não estava solta para sempre, nem o globo de ouro irreparavelmente quebrado. Mas, entrementes, onde se achava a alma? [..] No ano de 1810, um caso de inumação viva aconteceu na França, cercado de circunstâncias que provam plenamente a afirmativa de que a verdade é, de fato, mais estranha do que a ficção."[511]

Hoje em dia, os limites que separam a vida da morte nos são melhor conhecidos do que à época de Poe. Ao menos em termos biológicos. Em parte, isso se relaciona com a aceleração de tempos sociais e a concepção de medidas temporais cada vez mais precisas, inclusive no pensamento científico e nas práticas médicas. Assim, sabemos que a decomposição de um cadáver quase sempre se processa de acordo com ocorrências que podem ser divididas em quatro etapas, cuja duração varia de acordo com condições internas do cadáver e ambientais. São elas: 1) do 1º ao 6º dia, sem oxigênio, as células vão morrendo, as membranas se rompem e o tecido mole começa a se decompor. Surgem bolhas na superfície do corpo, e a pele dele se descola. Músculos enrijecem (portanto, se mexem), o corpo vai esfriando, mudando de cor e exalando compostos ricos em enxofre, portanto de odor muito desagradável; 2) do 7º ao 23º dia, bactérias, fungos e protozoários – do ambiente ou do próprio corpo – atacam o cadáver e produzem gases que incham o sistema intestinal e explodem; por vezes, abrem um buraco no intestino; 3) do 24º ao 50º dia, insetos e pequenos carnívoros aceleram a decomposição do cadáver; a maioria de seus músculos e gordura vira pasta ou líquido, e os odores exalados pioram sensivelmente; 4) do 51º ao 64º dia, praticamente só restam ossos, que também irão se decompor, mas ao longo de muito mais tempo: anos, décadas, às vezes séculos.[512]

Entre os seres humanos, a morte biológica nunca está sozinha. Ela sempre se faz acompanhar da morte social, que com ela joga um permanente jogo de autonomias, dependências e complementaridades. Nós lidamos com nossos relógios biológicos de muitas maneiras; lidamos, também, com o fim do funcionamento dos relógios biológicos de outras pessoas, sobretudo as que nos são próximas. E como, diferentemente da maioria dos outros seres vivos, temos concepções de passado, presente e futuro, desenvolvemos também expectativas em relação à nossa morte que são, igualmente, expectativas de vida.

EXPECTATIVAS DE VIDA

Afinal, por quanto tempo um relógio biológico pode funcionar? Qual o tempo que se pode esperar de uma vida? A resposta reside na interação entre fatores biológicos, ambientais e – no caso de humanos e alguns outros animais – sociais. Atualmente, cientistas possuem dados relativos a expectativas de vida máximas a partir de registros já realizados ou de previsões solidamente fundamentadas **(Tabela 9.1)**.

Tabela 9.1 – Expectativa de vida de algumas espécies (na natureza)

Espécie	Expectativa de vida
Libélula	4 meses
Rato comum	4 anos
Cachorro (média)	29 anos
Morcego	30 anos
Gato (média)	36 anos
Chimpanzé	59 anos
Cavalo (média)	62 anos
Cacto Barril	65 anos
Elefante Asiático	86 anos
Humanos	122 anos
Tartaruga de Galápagos	150 anos
Lagosta	170 anos
Carpa	200 anos
Baleia da Groenlândia	211 anos
Sequoia Gigante	c.3 mil anos
Pinheiro (Pinus Aristata)	Milhares de anos (não registrado)
Medusa & Hidra	Potencialmente imortais

Fonte: KIRKWOOD. "Por que não vivemos para sempre?", pp.32-33; QUAMEN, David. "Gigante verde". *National Geographic Brasil*, 13, 153, dez. 2012, p.44.

Algumas espécies dificilmente atingem tais limites. As estranhas e potencialmente imortais águas-vivas, por exemplo, têm sempre sua eternidade abreviada pela poluição de oceanos, pelos dentes de algum predador ou pelas redes de um pescador. Por outros motivos, nós, humanos, quase nunca chegamos nem perto dos 122 anos – dois aninhos a mais do que a idade máxima que, segundo a Bíblia, Deus franqueou aos homens (*Gênesis* 6:3). Mesmo assim, e por mais excepcional que tal limite possa ser, ele é um parâmetro científico, capaz inclusive de estabelecer expectativas sociais. Os tempos da morte e da vida atualmente são, em parte, os tempos de expectativas criadas em torno desse limite.

Nas diferentes histórias já vividas pela humanidade – uma estimativa muito preliminar dá conta de que, desde as origens da espécie humana até hoje, já nasceram cerca de 82 bilhões de pessoas[513] – as causas de morte foram variando. Mesmo assim, essas mortes podem ser agrupadas, *grosso modo*, em cinco grupos majoritários, com variedade internas e interações recíprocas: 1) doenças; 2) falta de alimento; 3) traumas (incluindo assassinatos e suicídios) e acidentes; 4) partos e nascimentos prematuros; 5) fim do prazo de validade dos relógios biológicos (é aquela famosa e invejada morte "morreu de velho"). Em meio a diferenças de feições e incidências, essa regularidade mostra a estabilidade biológica de nossas vidas, e que torna nossas mortes mais ou menos previsíveis (nunca ninguém sobreviveu a uma cabeça decepada ou a um coração trespassado, tampouco morreu por espirrar ou coçar a cabeça com força). Mas doenças incuráveis do passado hoje são tratadas com facilidade, partos costumam ser mais seguros do que eram, etc.; em compensação, as guerras de hoje são capazes de matar muito mais gente do que antigamente, e pessoas morrem de doenças de longevidade que antes quase ninguém tinha, ou se tinha, nem dava bola.

De modo geral, pode-se dizer que, à medida em que nos distanciamos, em uma linha evolutiva, da condição de primatas, nossas vidas foram sendo biologicamente estendidas. Mas já faz um bom tempo – talvez algumas centenas de milhares de anos – que essa extensão tem se tornado cada vez mais dependente de fatores ambientais e sociais do que biológicos. Ao que tudo indica, de lá para cá houve dois grandes momentos de *boom* na expectativa de vida humana, e que correspondem à conjugação entre crescimentos de natalidade e quedas acentuadas de mortalidade: primeiro, com a chamada "Revolução Agrícola" do Neolítico, há doze mil anos; depois, com a Revolução Industrial dos séculos XVIII e XIX.

Os dados relativos a expectativas de vida disponíveis para períodos anteriores ao século XIX são muito imprecisos, mas podem ser proveitosamente vistos em seu contraste com os atuais. E independentemente do período ao qual se refiram, tais dados devem levar em consideração certas variáveis, nem sempre discrimináveis em se tratando de passados remotos, como: grupos sociais, fêmeas ou machos, e contextos históricos particulares como guerras, epidemias ou crises de fome.[514]

É possível que no Neolítico a expectativa de vida média de um homem, ao nascer, fosse de 34 anos, e de uma mulher, 29 anos. Na Grécia helênica, ela seria de 42 e 36, respectivamente, mas na Gália romana, dificilmente as mulheres passariam de míseros 21 anos de idade. Ao longo dos treze séculos de história da Roma antiga, a expectativa de vida em zonas rurais deve ter sido ser mais alta do que nas cidades (na urbe imperial, talvez ela fosse de 22 anos para os homens e 20 para as mulheres). No Egito da mesma época ou antes, vivia-se mais: homens até 34, mulheres até 29, sendo que em algumas outras regiões do norte da África essas cifras poderiam chegar a 47 para os homens e 44 para as mulheres. Na Europa entre os séculos XI e XIII, a expectativa média de homens e mulheres pode ter sido de 35 anos, tendo declinado no terrível século XIV, uma época de peste negra, guerras e fome por todo o continente, na qual quem conseguisse viver até os 30 anos já podia se considerar um velho. No Canadá francês do século XVII, e na Dinamarca e na Suécia do XVIII, homens e mulheres teriam boas chances de viver até quase os 40 anos, mas nas urbanizadas, populosas e fétidas Inglaterra e França, a expectativa girava em torno de 33 e 25, respectivamente, com ricos vivendo muito mais do que pobres. Em alguns contextos, se a pessoa fosse, por exemplo, uma escrava, sua fortuna seria das piores: enquanto nos Estados Unidos de 1850 ela viveria até uns

35, no Brasil de 1870 dificilmente passaria de ínfimos 18 anos. Mesmo assim, em todos esses lugares e épocas, sempre houve quem, impelido por tenazes forças biológicas preparadas desde muito antes, conseguisse chegar a idades incrivelmente avançadas – hoje comuns – como 70 anos ou mais.[515]

"Foi preciso esperar o fim do século XVIII", afirmou o historiador Jean-Claude Schmitt, "para que o antigo regime demográfico passasse por uma verdadeira revolução".[516] Em uma época de crescimento de mercados produtores e consumidores por todo o mundo, articulados com a expansão territorial da economia-mundo europeia – sempre com grandes assimetrias – foram sendo desenvolvidas inovações tecnológicas, procedimentos médicos, cirúrgicos e sanitários, políticas públicas de saúde e novos conhecimentos acerca de agentes causadores de doenças e epidemias que, em seu conjunto, fomentaram um grande aumento de expectativas de vida em todo o mundo (**Tabela 9.2**). Estudos renovados de anatomia permitiram o aprimoramento de técnicas cirúrgicas em geral, de formas de estancar hemorragias, de usos de anestesia e de métodos antissépticos. Nos Estados Unidos de 1890, apenas cerca de 1,4% das casas particulares tinham água encanada, cifra que, vinte anos depois, passaria a 25%, algo comparável ao que vinha ocorrendo em muitos outros países. O microscópio – uma tecnologia típica da Revolução Científica do século XVII – foi aprimorado, e junto com os raios X, a quimioterapia e os antibióticos (o primeiro foi a penicilina, em 1929), promoveu um turbilhão de descobertas de tratamentos de doenças, inclusive com o uso dessas verdadeiras benfeitoras da humanidade que são as vacinas.[517]

Tabela 9.2. – Ano de identificação das causas de doenças potencialmente mortais,séculos XIX-XXI

Ano de identificação	Doença
1853	Esquistossomose
1860	Lepra
1872	Câncer de estômago, fígado e rim
1879-1885	Gonorreia
1880	Malária
1880-1884	Febre Tifoide
1881	Raiva
1882	Tuberculose
1883	Cólera
1883-1884	Difteria
1884-1889	Tétano
1886	Pneumonia
1886	Poliomielite
1886-1892	Varíola
1887	Meningite Bacteriana
1887	Escarlatina
1894	Peste Bubônica
1896	Disenteria Bacteriana
1896	Botulismo
1905	Sífilis
1901	Febre Amarela
1915	Leptospirose
1916	Tifo
1933	Influenza
1954	Sarampo
1981	SIDA
2019	Covid-19

Fonte: a partir de dados em LANCASTER. *Expectations of Life*, cit., pp.16-17; p.151, p.204; pp.460-463.

A essas doenças devemos somar outros fatores biológicos, ambientais e sociais que condicionam e podem encurtar expectativas de vida, tais como: predisposição genética, AVC, ataques do coração, diabetes, doenças degenerativas, complicações de parto e abortos, frio ou calor excessivos, desastres naturais, desigualdades sociais, desnutrição e má alimentação, condições sanitárias negativas, poluição e contaminação do meio ambiente, uso de drogas, depressões, contaminações químicas e radioativas, acidentes dos mais variados, assassinatos e suicídios, guerras civis e violência política e religiosa. E assim teremos um bom panorama de como a humanidade continua a encurtar seus relógios biológicos, quase nunca levados ao limite de seu funcionamento. E a despeito da humanidade ter adentrado o século XX em meio à descoberta de novas formas de aumentar seus tempos de vida, ela também foi se capacitando para matar muito mais gente e em menos tempo com o advento de um novo tipo de guerra: a guerra industrial do mundo capitalista, com seus aviões, submarinos, tanques, bombas e mísseis cada vez mais potentes, armas químicas, assassinatos de não combatentes, campos de extermínio e outras formas de genocídio. Uma guerra onde quanto mais artefatos bélicos forem utilizados, melhor para a economia de seus países produtores.[43][*] Os combates, as mutilações e as doenças da Primeira Guerra Mundial mataram, em um curto período (1914-1918) cerca de treze milhões de pessoas, número ainda tímido se comparado aos 45 milhões de mortos durante a Segunda Guerra Mundial (1939-1945).[518]

E mesmo assim, nos últimos dois séculos, mortalidades caíram e expectativas de vida cresceram vertiginosamente em praticamente todo o mundo. É o que nos mostram os dados comparados de alguns países que, a despeito de suas diferenças, em um século

---

[43] [*] Em julho de 2021, relatório produzido pela International Campaing to Abolish Nuclear Weapons apontou que, em meio à pandemia de Covid-19 que assolava o mundo, os gastos militares das potências nucleares – Estados Unidos, China, Israel, Rússia, Reino Unido, França, Índia, Paquistão e Coréia do Norte – vinham aumentando sensivelmente. Juntos, esses países gastaram em 2020 cerca 72,6 bilhões de dólares em artefatos para matar pessoas (SCHWARZ, Jon. "Nem a pandemia de Covid-19 freou os gastos com armas nucleares". *The Intercept Brasil*. 02 jul. 2021. Disponível em: < https://theintercept.com/2021/07/02/nem--pandemia-freou-armas-nucleares/>. Acesso em 02 set. 2021).

aumentaram suas esperanças de vida em dez, vinte ou até quase trinta anos **(Tabela 9.3)**.

Tabela 9.3. – Expectativas de vida (ao nascer) em alguns países, séculos XIX e XX

Anos/ Países	Austrália	Brasil	França	Índia	Inglaterra/ Gales	Itália	Noruega	Japão
1838-54			40		40/42		44/47	
1856-65							47/50	
1871-80		27	43		41/45	34	48/51	
1881-90	47/51				44/47		49/51	
1891-1900	51/55		46	25	44/48	43	50/54	43/44
1920-25	59/63				56/60			42/43
1930	63/67	40	57		59/63	55	61/64	
1950	66/71	46	66	39	66/71	66	69/73	60/63

Fontes: LANCASTER. *Expectations of Life*, cit., pp.44-45; BACCI. *Breve história da população mundial*, cit., p.33, p.77, p.97, p.145, p.187; *Estatísticas históricas do Brasil*. 2ª ed. Rio de Janeiro: IBGE, 1990, p.52. Os números foram arredondados com a eliminação de casas decimais. Havendo dupla numeração, a primeira corresponde a homens e a segunda a mulheres; um único número indica a média entre ambos.

Atualmente, a maioria dos habitantes de nosso planeta podem esperar viver mais do que em qualquer outro período da história. Há doze mil anos atrás, a expectativa média de vida seria em torno de 20 anos; em 1750, de 27; e em 2000, de 56 anos. Ou seja: em doze mil anos ela subiu apenas sete anos, mas nos últimos 250 anos, ela subiu 29! E ao que parece, essa média continua subindo: em 2012, ela crescia três meses ao ano, mas em países ricos, onde a expectativa era maior, esse índice chegava a seis meses.

Porém, e a despeito de vivermos em um mundo globalizado em vários sentidos, suas assimetrias em termos de esperança de vida são violentas, quase todas devidas a fatores econômicos, políticos e sociais. Há discrepâncias gigantescas dentro de países (entre ricos e pobres) e na relação destes entre si. As estatísticas da Tabela 9.4 se referem a 2006, e de lá para cá houve algumas modificações: países como Síria, Iraque, Líbano e Venezuela pioraram seus indicativos, enquanto outros aumentaram suas já altas expectativas de vida. Mesmo assim, salta aos olhos o fato de que, enquanto em países como Alemanha, França, Suécia, Suíça e Japão é corriqueiro viver-se até oitenta anos ou mais, em outros, como Haiti e Iraque, passar dos cinquenta é tarefa árdua e chegar aos sessenta é quase um milagre; no Afeganistão, África do Sul e muitos da África subsaariana, as expectativas são ainda mais baixas. Biologicamente, os homens que em Serra Leoa, Suazilândia ou Zimbábue dificilmente chegariam aos quarenta anos em 2006, são praticamente idênticos aos prósperos japoneses, noruegueses e suíços que, sem dificuldades, vivem o dobro.[519]

Tabela 9.4. – Expectativa de vida (ao nascer) em 46 países (2006)

País	Homens	Mulheres
Alemanha	76.2	81.9
Afeganistão	46.9	47.3
África do Sul	44.5	45.2
Angola	40.1	43
Argentina	71.3	78.8
Bangladesh	63.3	65.1
Brasil	67.7	75.3
Bolívia	62.9	67.2
China	70.6	74.2
Colômbia	70.1	76
Croácia	72	78.9
Cuba	76.4	79.9
Equador	71.9	77.9
Espanha	76.3	83.6
Estados Unidos	75	80.4
Etiópia	47.2	49.1
Filipinas	69.1	73.4
França	76.4	83.3
Haiti	52.2	53.4
Iêmen	60.6	63.4
Índia	62.7	66.1

Indonésia	66.2	69.9
Irã	69.7	73
Iraque	58.6	61.6
Japão	78.9	86.1
Líbano	70.5	74.9
México	73.4	78.3
Nigéria	43.6	43.8
Noruega	77.5	82.3
Paquistão	64	64.3
Portugal	74.4	81
Reino Unido	76.5	81.1
República Centro-Africana	38.6	39.7
Rússia	58.7	71.9
Serra Leoa	40.1	42.9
Sérvia	71.5	76.2
Síria	72.2	75.8
Suazilândia	30.5	29.4
Suécia	78.4	82.8
Suíça	78.1	83.6
Tanzânia	45.8	46.4
Turquia	67.1	71.7
Ucrânia	60.4	72.5
Uruguai	72.3	79.6
Venezuela	70.6	76.5
Zimbábue	37.5	35.8

Fonte: *Atlas National Geographic*. São Paulo: Abril, 2008.

Moral da história: hoje, a humanidade parece mais do que nunca interessada no prolongamento de uma vida que, biologicamente, pode ser bem maior do que costumava ser. Muitas formas de se atingir esse objetivo já foram descobertas, desenvolvidas e implementadas, mesmo que às custas de se ter de lidar com efeitos deletérios da velhice, como novas doenças, a perda de memória, o enfraquecimento do corpo e a exclusão social. Do ponto de vista científico, há duas maneiras principais de se estender expectativas de vida: de um lado, a cura de doenças e a substituição de órgãos danificados; de outro, o retardo induzido do processo de envelhecimento celular e molecular. A partir daí, muitos cientistas se perguntam se seria possível fazer nossos relógios biológicos e demais órgãos a eles correlatos funcionarem para além dos 122 anos.[520]

Tal pergunta revela um objetivo nobre, sem dúvida. No entanto, convém não se esquecer que fatores causadores de tantas mortes no mundo atual, como miséria, violência social, fome, desnutrição e falta de serviços médicos e sanitários básicos, já tiveram seus tratamentos devidamente prescritos há muito tempo. Colocá-los em prática para toda a humanidade, e não só para os mais ricos, talvez não fizesse ninguém passar dos 122 anos de idade, mas certamente elevaria de modo significativo a expectativa de vida em todo o nosso planeta. Além, é claro, de torná-lo um lugar muito mais digno para se viver.

PERIODIZAÇÕES DA VIDA

Assim como uma sociedade periodiza sua história, dando-lhe datas, marcos e períodos, ela também periodiza existências individuais, dividindo-as em fases ou idades. Influenciadas por relógios biológicos e expectativas de vida, as idades em que se dividem essas existências são uma construção social. Nossos relógios biológicos não definem coisas como *infância, maturidade, vida adulta* ou *velhice*; apenas ditam ritmos de existência orgânica que acabam sendo elaborados coletivamente e historicamente. No século XX, filósofos como Martin Heidegger (1889-1976), Jean-Paul Sartre (1905-1980), Hannah Arendt (1906-1975), e Paul Ricoeur (1913-2005), dentre outros, refletiram profundamente sobre o quão central na vida humana é o tema da existência direcionada para a morte, com suas etapas e as visões de mundo a elas correspondentes.[521] E as muitas interfaces entre filosofia e religião – todas elas, sem exceção, preocupadas com a morte – levam a questão em direção a situações das mais variadas.

Em tradições ocidentais de origem judaico-cristã, as periodizações da vida acompanharam explicitamente propostas de

periodização da história em geral, bem como as associações sagradas dos números *três, quatro, seis* e *sete*. Aristóteles e seus
comentaristas árabes, por exemplo, definiram três idades que na
língua latina se tornaram *augmentum, status* e *decrementum*
("crescimento", "definido", "degeneração"), ou *iuventus, médium*
e *senectus* ("mocidade", "intermédio", "velhice"). No século XIV,
Dante Alighieri (c.1265-1321) definiu essas três idades como *ado-
lescenza* (até 25 anos), *floruit* ou *acme* (até 45), e *senetute* (daí
em diante). Inspirada nas quatro estações do ano do hemisfério
norte da Terra, e associada aos quatro elementos da natureza e
aos quatro pontos cardeais, surgiu a periodização da vida em
quatro idades, adotada por Pitágoras (c.570-c.495 a.C.), pelo Venerável Beda (c.673-735 d.C.) e muitos outros: a primeira idade
seria o ar e a Primavera; a segunda, o fogo e o Verão; a terceira, a
terra e o Outono; e a quarta, a água e o Inverno. Quando começaria cada uma? Em algumas formulações, ao nascer, aos 20, 40 e 60
anos; em outras – regidas pelo sagrado número sete – ao nascer,
aos 14, 28 e 48 anos (o que viesse depois já era lucro).

Outros autores como Santo Agostinho e Isidoro de Sevilha
preferiram ver seis idades, iniciadas ao nascer, aos 7, 14, 28, 50
e 70 anos. E, finalmente, existe a periodização em sete idades,
inspirada em Ptolomeu, na astrologia e nos sete "planetas" extraterrestres então conhecidos (Sol, Lua, Mercúrio, Vênus, Marte,
Júpiter e Saturno), cada um supostamente regendo uma fase da
vida: até 4 anos, Lua; até 14, Mercúrio; até 22, Vênus; até 41, Sol;
até 56, Marte; até 64, Júpiter; daí em diante, Saturno.

Nessas e em outras periodizações da vida, a passagem de uma
idade a outra era entendida como súbita, e não processual. Elas se
adequavam bem àquilo que, em 1909, o antropólogo Arnold van
Gennep (1873-1957) definiu como um "rito de passagem": isto é,
momentos em que a condição estática de um sujeito em uma sociedade é rompida, em função da necessidade de uma transformação
que, por seu lado, reproduz e perpetua a mesma sociedade. É um
momento, portanto, especial, e que precisa ser vivido como tal:
nascimentos, casamentos, mortes e as passagens entre idades.[522]
Mas a maioria das sociedades que elaboraram periodizações

da vida trataram suas idades e transições de modo genérico, fazendo referência a outros fenômenos correlatos e sem medidas numéricas precisas, e ainda hoje muita gente segue o costume antigo de se indicar a própria idade de maneira aproximada. Já em situações como as que envolvem a prescrição de leis, interdições e punições necessárias à ordem social, uma idade precisa ser mensurada com exatidão – mesmo que ela não seja verdadeira.

Conhecendo transições abruptas ou processuais, as idades de uma periodização da vida se aproximam daquilo que o sociólogo Karl Mannheim (1893-1947) definiu como "unidades geracionais": são grupos estabelecidos menos de acordo com classificações etárias bem definidas, e mais com identificações e comportamentos segundo suas relações com o tempo. Esses grupos, portanto, agregam pessoas que têm alguma consciência de compartilharem experiências semelhantes em um mesmo período histórico. E assim, jovens se comportam como jovens para se distinguirem dos mais velhos, que por seu lado fazem a mesma coisa, só que como velhos.[523]

Em regiões rurais do Sudão, pessoas adeptas de religiões e cultos tradicionais costumam contar idades pela ocorrência de estações chuvosas – um homem muito idoso é "aquele que bebeu muita água". Na Índia hinduísta, idades são denunciadas por mudanças no corpo: os mais velhos são aqueles que ficaram mais fracos, mais frios e que devem se desapegar progressivamente das coisas mundanas. No Japão e no sudeste asiático, é comum haver uma linha divisória entre a juventude e a velhice, além da qual os velhos passam a ser reverenciados publicamente – por exemplo, com cumprimentos especiais – pois neles se reconhece a virtude de terem atingido tal idade; a velhice é, assim, uma condição digna de veneração. Já para os povos baruya e sulka, da Melanésia, os velhos são pouco úteis, se assemelham a crianças e não são dignos de respeito.[524]

O mundo atual acolhe, então, uma diversidade de atitudes em relação às idades do indivíduo. Porém, como típico efeito da modernidade capitalista, a juventude, de modo geral, é valorizada como forte, bela, valorosa e produtiva, ao passo que a velhice é um estigma, ruim, feia, improdutiva, coisa de pessoas inferiores e digna de exclusão. Não se trata de uma atitude exclusiva do mundo moderno, sem dúvida; mas foi nele que ela se generalizou e prosperou. Muitas vezes – e assim como fazem os povos melanésios – a velhice também é confundida com a infância, com os velhos sendo tratados como se precisassem de atenção e controle permanentes, fossem dependentes dos adultos, ou espécies de deficientes mentais, comportamentais e sociais. Não há dúvida de que boa parte desse estigma decorre de uma diferença de tempo, de ritmo de vida do idoso, considerado *lento* e *defasado* em relação ao jovem, em uma sociedade não só rápida, mas permanentemente acelerada: seu caminhar, sua fala, suas reações, seu trabalho (ou a ausência deste) são, na melhor das hipóteses, apenas tolerados. Interessantes investigações apontam que certas concepções de tempo dos mais idosos tendem a se diferenciar progressivamente das dos mais jovens: para estes, o tempo parece transcorrer com mais vagar do que para aqueles. Contudo, tudo isso pode comportar variações e exceções, inclusive segundo posições sociais dentro de uma mesma sociedade – jovens e pobres tendem a ser mais presentistas e menos preocupados com passados e futuros do que velhos e ricos, por exemplo.[525]

As idades que compõem uma periodização da vida, como tantas outras formas de viver e pensar o tempo, levaram a muitas representações artísticas na música, na literatura, no teatro e no cinema.[526] Na pintura, essas representações constituíram alguns padrões, que trazem indivíduos de diferentes idades em um mesmo plano ou próximos, praticando ou não ações típicas; associados a símbolos extraídos da natureza, cores, estações do ano ou artefatos humanos. No capítulo 1, vimos um bom caso na arte contemporânea de Jasper Johns (1930-), em que quatro idades da vida são associadas, com o auxílio de um relógio, às estações do ano. Agora, podemos observar o mesmo tema em épocas e perspectivas diferentes **(Figuras 9.1, 9.2 e 9.3)**.

Figura 9.1. – Esta composição medieval representa sete idades, diferenciadas pelo tamanho de cada pessoa: da primeira idade (um bebê em um berço, no canto inferior direito) à última (um ancião no centro). Juntas, essas figuras ensejam uma linearidade sinuosa, como a própria vida (ANGLICUS, Bartholomeus. *Les étapes de la vie*, século XIII. Xilogravura, c. 1486). Library of Congress, Washington, USA.

Figura 9.2. – Aqui, no século XVI, as idades da vida são três, representadas em duplas: as crianças no centro da composição, que atrás de uma rocha observam os jovens adultos namorando; ao fundo, à direita, uma dupla de idosos. Adornando a cena, uma exuberante e estilizada natureza, que "naturaliza" a passagem do tempo na periodização da vida (DOSSI, Dosso. *As três idades do homem*, c.1515-1520). Maria DeWitt Jesup Fund, 1926/Metropolitan Museum of Art, New York.

Figura 9.2. – Nesta composição de um pintor romântico do século XIX, as idades da vida também são três, associadas a figuras que igualmente se diferenciam em atitudes e posturas: as crianças brincam e com elas interagem os adultos, enquanto o idoso, apoiado em uma bengala, contempla. A distinção dos planos-idades pelas figuras se completa pelas embarcações que, de três lugares distintos mas convergentes, simbolizam o mesmo ponto de chegada: o poente, a morte. (FRIEDRICH, Caspar David. *Os estágios da vida*, c.1843. Disponível em: <https://upload.wikimedia.org/wikipedia/commons/5/5c/Caspar_David_Friedrich_013.jpg>. Acesso em 03 set. 2021).

As periodizações da vida são, assim, uma forma de se organizar o transcurso da existência individual, associando-a por analogia ao transcurso da história em geral. É uma forma de abordar a morte, de simbolizá-la e de representá-la. E nessa condição, tratar da morte é uma forma de se tratar da própria vida.

HISTÓRIAS DA MORTE

Em 2013, uma curiosa reportagem publicada em uma revista semanal brasileira tratava de um assunto pouco usual: um instituto da Universidade de São Paulo encontrava sérias dificuldades para a obtenção de uma matéria-prima essencial para o desenvolvimento de suas atividades: cadáveres. Dentre os poucos disponíveis, a maioria era muito antiga, não mais servia para práticas como a dissecação e não poderiam ser manipulados por estudantes, servindo apenas para observação. A solução paliativa vinha sendo, então, recorrer a cadáveres de boneco, o que distanciava demais os alunos do mundo real. O problema era causado por uma situação nada surpreendente: assim como há muita gente que reluta ou simplesmente se recusa a autorizar a doação de órgãos de seus parentes recém-falecidos, há um número ainda maior que jamais concordaria em doar um cadáver inteiro. Outra reportagem de imprensa, de 2020, afirmava ser este um problema persistente também em muitas outras universidades e escolas médicas brasileiras, prejudicando cursos como Educação Física, Enfermagem, Farmácia, Fisioterapia, Fonoaudiologia, Medicina, Odontologia e Psicologia.[527]

De uma ponta a outra dessa história – entre quem considera um cadáver um instrumento de estudo e quem jamais sequer conceberia ver ou tocar em um – revelam-se atitudes sociais historicamente muito discrepantes em relação à morte. A morte pode ser apenas uma circunstância natural ou, em outro extremo, um verdadeiro tabu social. Sua história é, então, a de um emaranhado de fenômenos biológicos e atitudes sociais. Como bem afirmou Paul Ricoeur:

> "A biologia ensina apenas um 'é preciso' geral, genérico: porque somos essa espécie de seres vivos, precisamos morrer, existe, para nós, o 'morrer'. Mas, mesmo interiorizado, apropriado, esse saber continua heterogêneo ao desejo de viver, ao querer viver, essa figura carnal da preocupação, do 'poder ser um todo', é somente ao final de um longo trabalho sobre si que a necessidade totalmente factual de morrer pode se converter, certamente, não em poder-morrer, mas em aceitação do ter que morrer."[528]

Assim como a humanidade quase sempre viveu separadamente diferentes histórias, as histórias da morte também são fragmentadas, embora apontem para certos denominadores comuns; mais recentemente, também para algumas convergências importantes – por exemplo, como vimos, um declínio generalizado de taxas de mortalidade, um aumento de natalidade e um enorme alargamento de expectativas de via, que faz com que cada vez mais gente queira viver cada vez mais. Diante de um tema tão plural e universal, o que os historiadores podem fazer, além de jogarem luzes e sentidos sobre realidades sociais do passado e do presente? Como bem colocou Jean-Claude Schmitt, "por profissão, o historiador não se dedica sobretudo à morte e aos mortos?"[529] Na condição de profissional especializado não apenas em tempos, mas também em mortos, e vivendo atualmente em um mundo dominado por atitudes perante a morte que promovem sua interdição e sua permanente e inútil negação, para então convertê-la em um tabu cheio de consequências nefastas para a vida, o historiador pode endossar as palavras humildes, mas potentes, de outro colega de ofício, Michel Vovelle:

> "É na medida que dominarmos e reinterpretarmos em termos de crise de sociedade esse tabu e, ao mesmo tempo, esse reinvestimento, que nós, historiadores, poderemos talvez nos tornar úteis à humanidade presente."[530]

Queremos então saber o que o tabu em relação à morte nos revela sobre o que somos como sociedade. E o fato desse tabu nem sempre ter existido, ou de nem sempre ter existido da maneira como hoje o conhecemos e vivenciamos, talvez ajude na tarefa. Nas páginas que se seguem, apenas continuaremos a desenhar uma brevíssima e lacunar história da morte como uma história do tempo, em um conjunto de histórias que sempre apresentaram, em meio a suas muitas variações, importantes aspectos políticos, econômicos, culturais e morais das sociedades que morreram.

Parece haver um ponto de partida comum a todas essas sociedades, e que nós humanos compartilhamos com outras espécies animais: uma certa consciência da morte, capaz de condicionar parte de nossos comportamentos e valores individuais e coletivos. Certos macacos gritam e avisam uns aos outros da presença de cobras ou outras ameaças, enquanto gambás, besouros, gafanhotos, grilos, alguns peixes e serpentes se "fingem" de mortos para escapar de um predador. Segundo Allan Kellehear, "enquanto seres humanos, a nossa consciência da morte, longe de ser única, é uma herança direta e demonstrável da nossa ascendência animal e das nossas conexões biológicas animais".[531]

Mas quem tematiza a morte, aparentemente, somos apenas nós. Já nos primeiros anos de nossas vidas – talvez entre seis e oito anos de idade – aprendemos a temê-la; e desde então passamos a lidar com a finitude de muitas maneiras, sempre elaborando concepções de tempo, coisa que os demais animais não parecem capazes de fazer. Podemos fazê-lo inclusive com o auxílio das religiões e outras formas de relacionamento com o sobrenatural. Cada vez menos é assim, uma vez que nos últimos três ou quatro séculos certas formas de globalização de tempo se associaram com um processo generalizado – mas jamais absoluto – de dessacralização do mundo. Mas as religiões e o sobrenatural continuam vivos e fortes: afinal, só eles podem cravar "verdades" supostamente incontestáveis acerca da morte, principalmente do pós-morte. Na síntese de Maurice Godelier:

> "O que as religiões da libertação [hinduísmo, budismo] e as de salvação [cristianismo, islamismo] têm em comum é a ideia de que o fim dos sofrimentos e/ou a injustiça não pertencem a este mundo, e que, se existirem, será apenas além desta vida, após a morte, depois que cada um de nós tiver sido julgado por seus atos, que a humanidade poderá usufruir desse estado."[532]

Consciência da morte tematizada, e não como *oposição*, mas como *continuidade* da vida: a morte, portanto, limita e prolonga a vida. A partir dessa premissa, Godelier coordenou um estudo relativo a catorze sociedades de diferentes épocas e lugares, e que terminou por identificar seis *invariantes comuns* às histórias da morte (exceções feitas à morte de membros externos à comunidade e a de inimigos assassinados). São posturas encontradas em toda parte: 1) o nascimento junta os elementos de um indivíduo que a morte separa; 2) esses elementos separados pela morte começarão uma nova existência sob a forma de algo como uma "alma", um "espírito", etc.; 3) os vivos devem tratar os mortos de maneira especial, seja no momento da morte, seja após ela; 4) os ritos funerários devem diferenciar e "separar" socialmente o corpo do morto dos corpos dos vivos; 5) após a morte, os vivos desenvolvem uma atitude em relação aos mortos que mostra que a vida não é mais como era antes da morte; 6) os vivos devem assegurar um "lugar" aos mortos, um lugar que é preciso respeitar.[533]

Endossando esses seis denominadores comuns universais, a eles agregamos um: todas as ideias e atitudes em relação à morte ensejam formas de pensar e viver o tempo. Tendo isso em mente, podemos agora observar algumas de suas *variantes*, isto é, aspectos desses denominadores que mudam segundo épocas e lugares.

Mortais e imortais. Quando a morte e o morrer são concebidos e praticados em perspectiva religiosa ou sobrenatural, costuma-se produzir uma variante: a distinção entre homens e mulheres mortais; e Deus, deuses e outras divindades, aos quais pertence a prerrogativa da imortalidade. A inevitabilidade da morte, então, definiria a própria condição humana. Há muitas exceções, porém: mortes de deuses podem servir para recriar e regenerar o mundo, enquanto a dos seres humanos obedeceria a ciclos de reencarnação que um dia serão quebrados, etc. E não nos esqueçamos ainda de que as religiões e outras formas de concepção do sobrenatural nunca foram absolutamente estanques, mas sim sistemas culturais dinâmicos que se modificaram ao longo de suas histórias. A morte e o morrer religiosos, também.[534]

O corpo do morto. Uma vez que o corpo do morto deve ser separado dos corpos dos vivos, surge um problema: o que fazer com o cadáver? Se não virar instrumento de estudo em alguma universidade ele pode deixado ao ar livre, em um lugar específico ou não, para ser naturalmente decomposto e devorado por animais, tal como praticado por antigas populações das estepes centrais da Ásia central; costume semelhante ainda era encontrado, alguns anos atrás, em certas comunidades zoroastristas do Irã. Já antigas populações aborígenes da América, e um pouco mais recentes da Austrália, devoravam corpos de familiares mortos como meio de garantir a manutenção de laços comunitários, ou de inimigos guerreiros, para a incorporação de suas virtudes. Um cadáver também pode ser queimado e suas cinzas depositadas em um lugar especial, ou guardadas em urnas. A cremação de corpos remonta à antiga Pérsia e difundiu-se com o zoroastrismo (que, como vimos, também praticava a decomposição natural), percorrendo várias culturas. Os romanos às vezes cremavam, às vezes sepultavam, ou as duas coisas juntas; e parece que ao longo dos séculos a segunda atitude foi suplantando a primeira, mas sem que esta desaparecesse por completo. E a despeito da resistência do cristianismo à cremação, ela chegou a muitos países dos dias atuais. Seguindo outra tradição, na Índia a cremação se realiza em espaços de queima coletiva de corpos, localizados nas periferias das cidades ou fora delas, sendo o mais importante o de Manikarnika, em Benares, uma das sete cidades sagradas do país; à cremação se sucede o depósito das cinzas – às vezes até do cadáver inteiro – em um lugar sagrado, como o rio Ganges.[535]

O sepultamento do cadáver também conheceu variações ao longo da história: este pode ser velado antes, em um lugar específico, ou não; pode ser enterrado na casa ou no lugar em que o morto nasceu, viveu ou morreu; em templos, cemitérios públicos ou privados (ou ainda em jazigos privados de cemitérios públicos), dentro ou fora de cidades. O sepultamento também varia segundo a prática de cortejos, orações, prantos, autoflagelações, silêncios e usos de vestimentas, com ou sem adereços, símbolos e outros objetos especiais; e em termos da presença de parentes, amigos e demais membros da comunidade (tendência recente, a produção de *selfies* em velórios de celebridades ainda é capaz de despertar certo escândalo público). E o corpo morto pode ser lavado ou não, enterrado desnudo ou vestido, inteiro ou em pedaços, junto a objetos e em posições das mais variadas, sozinho ou com outros corpos, etc. Sacrifícios humanos ou animais estão em desuso nos dias de hoje, mas foram muito praticados no passado por diversas sociedades, desde os antigos mesopotâmicos, egípcios e hebreus até os incas e astecas do século XV, sempre de acordo com procedimentos específicos.[536]

A morte como reprodução social de desigualdades. Abandono de cadáveres, cremações e sepultamentos são excelentes ocasiões para uma sociedade expressar suas hierarquias internas, compartilhar valores culturais e disseminar relações econômicas e de poder. Os mais antigos sepultamentos parecem remontar a trezentos mil anos e ao *Homo heidelbergensis,* mas as controvérsias a respeito de seus significados são maiores do que as certezas. Em uma época em que as habitações dos vivos eram feitas de materiais efêmeros, essas sepulturas de pedra ou em cavernas parecem expressar uma distinção entre dois mundos, bem como um desejo de perpetuação após a morte. Até que ponto nossos antigos ancestrais simbolizavam e ritualizavam a morte? Tinham eles uma concepção de imortalidade contraposta à de mortalidade – portanto, uma concepção de tempos plurais? Não sabemos.[537] Mas os sinais de diferenciação da condição social dos mortos desde sempre estão por toda parte, sendo talvez as pirâmides egípcias, reservadas a faraós, o mais evidente dentre incontáveis exemplos.

No Brasil colônia, os mortos cristãos eram quase sempre enterrados ao redor de igrejas, capelas, conventos e mosteiros, alguns dos quais tinham maior *status* do que outros. Mortos mais abastados gozavam de lugares reservados no interior desses edifícios, e quanto mais perto do altar, melhor. Essa lógica valia também para os escravos, e embora existam registros de alguns que conseguiram ter seus corpos alocados no interior de igrejas, a maioria era enterrada fora delas, ou apenas tinha seu corpo abandonado. Para evitar uma morte indigna dessas, foram criadas instituições de auxílio mútuo – como as irmandades dos chamados "homens pretos" – que cuidavam do enterro de seus membros, algumas das quais tinham seus próprios templos e cemitérios. E mesmo entre os escravos, as hierarquias sociais eram carregadas para a morte:

aqueles nascidos na América, ao morrer, costumavam ser mais bem tratados do que os naturais da África.

No final do século XVIII já existiam no Brasil alguns poucos cemitérios próprios, afastados dos centros urbanos, mais foi só a partir da década de 1850 que eles aumentaram significativamente. E sempre carregaram hierarquias sociais, seja nas diferenças de túmulos, de inscrições ou de lugares específicos dentro do próprio cemitério. Gilberto Freyre viu nessas diferenças uma transposição das tradicionais relações de hierarquia e dominação anteriormente expressas arquitetonicamente nas dualidades entre *casa grande* e *senzala*, e entre *sobrados* e *mucambos*. Para os mortos, o equivalente no Brasil do século XIX seriam os *jazigos* e as *covas rasas*. Afinal, e não apenas ali, mas em toda parte,

> "o homem morto ainda é, de certo modo, homem social. E, no caso de jazigo ou de monumento, o morto se torna expressão ou ostentação de poder, de prestígio, de riqueza dos sobreviventes, dos descendentes, dos parentes, dos filhos, da família".[538]

A morte como uma viagem. Deixados ao ar livre, cremados ou sepultados em ricos jazigos ou em paupérrimas covas rasas, os mortos "dormem", "repousam" ou "viajam" em direção a outro mundo, concepção que talvez já estivesse presente entre nossos primeiros ancestrais. Seguramente a encontramos na Mesopotâmia, no Egito e na China antigos e, mais recentemente, também entre aborígenes australianos de ilhas do Pacífico. Junto aos habitantes do Benin, na África ocidental, Luís Nicolau Parés identificou um rito funerário que inclui, na hora do enterro, os dizeres: "vai fabricar uma canoa para colocar os crânios e enviá-los ao oceano". Nesse caso, a antiquíssima e tradicional imagem da embarcação como meio de transporte usado na viagem do morto parece ter adquirido um novo sentido com o tráfico transatlântico de escravos praticado nessa região pelos portugueses a partir do século XVI. A viagem ao submundo seria, aqui, a viagem à América de homens e mulheres ainda vivos – mas não por muito tempo.[539]

O espírito controlador. Uma vez que a morte distingue homens e mulheres mortais de deuses imortais, é comum ela adquirir a forma de um deus ou espírito controlador, algoz ou aperfeiçoador do mundo. É, portanto, necessário que os vivos reverenciem, agradem e mantenham os mortos sob controle, pois eles podem ser seus aliados ou inimigos e garantir a paz entre homens e deuses. Era o que, de maneiras específicas, faziam os antigos mesopotâmicos, egípcios, gregos, romanos e, muito depois, a partir do século XVI d.C., também vários povos da África subsaariana. No poema hinduísta *Mahâbhârata* (compilado no século IV a.C.), a morte foi criada por Brahma para aliviar a Terra do excesso de pessoas que ameaçava fazê-la afundar em um oceano; e na China atual ainda são praticadas cerimônias aos mortos que evocam épocas longínquas. No cristianismo, frequentemente se diz que a morte pertence aos domínios misteriosos da vontade divina, e nessa condição ela separa também o tempo finito dos homens mortais, do tempo infinito e/ou eterno de Deus. Essa separação corpo/alma, referindo-se ao próprio tempo finito/infinito, se globalizou, e pelas mãos de missionários chegou ao povo miranha da atual Amazônia colombiana.[540]

O reino dos mortos. Os mortos que dormem, repousam ou viajam podem habitar um reino de sombras, de fantasmas, nas profundezas; podem acordar, retornar ao mundo dos vivos, ou simplesmente com eles conviver como espíritos, fantasmas ou algo parecido. Os antigos gregos inventaram um lugar sombrio e esquecido destinado aos mortos: o Hades. No cristianismo, os mortos salvos vão para um lugar bom, o Céu, enquanto os perdidos vão – literalmente – para o Inferno (entre os séculos XII e XIII, poderiam ir ainda para um lugar intermediário, o Purgatório, cuja estadia seria mais curta na medida em que seus parentes vivos pagassem tributos à igreja).[541]

O momento e a circunstância da morte. Como o reino grego dos mortos era um lugar tenebroso, a vida deveria ser vivida de maneira sábia, virtuosa e gloriosa, com o máximo desfrute do presente; e o momento e a circunstância da morte dariam significado e valor à própria vida. A esse respeito, Heródoto de

Halicarnasso (c.484-? a.C.) narra uma anedota exemplar: o ateniense Sólon foi visitar o rei Creso, de Sardes, e hospedou-se em seu palácio, onde lhe foram mostradas as riquezas e a opulência do rei, que então sentiu-se confiante para interrogar seu hóspede:

> "Hóspede ateniense, até nós chegaram muitas vezes relatos a teu respeito, por causa da tua sabedoria e das tuas viagens, como, por amor à sabedoria, tens percorrido toda a terra, levado pela curiosidade. Veio-me agora o desejo de te perguntar se já viste alguém que fosse o mais feliz dos homens."

A expectativa de Creso era de que a afirmativa de Sólon se dirigisse a ele próprio; mas para sua decepção, o primeiro lugar coube a um tal Telo de Atenas, seguido por Cléobis e Bíton. Fustigado pelo indignado rei, Sólon se justificou: começou por fixar em setenta anos a vida máxima de um homem, perfazendo 25.200 dias, período ao qual deveriam ser acrescentados 35 "meses intercalares", totalizando 26.250 dias. Diante de tal estimativa de dias, Sólon raciocinava: como "nenhum deles oferece acontecimentos iguais aos outros", o homem "é todo ele vicissitude", e só sua morte poderia dizer se ele foi realmente feliz. Havia-se, pois, que se esperar a morte de Creso:

> "Pareces-me, muito rico e rei de muitos homens, mas o que tu me perguntaste eu não te posso dizer que o sejas, antes de saber se atingiste feliz o termo da vida. É que o homem muito rico não é mais feliz do que o que tem para o dia a dia, se não o acompanha a sorte de terminar a vida no meio de toda a espécie de prosperidades. Muitos homens ultrarricos são infelizes e muitos outros de modestos recursos de vida são pelo contrário afortunados. Quem é muito rico, se infeliz, apenas em duas coisas supera o afortunado, mas este supera o rico infeliz em muitas. Um tem mais recursos para satisfazer um desejo e para suportar o golpe de uma grande calamidade, mas o outro supera-o no seguinte: se não é capaz de enfrentar do mesmo modo que ele desgraças ou desejos, a boa sorte preserva-o desses males; é uma pessoa

sem enfermidades, sem doenças, que não conhece desgraças, com boa descendência e belo aspecto. Se, a somar isso,
ainda terminar bem a vida, esse é quem tu procuras, o que
merece ser designado feliz. Mas, antes de chegar ao fim,
espera e não o chames feliz, mas afortunado."[542]

Estava estabelecida a versão grega da importância do momento e da circunstância da morte que, como vimos, jamais foi simplesmente o término de uma vida biológica. A morte dá significado à vida. E em muitas sociedades, inclusive na nossa atual, a
morte de jovens, assim como as provocadas por assassinatos e
suicídios, costumam ser as mais traumáticas do ponto de vista
familiar e social.

Palavras e atos finais. Entre os romanos, as palavras finais,
supostamente pronunciadas pelos mortos, quase sempre eram
invenções póstumas. Mesmo assim, tinham grande importância
tanto entre pessoas comuns como célebres, embora as destas últimas fossem as preferencialmente registradas pelos antigos historiadores. As palavras finais resumiam uma vida, redimiam-na
e sancionavam-na. Como escreveu Suetônio (c.70- ? d.C.), a morte
era "um reflexo da vida ou, pelo menos, sua sanção; mortes belas
para vidas belas, mortes ignóbeis para vidas ignóbeis". Em muitos lugares, o momento da morte era ocasião ideal, então, para
acertos de contas: momento de se confessar, de distribuir bens
entre herdeiros, de praticar uma boa ação final, de registrar em
palavras e perpetuar em atos uma última e favorável impressão.

No Brasil e na América espanhola coloniais, por exemplo,
onde regras de conduta moral prescritas pela igreja costumavam
ser distantes demais para serem cumpridas ao longo de uma vida,
e onde o se praticava extensivamente a exploração do trabalho
escravo e servil, era muito comum que, no momento e sua morte,
senhores reconhecessem filhos bastardos, libertassem escravos
homens como gratidão, ou escravas mulheres por terem sido suas
concubinas. Pela mesma época, mas do outro lado do Atlântico,
Michel de Montaigne (1533-1592) pensava um pouco diferente:
a morte de um seria libertadora não do outro, mas de si mesmo,

pois "quem aprendeu a morrer, desaprendeu a servir. O saber morrer nos libera de toda sujeição e opressão".[543]

A morte como criação de uma memória. O momento e a circunstância da morte, bem como as palavras e atos finais, se relacionam com uma variável muito interessante da história da morte e do morrer. A antiquíssima prática de sepultamentos em cavernas e túmulos de pedra já indicava um anseio de preservação para a posteridade, e que nas modernas sepulturas se realiza por meio de inscrições e fotografias. O que se preserva pode ser o morto em si, garantindo-lhe uma passagem segura a um outro mundo, mas também algum tipo de memória a respeito dele. Os antigos romanos, e não só os ricos, identificavam seus mortos por placas de pedra que poderiam incluir nome, família, ocupação, data da morte, elogios e palavras finais. Como vimos anteriormente, o desejo de preservação se expressava pela própria palavra latina que os romanos usavam entre os séculos I a.C. e V d,C em referência a um túmulo: *monumentum,* e que se transformaria na nossa atual *monumento.* Como os romanos geralmente sepultavam seus mortos fora ou nos limites das cidades, era ainda mais importante que eles não fossem esquecidos.[544]

Os cristãos primitivos imitaram os romanos quanto às inscrições em sepulturas, mas a partir do século V seus túmulos foram se tornando anônimos, com exceção dos de santos, papas, reis e outros mortos dignos de veneração; em compensação, os túmulos foram ganhando as cidades e, sob controle da igreja, nos espaços e práticas por ela controlados, foi se aproximando mais dos vivos. No século XII os túmulos cristãos voltaram a ser identificados, principalmente os de ricos e poderosos; entre os séculos XV e XVIII, os detalhes que serviam à lembrança do morto foram aumentando e sua história foi ficando mais matematizada, acompanhando o próprio aumento das precisões estatísticas de concepção e mensuração do tempo; e no XIX os túmulos foram ganhando fotografias. E em sintonia com o próprio conceito de história ocidental, a história do indivíduo escrita pela sua morte, bem como a memória criada a seu respeito, foram ficando cada vez mais seculares, "aceleradas" e modernas: os habitantes mais antigos de um túmulo familiar foram sendo exumados e esquecidos, para ceder espaço aos mais recentes cuja memória deveria ser prioritária.[545] Com o declínio da mortalidade em quase todo o mundo, com o aumento da natalidade e das expectativas de vida, e com as pessoas vivendo e querendo viver cada vez mais, também no plano da morte individual o passado foi perdendo lugar para o futuro.

Mas a lembrança de um indivíduo sempre encontrou desafios pela frente. Mortes coletivas e anônimas, não registradas e com desaparecimento de corpos, sempre existiram. Mas nos últimos duzentos anos elas se multiplicaram graças às novas formas de se guerrear e matar (súbita e abundantemente) inventadas em conexão com o desenvolvimento tecnológico capitalista, fartamente utilizados também por regimes ditatoriais e aparatos repressivos. Montanhas de cadáveres não sepultados, anônimos ou não, provocaram o surgimento de monumentos coletivos aos mortos, como os túmulos ao soldados anônimos, criados em finais do século XIX, primeiro na Europa e nos Estados, depois em outras partes do mundo; os monumentos a combatentes militares; e também os lugares de memória em homenagem a mortos e desaparecidos políticos.[546]

A morte do herói. A morte e o morrer sempre foram fenômenos individuais e coletivos. Uma das formas mais antigas de separar – para em seguir reunir – esse duplo aspecto foi a atribuição de tempos distintos a seres mortais e seres imortais (com seus eventuais seres intermediários), sendo estes últimos merecedores de mortes especiais. A respeito dos heróis, escreveu Mircea Eliade:

> "É sua morte que lhes confirma e proclama a condição sobre-humana. Se, por um lado, não são imortais como os deuses, por outro, os heróis se distinguem dos seres humanos pelo fato de continuarem a agir depois da morte. Os despojos dos heróis são carregados de temíveis poderes mágico-religiosos. Os seus túmulos, relíquias e cenotáfios atuam sobre os vivos séculos e séculos a fio. Em certo

sentido, poderíamos dizer que os heróis se aproximam da condição divina graças à sua morte."[547]

A morte especial se aplica a heróis e a entidades como semideuses, criaturas fantásticas, profetas, santos, mártires e, em alguns casos, até mesmo aos próprios deuses: contemplados com uma morte especial, é ela que também os torna especiais e recria o mundo por eles organizado. Tal concepção é encontrada em sociedades antigas como os mesopotâmicos e gregos, e em religiões ainda atuais como o hinduísmo, o budismo e o cristianismo; neste, as mortes de Jesus e dos mártires da igreja possuem significados fundamentais para a prática devocional. Entre os muçulmanos, uma morte especial é reservada também para todo aquele que luta na defesa de Deus: é a *jihad*, que consiste em um aniquilamento de si mesmo com o propósito de reforçar a unicidade divina. Em uma das vertentes do islamismo, o sufismo, ela foi elaborada por Junayd (830-910): aquele que se aniquila não precisa, ao morrer, ser despido nem lavado, dispensa orações e é recebido diretamente por Deus no Paraíso sem passar por qualquer juízo final.

Mas atenção: isso não significa que o fiel a Alá deliberadamente procure a morte de si próprio ou do outro. Em sua religião, o sacrifício da vida possui sobretudo um valor simbólico e se faz no dia a dia, não necessariamente em uma ocasião que levará o fiel à morte. A exemplo do que ocorre em muitas outras religiões e práticas religiosas, portanto, no islamismo os significados da morte e sua relação com a vida são passíveis de interpretação, seja por parte do estudioso ou do fiel em geral.[548]

Livros dos mortos. Dentre as sociedades antigas, foram os egípcios que elaboraram as mais eloquentes e bem documentadas manifestações em relação à morte e ao morrer. Suas principais crenças e práticas a esse respeito devem ter sido sistematizadas entre c. 2.200 e c.2050 a.C., um período de transição entre dinastias durante o qual disputas políticas e militares entre dois reinos provocou conflitos, guerras e destruição. Nessas crenças e práticas, papel central era desempenhado pelo deus Osíris: morto por seu irmão Seth, o rei lendário Osíris teria sido, mesmo assim, fecundado por sua esposa Ísis, que deu luz a Hórus, responsável por vingar o pai e restituir-lhe a vida. Osíris é, então, a morte que fecunda a vida e lhe dá movimento. A morte de um faraó era especial, e marcava o início de sua viagem celeste, geralmente em um barco, em direção à imortalidade, e se espelhava no Sol – símbolo do faraó – que renascia a cada dia. Essas e outras elaborações egípcias relativas à morte – como a prática da mumificação, registrada desde c.3100 a.C. mas popularizada somente por volta de 1700 a.C. – se expressam em textos elaborados em momentos distintos, como os chamados *Livro das pirâmides, O canto do harpista, o Debate sobre o suicídio, o Livro do que existe no além, o Livro das portas, o Livro dos sarcófagos*, e o mais conhecido de todos, o *Livro dos mortos* (o *Pert em hru*).[549]

Espécies análogas de livros dos mortos também são encontradas em outros lugares e épocas. Um tratado talmúdico hebraico, o *Tratado Semahot*, escrito no século III d.C. em um contexto de perseguição aos judeus no Império Romano, em especial na Palestina, trata da morte e do luto em catorze capítulos temáticos, enquanto outro tratado judaico menciona 903 tipos de mortes. Da Idade Média aos tempos atuais, e sobretudo entre judeus ortodoxos, várias prescrições sobre a morte também foram sendo ditadas por tratados como a *Tórat há-Adam*, escrita no século XIII, ou o *Schulkhan Aruk*, uma codificação do século XVI. Mas desde então, o mais popular livro sobre a morte no judaísmo tem sido o *Sefer ha-Haim*, ou "Livro da Vida". O mais conhecido dentre todos os livros dos mortos, porém, deve ser o *Bardo Thödol*, reunido e sistematizado no Tibete do século VIII d.C. No budismo tibetano, a morte não é um único momento, mas vários, e ocorre permanentemente como parte dos intermináveis ciclos da vida. Entre os muçulmanos, o teólogo sunita Abu Hamid Al-Ghazali (1058-1111) escreveu um livro sobre a morte e o pós-morte, *A vivificação das ciências da religião*. E pouco depois, na Europa cristã, aflorou uma extensa e variada produção textual e pictórica dedicada à morte, conhecida como as *Ars moriendi*, popularizada nos séculos XV e XVI. Nela, os "livros de mortos" são textos dedicados à morte e ao ato de morrer: os momentos que a antecedem, como se preparar para sua chegada, os momentos imediatos a ela, como se comportar no mundo do além, a reencarnação, etc.; tais escritos também trazem ensinamentos sobre a existência humana e sua relação com Deus.[550]

Ressurreição. A concepção de que um morto pode voltar à vida, no seu próprio corpo ou no de outrem, é antiquíssima, e talvez já estivesse presente em comunidades do Neolítico. Depois ela se fez presente na antiga Mesopotâmia, quando se expandiu a crença de que a volta dos mortos anunciaria o fim e o recomeço do mundo. Há referência a ideias semelhantes entre persas e gregos, e no Antigo Testamento judaico a ressurreição é abundantemente referida, sendo explicitada no dito talmúdico de Isaías, que afirma que "aquele que diz que não existe ressurreição dos mortos não terá sua parte no mundo que virá". Herdada pelo cristianismo, essa ideia chegou transformada ao islamismo e à religião vodum originada na África ocidental. Com o espiritismo – nascido nos Estados Unidos por volta de 1848, e consolidado na França com Allan Kardec a partir de 1854 – a permanência da vida após a morte na forma de um espírito revigorou a antiquíssima negação da morte total.[551]

Em algumas tradições chinesas ainda em vigência, um morto pode se converter em um *shen,* ou deus; é mais provável, no entanto, que ele se torne um *zuxian* (um ancestral), ou em um *gui* (um tipo de demônio). Entre o povo tai budista que hoje habita regiões do Vietnã, Laos, Tailândia e Myanmar, os *khwan* (espécie de almas), podem ser 90 ou 32, o que remete a números sagrados para o budismo. E vários povos indígenas da atual Amazônia acreditam que os mortos viram astros e se imortalizam. Todas essas entidades que ainda habitam nosso mundo revelam concepções da morte que evocam imagens ancestrais de mortos-vivos e representam o tempo que corrói a vida, mas sem destruí-la por completo.[552]

Essas variações todas em torno da morte são passíveis de alguma organização cronológica? Elas se organizam não apenas como *formas de* tempo, mas também *ao longo do* tempo?

UM TEMPO DOMINANTE: A MORTE INTERDITADA

A história da morte e do morrer nunca foi uma única história; e diferentes histórias de diferentes épocas não podem ser submetidas a uma única periodização. No entanto, como ocorre com tantas outras dimensões da história social do tempo, a da morte também parece obedecer a uma lógica de convergência recente, de organização global em torno de uma mesma característica adquirida, em escala hegemônica, só muito recentemente – isto é, aproximadamente nos últimos duzentos anos. E nunca de maneira completa e absoluta. Essa característica é aquilo que o historiador francês Philippe Ariès (1914-1984) chamou de *morte interditada*.

Ariès propôs uma periodização unificadora da história da morte segundo, *grosso modo*, quatro épocas, da mais antiga à mais recente, às quais corresponderiam certas características dominantes em cada período: 1) a *morte domesticada*, isto é, um tipo de morte anunciada, enunciada, aguardada, de preferência ocorrida na companhia de alguém próximo ou em público (morrer sozinho e sem testemunhas era vergonhoso). Como continuação da convivência entre mortos e vivos, os sepultamentos eram feitos em templos públicos ou outros lugares de convivência social. Esta seria, portanto, uma morte atenuada, para a qual haveria oportunidade de se preparar, eventualmente de se festejar com alguma cerimônia simples e sem grandes emoções ou sofrimentos. Essa característica teria prevalecido na Antiguidade e na Idade Média europeia até o século XVIII; 2) a *morte de si mesmo*, surgida na Europa entre os séculos XI e XII, coincidiria parcialmente com a morte domesticada sem substituí-la por completo, somente a ela acrescentando modificações sutis: as sepulturas foram sendo personalizadas, o Juízo Final cristão se consolidou como momento de avaliação da biografia particular de cada indivíduo, e foi surgindo um grande interesse por temas macabros, isto é, ligados à decomposição física, à velhice e à feiura do homem, e que pouco depois se popularizarão com as *ars moriendi*. Como lembretes da condição de mortal do homem contraposta à imortalidade de

Deus, os temas macabros se somaram às chamadas "danças da morte" ou "danças macabras", típicas do século XV, mas que continuarão vivas até pelo menos o XIX **(Figura 9.4)**.

Figura 9.4. – Ritmos da vida, incerteza da morte, finitude humana. "A dança macabra é uma ronda sem fim, em que se alternam um morto e um vivo. Os mortos conduzem o jogo e são os únicos a dançar. Cada par é formado por uma múmia nua, putrefata, assexuada, muito animada e por um homem ou uma mulher, vestindo segundo a própria condição, estupefato. A morte estende a mão para o vivo que vai arrastar, mas que ainda não se submeteu. A arte reside no contraste entre o ritmo dos mortos e a paralisia dos vivos. O objetivo moral é ao mesmo tempo lembrar a incerteza da hora da morte e a igualdade dos homens diante dela. Todas as idades e todos os estados desfilam numa ordem que é a da hierarquia social, tal como dela se tinha consciência" (ARIÈS. *O homem diante da morte*, pp.151-152). (NOTKE, Bernt. *Surmatants (Totentanz)* da Igreja de São Nicolau, Tallinn, final do século XV, hoje no Museu de Arte da Estônia. Disponível em: <https://pt.wikipedia.org/wiki/ Dan%C3%A7a_macabra>. Acesso em 03 set. 2021).

A periodização de Ariès prossegue com outras duas épocas: 3) nos séculos XVIII e XIX teria surgido a *morte do outro*, quando a preocupação foi se deslocando de si para o outro, para a pessoa amada cuja morte é temida, lamentada e dramatizada. Esta seria uma morte envolta em retórica, cerimônia e luto, bem às feições do romantismo, com sua nostalgia do passado e exaltação do indivíduo. A morte do outro envolveria diretamente a família, e por isso as sepulturas se tornaram mais do que nunca espécies de prolongamentos das casas, e os testamentos ganharam importância como instrumentos legais de designação de heranças familiares; 4) e, finalmente, haveria a *morte interditada*, iniciada já na segunda metade do XIX, mas consolidada apenas no século XX. Agora, evitar-se-ia a morte a todo custo, as palavras a ela relativas sequer seriam pronunciadas ("morte" deu lugar a eufemismos como "falecer", "desparecer", "partir", "nos deixar"), e desenvolveu-se o desejo de prolongamento infinito da vida. A morte abandonou de vez as casas e migrou para hospitais, casas de repouso e necrotérios, tornando-se assunto quase que exclusivo de médicos, enfermeiros, cuidadores, tanatologistas, coveiros e outros profissionais. Os sepultamentos foram parar em cemitérios isolados ou, se dentro da cidade, eram protegidos, porque a morte se tornou suja e repugnante, e o luto desnecessário e improdutivo. A morte virou um tabu e, nessa condição, teria substituído o sexo como grande interdição social. Segundo Ariès, "a morte, outrora tão presente, de tal modo era familiar, vai desvanecer-se e desaparecer. Torna-se vergonhosa e objeto de um interdito", uma sorte de comédia baseada em mentiras.[553]

Para Philippe Ariès, a caracterização e a periodização dessas quatro épocas de uma história da morte e do morrer seriam apenas aproximativas. As quatro se confundiriam em meio a longas durações, estabilidades, mudanças e variações que, finalmente, apontariam para tendências bem definidas. Mesmo assim, muitos estudiosos criticaram Ariès pelo excesso de abrangência de sua proposta, por concentrar excessivamente sua análise em sociedades cristãs, europeias (sobretudo a francesa e a inglesa), e por utilizar fontes parciais que tenderiam a reforçar seus argumentos ao invés de contestá-los.[554] Ariès também mereceu críticas por ignorar discrepâncias internas de cada uma de suas quatro épocas, bem como outros aspectos das sociedades ligados à morte e ao morrer, como taxas de natalidade e mortalidade, e expectativas de vida.*

Não há dúvidas de que tais críticas são pertinentes. Mas tampouco há dúvidas de que quem estudar lugares e momentos específicos da história da morte e do morrer, há de reconhecer traços das épocas propostas por Ariès. Se tomarmos então tais épocas

---

* Michel Vovelle, reconhecendo virtudes da proposta de Ariès, propôs que uma história da morte e do morrer abarcasse, simultaneamente, três aspectos: a *morte consumada* (apreensível por dados brutos, análises estatísticas, etc.), a *morte vivida* (os valores, as atitudes e os sentimentos diante da morte), e a *morte discursiva* (os discursos e as representações sobre ela). VOVELLE. "Sobre a morte", pp.129-133. De certo modo, nas páginas anteriores procuramos seguir a proposta desse autor.

não como descrições perfeitas, precisas e exclusivas de concepções e atitudes de uma determinada sociedade, mas como aproximações de tendências históricas, elas farão sentido. Principalmente no que diz respeito à caracterização da *morte interditada*
e de sua presença no mundo atual em que, tendo se tornado um
verdadeiro tabu, a morte parece responsável por malefícios que,
no passado, ela não costumava apresentar.

Um deles é o fato de nos últimos duzentos anos as chances
de um ser humano atingir a velhice terem crescido em todo o
mundo, e a despeito de variações locais, continuam a crescer. No
entanto, prolongada com a decisiva ajuda da tecnologia e dos
desenvolvimentos médicos, sanitários e científicos em geral, a
vida se tornou uma obsessão, uma espécie de fetiche colada a um
tempo presente que se quer eterno. Nesse sentido, a morte interditada se associa perfeitamente ao tempo dominante da modernidade capitalista, onde passado e futuro se dissociam de tal maneira que, para muita gente, só resta o presente – ou sua ilusão.
As expectativas de vida se dissociaram das expectativas da morte, teimando em criar uma cisão entre as duas que nunca tinha
sido majoritária. O costume era que a morte fosse uma continuidade da vida, e não sua anulação.

A morte interditada também é moderna e dolorosa porque, embora típica de um mundo presentista, ela aponta para um futuro
melhor que jamais se realizará plenamente. O prolongamento da
vida fez multiplicarem doenças típicas do envelhecimento, até então inexistentes ou pouco notadas. Além de arcar com sofrimentos
particulares de fundo biológico típicos de sua idade, o idoso tem
de arcar com a tendência socialmente dominante de se desprezar
os ritmos lentos, a pouca produtividade econômica e a "feiura",
concebidas, não sem boas doses de crueldade, como típicas de sua
idade. Foi assim que se estabeleceu uma contradição: à medida em
que aumentaram as chances de se viver, aumentaram também os
medos de se morrer, associados ao declínio das condições de vida.

Porém, a condenação social de características como viver em
ritmos lentos, ou ser considerado improdutivo e "feio", não atinge
apenas os idosos: com a morte destes, seus parentes e amigos

frequentemente são privados do luto, isto é, de um período que lhes permita simbolizar a morte não como a anulação da vida, mas como seu prolongamento. Pois o luto também implica uma desaceleração momentânea do tempo; logo, é condenado como improdutivo; e viver lenta e tristemente é estigmatizado como feio.* A brutalidade dessa privação social pode ser dimensionada pela existência de indícios bastante contundentes de que até mesmo muitos animais realizam procedimentos semelhantes aos de um luto: há registros, por exemplo, de éguas que presenciaram a morte de seu potro, procuraram ficar junto ao corpo deste e durante oito dias visitaram o local de sua morte; de elefantes que ao reconhecerem restos e ossadas de seus parentes começaram a neles jogar terra ou cobri-los com folhas; de elefantas que demonstraram letargia após a perda de seus filhotes; e de cetáceos que carregaram os corpos mortos de seus rebentos durante dias. Sendo nós, humanos, seres também biológicos, devemos nos privar de algo que pode ser, na verdade, um instinto básico, uma necessidade tão elementar como a de estabelecer algum tipo de conexão duradoura com alguém querido cuja morte precisa ser elaborada como prolongamento de nossas próprias vidas? A função psíquica do luto foi formulada já no começo do século XX por Sigmund Freud (1856-1939); e desde a década de 1950 sua necessidade vem sendo reiterada de diversas maneiras por psicólogos, psicanalistas, sociólogos e antropólogos.[555]

Finalmente, morre-se cada vez mais longe de casa e das pessoas queridas; e segue-se teimando em ignorar a morte até mesmo quando ela já se encontra muito próxima. Na morte inter-

---

* Pelos mesmos motivos, estigmas semelhantes são imputados a comportamentos derivados de estados psíquicos genericamente chamados de *depressão*. Em uma sociedade como a nossa, regida por uma pluralidade de tempos dentre os quais o dominante é o tempo acelerado da modernidade capitalista associada ao trabalho, à disciplina e ao enriquecimento, a depressão psíquica costuma ser isolada e atacada como uma verdadeira doença infectocontagiosa, capaz não só de produzir sofrimento em seu portador, mas também de desestabilizar a ordem social (LAWLOR, Clark. *From melancholia to prozac*. Oxford: Oxford University Press, 2012; e KEHL, Maria Rita. *O tempo e o cão*. São Paulo: Boitempo, 2009).

ditada, que deve ser rápida, pontual e distante, o câncer – uma das maiores causas de mortes entre idosos em todo o mundo – é um grande problema, pois ele é progressivo e anunciador. "Em seu papel na elaboração de um estilo de morrer", afirma Allan Kellehear, "o câncer, como as cardiopatias, produz um morrer lento e frequentemente doloroso. Também é uma doença que como nenhuma outra sugere o 'morrer' para os demais". Nos Estados Unidos da década de 1970, inventou-se uma prática patética: a cerimônia pós-morte em um lugar que não é nem hospital, nem cemitério, nem casa, mas sim um bom negócio: o *funeral home*. Nele, tudo é limpo, a despedida do morto é rápida, e vende-se a impressão de que um ambiente doméstico, suave e aprazível; a morte e o morrer, porém, continuam banidos. E pesquisas recentes apontam para um número significativo de idosos que, em hospitais e casa de repouso e assistência, afastados de suas casas e de pessoas afetivamente próximas, morrem subnutridos, deprimidos, gritando ou tentando se suicidar.[556]

A universalidade desses sofrimentos nos foi oferecida por Liev Tolstói (1828-1910) em seu romance *A morte de Ivan Ilitch* (1886). Nele, o personagem central, muito doente, acredita que possa estar morrendo, mas seus familiares, amigos e médicos ao redor mentem e fingem que nada de importante ocorre. A única exceção é Guerassim, um jovem camponês portador de antigas tradições e que lida com a morte de seu patrão de modo simples, empático, solidário e humano. É a única companhia que agrada ao moribundo Ilitch, impedido de externar seu sofrimento, de chorar, lamentar e enfrentar a própria morte.[557]

Morrer nunca foi desprovido de sofrimento e a morte jamais foi uma imagem inteiramente bela; mas elas nunca pareceram tão terríveis quanto nos dias de hoje. A morte interditada, longe de vencer ou sequer atenuar social ou fisicamente o fim biológico da vida, parece só ter piorado as coisas. Diferentemente de suas análises, a conclusão de Ariès parece consensual entre os estudiosos: já é hora de nos interrogarmos "se uma grande parte da patologia social de hoje não terá a sua fonte na expulsão da morte para fora da vida quotidiana, na interdição do luto e do direito de chorar os seus mortos".[558] Há quem defenda que seria necessário ritualizar mais a morte e, com isso, recuperar algo de costumes e tradições antigas, inclusive religiosas; para outros, uma atitude positiva é naturalizá-la, entendendo-a e praticando-a de modo austero. E no final das contas, há muitíssimos outros – talvez a maioria da humanidade? – que simplesmente continua a viver e sofrer a morte interditada, sem se perguntar se ela é boa ou má.

De nossa parte, podemos apenas lidar, como fizemos até agora, com a morte e o morrer como dimensões de uma história social do tempo. E a exemplo de todas as demais dimensões constitutivas dessa história, entender que seus tempos são, em boa medida, do domínio do homem. O que significa que sempre é possível melhorá-los.

OUTRAS REPRESENTAÇÕES DA MORTE

Uma das formas de se melhorar a morte e o morrer é representá-los: em imagens, objetos, palavras e gestos. Até aqui, pudemos acompanhar várias dessas representações; para encerrar, acrescentaremos algumas outras. Afinal, elas humanizam o tema e, coladas à arte que sempre foi seu repositório preferencial, lhe dão pulsão de vida.

Muitas representações da morte estão baseadas em uma antiquíssima associação com ciclos da natureza e as concepções de tempo deles resultantes: assim, enquanto a vida é Sol, luz e dia, a morte é escuridão e noite (a Lua costuma escapar dessa associação porque, como o Sol, ela também sempre "nasce" de novo, estando mais associada à fertilidade do que à morte). Daí a criação grega de *Tânatos*, o filho da noite e irmão do sono. Frequentemente a morte foi uma mulher, referida em muitas línguas por uma designação feminina. Entre povos nórdicos da Europa e antigos gregos, ela podia ser uma sereia como as que tentaram seduzir Ulisses na *Odisseia*; entre os etruscos, ela era uma mulher alada que levava o defunto embora; e entre os gauleses, a morte era *Dispater*, um soberano sombrio, semelhante ao *Ogme* na Irlanda e ao *Ankou* na

Bretanha. E a tenebrosa entidade que ainda povoa nosso imaginário vestida de preto, encapuzada e com uma foice – que "corta" o tempo e ceifa a vida – quase sempre é uma senhora.[559]

No cristianismo, a morte teve várias imagens que vão desde um dos terríveis cavaleiros do Apocalipse até um grupo de assexuados e simpáticos anjos. Como derivação das representações cristãs da morte, as do Islã também incluem um anjo, *Malak al--Maut*, ou Izrail, que às vezes são quatro. A morte pode ser tudo isso e também uma harpia, um corvo, um urubu, uma serpente, um cachorro, um cavalo, um vampiro, uma cruz, uma carruagem ou o navio nos qual, como vimos antes, o morto "viaja" em direção a outro mundo. Além, claro, de um esqueleto.[560] **(Figura 9.5)**

Figura 9.5. – Na gravura do artista germânico Albrecht Dürer, a morte é um sorridente e tenebroso esqueleto (feminino?), recém-saído de um ataúde posicionado ao fundo, à esquerda; também ao fundo, um osso no chão reforça a moral da história que é conferida, principalmente, pela ampulheta que a morte apresenta ao soldado: o tempo passa, e a morte chega a todas as criaturas mortais. A assinatura do artista junto ao osso deixa claro que ele próprio é consciente de sua finitude (DÜRER, Albrecht. *Death and the Lansquenet*, 1510. Disponível em: <https://www.metmuseum.org/art/collection/search/388786>. Acesso em 03 set. 2021).

Bem se vê que frequentemente a morte representa o tempo, e vice-versa. Os temas macabros da Europa medieval e moderna sempre mesclaram as duas coisas, com suas imagens de um tempo personificado em um ancião forte, alado, tocando um instrumento musical, portanto ampulhetas, discos zodiacais, rodeados de anjos, bolhas de sabão e outros símbolos; dentre eles, claro, uma parte específica do esqueleto macabro, a caveira, componente por excelência de *vanitas*, ou as "vaidades", que cercavam uma pessoa para lembrá-la da efemeridade da vida e da passagem do tempo. Presentes desde o século XI em igrejas, mosteiros, túmulos, casas e livros de horas, as "vaidades" se tornaram mais comuns entre os séculos XV-XVII, quando se converteram em emblemas de profetas, santos, anjos e mártires, indicando atributos que permitiam sua pronta identificação. Jesus seria pintado junto a pães, peixes, animais, cruzes e espinhos; e personagens como São Carlos Borromeo, Maria Madalena, Francisco de Borja e o ermitão egípcio Paulo frequentemente estariam acompanhados de uma caveira. Mas na pintura e na escultura cristãs, caveiras e outras "vaidades" estão por toda parte. E em 1687, uma prescrição de exercícios espirituais da Companhia de Jesus recomendava aos seus membros que a primeira meditação do dia se fizesse de olhos fechados e diante de uma caveira.[561]

De lá para cá, caveiras, ossos, esqueletos e outros elementos macabros cristãos se popularizaram, e extrapolaram seus antigos sentidos de representação da morte e do tempo para conhecerem muitos outros mais ou menos descolados de seus originais. A historiadora Juliana Schmitt destacou o caráter satírico de um grupo de esqueletos que, em um cemitério da cidade de São Paulo na segunda metade do século XIX, transformavam o outrora solene dia dos mortos em uma escrachada bebedeira junto aos vivos[562] **(Figura 9.6).**

O Cemiterio da Consolação no dia de finados.

Figura 9.6. – Evocando *vanitas* em tradições religiosas e imagéticas ocidentais, caveiras e esqueletos são representações convencionais do tempo ligado à finitude humana e à grandeza divina. Aqui, no entanto, na sátira oitocentista de Angelo Agostini, os esqueletos são os próprios homens em suas fraquezas e defeitos: bêbados, informais e desrespeitosos, não se comportam segundo o que deles se espera no Dia dos Mortos. No século XIX, a falta de observância dos ritmos diários ditados pelos calendários e suas festividades – esta, estabelecida na França do século – é sinal também de ausência de civilização. (AGOSTINI, Angelo. *O cemitério da Consolação no dia de finados. Cabrião,* 11/1866. Disponível em: <https://blog.bbm.usp.br/2020/o-cabriao-1866-1867-pena-e-tinta-a-servico-da-satira-humoristica/>. Acesso em 03 set. 2021).

No mundo atual as representações da morte estão por toda parte: nas artes plásticas, no cinema, na literatura, na música, em *comics*.[563] Até mesmo em muros, camisetas, tatuagens. Mesclando formas e conteúdos novos e tradicionais, evocando e recriando múltiplos tempos, todas essas representações compõem um conjunto variado de maneiras de se falar da vida, e de como ela pode ser diante de uma morte que, mesmo quando é abordada como o seu fim, insiste em ser, fundamentalmente, seu prolongamento. Pois até que se prove o contrário, jamais são os mortos que falam da morte, mas apenas os vivos.

Foi o que fez João Guimarães Rosa (1908-1967), em seu conto *Sarapalha,* de 1946. No cenário desolador de uma pequena comunidade rural praticamente exterminada pela malária, dois primos atacados pela "sezão" (febre), conversam no sítio de um deles. Resignados e sem pressa, apenas esperam a morte. A história é contada mesclando um tempo longo da espera de um futuro que parece não existir, os *flashbacks* de um passado que volta para atormentar, e os delírios de consciência provocados por uma febre que, segundo o narrador, "serve de relógio".[564] Ao descortinarem o passado, um deles, Argemiro, confessa seu antigo amor pela mulher outro, Ribeiro, e que fugira com um terceiro homem. A relação se rompe, e Argemiro é expulso por Ribeiro. Sem ter para onde ir, é ele que protagoniza a cena final:

> "Ir para onde?... Não importa, para a gente é que a gente vai!... Mas, depois. Agora é sentar nas folhas secas, e aguentar. O começo do acesso é bom, é gostoso: é a única coisa boa que a vida ainda tem. Pára, para tremer. E para pensar. Também.
>
> Estremecem, amarelas, as flores da aroeira. Há um frêmito nos caules rosados da erva-de-sapo. A erva-de-anum crispa as folhas, longas, como folhas de mangueira. Trepidam, sacudindo as suas estrelinhas alaranjadas, os ramos da vassourinha. Tirita a mamona, de folhas peludas, como o corselete de um cassununga, brilhando em verde-azul. A pitangueira se abala, do jarrete à grimpa. E o açoita-cavalos derruba frutinhas fendilhadas, entrando em convulsões.
>
> – Mas, meu Deus, como isto é bonito! Que lugar bonito p'r'a gente deitar no hão e se acabar!...
>
> É o mato, todo enfeitado, tremendo também com a sezão."

Com diferentes palavras, conceitos, imagens, motivos e consequências, a pergunta de Argemiro sempre foi, em alguma medida, de toda a humanidade: para onde vamos? A resposta não importa desde que se saiba ver, na morte e no morrer, antes de mais nada, o lugar onde já se está, que é a própria vida. E que, sem dúvida, pode ser um lugar bonito.

CONCLUSÕES
NOSSO TEMPO

Em certa ocasião, ouvi um mestre historiador sentenciar a um grupo de jovens estudantes universitários: "não está autorizado a se interessar pelo passado quem é indiferente ao presente". À época, achei que a sentença buscava transferir àquela audiência uma espécie de compromisso político com o futuro, pelo qual o estudo das sociedades se apresentava como potencialmente transformador, libertador e necessário. Hoje, muitos anos depois, compreendo que a sentença continha algo mais: a lição de que passado e presente são construções sociais dinâmicas, elas mesmas sujeitas ao trabalho do historiador. Por isso, o estudo do passado apenas se distingue do estudo do presente em pequenas diferenças de ênfase e método. No fundo, ambos requerem formas de se estudar o tempo *das* sociedades. E podem ser igualmente um estudo do tempo *nas* sociedades.

Uma história social do tempo permite a exploração de muitos temas, inclusive aqueles nove que escolhemos para serem abordados neste livro. Nenhum destes ou outros semelhantes será exclusivo ou absoluto. Todos, no entanto, igualmente conectarão passados, presentes e futuros. Como na lição do mestre historiador.

O leitor deve ter percebido que os temas aqui abordados incidiram, cada um à sua maneira, sobre épocas, lugares e dimensões distintos: uns estão mais situados na Idade Média; outros, entre os séculos XV e XVI, ou XVIII e XIX; outros ainda nos últimos cinquenta anos; e há também aqueles cuja ênfase remonta a vários milênios. Alguns são mais europeus e americanos, outros igualmente centro asiáticos, e vários possuem fortes matizes chinesas, indianas e africanas. E certos temas se relacionam mais com dimensões da realidade que podemos chamar de culturais, econômicas, políticas ou intelectuais. É que cada pedaço da história social do tempo, por mais integrado que esteja a outros, possui suas próprias particularidades, suas marcas distintivas. E essas particularidades precisam ser respeitadas por quem as estuda. No entanto, o estudo da história jamais pode ser o daquilo que é ou foi *apenas* particular, singular, específico, pequeno. A história só pode ser instrumento de análise e explicação se buscar o geral no particular, o plural no singular, o comum no específico, o grande no pequeno. Ela deve procurar os equilíbrios e as tensões entre esses vetores. Em outras palavras, suas *dialéticas*.

Também vimos que a concepção de história como uma unidade universalizante do passado é uma invenção recente. Na maior parte da existência humana, as sociedades viveram histórias próprias, em épocas, lugares e dimensões que formavam conjuntos – se quisermos, as *economias-mundo* de Fernand Braudel – separados. Esses conjuntos sempre foram dinâmicos, e alguns se transformaram e reconfiguraram em contatos recíprocos com outros. Porém, a vida histórica desses conjuntos por muito tempo esteve confinada a certos limites dentro de nosso planeta, embora pudesse apresentar certos denominadores comuns: uma grande dependência do homem em relação a ciclos da natureza, a prevalência de sociedades agrárias sobre urbanas, a importância de visões de mundo de fundo mítico-religioso, expectativas de vida cuja média nunca ultrapassaria a casa dos quarenta anos, etc.

Porém, os tempos, espaços e dimensões da história do tempo aqui tratadas acabaram por convergir, tornando-se uma espécie de mesma família a compartilhar uma grande casa: nosso tempo. Cada membro da família chegou à casa em um momento próprio, passando a ocupar um de seus muitos cômodos e interagindo de diferentes maneiras uns com os outros. E a casa foi sempre mudando de aparência. Sua primeira versão foi construída há cerca de 250 anos, com as grandes revoluções políticas do Ocidente e o advento da modernidade capitalista, mas a partir de fundações estabelecidas há pouco mais de quinhentos, com a expansão material e mental da Europa cristã, mercantil e imperial. Antes disso, nada apontava para a existência futura dessa casa que, uma vez erguida, tampouco trazia qualquer garantia de que, mesmo após muitas reformas, ela chegaria aos dias de hoje. Ela não era um destino natural ou necessário da humanidade.

Nosso tempo continua a ser amplamente estruturado em torno da matematização de ciclos da natureza convertidos em submissão de vidas humanas para o trabalho e para a produção de riqueza e artefatos, quase nunca em proveito direto de quem os produz. Continua a ser, também, um tempo progressivamente acelerado, no qual um passado tendencialmente obsoleto e um futuro inutilmente abstrato se afastam de um presente que, assim, reina com amplos poderes. Mas não são poderes absolutos. Para muitos milhões de nós, nosso tempo continua a ser igualmente o de antigas tradições sociais e familiares, de longínquos passados e futuros mítico-religiosos; ou tempos paradoxalmente objetivos e relativos que a natureza nos permite nela vislumbrar, sempre como concepções sociais. E como seres biológicos especialmente dotados da capacidade de projetar, lembrar, simbolizar e representar, jamais deixamos que nosso tempo se desvincule daqueles do futuro, da memória, da vida e da continuação desta na morte.

As pessoas de carne e osso que vivem e pensam todos esses tempos apresentam diferenças importantes. Para alguns bilhões, o sentido de história do cristianismo não faz nenhum sentido; para outros, o que não faz sentido são os ciclos hinduístas ou budistas de reencarnação e purificação do espírito; e para os ateus, pode ser que nada disso interesse. As formas de contar e datar o tempo, assim como ritos anuais de comemorações cívicas, variam consideravelmente quando vamos da China à Europa, da Índia à África, da América Latina à Indonésia. E uma grande parte da humanidade não vê serventia alguma no estudo do passado, que não obstante continua a ser praticado com entusiasmo por alguns milhões de resistentes.

O mundo que organiza e hierarquiza todos esses tempos simultâneos é um mundo fortemente globalizado, como jamais foi no passado. É um conjunto coerente, mas que está longe de ser um bloco monolítico. E se o nosso tempo é metaforicamente uma casa, nas últimas décadas alguns novos personagens nela foram admitidos; mas como a casa não tem para onde crescer, tiveram que dividir cômodos com velhos habitantes.

A grande novidade do momento atual em termos de uma história social do tempo parece dizer respeito ao advento das chamadas *redes sociais*, e que em parte são um corolário daquele mundo digital que por todo lado deu as caras nas últimas décadas em estreita relação com o desenvolvimento da modernidade acelerada e do capitalismo financeiro. Trata-se de um tema de enorme importância, sobre o qual já existe abundante literatura especializada. Um tema merecedor de volumes próprios inteiramente dedicados a ele. Um mérito que, portanto, não pode ser devidamente apreciado por poucas – ademais conclusivas – linhas como estas. Porém, e seguindo a lição do mestre historiador, um presente tão eloquente como o das relações entre tempo e redes sociais não pode ser aqui solenemente ignorado, com o risco de se desautorizar todos os passados e presentes que este livro abordou. Vale, então, uma breve reflexão final.

A aceleração de tempos sociais associada a um encurtamento de espaços não é, evidentemente, uma criação das redes sociais; tampouco o é o esvaziamento do passado e do futuro que elas despudoradamente promovem. A circulação global de pessoas, informações (inclusive falsas) e bens materiais e imagens, assim como o triunfo do instantâneo e do efêmero a partir de uma hiper valorização do indivíduo em detrimento da sociedade, foram sendo bem estabelecidos nos últimos quinhentos anos. E se pensarmos nos dispositivos móveis que preferencialmente amparam as redes sociais, que são os telefones celulares, não há como não vê-los como aperfeiçoamentos de relógios digitais que, por seu turno, são herdeiros dos relógios mecânicos que começaram a surgir em finais do século XIII em um contexto de crescente mensuração e quantificação da realidade.

As redes sociais digitais investiram em velhos valores; porém, em novas perspectivas. Sua novidade não é tanto de ordem *qualitativa*, mas sobretudo *quantitativa*. Em termos de formas de viver e pensar o tempo, elas não parecem ter inventado nada de muito novo; porém, tonificando tempos modernos em uma nova escala, segundo padrões até então absolutamente inéditos, as redes sociais inovaram fortemente nosso tempo.

Podemos fazer uma analogia com um dos temas abordados neste livro: o crescimento demográfico mundial e suas relações com o tempo. Ora, desde que seres humanos são humanos, eles se reproduzem da mesma forma (salvo uma pequena e pontual inovação promovida pela fertilização artificial). Seja há vinte mil anos ou nesse exato momento, essa reprodução segue um mesmo padrão qualitativo. No entanto, no Neolítico de doze mil anos atrás e na Revolução Industrial dos séculos XVIII e XIX, o aumento quantitativo dessa reprodução, condicionado por uma série de fatores, criou realidades fundamentalmente novas: muito mais gente nascendo do que morrendo, e quase todo mundo esperando viver cada vez mais. Nesses dois momentos, portanto, formas de viver e pensar o tempo mudaram profundamente. Com as redes digitais ocorre algo semelhante: elas não inventaram tempos novos; mas ao aprofundarem outros já existentes, criaram uma realidade fundamentalmente nova.

Como é essa realidade? Ela é boa ou ruim? Ela perdurará? Talvez no futuro possamos dizê-lo, assim como hoje é possível avaliar aspectos da Revolução Neolítica ou da Revolução Industrial. No entanto, como historiadores, não gostamos de realizar previsões de futuro – apenas estudamos, eventualmente, as que outros insistem em fazer. E se o que foi dito até aqui, ao longo deste livro, puder contribuir para qualificar a observação e o entendimento desse nosso tempo que jamais cessa de se transformar e de nos desafiar, então já é uma hora boa para encerrá-lo.

BIBLIOGRAFIA UTILIZADA

ADAMSON, Peter. "Eternity in medieval philosophy". *In*: MELAMED, Y. *Eternity: a history*. New York: Oxford University Press, 2016, pp.75-116.

AGOSTINHO. *Confissões & De magistro*. Col. *Os pensadores*, VI. Tradução: J. Oliveira Santos, A. Ambrósio de Pina, A. Ricci. São Paulo: Abril, 1973.

ALBUQUERQUE, Larissa. "Uma análise do tempo na música popular brasileira: o álbum *Alucinação* (1976), de Belchior". *Revista Hydra*, v.2, n.4, 2018.

ALCIDES, Sérgio. "Expectativa e metamorfose: saudades da Idade de Ouro na América portuguesa." *In*: JANCSÓ, I., KANTOR, I. *Festa: cultura e sociabilidade na América portuguesa*. São Paulo: Hucitec/Edusp/Fapesp, 2001, v.2, pp.775-798.

ALIGHIERI, Dante. *A divina comédia*. Tradução: José Pinheiro. S/l: Mimética, 2019. *E-book.*.

ALLEGRO, John Marco. *Os manuscritos do Mar Morto*. Tradução: Eurico da Costa. Lisboa: Publicações Europa América, 1958.

ALVES, Daniel. "'Lojas com velas e petróleo' na noite lisboeta: greve dos lojistas de Lisboa ao consume de gás em 1891". *In*: FINA, R. M. *Estudos em torno da noite*. Lisboa: Centro de Literaturas e Culturas Lusófonas e Europeias/Faculdade de Letras, 2018, pp.85-100.

ANDERSON, Benedict. *Comunidades imaginadas: reflexões sobre a origem e a difusão do nacionalismo*. Tradução: Denise Bottman. São Paulo: Companhia das Letras, 2008.

ANDERSON, Perry. *As origens da pós-modernidade*. Tradução: Marcus Penchel. Rio de Janeiro: Zahar, 1991.

ANDRIES, Lise. "Almanaques: revolucionando um gênero tradicional". *In*: DARTON, R., ROCHE, D. *Revolução impressa: a imprensa na França* (1775-1800). Marcos M. Jordan. São Paulo: EDUSP, 1996, pp.287-307.

ANGELELLI, Gustavo. *Tempo e direito:* experiência e expectativa no sistema jurídico. São Paulo: FD-USP, 2016. *Dissertação de mestrado.*

ARANTES, Paulo Eduardo. *O novo tempo do mundo*. São Paulo: Boitempo, 2014.

ARAUJO, Valdei Lopes de. "Sobre o lugar da história da historiografia como disciplina autônoma". *Locus*, v. 12, 2006, pp.79-94.

ARAUJO, Valdei Lopes de. "Sobre a permanência da expressão *historia magistra vitae* no século XIX brasileiro". *In*: NICOLAZZI, F., MOLLO, H., ARAUJO, V. *Aprender com a história?* O passado e o futuro de uma questão. Rio de Janeiro: Editora FGV, 2011, pp.131-147.

ARENDT, Hannah. *Sobre a revolução*. Tradução: Denise Bottmann. São Paulo: Companhia das Letras, 2011.

ARIÈS, Philippe. *Sobre a história da morte no Ocidente desde a Idade Média*. Tradução: Pedro Jordão. Lisboa: Teorema, 1988.

ARIÈS, Philippe. *O homem diante da morte*. Tradução: Luiza Ribeiro. São Paulo: EDUNESP, 2014.

ARISTÓTELES. *Física I-II*. Tradução: Lucas Angioni. Campinas: Editora UNICAMP, 2009.

ARNAU, Juan. *Cosmologías de India: védica, sāmkhya y budista*. México: FCE, 2012.

ARNAULT, Renan, ALCANTARA E SILVA, Victor. "Os ritos de passagem". *Enciclopédia de Antropologia*. São Paulo: Universidade de São Paulo, Departamento de Antropologia, 2016. Disponível em: <http://ea.fflch.usp.br/obra/os-ritos-de-passagem>. Acesso em 07 set. 2021.

ARRIGHI, Giovanni. *O longo século XX. Dinheiro, poder e as origens de nosso tempo*. Tradução: Vera Ribeiro. Rio de Janeiro/São Paulo, Contraponto/Unesp, 1996.

ASSIS, Arthur Alfaix, MATA, Sérgio da. "O conceito de história e o lugar dos *Geschichtliche Grundbegriffe* na história da história dos conceitos". *In*: KOSELLECK, R. *et al. O conceito de história*. Tradução: René E. Gertz. Belo Horizonte: Autêntica, 2018, p.9-34.

ATLAS National Geographic. São Paulo: Abril, 2008, v.26.

AUMONT, Jacques. *O olho interminável: cinema e pintura*. Tradução: Eloisa Araújo Ribeiro. São Paulo: Cosac Naify, 2004.

AVENI, Anthony. *The Book of the Year: A brief history of seasonal holidays*. New York: Oxford University Press, 2003.

AZEVEDO, Antonio Carlos do Amaral. *Dicionário de nomes, termos e conceitos históricos*. Rio de Janeiro: Nova Fronteira, 1990.

AZZAM, Abed. "On White Eternity in the Poetry of Mahmoud Darwish". *In*: MELAMED, Y. *Eternity*: a history. New York: Oxford University Press, 2016, pp.239-244.

BACCI, Massimo Livi. *Breve história da população mundial*. Tradução: José Serra. Lisboa: Edições 70, 2013.

BARBUY, Heloísa. "O Brasil vai a Paris em 1889: um lugar na Exposição Universal." *Anais do Museu Paulista*, v.4, jan./dez.1996, pp.211-261.

BARRACLOUGH, Geoffrey. *Introdução à história contemporânea*. Tradução: Álvaro Cabral. São Paulo: Círculo do Livro, s.d.

BEARD, Mary. *SPQR – Uma história da Roma Antiga*. Tradução: Luis Reyes Gil. São Paulo: Planeta, 2017.

BEDA EL VENERABLE. *Historia eclesiástica del pueblo de los anglos*. Madrid: Akal, 2013.

BELLOS, Alex. *Alex no país dos números:* uma viagem ao mundo maravilhoso da matemática. Tradução: Berilo Vargas, Claudio Carina. São Paulo: Companhia das Letras, 2011.

BÉNICHOU, Paul. *El tiempo de los profetas. Doctrinas de la época romántica*. Tradução: Aurelio Garzón del Camino. México: FCE, 1984.

BENJAMIN, Walter. *Magia e técnica, arte e política: ensaios sobre literatura e história da cultura*. Tradução: Sérgio Paulo Rouanet. 8ª ed. rev. São Paulo: Brasiliense, 2012.

BENTHIEN, Rafael Faraco. "Tempo social e categorias do entendimento". *In*: HUBERT, H. *Estudo sumário da representação do tempo na religião e na magia*. São Paulo: EDUSP, 2016, pp.111-121.

BENTHIEN, Rafael F., PALMEIRA, Miguel S., TURIN, Rodrigo. "Apresentação do volume". *In*: HUBERT, H. *Estudo sumário da representação do tempo na religião e na magia*. São Paulo: EDUSP, 2016, pp.17-24.

BENTLEY, Michael. *Companion to Historiography*. London & New York: Routledge, 2002.

BERTRAND, Joseph. *Os fundadores da astronomia moderna:* Copérnico, Tycho Brahe, Kepler, Galileu, Newton. Tradução: Regina Schöpke, Mauro Baladi. Rio de Janeiro: Contraponto, 2008.

BESNIER, Jean-Michel. "O pós-humano: rumo à imortalidade?" *In*: NOVAES, A. *O novo espírito utópico*. São Paulo: Sesc, 2016, pp.323-329.

BÍBLIA Sagrada: contendo o Velho e o Novo Testamento traduzido em português segundo a vulgata latina pelo padre António Pereira de Figueiredo. Lisboa: Depósito das Escrituras Sagradas, 1902.

BIESTERFELDT, Hinrich. "'Eternalists' and 'Materialists' in Islam: A note on the *Dahriyya*". *In*: MELAMED, Y. *Eternity*: a history. New York: Oxford University Press, 2016, pp.117-123.

BLACKBURN, Robin. *Depois da queda:* o fracasso do comunismo e o futuro do socialismo. Tradução: Maria Inês Rolim, Susan Semler, Luis Krausz. Rio de Janeiro: Paz e Terra, 1992.

BLOCH, Ernst. *O Princípio Esperança*. Tradução: Nélio Schneider, Werner Fucks. Rio de Janeiro: Contraponto, 2005.

BLOCH, Marc. *Apologia da história ou o ofício do historiador*. Tradução: André Telles. Rio de Janeiro: Zahar, 2001.

BLOCH, Marc. *A estranha derrota*. Tradução: Eliana Aguiar. Rio de Janeiro: Zahar, 2011.

BLOCH, Raymond. *La advinación en la Antigüedad*. Tradução: Víctor Suárez Molino. México: FCE, 1985 [1984].

BLUTEAU, Raphael. *Vocabulário português e latino*. Coimbra: Real Colégio das Artes da Companhia de Jesus, 1713, v.IV.

BOOK of Hours. London: Phaidon Press, 1996.

BOSCOV, Sarah Tortora. *Vivências e experiências do tempo: A Capitania de São Paulo, c. 1750 c. 1808*. São Paulo: FFLCH-USP, 2018. *Dissertação de Mestrado*.

BOSISIO, Izabella Pessanha Daltro. *A religião no calendário oficial: um mapeamento da legislação sobre feriados no Brasil*. Rio de Janeiro: UFRJ, 2014. *Dissertação de Mestrado*.

BOTTOMORE, Tom. "Progresso". In: _____. *Dicionário do pensamento marxista*. Tradução: Waltensir Dutra. Rio de Janeiro: Jorge Zahar, 1988, pp.303-304.

BOUTON, Christophe. "Learning from History: The transformations of the *topos historia magistra vitae* in Modernity". *Journal of the Philosophy of History*, 2018, pp.1-33.

BOXER, Charles R. *O império marítimo português (1415-1825)*. Tradução: Inês Silva. Lisboa: Edições 70, 2001.

BRANCO, Pércio de Moraes. "Breve História da Terra". *Serviço Geológico do Brasil*. 03 dez. 2016. Disponível em: < http://www.cprm.gov.br/publique/CPRM-Divulga/Canal-Escola/Breve-Historia-da-Terra-1094.html>. Acesso em 07 set. 2021.

BRAUDEL, Fernand. *História e ciências sociais: a longa duração. Escritos sobre a história*. Tradução: J. Guinsburg, Tereza Silveira da Mota. São Paulo: Perspectiva, 1976, pp.41-78.

BRAUDEL, Fernand. *Civilização material, economia e capitalismo séculos XV-XVIII*. Tradução: Telma Costa. Lisboa: Teorema, s.d., v.3.

BRETONES, Paulo S. "Relógios de Sol". *Scientific American Brasil*, fev. 2013, p.15.

BRIVATI, Brian. "Introduction". BRIVATI, B., BUXTON, J., SELDON, A. *The contemporary History handbook*. Manchester/New York: University of Manchester Press, 1996, p.xv-xxiv.

BRUMM, Adam *et al.* "Oldest cave art found in Sulawesi". *Science Advances*, v.7, jan. 2021.

BUENO, Luís. "O nascimento de um mito literário". *In*: MARLOWE, Christopher. *A trágica história do Doutor Fausto*. Cotia/Campinas: Ateliê/Editora Unicamp, 2018, pp.13-25.

BURROW, John. *A History of Histories: Epics, Chronicles, Romances and Inquiries from Herodotus and Thucydides to the Twentieth Century*. New York: Vintage Books, 2009.

CABANTOUS, Alain. *Histoire de la nuit: Europa occidentale. XVIIe.--XVIIIe siècle*. Paris: Fayard, 2009.

CAIRES, Luiza. "Dia histórico para a ciência: revelada a primeira imagem de buraco negro". *Jornal da USP*, 10 abr. 2019. Disponível em: <https://jornal.usp.br/ciencias/ciencias-exatas-e-da-terra/dia-historico-para-a-ciencia-revelada-a-primeira-imagem-de-buraco-negro/>. Acesso em 07 set. 2021.

CALLATAY, Godefroid de. "Eternity and the World-Cycles". *In*: MELAMED, Y. *Eternity*: a history. New York: Oxford University Press, 2016, pp.64-69.

CALMON, Jorge. "A Relação da Bahia, o primeiro tribunal de Justiça do Brasil". *Revista do Instituto Geográfico e Histórico da Bahia*, n.89, 1991, pp.25-35.

CAPELLÁN DE MIGUEL, Gonzalo. "Estudio preliminar". *In*: THJULEN, Lorenzo Ignacio. *Nuevo vocabulario filosófico-democrático indispensable para todos los que deseen entender la nueva lengua revolucionaria*. San Millán de la Cogola: Cilengua, 2017, pp.9-64.

CARMONA MUELA, Juan. *Iconografía cristiana: guía básica para estudiantes*. Madrid: Akal, 2008.

CATROGA, Fernando. *Os passos do homem como restolho do tempo: memória e fim do fim da história*. Coimbra: Almedina, 2009.

CESARÉIA, Eusébio de. *História eclesiástica*. Tradução: Monjas Beneditinas do Mosteiro de Maria Mãe de Cristo. São Paulo: Paulus, 2000.

CHALLONER, Jack. *1001 invenções que mudaram o mundo*. Tradução: Carolina Alfaro, Paulo Polzonoff Jr., Pedro Jorgensen Jr. Rio de Janeiro: Sextante, 2014.

CHARPAK, Georges, OMNÈS, Roland. *Sejam sábios, tornem-se profetas*. Tradução: Clóvis Marques. Rio de Janeiro: Best-Seller, 2007.

CHAUNU, Pierre. *L'axe du temps*. Paris: Julliard, 1994.

CHAVES MALDONADO, María Eugenia. "El anacronismo en la historia: ¿error o posibilidad? A propósito de las reflexiones sobre el tempo en Carlo Ginzburg, Marc Bloch y Georges Didi-Huberman". *Historia y Sociedad*, n.30, Medellín, jan./jun-2016, pp.45-73.

CHERMAN, Alexandre, VIEIRA, Fernando. *O tempo que o tempo tem: por que o ano tem 12 meses e outras curiosidades sobre o calendário*. Rio de Janeiro: Zahar, 2008.

CHEVALIER, Jean, GHEERBRANT, Alain. *Dicionário de símbolos: mitos, sonhos, costumes, gestos, formas, figuras, cores, números*. Tradução: Vera da Costa e Silva *et al*. 5ª ed. Rio de Janeiro: José Olympio, 1991.

CIORAN, Emil. *História e utopia*. Tradução: José Thomaz Brum. Rio de Janeiro: Rocco, 1993.

CIPOLLA, Carlo. *Las máquinas del tiempo*. Tradução: Guillermo Piro. México: FCE, 1998.

CLAEYS, Gregory. *Utopia: a história de uma ideia*. Tradução: Pedro Barros. São Paulo: Edições SESCSP, 2013.

COLI, Jorge. "Formas estéticas do discurso autoritário". *In*: NOVAES, A. *O novo espírito utópico*. São Paulo: Sesc, 2016, pp.217-230.

CONSTANTINO, Núncia Santoro de. "Modernidade, noite e poder: Porto Alegre na virada para o século XX". *Tempo*, v.4, 1997, pp.49-64.

COPÉRNICO, Nicolau. *As revoluções dos orbes celestes*. Tradução: A. Dias Gomes, Gabriel Domingues. Lisboa: Fundação Calouste Gulbenkian, 1984.

CORTÁZAR, Julio. *Histórias de cronópios e de famas*. Tradução: Gloria Rodríguez. 12ª ed. Rio de Janeiro: Civilização Brasileira, 2009.

COUTINHO, J. G. Romão. *Ontem e amanhã: os profetas e o futuro*. Lisboa: Terramar, 2002.

CROSBY, Alfred. *A mensuração da realidade: a quantificação e a sociedade occidental, 1250-1600*. Tradução: Vera Ribeiro. São Paulo: Editora UNESP, 1999.

DANKS, David. "Safe-and-Substantive Perspectivism". *In*: MASSIMI, Michela, McCOY, Casey D. *Understanding Perspectivism: Scientific Challenges and Methodological Prospects*. New York: Routledge, 2020, pp.127-140.

DAVIES, Paul. *Como construir uma máquina do tempo*. Tradução: António Manuel Baptista. Lisboa: Gradiva, 2003.

DELATTRE, Simone. *Les douze heures noires: la nuit à Paris au XIXe siècle*. Paris: Albin Michel, 2000.

DIDI-HUBERMAN, Georges. *Ante el tiempo: Historia del arte y anacronismo de las imágenes*. 3ª ed. aumentada. Tradução: Antonio Oviedo. Buenos Aires: Adriana Hidalgo, 2011.

DELUMEAU, Jean. *A civilização do renascimento*. Tradução: Manuel Ruas. Lisboa: Estampa, 1984. 2 v.

DONATO, Hernâni. *História do calendário*. São Paulo: Melhoramentos, 1976.

DUARTE, Pedro. "A utopia do pensamento". *In*: NOVAES, A. (org.). *O novo espírito utópico*. São Paulo: Sesc, 2016, pp.53-70.

DUPUY, Jean-Pierre. "A traição da opulência ou o colapso da utopia econômica". *In*: NOVAES, A. (org.). *O novo espírito utópico*. São Paulo: Sesc, 2016, pp.147-166.

EICHENGREEN, Barry. *A globalização do capital: uma história do sistema monetário internacional*. Tradução: Sergio Blum. São Paulo: Editora 34, 2000.

EINSTEIN, Albert. *A Teoria da Relatividade Especial e Geral*. Tradução: Carlos Almeida Pereira. Rio de Janeiro: Contraponto, 1999.

ELIADE, Mircea. *O sagrado e o profano: a essência das religiões*. Tradução: Rogério Fernandes. São Paulo: Martins Fontes, 1992.

ELIADE, Mircea. *El mito del eterno retorno*. Tradução: Ricardo Anaya. Madrid: Alianza/Emecé, 1972.

ELIADE, Mircea. *História das crenças e das ideias religiosas tomo I: da Idade da Pedra aos Mistérios de Elêusis*. Tradução: Roberto Cortes de Lacerda. Rio de Janeiro: Zahar, 2010.

ELIADE, Mircea. *História das crenças e das ideias religiosas tomo II: de Gautama Buda ao triunfo do Cristianismo*. Tradução: Roberto Cortes de Lacerda. 2ª ed. Rio de Janeiro: Zahar, 1983, v.2.

ELIADE, Mircea. *História das crenças e das ideias religiosas tomo III: de Maomé à Idade das Reformas*. Tradução: Roberto Cortes de Lacerda. Rio de Janeiro: Zahar, 1984.

ELIAS, Norbert. *Sobre el tiempo*. Tradução: Guillermo Hirata. 2ª ed. México: FCE, 2000.

ENGELS, Odilo. "Compreensão do conceito na Idade Média". In: KOSELLECK, R. *et al. O conceito de história*. Tradução: René E. Gertz. Belo Horizonte: Autêntica, 2018, pp.63-83.

ERISMANN, Christophe. Eternity and the Trinity. *In*: MELAMED, Y. *Eternity*: a history. New York: Oxford University Press, 2016, pp.124-128.

ESCALANTE GONZALBO, Fernando. *Historia mínima del neoliberalismo*. México: El Colegio de México, 2017.

ESCUDIER, Alexandre. "'Temporalization' and political modernity: A tentative systematization of work of Reinhart Koselleck". *In*: FERNÁNDEZ SEBASTIÁN, J. *Political concepts and time: new approaches to conceptual History*. Santander: Cantabria University Press/McGraw-Hill Interamericana de España, 2011, pp.131-177.

ESTATÍSTICAS históricas do Brasil. 2ª ed. Rio de Janeiro: IBGE, 1990.

FALCON, Francisco Calazans. "Utopia e modernidade". *In*: _____. *Estudos de teoria da história e historiografia. Volume I: teoria da história*. São Paulo: Hucitec, 2011, pp.32-57.

FANNI, Rafael. *Temporalização dos discursos políticos no processo de independência do Brasil (1820-1822)*. São Paulo: FFLCH-USP, 2015. *Dissertação de Mestrado*.

FEBVRE, Lucien. *Le problème de l'incroyance au 16ᵉ siècle: la religion de Rabelais*. Paris: Albin Michel, 1988 (1942).

FEBVRE, Lucien. *Combates por la historia*. Tradução : Francisco Fernández Buey, Enrique Argullol. Barcelona: Planeta/Agostini, 1993.

FERNANDES, Ana Cláudia. *Revolução em pauta: o debate Correo del Orinoco – Correio Brazilense*. São Paulo, FFLCH-USP, 2010. *Dissertação de Mestrado*.

FERNANDES, Cássio da Silva. "Enea Silvio Piccolomini cosmógrafo". *Anos 90*, v.21, n.39, jul. 2014, pp.143-163.

FERNÁNDEZ SEBASTIÁN, Javier. "Hacia una historia de los conceptos políticos". *Diccionario político y social del mundo iberoamericano*. Madrid: Fundación Carolina/Sociedad Estatal de Conmemoraciones Culturales/Centro de Estudios Políticos y Constitucionales, 2009, pp.25-45.

FERNÁNDEZ SEBASTIÁN, Javier. *Diccionario político y social del mundo iberoamericano (Iberconceptos 1)*. Madrid: Fundación Carolina/Centro de Estudios Políticos y Constitucionales, 2009.

FERNÁNDEZ SEBASTIÁN, Javier. "'Cabalgando el corcel del diablo'. Conceptos políticos y aceleración histórica en la era de las revoluciones hispánicas". *Lenguaje, tiempo y modernidad. Ensayos de historia conceptual*, Santiago de Chile: Globo Editores, 2011, pp. 21-59.

FERNÁNDEZ SEBASTIÁN, Javier. *Political Concepts and Time: New Approaches to Conceptual History*. Santander: Cantabria University Press/McGraw-Hill Interamericana de España, 2011.

FINA, Rosa Maria. *Estudos em torno da noite*. Lisboa: Centro de Literaturas e Culturas Lusófonas e Europeias/Faculdade de Letras, 2018.

FINLEY, Moses I. "Mito, memória e história". *In:* _____. *Uso e abuso da história*. Trad. Marylene P. Michael. São Paulo: Martins Fontes, 1989, pp.3-27.

FOLGER, Tim. "Podemos ser sempre mais inteligentes?" *Scientific American Brasil*, out .2012, pp.34-37.

FONTANA, Josep. *História: análise do passado e projeto social*. Tradução: Luiz Roncari. Bauru: Edusc, 1998.

FORMOSO, Bernard. "A morte entre o povo tai budista". *In*: GODELIER, M. *Sobre a morte: invariantes culturais e práticas sociais*. Tradução: Edgard de A. Carvalho, Mariza P. Bosco. São Paulo: SESC, 2017, pp.239-258.

FOSTER, Jonathan K. *Memory. A very short introduction.* Oxford: Oxford University Press, 2009.

FOUCAULT, Michel. *As palavras e as coisas: uma arqueologia das ciências humanas.* Tradução: António Ramos Rosa. São Paulo: Martins Fontes, s.d.

FOX, Robin Lane. *Bíblia*: verdade e ficção. Tradução: Sergio Flaksman. São Paulo: Companhia das Letras, 1993.

FRANCO JÚNIOR, Hilário. *Cocanha: várias faces de uma utopia.* Cotia: Ateliê Editorial, 1998.

FRANGIOTTI, Roque. "Introdução". *In*: CESARÉIA, Eusébio de. *História eclesiástica.* Tradução: Monjas Beneditinas do Mosteiro de Maria Mãe de Cristo. São Paulo: Paulus, 2000.

FREUD, Sigmund. *Obras completas volume 11.* São Paulo: Companhia das Letras, 2012.

FREYRE, Gilberto. *Sobrados e mucambos: decadência do patriarcado rural e desenvolvimento do urbano.* 4ª ed. Rio de Janeiro: José Olympio, 1968.

FRISCH, Walter. Music and Eternity. *In*: MELAMED, Y. *Eternity: a history.* New York: Oxford University Press, 2016, pp.283-289.

FRONER, Yaci-Ara. "*Vanitas:* uma estrutura emblemática de fundo moral". *Revista de História*, n.136, 1º sem. 1997, pp.83-100.

FROST, Natasha. "For 11 Years, the Soviet Union had no weeks". *History*, 30 ago. 2018. Disponível em : <https://www.history.com/news/soviet--union-stalin-weekend-labor-policy>. Acesso em 07 set. 2021.

FUKUYAMA, Francis. *O fim da história e o último homem.* Tradução: Aulyde S. Rodrigues. Rio de Janeiro: Rocco, 1992.

FURTADO, Júnia F. *Homens de negócio: a interiorização da Metrópole e do comércio nas Minas setecentistas.* São Paulo: Hucitec, 1999.

GALEY, Jean-Claude. "A morte na Índia". *In*: GODELIER, M. (org.). *Sobre a morte:* invariantes culturais e práticas sociais. Tradução: Edgard de A. Carvalho, Mariza P. Bosco. São Paulo: SESC, 2017, pp.207-238.

GALISON, Peter. *Os relógios de Einstein e os mapas de Poincaré: impérios do tempo.* Tradução: Nuno Garrido de Figueiredo. Lisboa: Gradiva, 2005.

GALVÃO, Walter, D'OTTAVIANO, Camila. "A luz na arquitetura e na cidade". *Ciência & Cultura,* v.67, n.3, São Paulo: jul/set. 2015.

GARCIA, Rafael. 7% dos brasileiros afirmam que Terra é plana, mostra pesquisa. *Folha de S. Paulo*, 14 jul. 2019. Disponível em: <https://www1.folha.uol.com.br/ciencia/2019/07/7-dos-brasileiros-afirmam--que-terra-e-plana-mostra-pesquisa.shtml>. Acesso em 07 set. 2021.

GASKELL, Ivan. "The image of Vanitas". *In*: LIPPINCOTT, K. *The Story of Time*. London: Merrell Holberton, 1999, pp.186-189.

GAVILÁN, Enrique. *Otra historia del tiempo: la música y la redención del pasado*. Madrid: AKAL, 2008.

GEORGEON, François, HITZEL, Frédéric. *Les Ottomans et le temps*. Leiden/Boston: Brill, 2012.

GILGAMESH, rei de Uruk: uma lenda bíblica. Tradução: Pedro Tamen. São Paulo: Ars Poetica, 1992.

GLASS, Leon, MACKEY, Michael C. *Dos relógios ao caos: os ritmos da vida*. Tradução: Vitor Baranauskas, Cintia Fragoso. São Paulo: EDUSP, 1997.

GLEISER, Marcelo. *O fim da Terra e do Céu: o Apocalipse na ciência e na religião*. São Paulo: Companhia das Letras, 2001.

GODECHOT, Jacques. *As revoluções (1770-1799)*. Tradução: Erothildes Barros da Rocha. São Paulo: Pioneira, 1976.

GODELIER, Maurice. "Introdução". *In*: _____. *Sobre a morte: invariantes culturais e práticas sociais*. Tradução: Edgard de A. Carvalho, Mariza P. Bosco. São Paulo: SESC, 2017, pp.9-43.

GODELIER, Maurice. "A morte entre o povo Baruya (Melanésia)". *In*: _____. *Sobre a morte*: invariantes culturais e práticas sociais. Tradução: Edgard de A. Carvalho, Mariza P. Bosco. São Paulo: SESC, 2017, pp.311-320.

GODINHO, Vitorino Magalhães. *Os descobrimentos e a economia mundial*. Lisboa: Presença, 1981-1983, v.4.

GODMAN, Peter. "Latin Literature". *Encyclopaedia Britannica*. Encyclopaedia Britannica Inc., 13 fev. 2019. Disponível em: <https://www.britannica.com/art/Latin-literature/Silver-Age-ad-18-133>. Acesso em 07 set. 2021.

GÓIS, Marcos Paulo Ferreira de. "Na calada da noite: modernidade e conservadorismo na vida noturna carioca (1760-1950)". *Espaço aberto*, v.5, n.2, 2015, pp.45-60.

GOLDBERG, Sylvie-Anne. "A morte no mundo judaico". *In*: GODELIER, M. *Sobre a morte: invariantes culturais e práticas sociais*. Tradução: Edgard de A. Carvalho, Mariza P. Bosco. São Paulo: SESC, 2017, pp.103-135.

GOMES, Ângela de C. "Cultura política e cultura histórica no Estado Novo". *In*: ABREU, Martha, SOIHET, Rachel, GONTIJO, Rebeca. *Cultura Política e leituras do passado*: historiografia e ensino de história. Rio de Janeiro: Civilização Brasileira, 2007, pp. 43-63.

GOULARD, Jean-Pierre. "A morte entre o povo Ticuna (Amazônia)". *In*: GODELIER, M. *Sobre a morte: invariantes culturais e práticas sociais*. Tradução: Edgard de A. Carvalho & Mariza P. Bosco. São Paulo: SESC, 2017, pp.275-292.

GOULD, Stephen Jay. *Seta do tempo, ciclo do tempo: mito e metáfora na descoberta do tempo geológico*. Tradução: Carlos Afonso Malferrari. São Paulo: Companhia das Letras, 1991.

GRAVES, Robert. *Os mitos gregos*. Tradução: Fernanda Branco. Lisboa: Dom Quixote, 1990, v.3.

GREENBAUM, Dorian Gieseler. "Eternity and Astrology in the work of Vettius Valens". *In*: MELAMED, Y. *Eternity: a history*. New York: Oxford University Press, 2016, pp.56-63.

GROF, Stanislav. *Books of the Dead: manuals for living and dying*. London: Thames & Hudson, 2013 (1973).

GROS, Frédéric. "A utopia contemporânea dos corpos". *In*: NOVAES, A. (org.). *O novo espírito utópico*. São Paulo: Sesc, 2016, p.263-278.

GRUART, Agnès *et al*. *Los relojes que gobiernan la vida*. México: FCE, 2002.

GUARINELLO, Norberto. "Prefácio". *Gilgamesh, rei de Uruk: uma lenda bíblica*. Tradução: Pedro Tamen. São Paulo: Ars Poetica, 1992, pp.7-15.

GUERRERO, Nikolas. "Cartilha explica como doar corpo para ensino e pesquisa". *Jornal da USP*, 01 jun. 2020. Disponível em: <https://jornal.usp.br/?p=320984>. Acesso em 07 set. 2021.

GÜNTHER, Horst. "Pensamento histórico no início da Idade Moderna". *In*: KOSELLECK, R. *et al*. *O conceito de história*. Trad. René E. Gertz. Belo Horizonte: Autêntica, 2018, pp.85-118.

GUSMÃO, Thiago de C., VALENTE, Júlia de A., DUARTE, S. B. "A matéria escura no universo – uma sequência didática para o ensino médio". *Revista Brasileira de Ensino de Física*, v.39, n.4, 2017.

HABERLAND, E. "O chifre da África". *In*: OGOT, B. A. *História geral da África V: África do século XVI ao XVIII*. Brasília: UNESCO, 2010, pp.831-882.

HAMA, Boubou, KI-ZERBO, J. "Lugar da história na sociedade Africana". *In*: KI-ZERBO, J. *História geral da África I: metodologia e pré-história da África*. 2ª ed. rev. Brasília: UNESCO, 2010, pp.23-35.

HARMON, Katherine. "Como chegaremos aos 100 anos". *Scientific American Brasil*. Edição especial, ano 11, n.125, out. 2012, pp.44-47.

HARTOG, François. "Tempo, História e escrita da História: a ordem do tempo". *Revista de História*, n.148. São Paulo, 1º sem. 2003, pp.09-34.

HARTOG, François. *Regimes de historicidade: presentismo e experiências do tempo*. Tradução: A. S. de Menezes *et al*. Belo Horizonte: Autêntica, 2014.

HARTOG, François. *Evidência da história: o que os historiadores veem.* Tradução: Guilherme de Freitas Teixeira. Belo Horizonte: Autêntica, 2013.

HARVEY, David. *Condição pós-moderna.* Tradução: Adail Ubirajara Sobral, Maria Stela Gonçalves. São Paulo: Loyola, 1992.

HAWKING, Stephen W. *Uma breve história do tempo: do big bang aos buracos negros.* 23ª ed. Tradução: Maria Helena Torres. Rio de Janeiro: Rocco, 1992.

HAWKING, Stephen W., MLODINOW, Leonard. *Uma nova história do tempo.* Tradução: Vera de Paula Assis. Rio de Janeiro: Ediouro, 2005.

HAWKING, Stephen. "Proteção cronológica: um mundo mais seguro para os historiadores". *In*: HAWKING, Stephen *et al. O futuro do espaço-tempo.* Tradução: José Viegas Filho. São Paulo: Companhia das Letras, 2005, pp.88-111.

HELLER, Agnes. *"Uma teoria da história".* Tradução: Dilson Bento de Ferreira Lima. Rio de Janeiro, Civilização Brasileira, 1993.

HENDRY, Joy. Cycles. "Seasons and Stages of Life: Time in a Japanese Context". *In*: LIPPINCOTT, K. *The Story of Time.* London: Merrell Holberton, 1999, pp.80-83.

HENIG, Robin Marantz. "Quando a vida pertence aos vivos?" *Scientific American Brasil.* Edição especial, ano 8, n.101, out. 2010, pp.40-45.

HERCULANO, Rafael Suguimoto. *Le pouvoir du droit: la doctrine à l'ère du scientisme juridique (approches historiques comparées entre la France et le Brésil).* Boudeaux/São Paulo: Université de Boudeaux/USP, 2020. *Tese de Doutorado.*

HERÓDOTO. *Histórias – Livro I.* Tradução: José Ribeiro Ferreira, Maria de Fátima Silva. Lisboa: Edições 70, 2015.

HESÍODO. *Os trabalhos e os dias: primeira parte.* Tradução: Mary de Camargo Lafer. São Paulo: Iluminuras, 1991.

HESÍODO. *Teogonia: a origem dos deuses.* Trad. Jaa Torrano. São Paulo: Iluminuras, 1991.

HIGHLIGHTS from the Vienna Museum of Clocks and Watches. Vienna: Holzhausen Druck GmbH, 2010.

HILL, Christopher. *O mundo de ponta-cabeça: ideias radicais durante a Revolução Inglesa de 1640.* Tradução: Renato Janine Ribeiro. São Paulo: Companhia das Letras, 1987.

HOBSBAWM, Eric J. *A era das revoluções 1789-1848.* Tradução: M. T. Lopes Teixeira, M. Penchel. 4ª ed. Rio de Janeiro: Paz e Terra, 1982.

HOBSBAWM, Eric J. *A era dos extremos: o breve século XX, 1914-1991.* Tradução: Marcos Santarrita. 2ª ed. São Paulo: Companhia das Letras, 1995.

HOBSBAWM, Eric J. *Sobre história*. Tradução: Cid Knipel Moreira. São Paulo: Companhia das Letras, 1998.

HOLANDA, Sérgio Buarque de. *Visão do paraíso: os motivos edênicos no descobrimento e colonização do Brasil*. São Paulo: Brasiliense/ Publifolha, 2000.

HOLFORD-STREVENS, Leofranc. *The History of Time: a very short introduction*. Oxford: Oxford University Press, 2005.

HOUAISS, Antônio. *Dicionário Houaiss da língua portuguesa*. Rio de Janeiro: Objetiva, 2001.

HOUAISS, Antônio, VILLAR, Mauro de Salles. *Dicionário Houaiss da língua portuguesa*. 1ª reimpressão com alterações. Rio de Janeiro: Objetiva, 2009.

HOURANI, Albert. *Uma história dos povos árabes*. Tradução: Marcos Santarrita. 2ª ed. São Paulo: Companhia das Letras, 2000.

HUBERT, Henri. *Estudo sumário da representação do tempo na religião e na magia*. São Paulo: EDUSP, 2016 (1905).

HUGHES, Robert. *Goya*. Tradução: Tuca Magalhães. São Paulo: Companhia das Letras, 2007.

HUIZINGA, Johan. *Homo ludens: um estudo sobre o elemento lúdico da cultura*. Tradução: Victor Antunes. Lisboa: Edições 70, s.d.

INAH confirma hallazgo de restos de mamutes en el municipio de Tultepec. Governo do México, Instituto Nacional de Antropologia e História. *Boletín INAH*, 14 mar. 2019. Disponível em: < https://www.inah.gob.mx/boletines/8001-inah-confirma-hallazgo-de-restos-de-mamutes-en-el-municipio-de-tultepec-estado-de-mexico#:˜:text=A%20principios%20de%20febrero%2C%20el,localizado%20los%20restos%20de%20por>. Acesso em 08 set. 2021.

JAMBET, Christian. "A morte no Islã". *In:* GODELIER, M. *Sobre a morte: invariantes culturais e práticas sociais*. Tradução: Edgard de A. Carvalho, Mariza P. Bosco. São Paulo: SESC, 2017, pp.137-152.

JANCSÓ, István. "A construção dos Estados nacionais na América Latina – apontamentos para o estudo do Império como projeto". *In:* SZMRECSÁNYI, T., LAPA, J. R. do A. *História econômica da Independência e do Império*. São Paulo: Hucitec, 1996, pp.3-26.

JASMIN, Marcelo. "Utopia: do espaço ao tempo". *In:* NOVAES, A. *O novo espírito utópico*. São Paulo: Sesc, 2016, pp.167-188.

JEUDY-BALLINI, Monique. "A morte entre o povo Sulka (Melanésia)". *In:* GODELIER, M. *Sobre a morte: invariantes culturais e práticas sociais*. Tradução: Edgard de A. Carvalho, Mariza P. Bosco. São Paulo: SESC, 2017, pp.321-340.

JONES, Gareth Stedman, "Socialismo utópico". *In*: BOTTOMORE, T. *Dicionário do pensamento marxista*. Tradução: Waltensir Dutra. Rio de Janeiro: Zahar, 1988, pp.340-341.

KANTOR, Iris. *Esquecidos e renascidos: historiografia acadêmica luso-americana (1724-1759)*. São Paulo: Hucitec, 2004.

KARADIMAS, Dimitri. "A morte entre o povo Miranha (Amazônia)". *In*: GODELIER, M. *Sobre a morte: invariantes culturais e práticas sociais*. Tradução: Edgard de A. Carvalho, Mariza P. Bosco. São Paulo: SESC, 2017, pp.293-310.

KAWAWADA, Akiko. "The change of the japanese time consciousness in the end of the 18th century". *13th International Congress for Eighteenth Century Studies*. Graz, 2011 (paper).

KEHL, Maria Rita. *O tempo e o cão: a atualidade das depressões*. São Paulo: Boitempo, 2009.

KELLEHEAR, Allan. *Uma história social do morrer*. Tradução: Luiz Antonio Oliveira de Araújo. São Paulo: EDUNESP, 2016.

KIERNAN, V. G. "Revolução". *In*: BOTTOMORE, T. *Dicionário do pensamento marxista*. Tradução: Waltensir Dutra. Rio de Janeiro: Zahar, 1988, pp.324-327.

KING, David A. "Time and space in Islam". *In*: LIPPINCOTT, K. *The Story of Time*. London: Merrell Holberton, 1999, pp.56-59.

KIRKWOOD, Thomas. "Por que não vivemos para sempre?" *Scientific American Brasil*. Edição especial, ano 8, n.101, outubro de 2010, pp.30-37.

KOSELLECK, Reinhart. *L'expérience de l'histoire*. Tradução: Alexandre Escudier. Paris: Gallimard/Le Seuil, 1997.

KOSELLECK, Reinhart. *Estratos do tempo: estudos sobre a história*. Tradução: Markus Hediger. Rio de Janeiro: Contraponto/PUC-Rio, 2014.

KOSELLECK, Reinhart. *Futuro passado: contribuição à semântica dos tempos históricos*. Tradução: Wilma Patrícia Maas & Carlos Almeida Pereira. Rio de Janeiro: Contraponto/PUC-RJ, 2006.

KOSELLECK, Reinhart. *Histórias de conceitos: estudos sobre a semântica e a pragmática da linguagem política e social*. Tradução: Markus Hediger. Rio de Janeiro: Contraponto, 2020.

KOSELLECK, Reinhart. "A configuração do moderno conceito de história". In: KOSELLECK, R. *et al. O conceito de história*. Tradução: René E. Gertz. Belo Horizonte: Autêntica, 2018, pp.119-184.

KOSELLECK, Reinhart. "História" como conceito mestre moderno. *In*: KOSELLECK, R. *et al. O conceito de história*. Tradução: René E. Gertz. Belo Horizonte: Autêntica, 2018, pp.185-222.

KOSLOFSKY, Craig. *Evening's Empire: a history of the night in early modern Europe.* Cambridge: Cambridge University Press, 2011.

KOTWAL, Pesho. The difference between- Shenshai, Kadmi and Fasli Zoroastrian Calendar. *Parsi Khabar*, 26 ago. 2014. Disponível em: <https://parsikhabar.net/culture/the-difference-between-shenshai--kadmi-and-fasli-zoroastrian-calendar/8355/>. Acesso em 08 set. 2021.

KOYRÉ, Alexandre. "Os filósofos e a máquina". *In*: _____. *Estudos de história do pensamento filosófico.* Rio de Janeiro: Forense Universitária, 1991, pp. 243-70.

KOYRÉ, Alexandre. "Du monde de l' "au-peu-près" à l'univers de la précision". *In*: _____. *Études d'histoire de la pensée philosophique.* Paris: Gallimard, 1971, pp.341-362.

KRACAUER, Siegfried. *From Caligari to Hitler: a psychological history of the German film.* Princeton University Press, 1947.

KRENAK, Ailton. "Antes, o mundo não existia". *In*: NOVAES, A. *Tempo e história.* São Paulo: Companhia das Letras, 1992, pp.201-204.

KUHN, Thomas. *A revolução copernicana.* Tradução: Marília Costa Fontes. Lisboa: Edições 70, 2002.

LABRADOR, David. "Do instantâneo ao eterno". *Scientific American Brasil*, Edição Especial n.47, pp.36-37.

LANCASTER, H. O. *Expectations of life: A study in the demography, statistics, and history of world mortality.* New York: Springer-Verlag, 1990.

LANDES, David S. *Revolución en el tiempo: el reloj y la formación del mundo moderno.* Tradução: Maria Pons Irazazábal. Barcelona: Crítica, 2007.

LAPOUJADE, David. "Por uma utopia não utópica?" *In*: NOVAES, A. *O novo espírito utópico.* São Paulo: Sesc, 2016, pp.115-128.

LATOUR, Bruno. *Diante de Gaia : oito conferências sobre a natureza no Antropoceno.* Tradução: Maryalua Meyer. São Paulo/Rio de Janeiro: Ubu/Ateliê de Humanidades, 2020.

LAWLOR, Clark. *From Melancholia to Prozac: a history of depression.* Oxford: Oxford University Press, 2012.

LEBRE, Ana Carolina. "Uma carta aberta ao futuro: horizontes de expectativa e revolução em 'Carta aberta aos operários' de Vladimir Maiakóvski (1918)". *Epígrafe*, 6 (6), 2018, pp.225-241.

LE GOFF, Jacques. *Para um novo conceito de Idade Média: tempo, trabalho e cultura no Ocidente.* Tradução: Maria Helena da Costa Dias. Lisboa: Estampa, 1979.

LE GOFF, Jacques. *História e memória.* Tradução: Bernardo Leitão, Irene Ferreira, Suzana F. Borges. 7ª ed. rev. Campinas: Editora Unicamp, 2013.

LE GOFF, Jacques. *A história deve ser dividida em pedaços?* Tradução: Nicia Adan Bonatti. São Paulo: EDUNESP, 2015.

LEICK, Gwendolyn. *Mesopotâmia: a invenção da cidade.* Tradução: Álvaro Cabral. Rio de Janeiro: Imago, 2003.

LEMOS, Ana. *Os Livros de Horas iluminados do Palácio Nacional de Mafra.* Lisboa: Instituto de Estudos Medievais/Faculdade de Ciências Sociais e Humanas, 2013.

LEVINAS, Marcelo Leonardo. *La naturaleza del tiempo. Usos y representaciones del tiempo en la historia.* Buenos Aires: Editorial Biblos, 2008.

LEVINAS, Marcelo Leonardo. "El calendario, otra vez de reformas". *In:* _____. *La naturaleza del tiempo. Usos y representaciones del tiempo en la historia.* Buenos Aires: Editorial Biblos, 2008, pp.72-74.

LEVINAS, Marcelo Leonardo. "La antigüedad de algunas cosas". *In:* _____. *La naturaleza del tiempo. Usos y representaciones del tiempo en la historia.* Buenos Aires: Editorial Biblos, 2008, pp.88-89.

LEVINAS, Marcelo Leonardo. "Tiempo, sedimento y fósiles". *In:* _____. *La naturaleza del tiempo. Usos y representaciones del tiempo en la historia.* Buenos Aires: Editorial Biblos, 2008, pp.90-94.

LEWIS, Charlton T, SHORT, Charles. *A Latin Dictionary.* Oxford: Clarendon Press, 1879.

LIMA, Luís Filipe S. *O império dos sonhos: narrativas proféticas, sebastianismo e messianismo bragantino.* São Paulo: Alameda, 2010.

LIMA, Raul Cerveira. "A luz irrompe onde já nenhum sol brilha". *In:* FINA, R. M. *Estudos em torno da noite.* Lisboa: Centro de Literaturas e Culturas Lusófonas e Europeias/Faculdade de Letras, 2018, pp.19-37.

LIPPINCOTT, Kirsten. *The Story of Time.* London: Merrell Holberton, 1999.

LIVERANI, Mario. *Antigo Oriente: história, sociedade e economia.* Tradução: Ivan E. Rocha. São Paulo: EDUSP, 2020.

LIVRO de horas de D. Manuel. Lisboa: Imprensa Nacional Casa da Moeda, 1983.

LOEWE, Michael. "Cyclical and linear concepts of time in China". *In:* LIPPINCOTT, K. *The Story of Time.* London: Merrell Holberton, 1999, pp.76-79.

LOURENÇO, Amanda. "Uma última nobre missão: diante da escassez de cadáveres de estudo, universidades pedem doações voluntárias de corpos". *Carta Capital,* ano 18, n.733, 30 jan. 2013, pp.14-15.

LOWENTHAL, David. *The past is a foreign country*. Cambridge: Cambridge University Press, 1985.

LUZ, Sabina Ferreira Alexandre. *O estabelecimento da hora legal brasileira: o Brasil adota o meridiano de Greenwich*. Niterói: UFF, 2014. *Dissertação de mestrado.*

MAALOUF, Amin. *As cruzadas vistas pelos árabes*. Tradução: Pauline Alphene, Rogério Muoio. São Paulo: Brasiliense, 1988.

MACHADO de Assis: vida e obra. Disponível em: <http://machado.mec.gov.br/>. Acesso em 08 set. 2021.

MAÍLLO SALGADO, Felipe. *De historiografia árabe*. Madrid: Abada, 2008.

MANN, Thomas. *A morte em Veneza*. Tradução: Maria Deling. São Paulo: Abril Cultural, 1971.

MAREAN, Curtis W. "Quando o mar salvou a humanidade". *Scientific American Brasil*, ano 8, n.100, set. 2010, pp.54-61.

MARICHAL, Carlos. *Nueva historia de las grandes crisis financieras: una perspectiva global, 1873-2008*. Buenos Aires: Debate, 2010.

MARINHO, Lúcia Rodrigues. *Guardiães do tempo: a arte da relojoaria na Colecção da Casa-Museu Dr. Anastácio Gonçalves*. Lisboa: Universidade Clássica de Lisboa, 2010. *Dissertação de mestrado.*

MARTÍNEZ RENAU, Laura. *Liberalismo y revolución en la frontera. La Banda Oriental: de Cisplatina a Uruguay (1820-1830)*. València: Universitat de València, 2019. *Tese de Doutorado.*

MARTON, Scarlett. *Extravagâncias: ensaios sobre a filosofia de Nietzsche*. São Paulo: Discurso Editorial, 2000.

MASSIMI, Michela, McCOY, Casey D. "Introduction". *In:* _____. *Understanding Perspectivism: Scientific Challenges and Methodological Prospects*. New York: Routledge, 2020, pp.1-9.

MATOS, Sérgio Campos. *Consciência histórica e nacionalismo: Portugal, séculos XIX e XX*. Lisboa: Horizonte, 2008.

MATSON, John. "As diversas faces do apocalipse". *Scientific American Brasil*, ed. extra, out. 2010, pp.64-65.

MATSON, John. "Como o tempo flui". *Scientific American Brasil*, ed. esp. 47, s.d., pp.42-43.

MCDANIEL, Kris. "Eternity in Twentieth-Century Analytic Philosophy". *In*: MELAMED, Yitzhak Y. *Eternity*: a history. New York: Oxford University Press, 2016, pp.245-276.

MEDEIROS, Daniel. "Brazil: o Filme". *In*: RIPOLL, L., MARKENDORF, M., SILVA, R. S. da. *Cinema e distopia: exploração de conceitos e mundos paralelos*. Florianópolis: Publicações UFSC, 2020, pp.268-287.

MEIER, Christian. "Antiguidade". *In*: KOSELLECK, R. *et al. O concei-to de história*. Trad. René E. Gertz. Belo Horizonte: Autêntica, 2018, pp.41-62.

MELAMED, Yitzhak Y. "Introduction". *In*: _____. *Eternity: a history*. New York: Oxford University Press, 2016.

MELAMED, Yitzhak Y. "Eternity in early modern philosophy". *In*: _____. *Eternity: a history*. New York: Oxford University Press, 2016, pp.129-167.

MENEGAT, Marildo. "Prefácio: um intelectual diante da barbárie". *In*: ARANTES, P. E. *O novo tempo do mundo*. São Paulo: Boitempo, 2014, pp.9-23.

MENESES, Ulpiano Bezerra de. "A história, cativa da memória? Para um mapeamento da memória no campo das Ciências Sociais". *Revista IEB*, 34, 1992, pp.9-24.

MEYERHOFF, Hans. *O tempo na literatura*. Tradução: Myriam Campello. São Paulo: McGraw-Hill, 1976 (1955).

MIGNE, J. P. *Patrologiae. Cursus completus. Series Latina, t.LXVI*. Paris: 1866.

MINOIS, Georges. *História do ateísmo: os descrentes no mundo ocidental, das origens aos nossos dias*. Tradução: Flávia N. Falleiros. São Paulo: Editora UNESP, 2014.

MINOIS, Georges. *História do futuro: dos profetas à prospectiva*. Tradução: Mariana Echalar. São Paulo: Editora Unesp, 2016.

MOMIGLIANO, Arnaldo. *As raízes clássicas da historiografia moderna*. Tradução: Maria Beatriz Florenzano. Bauru: EDUSC, 2004.

MONTET, Pierre. *O Egito no tempo de Ramsés*. Tradução: Célia Euvaldo. São Paulo: Companhia das Letras/Círculo do Livro, 1989.

MORGAN, David. "The evolution of two Asian historiographical traditions." *In*: BENTLEY, M. *Companion to Historiography*. London & New York: Routledge, 2002, pp.11-22.

MORISON, Samuel Eliot. *El Almirante de la Mar Océano: vida de Cristóbal Colón*. Tradução: Luis A. Arocena. 2ª ed. México: FCE, 1991.

MORUS, Tomás. *A utopia ou o tratado da melhor forma de governo*. Tradução: Paulo Neves. Porto Alegre: L&PM, 2017.

MOURÃO, Ronaldo Rogério. "A Astronomia na Regência de Dom João". *Revista do IHGB*, ano 170, v.442, jan./mar.2009, pp.319-336.

MUGGLESTONE, Lynda. *Dictionaries: a very short introduction*. Oxford: Oxford University Press, 2011.

MUMFORD, Lewis. *História das utopias*. Tradução: Isabel Donas Botto. Lisboa: Antígona, 2007.

MUÑOZ BOX, Fernando. *Las medidas del tiempo en la historia: calendarios y relojes.* 2ª ed. revisada y ampliada. Valladolid: Universidad de Valladolid, 2011.

MUNSTERBERG, Hugo. "Sesshu. Japanese Artist". *Enciclopaedia Britannica,* 22 ago. 2021. Disponível em: <https://www.britannica.com/biography/Sesshu>. Acesso em 08 set. 2021.

MUSSER, George. "O tempo pode acabar?" *Scientific American Brasil* extra, out. 2010, pp.66-73.

MUTIBWA, Phares M. "Madagascar, 1800-1880". *In*: AJAYI, J. F. Ade. *História geral da África VI: África do século XIX à década de 1880.* Brasília: UNESCO, 2010, pp.477-516.

NANNI, Giordano. *The colonisation of time: Ritual, routine and resistance in the British Empire.* Manchester: Manchester University Press, 2012.

NASCIMENTO, Aires A. "Saturn". *The image of time: European manuscript books.* Lisbon: Calouste Gulbenkian Foundation, s.d., pp.70-73.

NASCIMENTO, Aires A. "The iconography of the year: imagery and astrological dominance". *The image of time: European manuscript books.* Lisbon: Calouste Gulbenkian Foundation, s.d., pp.117-139.

NASCIMENTO, Aires A. "The Ages of Man". *The image of time: European manuscript books.* Lisbon: Calouste Gulbenkian Foundation, s.d., pp.329-335.

NAVARRETE LINARES, Federico. "Entre a cosmopolítica e a cosmohistória: tempos fabricados e deuses xamãs entre os astecas". *Revista de Antropologia,* v.59, n.2, 2016, pp.86-108.

NEVES, Walter A., BERNARDO, Danilo V., OKUMURA, Maria Mercedes. "A origem do homem americano vista a partir da América do Sul: uma ou duas migrações?" *Revista de Antropologia,* v.50, n.1, São Paulo: jan./jun. 2007.

NEWTON, Isaac. *Principia: Princípios matemáticos de filosofia natural.* Tradução: André Koch Assis, Fábio Duarte Joly. São Paulo: Edusp, 2012.

NICOLAZZI, Fernando, MOLLO, Helena, ARAUJO, Valdei. *Aprender com a história? O passado e o futuro de uma questão.* Rio de Janeiro: Editora FGV, 2011.

NIETZSCHE, Friedrich. *Os pensadores.* Tradução: Rubens Rodrigues Torres Filho. 3ª ed. São Paulo: Abril Cultural, 1983.

NISBET, Robert. "La idea de progreso". *Revista Libertas,* n.5, out.1986.

NORA, Pierre. "Entre memoria e historia. La problemática de los lugares". *In:* _____. *Pierre Nora en Les lieux de mémoire.* Tradução: Laura Masello. Santiago: LOM/Trilce, 2009, pp.5-47.

NOVAES, Adauto. *Tempo e história*. São Paulo: Companhia das Letras, 1992.

NOVAES, Adauto. *O novo espírito utópico*. São Paulo: Sesc, 2016.

NOVAIS, Fernando A. *Portugal e Brasil na crise do antigo sistema colonial (1777-1808)*. 4ª ed. São Paulo: Hucitec, 1986.

NOVAIS, Fernando, SILVA, Rogério Forastieri da. "Introdução". *In*: _____. *Nova história em perspectiva*. São Paulo: Cosac Naify, 2011, pp.6-70.

NOVELO, Mario. A desconstrução do absoluto na física. *Cosmos e contexto*, 31 mai. 2019. Disponível: <https://cosmosecontexto.org.br/a--desconstrucao-do-absoluto-na-fisica/>. Acesso em 08 set. 2021.

NOVIKOV, Igor. "Pode-se mudar o passado?" *In*: HAWKING, S. *et al. O futuro do espaço-tempo*. Tradução: José Viegas Filho. São Paulo: Companhia das Letras, 2005, pp.60-87.

OLICK, Jeffrey K., VINITZKY-SEROUSSI, Vered, LEVY, Daniel. *The collective memory reader*. New York: Oxford University Press, 2011.

ONNA, Alberto F. "Tiempo, sedimentos y fósiles". *In*: LEVIÑAS, M. L. *La naturaleza del tiempo. Usos y representaciones del tiempo en la historia*. Buenos Aires: Editorial Biblos, 2008, pp.90-94.

ONNA, Alberto F. "El tiempo en la biologia". *In*: LEVIÑAS, M. L. *La naturaleza del tiempo. Usos y representaciones del tiempo en la historia*. Buenos Aires: Editorial Biblos, 2008, pp.95-108.

ONNA, Alberto F. "La antigüedad de la vida". *In*: LEVIÑAS, M. L. *La naturaleza del tiempo. Usos y representaciones del tiempo en la historia*. Buenos Aires: Editorial Biblos, 2008, pp.98-103.

ONNA, Alberto F. La edad de la Tierra. *In*: LEVIÑAS, M. L. *La naturaleza del tiempo. Usos y representaciones del tiempo en la historia*. Buenos Aires: Editorial Biblos, 2008, p.107.

ONNA, Alberto F. "La edad de los oceanos". *In*: LEVIÑAS, M. L. (ed.). *La naturaleza del tiempo. Usos y representaciones del tiempo en la historia*. Buenos Aires: Editorial Biblos, 2008, pp.110-111.

O QUE é um zeptosegundo, a menor unidade de tempo já medida. *BBC News Brasil*, 20 out. 2020. Disponível em: <https://www.bbc.com/portuguese/geral-54609291>. Acesso em 08 set. 2021.

ORTEGA Y GASSET, José. *Historia como sistema*. 2ª ed. Madrid: Biblioteca Nueva, 2007.

OSTERHAMMEL, Jürgen. *La transformación del mundo: una historia global del siglo XIX*. Tradução: Gonzalo García. Barcelona: Crítica, 2015.

OVÍDIO. *Metamorfoses*. Trad., introd. e notas: Domingos Lucas Dias. São Paulo: Editora 34, 2019.

PALMER, Robert. *The age of the democratic revolution*. Princeton: Princeton University Press, 2014 (1959).

PALTI, Elias José. *Aporías: tiempo, modernidad, historia, sujeto, nación, ley*. Buenos Aires: Alianza, 2001.

PALTI, Elías José. *El tiempo de la política. El siglo XIX reconsiderado*. Buenos Aires: Siglo XXI, 2007.

PANOFSKY, Erwin. *Estudos de iconologia: temas humanísticos na arte do renascimento*. Tradução: Olinda Braga de Sousa. Lisboa: Estampa, 1986.

PARÉS, Luis Nicolau. *O rei, o pai e a morte: a religião vodum na antiga costa dos escravos na África ocidental*. São Paulo: Companhia das Letras, 2016.

PATAI, Daphne. *What price utopia? Essays on ideological policing, feminism, and academic affairs*. Lanham: Bowman & Littlefields Publishers, 2008.

PAULINO, Mariana Ferraz. *A semântica do tempo no discurso de reformistas ilustrados sobre as Américas ibéricas (c.1750-c.1807)*. São Paulo: FFLCH-USP, 2020. *Dissertação de mestrado*.

PEEK, Sitala. "Knockers uppers: Waking up the workers in industrial Britain". *BBC News*, 27 mar. 2016. Disponível em: < https://historyofyesterday.com/knocker-uppers-history-the-alarm-clock-of-the-old-century-7224a610a538>. Acesso em 08 set. 2021.

PEIXEIRO, Horácio. "Instruments to Measure Time". *The image of time: European manuscript books*. Lisbon: Calouste Gulbenkian Foundation, s.d., pp.150-161.

PEIXEIRO, Horácio. "Noah's Ark". *The image of time: European manuscript books*. Lisbon: Calouste Gulbenkian Foundation, s.d., pp.375-381.

PEIXEIRO, Horácio. "The Tree of Jesse". *The image of time: European manuscript books*. Lisbon: Calouste Gulbenkian Foundation, s.d., pp.382-391.

PENROSE, Roger. *Ciclos de tempo:* uma visão nova e extraordinária do universo. Tradução: Nelson Rei Bernardino. Lisboa: Gradiva, 2013.

PEREIRA, Carlos. "Entre luz e trevas: a importância da noite na Bíblia". *In*: FINA, R. M. *Estudos em torno da noite*. Lisboa: Centro de Literaturas e Culturas Lusófonas e Europeias/Faculdade de Letras, 2018, pp.135-159.

PEREIRA, João Rodolfo L., PAZ, Cláudio Damasceno. "O Iraque e as ações de proteção ao patrimônio cultural mesopotâmico". *Memorare*, v.3, n.3, set./dez.2016, pp.246-275.

PEREIRA, Marcos Bourscheid. "Escravidão e migração no tempo e personagens: uma leitura do conto *Sarapalha*, de Guimarães Rosa". *Revista Communitas*, v.2, n.4, 2018, pp.69-81.

PÉREZ ZAPICO, Daniel, BRISEÑO SENOSIAIN, Lillian. "La invención de lo nocturno: por una historia social y cultural de la noche en el mundo iberoamericano, siglos XVIII-XX". *In*: FINA, R. M. *Estudos em torno da noite*. Lisboa: Centro de Literaturas e Culturas Lusófonas e Europeias/Faculdade de Letras, 2018, pp.101-118.

PEROVIC, Sanja. "Year 1 and Year 61 of the French Revolution: The revolutionary calendar and Auguste Comte". *In*: LORENZ, C., BEVERNAGE, B. *Breaking up time: Negotiating the borders between present, past and future*. Schriftenreihe der FRIAS School of History, v.7, 2013.

PHIRI, K. M., KALINGA, O. J., BHILA, H. H. K. "A Zambézia do Norte: a região do lago Malaui". *In*: OGOT, Bethwell Allan. *História geral da África V: África do século XVI ao XVIII*. Brasília: UNESCO, 2010, pp.718-754.

PIMENTA, João Paulo. "Pensar e conceber a distância: uma reflexão acerca dos espaços-tempo dos impérios ibéricos (séculos XV-XIX)". *In*: GAUDIN, G., STUMPF, R. *Las distancias en el gobierno de los imperios ibéricos:* concepciones, experiencias y vínculos. Madrid; Casa de Velázquez, 2021.

PIMENTA, João Paulo. "A independência do Brasil como uma revolução: história e atualidade de um tema clássico". *História da Historiografia*, v.3, 2009, pp.53-82.

PIMENTA, João Paulo. "Passado e futuro na construção de uma história do Brasil no século XVIII". *In*: NICOLAZZI, F.; MOLLO, H.; ARAUJO, V. *Aprender com a história? O passado e o futuro de uma questão*. Rio de Janeiro: Editora FGV, 2011, pp. 115-130.

PIMENTA, João Paulo. *Tempos e espaços das independências: a inserção do Brasil no mundo ocidental (1780-1830)*. São Paulo: Intermeios, 2017.

PIMENTA, João Paulo, ARAUJO, Valdei Lopes de. "História". *In*: FERES JR, J. *Léxico da história dos conceitos políticos no Brasil*. Belo Horizonte, Editora UFMG, 2009, pp.119-140.

PIMENTA, João Paulo *et al.* "A Independência e uma cultura de história no Brasil". *Almanack*, n.8, 2014, pp.5-36.

PIMENTA, João Paulo, COSTA, Wilma Peres. "As revoluções de independência como revoluções do tempo: almanaques, calendários e cronologias no Brasil do século XIX". *Tempo*, n.27, 2021, pp.51-70.

PIMENTA, João Paulo, FANNI, Rafael. "Revolução no Brasil, séculos XVIII a XXI: a história de um conceito, um conceito na história". *Revista de História*, v.178, 2019, pp. 1-25.

PIMENTA, Pedro Paulo. *A trama da natureza: organismo e finalidade na época da Ilustração*. São Paulo: Editora Unesp, 2018.

PIRES, Francisco Murari. "Antigos e modernos, o fardo e o fio". *Revista de História*, ed. esp., 2010, pp.09-18.

POCOCK, J. G. A. *Pensamiento político e historia*. Tradução: Sandra Chaparro Martínez. Madrid: Akal, 2009.

POCOCK, J. G. A. "A economia política na análise de Burke da Revolução Francesa". *In:* _____. *Linguagens do ideário político*. Tradução: Fábio Fernandez. São Paulo: Edusp, 2003, pp.245-267.

POCOCK, J. G. A. "Burke and the ancient constitution: a problem in the history of ideas. *In:* _____. *Politics, Language and Time: Essays on Political Thought and History*. New York: Atheneum, 1973, pp.202-232.

POE, Edgar Allan. *Contos de terror, de mistério e de morte*. Tradução: Oscar Mendes. 3ª ed. Rio de Janeiro: Nova Fronteira, 1981.

POLANYI, Karl. *A grande transformação: as origens da nossa época*. Tradução: Fanny Wrobel. 2ª ed. Rio de Janeiro: Campus, 2000.

POMERANZ, Kenneth. *The Great Divergence: China, Europe, and the making of the modern world economy*. Princeton: Princeton University Press, 2000.

POMIAN, Krzysztof. *L'ordre du temps*. Paris: Gallimard, 1984.

PRADO JÚNIOR, Caio. *Formação do Brasil contemporâneo:* colônia. 6ª ed. São Paulo: Brasiliense, 1961.

PREM, Hanns J. *Manual de la antigua cronología mexicana*. México: Porrúa, 2008.

PRICE, Richard. "Bem-vindo ao espaço-tempo". HAWKING, S. *et al. O futuro do espaço-tempo*. Tradução: José Viegas Filho. São Paulo: Companhia das Letras, 2005, pp.13-59.

PRIGOGINE, Ilya. *O fim das certezas:* tempo, caos e as leis da natureza. Tradução: Roberto Leal Ferreira. 2ª ed. São Paulo: Edunesp, 2011.

QUAMMEN, David. "Gigante verde". *National Geographic Brasil*. Ano 13, n.153, dez. 2012, pp.38-55.

RAMOS, José Augusto Martins. "Time Before Time". *The image of time: European manuscript books*. Lisbon: Calouste Gulbenkian Foundation, s.d.

RIBEIRO, João Ubaldo. *Viva o povo brasileiro*. 9ª ed. Rio de Janeiro: Nova Fronteira, 1987.

RICOEUR, Paul. *Ideologia e utopia*. Tradução: Teresa Louro Perez. Lisboa: Edições 70, 1991.

RICOEUR, Paul. *A memória, a história, o esquecimento*. Tradução: Alan François. Campinas: Editora UNICAMP, 2007.

ROBERTS, Jennifer T. *Herodotus: A very short introduction*. Oxford: Oxford University Press, 2011.

RODRIGUES, Cláudia. "Lugares dos mortos na Cristandade Ocidental". *Revista Brasileira de História das Religiões*, v.5, 2013, pp.105-129.

RODRIGUES, Cláudia, BRAVO, Milra N. "Morte, cemitérios e hierarquias no Brasil escravista (séculos XVIII e XIX)". *Habitus*, v.10, 2012, pp.3-30.

ROSA, Hartmut. *Aceleração: a transformação das estruturas temporais na Modernidade*. Tradução: Rafael H. Silveira. São Paulo: EDUNESP, 2019.

ROSA, João Guimarães. *Sagarana*. 41ª ed. Rio de Janeiro: Nova Fronteira, s.d.

ROSENBERG, Daniel, GRAFTON, Anthony. *Cartographies of time*. Princeton: Princeton Architectural Press, 2010.

ROSITO, Luciano Haas. Desenvolvimento da iluminação pública no Brasil. *O setor elétrico*, jan. 2009. Disponível em: < http://www.osetoreletrico.com.br/wp-content/uploads/2012/11/Ed36_fasc_IP_cap1.pdf>. Acesso em 08 set. 2021.

ROSSI, Paolo. *Naufrágios sem espectador: a ideia de progresso*. Tradução: Álvaro Lorencini. São Paulo: Ed. Unesp, 2000.

ROVELLI, Carlo. *El orden del tiempo*. Tradução: Francisco Ramos Mena. Barcelona: Anagrama, 2018.

RUDWICK, Martin J. *Earth's deep history: how it was discovered and why it matters*. Chicago/London: Chicago University Press, 2014.

RÜSEN, Jörn. *História Viva. Teoria da História III: formas e funções do conhecimento histórico*. Tradução: Estevão de Rezende Martins. Brasília: Ed. da UNB, 2007.

SAA, Alberto. "Cem anos de buracos negros: o centenário da solução de Schwarzschild". *Revista Brasileira de Ensino de Física*, v.38, n.4, 2016.

SAGAN, Carl. *O mundo assombrado pelos demônios: a ciência vista como uma vela no escuro*. Tradução: Rosaura Eichemberg. São Paulo: Companhia das Letras, 2006.

SALIBA, Elias Thomé. *As utopias românticas*. São Paulo: Brasiliense, 1991.

SANTOS, Cristiane Camacho dos. *Escrevendo a história do futuro: a leitura do passado no processo de independência do Brasil*. São Paulo: Alameda, 2017.

SANTOS, Eduardo Natalino dos. *Tempo, espaço e passado na Mesoamérica: o calendário, a cosmografia e a cosmogonia nos códices e textos nahuas*. São Paulo: Alameda, 2009.

SANTOS, Renata Nobrega, DABAT, Christine. "A civilização acompanha as locomotivas: a implementação da rede ferroviária no Brasil e na China, 1852-1912". *Leste Vermelho. Revista de Estudos Críticos Asiáticos*, v.3, n.1, jan. 2017, pp.453-509.

SARAIVA, F. R. dos Santos. *Dicionário latino-português*. 13ª ed. Belo Horizonte: Garnier, 2019.

SAURO, Sandra. "La génesis del término 'historia' y su relación con 'tempo' y 'hechos'". *In*: LEVIÑAS, M. L. *La naturaleza del tiempo. Usos y representaciones del tiempo en la historia*. Buenos Aires: Editorial Biblos, 2008, pp.34-35.

SCARF, Caleb. "A benevolência dos buracos negros". *Scientific American Brasil*, n.124, set. 2012, pp.36-41.

SCHWARZ, Jon. "Nem a pandemia de Covid-19 freou os gastos com armas nucleares". *The Intercept Brasil*, 02 jul. 2021. Disponível em: <https://theintercept.com/2021/07/02/nem-pandemia-freou-armas-nucleares/>. Acesso em 08 set. 2021.

SCHENBERG, Mário. *Pensando a física*. 2ª ed. São Paulo: Brasiliense, 1985.

SCHMITT, Carl. *O nomos da Terra no direito das gentes do jus publicum europaeum*. Tradução: Alexandre F. de Sá *et al*. Rio de Janeiro: Contraponto/Editora PUC Rio, 2013.

SCHMITT, Jean-Claude. "A morte na Idade Média cristã". In: GODELIER, M. *Sobre a morte: invariantes culturais e práticas sociais*. Tradução: Edgard de A. Carvalho, Mariza P. Bosco. São Paulo: SESC, 2017, pp.153-171.

SCHMITT, Juliana. *O imaginário macabro: Idade Média – Romantismo*. São Paulo: Alameda, 2017.

SCHMITZ, Leonhard. "Dies". SMITH, William. *A Dictionary of Greek and Roman Antiquities*. London: John Murray, 1875, pp.408-410.

SCHAPIRO, Meyer. "Einstein e o cubismo: ciência e arte". *In:* _____. *A unidade da arte de Picasso*. Tradução: Ana Luiza D. Borges. São Paulo: Cosac Naify, 2002, pp.81-166.

SCHORSKE, Carl E. *Viena fin-de-siècle: política e cultura*. Tradução: Denise Bottmann. São Paulo: Companhia das Letras, 1990.

SETH, Sanjay. "Razão ou raciocínio? Clio ou Shiva?" *História da historiografia*, n.11, abr. 2013, pp.173-189.

SHAKESPEARE, William. *A tragédia de Machbeth*. Tradução: Rafael Raffaeli. Florianópolis: Editora da UFSC, 2016.

SIGERIST, Henry E. *Civilização e doença*. São Paulo: Hucitec, 2011.

SILVA, Antonio de Moraes. *Dicionário da língua portuguesa. Edição comemorativa do primeiro centenário da Independência do Brasil*. Rio de Janeiro: Oficinas da Litotipografia Fluminense, 1922, v.2 (fac--símile da segunda edição, 1813).

SILVA, Franklin Leopoldo e. "História e utopia". *In*: NOVAES, A. *O novo espírito utópico*. São Paulo: Sesc, 2016, pp.93-113.

SILVA, João Gabriel Covolan. "Épico império: a questão dos tempos históricos em *Caramuru*". *Revista Hydra*, v.2, n.4, 2018.

SOARES, Luiz Carlos. "O nascimento da Ciência Moderna: os diversos caminhos da Revolução Científica nos séculos XVI e XVII". *In*: SOARES, L. C. *Da revolução científica à big (business) Science*. São Paulo/Niterói: Hucitec/EDUFF, 2001.

SOUZA, Laura de Mello e. "O nome do Brasil". *Revista de História*, n.145, 2º. sem. 2001, pp.61-86.

SOUZA, Maria Isabel Escano Duarte de. *A iconografia das commemoratio dos santos do livro de horas 5,1,1 da Real Biblioteca Portuguesa*. Rio de Janeiro: UFRJ, 2012. *Monografia*.

SPALINGER, Anthony. "Egyptian Time". *In*: LIPPINCOTT, K. *The Story of Time*. London: Merrell Holberton, 1999, pp.268-271.

SPEAR, Richard E. "Caravage et La Tour: ténèbres et lumière de la grâce". *In*: CHONÉ, P. *et al*. *L'Âge d'or du nocturne*. Paris: Gallimard, 2001, p.137.

SPENCE, Jonathan D. *O palácio da memória de Matteo Ricci: a história de uma viagem da Europa da Contra-Reforma à China da dinastia Ming*. Tradução: Denise Bottmann. São Paulo: Companhia das Letras, 1986.

SPENCE, Jonathan D. *Em busca da China moderna: quatro séculos de história*. Tradução: Tomás Rosa Bueno, Pedro Maia Soares. São Paulo: Companhia das Letras, 1995.

STAN, Marius. "*Perpetum Mobiles* and Eternity". In: MELAMED, Y. *Eternity: a history*. New York: Oxford University Press, 2016, pp.173-178.

STAROBINSKI, Jean. "Prólogo". *In*: BÉNICHOU, Paul. *El tiempo de los profetas. Doctrinas de la época romántica*. Tradução: Aurelio Garzón del Camino. México: FCE, 1984, pp.9-12.

STERN, Sacha. *Calendars in antiquity: Empires, states & societies*. Oxford: Oxford University Press, 2012.

STRAUSS, Johann. "*Kurûn-I Vusta:* la découverte du 'Moyen **âge**' par les Ottomans". *In*: GEORGEON, F., HITZEL, F. *Les Ottomans et le temps*. Leiden/Boston: Brill, 2012, pp.205-240.

TANAKA, Stefan. "Unification of Time and the Fragmentation of Pasts in Meiji Japan". *In*: LORENZ, C., BEVERNAGE, B. *Breaking up Time: negotiating the borders between present, past and future*. Schriftenreihe der FRIAS School of History, v.7, 2013, pp.216-235.

TARTAKOWSKY, Danielle. "L'application des 8 heures". *Histoire par l'image*, out. 2003. Disponível em: <http://histoire-image.org/fr/etudes/application-8-heures>. Acesso em 08 set. 2021.

TEIXEIRA, Wilson *et al. Decifrando a Terra*. São Paulo: Oficina de Textos, 2000.

THOMAS, Keith. *Religião e o declínio da magia*. Tradução: Denise Bottmann, Tomás Rosa Bueno. São Paulo: Companhia das Letras, 1991.

THOMPSON, Edward P. *Costumes em comum*. Tradução: Rosaura Eichemberg. São Paulo: Companhia das Letras, 1998.

THORAVAL, Joël. "A morte na China". *In*: GODELIER, M. *Sobre a morte: invariantes culturais e práticas sociais*. Tradução: Edgard de A. Carvalho, Mariza P. Bosco. São Paulo: SESC, 2017, pp.173-206.

THORNE, Kip S. "As dobras do espaço-tempo e o mundo quântico: especulações sobre o futuro". *In*: HAWKING, S. *et al. O futuro do espaço-tempo*. Tradução: José Viegas Filho. São Paulo: Companhia das Letras, 2005, pp.112-160.

TOHARIA, Manuel. *Historia mínima del cosmos*. México: El Colegio de México, 2016.

TOMBA, Massimiliano. *Marx's Temporalities*. Leiden/Boston: Brill, 2013.

TOMICH, Dale. "A ordem do tempo histórico: a *long-durée* e a Micro-História". *Almanack*, n.02, nov. 2011.

TOMICH, Dale W. *et al. Reconstructing the landscapes of slavery: A visual history of the plantation in the nineteenth-century Atlantic world*. Chapel Hill: The University of North Carolina Press, 2021.

URIBE, Ricardo. *Las dinámicas del tempo: relojes, calendarios y actitudes en el Virreinato de la Nueva Granada*. Medellín: La Carreta Histórica, 2016.

USHER, Abbot Payson. *Uma história das invenções mecânicas*. Tradução: Lenita Rimolli Esteves. Campinas: Papirus, 1993.

VANSINA, J. "Os movimentos populacionais e a emergência de novas formas sociopolíticas na África". *In*: OGOT, B. Al. *História geral da África V: África do século XVI ao XVIII*. Brasília: UNESCO, 2010, pp.55-90.

VANSINA, J. "O Reino do Congo e seus vizinhos". *In*: OGOT. B. A. *História geral da África V: África do século XVI ao XVIII*. Brasília: UNESCO, 2010, pp.647-694.

VARGAS, Milton. "História da matematização da natureza". *Estudos Avançados*, v.10, n.28, set./dez.1996.

VASCONCELOS, José Antonio. "A utopia urbana de Edward Bellamy". *Dimensões*, v.30, 2013, p.245-265.

VASS, Arpad A. "O pó ao pó. A sobrevivência breve e acidentada de um cadaver". *Scientific American Brasil*, Edição especial, ano 8, n.101, out. 2010, pp.46-49.

VELLOSO, Gustavo. *Ociosos e sedicionários: populações indígenas e os tempos do trabalho nos Campos de Piratininga (século XVII).* São Paulo: Intermeios, 2018.

VENEZIANO, Gabriele. "O mito do começo do tempo". *Scientific American Brasil*, Edição Especial 47, pp.6-17.

VERNANT, Jean-Pierre. *Myth and Thought among the Greeks.* London/ Boston/Melbourne/Henley: Routledge & Kegan Paul, 1983.

VERNANT, Jean-Pierre, VIDAL-NAQUET, Pierre. *Mito e tragédia na Grécia antiga.* São Paulo: Perspectiva, 1999.

VESELY, R. "O Egito sob o domínio do Império Otomano". *In*: OGOT, B. A. *História geral da África V: África do século XVI ao XVIII.* Brasília: UNESCO, 2010, pp.165-204.

VEYNE, Paul. *Acreditavam os gregos em seus mitos? Ensaio sobre a imaginação constituinte.* Tradução: Horácio Gonzalez & Milton Meira Nascimento. São Paulo: Brasiliense, 1984.

VIGEVANI, Tulio. *A Segunda Guerra Mundial.* 2ª ed. São Paulo: Moderna, 1986.

VOISIN, Jean-Louis. "A morte na Roma antiga". *In*: GODELIER, M. *Sobre a morte: invariantes culturais e práticas sociais.* Tradução: Edgard de A. Carvalho, Mariza P. Bosco. São Paulo: SESC, 2017, pp.57-102.

VOVELLE, Michel. Sobre a morte. *Ideologias e mentalidades.* 2ª ed. Tradução: Maria Julia Cottvasser. São Paulo: Brasiliense, 1991, pp.127-150.

WALLERSTEIN, Immanuel. *The Modern World-System IV: Centralist Liberalism Triumphant, 1789-1914.* Berkeley/Los Angeles/London: University of California Press, 2011.

WELCHMAN, Alistair. "Eternity in Kant and Post-Kantian European Thought". *In*: MELAMED, Y. *Eternity: a history.* New York: Oxford University Press, 2016, pp.179-225.

WELLS, H. G. *A máquina do tempo.* Tradução: Fausto Cunha. 2ª ed. Rio de Janeiro: Francisco Alves, 1983.

WILBERDING, James G. "Eternity in ancient philosophy". *In*: MELAMED, Y. *Eternity: a history.* New York: Oxford University Press, 2016, pp.14-55.

WITHROW, G. J. *O tempo na história: concepções do tempo da pré--história aos nossos dias*. Tradução: Maria Luiza de A. Borges. Rio de Janeiro: Zahar, 1993.

WOLFF, Francis. "As três utopias da modernidade". *In*: NOVAES, A. *O novo espírito utópico*. São Paulo: Sesc, 2016, pp.31-52.

ZALASIEWICZ, Jan. "Qual marca deixaremos no planeta? Uma história em camadas". *Scientific American Brasil*, ano 15, n.170, out. 2016, pp. 32-39.

ZALUAR, Augusto Emílio. *O Doutor Benignus*. 2ª ed. Rio de Janeiro: Editora UFRJ, 1994.

ZAMPIERE, Fábio Rente. *Uma análise das mudanças recentes no mercado relojoeiro*. Rio de Janeiro: Escola Politécnica-UFRJ, 2018. *Monografia*.

ZANEZI, Juliana C. "'O conto da Aia', de Margaret Atwood (1985): antiutopia, ovários e uma história social do tempo". *Epígrafe*, 6 (6), 2018, pp. 305-334.

ZEREGA, Georgina. O México não sabe o que fazer com seus mamutes. *El País Brasil*, 27 dez. 2019. Disponível em: < https://brasil.elpais.com/ciencia/2019-12-27/mexico-nao-sabe-o-que-fazer-com-seus-mamutes.html>. Acesso em 08 set. 2021.

ZERMEÑO PADILLA, Guillermo. *La cultura moderna de la historia. Una aproximación teórica e historiográfica*. México: El Colegio de México, 2002.

ZERMEÑO PADILLA, Guillermo. "História, experiência e modernidade na América ibérica, 1750-1850". *Almanack Braziliense*, n.07, maio de 2008, pp.5-46.

ZERMEÑO PADILLA, Guillermo. "Revolución en Iberoamérica (1770-1870). Análisis y síntesis de un concepto". *In*: FERNÁNDEZ SEBASTIÁN, J. *Diccionario político y social del mundo iberoamericano. Conceptos políticos fundamentales (Iberconceptos II)*. Madrid: Universidad del País Vasco/Centro de Estudios Políticos y Constitucionales, 2014, v.9, pp.15-47.

ZERUBAVEL, Eviatar. *Time Maps: collective memory and the social shape of the past*. Chicago: University of Chicago Press, 2003.

ZERUBAVEL, Eviatar. *Ancestors and Relatives: Genealogy, identity & community*. New York: Oxford University Press, 2012.

ZIÓLKOWSKI, Mariusz. *Pachap Vnancha. El calendario metropolitano del Estado Inca*. Arequipa: El Lector, 2015.

ZYLBERSZTAJN, Arden. "Galileu – um cientista e várias versões". *Cad. Cat. Ens. Fís.*, Florianópolis, n.5, Número Especial, jun.1988, pp.36-48.

NOTAS DE FIM

[1] MEYERHOFF, Hans. *O tempo na literatura*. São Paulo: McGraw-Hill, 1976 (1955), p.1.

[2] LOWENTHAL, David. *The past is a foreign country*. Cambridge: Cambridge University Press, 1985; BLOCH, Marc. *Apologia da história ou o ofício do historiador*. Rio de Janeiro: Zahar, 2001.

[3] LIVERANI, Mario. *Antigo Oriente*. São Paulo: EDUSP, 2020, p.28.

[4] SAGAN, Carl. *O mundo assombrado pelos demônios*. São Paulo: Companhia das Letras, 2006, especialmente caps. 7 e 17.

[5] SANTO Agostinho. *Confissões & De magistro*. São Paulo: Abril, 1973, pp.243-244.

[6] PANOFSKY, Erwin. *Estudos de iconologia*. Lisboa: Estampa, 1986, p.70-71; GASKELL, Ivan. "The Image of Vanitas". In: K. Lippincott (ed.). *The Story of Time*. London: Merrell Holberton, 1999, p.186-189; CHEVALIER, Jean, GHEERBRANT, Alain. *Dicionário de símbolos*. 5ª ed. Rio de Janeiro: José Olympio, 1991, p.876-877; FRONER, Yaci-Ara. «Vanitas: uma estrutura emblemática de fundo moral». *Revista de História*, 136, 1º semestre de 1997, pp.83-100, p.86 e segs.

[7] LOEWE, Michael. "Cyclical and linear concepts of time in china". In: Lippincott, *The Story of Time*, cit., p.76-79; CHAUNU, Pierre. L'axe du temps. Paris: Julliard, 1994, p.198; MUELA, Juan Carmona. *Iconografía cristiana: guia básica para estudiantes*. Madrid: Akal, 2008, p.12 e segs.

[8] ELIADE, Mircea. *História das crenças e das ideias religiosas tomo I*. Rio de Janeiro: Zahar, 2010, p.238-240; CHEVALIER, Jean, GHEERBRANT, Alain. *Dicionário de símbolos*, cit.; LEICK, Gwendolyn. Mesopotâmia. Rio de Janeiro: Imago, 2003, pp.173-176, p.236.

[9] HOUAISS, Antônio. *Dicionário Houaiss da língua portuguesa*. Rio de Janeiro: Objetiva, 2001.

[10] PANOFSKY, Erwin. *Estudos de iconologia*, cit., p.72; CHEVALIER, Jean, GHEERBRANT, Alain. *Dicionário de símbolos*, cit.; WITHROW, G. J. *O tempo na história*. Rio de Janeiro: Zahar, 1993.

[11] Hesíodo. *Os trabalhos e os dias: primeira parte*. São Paulo: Iluminuras, 1991; VERNANT, Jean-Pierre. *Myth and thought among the greeks*. London/Boston/Melbourne/Henley: Routledge & Kegan Paul, 1983, cap.1; CHEVALIER, Jean, GHEERBRANT, Alain. *Dicionário de símbolos*, cit.; HAMA, Boubou, KI-ZERBO, J. "Lugar da história na sociedade africana". In: KI-ZERBO, J. (dir.). *História geral da África I*. 2ª ed. rev. Brasília: UNESCO, 2010, pp.25-26.

[12] HUGHES, Robert. *Goya*. São Paulo: Companhia das Letras, 2007, pp.446-448. Goya parece ter se inspirado em um quadro de Peter Paul Rubens, de 1636. Na arte contemporânea brasileira, o quadro de Goya virou um pastiche vazio e inofensivo na releitura de Vik Muniz, de 2005.

[13] GODELIER, Maurice. "Introdução . In : *Sobre a morte*. São Paulo: SESC, 2017, p. 40; WITHROW. O tempo na história, cit., pp.35-37; NEVES, Walter; BERNARDO, Danilo V.; OKUMURA, Maria Mercedes. "A origem do homem americano vista a partir da América do Sul: uma ou duas migrações?" *Revista de Antropologia*, v.50 n.1 São Paulo Jan./Jun. 2007; BRUMM, Adam (et.al.). "Oldest cave art found in Sulawesi". *Science Advances*, 7, jan.2021.

[14] Withrow, G. J. O tempo na história, cit., p.65; ELIAS, Norbert. *Sobre el tiempo*. 2ª ed. México: FCE, 2000, p.14 (tradução livre).

[15] ORTEGA Y GASSET, José. *Historia como sistema*. 2ª ed. Madrid: Biblioteca Nueva, 2007, p.76

[16] BLOCH, Marc. *Apologia da história*. Rio de Janeiro: Zahar, 2002.,

[17] BRAUDEL, Fernand. "História e ciências sociais: a longa duração". In: *Escritos sobre a história*. São Paulo: Perspectiva, 1976, pp.41-78; KOSELLECK, Reinhart. *Estratos do tempo*. Rio de Janeiro: Contraponto/PUC-Rio, 2014; KOSELLECK, Reinhart. *Futuro passado*. Rio de Janeiro: Contraponto/PUC-RJ, 2006; CHAUNU, Pierre. *L'axe du temps*, cit.; POCOCK, J. G. A. *Pensamiento político e historia*. Madrid: Akal, 2009.

[18] KOSELLECK, Reinhart. *Futuro passado*, cit., caps. 6 e 7; HARVEY, David. *Condição pós-moderna*. São Paulo: Loyola, 1992, p.189; ROSA, Hartmut. *Aceleração*. São Paulo: EDUNESP, 2019, p.LIX, e pp.9-24.

[19] KOSELLECK, Reinhart. *Estratos do tempo*, cit., pp.139-164; FERNÁNDEZ SEBASTIÁN, Javier. "'Cabalgando el corcel del diablo'. Conceptos políticos y aceleración histórica en la era de las revoluciones hispánicas". In: *Lenguaje, tiempo y modernidad*. Santiago de Chile: Globo Editores, 2011, pp. 21-59; ZERMEÑO, Guillermo. *La cultura moderna de la historia*. México, El Colegio de México, 2002, cap.2; Rosa, Hartmut. *Aceleração*, cit.

[20] BACCI, Massimo Livi. *Breve história da população mundial*. Lisboa: Edições 70, 2013, p.14, p.43; SCHMITT, Jean-Claude. "A morte na Idade Média cristã". In: GODELIER, M. (org.). *Sobre a morte*, cit., p.155.

[21] HOBSBAWM, Eric J. *A era das revoluções: 1789-1848*. 4ªed. Rio de Janeiro, Paz e Terra, 1982; TOHARIA, Manuel. *Historia mínima del cosmos*. México: El Colegio de México, 2016, pp.241-243.

[22] AUMONT, Jacques. *O olho interminável*. São Paulo: Cosac Naify, 2004, pp.79-80.

[23] LIMA, Raul Cerveira. "A luz irrompe onde já nenhum sol brilha". In: FINA, R. M. (coord.). *Estudos em torno da noite*. Lisboa: Centro de Literaturas e Culturas Lusófonas e Europeias/Faculdade de Letras, 2018, pp.21-22; GARCIA, Rafael. "7% dos brasileiros afirmam que Terra é plana, mostra pesquisa." Folha de S. Paulo, 14 jul. 2019. Disponível em: <https://www1.folha.uol.com.br/ciencia/2019/07/7--dos-brasileiros-afirmam-que-terra-e-plana-mostra-pesquisa.shtml>. Acesso em: 02 jan. 2020.

[24] ELIAS, Norbert. *Sobre el tiempo*. 2ª ed. México: FCE, 2000, p.19.

²⁵ CHERMAN, Alexandre, VIEIRA, Fernando. *O tempo que o tempo tem*. Rio de Janeiro : Zahar, 2008; DONATO, Hernâni. *História do calendário*. São Paulo: Melhoramentos, 1976; HOLFORD-STREVENS, Leofranc. *The History of Time*. Oxford: Oxford University Press, 2005.

²⁶ HOLFORD-STREVENS, cit., pp.1-2; WITHROW, G. J. *O tempo na história*. Rio de Janeiro: Zahar, 1993, p.29; AVENI, Anthony. *The Book of the Year*. New York: Oxford University Press, 2003, p.12; SCHMITZ, Leonhard. "Dies". In : SMITH, W. (ed.). *A Dictionary of Greek and Roman Antiquities*. London: John Murray, 1875, pp.408-410 ; BEARD, Mary. SPQR. São Paulo: Planeta, 2017, p.501; KING, David. "Time and Space in Islam". In: LIPPINCOTT, K. (ed.). *The Story of Time*. London: Merrell Holberton, 1999, p.56; ZIÓLKOWSKI, Mariusz. Pachap Vnancha. *Arequipa: El Lector*, 2015, pp.181-182.

²⁷ SHAKESPEARE, William. *A tragédia de Machbeth*. Florianópolis: Editora da UFSC, 2016, pp.91-93 (2.4).

²⁸ MONTET, Pierre. *O Egito no tempo de Ramsés*. São Paulo: Companhia das Letras/Círculo do Livro, 1989, p.46-47; LANDES, David S. *Revolución en el tiempo*. Barcelona: Crítica, 2007, p.70-71; WITHROW. *O tempo na história*, cit., p.126-127; HOLFORD-STREVENS. *The History of Time*, cit., p. p.3-7; KOSLOFSKY, Graig. Evening's Empire. Cambridge: Cambridge University Press, 2011, p.75.

²⁹ MIGNE, J. P. *Patrologiae. Cursus completus*. Series Latina, t.LXVI. Paris: 1866, cols.703-704. A tradução livre: Ana Paula Tavares Magalhães.

³⁰ HOURANI, Albert. *Uma história dos povos árabes*. 2ª ed. São Paulo: Companhia das Letras, 2000, p.74, p.159; KING. "Time and Space in Islam", cit., pp.56-59.

³¹ WITHROW. *O tempo na história*, cit., p.127; SOUZA, Maria Isabel Escano Duarte de. *A iconografia das commemoratio dos santos do livro de horas 5,1,1 da Real Biblioteca Portuguesa*. Rio de Janeiro: UFRJ, 2012 cap.2; *Book of Hours*. London: Phaidon Press, 1996; *Livro de horas de D. Manuel*. Lisboa: Imprensa Nacional Casa da Moeda, 1983; SCHMITT, Jean-Claude. "A morte na Idade Média cristã". In: GODELIER, M. (org.). *Sobre a morte*. São Paulo: SESC, 2017, pp.167-168.

³² LEMOS, Ana. *Os Livros de Horas Iluminados do Palácio Nacional de Mafra*. Lisboa: Instituto de Estudos Medievais/ Faculdade de Ciências Sociais e Humanas, 2013.

³³ Para os dois últimos parágrafos: MORISON, Samuel Eliot. El Almirante de la Mar Océano. 2ª ed. México: FCE, 1991, livro I; LANDES. *Revolución en el tiempo*, cit., caps.9, 10 e 11.

³⁴ LANDES, cit., p.84.

³⁵ ARRIGHI, Giovanni. *O longo século XX*. Rio de Janeiro/São Paulo: Contraponto/Unesp, 1996; WITHROW. *O tempo na história*, cit., pp.158-165.

³⁶ SANTOS, Renata, DABAT, Cristine. "A civilização acompanha as locomotivas: a implementação da rede ferroviária no Brasil e na China, 1852-1912". *Leste Vermelho*, v.3, n.1, janeiro de 2017, pp.453-509; OSTERHAMMEL, Jürgen. *La transformación del mundo*. Barcelona: Crítica, 2015, pp.1006-1011; SPENCE, Jonathan D. *Em busca da China moderna*. São Paulo: Companhia das Letras, 1995, pp.251-252; AUMONT, Jacques. O olho interminável. São Paulo: Cosac Naify, 2004, pp.53-55.

[37] GALISON, Peter. *Os relógios de Einstein e os mapas de Poincaré*. Lisboa: Gradiva, 2005, pp.146-152; LUZ, Sabina Ferreira. *O estabelecimento da hora legal brasileira*. Niterói: UFF, 2014 (mestrado); OSTERHAMMEL. *La transformación del mundo*, cit., p.114.

[38] HOLFORD-STREVENS. *The history of time*, cit., p.3-4, p.16; GALISON. *Os relógios de Einstein...*, cit., cap.3; SCHMITZ, "Dies", cit.

[39] HOLFORD-STREVENS. *The history of time*, cit., pp.16-17; WITHROW. *O tempo na história*, cit., p.15.

[40] WITHROW, cit., p.29; CHERMAN & VIEIRA. *O tempo que o tempo tem*, cit., p.30 e segs.

[41] MONTET. *O Egito no tempo de Ramsés*, cit., p.40; AVENI. *The Book of the Year*, cit., p.2; STERN, Sacha. *Calendars in antiquity*. Oxford: Oxford University Press, 2012, p.129; DONATO. *História do calendário*, cit., p.151; NANNI, Giordano. *The Colonisation of time*. Manchester: Manchester University Press, 2012, p.61.

[42] AVENI. *The book of the year*, cit., p.93 e segs.; Ziólkowski. *Pachap Vnancha*, cit., pp.188-189.

[43] CHEVALIER, Jean, GHEERBRANT, Alain. *Dicionário de símbolos*. 5ª ed. Rio de Janeiro: José Olympio, 1991, p.841; AVENI. *The book of the year*, cit.; FOX, Robin Lane. *Bíblia*. São Paulo: Companhia das Letras, 1993, p.30 e p.34; Bíblia Sagrada. Lisboa: Depósito das Escrituras Sagradas, 1902, p.920.

[44] ELIADE, Mircea. *História das crenças e das ideias religiosas tomo II*. 2ª ed. Rio de Janeiro: Zahar, 1983, v.1, pp.30-34; ARNAU, Juan. *Cosmologías de India*. México: FCE, 2012., pp.31-33; CHEVALIER, Jean, GHEERBRANT, Alain. *Dicionário de símbolos*, cit., pp.836-841.

[45] CHERMAM & VIEIRA. *O tempo que o tempo tem*, cit., p.41-44; DONATO. *História do calendário*, cit., p.20; LIPPINCOTT. *The story of time*, cit., p.42; SPALINGER, Anthony. "Egyptian Time". In: LIPPINCOTT, cit., p.268.

[46] Para os dois últimos parágrafos: AVENI. *The book of the year*, cit., p.67; CHERMAN & VIEIRA *O tempo que o tempo tem*, cit., p.125-128; DONATO. *História do calendário*, cit., pp.22-26; ANDERSON, Benedict. *Comunidades imaginadas*. São Paulo: Companhia das Letras, 2008, cap.4; LEICK, Gwendolyn. Mesopotâmia. Rio de Janeiro: Imago, 2003, pp.139-143.

[47] DONATO. *História do calendário*, cit., p.22-26; HOLFORD-STREVENS. *The history of time*, cit., pp.70-73; CHERMAN & VIEIRA. *O tempo que o tempo tem*, cit., p.128.

[48] NANNI, Giordano. *The colonisation of time*, cit., p.149.

[49] DONATO. *História do calendário*, cit., p.27; PARÉS, Luis Nicolau. *O rei, o pai e a morte*. São Paulo: Companhia das Letras, 2016, p.89.

[50] DONATO. *História do calendário*, cit., pp.32-38.

[51] CHEVALIER, Jean, GHEERBRANT, Alain. *Dicionário de símbolos*, cit., p.836-841; KOSLOFSKY. *Evening's Empire*, cit., pp.10-11; GLEISER, Marcelo. *O fim da Terra e do Céu*. São Paulo: Companhia das Letras, 2001, p.175; CABANTOUS, Alain. *Histoire de la nuit*. Paris: Fayard, 2009, pp.43-44; ZIÓLKOWSKI. *Pachap Vnancha*, cit., p.129 e segs.; LEICK. Mesopotâmia, cit., p.258.

[52] LEICK, cit., p.131; CHEVALIER, Jean, GHEERBRANT, Alain. *Dicionário de símbolos*, cit., p.836-841; DONATO. *História do calendário*, p.7.; MINOIS,

Georges. *História do futuro*. São Paulo: Editora Unesp, 2016, p.62; PEIXEIRO, Horácio. "The Tree of Jesse". In: *The image of time*. Lisbon: Calouste Gulbenkian Foundation, s.d., pp.386-391; GROF, Stanislav. *Books of the dead*. London: Thames & Hudson, 2013, p.91.

53 ZIÓLKOWSKI. *Pachap Vnancha*, cit., p.80, p.105, p.460.

54 GLEISER. *O fim da Terra e do Céu*, cit., p.176.

55 AVENI. *The book of the year*, cit., cap.5; SAGAN, Carl. *O mundo assombrado pelos demônios*. São Paulo: Companhia das Letras, 2006, cap.13.

56 HENDRY, Joy. "Cycles, seasons and stages of life: time in a japanese context". In: LIPPINCOTT, *The Story of Time*, cit., p.83.

57 THOMAS, Keith. *Religião e o declínio da magia*. São Paulo: Companhia das Letras, 1991, p.9.

58 MINOIS. *História do futuro*, cit., p.64-65.

59 TAMEN, Pedro (trad.). *Gilgamesh, rei de Uruk*. São Paulo: Ars Poetica, 1992, p.76; antes: LEICK. *Mesopotâmia*, vit., p.17, p.79, p.160; e WITHROW. *O tempo na história*, cit., p.44.

60 STERN. *Calendars in Antiquity*, vit., pp.92-93; ELIADE. *História das crenças e das ideias religiosas*, I, cit., pp.88-89; LEICK. *Mesopotâmia*, cit., pp.255-258; LIVERANI, Mario. *Antigo Oriente*. São Paulo: EDUSP, 2020, pp.753-757.

61 Para os dois últimos parágrafos: DONATO. *História do calendário*, cit., pp.27-32; HOLFORD-STREVENS. *The history of time*, cit., p.19; LOEWE, Michael. "Cyclical and linear concepts of time in China". In: LIPPINCOTT. *The story of time*, cit., p.76.

62 MINOIS. *História do futuro*, cit., p.14; BLOCH, Raymond. *La adivinación en la Antigüedad*. México: FCE, 1985, cap.1.

63 MINOIS. *História do futuro*, cit., p.47, pp.62-66; DONATO. *História do calendário*, cit., p.132; MONTET. *O Egito no tempo de Ramsés*, cit., pp.44-46.

64 MINOIS. *História do futuro*, cit., pp.102-106; GREENBAUM, Dorian. "Eternity and Astrology in the Work of Vettius Valens". In: MELAMED, Y. (ed.). *Eternity*. New York: Oxford University Press, 2016, pp.56-63.

65 Minois se refere a V. I. J. Flint (MINOIS. *História do futuro*, cit., p.194).

66 MINOIS, cit., p.161, p.167 e segs; COUTINHO, J. Romão. *Ontem e amanhã*. Lisboa: Terramar, 2002, pp.75-76; NASCIMENTO, Aires. "The iconography of the year: imagery and astrological dominance". In: *The image of time*. Lisbon: Calouste Gulbenkian Foundation, s.d., p.121.

67 HOURANI. *Uma história dos povos árabes*, cit., pp.90-92, pp.182-185, p.211; MINOIS. *História do futuro*, cit., pp.194-195, pp.208-209; CHERMAN & VIEIRA. *O tempo que o tempo tem*, cit., p.108-109.

68 MINOIS. *História do futuro*, cit., pp.241-247, p.276 e segs.; COUTINHO. *Ontem e amanhã*, cit., pp.91-92, pp.104-105.

69 THOMAS. *Religião e o declínio da magia*, cit.; MINOIS. *História do futuro*, cit., pp.341-343 e pp.353-367; COUTINHO. *Ontem e amanhã*, cit., p.98, p.116; MORUS, Tomás. *A utopia ou o tratado da melhor forma de governo*. Porto Alegre: L&PM, 2017, p.98.

70 MINOIS. *História do futuro*, cit., p.357; COUTINHO. *Ontem e amanhã*, cit., pp.111-122.

71 MINOIS. *História do futuro*, cit., pp.387-388, p.391; HILL, Christopher. *O mundo de ponta-cabeça*. São Paulo: Companhia das Letras, 1987, cap.6.

72 MINOIS. *História do futuro*, cit., p.297 e p.446.

73 SAGAN. *O mundo assombrado pelos demônios*, cit.

74 KELLEHEAR, Allan. *Uma história social do morrer*. São Paulo: Edunesp, 2016, p.112; CABANTOUS. *Histoire de la nuit*; cit.; PEREIRA, Carlos. "Entre luz e trevas: a importância da noite na Bíblia". In: FINA (coord.). *Estudos em torno da noite*, cit., p.135-159; KOSLOFSKY. *Evening's Empire*, cit., p.48 e pp.89-90; SPEAR, Richard. "Caravage et La Tour: ténèbres et lumière de la grâce". In: Choné, P. *et alL' Âge d'or du nocturne*. Paris: Gallimard, 2001, p.137.

75 CABANTOUS. *Histoire de la nuit*, cit., p.46.

76 KOSLOFSKY. *Evening's Empire*, cap.5; ROSITO, Luciano Haas. "Desenvolvimento da iluminação pública no Brasil". In: *O setor elétrico*, jan.2009; GÓIS, Marcos Paulo de. "Na calada da noite". *Espaço aberto*, v.5, n.2, 2015, pp.49-50.

77 USHER, Abbot Payson. *Uma história das invenções mecânicas*. Campinas: Papirus, 1993, pp.516-517; DELATTRE, Simone. *Les douze heures noires*. Paris: Albin Michel, 2000; GÓIS, "Na calada da noite", cit.;CONSTANTINO, Núncia Santoro de. "Modernidade, noite e poder". Tempo, v.4, 1997, p.49-64; GALVÃO, Walter; D'OTTAVIANO, Camila. "A luz na arquitetura e na cidade". *Ciência & Cultura*, v.67 n.3. São Paulo, julho/setembro 2015; ALVES, Daniel. "Lojas com velas e petróleo na noite lisboeta". In: Fina (coord.). *Estudos em torno da noite*, cit., p.85; PÉREZ ZAPICO, Daniel; BRISEÑO SENOSIAIN, Lillian. "La invención de lo nocturno". In: *Idem*, p.104, p.113-115.

78 QUEIRÓS, Eça de. *A cidade e as serras*. 4ª.ed. São Paulo: Martin Claret, 2012, p.141.

79 STERN, Sacha. *Calendars in antiquity*. Oxford: Oxford University Press, 2012, p.v; também LE GOFF, Jacques. *História e memória*. 7ª ed. rev. Campinas: Editora Unicamp, 2013; MUÑOZ BOX, Fernando. *Las medidas del tiempo en la historia*. 2ª ed. revisada y ampliada. Valladolid: Universidad de Valladolid, 2011, pp.22-23.

80 STERN. *Calendars in antiquity*, cit., p.375.

81 ELIADE, Mircea. *História das crenças e das ideias religiosas tomo I*. Rio de Janeiro: Zahar, 2010, pp.34-35; Cherman, Alexandre, VIEIRA, Fernando. *O tempo que o tempo tem*. Rio de Janeiro, Jorge Zahar, 2008, pp.46-48; TOHARIA, Manuel. *Historia mínima del cosmos*. México: El Colegio de México, 2016, p.26.

82 A citação é de BELLOS, Alex. *Alex no país dos números*. São Paulo: Companhia das Letras, 2011, p.25; também pp.46-47; DONATO, Hernâni. *História do calendário*. São Paulo: Melhoramentos, 1976, p.27.

83 STERN. *Calendars in antiquity*, cit., p.13; p.75, pp.82-83; LEICK, Gwendolyn. *Mesopotâmia*. Rio de Janeiro: Imago, 2003, p.147; LIVERANI, Mario. *Antigo Oriente*. São Paulo: Edusp, 2020, p.41.

84 STERN. Calendars in antiquity, cit., p.71-74, p.114; p.120; LEICK. *Mesopotâmia*, cit., pp.295-301.

85 MONTET, Pierre. *O Egito no tempo de Ramsés*. São Paulo: Companhia das Letras/Círculo do Livro, 1989, p.42; STERN. *Calendars in antiquity*, cit., p.8, p.125, p.128 e p.204; SPALINGER, Anthony. "Egyptian time". In: LIPPINCOTT, K. (ed). *The story of time*. London: Merrell Holberton, 1999, p.269; DONATO.

História do calendário, cit., pp.122-123; WITHROW, G. J.. *O tempo na história*. Rio de Janeiro: Zahar, 1993, p.40.

[86] SPALINGER. "Egyptian time", cit., p.270-271; STERN. *Calendars in antiquity*, cit., pp.128-129, p.162, p.240; ELIADE. *História I*, cit., p.93; ZIÓLKOWSKI, Mariusz. *Pachap Vnancha*. Arequipa: El Lector, 2015, pp.182-186.

[87] Para os últimos dois parágrafos: STERN. *Calendars in antiquity*, cit., p.25 e segs.; p.38, p. 47-64., p.72-77; HOLFORD-STREVENS, Leofranc. *The history of time*. Oxford: Oxford University Press, 2005, p.93.

[88] Para os últimos três parágrafos: STERN. *Calendars in antiquity*, cit., p.169 e segs; p.187; HOLFORD-STREVENS. *The history of time*, cit., pp.91-94.

[89] STERN. *Calendars in antiquity*, cit., pp.179-182; HOLFORD-STREVENS. *The history of time*, cit., p.99-100; KOTWAL, Pesho. The difference between – Shenshai, Kadmi and Fasli Zoroastrian Calendar. Parsi Khabar. Disponível em: <https://parsikhabar.net/culture/the-difference-between-shenshai-kadmi-and--fasli-zoroastrian-calendar/8355/>. Acesso em 17 ago. 2021.

[90] HAMA, Boubou, KI-ZERBO, J.. "Lugar da história na sociedade africana". In: KI-ZERBO, J. (dir.). *História geral da África I*. 2ª ed.rev. Brasília: UNESCO, 2010, p.35; PARÉS, Luis Nicolau. *O rei, o pai e a morte*. São Paulo: Companhia das Letras, 2016, cap.4

[91] ZIÓLKOWSKI. *Pachap Vnancha*, cit., p.33, p.139, pp.262-263, p.269, p.318.

[92] Para os últimos dois parágrafos: ZIÓLKOWSKI. *Pachap Vnancha*, cit., 47, 64, p.224, p.258, p.339, 507.

[93] SANTOS, Eduardo N. dos. *Tempo, espaço e passado na Mesoamérica*. São Paulo: Alameda, 2009, p.129 e segs; PREM, Hanns J.. *Manual de la antigua cronología mexicana*. México: Porrúa, 2008, p.57 e segs.

[94] SANTOS. *Tempo, espaço e passado na Mesoamérica*, cit., p.138.

[95] Idem, p.67-69; PREM. *Manual de la antigua cronología mexicana*, cit., pp.66-77; CHERMAN & VIEIRA. *O tempo que o tempo tem*, cit., pp.115-119.

[96] SANTOS. *Tempo, espaço e passado na Mesoamérica*, cit., p.41, p.64; PREM. *Manual de la antigua cronología mexicana*, cit., cap.6.

[97] STERN. *Calendars in antiquity*, cit., p. 193 e segs; pp.332-335; ALLEGRO, John Marco. *Os manuscritos do Mar Morto*. Lisboa: Publicações Europa América, 1958, cap.1.

[98] STERN. *Calendars in antiquity*, cit., p.367; CHERMAN & VIEIRA. *O tempo que o tempo tem*, cit., p.106-108; HOLFORD-STREVENS. *The history of time*, cit., pp.86-90; AVENI, Anthony. *The book of the year*. New York: Oxford University Press, 2003, p.16.

[99] CHERMAN & VIEIRA. *O tempo que o tempo tem*, cit., pp.111-112; HOLFORD--STREVENS. *The history of time*, cit., p.90-91; KING, Davíd. "Time and Space in Islam". In: LIPPINCOTT, K. (ed.). *The story of time*, cit., p.56.

[100] LOEWE, Michael. "Cyclical and linear concepts of time in China". In: LIPPINCOTT. *The story of time*, cit., pp.76-78; SPENCE, Jonathan D. *Em busca da China moderna*. São Paulo: Companhia das Letras, 1995, p.60-61, p.130, p.266, p.522; CHERMAN & VIEIRA. *O tempo que o tempo tem*, cit., pp.112-113; LANDES, David S. *Revolución en el tiempo*. Barcelona: Crítica, 2007, p.38.

[101]   TANAKA, Stefan. "Unification of time and the fragmentation of pasts in Meiji Japan". In: LORENZ, C., BEVERNAGE, B. (eds.). *Breaking up time*. Schriftenreihe der FRIAS *School of History*, v.7, 2013, p.221; AVENI. *The book of the year*, cit., p.12; STERN. *Calendars in antiquity*, cit., p.425; CHERMAN & VIEIRA. *O tempo que o tempo tem*, cit., p.112.

[102]   CHERMAN & VIEIRA. *O tempo que o tempo tem*, cit., p.59-70; WITHROW. *O tempo na história*, cit., 82 e segs.; STERN. *Calendars in antiquity*, cit., p.205 e segs; DONATO. *História do calendário*, cit., p.89.

[103]   DONATO. *História do calendário*, cit., pp.32-38 e p.98 e segs; STERN. *Calendars in antiquity*, cit., p.167-168, p.204-205; CHERMAN & VIEIRA. *O tempo que o tempo tem*, cit., cap.5; HOLFORD-STREVENS. *The history of time*, cit., pp.31-33; SARAIVA, F. R. dos Santos. *Dicionário latino-português*. 13ª ed. Belo Horizonte: Garnier, 2019, p.93, p.477, p.705, p.995, p.1096.

[104]   STERN. *Calendars in antiquity*, cit., p.14; p.216 e segs., p.226; p.259; p.294.

[105]   Para os últimos dois parágrafos: STERN. *Calendars in antiquity*, cit., pp.326-330; p.380 e segs., p.395-402; CHERMAN & VIEIRA. *O tempo que o tempo tem*, cit., p.83 e segs.; HOLFORD-STREVENS. *The history of time*, cit., p.56; DONATO. *História do calendário*, cit., p.152; LEWIS, Charlton T., SHORT, Charles. *A latin dictionary*. Oxford: Clarendon Press, 1879.

[106]   HOLFORD-STREVENS. *The history of time*, cit., p.35-36; CHERMAN & VIEIRA. *O tempo que o tempo tem*, cit., pp.89-95.

[107]   CROSBY, Alfred. *A mensuração da realidade*. São Paulo: Editora UNESP, 1999, p.33; KOYRÉ, Alexandre. "Du monde de l' "au-peu-près" à l'univers de la précision". *Études d'histoire de la pensée philosophique*. Paris: Gallimard, 1971, pp.341-362; GODINHO, Vitorino Magalhães. *Os descobrimentos e a economia mundial*. Lisboa: Presença, 1981-1983, v.1; STERN. *Calendars in antiquity*, cit., p.2; SOARES, Luiz Carlos. "O nascimento da ciência moderna". *Da revolução científica à big (business) Science*. São Paulo/Niterói: Hucitec/EDUFF, 2001, pp.36-37.

[108]   CHERMAN & VIEIRA. *O tempo que o tempo tem*, cit., p.91.

[109]   Idem, pp.96-98; HOLFORD-STREVENS. *The history of time*, cit., p.36 e segs; DONATO. *História do calendário*, cit., p.106; LEVINAS, Marcelo. "El calendario, otra vez de reformas". *La naturaleza del tiempo. Usos y representaciones del tiempo en la historia*. Buenos Aires: Editorial Biblos, 2008, p.72.

[110]   Para os últimos dois parágrafos: KAWAWADA, Akiko. "The change of the japanese time consciousness in the end of the 18th century". *13th International Congress for Eighteenth Century Studies*. GRAZ, 2011 (paper); HENDRY, Joy. "Cycles, seasons and stages of life: time in a japanese context". In: LIPPINCOTT. *The story of time*, cit., pp.79-81; TANAKA. "Unification of time and the fragmentation of pasts in Meiji Japan", cit., pp.221-222; SPENCE. *Em busca da China moderna*, cit., pp.486-487; CHAUNU, Pierre. *L'axe du temps*. Paris: Julliard, 1994, p.206; MUTIBWA, Phares M. "Madagascar, 1800-1880". In: AJAYI, J. F. Ade (dir.). *História geral da África VI*. Brasília: UNESCO, 2010, p.506; CHERMAN & VIEIRA. *O tempo que o tempo tem*, cit., p.96-98; ZERUBAVEL, Eviatar. *Time maps: Collective Memory and the Social Shape of the Past*. Chicago: University of Chicago Press, 2003, p.89.

[111] LIPPINCOTT. *The story of time*, cit., pp.42-43; HOLFORD-STREVENS. *The history of time*, cit., p.96-98.

[112] KOSELLECK, Reinhart. *Futuro passado*. Rio de Janeiro: Contraponto/PUC-RJ, 2006, p.75, p.295; também POMIAN, Krzysztof. *L'ordre du temps*. Paris: Gallimard, 1984, p.102; ZIÓLKOWSKI. *Pachap Vnancha*, cit., p.26.

[113] PEROVIC, Sanja. "Year 1 and Year 61 of the French Revolution: The Revolutionary Calendar and Auguste Comte". In: LORENZ & BEVERNAGE (eds.). *Breaking up time*, cit., pp.95-100.

[114] Para os últimos dois parágrafos: ANDRIES, Lise. "Almanaques". In: DARTON, R., ROCHE, D. (orgs.). *Revolução impressa*. São Paulo: EDUSP, 1996, pp.303-307; CHERMAN & VIEIRA. *O tempo que o tempo tem*, cit., p.119-120; HOLFORD-STREVENS. *The history of time*, cit., p.74-75; DONATO. *História do calendário*, cit., p.115-117; MUÑOZ BOX, Fernando. *Las medidas del tiempo en la historia*, p.80; BELLOS. *Alex no país dos números*, cit., pp.65-66; KOSELLECK, Reinhart. *Estratos do tempo*. Rio de Janeiro: Contraponto/PUC-Rio, 2014, pp.223-227; KING. "Time and Space in Islam", cit., p.75.

[115] HOLFORD-STREVENS. *The history of time*, cit., pp.75-76; FROST, Natasha. "For 11 years, the Soviet Union had no weekends". History, 2018.

[116] PEROVIC. "Year 1 and Year 61 of the French Revolution", cit., pp.100-106.

[117] PEROVIC, cit., pp.100-106; ROSENBERG, Daniel, GRAFTON, Anthony. *Cartographies of time*. Princeton: Princeton Architectural Press, 2010, p.143; HOLFORD-STREVENS. *The history of time*, cit., p.76; DONATO. *História do calendário*, cit., p.118.

[118] DONATO. *História do calendário*, cit., pp.114-115; CHERMAN & VIEIRA. *O tempo que o tempo tem*, cit., p.121-122; HOLFORD-STREVENS. *The history of time*, cit., pp.77-79.

[119] BOSISIO, Izabella Pessanha. *A religião no calendário oficial*. Rio de Janeiro: UFRJ, 2014, p.2.

[120] ZERUBAVEL. *Time maps*, cit., pp.30-31, pp.84-85.

[121] BOSCOV, Sarah Tortora. *Vivências e experiências do tempo*. São Paulo: FFLCH-USP, 2018, p.67-69, p.82-84; PIMENTA, João Paulo, COSTA, Wilma Peres. "As revoluções de independência como revoluções do tempo: almanaques, calendários e cronologias no Brasil do século XIX". *Tempo*, n.27, 2021, pp.51-70.

[122] Para os últimos dois parágrafos: BOSISIO. *A religião no calendário oficial*, cit., pp.19-22.

[123] BOSISIO, cit., pp.25-26, p.136 e segs.

[124] ELIADE, Mircea. *El mito del eterno retorno*. Madrid: Alianza/Emecé, 1972, pp.54-55.

[125] RIBEIRO, Luci. "Bolsonaro edita decreto que livra igrejas de quarentena". *Estadão*. 26 mar. 2020. Disponível em: < https://politica.estadao.com.br/noticias/geral,bolsonaro-inclui-igrejas-e-lotericas-como-servicos-essenciais-que-podem-funcionar-na-quarentena,70003248590>. Acesso em 19 ago. 2021. LABORDE, Antonia. "EUA recomendam que população fique em casa, salvo se for para ir à igreja". El País.12 abr. 2020. Disponível em: <https://brasil.elpais.com/internacional/2020-04-12/eua-recomendam-que-populacao-fique-em-casa-salvo-se-for-para-ir-a-igreja.html>. Acesso em 19 ago. 2021. TONDO, Lorenzo. "Pope's

blessing in empty St Peter's Square watched by 11m on TV". The Guardian. 28 mar. 2020. Disponível em: <https://www.theguardian.com/world/2020/mar/28/popes-blessing-in-empty-st-peters-square-watched-by-11m-on-tv>. Acesso em 19 ago. 2021.

[126] DELUMEAU, Jean. *A civilização do renascimento*. Lisboa: Estampa, 1984, v.2, p.125.

[127] TOHARIA, Manuel. *Historia mínima del cosmos*. México: El Colegio de México, 2016, p.16, p.52 e p.81.

[128] FOX, Robin Lane. *Bíblia*. São Paulo: Companhia das Letras, 1993, p.67 e segs; GODELIER, Maurice. "Introdução". In: *Sobre a morte*. São Paulo: SESC, 2017, pp.32-33.

[129] MINOIS, Georges. *História do ateísmo*. São Paulo: Editora Unesp, 2014, p.6; ELIADE, Mircea. *O sagrado e o profano*. São Paulo: Martins Fontes, 1992, pp.162-172.

[130] WITHROW, G. J. *O tempo na história*. Rio de Janeiro: Zahar, 1993, p.37.

[131] ELIADE. *O sagrado e o profano*, cit., caps. 1 e 2; HUBERT, Henri. *Estudo sumário da representação do tempo na religião e na magia*. São Paulo: Edusp, 2016 (1905), pp.31-33; GLEISER, Marcelo. *O fim da Terra e do Céu*. São Paulo: Companhia das Letras, 2001, p.31.

[132] HUBERT. *Estudo sumário...*, cit., p.39, p.55 e p.57.

[133] FINLEY, Moses I. *Uso e abuso da história*. São Paulo: Martins Fontes, 1989, p.8; HUBERT. *Estudo sumário...*, cit., p.39; *Gênesis, 1:3-32*; ELIADE, Mircea. *História das crenças e das ideias religiosas tomo I*. Rio de Janeiro: Zahar, 2010, p.167; BELLOS, Alex. *Alex no país dos números*. São Paulo: Companhia das Letras, 2011.p.25.

[134] KRENAK, Ailton. "Antes, o mundo não existia". In: NOVAES, A. (org.). *Tempo e história*. São Paulo: Companhia das Letras, 1992, p.202.

[135] FOX. Bíblia, cit., p.14.

[136] ELIADE. *História das crenças... I*, cit., p. 37 e p.52.

[137] VERNANT, Jean-Pierre. *Myth and thought among the Greeks*. London/Boston/Melbourne/Henley: Routledge & Kegan Paul, 1983, p.XII. NAVARRETE LINARES, Federico. "Entre a cosmopolítica e a cosmohistória: tempos fabricados e deuses xamãs entre os astecas". *Revista de Antropologia*. v.59, n.2, 2016, pp.86-108.

[138] ELIADE. *História das crenças...I*, cit., p.37.

[139] TOHARIA. *Historia mínima del cosmos*, cit., p.21.

[140] JEUDY-BALLINi, Monique. "A morte entre o povo Sulka (Melanésia)". In: GODELIER, M. (org.). *Sobre a morte*, cit., pp.325-326; TOHARIA. *Historia mínima del cosmos*, cit., pp.25-27; KRENAK. "Antes, o mundo não existia", cit., pp.201-204.

[141] LIVERANI, Mario. *Antigo Oriente*. São Paulo: Edusp, 2020., pp.740-741; ELIADE. *História das crenças...I*, cit., p.289; GLEISER. *O fim da Terra e do Céu*, cit., pp.28-29.

[142] WITHROW. *O tempo na história*, cit., pp.49-50; ELIADE. *História das crenças...I*, cit., p.303 e p.314; ELIADE, Mircea. *História das crenças e das ideias religiosas tomo II*. 2ª ed. Rio de Janeiro: Zahar, 1983, v.2, pp.75-79.

[143] LEICK, Gwendolyn. *Mesopotâmia*. Rio de Janeiro: Imago, 2003, p.301, pp.23-25, p.31, p.41, p.48, pp.173-176; TOHARIA. *Historia mínima del cosmos*, cit., p.27; ELIADE. História das crenças...I, cit., pp.67-68.

[144] LEICK. *Mesopotâmia*, cit., p.43. Para os três últimos parágrafos: ELIADE. *História das crenças...I*, cit., pp.68-70, pp.77-80; RAMOS, José Augusto M. "Time Before Time". In: *The image of time: European Manuscript Books*. Lisbon: Calouste Gulbenkian Foundation, s.d., p.33 e segs.; e LEICK. *Mesopotâmia*, cit., p.24, p.35, pp.42-50, p.273. A estimativa de Bottéro é mencionada por GODELIER. "Introdução", cit., p.30.

[145] GRAVES, Robert. *Os mitos gregos*. Lisboa: Dom Quixote, 1990, v.1, pp.31-35.

[146] VERNANT. *Myth and Thought...*, cit., cap.1.

[147] HESÍODO. *Teogonia*. São Paulo: Iluminuras, 1991, p.111, p.117, p.131-33; ELIADE. *História das crenças...I*, cit., pp.239-240.

[148] ELIADE. *História das crenças...I*, cit., p.238-239; LEICK. *Mesopotâmia*, cit., p.298-299; VERNANT, Jean-Pierre, VIDAL-NAQUET, Pierre. *Mito e tragédia na Grécia antiga*. São Paulo: Perspectiva, 1999, pp.53-71.

[149] PANOFSKY, Erwin. *Estudos de iconologia*. Lisboa: Estampa, 1986, cap.3; CHEVALIER, Jean, GHEERBRANT, Alain. *Dicionário de símbolos*. 5ª ed. Rio de Janeiro: José Olympio, 1991; NASCIMENTO, Aires A.. "Saturn". In: *The image of time*. Lisbon: Calouste Gulbenkian Foundation, s.d., pp.70-73.

[150] VERNANT. Myth and Thought..., cit., pp.343-374; WILBERDING, James. "Eternity in Ancient Philosophy". In: MELAMED, Y. (ed.). *Eternity*. New York: Oxford University Press, 2016, pp.23-28; WITHROW. *O tempo na história*, cit., p.56-58; CHAUNU, Pierre. *L'axe du temps*. Paris: Julliard, 1994, pp.13-14; TOHARIA. *Historia mínima del cosmos*, cit., p.23 e pp.41-42, pp.50-51.

[151] CROSBY, Alfred. *A mensuração da realidade*. São Paulo: Editora UNESP, 1999., p.25-29; Eliade. *História das crenças...I*, cit., pp.94-96.

[152] Para os três últimos parágrafos: TOHARIA. *Historia mínima del cosmos*, cit., p.23; ELIADE. *História das crenças...I*, cit., p.163; FOX. *Bíblia*, cit., p.15-26; *Bíblia Sagrada*. Lisboa: Depósito das Escrituras Sagradas, 1902.

[153] Para os dois últimos parágrafos: FOX. *Bíblia*, cit., p.15-26; ELIADE. *História das crenças...I*, cit., pp.164-165; VANSINA, J. "Os movimentos populacionais e a emergência de novas formas sociopolíticas na África". In: OGOT, B. Al. (dir.). *História geral da África V*. Brasília: UNESCO, 2010, p.57.

[154] FOX. *Bíblia*, cit., p.19-20; ROSENBERG, Daniel, GRAFTON, Anthony *Cartographies of time*. Princeton: Princeton Architectural Press, 2010, p.69.

[155] ARNAU, Juan. *Cosmologías de India*. México: FCE, 2012, pp.15-16; GALEY, Jean-Claude. "A morte na Índia". In: GODELIER, M. (org.). *Sobre a morte*, cit., pp.208-210; CHAUNU. *L'axe du temps*, cit., p.200.

[156] ARNAU. *Cosmologías de India*, cit., p.16, p.20, pp.31-34; BELLOS. *Alex no país dos números*, cit., p.127.

[157] ARNAU. Cosmologías de India, cit., pp.23-25; ELIADE. *História das crenças...I*, cit., p.217.

[158] Para os três últimos parágrafos: ARNAU. *Cosmologías de India*, cit., pp.23-25, pp.36-37, pp.41-43, p.102; ELIADE. *História das crenças...I*, cit., pp.195-201, p.205, pp.220-221, p.231; TOHARIA. *Historia mínima del cosmos*, cit., p.31.

[159] ARNAU. *Cosmologías de India*, cit., p.109, trad.livre.

[160] Idem, pp.105-116, p.146; TOHARIA. *Historia mínima del cosmos*, cit., pp.31-32.

[161] ARNAU. *Cosmologías de India*, cit., pp.149-151.

[162] ELIADE. *História das crenças... II*, cit., v.1, pp.26-32.

[163] ELIADE, Mircea. *História das crenças e das ideias religiosas tomo III*. Rio de Janeiro: Zahar, 1984, pp.298-300.

[164] ELIADE. *História das crenças... II*, cit., v.1, pp.173-175.

[165] NAVARRETE. "Entre a cosmopolítica e a cosmohistória", cit., p.95.

[166] SANTOS, Eduardo N. dos. *Tempo, espaço e passado na Mesoamérica*. São Paulo: Alameda, 2009, pp.324-342, pp.351-352; NAVARRETE. "Entre a cosmopolítica e a cosmohistória", cit.; TOHARIA. *Historia mínima del cosmos*, cit., p.38.

[167] GLEISER. *O fim da Terra e do Céu*, cit., p.21-22.

[168] LEICK. *Mesopotâmia*, cit., p.83, p.160; ELIADE. *História das crenças...I*, cit., p.71-72; GUARINELLO, Norberto. "Prefácio". *Gilgamesh, rei de Uruk*. São Paulo: Ars Poetica, 1992, p.9.; GLEISER. *O fim da Terra e do Céu*, cit., pp.25-26.

[169] Para os dois últimos parágrafos, por ordem de aparição: *Gilgamesh*, cit., p.64, p.80, p.79, p.81, p.82. Também LEICK. *Mesopotâmia*, cit., p.104.

[170] *Gilgamesh*, cit., p.83-84.

[171] Para os últimos dois parágrafos: ELIADE. *História das crenças... II*, cit., v.1, p.26-32; PEIXEIRO, Horácio. "Noah's Ark". In: *The image of time*, cit., p.375-381; GOULARD, Jean-Pierre. "A morte entre o povo Ticuna (Amazônia)". In: GODELIER, M. (org.). *Sobre a morte*, cit., p.284, p.289, p.291.

[172] WITHROW. *O tempo na história*, cit., p.64; GLEISER. *O fim da Terra e do Céu*, cit., pp.29-30; VERNANT. *Myth and Thought...*, cit., pp.20-21; VANSINA, J. "O Reino do Congo e seus vizinhos". In: OGOT (dir.). *História geral da África V*, cit., p.688; PARÉS, Luis Nicolau. *O rei, o pai e a morte*. São Paulo: Companhia das Letras, 2016, p.73; GROF, Stanislav. *Books of the Dead*. London: Thames & Hudson, 2013, p.13.

[173] FOX. *Bíblia*, cit., p.294; LEICK. *Mesopotâmia*, cit., p.200.

[174] ELIADE. *História das crenças...I*, cit., p.324 e segs; ELIADE. *História das crenças... II*, cit., v.2, pp.11-16; Fox. *Bíblia*, cit., pp.58-64; p.287 e segs.; Leick. *Mesopotâmia*, cit., pp.274-275.

[175] ELIADE. *História das crenças...I*, cit., p.324 e segs; ELIADE. *História das crenças... II*, cit., v.2, pp.11-16; FOX. *Bíblia*, cit., pp.58-64 p.86-90, p.287 e segs.; LEICK. *Mesopotâmia*, cit., pp.274-275.

[176] Para os três últimos parágrafos: GLEISER. *O fim da Terra e do Céu*, cit., p.37-39; FOX. *Bíblia*, cit., pp.86-90 e p.183 e p.307; ELIADE. *História das crenças... II*, cit., v.2, p.30; LEICK. *Mesopotâmia*, cit., pp.279-287; MONTET, Pierre. *O Egito no tempo de Ramsés*. São Paulo: Companhia das Letras/Círculo do Livro, 1989, pp.49-52.

[177] FOX. *Bíblia*, cit., p.307-310; LIMA, Luís Filipe S. *O império dos sonhos*. São Paulo: Alameda, 2010, pp.16-17 e p.191 e segs; HILL, Christopher. *O mundo de ponta-cabeça*. São Paulo: Companhia das Letras, 1987, cap.6 e cap.11.

[178] CROSBY. *A mensuração da realidade*, cit., p.36-37; ELIADE. *História das crenças...III*, cit., pp.115-120; MAALOUF, Amin. *As cruzadas vistas pelos árabes*. São Paulo: Brasiliense, 1988.

[179] Para os três últimos parágrafos: GLEISER. *O fim da Terra e do Céu*, cit., pp.42-46; pp.67-69; ELIADE. *História das crenças... II*, cit., v.1, p.172-173, p.186-187; Eliade. *História das crenças... III*, cit., pp.87-88; LE GOFF, Jacques. *Para um novo conceito de Idade Média*. Lisboa: Estampa, 1979, p.47; SCHMITT, Jean-Claude. "A morte na Idade Média cristã", In: GODELIER, M. (org.). *Sobre a morte*, cit., p.160; JAMBET, Christian. "A morte no Islã", In: *GODELIER*, M., cit., pp.138-140.

[180] MUELA, Juan Carmona. *Iconografía cristiana*. Madrid: Akal, 2008, p.12 e segs.

[181] GROF. *Books of dead*, cit., pp.16-27.

[182] ELIADE. *História das crenças... II*, cit., v.1, pp.252-258; RIBEIRO, João Ubaldo. *Viva o povo brasileiro*. 9ª ed. Rio de Janeiro: Nova Fronteira, 1987, pp.437-454.

[183] GLEISER. *O fim da Terra e do Céu*, cit., p.53.

[184] Para os dois últimos parágrafos: WITHROW. *O tempo na história*, cit., p.155; ELIADE. *História das crenças... II*, cit., v.2, pp.34-35; GOLDBERG, p.130.

[185] Para os dois últimos parágrafos: BLOCH, Ernst. *O Princípio Esperança*. Rio de Janeiro: Contraponto, 2005; GLEISER. *O fim da Terra e do Céu*, cit., p.75-81; "Há exatos 41 anos, Jim Jones causava o macabro massacre de Jonestown". *Aventuras na História* (on-line), 18/11/2019; BBC NEWS. "Quiet cult's doomsday Deaths". 29 mar. 2000. Disponível em: <http://news.bbc.co.uk/2/hi/africa/683813.stm>. Acesso em 21 ago. 2021.

[186] MATSON, John. "As diversas faces do apocalipse". Scientific American Brasil extra, out. 2010, pp.64-65.

[187] MELAMED, Yitzhak. "Introduction". In: *Eternity*, cit., p.1-3; WILBERDING. "Eternity in ancient philosophy", cit., p.14-16.

[188] WILBERDING. "Eternity in ancient philosophy", cit., p.45, pp.59-51; Adamson, Peter. "Eternity in medieval philosophy", In: MELAMED (ed.). *Eternity*, cit., p.77-78; DE CALLATAŸ, Godefroid. "Eternity and the world-cycles". In: idem, pp.64-69; LE GOFF. *Para um novo conceito de Idade Média*, cit., pp.45-46; BELLOS. *Alex no país dos números*, cit., p.108.

[189] ADAMSON. "Eternity in medieval philosophy", cit., pp.77-78; ERISMANN, Christophe. "Eternity and the trinity". In: MELAMED. *Eternity*, cit., p.124.

[190] Para os dois últimos parágrafos: MELAMED. "Introduction", cit., p.6; MELAMED. "Eternity in early modern philosophy". In: *Eternity*, cit., p.132 e segs.; WELCHMAN, Alistair. "Eternity in Kant and post-Kantian european thought". In: idem, pp.179-180, p.195; MEYERHOFF, Hans. *O tempo na literatura*. São Paulo: McGraw-Hill, 1976, pp.48-57.

[191] WELCHMAN, "Eternity in Kant...", cit., p.217; NIETZSCHE, Friedrich. "Assim falou Zaratustra". In: *Os pensadores*. 3ª ed. São Paulo: Abril Cultural, 1983, p.254.

[192] WELCHMAN. "Eternity in Kant...", cit., pp.217-219; MARTON, Scarlett. *Extravagâncias*. São Paulo: Discurso Editorial, 2000.

[193] Idem, p.90.

[194] VEYNE, Paul. *Acreditavam os gregos em seus mitos?* São Paulo: Brasiliense, 1984, respectivamente p.39 e p.123.

[195] QUEIRÓS, Eça de. *A cidade e as serras*. 4ª.ed. São Paulo: Martin Claret, 2012, p.140.

[196] WITHROW, G. J. *O tempo na história*. Rio de Janeiro: Zahar, 1993, p.127; DONATO, Hernâni. *História do calendário*. São Paulo: Melhoramentos, 1976, p.67; THOMPSON, Edward P. *Costumes em comum*. São Paulo: Companhia das Letras, 1998, p.270.

[197] CIPOLLA, Carlo. *Las máquinas del tiempo*. México: FCE, 1998, p.95, trad. livre; na mesma linha: KOYRÉ, Alexandre. "Os filósofos e a máquina". *Estudos de história do pensamento filosófico*. Rio de Janeiro: Forense Universitária, 1991, pp.243-70.

[198] THOMPSON. *Costumes em comum*, cit., pp.271-272.

[199] MUÑOZ BOX, Fernando. *Las medidas del tiempo en la historia*. 2ª ed. revis. y ampl. Valladolid: Universidad de Valladolid, 2011, pp.99-136; BRETONES, Paulo S. "Relógios de Sol". *Scientific American Brasil*, fev.2013, p.15.

[200] Para os últimos três parágrafos: MONTET, Pierre. *O Egito no tempo de Ramsés*. São Paulo: Companhia das Letras/Círculo do Livro, 1989, pp 47-48; WITHROW. *O tempo na história*, cit., pp.41-42, 54, 65-66, 81-82, 106, p.119-120; CIPOLLA. *Las máquinas del tiempo*, cit., p.19-20; DONATO. *História do calendário*, cit., p.57, pp.60-65.

[201] CIPOLLA. *Las máquinas del tiempo*, cit., pp.10-11; LANDES, David. *Revolución en el tiempo*. Barcelona: Crítica, 2007, p.14; CROSBY, Alfred. *A mensuração da realidade*. São Paulo: Editora UNESP, 1999; PEIXEIRO, Horácio. "Instruments to measure time". In: *The image of time*. Lisbon: Calouste Gulbenkian Foundation, s.d., p.150.

[202] LANDES. *Revolución en el tiempo*, cit., pp.19-21; SPENCE, Jonathan D. *Em busca da China moderna*. São Paulo: Companhia das Letras, 1995, p.45.

[203] LANDES. *Revolución* en el tiempo, cit., pp.29-30; CHALLONER, Jack. *1001 invenções que mudaram o mundo*. Rio de Janeiro: Sextante, 2014, p.156 e p.158.

[204] CIPOLLA. *Las máquinas del tiempo*, cit., p. 9-11; KOYRÉ, Alexandre. "Du monde de l' "au-peu-près" à l'univers de la précision". In: *Études d'histoire de la pensée philosophique*. Paris: Gallimard, 1971, pp.341-362; LANDES. *Revolución en el tiempo*, cit., p.27-28; DONATO. História do calendário, cit., p.68.

[205] LANDES. *Revolución en el tiempo*, cit., p.65-66, p.84-93; WITHROW. *O tempo na história*, cit., p.119 e p.121; CIPOLLA. *Las máquinas del tiempo*, cit., p.21; KOYRÉ. "Du monde de l' "au-peu-près" à l'univers de la précision", cit., p.353 e segs.

[206] CIPOLLA. *Las máquinas del tiempo*, cit., pp.12-13; LANDES. *Revolución en el tiempo*, cit., pp.15-16.

[207] CIPOLLA. *Las máquinas del tiempo*, cit., pp.21-22, p.46; LE GOFF, Jacques. *Para um novo conceito de Idade Média*. Lisboa: Estampa, 1979, pp.70-71; CROSBY. *A mensuração da realidade*, cit., pp.30-31.

[208] WITHROW. *O tempo na história*, cit., p.120; LANDES. *Revolución en el tiempo*, cit., p.61, p.80; CROSBY. *A mensuração da realidade*, cit., pp.82-83; KOYRÉ. "Du monde de l' "au-peu-près" à l'univers de la précision", cit., pp.354-355.

[209] LE GOFF. *Para um novo conceito de Idade Média*, cit., p.45, pp.61-62.

[210] Idem, p.51-52.

[211] LANDES. *Revolución en el tiempo*, cit., p.73, tradução livre do espanhol; LE GOFF. *Para um novo conceito de Idade Média*, cit., p.71.

212 Idem, p.43.

213 LANDES. *Revolución en el tiempo*, cit., p.95.

214 USHER, Abbot Payson. *Uma história das invenções mecânicas*. Campinas: Papirus, 1993, pp.278-279; WITHROW. *O tempo na história*, cit., p.126.

215 Para os últimos dois parágrafos: CIPOLLA. *Las máquinas del tiempo*, cit., pp. 26-27, pp.32-35, pp.115-118; LANDES. *Revolución en el tiempo*, cit., pp.8-13, p.103; CROSBY. *A mensuração da realidade*, cit., p.86; LE GOFF. *Para um novo conceito de Idade Média*, cit., pp.69-70.

216 CIPOLLA. *Las máquinas del tiempo*, cit., pp.29-31; USHER. *Uma história das invenções mecânicas*, cit., pp.266-268.

217 ALIGHIERI, Dante. *A divina comédia*. S/l: Mimética, 2019 (e-book), Paraíso, cantos 10, 24 e 33); CROSBY. *A mensuração da realidade*, cit., p.85-88.

218 CIPOLLA. *Las máquinas del tiempo*, cit., pp.40-44; LANDES. *Revolución en el tiempo*, cit., pp.243-248.

219 BOXER, Charles. *O império marítimo português* (1415-1825). Lisboa: Edições 70, 2001, cap.2; CIPOLLA. *Las máquinas del tiempo*, cit., pp.85-86; LANDES. *Revolución en el tiempo*, cit., pp.43-47, pp.50-52; SPENCE, Jonathan D. *O palácio da memória de Matteo Ricci*. São Paulo: Companhia das Letras, 1986, pp.195-200.

220 CIPOLLA. *Las máquinas del tiempo*, cit., p.93; VELLOSO, Gustavo. *Ociosos e sedicionários*. São Paulo: Intermeios, 2018.

221 LANDES. *Revolución en el tiempo*, cit., pp.47-49.

222 CIPOLLA. *Las máquinas del tiempo*, cit., pp.102-105; TANAKA, Stefan. "Unification of time and the fragmentation of pasts in Meiji Japan". In: LORENZ, C., BEVERNAGE, B. (eds.). *Breaking up time*. Schriftenreihe der FRIAS School of History, v. 7, 2013, pp.221-222; FREITAG, Wolfgang et al. *Highlights from the Vienna Museum of Clocks and Watches*. Vienna: Holzhausen Druck GmbH, 2010, pp.38-39; BELLOS, Alex. *Alex no país dos números*. São Paulo: Companhia das Letras, 2011, p.66.

223 NANNI, Giordano. *The colonisation of time*. Manchester: Manchester University Press, 2012, cap.2, 3 e 5.

224 KOYRÉ. "Du monde de l' "au-peu-près" à l'univers de la précision", cit.; SOARES, Luiz Carlos. "O nascimento da Ciência Moderna". In: *Da revolução científica à big (business) Science*. São Paulo/Niterói: Hucitec/EDUFF, 2001, pp.26-30; CATROGA, Fernando. *Os passos do homem como restolho do tempo*. Coimbra: Almedina, 2009, p.152.

225 KEPLER cit. por CROSBY. *A mensuração da realidade*, cit., pp.88-89; também CIPOLLA. *Las máquinas del tiempo*, cit., pp.16, pp.51-52; WITHROW. *O tempo na história*, cit., p.140; BERTRAND, Joseph. *Os fundadores da astronomia moderna*. Rio de Janeiro: Contraponto, 2008, p.90 e segs.

226 CIPOLLA. *Las máquinas del tiempo*, cit., p.53; WITHROW. *O tempo na história*, cit., pp.140-144; pp.158-165.

227 THOMAS, Keith. *Religião e o declínio da magia*. São Paulo: Companhia das Letras, 1991, pp.503-504. Também LANDES. *Revolución en el tiempo*, cit., p.8, p.25, pp. 105-106; CIPOLLA. Las máquinas del tiempo, cit., p.46; WITHROW. *O tempo na história*, cit., pp.130-131.

[228] CIPOLLA. *Las máquinas del tiempo*, cit., p.61, p.70; LANDES. *Revolución en el tiempo*, cit., p.136, p.265, p.275, p.305, p.326.

[229] MARINHO, Lúcia Rodrigues. *Guardiães do tempo*. Lisboa: Universidade Clássica de Lisboa, 2010, pp.54-57, pp.70-72; CIPOLLA. *Las máquinas del tiempo*, cit., pp.71-72; BOSCOV, Sarah. *Vivências e experiências do tempo*. São Paulo: FFLCH-USP, 2018, pp.167-168.

[230] Para os dois últimos parágrafos: BOSCOV. *Vivências e experiências do tempo*, cit., pp. 176-179; CALMON, Jorge. "A Relação da Bahia, o primeiro tribunal de Justiça do Brasil". *Revista do Instituto Geográfico e Histórico da Bahia*, n.89, 1991, p.28; VELLOSO. *Ociosos e sedicionários*, cit., p.25; FURTADO, Júnia. *Homens de negócio*. São Paulo: Hucitec, 1999, p.148; MARINHO. *Guardiães do tempo*, cit., pp.70-71; MOURÃO, Ronaldo R. "A astronomia na regência de Dom João". Revista do IHGB, ano 170, v.442, jan./mar.2009, p.328; MARTÍNEZ-RENAU, Laura. *Liberalismo y revolución en la frontera*. València: Universitat de València, 2019, p.385; URIBE, Ricardo. *Las dinámicas del tiempo*. Medellín: La Carreta Histórica, 2016, p.25.

[231] Para os últimos dois parágrafos: BOSCOV. *Vivências e experiências do tempo*, cit., pp.127-129; PAULINO, Mariana. *A semântica do tempo no discurso de reformistas ilustrados sobre as Américas ibéricas (c.1750-c.1807)*. São Paulo: FFLCH-USP, 2020, cap.1; PIMENTA, João Paulo. "Pensar e conceber a distância: uma reflexão acerca dos espaços-tempo dos impérios ibéricos (séculos XV-XIX)". In: GAUDIN, G., STUMPF, R. (coord.). *Las distancias en el gobierno de los imperios ibéricos*. Madrid: Casa de Velázquez, 2021.

[232] LANDES. *Revolución en el tiempo*, cit., pp.343-350; GALISON, pp.30-31.

[233] GALISON, Peter. *Os relógios de Einstein e os mapas de Poincaré*. Lisboa: Gradiva, 2005, p.14.

[234] DONATO. *História do calendário*, cit., p.79.

[235] KOSELLECK, Reinhart. *Futuro passado*. Rio de Janeiro: Contraponto/PUC--RJ, 2006, caps.13 e 14; ROSA, Hartmut. *Acerelação*. São Paulo: Edunesp, 2019, p.321 e segs.

[236] THOMPSON. *Costumes em comum*, cit., p.293.

[237] Para os últimos dois parágrafos: LANDES. *Revolución en el tiempo*, cit., p.5, p.224, pp.413-418, pp.427-428, p.439.

[238] WITHROW. *O tempo na história*, cit., p.189; MATSON, pp.42-43.

[239] LABRADOR, David. "Do instantâneo ao eterno". Scientific American Brasil, ed. esp. n.47, p.36-37; BBC NEWS. "O que é um zeptosegundo, a menor unidade de tempo já medida", 20 out. 2020. Disponível em: <https://www.bbc.com/portuguese/geral-54609291>. Acesso em 23 ago. 2021; CHERMAN, Alexandre, VIEIRA, Fernando. *O tempo que o tempo tem*. Rio de Janeiro, Jorge Zahar, 2008, pp.20-21.

[240] ZAMPIERE, Fábio. *Uma análise das mudanças recentes no mercado relojoeiro*. Rio de Janeiro: Escola Politécnica-UFRJ, 2018, pp.5-11.

[241] GALISON. *Os relógios de Einstein e os mapas de Poincaré*, cit., pp.288-290.

[242] CORTÁZAR, Julio. "Preâmbulo às instruções para dar corda no relógio". *Histórias de cronópios e de famas*. 12ª ed. Rio de Janeiro: Civilização Brasileira, 2009, p.16. O original é de 1962

[243] ZEREGA, Georgina. "O México não sabe o que fazer com seus mamutes". El País Brasil, 27 dez. 2019. Disponível em: <https://brasil.elpais.com/ciencia/2019-12-27/mexico-nao-sabe-o-que-fazer-com-seus-mamutes.html>. Acesso em 23 ago. 2021; BOLETÍN INAH. "INAH confirma hallazgo de restos de mamutes en el municipio de Tultepec, Estado de México", 14 mar. 2019. Disponível em: <https://www.inah.gob.mx/boletines/8001-inah-confirma-hallazgo-de-restos--de-mamutes-en-el-municipio-de-tultepec-estado-de-mexico>. Acesso em 23 ago. 2021.

[244] ZERUBAVEL, Eviatar. *Time maps*. Chicago: University of Chicago Press, 2003, cap.4; ZERUBAVEL, E. *Ancestors and Relatives*. New York: Oxford University Press, 2012; cap.5; também FINLEY, Moses. "Mito, memória e história". *Usos e abusos da história*. São Paulo: Martins Fontes, 1989, pp.16-17; e FOSTER, Jonathan K. *Memory*. Oxford: Oxford University Press, 2009, pp.13-14.

[245] HAMA, B., KI-ZERBO, J. "Lugar da história na sociedade Africana". In: KI--ZERBO, J. (dir.). *História geral da África I*. 2ª ed. rev. Brasília: UNESCO, 2010, pp.24-28.

[246] LOWENTHAL, David. *The past is a foreign country*. Cambridge: Cambridge University Press, 1985, p.220.

[247] Para os dois últimos parágrafos: WITHROW, G. J. *O tempo na história*. Rio de Janeiro: Zahar, 1993, p.149; HOLFORD-STREVENS, Leofranc. *The history of time*. Oxford: Oxford University Press, 2005, pp.120-121; RUDWICK, Martin. *Earth's Deep History*. Chicago/London: Chicago University Press, 2014, pp.11-17.

[248] SANTOS, Eduardo N. dos. *Tempo, espaço e passado na Mesoamérica*. São Paulo: Alameda, 2009, pp.324-342, pp.328-329.

[249] RUDWICK. *Earth's Deep History*, cit., p.9, tradução livre.

[250] ELIADE, Mircea. *História das crenças e das ideias religiosas tomo I*. Rio de Janeiro: Zahar, 2010, pp.62-63, grifos originais.

[251] GOULD, Stephen J.. *Seta do tempo, ciclo do tempo*. São Paulo: Companhia das Letras, 1991, p.14.

[252] RUDWICK. *Earth's Deep History*, cit., pp.19-21; também SOARES, Luiz Carlos. "O nascimento da Ciência Moderna: os diversos caminhos da Revolução Científica nos séculos XVI e XVII". In: *Da revolução científica à big (business) Science*. São Paulo/Niterói: Hucitec/EDUFF, 2001, pp.32-34.

[253] SARAIVA, F. R. dos Santos. *Dicionário latino-português*. 13ª ed. Belo Horizonte: Garnier, 2019, p.502.

[254] Para os dois últimos parágrafos: ONNA, Alberto. "Tiempo, sedimentos y fósiles". In: LEVIÑAS, M. (ed.). *La naturaleza del tiempo*. Buenos Aires: Editorial Biblos, 2008, pp.90-94; ONNA, A. "La edad de la Tierra", In: idem, p.104-105; RUDWICK. *Earth's Deep History*, cit., pp.26-27; FOX, Robin Lane. *Bíblia*. São Paulo: Companhia das Letras, 1993; KOSELLECK, Reinhart. "A configuração do moderno conceito de história". In: KOSELLECK, R. et al. *O conceito de história*. Belo Horizonte: Autêntica, 2018, p.168.

[255] GOULD. *Seta do tempo, ciclo do tempo*, cit., p.36, p.45, p.59; RUDWICK. *Earth's Deep History*, cit., cap.2; WITHROW. *O tempo na história*, cit., p.173.

[256] PIMENTA, Pedro Paulo. *A trama da natureza*. São Paulo: Editora Unesp, 2018, p.10, p.146.

257   GOULD. *Seta do tempo, ciclo do tempo*, cit., p.153 e segs.

258   PIMENTA, Pedro. *A trama da natureza*, cit., pp.159-160, p.365, pp.368-369; ONNA. "Tiempos, sedimentos y fósiles", cit., pp.90-94; POMIAN, Krzysztof. *L'ordre du temps*. Paris: Gallimard, 1984, p.297; KOSELLECK. "A configuração do moderno conceito de história", cit, p.169.

259   BUFFON. *Das épocas da natureza*, 1778, cit. por PIMENTA, Pedro. *A trama da natureza*, cit., pp.366-367. Também ROSSI, Paolo. *Naufrágios sem espectador*. São Paulo: Ed. Unesp, 2000, pp.89-90.

260   CUVIER. *Memória sobre as espécies de elefantes vivos e fósseis*, 1799, cit. por PIMENTA, Pedro. *A trama da natureza*, cit., pp.380-381. Também GOULD. *Seta do tempo, ciclo do tempo*, cit., pp.116-117.

261   Idem, p.67-73, p.92.

262   PIMENTA, Pedro. *A trama da natureza*, cit., pp.372-381, pp.388-389; GOULD. *Seta do tempo, ciclo do tempo*, cit., p.99, p.109; p.117, pp.135-136, pp.177-178; ONNA. "Tiempo, sedimentos y fósiles", cit., pp.90-94; ONNA. "La edad de la Tierra", cit., pp.104-105; GLEISER, Marcelo. *O fim da Terra e do Céu*. São Paulo: Companhia das Letras, 2001, p.138.

263   GOULD. *Seta do tempo, ciclo do tempo*, cit., p.21; também p.25.

264   GOULARD, Jean-Pierre. "A morte entre o povo Ticuna (Amazônia)". In: GODELIER, M. (org.). *Sobre a morte*. São Paulo: SESC, 2017, pp.283-284.

265   ARRIGHI, Giovanni. *O longo século XX*. Rio de Janeiro/São Paulo: Contraponto/Unesp, 1996, cap.3; HOBSBAWM, Eric J. *A era das revoluções*, 1789-1848. 4ª ed. Rio de Janeiro: Paz e Terra, 1982, p.187, pp.302-304; WALLERSTEIN, Immanuel. *The modern world-system IV*. Berkeley/Los Angeles/London: University of California Press, 2011, p.84.

266   WALLERSTEIN. *The modern world-system*, cit., cap.5; NOVAIS, Fernando, DA SILVA, Rogério Forastieri. "Introdução". *Nova história em perspectiva*. São Paulo: Cosac Naify, 2011, pp.6-70; ARANTES, Paulo. *O novo tempo do mundo*. São Paulo: Boitempo, 2014, pp.52-53, p.57.

267   DARWIN, 1859, cit. por GOULD. *Seta do tempo, ciclo do tempo*, cit., p.137.

268   LIVERANI, Mario. *Antigo Oriente*. São Paulo: Edusp, 2020, p.38.

269   TOHARIA, Manuel. *Historia mínima del cosmos*. México: El Colegio de México, 2016, pp.203-214, pp.229-238, pp.269-271; GLEISER. *O fim da Terra e do Céu*, cit., pp.124-136; GOULD. *Seta do tempo, ciclo do tempo*, cit., p.163; BRANCO, Pércio de Moraes. "Breve história da Terra". In: *Serviço Geológico do Brasil*, dez. 2016. Disponível em: <http://www.cprm.gov.br/publique/CPRM-Divulga/Canal-Escola/Breve-Historia-da-Terra-1094.html>. Acesso em 23 ago. 2021; ONNA. "La edad de los oceanos". In: LEVIÑAS, M. (ed.). *La naturaleza del tiempo*. Buenos Aires: Editorial Biblos, 2008, pp.110-111; MAREAN, Curtis W. "Quando o mar salvou a humanidade". Scientific American Brasil, ano 8, n.100, set. 2010, pp.55-61.

270   POMIAN. *L'ordre du temps*, cit., p.105.

271   RUDWICK. *Earth's Deep History*, cit., pp.294-295; ZALASIEWICZ, Jan. "Qual marca deixaremos no planeta?" Scientific American Brasil, ano 15, n.170, out. 2016, pp.32-39; LATOUR, Bruno. *Diante de Gaia*. São Paulo/Rio de Janeiro: Ubu/Ateliê de Humanidades, 2020, cap.4.

[272] TEIXEIRA et al. *Decifrando a Terra*. São Paulo: Oficina de Textos, 2000, pp.558-559; ROSENBERG, Daniel, GRAFTON, Anthony. *Cartographies of time*. Princeton: Princeton Architectural Press, 2010, p.238 e segs.

[273] FONTANA, Josep. *História*. Bauru, Edusc, 1998 pp.9-13; HOLFORD-STREVENS. *The history of time*, cit., pp.125-126; ROSENBERG & GRAFTON. *Cartographies of time*, cit., p.15.

[274] MORGAN, David. "The evolution of two asian historiographical traditions". In: BENTLEY, M. (ed.). *Companion to Historiography*. London & New York: Routledge, 2002, p.18; SPENCE, Jonathan D. *Em busca da China moderna*. São Paulo: Companhia das Letras, 1995, p.156; THORAVAL, Joël. "A morte na China". In: GODELIER, M. (org.). *Sobre a morte*, cit., pp.173-206, p.176.

[275] Para os dois últimos parágrafos: MORGAN. "The evolution of two asian historiographical traditions", cit., p.11 e p.16; WITHROW. *O tempo na história*, cit., p.40, p.44; FOX. Bíblia, cit., pp.151-153; DONATO, Hernâni. *História do calendário*. São Paulo: Melhoramentos, 1976, p.56; ROSENBERG & GRAFTON. *Cartographies of time*, cit., p.15; MOMIGLIANO, Arnaldo. *As raízes clássicas da historiografia moderna*. Bauru: Edusc, 2004, p.25; POMIAN. *L'ordre du temps*, cit., p.103; MUÑOZ BOX, Fernando. *Las medidas del tiempo en la historia*. 2ª ed. Valladolid: Universidad de Valladolid, 2011, p.26; MAÍLLO SALGADO, Felipe. *De historiografía árabe*. Madrid: Abada, 2008, p.42; PREM, Hanns J. *Manual de la antigua cronología mexicana*. México: Porrúa, 2008, p.48; LEICK, Gwendolyn. *Mesopotâmia*. Rio de Janeiro: Imago, 2003, p.25, pp.94-98, p.220, p.297; LOEWE, Michael. "Cyclical and linear concepts of time in China". In: LIPPINCOTT, K. (ed.). *The story of time*. London: Merrell Holberton, 1999, p.78; VESELY, R. "O Egito sob o domínio do Império Otomano". In: OGOT, B. A. (dir.). *História geral da África V*. Brasília: UNESCO, 2010, p.191; CHAUNU, Pierre. *L'axe du temps*. Paris: Julliard, 1994, pp.206-207; PHIRI et al. "Zambézia do Norte: a região do lago Malaui". In: (dir.). *História geral da África V*, cit., pp.738-739; PARÉS, Luis Nicolau. *O rei, o pai e a morte*. São Paulo: Companhia das Letras, 2016, pp.258-260; ZIÓLKOWSKI, Mariusz. *Pachap Vnancha*. Arequipa: El Lector, 2015, pp.41-43, p.64.

[276] Para os dois últimos parágrafos: HARTOG, François. *Evidência da história*. Belo Horizonte: Autêntica, 2013, pp.48-49; FINLEY. "Mito, memória e história", cit; MOMIGLIANO. *As raízes clássicas da historiografia moderna*, cit., p.64; FOX. Bíblia, cit., p.156; ROBERTS, Jennifer. *Herodotus*. Oxford: Oxford University Press, 2011, p.26.

[277] FINLEY. "Mito, memória e história", cit., pp.10-11; ROSENBERG & GRAFTON. *Cartographies of time*, cit., p.14.

[278] Idem, p.10, tradução livre.

[279] OSTERHAMMEL, Jürgen. *La transformación del mundo*. Barcelona: Crítica, 2015, p.87; DONATO. *História do calendário*, cit., p.101; PREM. *Manual de la antigua cronología mexicana*, cit., p.47; HOLFORD-STREVENS. *The history of time*, cit., p.116; HENDRY, Joy. "Cycles, seasons and stages of life: time in a japanese context". In: LIPPINCOTT (ed.). *The story of time*, cit., p.81.

[280] SARAIVA. *Dicionário latino-português*, cit., p.43; MELAMED, Yitzhak. "Introduction". In: *Eternity*. New York: Oxford University Press, 2016, pp.1-3;

WILBERDING, James. "Eternity in Ancient Philosophy". In: Eternity, cit., pp.14-16; HOLFORD-STREVENS. *The history of time*, cit., p.118-122; Donato. *História do calendário*, p.52; Prem. *Manual de la antigua cronología mexicana*, cit., p.46; Liverani. Antigo Oriente, cit., p.36.

[281] Para os dois últimos parágrafos: VERNANT, Jean-Pierre. *Myth and thought among the Greeks*. London/Boston/Melbourne/Henley: Routledge & Kegan Paul, 1983, cap.1; ELIADE. *História das crenças...I*, cit., pp.243-246; OVÍDIO. *Metamorfoses*. São Paulo: Editora 34, 2019; PAULINO, Mariana F. *A semântica do tempo no discurso de reformistas ilustrados sobre as Américas ibéricas (c.1750--c.1807)*. São Paulo: FFLCH-USP, 2020, cap.I; ALCIDES, Sérgio. "Expectativa e metamorfose: saudades da Idade de Ouro na América portuguesa". In: JANCSÓ, I., KANTOR, I. (orgs.). *Festa*. São Paulo: Hucitec/Edusp/Fapesp, 2001, v.2, pp.775-798; GODMAN, Peter. "Latin Literature". In: *Encyclopaedia Britannica*. Encyclopaedia Britannica Inc., February 13, 2019.

[282] Para os dois últimos parágrafos: MEIER, Christian. "Antiguidade". In: KOSELLECK et al. *O conceito de história*, cit., pp.58-62; LE GOFF, Jacques. *Para um novo conceito de Idade Média*. Lisboa: Estampa, 1979, p.50; POMIAN. *L'ordre du temps*, cit., p.107; PIRES, Francisco Murari. "Antigos e modernos, o fardo e o fio". *Revista de História, Edição Especial*, 2010, p.10.

[283] WITHROW. *O tempo na história*, cit., pp.96-97; LE GOFF, J. *A história deve ser dividida em pedaços?* São Paulo: Edunesp, 2015, pp.17-21, p.50; CROSBY, Alfred. *A mensuração da realidade*. São Paulo: Edunesp, 1999, p.39; POMIAN. *L'ordre du temps*, cit., p.108.

[284] Para os dois últimos parágrafos: POMIAN. *L'ordre du temps*, cit., pp.108-109; CROSBY. *A mensuração da realidade*, cit., p.44; MINOIS, Georges. *História do futuro*. São Paulo: Editora Unesp, 2016, pp.219-221; WITHROW. *O tempo na história*, cit., pp.97-98; GLEISER. *O fim da Terra e do Céu*, cit., pp.62-63; ROSENBERG & GRAFTON. *Cartographies of time*, cit., p.58; MOMIGLIANO. *As raízes clássicas da historiografia moderna*, cit., p.204.

[285] Para os dois últimos parágrafos: LE GOFF. *A história deve ser dividida em pedaços?*, cit., p.17, pp.21-22; GÜNTHER, Horst. "Pensamento histórico no início da Idade Moderna". In: KOSELLECK et al. *O conceito de história*, cit., pp.93-94; POMIAN. *L'ordre du temps*, cit., p.107; CROSBY. *A mensuração da realidade*, cit., pp.94-95; PEROVIC, Sanja. "Year 1 and Year 61 of the French Revolution". In: LORENZ, C., BEVERNAGE, B. (eds.). *Breaking up time*. Schriftenreihe der FRIAS School of History, v.7, 2013, p.88; RUDWICK. *Earth's Deep History*, cit., p.14.

[286] LE GOFF. *A história deve ser dividida em pedaços?*, cit., p.18, p.25; POMIAN. *L'ordre du temps*, cit., pp.115-122.

[287] LE GOFF. *A história deve ser dividida em pedaços?*, cit., pp.68-70; POMIAN. *L'ordre du temps*, cit., pp.112-114.

[288] FRANGIOTTI, Roque. "Introdução". In: Eusébio de Cesaréia. *História eclesiástica*. São Paulo: Paulus, 2000, pp.9-22.

[289] ROSENBERG & GRAFTON. *Cartographies of time*, cit., p.11; ZERUBAVEL. Ancestors and Relatives, cit.; ROBERTS. Herodotus, cit., p.11; VERNANT, *Myth and Thought*, cit.

[290] CESARÉIA, Eusébio de. *História Eclesiástica*, cit., I, 1, pp.29 e p.31.

[291] Os cinco últimos parágrafos se baseiam em: ROSENBERG & GRAFTON. *Cartographies of time*, cit., pp.15-17, pp.26-27, pp.31-49, pp.62-63; MOMIGLIANO. *As raízes clássicas da historiografia moderna*, cit., pp.194-195; STERN, Sacha. *Calendars in antiquity*. Oxford: Oxford University Press, 2012, pp.260-262; SCHAPIRO, Meyer. *A unidade da arte de Picasso*. São Paulo: Cosac Naify, 2002, pp.89-103.

[292] WITHROW. *O tempo na história*, cit., pp.88-92; ENGELS, Odilo. "Compreensão do conceito na Idade Média". In: KOSELLECK et al. *O conceito de história*, cit., pp.73-74; BELLOS, Alex. *Alex no país dos números*. São Paulo: Companhia das Letras, 2011, pp.52-54.

[293] Os dois últimos parágrafos se baseiam em: WITHROW. *O tempo na história*, cit., p.86; LE GOFF. *A história deve ser dividida em pedaços?*, cit., pp.19-20, p.30; POMIAN. *L'ordre du temps*, cit., pp.102-103; DONATO. *História do calendário*, cit., pp.51-54, pp.101-102; MUÑOZ BOX, Fernando. *Las medidas del tiempo en la historia*, cit., p.26, p.52; HOLFORD-STREVENS. *The history of time*, cit., p.91, pp.124-125; CROSBY. *A mensuração da realidade*, cit., p.41; PREM. *Manual de la antigua cronología mexicana*, cit., p.48; FOX. Bíblia, cit., pp.26-36; CHERMAN, Alexandre, VIEIRA, Fernando. *O tempo que o tempo tem*. Rio de Janeiro: Zahar, 2008, p.61; MAÍLLO SALGADO, Felipe. *De historiografia árabe*, cit., pp.41-42.

[294] ROSENBERG & GRAFTON. *Cartographies of time*, cit., pp.65-67.

[295] MUÑOZ BOX, Fernando. *Las medidas del tiempo en la historia*, cit., p.25; HOLFORD-STREVENS. The history of time, cit., p.126; POMIAN. *L'ordre du temps*, cit., p.III, p.103.

[296] LIVERANI. *Antigo Oriente*, cit., p.36.

[297] Para os três últimos parágrafos: LE GOFF. *A história deve ser dividida em pedaços?*, cit., pp.25-27, p.31, p.50, p.120; LE GOFF. *História e memória*. 7ª ed. rev. Campinas: Editora Unicamp, 2013, pp.167-171; GÜNTHER. "Pensamento histórico no início da Idade Moderna", cit., p.102; POMIAN. *L'ordre du temps*, cit., pp.114-117, p.131; ZERMEÑO PADILLA, Guillermo. *La cultura moderna de la historia*. México: El Colegio de México, 2002, pp.44-51; JOHANN STRAUSS. "Kurûn-I Vusta: la découverte du 'Moyen âge' par les Ottomans". In: GEORGEON, F., HITZEL, F. (dir.). *Les Ottomans et le temps*. Leiden/Boston: Brill, 2012, pp.205-206; SOARES. "O nascimento da Ciência Moderna", cit., pp.60-63.

[298] Para os dois últimos parágrafos: LE GOFF. *A história deve ser dividida em pedaços?*, cit., pp.11-13, pp.22-23; POMIAN. *L'ordre du temps*, cit., pp.123-128 (Voltaire é citado textualmente por ambos); SPALINGER, Anthony. "Egyptian Time". In: LIPPINCOTT, K. (ed.). *The story of time*, cit., p.268.

[299] Para os dois últimos parágrafos: POMIAN. L'ordre du temps, cit., p.128; ROSENBERG & GRAFTON. *Cartographies of Time*, cit., p.19, p.116 e segs.; PEROVIC. "Year 1 and Year 61 of the French Revolution", cit., p.88.

[300] LE GOFF. *A história deve ser dividida em pedaços?*, cit., p.13, pp.42-43, pp.47-52, p.122; POMIAN. L'ordre du temps, cit., p.137; WALLERSTEIN. *The Modern World-System IV*, cit.; HOBSBAWM. *A era das revoluções*, cit., pp.308-309; PIRES. "Antigos e modernos, o fardo e o fio", cit., p.12.

[301] Para os dois últimos parágrafos: POMIAN. *L'ordre du temps*, cit., p.133, pp.140-141. A segunda obra de Hegel aqui mencionada é *Princípios da Filosofia do Direito*, de 1821.

302 STRAUSS. "Kurûn-I Vusta: la découverte du 'Moyen âge' par les Ottomans", cit., p.213 e segs.; TANAKA, Stefan. "Unification of time and the fragmentation of pasts in Meiji Japan". In: LORENZ, C., BEVERNAGE, B. (eds.). *Breaking up time*, cit., p.233.

303 BRIVATI, Brian. "Introduction". In: B. Brivati/J. Buxton/A. Seldon (eds.). *The contemporary history handbook*. Manchester/New York: University of Manchester Press, 1996, pp.xvi-xvii. BARRACLOUGH, Geoffrey. *Introdução à história contemporânea*. São Paulo: Círculo do Livro, s.d. p.10, p.19; DONATO. *História do calendário*, cit., p.54; OSTERHAMMEL. *La transformación del mundo*, cit., p.84.

304 POMERANZ, Kenneth. *The great divergence*. Princeton: Princeton University Press, 2000, pp.3-28.

305 ASSIS, Arthur Alfaix, DA MATA, Sérgio. "O conceito de história e o lugar dos Geschichtliche Grundbegriffe na história da história dos conceitos". In: KOSELLECK et al. *O conceito de história*. Belo Horizonte: Autêntica, 2018, p.11.

306 BRAUDEL, Fernand. "História e ciências sociais: a longa duração". In: *Escritos sobre a história*. São Paulo: Perspectiva, 1976, pp.41-78; KOSELLECK, Reinhart. *Futuro passado*. Rio de Janeiro: Contraponto/PUC-RJ, 2006, cap.6 e 7.

307 LE GOFF, Jacques. História e memória. 7ª ed. rev. Campinas: Editora Unicamp, 2013, pp.49-50; GOMES, Ângela de C.. "Cultura política e cultura histórica no Estado Novo". In: ABREU, M. et al (orgs.). *Cultura política e leituras do passado*. Rio de Janeiro: Civilização Brasileira, 2007, pp.43-63; PIMENTA, João Paulo et al. "A Independência e uma cultura de história no Brasil". *Almanack, n.8*, 2014, pp.5-36; MATOS, Sérgio C. *Consciência histórica e nacionalismo*. Lisboa: Horizonte, 2008. Benedict Anderson. *Comunidades imaginadas*. São Paulo: Companhia das Letras, 2008, cap.2. Jörn Rüsen chama cultura história algo bastante diferente: o potencial racionalizador, advindo do estudo da história, nas formas de pensar e agir de uma sociedade. RÜSEN, *História viva. Teoria da História III*. Brasília: Ed. da UNB, 2007.

308 NORA, Pierre. "Entre memoria e historia. La problemática de los lugares". In: Pierre Nora en Les lieux de mémoire. Santiago: LOM/Trilce, 2009, pp.5-47.

309 MENESES, Ulpiano B. de. "A história, cativa da memória? Para um mapeamento da memória no campo das Ciências Sociais". Revista IEB, 34, 1992, p.11 e segs.; RICOEUR, Paul. A *memória, a história, o esquecimento*. Campinas: Editora Unicamp, 2007, parte 1. Para uma amostragem da enorme pluralidade de definições e enfoques possíveis acerca da memória coletiva: OLICK, J. et al (eds.). *The collective memory reader*. New York: Oxford University Press, 2011. Para uma abordagem clínica da memória: FOSTER, Jonathan K.. *Memory*. Oxford: Oxford University Press, 2009.

310 BURROW, John. *A History of Histories*. New York: Vintage Books, 2009, pp.xiii-xviii; ARAUJO, Valdei. "Sobre o lugar da história da historiografia como disciplina autônoma". Locus, v. 12, 2006, pp. 79-94.

311 HELLER, Agnes. *Uma teoria da história*. Rio de Janeiro, Civilização Brasileira, 1993, p.261.

312 JÚNIOR, Caio Prado. *Formação do Brasil contemporâneo*. 6ª ed. São Paulo: Brasiliense, 1961, p.13.

³¹³ ELIADE, Mircea. *História das crenças e das ideias religiosas tomo I.* Rio de Janeiro: Zahar, 2010, p.336. Também: FOX, Robin Lane. *Bíblia.* São Paulo: Companhia das Letras, 1993, p.186; LIVERANI, Mario. *Antigo Oriente.* São Paulo: Edusp, 2020, p.28; GODELIER, Maurice. "Introdução". In : *Sobre a morte.* São Paulo: SESC, 2017, pp.32-33.

³¹⁴ MOMIGLIANO, Arnaldo. *As raízes clássicas da historiografia moderna.* Bauru: Edusc, 2004, p.29, pp.40-44; FINLEY, Moses. "Mito, memória e história". *Usos e abusos da história.* São Paulo: Martins Fontes, 1989, pp.17-18.; WITHROW, G. J. *O tempo na história.* Rio de Janeiro: Zahar, 1993, pp.67-68; FOX. *Bíblia,* cit., p.106, pp.155-157, pp.186-187; ROBERTS, Jennifer. *Herodotus.* Oxford: Oxford University Press, 2011, p.1-2.

³¹⁵ Para os dois últimos parágrafos: WITHROW. *O tempo na história,* cit., pp.80-81; MEIER, Christian. "Antiguidade". In: KOSELLECK et al. *O conceito de história,* cit., p.60, p.62; SCHAPIRO, Meyer. *A unidade da arte de Picasso.* São Paulo: Cosac Naify, 2002, pp.89-103; MAÍLLO SALGADO, Felipe. *De historiografia árabe.* Madrid: Abada, 2008, pp.18-19; HABERLAND, E. "O chifre da África". In: OGOT, B. A. (dir.). *História geral da África V.* Brasília: UNESCO, 2010, p.835.

³¹⁶ POMIAN, Krzysztof. *L'ordre du temps.* Paris: Gallimard, 1984, pp.152-153; SARAIVA, F. R. dos Santos. *Dicionário latino-português.* 13ª ed. Belo Horizonte: Garnier, 2019, p.1185; PALTI, Elias. *Aporías.* Buenos Aires; Alianza, 2001, pp.101-102.

³¹⁷ HELLER. *Uma teoria da história,* cit., pp.258-259; também JASMIN, Marcelo. "Utopia: do espaço ao tempo". In: NOVAES, A. (org.). *O novo espírito utópico.* São Paulo: Sesc, 2016, pp.185-186.

³¹⁸ HELLER. *Uma teoria da história,* cit., p.262; POMIAN. *L'ordre du temps,* cit., pp.135-136; SALIBA, Elias. *As utopias românticas.* São Paulo: Brasiliense, 1991, pp.50-51.

³¹⁹ As citações de Koselleck e Marx em: KOSELLECK. "'História' como conceito mestre moderno". In: KOSELLECK, R. et al. *O conceito de história,* p.216; para o restante do parágrafo e o anterior: POMIAN. *L'ordre du temps,* cit., p.139; KOSELLECK, R. "A configuração do moderno conceito de história". In: KOSELLECK, R. et al. *O conceito de história* p.176; ROSA, Hartmut. *Aceleração.* São Paulo: Edunesp, 2019, p.12; para uma análise mais aprofundada dos "tempos" presentes na obra de Marx: TOMBA, Massimiliano. *Marx's Temporalities.* Leiden/Boston: Brill, 2013.

³²⁰ MINOIS, Georges. *História do futuro.* São Paulo: Editora Unesp, 2016, pp.611-612; LE GOFF. *História e memória,* cit., pp.360-368; FEBVRE, Lucien. *Combates por la historia.* Barcelona: Planeta/Agostini, 1993.

³²¹ POLANYI, Karl. *A grande transformação.* Rio de Janeiro: Campus, 2000; WALLERSTEIN, Immanuel. *The Modern World-System IV.* Berkeley/Los Angeles/London: University of California Press, 2011, cap.V; ESCALANTE GONZALBO, Fernando. *Historia mínima del neoliberalismo.* México: El Colegio de México, 2017; TOMBA. *Marx's Temporalities,* cit., pp.vii-xvi.

³²² FUKUYAMA, Francis. *O fim da história e o último homem.* Rio de Janeiro: Rocco, 1992. Críticas a posições como as de Fukuyama em: BLACKBURN, Robin (ed.). *Depois da queda.* Rio de Janeiro: Paz e Terra, 1992; DUPUY, Jean-Pierre.

"A traição da opulência ou o colapso da utopia econômica". In: NOVAES (org.). *O novo espírito utópico*, cit., pp.147-166; GROS, Frédéric. "A utopia contemporânea dos corpos". In: NOVAES, cit., p.264.

[323] HELLER. *Uma teoria da história*, cit., pp.260-261.

[324] KOSELLECK. *Histórias de conceitos*. Rio de Janeiro: Contraponto, 2020, pp.15-37.

[325] KOSELLECK. "Introdução". In: *O conceito de história*, cit., p.37; BRAUDEL. *Civilização material, economia e capitalismo séculos XV-XVIII*. Lisboa: Teorema, s.d., v.III, pp.12-14

[326] HERÓDOTO. *Histórias, Livro I*. Lisboa: Edições 70, 2015.

[327] MEIER. "Antiguidade", cit., pp.41-49; SAURO, Sandra. "La génesis del término 'historia' y su relación con 'tiempo' y 'hechos'. In: LEVIÑAS, M. (ed.). *La naturaleza del tiempo*. Buenos Aires: Editorial Biblos, 2008, pp.34-35; FOX. *Bíblia*, cit., p.154; ROBERTS. Herodotus, cit., p.2.

[328] Para os dois últimos parágrafos: HARTOG, François. *Evidência da história*. Belo Horizonte: Autêntica, 2013, p.50; MEIER. "Antiguidade", cit., pp.50-51, pp.56-57; MOMIGLIANO. *As raízes clássicas da historiografia moderna*, cit., pp.38-41, e pp.60-61; BOUTON, Christophe. "Learning from History: The transformations of the topos historia magistra vitae in modernity". *Journal of the Philosophy of History, 2018*, pp.5-7; WITHROW. *O tempo na história*, cit., pp.59-60, pp.72-78; DONATO, Hernâni. *História do calendário*. São Paulo: Melhoramentos, 1976, pp.51-54; KOSELLECK. *Futuro passado*, cit., cap.2.

[329] BEDA El Venerable. *Historia eclesiástica del puebo de los anglos*. Madrid: Akal, 2013, p.43 (trad.livre). Para os dois últimos parágrafos: MEIER. "Antiguidade", cit., p.62; BURROW. *A History of Histories*, cit., pp.185-186; SCHMITT, Jean-Claude. "A morte na Idade Média cristã". In: GODELIER, M. (org.). *Sobre a morte*, cit., p.156.

[330] ENGELS, Odilo. "Compreensão do conceito na Idade Média". In: KOSELLECK, R. et al. *O conceito de história*, cit., p.63; também BURROW. *A History of Histories*, cit., pp.217-219.

[331] ENGELS. "Compreensão do conceito na Idade Média", cit., pp.64-69, p.76.

[332] MEIER. "Antiguidade", cit., pp.82-83.

[333] MORGAN, David. "The evolution of two Asian historiographical traditions". In: BENTLEY, M. (ed.). *Companion to historiography*. London & New York: Routledge, 2002, p.11.

[334] HOURANI, Albert. *Uma história dos povos árabes*. 2ª ed. São Paulo: Companhia das Letras, 2000, p.208.

[335] Para os dois últimos parágrafos: MAÍLLO SALGADO, Felipe. *De historiografia árabe*, cit., pp.23-25, pp.28-42, p.51. As citações textuais às p.20 e p.27, em trad.livre; também MORGAN. "The evolution of two Asian historiographical traditions", cit., pp.12-13; e HOURANI. *Uma história dos povos árabes*, cit., pp.70-71.

[336] MAÍLLO SALGADO, Felipe. *De historiografia árabe*, cit., pp.45-46, pp.53-54; POMIAN. L'ordre du temps, cit., pp.109-111; MORGAN. "The evolution of two Asian historiographical traditions", cit., p.16; MOMIGLIANO. *As raízes clássicas da historiografia moderna*, cit. p.54; HOURANI. *Uma história dos povos árabes*, cit., pp.16-17.

337 Para os dois últimos parágrafos: MOMIGLIANO. *As raízes clássicas da historiografia moderna*, cit., pp.120-124; FERNANDES, Cássio da Silva. "Enea Silvio Piccolomini cosmógrafo". Anos 90, v.21, n.39, jul. 2014, p.146; BOUTON. "Learning from History", cit., p.10.

338 KOSELLECK. "A configuração do moderno conceito de história", cit., p.119.

339 Idem, pp.126-127, p.158.

340 MORGAN. "The evolution of two Asian historiographical traditions", cit., p.17, p.20, pp.20-21; SPENCE, Jonathan D. *Em busca da China moderna*. São Paulo: Companhia das Letras, 1995, p.213; SETH, Sanjay. "Razão ou raciocínio? Clio ou Shiva?" História da historiografia, 11, abr. 2013, pp.173-174; TANAKA, Stefan. "Unification of time and the fragmentation of Pasts in Meiji Japan". In: LORENZ, C., BEVERNAGE, B. (eds.). *Breaking up time. Schriftenreihe der FRIAS School of History, v. 7*, 2013, pp.216-223; STRAUSS, Johann. "Kurûn-I Vusta: la découverte du 'Moyen âge' par les Ottomans". In: GEORGEON, F., HITZEL, F. (dir.). *Les Ottomans et le temps*. Leiden/Boston: Brill, 2012, p.213; HOURANI. *Uma história dos povos árabes*, cit., pp.263-266; HAMA, B., KI-ZERBO, J. "Lugar da história na sociedade Africana". In: KI-ZERBO, J. (dir.). *História geral da África I*. 2ª ed.rev. Brasília: UNESCO, 2010, p.35; NANNI, Giordano. *The colonisation of time*. Manchester: Manchester University Press, 2012, pp.1-21.

341 SETH. "Razão ou raciocínio? Clio ou Shiva?", cit., p.175.

342 ASSIS & MATA. "O conceito de história", cit., p.14, que mencionam a contribuição de Jan Marco Sawilla; LE GOFF, Jacques. *A história deve ser dividida em pedaços?* São Paulo: Edunesp, 2015, p.38; KOSELLECK. "A configuração do moderno conceito de história", cit., p.128, p.162.

343 ZERMEÑO PADILLA, Guillermo. "História, experiência e modernidade na América ibérica, 1750-1850". Almanack Braziliense, n.07, mai. 2008, p.12; PAULINO, Mariana F. *A semântica do tempo no discurso de reformistas ilustrados sobre as Américas ibéricas (c.1750-c.1807)*. São Paulo: FFLCH-USP, 2020.

344 PIMENTA, J. P., ARAUJO, V. L. de. "História". In: FERES JR, J. (org.). *Léxico da história dos conceitos políticos no Brasil*. Belo Horizonte, Editora UFMG, 2009, pp.119-140.

345 BLUTEAU, Raphael. *Vocabulário português e latino*. Coimbra: Real Colégio das Artes da Companhia de Jesus, 1713, v.IV, pp.39-40.

346 KANTOR, Iris. *Esquecidos e renascidos*. São Paulo: Hucitec, 2004; PIMENTA, João Paulo. "Passado e futuro na construção de uma história do Brasil no século XVIII". In: NICOLAZZI, F. et al. (orgs.). *Aprender com a história?* Rio de Janeiro: Editora FGV, 2011, pp.115-130; SILVA, João Covolan. "Épico império: a questão dos tempos históricos em Caramuru". *Revista Hydra, v.2, n.4, 2018*; PIMENTA & ARAUJO, "História", cit.; PIMENTA, João Paulo, FANNI, Rafael. "Revolução no Brasil, séculos XVIII a XXI: a história de um conceito, um conceito na história". *Revista de História, v.178*, 2019, pp.1-25; SANTOS, Cristiane Camacho dos. *Escrevendo a história do futuro*. São Paulo: Alameda, 2017; FANNI, Rafael. *Temporalização dos discursos políticos no processo de independência do Brasil (1820-1822)*. São Paulo: FFLCH-USP, 2015.

347 DICIONÁRIO Houaiss da língua portuguesa. Rio de Janeiro: Objetiva, 2001, p.1543.

[348] ASSIS & MATA. "O conceito de história", cit., pp.11-12; ESCUDIER, Alexandre. "'Temporalization' and political modernity: a tentative systematization of work of Reinhart Koselleck". In: FERNÁNDEZ SEBASTIÁN, Javier. (org.). *Political concepts and time*. Santander: Cantabria University Press/McGraw-Hill Interamericana de España, 2011, pp.131-177; KOSELLECK. *Futuro passado*, cit., cap.13.

[349] HARVEY, David. *Condição pós-moderna*. São Paulo: Loyola, 1992, cap.2. Para a temporalização moderna do direito e suas relações com a história: ANGELELLI, Gustavo. *Tempo e direito*. São Paulo: FD-USP, 2016, cap.2.

[350] KOSELLECK. "'História' como conceito mestre moderno", cit., p.202. Em vários pontos, a teoria de Koselleck encontra correspondência com outras elaborações importantes. Por exemplo: MEYERHOFF, Hans. *O tempo na literatura*. São Paulo: McGraw-Hill, 1976; ARENDT, Hannah. *Sobre a revolução*. São Paulo: Companhia das Letras, 2011; e HARVEY. *Condição pós-moderna*, cit.

[351] FERNÁNDEZ SEBASTIÁN, Javier. "Hacia una historia de los conceptos políticos". Diccionario político y social del mundo iberoamericano. Madrid: Fundación Carolina/Sociedad Estatal de Conmemoraciones Culturales/Centro de Estudios Políticos y Constitucionales, 2009, pp.25-45; ZERMEÑO, G. "História, experiência e modernidade na América ibérica", cit., PIMENTA & ARAUJO. "História", cit.; JANCSÓ, István. "A construção dos Estados nacionais na América Latina — apontamentos para o estudo do Império como projeto". In: SZMRECSÁNYI, T., LAPA, J. R. do A. (orgs.). *História econômica da Independência e do Império*. São Paulo: Hucitec, 1996, pp.3-26; ARANTES, Paulo. *O novo tempo do mundo*. São Paulo: Boitempo, 2014, pp.33-35.

[352] ZERMEÑO, G. *La cultura moderna de la historia*. México: El Colegio de México, 2002, pp.44-56; LE GOFF. *A história deve ser dividida em pedaços?*, cit., pp.80-82; WITHROW. *O tempo na história*, cit., p.150.

[353] BOUTON. "Learning from History", cit., p.4, pp.12-17, p.33; para o Brasil: ARAUJO. "Sobre a permanência da expressão historia magistra vitae no século XIX brasileiro". In: NICOLAZZI, F. et al (orgs.). *Aprender com a história?*, cit., pp.131-147.

[354] ROSA. *Aceleração*, cit., p.xv; também pp.xxi-xxii e pp.33-35; MENEGAT, Marildo. "Prefácio: um intelectual diante da barbárie". In: ARANTES, P. *O novo tempo do mundo*, cit., pp.18-20. Sobre a ideia de que tempo é dinheiro: LANDES, David. *Revolución en el tiempo*. Barcelona: Crítica, 2007, p.73; LE GOFF, J. *Para um novo conceito de Idade Média*. Lisboa: Estampa, 1979, p.71; ROSA. Aceleração, cit., p.321 e segs.

[355] As discussões em torno da natureza e do grau das mudanças sofridas pela modernidade são muitas; mas há grande consenso de que a aceleração social, que também pode ser de diferentes tipos, permeia todas elas. ROSA. *Aceleração*, cit., p.xi, pp.lix-lx, p.8; ARANTES. *O novo tempo do mundo*, cit., pp.27-97.

[356] HARVEY. *Condição pós-moderna*, cit., p.117, p.166 e segs.; ROSA. *Aceleração*, cit., pp.xvi-xvii; MENEGAT. "Prefácio", cit., pp.14-15.

[357] HARVEY. *Condição pós-moderna*, cit., p.220; ROSA. *Aceleração*, cit., pp.194-195; OSTERHAMMEL, Jürgen. *La transformación del mundo*. Barcelona: Crítica, 2015, p.98.

[358] BRAUDEL, F. *Civilização material, economia e capitalismo*, v.I, pp.11-12 e pp.15-16.

[359] SCHMITT, J.C. "A morte na Idade Média cristã", cit., p.155; PIMENTA, J. P. *Tempos e espaços das independências*. São Paulo: Intermeios, 2017, cap.1; ROSA. Aceleração, cit., p.189; LANCASTER, H. O. *Expectations of life*. New York: Springer-Verlag, 1990, p.331; VIGEVANI, Tullo. *A Segunda Guerra Mundial*. 2ª ed. São Paulo: Moderna, 1986, p.77.

[360] Para os dois últimos parágrafos: WITHROW. *O tempo na história*, cit., p.179 e segs.; HOBSBAWM, Eric J. *A era das revoluções*, 1789-1848. 4ª ed. Rio de Janeiro, Paz e Terra, 1982, cap.2; OSTERHAMMEL. *La transformación del mundo*, cit., cap.14.

[361] THOMPSON, Edward P. *Costumes em comum*. São Paulo: Companhia das Letras, 1998; WITHROW. *O tempo na história*, cit., p.187 e segs; ROSA. *Aceleração*, cit., pp.330-334.

[362] HARVEY. *Condição pós-moderna*, cit., pp.27-28. Antes: MEYERHOFF. *O tempo na literatura*, cit., pp.42-46, p.98.

[363] Cit. HARVEY. *Condição pós-moderna*, cit., p.21, p.30; também PALTI. *Aporías*, cit., pp.55-56; e MEYERHOFF. *O tempo na literatura*, cit., cap.3.

[364] Um artigo ao mesmo tempo informativo e entusiasta dos testes de Q.I. é: FOLGER, Tim. "Podemos ser sempre mais inteligentes?" Scientific American Brasil, out. 2012, pp.34-37.

[365] GALISON, Peter. *Os relógios de Einstein e os mapas de Poincaré*. Lisboa: Gradiva, 2005, p.227.

[366] MACHADO DE ASSIS: vida e obra. Disponível em: <http://machado.mec.gov.br>. Acesso em 29 ago. 2021.

[367] KRENAK, Ailton. "Antes, o mundo não existia". In: NOVAES, A. (org.). *Tempo e história*. São Paulo: Companhia das Letras, 1992, p.203.

[368] ANDERSON, Perry. *As origens da pós-modernidade*. Rio de Janeiro: Zahar, 1991, pp.9-31; PALTI. *Aporías*, cit., pp. 24-26; ROSA. *Aceleração*, cit., pp.41-42.

[369] HARVEY. *Condição pós-moderna*, cit., cap.8; ARRIGHI, Giovanni. *O longo século XX*. Rio de Janeiro/São Paulo: Contraponto/Unesp, 1996; MARICHAL, Carlos. *Nueva historia de las grandes crisis financieras*. Buenos Aires: Debate, 2010, cap.4.

[370] HARVEY. *Condição pós-moderna*, cit., p.140, pp.267-269; também: EICHENGREEN, Barry. *A globalização do capital*. São Paulo: Editora 34, 2000, cap.5; e MARICHAL. *Nueva historia de las grandes crisis financieras*, cit., p.183.

[371] ESCALANTE GONZALBO, Fernando. *Historia mínima del neoliberalismo*, cit., cap.5.

[372] HARVEY. *Condição pós-moderna*, cit., cap.3, e p.71; ROSA. Aceleração, cit., p.39, pp.426-427.

[373] HARVEY. *Condição pós-moderna*, cit., p.55.

[374] PALTI. Aporías, cit., pp.24-25; ROSA. *Aceleração*, cit., pp.39-40, pp.437-438; HARVEY. *Condição pós-moderna*, cit., p.49, p.107 e p.111.

[375] ARANTES. *O novo tempo do mundo*, cit., pp.66-77.

[376] A citação é de: WITHROW, G. J. *O tempo na história*. Rio de Janeiro: Zahar, 1993, p.31. Ademais: MASSIMI, Michela, MCCOY, Casey. "Introduction". In:

Understanding Perspectivism. New York: Routledge, 2020, pp.1-4; DANKS, David. "Safe-and-Substantive Perspectivism", In: idem, cap.7.

[377] WITHROW. *O tempo na história*, cit., pp.56-58; a primeira citação é de Aristóteles. Física, 184b 15-17, 185a 12. Campinas: Editora Unicamp, 2009, p.24; e a segunda de IV, 220b. WITHROW. *O tempo na história*, cit., p.57.

[378] Para os três últimos parágrafos: KUHN, Thomas. *A revolução copernicana*. Lisboa: Edições 70, 2002, p.7; p.151 e segs; WITHROW. *O tempo na história*, cit., pp.146-147; SOARES, Luiz Carlos. "O nascimento da Ciência Moderna". In: *Da revolução científica à big (business) Science*. São Paulo/Niterói: Hucitec/Eduff, 2001, pp.45-49; ZYLBERSZTAJN, Arden. "Galileu — um cientista e várias versões". Cad. Cat. Ens. Fís., 5, n.esp., jun. 1988, pp.36-48; ARNAU, Juan. *Cosmologías de India*. México: FCE, 2012, p.17; ROVELLI, Carlo. *El orden del tiempo*. Barcelona: Anagrama, 2018, pp.53-55; DAVIES, Paul. *Como construir uma máquina do tempo*. Lisboa: Gradiva, 2003, p.16; GLEISER, Marcelo. *O fim da Terra e do Céu*. São Paulo: Companhia das Letras, 2001, p.224; e HAWKING, Stephen, MLODINOW, Leonard. *Uma nova história do tempo*. Rio de Janeiro: Ediouro, 2005, p.29.

[379] SOARES. "O nascimento da Ciência Moderna", cit., pp.17-60; WITHROW. *O tempo na história*, cit., p.146; ZYLBERSZTAJN. "Galileu — um cientista e várias versões", cit., p.41. A frase de Galileu encontra-se em Discursos e demonstrações matemáticas em torno de duas novas ciências, de 1638, cit. por: VARGAS, Milton. "História da matematização da natureza". *Estudos Avançados*, v.10, n.28, set./dez.1996; também por: CHARPAK, Georges, OMNÈS, Roland. Sejam sábios, tornem-se profetas. Rio de Janeiro: Best-Seller, 2007, p.54.

[380] GALISON, Peter. *Os relógios de Einstein e os mapas de Poincaré*. Lisboa: Gradiva, 2005, p.13; GLEISER. *O fim da Terra e do Céu*, cit., p.224.

[381] MOMIGLIANO, Arnaldo. *As raízes clássicas da historiografia moderna*. Bauru: Edusc, 2004, p.81.

[382] ROSENBERG, Daniel, GRAFTON, Anthony. *Cartographies of time*. New York: Princeton Architectural Press, 2010, pp.108-111.

[383] WITHROW. *O tempo na história*, cit., pp.148-149; ARNAU. *Cosmologías de India*, p.17; GLEISER. *O fim da Terra e do Céu*, cit., p.49; TOHARIA, Manuel. *Historia mínima del cosmos*. México: El Colegio de México, 2016, pp.119-120.

[384] NEWTON, Isaac. *Principia*. São Paulo: Edusp, 2012, livro III, p.331.

[385] BLUTEAU, Raphael. *Vocabulário português e latino*. Coimbra: Real Colégio das Artes da Companhia de Jesus, 1721, v. 8, p. 81.

[386] DICIONÁRIO HOUAISS DA LÍNGUA PORTUGUESA. Rio de Janeiro: Objetiva, 2001, p. 2690.

[387] FOUCAULT, Michel. *As palavras e as coisas*. São Paulo: Martins Fontes, s.d, p.3-13; subscrevendo Foulcault: VEYNE, Paul. *Acreditavam os gregos em seus mitos?* São Paulo: Brasiliense, 1984, p.33-34.

[388] Para os últimos seis parágrafos: PRICE, Richard. "Bem-vindo ao espaço-tempo". In : HAWKING, S. el al. *O futuro do espaço-tempo*. São Paulo: Companhia das Letras, 2005, pp.31-38; ROVELLI. El orden del tiempo, cit., pp.34-36; GALISON. *Os relógios de Einstein e os mapas de Poincaré*, cit., p.17.

389 PRICE. "Bem-vindo ao espaço-tempo", cit., p.19; também p.23; ROVELLI. El orden del tiempo, cit., p.15-18; GLEISER. *O fim da Terra e do Céu*, cit., pp.229-231.

390 HAWKING & MLODINOW. *Uma nova história do tempo*, cit., p.41 e segs.; CHERMAN, Alexandre, VIEIRA, Fernando. *O tempo que o tempo tem*. Rio de Janeiro, Jorge Zahar, 2008, pp.23-24.

391 PENROSE, Roger. *Ciclos de tempo*. Lisboa: Gradiva, 2013 p.103; SCHENBERG, Mário. *Pensando a física*. 2ª ed. São Paulo: Brasiliense, 1985, p.62, p.77, p.87.

392 PALTÍ, Elias. *Aporías*. Buenos Aires, Alianza, 2001, pp.36-37, tradução livre.

393 GALISON. *Os relógios de Einstein e os mapas de Poincaré*, cit., p.32; também pp.31-32, p.47.

394 SCHENBERG. *Pensando a física*, cit., pp.87-88.

395 WITHROW. *O tempo na história*, cit., p.192.

396 BERGSON, Henri. *Essai sur les donnés immédiates de la conscience*, 1889, cit. por POMIAN, Krzysztof. *L'ordre du temps*. Paris: Gallimard, 1984, p.310, trad.livre.

397 McDaniel, Kris. "Eternity in twentieth-century analytic philosophy". In: MELAMED, Y. (ed.). *Eternity*. New York: Oxford University Press, 2016, p.248, p.256 e segs.; POMIAN. *L'ordre du temps*, cit., pp.310-311.

398 HUBERT, Henri. *Estudo sumário da representação do tempo na religião e na magia*. São Paulo: Edusp, 2016, p.57, pp.61-65, p.81. BENTHIEN, Rafael et al. "Apresentação do volume". In: Idem, p.17; BENTHIEN, Rafael. "Tempo social e categorias do entendimento". In: Idem, p.119; SCHORSKE, Carl. *Viena fin-de-siècle*. São Paulo: Companhia das Letras, 1990, cap.IV; GALISON. *Os relógios de Einstein e os mapas de Poincaré*, cit., p.25.

399 GALISON. Os relógios de Einstein e os mapas de Poincaré, cit., p.104 e segs; e p.132; WALLERSTEIN, Immanuel. *The modern World-System IV*. Berkeley/Los Angeles/London: University of California Press, 2011; ARRIGHI, Giovanni. O longo século XX. Rio de Janeiro/São Paulo: Contraponto/Unesp, 1996; POMERANZ, Kenneth. *The Great Divergence*. Princeton: Princeton University Press, 2000.

400 GALISON. *Os relógios de Einstein e os mapas de Poincaré*, cit., pp.140-147; SPENCE, Jonathan D. *Em busca da China moderna*. São Paulo: Companhia das Letras, 1995, p.247.

401 GALISON. *Os relógios de Einstein e os mapas de Poincaré*, cit., p.187.

402 Idem, pp.28-30, pp.33-34, p.193; PRICE. "Bem-vindo ao espaço-tempo", cit., p.31-33; POMIAN. *L'ordre du temps*, cit., pp.316-317.

403 cit. por GALISON. *Os relógios de Einstein e os mapas de Poincaré*, cit., p.202.

404 POMIAN. *L'ordre du temps*, cit., p.307.

405 ROVELLI. *El orden del tiempo*, cit., p.51; HAWKING & MLODINOW. *Uma nova história do tempo*, cit., p.41; POMIAN. L'ordre du temps, cit., p.322; GALISON. *Os relógios de Einstein e os mapas de Poincaré*, cit., cap.5; WITHROW. *O tempo na história*, cit., p.192 e segs.; GLEISER. *O fim da Terra e do Céu*, cit., p.224 e segs.

406 EINSTEIN, Albert. *A Teoria da Relatividade Especial e Geral*. Rio de Janeiro: Contraponto, 1999 p.64 e p.66; também PRICE. "Bem-vindo ao espaço-tempo", cit., p.46-49; e GLEISER. *O fim da Terra e do Céu*, cit., pp.227-228.

407 EINSTEIN. *A Teoria da relatividade...*, cit., p.64.

408   ROVELLI. *El orden del tiempo*, cit., pp.59-63; PRICE. "Bem-vindo ao espaço--tempo", cit., p.53; HAWKING & MLODINOW. *Uma nova história do tempo*, cit., p.153.

409   THORNE, Kip S. "As dobras do espaço-tempo e o mundo quântico". In: HAWKING et al. *O futuro do espaço-tempo*, cit., p.114.

410   PENROSE. *Ciclos de tempo*, cit., pp.122-125; SAA, Alberto. "Cem anos de buracos negros". *Revista Brasileira de Ensino de Física, v.38*, n.4, 2016; SCARF, Caleb. "A benevolência dos buracos negros". Scientific American Brasil, 124, setembro de 2012, pp.36-41

411   CAIRES, Luiza. "Dia histórico para a ciência: revelada da primeira imagem de buraco negro". Jornal da USP, 10 abr. 2019. Disponível em: < https://jornal.usp.br/ciencias/ciencias-exatas-e-da-terra/dia-historico-para-a-ciencia-revelada--a-primeira-imagem-de-buraco-negro/>. Acesso em 30 ago. 2021.

412   CHERMAN & VIEIRA. *O tempo que o tempo tem*, cit., p.22.

413   PENROSE. *Ciclos de tempo*, cit., p.24; PRIGGOGINE, p.26.

414   PENROSE. *Ciclos de tempo*, cit., p.77; TOHARIA. *Historia mínima del cosmos*, cit., p.174; GLEISER. *O fim da Terra e do Céu*, cit., p.257, p.307; CHERMAN & VIEIRA. *O tempo que o tempo tem*, cit., p.14.

415   NOVELO, Mario. "A desconstrução do absoluto na física". Cosmos e contexto. 31 mai. 2019. Disponível em: < https://cosmosecontexto.org.br/a-desconstrucao--do-absoluto-na-fisica/>. Acesso em 30 ago. 2021.

416   THORNE. "As dobras do espaço-tempo e o mundo quântico", cit., p.143; WITHROW. O tempo na história, cit., p.195; CHERMAN & VIEIRA. *O tempo que o tempo tem*, cit., pp.15-16; GLEISER. *O fim da Terra e do Céu*, cit., p.252 e p.264; TOHARIA. *Historia mínima del cosmos*, cit., p.141, p.165, p.173; HAWKING & MLODINOW. *Uma nova história do tempo*, cit., p.89, p.93.

417   HAWKING. *Uma breve história do tempo*, p.77, p.164; VENEZIANO, Gabriele. "O mito do começo do tempo". Scientific American Brasil, ed. esp. 47, pp.8-17.

418   MUSSER, George. "O tempo pode acabar?" Scientific American Brasil extra, out. 2010, p.66; CHERMAN & VIEIRA. *O tempo que o tempo tem*, cit., pp.17-18; GLEISER. *O fim da Terra e do Céu*, cit., p.267.

419   MUSSER. "O tempo pode acabar?", cit., p.68; CHERMAN & VIEIRA. *O tempo que o tempo tem*, cit., pp.18-19; GLEISER. *O fim da Terra e do Céu*, cit., p.261 e segs.; TOHARIA. *Historia mínima del cosmos*, cit., pp.265-267.

420   THORNE. "As dobras do espaço-tempo e o mundo quântico", cit., p.132-137; HAWKING E MLODINOW. *Uma nova história do tempo*, cit., p.94 e segs.

421   ROVELLI. *El orden del tiempo*, cit., p.66, trad. livre.

422   Idem, p.67.

423   PRIGOGINE, Ilya. *O fim das certezas*. 2ª ed. São Paulo: Edunesp, 2011, p.10, p.19, pp.25-26, p.147; Rovelli. *El orden del tiempo*, cit., p.25-27; Penrose. *Ciclos de tempo*, cit., p.15.

424   PRIGOGINE. *O fim das certezas*, cit., p.11, p.25. A seu respeito: PALTI. Aporías, cit., pp.65-72.

425   WELLS, H. G. *A máquina do tempo*. Rio de Janeiro: Francisco Alves, 1983, p.74.

426   Idem, pp.77-78.

[427] Idem, p.99.

[428] NOVIKOV, Igor. "Pode-se mudar o passado?". In: HAWKING et al. *O futuro do espaço-tempo*, cit., p.77.

[429] Para os seis últimos parágrafos: DAVIES. *Como construir uma máquina do tempo*, cit., pp.24-33, p.37, cap.3; PRICE. "Bem-vindo ao espaço-tempo", cit., pp.39-44; NOVIKOV. "Pode-se mudar o passado?", cit., pp.65-66; HAWKING & MLODINOW. *Uma nova história do tempo*, p.109 e segs.; e GLEISER. *O fim da Terra e do Céu*, cit., p.226.

[430] NOVIKOV. "Pode-se mudar o passado?", cit., p.85.

[431] HAWKING, Stephen W. "Proteção cronológica". In: *O futuro do espaço-tempo*, cit., p.110.

[432] The Nature of the Phisical World, 1928, cit. por PRIGOGINE. *O fim das certezas*, cit., pp.63-64.

[433] BLOCH, Marc. *Apologia da história ou o oficio do historiador.* Rio de Janeiro: Zahar, 2001, p.49.

[434] BLOCH, Marc. *A estranha derrota.* Rio de Janeiro: Zahar, 2011, p.43.

[435] BELLOS, Alex. *Alex no país dos números.* São Paulo: Companhia das Letras, 2011, p.332, p.379.

[436] KOSELLECK, Reinhart. *Futuro passado.* Rio de Janeiro: Contraponto/PUC--RJ, 2006, p.61.

[437] COPÉRNICO. *As revoluções dos orbes celestes.* Lisboa: Fundação Calouste Gulbenkian, 1984, p.13; também: SARAIVA, F. R. dos Santos. *Dicionário latino--português.* 13ª ed. Belo Horizonte: Garnier, 2019, p.1038; e ARENDT, Hannah. *Sobre a revolução.* São Paulo: Companhia das Letras, 2011, p.72.

[438] Para os dois últimos parágrafos: KOSELLECK. *Futuro passado*, cit., p.63-69; THOMAS, Keith. *Religião e o declínio da magia.* São Paulo: Companhia das Letras, 1991, p.350.

[439] KOSELLECK. *Futuro passado*, cit., pp.69-71; ARENDT. *Sobre a revolução*, cit., p.63; FALCON, Francisco C.. "Utopia e modernidade". In: *Estudos de teoria da história e historiografia. Volume I: teoria da história.* São Paulo: Hucitec, 2011, p.45.

[440] ARENDT. *Sobre a revolução*, cit., p.63; ZERMEÑO PADILLA, Guillermo. "Revolución en Iberoamérica (1770-1870)". In: SEBASTIÁN, J. Fernández (dir.). *Diccionario político y social del mundo iberoamericano (Iberconceptos II).* Madrid: Universidad del País Vasco/Centro de Estudios Políticos y Constitucionales, 2014, v.9, p.16. Desde cedo, muitos autores foram sensíveis às dimensões revolucionárias desses movimentos, por considerarem-nos ligados a novas formas de tempo. Por exemplo: PALMER, Robert R. *The age of the democratic revolution.* Princeton: Princeton University Press, 2014; NOVAIS, Fernando. *Portugal e Brasil na crise do Antigo Sistema Colonial.* 4ª ed. São Paulo: Hucitec, 1986.

[441] A primeira citação é de: BLUTEAU, Raphael. *Vocabulário português e latino.* Coimbra: Real Colégio das Artes da Companhia de Jesus, 1713, v.IV, pp.319-320; a segunda, de: DICIONÁRIO HOUAISS DA LÍNGUA PORTUGUESA. Rio de Janeiro: Objetiva, 2001, p.2454.

[442] Para os últimos quatro parágrafos: FERNANDES, Ana Cláudia. *Revolução em pauta: o debate Correo del Orinoco — Correio Brazilense.* São Paulo, FFLCH-USP,

2010; PIMENTA, João Paulo. "A independência do Brasil como uma revolução". *História da Historiografia, v.3,* 2009, pp.53-82; PIMENTA, João Paulo, FANNI, Rafael. "Revolução no Brasil, séculos XVIII a XXI". *Revista de História, v.178,* 2019, pp.1-25; LEBRE, Ana Carolina. "Uma carta aberta ao futuro: horizontes de expectativa e revolução em 'Carta aberta aos operários' de Vladimir Maiakóvski (1918)". Epígrafe, 6 (6), 2018, pp.225-241.

443 SALIBA, Elias. *As utopias românticas.* São Paulo: Brasiliense, 1991, p.37.

444 PAINE, Thomas Commom Sense, cit. por: RÜSEN, Jörn. História viva. *Teoria da História III.* Brasília: Ed. da UNB, 2007, p.149; também: SALIBA. *As utopias românticas,* cit., p.20.

445 POCOCK, J. G. A. "Burke and the ancient constitution: a problem in the history of ideas". In: *Politics, Language and Time.* New York: Atheneum, 1973, pp. 202-232; POCOCK, J. G. A. "A economia política na análise de Burke da Revolução Francesa". In: Linguagens do ideário político. São Paulo: Edusp, 2003, pp.245-267; CAPELLÁN DE MIGUEL, Gonzalo. "Estudio preliminar". In: THJU-LEN, Lorenzo Ignacio. *Nuevo vocabulario filosófico-democrático indispensable para todos los que deseen entender la nueva lengua revolucionaria.* San Millán de la Cogola: Cilengua, 2017, pp.23-25.

446 Analisado por CAPELLÁN DE MIGUEL. "Estudio preliminar", cit.

447 SALMO I, 2-3; LE GOFF, Jacques. *História e memória.* 7ª ed. rev. Campinas: Editora Unicamp, 2013, pp.236-237; ZERMEÑO. "Revolución en Iberoamérica", p.46.

448 ROSA, Hartmut. *Aceleração.* São Paulo: Edunesp, 2019, p.518; LE GOFF. *História e memória,* cit., p.235.

449 KOSELLECK, R. *Histórias de conceitos.* Rio de Janeiro: Contraponto, 2020, pp.172-179; LE GOFF. *História e memória,* cit., pp.219-230; ROSSI, Paolo. *Naufrágios sem espectador.* São Paulo: Ed. Unesp, 2000, pp.15-16, pp.47-49, p.54, p.59; NISBET, Robert. "La idea de progreso". *Revista Libertas, 5,* out. 1986.

450 PASCAL, cit. ROSSI. *Naufrágios sem espectador,* cit., p.76. Antes: WITHROW, G. J. *O tempo na história.* Rio de Janeiro: Zahar, 1993, pp.140-143; PEROVIC, Sanja. "Year 1 and Year 61 of the French Revolution". In: LORENZ, C., BEVERNAGE, B. (eds.). *Breaking up Time.* Schriftenreihe der FRIAS School of History, v.7, 2013, p.88.

451 Para os dois últimos parágrafos: STAROBINSKI, Jean. "Prólogo". In. BÉNI-CHOU, P. *El tiempo de los profetas,* cit., p.11; LE GOFF. *História e memória,* cit., pp.232-234; ROSSI. *Naufrágios sem espectador,* cit., p.94; POMIAN, Krzysztof. *L'ordre du temps.* Paris: Gallimard, 1984, p.129 e segs.; LE GOFF, J. *A história deve ser dividida em pedaços?* São Paulo: Edunesp, 2015, p.19; NISBET. "La idea de progresso", cit. A citação de Mirabeau em: LE GOFF. *A história deve ser...,* cit., p.120.

452 STAROBINSKI. "Prólogo", cit., p.11, trad.livre.

453 cit. por KOSELLECK. *Histórias de conceitos,* cit., p.170; também pp.171-172, e pp.182-183; STAROBINSKI. "Prólogo", cit., p.12; SALIBA. *As utopias românticas,* cit., cap.3.

454 WALLERSTEIN, Immanuel. *The Modern World-System IV.* Berkeley/Los Angeles/London: University of California Press, 2011, cap.6; BÉNICHOU, Paul.

El tiempo de los profetas. México: FCE, 1984, p.15; LE GOFF. *História e memória*, cit., p.238; RICOEUR, Paul. *A memória, a história, o esquecimento*. Campinas: Editora Unicamp, 2007, p.318.

455 Comte, cit. por Le GOFF. *História e memória*, cit., p.240; também p.241; *História e memória*; NISBET. "La idea de progresso", cit.

456 BARBUY, Heloísa. "O Brasil vai a Paris em 1889". *Anais do Museu Paulista*, v.4, jan./dez. 1996, pp.211-213; LE GOFF. *História e memória*, cit., pp.241-242.

457 As citações são de: SILVA, Antônio de Moraes. *Dicionário da língua portuguesa*. Rio de Janeiro: Oficinas da Lito-Tipografia Fluminense, 1922, v.2 (fac-símile da segunda edição, 1813), v.II, p.511; e *Dicionário Houaiss da língua portuguesa*. 1ª reimpressão com alterações. Rio de Janeiro: Objetiva, 2009, p.1558. Ademais: LE GOFF. História e memória, cit., pp.241-242; e BARBUY. "O Brasil vai a Paris em 1889", cit., pp.211-213.

458 ROSSI. *Naufrágios sem espectador*, cit., pp.99-100; BOTTOMORE, Tom. "Progresso". In: BOTTOMORE, T. (ed.). *Dicionário do pensamento marxista*. Rio de Janeiro: Zahar, 1988, pp.303-304; HERCULANO, Rafael Suguimoto. *Le pouvoir du droit*. Boudeaux/São Paulo: Université de Boudeaux/USP, 2020.

459 LE GOFF. *História e memória*, cit., p.234, p.251; NISBET. "La idea de progresso", cit.; ESCALANTE GONZALBO, Fernando. *Historia mínima del neoliberalismo*. México: El Colegio de México, 2017.

460 HARVEY, David. *Condição pós-moderna*. São Paulo: Loyola, 1992, p.169; DUPUY, Jean-Pierre. "A traição da opulência ou o colapso da utopia econômica". In: NOVAES, A. (org.). *O novo espírito utópico*. São Paulo: Sesc, 2016, pp.157-158.

461 LE GOFF. *História e memória*, cit., p.217; SPENCE, Jonathan D. *Em busca da China moderna*. São Paulo: Companhia das Letras, 1995, pp.156-157.

462 BENJAMIN, Walter. "Sobre o conceito de história" [1940]. In: *Magia e técnica, arte e política*. 8ª ed. rev. São Paulo: Brasiliense, 2012, pp.245-246; também: LE GOFF. *História e memória*, cit., p.246.

463 Para os dois últimos parágrafos: ROSSI. *Naufrágios sem espectador*, cit., p.94; LE GOFF. *História e memória*, cit., pp.248-252; HOBSBAWM, Eric J. *A era dos extremos*. 2ª ed. São Paulo: Companhia das Letras, 1995, cap.1.

464 Cit. ROSA. *Aceleração*, cit., pp.541-542; também: ROSSI. *Naufrágios sem espectador*, cit., pp.95-96.

465 CLAEYS, Gregory. *Utopia*. São Paulo: Edições SESC-SP, 2013, p.141; também: RICOEUR, Paul. *Ideologia e utopia*. Lisboa: Edições 70, 1991, pp.66-68.

466 As citações são de RÜSEN. *História viva*, cit., pp.136-140, e BÉNICHOU. *El tiempo de los profetas*, cit., p.16. Na mesma linha: ROSSI. *Naufrágios sem espectador*, cit., p.52; e RICOEUR. *Ideologia e utopia*, cit., p.87, pp.446-447.

467 MUMFORD, Lewis. *História das utopias*. Lisboa: Antígona, 2007, pp.10-13.

468 MUMFORD, Lewis. *História das utopias*, cit., p.9, p.221; JASMIN, Marcelo. "Utopia: do espaço ao tempo". In: NOVAES, A. (org.). *O novo espírito utópico*, cit., p.169.

469 GROS, Frédéric. "A utopia contemporânea dos corpos", In: NOVAES (org.). *O novo espírito utópico*, cit., p.268.

470   MORUS, Tomás. *A utopia ou o tratado da melhor forma de governo*. Porto Alegre: L&PM, 2017, p.77. A seu respeito: MUMFORD. *História das utopias*, cit., caps. 2 e 3; Claeys. *Utopia*, cit., cap.4.

471   Idem, p.73; HOLANDA, Sérgio Buarque de. Visão do paraíso. São Paulo: Brasiliense/Publifolha, 2000, cap.II; SOUZA, Laura de Mello e. "O nome do Brasil". *Revista de História n.145*, 2º sem. 2001, pp.61-86.

472   MORUS. *Utopia*, cit., pp.22-23.

473   SCHMITT, Carl. *O nomos da Terra no direito das gentes do jus publicum europaeum*. Rio de Janeiro: Contraponto/Editora PUC Rio, 2013, p.189.

474   MINOIS, Georges. *História do futuro*. São Paulo: Editora Unesp, 2016, pp.480-481, p.485.

475   MUMFORD. *História das utopias*, cit., caps. 4 e 5; CLAEYS. *Utopia*, cit., cap.6 e pp.118-119, p.151; MINOIS. *História do futuro*, cit., p.489; NISBET. "La idea de progresso", cit.; CATROGA, Fernando. *Os passos do homem como restolho do tempo*. Coimbra: Almedina, 2009, p.154; RICOEUR. *Ideologia e utopia*, cit., pp.472-473; LE GOFF. *História e memória*, cit., p.230.

476   Para os dois últimos parágrafos: KOSELLECK, R. *Estratos do tempo*. Rio de Janeiro: Contraponto/PUC-Rio, 2014, pp.122-124; MINOIS. *História do futuro*, cit., pp.493-496; JASMIN. "Utopia: do espaço ao tempo", cit., p.177-185; LE GOFF. *História e memória*, cit., p.233; CLAEYS. *Utopia*, cit., p.99.

477   BÉNICHOU. *El tiempo de los profetas*, cit., p.14; também Starobinski. "Prólogo", cit., p.9; SALIBA. *As utopias românticas*, cit., p.27, p.41; FALCON. "Utopia e modernidade", cit., p.49.

478   BÉNICHOU. *El tiempo de los profetas*, cit., p.533; SALIBA. *As utopias românticas*, cit., cap.3; CLAEYS. *Utopia*, cit., cap.8; FALCON. "Utopia e modernidade", cit., p.51.

479   Para os dois últimos parágrafos: SALIBA. *As utopias românticas*, cit., p.13-16; GAVILÁN, Enrique. *Otra historia del tiempo*. Madrid: Akal, 2008, pp.7-9.

480   BÉNICHOU. *El tiempo de los profetas*, cit., pp.533-534; SALIBA. *As utopias românticas*, cit., p.52; DUARTE, Pedro. "A utopia do pensamento". In: NOVAES (org.). *O novo espírito utópico*, cit., p.56.

481   SALIBA. *As utopias românticas*, cit., p.52; também: ROSA. *Aceleração*, cit., p.518; CATROGA. *Os passos do homem...*, cit., pp.154-155.

482   MUMFORD. *História das utopias*, cit., pp.66-67, pp.101-112; RICOEUR. *Ideologia e utopia*, cit., pp.475-476; WOLFF, Francis. "As três utopias da modernidade". In: NOVAES (org.). *O novo espírito utópico*, cit., p.33; LE GOFF. *História e memória*, cit., p.239; CLAEYS. *Utopia*, cit., p.121, pp.133-134.

483   CLAEYS. *Utopia*, cit., p.43, pp.155-156; AZEVEDO, Antonio Carlos do A. *Dicionário de nomes, termos e conceitos históricos*. Rio de Janeiro: Nova Fronteira, 1990, p.15, p.274 e p.378; VASCONCELOS, José Antonio. "A utopia urbana de Edward Bellamy". *Dimensões*, v.30, 2013, pp.245-265.

484   COLI, Jorge. "Formas estéticas do discurso autoritário". In: NOVAES (org.). *O novo espírito utópico*, cit., pp.224-225; CLAEYS. *Utopia*, cit., cap.8; WOLFF. "As três utopias da modernidade", cit., p.33.

485   MUMFORD. *História das utopias*, cit., pp.117-125.

[486] A citação de Schumpeter em: MINOIS. *História do futuro*, cit., p.622; também: MINOIS. *História do futuro*, cit., pp.623-628; ESCALANTE GONZALBO, Fernando. *Historia mínima del neoliberalismo*, cit.; DUPUY. "A traição da opulência ou o colapso da utopia econômica", cit., p.148, p.151.

[487] A citação de Marx & Engels é da Ideologia Alemã, por: WOLFF. "As três utopias da modernidade", cit., p.34. Também: SALIBA. *As utopias românticas*, cit., p.75; JONES, Gareth Stedman. "Socialismo utópico". In: BOTTOMORE, T. (ed.). *Dicionário do pensamento marxista*, cit., pp.340-341; RICOEUR. *Ideologia e utopia*, cit., p.73, p.448, p.468.

[488] LAPOUJADE, Davi. "Por uma utopia não utópica?" In: NOVAES (org.). *O novo espírito utópico*, cit., p.117.

[489] A citação é de: BÉNICHOU, p.16; também: DUARTE. "A utopia do pensamento", cit., p.61; FALCON. "Utopia e modernidade", cit., p.57; MINOIS. *História do futuro*, cit., p.489.

[490] CIORAM, Emil. *História e utopia*. Rio de Janeiro: Rocco, 1993, p.104.

[491] BLOCH, Ernst. *O Princípio Esperança*. Rio de Janeiro: Contraponto, 2005; RICOEUR. *Ideologia e utopia*, cit., p.67, pp.88-90, p.472, 502; HELLER, Agnes. *Uma teoria da história*. Rio de Janeiro, Civilização Brasileira, 1993, p.370; MUMFORD. *História das utopias*, cit., pp.22-23; GROS. "A utopia contemporânea dos corpos", cit., pp.269-270; RÜSEN. *História viva*, cit., p.136; FALCON. "Utopia e modernidade", cit., pp.51-52.

[492] DUARTE. "A utopia do pensamento", cit., pp.61-62; MUMFORD. *História das utopias*, cit., pp.154-159; CLAEYS. *Utopia*, cit., p.154, p.170.

[493] MINOIS. *História do futuro*, cit., p.484.

[494] ZALUAR, Augusto Emílio. *O Doutor Benignus*. 2ª ed. Rio de Janeiro: Editora UFRJ, 1994, p.28.

[495] PATAI, Daphne. *What Price Utopia?* Lanham: Bowman & Littlefields Publishers, 2008.

[496] ELIADE, Mircea. *História das crenças e das ideias religiosas tomo I*. Rio de Janeiro: Zahar, 2010, pp.72-74, p.100, p.133; KRACAUER, Siegfried. *From Caligari to Hitler*. Princeton: Princeton University Press, 1947, pp.149-150.

[497] MINOIS. *História do futuro*, cit., pp.616-622; SILVA, Franklin Leopoldo e. "História e utopia". In: NOVAES (org.). *O novo espírito utópico*, cit., pp.97-99; CLAEYS. *Utopia*, cit., p.180.

[498] ZANEZI, Juliana. "'O conto da Aia', de Margaret Atwood (1985): antiutopia, ovários e uma história social do tempo". Epígrafe, 6, 6, 2018, pp.305-334; MEDEIROS, Daniel. "Brazil: o Filme". In: RIPOLL, L. et al. (orgs.). *Cinema e distopia*. Florianópolis: Publicações UFSC, 2020, pp.268-287; HARVEY. *Condição pós-moderna*, cit., pp.277-281.

[499] Cit. VOISIN, Jean-Louis. "A morte na Roma antiga". In: GODELIER, M. (org.). *Sobre a morte*. São Paulo: SESC, 2017, pp.84-85.

[500] SARAIVA, F. R. dos Santos. *Dicionário latino-português*. 13ª ed. Belo Horizonte: Garnier, 2019, p.751; KOSELLECK, Reinhart. *L'expérience de l'histoire*. Paris: Gallimard/Le Seuil, 1997, caderno de imagens entre pp.144-145.

[501] VOISIN. "A morte na Roma antiga", cit., pp.92-93; SCHMITT, Jean-Claude. "A morte na Idade Média cristã". In: GODELIER, M. (org.). *Sobre a morte*, cit., p.158.

502 VOVELLE, Michel. "Sobre a morte". In: *Ideologias e mentalidades*. 2ª ed. São Paulo: Brasiliense, 1991, p.148, que se baseia em uma ideia de Robert Mandrou.

503 GRUART, Agnès et al. *Los relojes que gobiernan la vida*. México: FCE, 2002, p.11; GLASS, Leon, MACKEY, Michael. *Dos relógios ao caos*. São Paulo: Edusp, 1997, p.21.

504 MANN, Thomas. *A morte em Veneza*. São Paulo: Abril Cultural, 1971, p.106.

505 GLASS & MACKEY. *Dos relógios ao caos*, cit., p.22, p.25.

506 Para os dois últimos parágrafos: GRUART et al. *Los relojes que gobiernan la vida*, cit., pp.45-49 e p.64; GLASS & MACKEY. *Dos relógios ao caos*, cit., p.23, pp.29-30; ONNA, Alberto. "El tiempo en la biología". In: LEVIÑAS, M. (ed.). *La naturaleza del tiempo*. Buenos Aires: Editorial Biblos, 2008, p.97.

507 GLASS & MACKEY. *Dos relógios ao caos*, cit., p.33.

508 KELLEHEAR, Allan. *Uma história social do morrer*. São Paulo: Edunesp, 2016, p.15.

509 Para os dois últimos parágrafos: TOHARIA, Manuel. *Historia mínima del cosmos*. México: El Colegio de México, 2016, p.215-217; HENIG, Robin M. "Quando a vida pertence aos vivos?" *Scientific American Brasil*. Edição especial, ano 8, n.101, out. 2010, pp.42-43.

510 ARIÈS, Philippe. *O homem diante da morte*. São Paulo: Edunesp, 2014, p.473, p.537.

511 POE, Edgar Allan. "O enterramento prematuro". *Contos de terror, de mistério e de morte*. 3ª ed. Rio de Janeiro: Nova Fronteira, 1981, pp.179-181.

512 VASS, Arpad. "O pó ao pó". Scientific American Brasil. Edição especial, ano 8, n.101, out. 2010, p.48.

513 BACCI, Massimo Livi. *Breve história da população mundial*. Lisboa: Edições 70, 2013, pp.42-44 (a estimativa é de J. Bourgeois-Pichat).

514 Para os dois últimos parágrafos: KELLEHEAR. *Uma história social do morrer*, cit., pp.44-45, p.102; LANCASTER, H. O. *Expectations of life*. New York: Springer-Verlag, 1990, p.28.

515 BACCI. *Breve história da população mundial*, cit., p.29, p.33, p.77, p.81, p.97; LIVERANI, Mario. Antigo Oriente. São Paulo: Edusp, 2020, p.56; VOISIN. "A morte na Roma antiga", cit., p.70; SCHMITT, Jean-Claude. "A morte na Idade Média cristã", cit., p.154.

516 Idem, p.155.

517 LANCASTER. *Expectations of Life*, cit., pp.454-460; KELLEHEAR. *Uma história social do morrer*, cit., p.367; SIGERIST, Henry. *Civilização e doença*. São Paulo: Hucitec, 2011, p.178.

518 LANCASTER. *Expectations of Life*, cit., p.331; VIGEVANI, Tullo. *A Segunda Guerra Mundial*. 2ª ed. São Paulo: Moderna, 1986, p.77.

519 Para os últimos dois parágrafos: BACCI. *Breve história da população mundial*, cit., p.43; KELLEHEAR. *Uma história social do morrer*, cit., p.448; HARMON, Katherine. "Como chegaremos aos 100 anos". *Scientific American Brasil*. Edição especial, ano 11, n.125, out. 2012, p.46.

520 Idem, p.44; KIRKWOOD, Thomas. "Por que não vivemos para sempre?" *Scientific American Brasil*. Edição especial, ano 8, n.101, out. 2010, pp.30-32.

[521] RICOEUR, Paul. *A memória, a história, o esquecimento*. Campinas: Editora Unicamp, 2007, pp.357-364, p.367.

[522] Para os três últimos dois parágrafos: NASCIMENTO, Aires A. "The Ages of Man". *The image of time*. Lisbon: Calouste Gulbenkian Foundation, s.d., pp.330-334; Saraiva. *Dicionário latino-português*, cit., p.128, p.340, p.650, p.722, p.1085, p.1126; WITHROW, G. J. *O tempo na história*. Rio de Janeiro: Zahar, 1993, p.90; ARNAULT, R. & SILVA, Victor Alcantara e. "Os Ritos de Passagem". *Enciclopédia de Antropologia*. São Paulo: Universidade de São Paulo, Departamento de Antropologia, 2016.

[523] RICOEUR. *A memória, a história, o esquecimento*, cit., p.418.

[524] HAMA, B., KI-ZERBO, J. "Lugar da história na sociedade Africana". In: KI--ZERBO, J. (dir.). *História geral da África I*. 2ª ed. rev. Brasília: UNESCO, 2010, p.35; GALEY, Jean-Claude. "A morte na Índia". In: GODELIER, M. (org.). *Sobre a morte*, cit., pp.230-231; FORMOSO, Bernard. "A morte entre o povo tai budista". In: Idem, pp.255-256; HENDRY, Joy. "Cycles, seasons and stages of life: time in a Japanese Context". In: LIPPINCOTT, K. (ed.). *The story of time*. London: Merrell Holberton, 1999, pp.82-83; GODELIER, Maurice. "A morte entre o povo baruya". In: *Sobre a morte*, cit., pp.316-319; JEUDY-BALLINI, Monique. "A morte entre o povo Sulka (Melanésia)". In: idem, pp.326-327.

[525] LOWENTHAL, David. *The past is a foreign country*. Cambridge: Cambridge University Press, 1985, p.129; KELLEHEAR. *Uma história social do morrer*, cit., pp.404-405, pp.452-453; BELLOS, Alex. *Alex no país dos números*. São Paulo: Companhia das Letras, 2011, p.25.

[526] Para um interessante estudo de caso sobre tais representações na música brasileira: ALBUQUERQUE, Larissa. "Uma análise do tempo na música popular brasileira: o álbum Alucinação (1976), de Belchior". *Revista Hydra, v.2*, n.4, 2018.

[527] LOURENÇO, Amanda. "Uma última nobre missão". *Carta Capital, ano 18, n.733*, jan. 2013, pp.14-15; GUERRERO, Nikolas. "Cartilha explica como doar corpo para ensino e pesquisa". *Jornal da USP, 01 jun. 2020*. Disponível em: <https://jornal.usp.br/?p=320984>. Acesso em 03 set. 2021.

[528] RICOEUR. *A memória, a história, o esquecimento*, cit., p.369.

[529] SCHMITT, Jean-Claude. "A morte na Idade Média cristã", cit., p.154.

[530] VOVELLE. "Sobre a morte", cit., p.150.

[531] KELLEHEAR. *Uma história social do morrer*, cit., p.36, e pp.31-32, pp.34-35.

[532] GODELIER. "Introdução". In: *Sobre a morte*, cit., p.28; também: WITHROW. *O tempo na história*, cit., pp.19-20; SCHMITT, Jean-Claude. "A morte na Idade Média cristã", cit., p.157; GALEY. "A morte na Índia", cit., pp.208-209.

[533] GODELIER. "Introdução", cit, p.11, pp.35-36; em endosso ao ponto 1: CHAUNU, Pierre. *L'axe du temps*. Paris: Julliard, 1994, p.214, e KELLEHEAR. *Uma história social do morrer*, cit., p.118.

[534] ELIADE, Mircea. *História das crenças e das ideias religiosas tomo II*. 2ª ed. Rio de Janeiro: Zahar, 1983, v.1, pp.43-46; RODRIGUES, Cláudia. "Lugares dos mortos na Cristandade Ocidental". *Revista Brasileira de História das Religiões, v. 5*, 2013, pp.105-129.

[535] ELIADE. *História das crenças e das ideias religiosas tomo I*. Rio de Janeiro: Zahar, 2010, p.310; GODELIER. "Introdução", cit., p.22; VOISIN. "A morte na

Roma antiga", cit., pp.78-79; Galey. "A morte na Índia", cit., pp.232-234; RODRI-GUES, "Lugares dos mortos", cit.

536 VOISIN. "A morte na Roma antiga", cit., pp.68-71; THORAVAL, Joël. "A morte na China". GODELIER, M. (org.). *Sobre a morte*, cit., pp.174-175; KELLEHEAR. *Uma história social do morrer*, cit., p.53, pp.75-77; PARÉS, Luis Nicolau. *O rei, o pai e a morte*. São Paulo: Companhia das Letras, 2016, pp.74-78.

537 ELIADE. *História das crenças...I*, cit., pp.22-28; p.120, p.127; GODELIER. "Introdução", cit., p.40; WITHROW. *O tempo na história*, cit., p.37.

538 FREYRE, Gilberto. *Sobrados e mucambos*. 4ª ed. Rio de Janeiro: José Olympio, 1968, v.1, p.xxxix-xl. Toda a passagem relativa ao Brasil se baseia em: RO-DRIGUES, Cláudia, BRAVO, Milra. "Morte, cemitérios e hierarquias no Brasil escravista (séculos XVIII e XIX)". *Habitus, v.10*, 2012, pp.3-30.

539 PARÉS. *O rei, o pai e a morte*, cit., pp.70-71, p.82, p.86; também: KELLEHEAR. *Uma história social do morrer*, cit., pp.78-84.

540 ELIADE. *História das crenças...I*, cit., p.220; VOISIN. "A morte na Roma antiga", cit., p.61; THORAVAL. "A morte na China", cit., p.177; KARADIMAS, Dimitri. "A morte entre o povo Miranha (Amazônia)". In: GODELIER, M. (org.). *Sobre a morte*, cit., p.296.

541 ELIADE. *História das crenças...I*, cit., pp.74-75; p.121; KELLEHEAR. *Uma história social do morrer*, cit., p.198; PARÉS. *O rei, o pai e a morte*, cit., p.59; SCHMITT, Jean-Claude. "A morte na Idade Média cristã", cit., p.160; RODRI-GUES. "Lugares dos mortos...", cit.

542 HERÓDOTO. *Histórias – Livro I*. Lisboa: Edições 70, 2015, pp.76-77. Também: ARIÈS. *O homem diante da morte*, cit., pp.30-32; e ELIADE. *História das crenças...I*, cit., pp.249-251.

543 A citação de Suetônio em: VOISIN. "A morte na Roma antiga", cit., pp.66-67; a de Montaigne em: RICOEUR. *A memória, a história, o esquecimento*, cit., p.370; para as Américas: FURTADO, Júnia. *Homens de negócio*. São Paulo: Hucitec, 1999, pp.147-148; e RODRIGUES. "Lugares dos mortos...", cit.

544 VOISIN. "A morte na Roma antiga", cit., p.84; SARAIVA. *Dicionário latino--português*, cit., p.751.

545 ARIÈS. *O homem diante da morte*, cit., pp.269-306; RODRIGUES. "Lugares dos mortos", cit.

546 KOSELLECK. *L'expérience de l'histoire*, cit., pp.135-160.

547 ELIADE. *História das crenças...I*, cit., p.273.

548 Para os últimos dois parágrafos: JAMBET, Christian. "A morte no Islã". In: GODELIER, M. (org.). *Sobre a morte*, cit., pp.150-152.

549 ELIADE. *História das crenças...I*, cit., pp.99-107; pp.114-116; GROF, Stanislav. *Books of the Dead*. London: Thames & Hudson, 2013, pp.16-27; KELLEHEAR. *Uma história social do morrer*, cit., pp.79-80.

550 GROF. *Books of the dead*, cit., p.10, pp.28-41, pp.58-71; GOLDBERG, Sylvie--Anne. "A morte no mundo judaico". In: GODELIER, M. (org.). *Sobre a morte*, cit., p.106, pp.112-114; JAMBET. "A morte no Islã", cit., p.144; SCHMITT, Juliana. *O imaginário macabro*. São Paulo: Alameda, 2017, pp.65-70.

551 KELLEHEAR. *Uma história social do morrer*, cit., p.61; GOLDBERG. "A morte no mundo judaico", cit., p.108, p.111; ELIADE. *História das crenças...II*, v.2, cit.,

p.32; ARIÈS. *O homem diante da morte*, cit., p.194, p.608, pp.614-616; JAMBET. "A morte no Islã", cit., pp.141-142, pp.147-148; PARÉS. *O rei, o pai e a morte*, cit., pp.73-74, p.369; RODRIGUES. "Lugares dos mortos...", cit.

552 THORAVAL. "A morte na China", cit., p.177; FORMOSO. "A morte entre o povo tai budista", cit., pp.239-240; KARADIMAS. "A morte entre o povo Miranha (Amazônia)", cit., p.307; BESNIER, Jean-Michel. "O pós-humano: rumo à imortalidade?" In: NOVAES, A. (org.). *O novo espírito utópico*. São Paulo: Sesc, 2016, pp.323-329.

553 As duas últimas citações em: ARIÈS, Philippe. *Sobre a história da morte no Ocidente desde a Idade Média*. Lisboa: Teorema, 1988, p.54; ARIÈS. *O homem diante da morte*, cit., p.758, respectivamente. Para o restante dos últimos dois parágrafos: ARIÈS. *Sobre a história da morte no Ocidente...*, cit., pp.19-66; e ARIÈS. *O homem diante da morte*, cit., p.12-13, p.37, p.65, pp.93-95, p.130, pp.182-183, p.461, p.768, p.776. *Sobre a dança macabra*, também: LE GOFF, Jacques. *A história deve ser dividida em pedaços?* São Paulo: Edunesp, 2015, p.109 e p.113; SCHMITT, Juliana. *O imaginário macabro*, cit., pp.38-65, e p.129 e segs.

554 VOVELLE. "Sobre a morte", cit., pp.129-133; KELLEHEAR. *Uma história social do morrer*, cit., pp.319-329.

555 Idem, pp.32-34.

556 A citação em: Idem, p.264; para o restante: ARIÈS. *Sobre a história da morte no Ocidente...*, cit., pp.165-166; e KELLEHEAR. *Uma história social do morrer*, cit., pp.288-290; pp.381-382.

557 ARIÈS. *Sobre a história da morte no Ocidente...*, cit., pp.174-179; ARIÈS. *O homem diante da morte*, cit., pp.27-28.

558 ARIÈS. *Sobre a história da morte no Ocidente...*, cit., p.163.

559 CHEVAILER, p.622, p.814; VOISIN. "A morte na Roma antiga", cit., p.96.

560 JAMBET. "A morte no Islã", cit., pp.143-144; CHEVALIER, Jean, GHEERBRANT, Alain. *Dicionário de símbolos*. 5ª ed. Rio de Janeiro: José Olympio, 1991, p.622.

561 FRONER, Yaci-Ara. "Vanitas: uma estrutura emblemática de fundo moral". *Revista de História*, 136, 1º sem. 1997, p.87; MUELA, Juan Carmona. *Iconografía cristiana*. Madrid: Akal, 2008, pp.59-60, p.73, p.79, p.82, p.97.

562 ARIÈS. *O homem diante da morte*, cit., pp.434-441; SCHMITT, Juliana. *O imaginário macabro*, cit., pp.13-16.

563 VOVELLE. "Sobre a morte", cit., p.142; também: MEYERHOFF, Hans. *O tempo na literatura*. São Paulo: McGraw-Hill, 1976, pp.57-74.

564 ROSA, João Guimarães. Sagarana. 41ª ed. Rio de Janeiro: Nova Fronteira, s.d; PEREIRA, Marcos Bourscheid. "Escravidão e migração no tempo e personagens: uma leitura do conto Sarapalha, de Guimarães Rosa". *Revista Communitas*, v.2, n.4, 2018.

ÍNDICE REMISSIVO*

---

* Não inclui bibliografia e notas do fim do livro.

Anabatistas, 151.

Anacronismo, 13.

Anais da Primavera e do Outono, 216.

Anderson, Perry, 244.

Andreae, Johann, 372.

Angelopoulos, Theo, 155.

Anglicus, Bartholomeus, 413.

Angola, 407.

Ankou, 436.

Annianus de Alexandria, 197.

Ano(s): bissextos, 86, 88, 92; gregoriano, 213; sideral, 46; terra, 213; trópico, 47.

Anticristo, 148-150, 155, 223.

Antífono, 22.

Antiguidade, 15, 75, 122, 127, 154, 160, 218, 223, 230, 236, 237-239, 244, 255, 275, 430.

Antropoceno, 212-213, 243.

Anu, 139.

Anubis, 146.

Apelle, 239.

Apocalipse, 65, 141, 145-146, 149, 225, 263, 437.

Apolo, 16.

Applewhite Jr., Marshall, 151.

Apsu, 122-123, 130.

Aquecimento global, 45, 59, 141, 152, 243, 261.

Aquemênida, Império, 34, 75, 78.

Árabes, 64-65, 175, 217, 267-270, 410.

Aragão, 221.

Arantes, Paulo Eduardo, 244, 294.

Arendt, Hannah, 348, 409.

Argélia, 56.

Argentina, 57, 79, 204-205, 317, 407.

Arges, 125, 127.

Ariès, Philippe, 430-435,

Aristarco de Samos, 111.

Aristóteles, 102, 128, 153, 239, 300-306, 315, 410,

Armênia, 78, 141.

Arnau, Juan, 121.

Arnold, John, 181

Arquimedes, 102.

Arquitetura, 207, 277, 292, 368, 374, 379.

Arraxide, Harune, 165.

Arrighi, Giovanni, 244.

Ars moriendi, 428, 430.

Artemisia Gentileschi, 68.

Aruk, Schulkhan, 428.

Aruru, 123.

Árvore: da Liberdade, 354; genealógica, 228.

Asahara, Shoko, 152.

Asaro, Frank, 206.

Asimov, Isaac, 389.

Askr, 136

Assírios, 37, 84, 216, 228.

Assis, Machado de, 287.

Assur, 17.

Astrologia, 19, 60-67, 95, 119, 138, 142, 410.

Astronomia, 61, 64-67, 304.

Atahualpa, 80.

Ataíde, Manuel da Costa, 17.

Atatürk, Mustafá Kemal, 96

Ateísmo (ateus), 113, 361, 382, 443.

Atenas, 77, 218, 423.

Athos (Monte), 96.

Atlântico (oceano), 287, 424.

Atlântida, 141, 372.

Atlas, 88.

Atwood, Margaret, 389.

Augusto (imperador), 89, 226, 238, 239.

Aumont, Jacques, 28, 43.

Canadá, 402.

Cananeus, 121, 126.

Canhões, 167.

Canterbury, 170.

Canudos, 151, 379.

Capadócia, 78.

Capitalismo, 10, 35, 43, 96, 169, 186, 209, 244, 281, 285, 288, 290-294, 314-316, 359, 362-363, 366, 380, 444.

Caravaggio, 68.

Carlos Magno, 102, 165, 226.

Carlos V (Espanha), 226.

Carlos V (França), 171.

Carmelitas, 183.

Carnaval, 18.

Caron, Pierre-Augustin, 181.

Cartago, 65, 352.

Cassiodoro, 230.

Cassitas, 37.

Catalunha, 221.

Caveira, 15, 17, 69, 127, 438-439.

Cazaquistão, 57.

Ceará, 321.

Cellarius, Christophorus, 238.

Cemitérios, 419-421, 432, 435, 438-439.

Censorinus, 35.

Centésimos, 36, 187, 396.

Cervantes, Miguel de, 94.

César, Caio Júlio, 87-89, 102, 226, 238-239.

Chandrasekhar, Subrahmanyan, 323.

Chaplin, Charlie, 190-191.

Chartres, 171.

Chatham (ilhas), 45.

Chile, 79, 160, 183, 317.

China, 43-46, 49, 57, 72, 85-86, 95, 109, 135, 141, 164-166, 175-177, 190, 207, 217, 241, 244, 272, 317, 363, 405, 407, 421-422, 443.

Cícero, 89, 217, 239, 265.

Ciclos circadianos, 396.

Cíntia, 233.

Cioran, Emil, 382.

Cipolla, Carlo, 160, 171.

Cirilo, 91

Claeys, Gregory, 367.

Clarke, Arthur C., 388.

Clarke, Samuel, 155.

Clausius, Rudolf, 325, 327, 330.

Cleópatra, 76.

Clepsidras, 163-165, 166, 170, 396.

Cluny (Abadia), 170, 392.

Cocanha, 369.

Coios, 125.

Collas, 80.

Colômbia, 141, 183, 207, 407.

Colombo, Cristóvão, 238, 271.

Colônia Industrial do Saí, 379.

Comédia, A (Dante), 173.

Comenius, 357.

Cometas, 57, 60, 138, 151.

Comores (ilhas), 56.

Compiègne, 170.

Computadores, 91-92, 190-191.

Comte, Auguste, 101-102, 360-361.

Concílio: de Arles, 90; de Elvira, 53; de Nicéia, 51, 90; de Trento, 92.

Conde de Saint-Simon, 377.

Condorcet, Marquês de, 101, 358.

Conferência: de Bandung, 366; Geral de Pesos, 188; Internacional do Meridiano, 44.

Confúcio, 267.

Consciência histórica, 249, 252.

Conselheiro, Antônio, 151.

Constantino I, 53, 90-91, 227, 238.

Constantinopla, 91, 226, 236, 238-239.

Constelações, 37, 57, 62, 67, 333.

Estados Unidos, 31, 44, 47, 56, 70, 109, 151, 184, 187-188, 204, 207, 242-243, 260, 263, 289, 314-315, 317-318, 348, 354, 366, 377-378, 402-403, 405, 429, 435.

Estátuas (monumentos), 51, 104, 143, 204, 250-251, 352-353, 391-392, 421, 425-426.

Estocolmo, 175, 187.

Estônia, 431.

Estrasburgo, 170-171.

Estreito de Behring, 44.

Estruturas temporais, 23, 223, 234, 248-249, 277-279, 282, 286, 291, 294, 443.

Eternidade, 15, 17, 19, 21, 26, 113, 118, 128, 149, 153-155, 173, 174, 189, 200, 220, 223, 225, 262, 271, 286, 300, 302, 313, 383, 400.

Eterno retorno, 154, 155, 156.

Etiópia, 223, 256, 407.

Eufrates (rio), 37, 61, 122-123, 128, 138.

Eurínome, 124.

Eusébio de Cesareia, 197, 228-232, 266.

Eva, 130, 133, 194, 202, 225, 383.

Exeter, 170.

Expectativas de vida, 399, 400, 402-409, 426, 432-433, 442.

Exposições universais, 361.

Ezequiel, 142.

Fake News, 14, 250.

Faraday, Michael, 315.

Febe, 125.

Febvre, Lucien, 13, 339.

Fénelon, François, 67, 372.

Ferrara, 171.

Ferrier, 66.

Ferrovias, 43-44, 184, 283.

Fídias, 239.

Fígulo, Nigídio, 64.

Filadélfia, 70.

Filipinas, 57, 176, 407.

Filosofia (s), 21, 29, 63, 102, 155, 185, 239, 256-261, 277, 279, 302, 307, 315, 354, 358, 364, 374, 381, 409; da história, 29, 257-258, 260-261.

Finley, Moses, 116.

Fiore, Joaquim de, 224.

Física, 29, 178, 184-185, 303, 307, 310, 318-319, 320, 326, 328-330, 338; quântica, 319, 328-330.

Flandres, 39.

Flint, V. I. J., 64.

Florença, 202, 270.

Fontenelle, Bernard de, 357.

Ford, Henry, 290; fordismo, 290.

Förster, Wilhelm, 287.

Foucault, Michel, 157, 309.

Fourier, François Charles, 377, 379, 381, 382.

Fox, Robin Lane, 84, 116, 142.

Francisco (papa), 110.

Francisco de Borja, 438.

Franco, Francisco, 235.

Franco Jr., Hilário, 369.

França, 20, 43-45, 57, 94, 170-171, 175, 184-186, 207-208, 234, 271, 273, 317-318, 340, 347-348, 353-354, 359, 378, 392, 398, 402, 405-407, 429, 439.

Frankfurt, 314.

Frederico da Prússia, 102.

Freitas, Jerônimo José de, 182.

Freud, Sigmund, 117, 126, 316, 320, 434.

Freyre, Gilberto, 421.

Friedkin, William, 150.

Friedmann, Alexandre, 325.

Friedrich, Caspar David, 375, 414.

Popol Vuh, 137.

População mundial, 24-25, 281, 283, 406.

Portugal, 39, 41, 43, 45, 70, 106-107, 144, 159, 171, 181, 182, 221, 222, 234, 273, 283, 297, 298, 348-350, 361, 392, 408.

Pós-modernidade, 252, 289-294.

Poussin, Nicolas, 16.

Povos "sem história", 248.

Prado Júnior, Caio, 253.

Prajapati, 133.

Praxitèle, 239.

Pré-História, 244

Price, Richard, 311.

Priestley, Joseph, 240.

Priggogine, Ilya, 331.

Primeira Guerra Mundial, 46, 242, 259, 283, 317, 332, 365, 392, 405.

Princípio da Incerteza, 329-330.

Proclamação da República (Brasil), 106.

Profecias, 60, 66, 143-144, 254, 344, 369.

Progresso, 13, 101, 156, 209, 239, 276, 286-287, 332, 344, 355-368, 373-374, 379-380, 383-389.

Protestantismo, 112.

Proudhon, Pierre, 359.

Psicanálise, 21, 316, 329.

Ptolomeu, Cláudio, 63, 410.

Punchao, 57.

Purgatório, 145, 422.

Purusa, 133.

Purueasukta, 133.

Q.I. (testes), 287.

Qian, Sima, 216.

Quare, Daniel, 181.

Quaresma, 38, 90.

Queirós, Eça de, 70, 159-160.

Quilla (Quis), 57.

Química, 331, 405.

Quinto: Congresso dos Sovietes, 100; Império, 144, 223-224.

Quioto, 177.

Quirguistão, 57.

Qumran, 84.

Rabelais, François, 66.

Raças, 124-125, 142, 144, 222.

Ramadã, 113.

Reagan, Ronald, 260.

Real Observatório: da Marinha de Lisboa, 182; de Greenwich, 44, 187.

Ré-Atum-Khépri, 129.

Recife, 317.

Redes sociais, 14, 26, 28, 31, 109, 444-445.

Reia, 18, 125-126.

Reis magos, 64.

Relâmpago (entidade grega), 125, 127.

Relógios, 46, 71, 159-192, 214-215, 281, 288, 311, 314-320, 360, 384, 393-396; atômicos, 188-189; biológicos, 26, 393-396, 399, 401, 405, 409; de pêndulo, 179, 187; de quartzo, 187-189; de sol, 37, 162-164, 166, 176, 181, 396; digitais, 444; "inteligentes", 190; mecânicos, 41-42, 160, 164-191, 226, 263, 280, 284, 314, 316, 357, 396, 444; ópticos, 188; portáteis, 180-181;

privados, 180, 182, 284; públicos, 170, 174, 182, 254.

Rembrandt, 68.

Renascimento, 34, 49, 112, 127, 132, 237-238, 240, 371.

República Centro-Africana, 408.

República Democrática do Congo, 47.

Ressurreição, 49, 57, 65, 90, 141, 145, 154, 259, 429.

Revolução, 46, 50, 61, 258, 282, 333, 345, 347, 351, 354, 394, 403; Agrícola, 402; Científica, 66, 178, 306, 308, 356, 403; Chinesa, 86, 351; conceito de, 97, 99, 276, 344, 345, 347, 348-353, 355-356, 361, 367, 373-374, 380; Cubana, 351; de 1848, 351; de 1930 (Brasil), 107; de 1964 (Brasil), 351; dos Estados Unidos, 354; Francesa, 97-99, 101, 177, 208, 234, 236, 242, 263, 273, 277, 346-347, 349, 355; Gloriosa, 346; Industrial, 24, 32, 59, 70, 101, 186, 208, 213, 244, 273, 276, 281, 283, 285, 359, 402, 445; Islâmica do Irã, 79, 235; lunar, 50; Neolítica, 244, 445; Russa, 97, 99-100, 242, 351.

Reza Shah, Mohammad, 235.

Reza Xá Pahlavi, 79.

Ribeiro, João Ubaldo, 148, 389.

Ricci, Matteo, 176.

Richelieu (Cardeal), 239.

Ricardo da Escócia, 173.

Ricoeur, Paul, 409, 415.

Riess, Adam, 325.

Rifkin, J., 280.

Riken, Nakai, 95.

Rio Claro (Brasil), 70.

Rio de Janeiro, 70, 105, 182, 185, 208, 288, 317, 350.

Robertson, William, 358.

Robin, Robert, 181.

Robins, John, 66.

Rocha, Glauber, 151,

Roma, 27, 64, 87, 91, 93-94, 150, 221, 223, 226, 233, 235-236, 238, 241, 256, 265, 266-267, 271, 305, 379, 391, 402.

Romantismo, 374-377, 431.

Romênia, 233.

Romme, Gilbert, 97.

Rômulo, 238.

Rosa, Hartmut, 280-281, 367.

Rosa, João Guimarães, 439.

Rosbash, Michael, 393.

Rosenberg, Daniel, 218, 227.

Rosh Hashaná, 85.

Roux, Marc, 389.

Rovelli, Carlo, 330, 331.

Roy, Julien Le, 181.

Roy, Pierre Le, 181.

Rta, 132.

Rudwick, Martin, 198.

Ruggieri, Cosme, 66.

Ruínas, 16, 27, 123, 203, 333, 365, 374.

Rüsen, Jörn, 368.

Rússia, 45, 96, 100, 283, 405, 408.

Rutherford, Ernest, 319-320.

Ryotaku, Maeno, 95.

Sabellicus, Marcus Antonius, 270.

Sacro Império Romano-Germânico, 94, 151, 175, 223-224, 234, 384.

Sagan, Carl, 14, 67.

Saint-Albans, 170.

Saint-Domingue, 348.

Salat, 38.

Salisbury, John of, 169.

Salústio, 265.

Samsara, 132-133.

Santa Catarina, 379.

Santo Agostinho, 14-15, 19, 64, 149, 154, 169, 224-225, 236, 241, 256, 275, 278, 302, 410.

Santos (vila), 183, 288.

São Carlos Borromeo, 438.

São Francisco (santo), 17.

São João Batista, 49.

São Nicolau, 431.